日本立法資料全集 80

日本国憲法制定資料全集（10）

臨時法制調査会 I

芦部信喜
高橋和之
高見勝利
日比野勤
編著

信山社

刊行にあたって

戦後、連合国軍最高司令部（総司令部）の指示を受けて進められた明治憲法の改正作業が、いつしか姿を消し、一九四六年三月六日、国民がそれまで全く予想もしなかった新しい憲法改正の草案要綱が突如として公表された経緯は、一体どのようなものであったのか。これを明らかにした最初の文書が、五〇年に公表された総司令部の合衆国政府に対する日本占領に関する報告書（Political Reorientation of Japan September 1945 to September 1948, 2 vols）である。その第三章「日本の新憲法」と若干の付属資料の邦訳は（私も訳者の一人だったので印象深いが）、五一年発行の『国家学会雑誌』（六五巻一号）に掲載された。

しかしこの文書は、総司令部側からみた成立史であり、日本側からみた成立史が待望されていたところ、新憲法制定作業に最も深く関わりを持たれた入江俊郎・佐藤達夫両氏が、その克明に記したメモと資料をもとに、きわめて貴重な成立史研究を遺された。入江氏の『憲法成立の経緯と憲法上の諸問題』（第一法規、一九七六年）および佐藤氏の『日本国憲法成立史』（有斐閣、一巻・二巻は一九六二年・六四年、三巻・四巻は佐藤功氏の補訂付きで九四年刊行）がそれである。総司令部側の三月六日案起草までの資料や日本政府との交渉経過に関する資料も、高柳賢三・田中英夫・大友一郎編著『日本国憲法制定の過程』Ⅰ・Ⅱ（有斐閣、一九七二年）により、綿密な考証付きで明らかにされた。

これらの研究をみると、日本国憲法が成立するまでに、日本側でいかに多くの案が作られ資料が集められ、英知をしぼる努力が払われたかを知ることができる。それを原資料をそのまま読み易い活字にした形で、しかも網羅的に収録した資料全集として、永く後世に伝え成立史ないし占領史研究、および憲法学研究に資したい、そういう意図のもとに、入江文書・佐藤文書を中心として膨大な資料を整理し、帝国議会の全議事録を付したものを編むことにした（実際の作業は高橋・高見・日比野の三君が行った）。メモ等の読みにくい文字の判読には慎重な検討を重ね、各資料に解題を付し、また、索引を充実することに心がけ、利用の便をはかった。憲法施行五十周年を記念する一大モニュメントと言うに恥じないものと考えている。

貴重なメモその他の資料すべてを印刷に付すことを快くお許し下さった入江・佐藤両氏の御遺族に深甚な謝意を表したい。国立国会図書館の関係者の方々の御協力にも心から御礼を申し上げる。

編者を代表して　芦部信喜

目　次

目　次

凡　例

〔凡　例〕

一、本書第二部に収録した資料は、国立国会図書館憲政資料室所蔵の「入江俊郎関係文書」、「佐藤達夫関係文書」および国立公文書館所蔵の「井手成三関係文書」から、収集したものである。

二、収録資料の選択にあたっては、編者の配列方針に従い、「入江文書」を主とし、「入江文書」に存在しないものを「佐藤文書」「井手文書」で補充することとした。

三、原典資料は、用字法は一定していないが、明らかな誤字以外は訂正せず、字体は原則として新字体に統一した。訂正したものは〔　〕に入れて示し、判読不能部分は、□□□で示した。

四、組体裁は、出来る限り原典の体裁に似せてあるが、組版の都合によりかなりの変更を加えたものもある。

五、各資料の見出しは、原則として原典資料にある見出しを利用したが、それがない場合には、編者の責任において付した。

六、原典資料中にある手書きの書き込みは、判読可能かつ必要と判断したものを小字にして掲記した。詳細は、「資料解題」ないしは原典資料そのものにあたられたい。

七、同一資料が複数ある場合、保存状態の良好なものから採録した。また、同一資料で複製されたものがある場合、原則として原典から採録し、破損等がひどく、判読・復元が難しいものに限って、複製されたものから採録した。

八、本書第一部の解説では、資料の引用に際して第二部の資料通し番号を用いた。

九、目次の資料タイトル下に付した〔入江9〕〔佐藤5〕〔井手28〕等は、それぞれ前記の「入江俊郎関係文書目録」「佐藤達夫関係文書目録」「井手成三関係文書目録」の資料番号である。

一〇、本資料集は「入江文書」「佐藤文書」「井手文書」を中心に整理するものであるが、憲法制定に関する重要資料で、上記文書に存在しないものについては、他資料を調査の上、補遺版を編集する予定である。

第二部　憲法制定資料

I　臨時法制調査会関係

(1) 臨時法制調査会の組織・構成・総会・答申

(イ) 組織・構成

〔資料１〕 法制調査会設置ニ関スル件試案（昭和二一年三月一一日）

㊙

法制調査会設置ニ関スル件試案（三、一一）

㈠法制調査会ハ内閣ニ置キ内閣総理大臣ノ諮問ニ応ジ憲法改正ニ伴フ諸法制整備ニ関スル重要事項ヲ調査審議スルコト

㈡調査会ニ会長一人、及委員約三十人、臨時委員約二十人ヲ置クコト

会長ハ内閣総理大臣ヲ以テ、委員及臨時委員ハ内閣総理大臣ノ奏請ニ依リ国務大臣、関係各庁官吏及学識経験アル者ノ中ヨリ内閣ニ於テ之ヲ命ズルコト

㈢調査会ニ幹事長及幹事ヲ置キ、幹事長ハ法制局長官ヲ以テ之ニ充ツルコト

幹事長及幹事ハ上司ノ命ヲ承ケ会議事項ニ付調査及立案ヲ掌ルコト

㈣調査会〔二〕部ヲ置クコトヲ得ルコトトシ、差当リ第一部及第二部ヲ置キ国務大臣タル委員ヲ以テ部長ニ充ツルコト

調査会ハ其ノ定ムル所ニ依リ部会ノ決議ヲ以テ調査会ノ決議ト為スコトヲ得ルコト

㈤第一部ニ於テハ皇室典範其ノ他皇室制度ニ関スル事項及議院法、選挙法、参議院法、内閣官制、官吏制度、地方自治制度等ニ関スル事項ヲ掌ルコト

第二部ニ於テハ裁判所構成法、判事弾劾法其ノ他司法制度及会計法其ノ他会計制度ニ関スル事項並ニ各種民事法令等ニ関スル事項ヲ掌ルコト

㈥調査会ハ諸法制整備ニ関スル方針又ハ要綱ヲ調査審議スルモノトシ、之ガ原案ハ幹事長及幹事ニ於テ之ヲ作成スベキモ、当該法制所管官庁ト緊密ナル連絡ヲ保ツ様幹事ノ選任及事務分担ニ付考慮スルコト

㈦委員及臨時委員ハ概ネ左ノ範囲トスルコト

(イ)関係各庁官吏（約二十五人）

宮内次官及宮内省勅任官二人

内閣書記官長及内閣部内勅任官二人

法制局長官及法制局勅任官二人

外務次官

内務次官及内務省勅任官二人

大蔵次官及大蔵省勅任官
司法次官及司法省勅任官二人
判事
文部次官
厚生次官及厚生省勅任官一人等
(ロ)学識経験者（約二十五人）
学者五人
法曹家二人
言論関係者五人
政党関係者十人
地方自治関係者三人等
(ハ)調査会ハ特別議会終了後ニ設置スルコト（調査会ノ審議ハ相当長期間（本年一杯位迄）ニ亘ルコトト為ルベシ。）
（備考）
憲法改正ニ伴ヒ改正又ハ制定スベキ主要法令左ノ如シ
1皇室典範ノ改正
2議院法ノ改正
3参議院法ノ制定
4華族令ノ廃止
5内閣官制法ノ制定
6公式令ノ廃止（之ニ代ルベキ法律ノ制定）
7文官法ノ制定
8裁判所構成法ノ改正
9判事弾劾法ノ制定
10刑法、刑事訴訟法等ノ改正
11会計法ノ改正
12民法等私法法典ノ改正等
右ノ中憲法改正ト同時ニ成立セシムベキモノハ1 2 3及5等ニシテ此等ノ法令ノ改正又ハ制定ノミニテモ短時日ニテハ著シキ困難アリ

〔資料2〕　臨時法制調査会運営方針

〔三月十五日の閣議□□本案を附議〕

臨時法制調査会運営方針

(一)調査会ハ諸法制整備ニ関スル方針又ハ要綱ヲ調査審議スルモノトシ、其ノ素材ハ幹事長及幹事ニ於テ之ヲ作成スベキモ、当該法制所管官庁ト緊密ナル連絡ヲ保ツ様幹事ノ選任及事務分担ニ付考慮スルコト
(二)委員ハ差当リ概ネ左ノ範囲トシ関係庁ト協議ノ上具体的ニ決定スルコト

(イ)官吏（約二十五人）

　国務大臣

　宮内省

　内閣

　法制局

　外務省

　内務省

　大蔵省

　司法省

　文部省

　厚生省

　貴衆両院事務局

(ロ)学識経験者（約二十五人）

　学者

　法曹家

　言論関係者

　政党関係者

　地方自治関係者等

(三)幹事ハ差当リ二十五人程度トシ前項委員ノ人選基準ニ準ジ関係各庁高等官及学識経験者ノ中ヨリ選任スルコト

(四)調査会ハ委員等ノ選任完了次第審議ヲ開始スルコト

(五)本調査会設置ニ伴ヒ従来ノ憲法問題調査委員会ハ之ヲ廃止スルコト

〔1各省ニハ特ニ官制ニ依ル委員会ニシテ本委員会ニ類似スル如キモノハ設ケザルコト

2但シ各省ニテ、独自ノ□□□憲法改正ニ伴フ整備トシテデナク法令ノ改廃ヲ行フ為ノ委員会ノ如キモノハ差支ヘナシ

3尤モ右ノ委員会デハ憲法改正ニ伴フ改正ノ□□トシテハ直接ヤラズ、本委員会デソノ方針ヲ決定（決定迄ニハ事実上其ノ省ノ委員会ノ意向ト矛盾セヌヤウ、人的配合ソノ他ニテ、充分研究ノコト）シ、之ニ則リ其ノ省委員会デハ他ノ部分ト□□□具体的ノ立法ヲ為スコト〕

〔資料3〕　臨時法制調査会運営方針

臨時法制調査会運営方針

(一)調査会ハ諸法制整備ニ関スル方針又ハ要綱ヲ調査審議スルモノトシ、其ノ素材ハ幹事長及幹事ニ於テ之ヲ作成スベキモ、当該法制所管官庁ト緊密ナル連絡ヲ保ツ様幹事ノ選任及事務分担ニ付考慮スルコト

(二)委員ハ差当リ概ネ左ノ範囲トシ関係庁ト協議ノ上具体的ニ決定スルコト

(イ)官吏（約二十五人）

国務大臣若干人〔松本、岩田、新人　三人〕

宮内次官、帝室林野局長官及官房主管（又ハ内記部長）

内閣書記官長及副書記官長

法制局長官、次長及第一部長

外務次官及終戦連絡中央事務局勅任官一人

内務次官、地方局長及警保局長

大蔵次官、主計局長及理財局長

司法次官、民事局長及刑事局長

文部次官

厚生次官

貴衆両院書記官長

(ロ)学識経験者（約二十五人）

学者〔六、宮沢、河村、清宮、美濃部、佐々木、野村、（大内兵衛、脇村義太郎）、平野義太郎〕〔婦人、市川房枝、赤松、羽仁説子、高良とみ子、竹内茂代〕

法曹家〔三、弁護士会長〕

言論関係者〔五、賀川、馬場恒吾、板倉卓造〕

政党関係者〔一〇〕

地方自治関係者等〔三、府県会議長、市長、町村長〕

〔編者註：欄外に「清瀬一郎、乾先生、有島忠三郎」「司法省」の書込みあり〕

(三)幹事ハ差当リ二十五人程度トシ前項委員ノ人選基準ニ準ジ関係各庁高等官及学識経験者ノ中ヨリ選任スルコト

(四)調査会ハ委員等ノ選任完了次第審議ヲ開始スルコト

(五)本調査会設置ニ伴ヒ従来ノ憲法問題調査委員会ハ之ヲ廃止スルコト

〔資料4〕臨時法制調査会委員顔触予定者

臨時法制調査会委員顔触予定者

会　長　内閣総理大臣

副会長　松本国務大臣

委　員

〔枢府　潮顧問官
林顧問
諸橋書記官長〕

一、官庁関係

岩田司法大臣

内閣書記官長

内閣副書記官長

〔資料4〕　臨時法制調査会委員顔触予定者

法制局長官
法制局次長
貴族院書記官長
衆議院書記官長
宮内次官
外務次官
終戦連絡中央事務局次長
内務次官
大蔵次官
司法次官
文部次官
厚生次官

二、学界
憲　法　美濃部達吉（法博）佐々木惣一（法博）宮澤俊義（東大教授）
民　法　我妻榮（東大教授）中川善之助（東北帝大教授）
刑　法　牧野英一（法博）
行政法　野村淳治（法博）杉村章三郎（東大教授）淺井清（慶大教授）
其ノ他　高木八尺（東大教授）田中耕太郎（東大教授）田岡良一（京大教授）
社会法　菊池勇夫（九大教授）

三、新聞界　細川隆元（朝日新聞）新井達夫（毎日新聞）

四、婦人界　久布白落實　河崎なつ　市川房枝　河井ミチ

五、法曹界　乾政彦（弁護士）有馬忠三郎（弁護士）
大高三千助（弁護士）

六、自治団体　内田秀五郎（東京都会議長）
松尾國松（技〔岐〕阜市長）
永田　轟（広島県安芸郡温島《ヌクシマ》村長）
岩本信行（神奈川県会議長）

七、貴族院関係
下條康麿
田所義治
後藤一藏
平塚廣義
川村竹治
徳川家正
田口弼一
金森徳次郎

八、政党関係
進歩党　齋藤隆夫
自由党　植原悦二郎
社会党　片山哲
（日本協同党　船田享二）
（共産党　野坂参三）

〔資料5〕　臨時法制調査会委員顔触予定者

臨時法制調査会委員顔触予定者

会　長　内閣総理大臣
副会長　松本国務大臣
委　員
一、官庁関係
岩田司法大臣
内閣書記官長
内閣副書記官長
法制局長官
法制局次長
枢密顧問官　潮　恵之輔
同　　　　　關屋貞三郎
枢密院書記官長
貴族院書記官長
衆議院書記官長
宮内次官
外務次官
終戦連絡中央事務局長
内務次官
大蔵次官
司法次官
大審院判事部長　梶田　年
文部次官
厚生次官
二、学界
憲法
佐々木惣一（法博）　宮沢俊義（東大教授）
民法
我妻榮（東大教授）　中川善之助（東北帝大教授）
刑法　牧野英一（法博）
行政法
野村淳治（法博）　杉村章三郎（東大教授）　淺井清（慶大教授）
其ノ他
高木八尺（東大教授）　田中耕太郎（東大教授）　田岡良一（京大教授）
社会法
菊池勇夫（九大教授）
三、新聞界
細川隆元（朝日新聞）　新井達夫（毎日新聞）
四、婦人界
久布白落實　河崎なつ　河井ミチ

五、法曹界

乾政彦（弁護士）　有馬忠三郎（弁護士）　大高三千助（弁護士）

森眞一郎

六、自治団体

内田秀五郎（東京都会議長）

〔×〕松尾國松（岐阜市長）

永田　轟（広島県安芸郡温島《ヌクシマ》村長）

岩本信行（神奈川県会議長）

七、貴族院関係

下條康麿　田所義治　後藤一蔵

平塚廣義　川村竹治　德川家正

田口弼一　金森德次郎

八、政党関係

進歩党　齋藤隆夫

自由党　植原悦二郎

社会党　水谷長三郎

〔資料6〕　臨時法制調査会委員予定者

臨時法制調査会委員予定者

会　長　内閣総理大臣

副会長　国務大臣

委　員

一、官庁関係

内閣書記官長

内閣副書記官長

法制局長官

法制局次長

枢密顧問官（潮恵之輔）

枢密顧問官（関屋貞三郎）

枢密院書記官長（諸橋襄）

行政裁判所部長（澤田竹治郎）

貴族院書記官長（小林次郎）

衆議院書記官長（大池眞）

宮内次官（加藤進）

外務次官

終戦連絡中央事務局次長

内務次官

大蔵次官（山田義見）

司法次官（谷村唯一郎）

大審院判事部長（梶田年）

文部次官〔山崎匡輔〕
厚生次官

二、学界
佐々木惣一
宮澤俊義
我妻榮
木村亀二
中川善之助
牧野英一
野村淳治
杉村章三郎
淺井清
田岡良一
菊池勇夫

三、新聞界
細川隆元
新井達夫

四、婦人界
久布白落實
河崎なつ
河井ミチ

五、法曹界
乾政彦
有馬忠三郎
庄野理一
大高三千助
森眞一郎

六、自治団体
内田秀五郎
松尾國松
永田轟
岩本信行

七、貴族院関係
下條康麿
田所美治
後藤一蔵
平塚廣義
川村竹治
徳川家正
田口弼正

八、政党関係
進歩党〔原大二郎〕
〔林連〕

自由党〔山崎猛〕
〔北玲吉〕
社会党〔水谷長三郎〕
〔鈴木義男〕

〔資料7〕　臨時法制調査会幹事

臨時法制調査会幹事

内閣
法制局各部長
法制局事務官
内閣審議室〔橋井眞〕
枢密院事務官〔高辻正巳〕
貴族院事務官〔近藤英明〕
衆議院事務官〔西澤哲四郎〕
宮内省
図書頭〔大場茂行〕
出仕
外務省
条約局長〔承諾ズミ〕
終戦連絡中央事務局政治部長〔右仝〕
内務省
地方局長
総務局長
内務事務官
内務事務官
大蔵省
主計局長〔野田卯一〕
国有財産部長〔加藤八郎〕
大蔵事務官〔石原周夫〕
司法省
民事局長〔奥野健一〕
刑事局長〔佐藤藤佐〕
司法事務官〔小澤文雄〕
司法事務官〔野木新一〕
大審院判事〔飯塚敏夫〕
大審院判事
大審院検事〔岸本義廣〕
文部省
局長　課長中一人〔辻田力〔文書課長〕〕
厚生省

局長　課長中一人

学界

丸山真男
岡義武

兼子一
川島武宜

〔鵜飼〕

團藤重光

〔石井照久〕

田中二郎

内田力蔵

柳瀬良幹

田上穣治

大西良〔芳〕雄

来栖〔三郎〕

〔資料8〕　弁護士会長名一覧

弁護士会長名　（昭和二一、二、一九、現在）

東　京	高橋　義次	神　戸	宮本　利吉
第一東京	豊原　清作	奈　良	中西　保之
第二東京	林　逸郎	大　津	信正　義雄
横　浜	渡邊　治湟	和歌山	中谷　義衛
浦　和	公文　貞行	徳　島	岡林　一美
千　葉	石井　直作	高　松	長尾秀太郎
水　戸	島村　次男	高　知	佐竹　晴記
宇都宮	佐藤　親弘	名古屋	浦部　全徳
前　橋	関口　志行	三　重	土屋　忠
静　岡	村松甚一郎	岐　阜	田中　成彦
甲　府	保坂政治郎	福　井	藤井濱次郎
長　野	丸山象治郎	金　沢	乾　健太朗
新　潟	松木　弘	富　山	森田幸太郎
京　都	水谷長三郎	広　島	林　飛隆善
大　阪	中務　平吉	山　口	兼澤　理蔵
岡　山	中江　一也	盛　岡	吉田　賢雄
鳥　取	田中　秀次	秋　田	鈴木　安孝
松　江	難波　督	青　森	内野義太郎
松　山	宇和川濱蔵	札　幌	村田不二三
長　崎	荒木　清	函　館	島村　鋭郎
佐　賀	永田　長圓	旭　川	大塚　守穂
福　岡	吉野　作馬	釧　路	佐藤　忠輝（昭和十八年五月一日現在）
大　分	中村　守	樺　太	若泉小太郎
熊　本	林原　吉春		

鹿児島　前之園喜一郎
宮崎　竹内　甚市
那覇　冨山　嘉本（昭和十八年五月一日現在）
仙台　熊谷泰事郎
福島　北川　次男（昭和十八年五月一日現在）
山形　松浦松次郎

〔資料9〕臨時法制調査会設置ニ関スル件（昭和二一年三月二六日　終連政治部）

臨時法制調査会設置ニ関スル件

終連政治部

二一　三　二六

本件ニ関シ総司令部ヨリ日本政府代表トノ間ニ自由ナル懇談ヲ行ヒ度キ旨申入レアリタルニ依リ三月二十六日　佐藤法制局次長及中央連絡事務局　加藤連絡官　総司令部政治部ニ於テ同部公共行政課「ヘイズ」中佐「スウオーブ」中佐「オブラー」「マキ」氏等ト会談セル処其ノ要点左ノ通

一、先ヅ「ヘイズ」中佐ヨリ本会談開催ノ趣旨ハ今回日本政府ガ憲法改正ニ伴フ諸法制ノ整備ノ為　委員会ヲ設置シタルコトヲ知リタルヲ以テ本件ニ対シ直接関心ヲ有スル公共行政課ト本会ノ間ニ継続的接触ヲ保チ　絶エズ同委員会ノ仕事ニ付通報ヲ受ケ　或ハ勧告ヲ行フ為何等カノ連絡方法ヲ樹立セント欲シ本日ハ其ノ予備会談ノ意味ニ於テ同委員会代表ト懇談スルコトニアリト説明ス

二、当方ヨリ実ハ同会ハ四月上旬発足スル筈ニシテ本日ハ同会代表ノ資格ニ於テ会談ニ出席シタル次第ニ非ザル旨ヲ告ゲ　別添ノ如キ「臨時法制調査会官制」ヲ提出　佐藤次長ヨリ本会設置ノ理由ニ付説明ヲ行ヒ　同時ニ憲法改正案ハ来ル五月ノ特別議会ニ提出ノ予定ナリト述ブ

（此ノ□先方ハ特別議会ヲ　Special Session　臨時議会ヲ Extraordinary Session ト用語統一スベキコトヲ提案ス）

三、次テ「ヘ」ハ本件ニ関シ公共行政課トシテハ先ヅ自分ガ参画シ　其ノ下ニ二ツノ班アリ　一ハ政治権力班（Governmental Power Branch）他ハ法制連絡班（Legislation Liaison Branch）之ナリ　両者ハ「ハツシイ」中佐ガ代表シ「オブラー」及「マキ」両氏ガ之ヲ補佐ス　後者ハ「スウオーブ」中佐ガ代表スト述べ　各班ニ付夫々発言ヲ求メタリ

四、「ス」ハ自分ノ班トシテハ憲法改正ニ伴フ諸法律　勅令等ノ改正ノ内容ニ付テハ関心ヲ有サズ　法令ノ制定及改廃ニ付夫々関係アル総司令部内ノ各部局　例ヘバ保健厚生関係ノ法令ナレバ保健厚生部ニ　経済法ナレバ経済科学部ニ速ニ連絡

スルコトニアリ　右ハ各部局ガ日本ガ憲法改正ニ伴ヒ如何ナル法制改革ヲ行フヤニ重大関心ヲ有シ　前以テ其ノ内容ニ付知リ置ク要アレバナリ　従ツテ自分トシテ之ヲ速ニ各部局ニ連絡スルコトヲ欲ス　従来モ自分ハ日本ノ法令ノ制定　改廃ニ付法制局ヨリ中央事務局ヲ通ジ報告ヲ受領シ居リタルモ今回ノ憲法改正ニ伴フ法制整備ハ蓋シ大仕事ニシテ　日本側ガ之ニ相応スル十分ナル翻訳官ヲ準備スルコトヲ希望スト述ブ（当方ヨリ　政府トシテハ俸給其ノ他ノ関係ヨリ十分ナル翻訳官ヲ集メ得ザルコト並ニ法令ノ翻訳ハ特殊ノ用語ノ□語ノ為　通常ノ翻訳者ニハ困難ナルコト等ヲ説明セル処「ス」ハ此ノ際　日本ガ従来ノ難解ナル法律文ヲ改ムベキコトヲ示セリ）

五、「オ」ハ自分ノ班トシテハ専ラ法令ノ内容ニ関心ヲ有シ日本ガ行ハントスル法令ノ制定及改廃ニ先ダチ其ノ内容ヲ検討シ修正ヲ要スルモノハ之ヲ修正シ度キ意向ナリ　従ツテ自分トシテハ日本側トノ継続的且事前ノ接触ヲ望ムト述ブ

六、「マ」ヨリ本会ハ自ラ法令ノ起案ヲ行フヤ　或ハ又起案各省ガ之ヲ行ヒ本会ニ承認ヲ求ムル方式ヲ採ルヤ　トノ質問アリタルヲ以テ　当方ハ実ハ法令ノ起案手続ハ本会ノ第一次ノ会議ニ於テ審議決定スル予定ニシテ確定シ居ラザルモ概ネ法令内容ノ詳細　技術的事項ハ各省ガ起案シ本会ハ寧ロ原則的事項ノ審議ヲ行フコトトナルベシト答フ　然ラバ本会ノ目的ハ新憲法ノ内容ノ精神ニ照シ法令ノ草案ヲ審議シ根本問題ノ調整ヲ行フニアリヤトノ質問ニ対シテハ　大体其ノ方針ナルモ本会部会ニ於テハ各省ト共ニ技術的事項ノ起案ヲ行フコトニナルヤモ知レズ　ト答フ

七、当方ヨリ本会代表及総司令部側トノ連絡方法ニ関シテハ本会第一次ノ会議ニ於テ決定スベキモ本会代表トシテハ幹事長乃至幹事ガ之ニ当ルコトニナルベシト述ベタル処先方ハ次回ノ会談ハ本会第一次会談後之ヲ行フベク　其ノ前ニ総司令部側ニ於テ同会議々事録ヲ十分検討シ置キ度キヲ以テ是非右ヲ提出願ヒ度シト要望セルヲ以テ之ヲ約ス　尚其ノ際本会委員ハ未ダ任命セラレ居ラザルコト四月中ニ一　二回会合シ本会ノ運営方針ヲ決定スベク　具体的法令ノ調査　審議ハ五月ノ特別議会後即チ六月七月ノ第三次会議以後ノコトトナルベキ旨ヲ説明シ置ケリ

八、最後ニ当方ヨリ　本件ニ関シ総司令部側トノ連絡ヲ要スルハ政治権力班及法制連絡班ノミナルヤトノ質問ニ対シテハ先方ハ直接的ニ本件ニ関心ヲ有スルハ右二班ナルモ今後　政治部内ニ於テモ地方行政　政党関係ヲ担当スル班　或ハ又参謀部其ノ他各部局ガ法令内容ノ如何ニ依リ会談ニ参加スベシト答ヘ「ス」ハ法制連絡部トシテハ最初ノ二　三回ノ会談ニ於

テ連絡方法ヲ樹立セバ其ノ後ハ一々会談ニ参加ノ要ナクナルヤモ知レズト言ヒ居リタリ

（終）

〔資料10〕　三月二九日第一回総会「メモ」（入江）

運営

㈠ 三月二十九日（金）第一回総会

一　憲法制定ノ経過及説明、資料配布、本調査会ノ日程ヲ述ブ

二　大体部ニ分テ運□□ノ由ヲ述ブ

総会ニ於テ全般問題ニ付各委員ガ何ノ項目ニ向テモ均シク発言シテモラフ事トシ之ヲ一応キ、、更ニ次回モ之トスル

三　ナホ各委員ハ出来ル丈文書ニシテ項目デモヨイカラ幹事ノ手許ニ出シテホシイ

四　次会ハ四月十二日頃

㈡ 第二回総会ニテ部属ヲ定メル

部会ハ大体一週一回、□□コト

㈢ 部会　四月中ハ二回位

総会

（五月中 六月中）ハ議会ノ為三回位トシソノ間ニ資料蒐集ノコト

（七月 八月）逐次要綱決定（ソノ間必要ニヨリ総会ヲヤル）

九月　最後ノ総会ヲ終了

（十月中旬 十一月）臨時議会ニテ議了

参議院法ノ提出時期

新参議院ノ構成ハ何時カ

〔資料11〕　憲法を施行するために必要な法律等調（昭和二一年五月一四日）

憲法を施行するために必要な法律等調　昭二一、五、一四

一、制定又は全部改正を要するもの

皇室典範

公式令

皇室財産及び皇室会計法

国会法（議院法）（議院事務局法を含む）

参議院議員選挙法（参議院法）

内閣法（各省通則法を含む）
官吏法（任用、試験、給与、分限、服務、服制等の別に応じ数法律に分けることも考へ得る）
請願法
国民投票法
裁判所構成法（検察庁法）
判事弾劾法
最高裁判所判事国民審査法
恩赦法
教育法
地方学事法
勤労基準法

二、一部改正を要するもの
衆議院議員選挙法
会計検査院法
東京都制
府県制
北海道地方費法
市制
町村制
国有財産法
昭和十四年法律第七十八号（寺院等ニ無償ニテ貸付シアル国有財産ノ処分ニ関スル法律）
国籍法
民法
民事訴訟法
人事訴訟法
戸籍法
刑法
刑事訴訟法
陪審法
弁護士法
監獄法
少年法
矯正院法
少年保護法
刑事訴訟費用法

三、廃止を要するもの
皇室典範（現行）
行政裁判法

〔資料12〕　憲法を施行するために制定又は改廃を必要とする法律案の件名概略

憲法を施行するために制定又は改廃を必要とする法律案の件名概略

一、制定又は全部改正を要するもの

皇室典範
公式令
皇室財産及び皇室会計法
国会法（議院法）（議院事務局法を含む）
参議院議員選挙法（参議院法）
内閣法（各省通則法を含む）
官吏法（任用、試験、給与、分限、服務、服制等の別に応じ数法律に分けることも考へ得る）
請願法
国民投票法
裁判所構成法（検察庁法）
判事弾劾法
最高裁判所判事国民審査法
恩赦法
教育法
地方学事法
勤労基準法

二、一部改正を要するもの

衆議院議員選挙法
会計法
会計検査院法
東京都制
府県制
北海道地方費法
市制
町村制
国有財産法
昭和十四年法律第七十八号（寺院等ニ無償ニテ貸付シアル国有財産ノ処分ニ関スル法律）
国籍法
民法
民事訴訟法
人事訴訟法
戸籍法
刑法
刑事訴訟法

陪審法
弁護士法
監獄法
少年法
矯正院法
少年保護法
刑事訴訟費用法

三、廃止を要するもの
皇室典範（現行）
行政裁判法

〔資料13〕法制調査委員会ニ関スル件（昭和二一年五月二〇日）

法制調査委員会ニ関スル件　　昭和二一・五・二〇

一、委員会ノ部分ケヲツクルコト
二、幹事ノ人選（民間各庁）ヲ進メルコト
三、法制局機構ヲ整備スルコト
四、委員会進行予定ヲ作成ノコト
五、幹事案ノ基礎問題
（問題トナルベキ事項、考ヘ方）
六、参考文献ヲ集メルコト
（外国法例ヲ含ム）

〔資料14〕臨時法制調査会事務進行予定表（昭和二一年六月二四日）

臨時法制調査会事務進行予定表　　二一、六、二四

（備　考）

七月十日　第一回総会……挨　拶
諮問提出
部会設置分担決定

七月十二日　第一部会
十三日　第二部会
十四日　第三部会
十五日　第四部会
十六日　第五部会
……幹事要綱案作成要領協議

七月廿六日　第一部会
廿七日　第二部会
……幹事立案期間ノ十四日間

〔資料15〕　憲法関係法律案進行予定表（昭和21年6月26日）

廿八日　第三部会
廿九日　第四部会
三十日　第五部会……幹事案審議決定

八月九日
十日　第二回総会……要綱案審議決定

八月十二日　第一部会
十三日　第二部会
十四日　第三部会
十五日　第四部会
十六日　第五部会……幹事具体案作成要領協議

……幹事立案期間　十四日間

八月廿六日　第一部会
廿七日　第二部会
廿八日　第三部会
廿九日　第四部会
三十日　第五部会……幹事具体案審議決定

九月九日
十日　第三回総会――答申案審議決定（答申）

〔資料15〕　憲法関係法律案進行予定表（昭和二一年六月二六日）

憲法関係法律案進行予定表　二一、六、二六、

七月十一日　法制調査会第一回会議（諮問提出）……
）試案立案期間……二十日間
七月三十一日　〃　第二回会議（中間報告）……
）答申案立案期間……三十日間
八月三十一日　〃　第三回会議（答申案決定）……
）主務省立案期間……十五日間
九月十五日　各法案主務省成案法制局送付完了……
）法制局審議期間……二十五日間
十月十日　政府案決定……
）法案上奏準備期間……五日間
十月十五日　枢密院御諮詢……
）議会準備期間……五日間
十月二十日　臨時議会開会……
）議会会期……四十日間
十一月三十日　議会議決完了……
十二月二十日　参議院議員選挙……
二月十一日　憲法全面的実施……
）施行規則制定期間

〔資料16〕（憲法関係法律案進行予定表）

七月十日　法制調査会第一回会議　諮問提出……
　）要綱立案期間……卅日間
八月十日　法制調査会第二回会議　要綱案審議決定……
　）具体案立案期間……卅日間
九月十日　法制調査会第三回会議　具体案審議決定答申
　）主務省立案期間……廿日間
九月卅日　主務省成案法制局送付……
　）法制局審議期間……卅日間
十月卅一日　政府案決定……
　）
十一月十日　枢密院御諮詢……
　）議会準備期間……十日間
十一月廿日　臨時議会開会……
　）会　期……廿五日間
十二月廿日　議会議決……
　）施行規則制定期間……廿五日間
一月十一日　公　布……
　）衆〔周〕知期間……卅日間
二月十一日　実　施……

〔資料17〕臨時法制調査会官制

勅令第　号

臨時法制調査会官制

第一条　臨時法制調査会ハ内閣総理大臣ノ監督ニ属シ其ノ諮問ニ応ジテ憲法改正ニ伴フ諸般ノ法制ノ整備ニ関スル重要事項ヲ調査審議ス

第二条　調査会ハ会長一人及委員若干人ヲ以テ之ヲ組織ス

第三条　会長ハ内閣総理大臣ヲ以テ之ニ充ツ

委員ハ内閣総理大臣ノ奏請ニ依リ内閣ニ於テ之ヲ命ズ

第四条　会長ハ会務ヲ総理ス

会長事故アルトキハ内閣総理大臣ノ指名スル委員其ノ職務ヲ代理ス

第五条　内閣総理大臣ハ必要ニ応ジ調査会ニ部会ヲ置キ其ノ所掌事項ヲ分掌セシムルコトヲ得

部会ニ部会長ヲ置ク内閣総理大臣ノ指名スル委員ヲ以テ之ニ充ツ

部会ニ属スベキ委員ハ会長之ヲ指名ス

第六条　調査会ハ其ノ定ムル所ニ依リ部会ノ決議ヲ以テ調査会ノ決議ト為スコトヲ得

第七条　調査会ニ幹事長及幹事ヲ置ク

幹事長ハ法制局長官ヲ以テ之ニ充ツ

幹事ハ内閣総理大臣ノ奏請ニ依リ内閣ニ於テ之ヲ命ズ

幹事長及幹事ハ上司ノ命ヲ承ケ庶務ヲ整理シ会議事項ニ付調査及立案ヲ掌ル

第八条　調査会ニ主事ヲ置ク内閣ニ於テ之ヲ命ズ

主事ハ上司ノ指揮ヲ承ケ庶務ヲ掌ル

附　則

本令ハ公布ノ日ヨリ之ヲ施行ス

理　由

今次ノ憲法改正ニ伴ヒ、之ガ附属法令ノ制定改廃其ノ他諸般ノ法制ニ亘リ整備ヲ要スルモノ少カラザルモノアルヲ以テ之ガ調査審議ニ当ラシムル為臨時法制調査会ヲ設クルノ要アルニ依ル

〔資料18〕 臨時法制調査会官制

朕臨時法制調査会官制ヲ裁可シ茲ニ之ヲ公布セシム

御名御璽

昭和　年　月　日

内閣総理大臣

勅令第　号

臨時法制調査会官制

第一条　臨時法制調査会ハ内閣総理大臣ノ監督ニ属シ其ノ諮問ニ応ジテ憲法改正ニ伴フ諸般ノ法制ノ整備ニ関スル重要事項ヲ調査審議ス

第二条　調査会ハ会長一人、副会長一人及委員若干人ヲ以テ之ヲ組織ス

第三条　会長ハ内閣総理大臣ヲ以テ之ニ充ツ

副会長ハ国務大臣ヲ以テ之ニ充ツ

委員ハ内閣総理大臣ノ奏請ニ依リ内閣ニ於テ之ヲ命ズ

第四条　会長ハ会務ヲ総理ス

副会長ハ会長ヲ輔佐シ会長事故アルトキハ其ノ職務ヲ代理ス

第五条　内閣総理大臣ハ必要ニ応ジ調査会ニ部会ヲ置キ其ノ所掌事項ヲ分掌セシムルコトヲ得

部会ニ部会長ヲ置ク内閣総理大臣ノ指名スル副会長又ハ委員ヲ以テ之ニ充ツ

部会ニ属スベキ委員ハ会長之ヲ指名ス

第六条　調査会ハ其ノ定ムル所ニ依リ部会ノ決議ヲ以テ調査会ノ決議ト為スコトヲ得

第七条　調査会ニ幹事長及幹事ヲ置ク

幹事長ハ法制局長官ヲ以テ之ニ充ツ

幹事ハ内閣総理大臣ノ奏請ニ依リ内閣ニ於テ之ヲ命ズ
幹事長及幹事ハ上司ノ命ヲ承ケ庶務ヲ整理シ会議事項ニ付調査及立案ヲ掌ル
第八条　調査会ニ主事ヲ置ク内閣ニ於テ之ヲ命ズ
主事ハ上司ノ指揮ヲ承ケ庶務ヲ掌ル

附　則

本令ハ公布ノ日ヨリ之ヲ施行ス

〔資料19〕　臨時法制調査会官制

朕は、臨時法制調査会官制を裁可し、ここにこれを公布せしめる。

御名　御璽

年　月　日

内閣総理大臣

勅令第　号

臨時法制調査会官制

第一条　臨時法制調査会は、内閣総理大臣の監督に属し、その諮問に応じて、憲法改正に伴ふ諸般の法制の整備に関する重要事項を調査審議する。
第二条　調査会は、会長一人、副会長一人及び委員若干人で、これを組織する。
第三条　会長は、内閣総理大臣を以て、これに充てる。
副会長は、国務大臣を以て、これに充てる。
委員は、内閣総理大臣の奏請により、内閣でこれを命ずる。
第四条　会長は、会務を総理する。
副会長は、会長を補佐し、又、会長に事故があるときは、その職務を代理する。
第五条　内閣総理大臣は、必要に応じ、調査会に部会を置き、その所掌事項を分掌させることができる。
部会に部会長を置き、内閣総理大臣の指名により、副会長又は委員を以て、これに充てる。
部会所属の委員は、会長が、これを指名する。
第六条　調査会は、その定めるところにより、部会の決議を以て調査会の決議とすることができる。
第七条　調査会に幹事長及び幹事を置く。
幹事長は、法制局長官を以て、これに充てる。
幹事は、内閣総理大臣の奏請により、内閣でこれを命ずる。
幹事長及び幹事は、上司の命を承け、庶務を整理し、会議事項について、調査及び立案を掌る。
第八条　調査会に主事を置き、内閣でこれを命ずる。

主事は、上司の指揮を承け、庶務を掌る。

附則

この勅令は、公布の日から、これを施行する。

理由

近く行はれる帝国憲法改正は、画期的大事業であるが、これに伴って必要となる諸般の法制の整備は、広汎多岐にわたり、且つ、慎重検討を要するものがあるので、特に調査会を設けて、所要の研究を行はしめる必要がある。これがこの勅令の制定を仰がうとする理由である。

〔資料20〕　臨時法制調査会官制（昭和二一年七月三日）

臨時法制調査会官制　昭和二十一年七月三日　勅令第三百四十八号（総理大臣副署）

第一条　臨時法制調査会は、内閣総理大臣の監督に属し、その諮問に応じて、憲法改正に伴ふ諸般の法制の整備に関する重要事項を調査審議する。

第二条　調査会は、会長一人、副会長一人及び委員若干人で、これを組織する。

第三条　会長は、内閣総理大臣を以て、これに充てる。

副会長は、国務大臣を以て、これに充てる。

委員は、内閣総理大臣の奏請により、内閣でこれを命ずる。

第四条　会長は、会務を総理する。

副会長は、会長を補佐し、又、会長に事故があるときは、その職務を代理する。

第五条　内閣総理大臣は、必要に応じ、調査会に部会を置き、その所掌事項を分掌させることができる。

部会に部会長を置き、内閣総理大臣の指名により、副会長又は委員を以て、これに充てる。

部会所属の委員は、会長が、これを指名する。

第六条　調査会は、その定めるところにより、部会の決議を以て調査会の決議とすることができる。

第七条　調査会に幹事長及び幹事を置く。

幹事長は、法制局長官を以て、これに充てる。

幹事は、内閣総理大臣の奏請により、内閣でこれを命ずる。

幹事長及び幹事は、上司の命を承け、庶務を整理し、会議事項について、調査及び立案を掌る。

第八条　調査会に主事を置き、内閣でこれを命ずる。

主事は、上司の指揮を承け、庶務を掌る。

附則

この勅令は、公布の日から、これを施行する。

〔資料21〕　臨時法制調査会委員、幹事（昭和二一年七月三日）

臨時法制調査会委員、幹事　（昭二一、七、三）

国務大臣　金森徳次郎

臨時法制調査会副会長被仰付

内閣書記官長　林　譲治

内閣副書記官長　周重　英雄

法制局長官　入江　俊郎

法制局次長　佐藤　達夫

枢密顧問官　關屋貞三郎

枢密院書記官長　諸橋　襄

外務次官　寺崎　太郎

内務次官　飯沼　一省

大蔵次官　山田　義見

司法次官　谷村唯一郎

判事　梶田　年

文部次官　山崎　匡輔

厚生次官　安井誠一郎

行政裁判所長官　澤田竹治郎

貴族院書記官長　小林　次郎

衆議院書記官長　大池　眞

貴族院議員　下條　康麿

同　田所　美治

貴族院議員　伯爵　後藤　一藏

貴族院議員　平塚　廣義

同　川村　竹治

衆議院議員　林　連

同　原　夫次郎

同　山崎　猛

同　北　玲吉

同　水谷長三郎

同　鈴木　義男

佐々木惣一

宮澤　俊義

我妻　榮

中川善之助

牧野　英一

杉村章三郎

〔資料21〕 臨時法制調査会委員、幹事（昭和21年７月３日）

臨時法制調査会委員被仰付

淺井　清
田岡　良一
菊池　勇夫
木村　亀二
尾高　朝雄
末延　三次
松尾　國松
乾　政彦
有馬忠三郎
久布白落實

内閣事務官　橋井　眞
同　佐藤　朝生
法制局事務官　井手　成三
同　宮内　乾
同　今枝　常男
同　鮫島　眞男
枢密院事務官　高辻　正巳
外務事務官　萩原　徹
同　井口　貞夫
内務事務官　郡　祐一

同　谷川　昇
同　鈴木　俊一
同　岡田　聡
大蔵事務官　野田　卯一
同　加藤　八郎
同　石原　周夫
司法事務官　奥野　健一
同　佐藤　藤佐
同　小澤　文雄
同　野木　新一
判事　飯塚　敏夫
文部事務官　辻田　力
厚生事務官　米澤　常道
貴族院事務官　近藤　英明
衆議院事務官　西澤哲四郎
兼子　一
川島　武宜
鵜飼　信成
團藤　重光
石井　照久
田中　二郎

臨時法制調査会幹事被仰付

〔資料22〕臨時法制調査会委員、幹事（追加）（昭和二一年七月八日）

臨時法制調査会委員、幹事（追加）（昭二一、七、八）

内務政務次官　世耕　弘一
内務参与官　桂　作蔵
大蔵政務次官　上塚　司
大蔵参与官　柴田兵一郎
司法政務次官　古島　義英
司法参与官　中村　又一
安部　俊吾

臨時法制調査会委員被仰付

法制局次長　佐藤　達夫
大蔵事務官　河野　一之

臨時法制調査会幹事被仰付

〔資料23〕議事順序

議事順序

開会

会長　是ヨリ会議ヲ開キマス先ヅ内閣総理大臣トシテ一言御挨拶ヲ申シ上ゲタイト思ヒマス……挨拶……

議事規則決定

会長　ソレデハ是ヨリ議事ニ入リマス先ヅ議事規則ヲ決定致シタイト思ヒマス御手許ニ配布シテアリマス議事規則案ヲ議題ニ供シマス

（幹事議案朗読）

会長　御異議ハアリマセンカ

（異議ナシ）

会長　別ニ御異議モナイ様デアリマスカラ原案通リ決定致シマス

議席決定

会長　ソレカラ只今御着席ノ議席ハ便宜事前ニ抽籤シテ定メタモノデアリマスガコレデ御差支御座イマセンカ

（異議ナシ）

会長　御異議ナイヤウデアリマスカラ左様決定致シマス

諮問附議

会長　次ニ政府カラノ諮問ガアリマスカラ幹事ニ朗読致サセマス

（幹事　諮問ヲ朗読ス）

会長　只今朗読致サセマシタ諮問ノ趣旨ハ大体先刻ノ御挨拶ノ際

ニ申述ベタ通リデアリマスガ何カ御質問ナリ御意見ガ御座イマスナレバ此ノ際承ハリタイト思ヒマス殊ニ短期間ニ多数ノ案件ノ調査ヲ御願ヒスルノデアリマスカラ今後ノ調査方針等ニ付腹蔵ノナイ御意見ヲ承リ度イト存ジマス

質問

（質問）

意見陳述

（意見ノ陳述）

部会経過

会長　次ニ調査会官制才五条ニ基キマシテ本会ニ部会ヲ設ケタイト思ヒマス

各部会・事務分掌ノ決定並ニ部会表及所属委員ノ御指名ヲ致シマス幹事ニ朗読致サセマス

（幹事　部会事務分掌　部会長及部所属委員指名　朗読）

会長　只今朗読致サセマシタ部会ノ分掌所属等ニ付イテ何カ御質問ナリ御意見ガ御座イマスナレバ此ノ際承リタイト存ジマス

（質問）

（意見ノ陳述）

事務進行予定

会長　次ニ今後ノ本会ノ事務ノ進行計画デアリマスガ新憲法ノ実施ノ日取リトヲ睨合セマシテ幹事ノ方デ大体ノ予定ヲ建テサセテ居リマスカラ之ヲ朗読サセマス

幹事　（主要法案要綱立案分担予定　調査会事務進行予定）朗読

会長　右ハ大体ノ予定デアリマスカラ事宜ニヨリマシテ多少ノ移動モ予想セラレマスガソノ場合ニハ其ノ都度御連絡ヲ致シマス御異議ハアリマセンカ

（異議ナシ）

閉会

会長　ソレデハ明十二日午前十時開会ノ第一部会カラ順次各部会ヲ開会スルコトニ致シマス

会長　本日ハ大体コノ程度ニ止メマシテ資料モ相当御手許ニ差上ゲテアルコトデアリマスカラ、一応御覧ヲ願フコトト致シマシテ今日ハコレニテ散会シマス寔ニ御苦労デ御座イマシタ

〔資料24〕　臨時法制調査会議事規則（案）

臨時法制調査会議事規則（案）

第一条　会議の日時及び場所は、会長がこれを定める。

第二条　会長は、会議。〔の議長〕となり、議事を整理する。会長が事故のあるときには、副会長が議長となる。

第三条　会議は会長、副会長及び委員を合せて、其の三分の一以上出席しなければ、これを開くことができない。

第四条　会議は、これを秘密とする。但し差支えなしと認める事項に付ては、議長がこれを〔の経過及結集の〕発表する。〔は議長が之を行ふ。〕

第五条　発言しようとする者は、議長の許可を受けなければならない。

第六条　議長は、必要と認めるとき、関係各庁の職員其の他適当と認める者を、会議に出席させて、説明又は意見の開陳をさせることができる。

第七条　委員は、建議案を発議しようとするときには、案を具へ、理由を附し、賛成者と共に連署して、これを議長に差し出さねばならない。

第八条　議事は、出席委員の過半数でこれを決する。可否同数のときは、議長の決するところによる。

第九条　部会の議事に付ては、第一条乃至前条の規定を準用する。部会長が、事故のあるときには、其の指名する委員が、部会の会議の議長となる。

第十条　調査会官制第六条の規定によつて、部会の決議を以て調査会の決定とするには、予め総会の決議を以て、事項を指定して、部会にこれを委任しなければならない。

第十一条　議事録は。〔幹事長及〕幹事がこれを作成する。

第十二条　本則に規定のない事項は、会長がこれを決する。

（参照）

昭和二十年六月　戦時緊急措置委員会議事規則

〔資料25〕　臨時法制調査会議事規則（案）

臨時法制調査会議事規則（案）

第一条　会議の日時及び場所は、会長がこれを定める。

第二条　会長は、会議の議長となり、議事を整理する。会長が事故のあるときには、副会長が議長となる。

第三条　会議は会長、副会長及び委員を合せて、その三分の一以上出席しなければ、これを開くことができない。

第四条　会議の経過及び結果の発表は、議長がこれを行ふ。

第五条　発言しやうとする者は、議長の許可を受けなければならない。

第六条　議長は、必要と認めるとき、関係各庁の職員その他適当と認める者を、会議に出席させて、説明又は意見の開陳をさせることができる。

第七条　議事は、出席委員の過半数で、これを決する。可否同数のときは、議長の決するところによる。

第八条　部会の議事に付ては、第一条乃至前条の規定を準用する。

部会長が、事故のあるときには、その指名する委員が部会の会議の議長となる。

第九条　調査会官制第六条の規定によつて、部会の決議を以て、調査会の決定とするには、予め総会の決議を以て、事項を指定して、部会にこれを委任しなければならない。

第十条　議事録は、幹事長及び幹事が、これを作成する。

第十一条　本則に規定のない事項は、会長がこれを決する。

〔資料26〕臨時法制調査会部会事務分掌

臨時法制調査会各部会事務分掌

臨時法制調査会に、左の四部会を置き、調査会の事務を分掌せしめる。

第一部会　皇室。［及内閣］関係法律案の要綱の立案

第二部会　国会関係法律案の要綱の立案

第三部会　司法関係法律案の要綱の立案

第四部会　内閣関係其の他［財政関係、地方自治其の他］他部会の所管に属せざる法律案の要綱の立案

〔資料27〕臨時法制調査会部会規定（案）

臨時法制調査会部会規定（案）

臨時法制調査会に、左の通り部会を置き、事務を分掌させる。

第一部会　皇室及び内閣関係法律案の要綱の立案

第二部会　国会関係法律案の要綱の立案

第三部会　司法関係法律案の要綱の立案

第四部会　財政関係その他他の部会の所管に属しない法律案の要綱の立案

〔資料28〕臨時法制調査会事務進行予定（昭和二一年八月二日）

臨時法制調査会事務進行予定（二一、八、二）

当初予定日　　改定予定日

七月十一日（木）　〃　第一回総会　諮問
七月十二日（金）　〃　第一部会
七月十三日（土）　〃　第二部会
七月十五日（月）　〃　第三部会
七月十六日（火）　〃　第四部会
七月十七日（水）第一部会　｝試案作成要領協議

此間二十日間各部共小委員会ヲ概ネ隔日又ハ毎日開催

八月　一日（木）　八月十三日（火）　第二部会
八月　二日（金）　八月九日、十日、十四日　第三部会
八月　三日（土）　八月十六日（金）　第一部会
八月　五日（月）　八月十七日（土）　第四部会　｝試案審議
八月十二日（月）　八月二十一日（水）
八月十三日（火）　八月二十二日（木）　第二回総会　試案中間報告
八月十五日（木）　八月二十六日（月）　第一部会
八月十六日（金）　八月二十七日（火）　第二部会
八月十七日（土）　八月二十八日（水）　第三部会
八月十九日（月）　八月二十九日（木）　第四部会　｝答申案作成要領協議

此間十四日間各部共小委員会又ハ幹事会ヲ随時開催ス

八月二十七日（火）　九月九日（月）　第一部会
八月二十八日（水）　九月十日（火）　第二部会
八月二十九日（金）　九月十一日（水）　第三部会
八月三十日（金）　九月十二日（木）　第四部会　｝答申案審議
九月　五日（水）　九月十六日（月）　第三回総会　答申

〔資料29〕臨時法制調査会事務進行予定

臨時法制調査会事務進行予定

七月十一日（木）　第一回総会　㈠挨拶
㈡諮問
㈢調査方針協議
㈣部会設置及部会分掌事項決定

七月　十二日（金）　第一部会（皇室関係）
七月　十三日（土）　第二部会（議会関係）
七月　十四《五》日（月）　第三部会（司法関係）
七月　十六日（火）　第四部会（内閣関係其ノ他）　｝試案作成要領協議

試案作成期間十日間

此ノ間随時小委員会ヲ開催スルコト

七月二十二日（月）　第一部会（皇室関係）
七月二十三日（火）　第二部会（議会関係）
七月二十四日（水）　第三部会（司法関係）
七月二十五日（木）　第四部会（内閣関係其ノ他）　｝試案審議

七月三十一日（水）第二回総会 ㈠各部会担当試案中間報告
八月　一日（木）第一部会（皇室関係）
八月　二日（金）第二部会（議会関係）
八月　三日（土）第三部会（司法関係）
八月　五日（月）第四部会（内閣関係其ノ他）
答申案作成要領協議

答申案作成期間二十日間
此ノ間随時小委員会ヲ開催スルコト

八月　二十日（火）第一部会（皇室関係）
八月二十一日（水）第二部会（議会関係）
八月二十二日（木）第三部会（司法関係）
八月二十三日（金）第四部会（内閣関係其ノ他）
各部会答申案審議決定

八月三十一日（土）第三回総会 ㈠答申案審議決定
㈡答申

〔資料30〕 臨時法制調査会事務進行予定

臨時法制調査会事務進行予定

七月十一日　第一回総会　一、挨拶
一、諮問
一、調査方針協議
一、部会設置、部会分掌事項決定

七月十二日（金）第一部会（皇室、内閣関係）
七月十三日（土）第二部会（議会関係）
一、試案作成要領協議
七月十五日（月）第三部会（司法関係）
七月十六日（火）第四部会（財政関係その他）
一、起草委員及び幹事決定

㈠試案作成期間各部会共二十日間
㈡コノ間随時小委員会幹事会ヲ開クコト

八月　一日（木）第一部会（皇室、内閣関係）
八月　二日（金）第二部会（議会関係）
八月　三日（土）第三部会（司法関係）
八月　五日（月）第四部会（財政関係その他）
一、試案審議

八月十二日（月）第二回総会　一、各部会ノ試案中間報告
八月十三日（火）
八月十五日（木）第一部会（皇室、内閣関係）
八月十六日（金）第二部会（議会関係）
八月十七日（土）第三部会（司法関係）
八月十九日（月）第四部会（財政関係その他）
一、答申案作成要領協議

㈠答申案作成期間各部会共十日間
㈡コノ間随時小委員会幹事会ヲ開クコト

八月二十七日（火）第一部会（皇室、内閣関係）
八月二十八日（水）第二部会（議会関係）

八月二十九日（木）　第三部会（司法関係）
八月　三十日（金）　第四部会（財政関係その他）　一、答申案審議
九月　五日（木）　第三回総会　一、答申案審議決定
一、答申

〔資料31〕　主要法案要綱立案分担予定表

主要法案要綱立案分担予定表

第一部会　皇室。内閣関係

一　皇室典範（法律）案の要綱
二　皇室財産法案の要綱
三　皇室会計法案の要綱
四　その他

第二部会　国会関係

一　国会法案（議院法案）（議院事務局法案を含む）の要綱
二　参議院議員選挙法案（参議院法案）の要綱
三　衆議院議員選挙法改正法案の要綱
?四　国民投票法案の要綱

第三部会　司法関係

一　裁判所構成法案（検察庁法案を含む）の要綱
二　判事弾劾法案の要綱
三　最高裁判所判事国民審査法案の要綱
四　民法改正法案の要綱
?五　民事訴訟法改正法案の要綱
?六　人事訴訟法改正法案の要綱
七　刑法改正法案の要綱
?八　刑事訴訟法改正法案の要綱

第四部会　内閣関係其の他

一　内閣法案の要綱
二　官吏法案の要綱
?三　会計検査院法改正法案の要綱
?四　国籍法改正法案の要綱

〔資料32〕　主要法律案要綱立案分担予定

主要法律案要綱立案分担予定

第一部会　皇室及び内閣関係

一　皇室典範関係法案の要綱
二　皇室財産関係法案の要綱
三　皇室会計関係法案の要綱
四　内閣その他官庁組織関係法案の要綱
五　官吏関係法案の要綱
六　その他

第二部会　国会関係
一　国会関係法案の要綱
二　衆議院議員選挙関係法案の要綱
三　参議院議員選挙関係法案の要綱
四　その他

第三部会　司法関係
一　裁判所構成法関係法案（検察庁関係法案を含む）の要綱
二　判事弾劾関係法案の要綱
三　最高裁判所判事国民審査関係法案の要綱
四　民事関係法案の要綱
五　刑事関係法案の要綱
六　その他

第四部会　財政関係その他他の部会の所管に属しないもの
一　会計関係法案の要綱
二　その他

〔資料33〕　主要法律案要綱立案分担予定

主要法律案要綱立案分担予定

第一部会　皇室及び内閣関係
一　皇室典範関係法案の要綱
二　皇室財産関係法案の要綱
三　皇室会計関係法案の要綱
四　内閣その他官庁組織関係法案の要綱
五　官吏関係法案の要綱
六　その他

第二部会　国会関係
一　国会関係法案の要綱
二　衆議院議員選挙関係法案の要綱
三　参議院議員選挙関係法案の要綱
四　その他

Ⅰ　臨時法制調査会関係

第三部会　司法関係

一　裁判所構成法関係法案（検察庁関係法案を含む）の要綱

二　判事弾劾関係法案の要綱

三　最高裁判所判事国民審査関係法案の要綱

四　民事関係法案の要綱

五　刑事関係法案の要綱

六　その他

第四部会　財政、地方自治関係その他他の部会の所管に属しないもの

一　会計関係法案の要綱

二　地方自治関係法案の要綱

三　教育関係法案の要綱

四　勤労基準関係法案の要綱

五　その他

〔資料34〕　主要法律案要綱立案分担予定

主要法律案要綱立案分担予定〔起草担当幹事候補者〕

第一部会　皇室及び内閣関係〔井出〕

一　皇室典範関係法案の要綱〔大場《未発令》幹事、高尾《未発令》幹事、井出幹事〕

二　皇室財産関係法案の要綱〔大場《未発令》幹事、加藤八郎幹事〕

三　皇室会計関係法案の要綱〔大場幹事、野田卯一幹事〕

四　内閣その他官庁組織関係法案の要綱〔郡幹事、井出幹事〕

五　官吏関係法案の要綱〔田中二郎幹事、井出幹事〕

六　その他〔佐藤《未発令》達夫幹事〕

第二部会　国会関係〔宮内〕

一　国会関係法案の要綱〔近藤幹事、西澤幹事、宮内幹事〕

二　衆議院議員選挙関係法案の要綱〔郡幹事、谷川幹事？〕

三　参議院議員選挙関係法案の要綱〔　〃　　〃　宮内？〕

四　その他

第三部会　司法関係〔今枝〕

一　裁判所構成法関係法案（検察庁関係法案を含む）の要綱

二　判事弾劾関係法案の要綱

三　最高裁判所判事国民審査関係法案の要綱

四　民事関係法案の要綱

五　刑事関係法案の要綱

六　その他

〔奥野幹事、佐藤藤佐幹事、今枝幹事〕

第四部会　財政、地方自治〔今枝〕関係その他他の部会の所管に属しないもの

一　会計関係法案の要綱〔野田幹事、河野幹事、（未発令）□□□、宮内幹事〕

二　地方自治関係法案の要綱〔郡幹事、鈴木幹事〕

三　教育関係法案の要綱〔辻田幹事、米澤幹事〕

四　勤労基準関係法案の要綱

五　その他

〔資料35〕　臨時法制調査会幹事（未定稿）

臨時法制調査会幹事（未定稿）

内　閣

法制局各部長　法制局事務官（庶務主幹）一名

内閣審議室　橋井眞　石井良一（?）

枢密院書記官一人

貴族院書記官一人

衆議院書記官一人

宮内省

図　書　頭　大場茂行

宮内省□□官　高尾亮一

外務省

条約局長

各戦連絡中央事務局政治部長

内務省

地方局長

警保務〔行〕局長

書記官　鈴木俊一

仝　廣岡謙二

大蔵省

主計局長

国有財産部長

大蔵事務官　今泉□寛

主計局司計課長窪谷□光

司法省

民事局長

刑事局長

司法事務官（民事局□一課長）小澤文雄　〔民事局一名〕

仝　（刑事局総務課長）　野木新一　〔刑事局一名〕
大審院判事　飯塚敏夫
仝　根本松男
仝　検事　岸本茂廣
文部省
局長　課長中一人
厚生省
局長　課長中一人
〔行政裁判所〕
学界
岡義武　川島武宜　團藤　田中二郎　内田力藏　柳瀬良幹
（行政法東北）田上穰治（行政法商大）大西良〔芳〕雄（行政法京都）來栖（民法）　刑部

〔資料36〕　第一部会小委員候補

第一部会小委員候補
關屋貞三郎
諸橋　襄
加藤　進（未発令）

山田　義見
下條　康麿　後藤一蔵
鈴木　義男　原夫治郎　北玲吉
我妻　榮
杉村章三郎
入江　俊郎
佐藤　達夫
計十一人

〔資料37〕　臨時法制調査会各部会所属職員名簿ノ一

臨時法制調査会各部会所属職員名簿ノ一
第一部会　皇室関係
部会長　關屋貞三郎〔金森〕
委員　二十八人

官庁
顧問官　關屋貞三郎
枢密院　諸橋　襄
宮内次官　加藤　進
大蔵次官　山田　義見

衆議院
原　夫次郎
北　玲吉
鈴木　義男

〔資料37〕　臨時法制調査会各部会所属職員名簿ノ一

学界
- 佐々木惣一
- 宮澤　俊義
- 我妻　榮
- 中川善之助
- 淺井　清

番外
- 金森徳次郎
- 林　玲吉
- 入江　俊郎
- 関東　英雄
- 佐藤　達夫

法曹界　乾　政彦

貴族院　下條康麿〔後藤一藏〕
　　　　川村竹治〔平塚〕

幹事十五人〔審ギ官〕

枢密院
- 橋井　眞
- 高辻正巳

宮内省　大場茂行

大蔵省
- 野田卯一
- 加藤八郎
- 石原周夫

司法省
- 奥野健一
- 小澤文雄

大審院　飯塚敏夫

学界
- 川島武宜
- 鵜飼信成
- 田中二郎

常任幹事
- 井手成三
- 宮内　乾
- 今枝常男
- 鮫島眞男

第二部会　議会関係

部会長　佐々木惣一〔北玲吉又ハ原夫次郎〕

委員　四十一人（三十二人）

官庁
- 貴族院書記官長　小林次郎
- 衆議院　大池　眞
- 外務次官　寺崎太郎
- 内務次官　飯沼一省

- 佐々木惣一
- 宮澤　俊義
- 尾高　朝雄

貴族院
- 下條康麿
- 田所美治
- 後藤一藏

学界
矢内原忠雄
末延　三次
牧野　英一
杉村章三郎
淺井　清
田岡　良一

新聞界
細川　隆元
新井　達夫
森　眞一郎

婦人界
久布白落實
河崎　なつ
河井　ミチ

法曹界
有馬忠三郎
庄野　理一

自治団体
内田秀五郎
松尾　國松
永田　轟
岸本　信行

幹事　十六人
橋井　眞

平塚広義
川村竹治

衆議院
林　進
原夫次郎
山崎　猛
北　玲吉
水谷長三郎
鈴木義男

番外
金森德次郎
林　譲治
入江俊郎
周東英雄
佐藤達夫

貴　近藤　英明
衆　西澤哲四郎
外　萩原　徹
〃　井口　貞夫
内　郡　祐一
〃　岡田　聡
大　野田　卯一
司　佐藤　藤佐
　　野木　利一
大審　岸本　義広
学界　鵜飼　信成
〃　田中　二郎

常任幹事
井手成三
宮内　乾
今枝常男
鮫島眞男

第三部会　司法関係
部会長　乾　政彦（又ハ牧野英一）
委員　二十三人（十八人）

〔資料37〕 臨時法制調査会各部会所属職員名簿ノ一

官庁
行裁部長 澤田竹次郎
司法次官 谷村唯一郎
大審判 梶田年

衆議院
林進
原夫次郎
水谷長三郎

学界
我妻榮
木村亀二
中川善之助
牧野英一

番外
金森徳次郎
林譲治
入江俊郎
周東英雄
佐藤達夫

新聞界
森眞一郎

婦人界
河崎なつ〔久布白落實〕
河井ミチ

法曹界
乾政彦
有馬忠三郎
庄野理一

貴族院
田所美治
後藤一藏

幹事十四人

司法省
奥野健一
佐藤藤佐
小澤文雄
野木新一
飯塚敏夫
岸本義廣

学界
兼子一
川島武宜
團藤重光
石井照久

常任幹事
井手成三
宮内乾
今枝常男
鮫島眞男

第四部会 内閣関係其ノ他〔川村か平塚〕
部会長 金森徳次郎（又ハ平塚廣義）

○委員　三十三人（二十三人）

諸橋　襄
澤田竹次郎
寺崎　太郎
飯沼　一省
山田　義見
山崎　匡輔
安井誠一郎
宮澤　俊義
木村　亀二
尾高　朝雄
矢内原忠雄
末延　三次
杉村章三郎
田岡　良一
菊地　勇夫
細川　隆元
新井　達夫
久布白落實
内田秀五郎
松尾　國松

○番外

金森徳次郎
林　譲治
入江　俊郎
周東　英雄
佐藤　達夫

○幹事十四人

橋井　眞
萩原　徹
井口　貞夫
谷川　昇
鈴木　俊一
野田　卯一
石原　周夫
辻田　力
末澤　常道
永田　轟
岩本　信行
下條　康廣
田所　美治
平塚　廣義
山崎　猛
水谷長三郎
鈴木　義男
鵜飼　信成
田中　二郎

○常任幹事

井手　成三
宮内　乾
今枝　常男
鮫島　眞男

〔資料38〕　臨時法制調査会各部会所属職員名簿ノ二

臨時法制調査会各部会所属職員名簿ノ二

	1	2	3	4
会長　吉田　茂				
副会長　金森徳次郎	皇	議	司	内
林　譲治	皇	議	司	内
周東　英雄	皇	議	司	内
入江　俊郎	皇	議	司	内
佐藤　達夫	皇	議	司	内
關屋貞三郎	皇			

〔資料38〕 臨時法制調査会各部会所属職員名簿ノ二

諸橋　襄	皇			内
澤田竹次郎			司	内
小林　次郎		議		
大池　眞		議		
加藤　進	皇			
寺崎　太郎		議		内
飯沼　一省		議		内
山田　義見	皇			内
谷村唯一郎			司	
梶田　年			司	
山崎　匡輔				内
安井誠一郎				内
佐々木惣一	皇	議		
宮澤　俊義	皇	議		内
我妻　榮	皇		司	
中川善之助	皇		司	
牧野　英一		議	司	
杉村章三郎		議		内
淺井　清	皇	議		
田岡　良一		議		内
菊地　勇夫				内

木村　亀二			司	内
尾高　朝雄		議		内
矢内原忠雄		議		内
末延　三次		議		内
細川　隆元		議		内
新井　達夫		議		内
森　眞一郎		議	司	
久布白落實		議		内
河崎　なつ		議	司	
河井　ミチ		議	司	
乾　政彦	皇		司	
有馬忠三郎		議	司	
庄野　理一		議	司	
内田秀五郎		議		内
松尾　國松		議		内
永田　轟		議		内
岩木　信行		議		内
下條　康麿	皇	議		内
田所　美治		議	司	内
後藤　一藏		議	司	
平塚　廣義		議		内

幹事

川村 竹治	皇	議		
林 連		議	司	
原 夫次郎	皇	議	司	
山崎 猛		議	内	
北 玲吉	皇	議		
水谷長三郎		議	司	内
鈴木 義男	皇	議		内
井手 成三	皇	議		内
宮内 乾	皇	議	司	内
今枝 常男	皇	議	司	内
鮫島 眞男	皇	議	司	内
橋井 眞	皇	議		内
高辻 正巳	皇			
近藤 英明		議		
西澤哲四郎		議		
大場 茂行	皇			
萩原 徹		議		内
井口 貞夫		議		内
郡 祐一		議		
谷川 昇				内
鈴木 修一				内
岡田 聰		議		
野田 卯一	皇	議		内
加藤 八郎	皇			
石原 周夫	皇			内
奥野 健一	皇		司	
佐藤 藏〔藤〕佐		議	司	
小澤 文雄	皇		司	
野木 新一		議	司	
飯塚 敏夫	皇		司	
岸本 義廣		議	司	
辻田 力				内
米澤 常道				内
兼子 一			司	
川島 武宜	皇		司	
鵜飼 信成	皇	議		内
團藤 重光			司	
石井 照久			司	
田中 二郎	皇	議		内

〔資料39〕 臨時法制調査会委員の部属及び小委員会所属表（昭和二一年七月一八日）

臨時法制調査会委員の部属及び小委員会所属表（二一、七、一八）　◎印ハ小委員会

第一部会（皇室内閣関係）

部会長　金森德次郎
◎關屋貞三郎
◎諸橋　襄
寺崎　太郎
飯沼　一省
◎山田　義見
◎下條　康麿
◎後藤　一藏
◎原　夫次郎
◎北　玲吉
◎鈴木　義男
佐々木惣一
宮澤　俊義
◎我妻　榮
中川善之助
牧野　英一
◎杉村章三郎

第二部会（議会関係）

部会長◎北　玲吉
寺崎　太郎
◎飯沼　一省
山田　義見
谷村唯一郎
◎小林　次郎
◎大池　眞
下條　康麿
◎田所　美治
◎後藤　一藏
平塚　廣義
◎川村　竹治
◎林　連
原　夫次郎
◎山崎　猛
◎水谷長三郎
鈴木　義男

第三部会（司法関係）

部会長　有馬忠三郎
飯沼　一省
谷村唯一郎
梶田　年
澤田竹治郎
小林　次郎
大池　眞
水谷長三郎
我妻　榮
中川善之助
牧野　英一
木村　亀二
乾　政彦
久布白落實
古島　義英
中村　又一
山田　義見

第四部会（財政関係其の他）

部会長◎平塚　廣義
飯沼　一省
◎山田　義見
山崎　匡輔
◎安井誠一郎
◎田所　美治
◎川村　竹治
◎林　連
◎山崎　猛
◎杉村章三郎
菊池　勇夫
◎松尾　國松
世耕　弘一
桂　作藏
◎上塚　司
◎柴田兵一郎
山田　三良

尾高　朝雄
乾　政彦
◎松田　正之
未発令◎加藤　進
林　譲治
周東　英雄
入江　俊郎
佐藤　達夫
部属委員二五人
小委員　一二人

◎宮澤　俊義
◎浅井　清
田岡　良一
末延　三次
久布白落實
世耕　弘一
桂　作藏
上塚　司
柴田兵一郎
古島　義英
中村　又一
安部　俊吉
◎山田　三良
◎佐々木惣一
松田　正之
林　譲治
周東　英雄
入江　俊郎
佐藤　達夫
部属委員三六人
小委員　一四人

諸橋　襄
末延　三次
林　譲治
周東　英雄
入江　俊郎
佐藤　達夫
部属委員二三人
検事　佐藤　□□
村岡　亀子
河崎　なつ
弁護士　庄野　理一
中田　□□
森　眞一郎

林　譲治
周東　英雄
入江　俊郎
佐藤　達夫
部属委員二一人
小委員　一一人

〔資料40〕 臨時法制調査会部会所属職員表

臨時法制調査会部会所属職員表

副会長及委員			第一部	第二部	第三部	第四部
副会長		金森徳次郎	皇内			
番外	1	林　譲治	皇内	議	司	財
〃	2	周東英雄	皇内	議	司	財
〃	3	入江俊郎	皇内	議	司	財
〃	4	佐藤達夫	皇内	議	司	財
	1	關屋貞三郎	皇内			
	2	諸橋　襄	皇内			
	3	寺崎太郎	皇内	議		
	4	飯沼一省	皇内	議	司	財
	5	山田義見	皇内	議		財
	6	谷村唯一郎			司	
	7	梶田　年			司	
	8	山崎匡輔				財
	9	安井誠一郎				財
	10	澤田竹治郎			司	
	11	小林次郎		議	司	
	12	大池　眞		議	司	
	13	下條康麿	皇内	議		財
	14	田所美治		議	司	財
	15	後藤一藏	皇内	議	司	
	16	平塚廣義	皇内	議		財
	17	川村竹治		議		財
	18	林　連		議		財
	19	原　夫次郎	皇内	議	司	
	20	山崎　猛		議	司	財
	21	北　昤吉	皇内	議		
	22	水谷長三郎		議	司	
	23	鈴木義男	皇内	議		財
	24	佐々木惣一	皇内			
	25	宮澤俊義	皇内	議		
	26	我妻　榮	皇内		司	
	27	中川善之助	皇内		司	
	28	牧野英一	皇内		司	
	29	杉村章三郎	皇内			財

		23	25	20	18
30	淺井　清		議		
31	田岡良一		議		
32	菊池勇夫				財
33	木村亀二			司	
34	尾高朝雄	皇内			
35	末延三次		議		
36	松尾國松				財
37	乾　政彦	皇内		司	
38	有馬忠三郎			司	
39	久布白落實		議	司	

幹事	一	二	三	四
橋本　眞	皇内	議		財
佐藤朝生	皇内	議		財
井手成三	皇内	議	司	財
宮内　乾	皇内	議	司	財
今枝常男	皇内	議	司	財
鮫島眞男	皇内	議	司	財
高辻正巳	皇内			
萩原　徹	皇内	議		財
井口貞夫		議		財
郡　祐一		議		財
谷川　昇		議	司	
鈴木俊一		議		財
岡田　聰		議	司	
野田卯一	皇内	議		財
加藤八郎	皇内			
石原周夫	皇内			財
奥野健一	皇内		司	
佐藤藤佐		議	司	
小澤文雄	皇内		司	
野木新一		議	司	
飯塚敏夫	皇内		司	
辻田　力				財
米澤常道				財
近藤英明		議	司	
西澤哲四郎		議	司	
兼子　一			司	
川島武宜	皇内		司	
鵜飼信成	皇内	議		財

	第一部	第二部	第三部	第四部
團藤重光			司	
石井照久			司	
田中二郎	皇内	議		財
	16	19	15	16

〔資料41〕　追加委員、幹事、部会所属表

追加委員、幹事、部会所属表

	委員	第一部	第二部	第三部	第四部
40	世耕　弘一		議		財
41	桂　作藏		議		財
42	上塚　司		議		財
43	柴田兵一郎		議		財
44	古島　義英		議	司	
45	中村　又一		議	司	
46	安部　俊吾		議		
幹事					
	佐藤　達夫	皇内	議	司	財
	河野　一之		議		財

〔資料42〕　臨時法制調査会各部会所属職員名簿

臨時法制調査会各部会所属職員名簿

第一部会　皇室及び内閣関係

部会長　金森徳次郎
委　員　關屋貞三郎
〃　諸橋　襄
〃　寺崎　太郎
〃　飯沼　一省
〃　山田　義見
〃　下條　康麿
〃　後藤　一藏
〃　原　夫次郎
〃　北　昤吉
〃　鈴木　義男
〃　佐々木惣一
〃　宮澤　俊義
〃　我妻　榮
〃　中川善之助
〃　牧野　英一
〃　杉村章三郎

〃　尾高　朝雄
〃　乾　政彦
〔松田　正之〕
番外　林　譲治
〃　周東　英雄
〃　入江　俊郎
〃　佐藤　達夫
幹事　橋井　眞
〃　佐藤　朝生
〃　高辻　正巳
〃　萩原　徹
〃　野田　卯一
〃　加藤　八郎
〃　石原　周夫
〃　奥野　健一
〃　小澤　文雄
〃　飯塚　敏夫
〃　川島　武宜
〃　鵜飼　信成
〃　田中　二郎
番外　佐藤　達夫

〃　井手　成三
〃　宮内　乾
〃　今枝　常男
〃　鮫島　眞男

第二部会　議会関係

部会長　北　昤吉
委員　寺崎　太郎
〃　飯沼　一省
〃　山田　義見
〔谷村唯一郎〕
〃　小林　次郎
〃　大池　眞
〃　下條　康麿
〃　田所　美治
〃　後藤　一藏
〃　平塚　廣義
〃　川村　竹治
〃　林　連
〃　原　夫次郎
〃　山崎　猛

〔資料42〕　臨時法制調査会各部会所属職員名簿

〃　水谷長三郎
〃　鈴木　義男
〃　宮澤　俊義
〃　淺井　清
〃　田岡　良一
〃　末延　三次
〃　久布白落實
〃　世耕　弘一
〃　桂　作藏
〃　上塚　司
〃　柴田兵一郎
〃　古島　義英
〃　中村　又一
〃　安部　俊吾
〃　山田　三良
〃　佐々木惣一
〔松田　正之〕
番外　林　讓治
〃　周東　英雄
〃　入江　俊郎
〃　佐藤　達夫

幹事　橋井　眞
〃　佐藤　朝生
〃　萩原　徹
〃　井口　貞夫
〃　郡　祐一
〃　谷川　昇
〃　鈴木　俊一
〃　田岡　聰
〃　野田　卯一
〃　佐藤　藤佐
〃　野木　新一
〃　近藤　英明
〃　西澤哲四郎
〃　鵜飼　信成
〃　田中　二郎
〃　河野　一之
番外　佐藤　達夫
〃　井手　成三
〃　宮内　乾
〃　今枝　常男
〃　鮫島　眞男

第三部会　司法関係

部会長　有馬忠三郎
委　員　飯沼　一省
〃　谷村唯一郎
〃　梶田　年
〃　澤田竹治郎
〃　小林　次郎
〃　大池　眞
〃　田所　美治
〃　後藤　一蔵
〃　原　夫次郎
〃　山崎　猛
〃　水谷長三郎
〃　我妻　榮
〃　中川善之助
〃　牧野　英一
〃　木村　亀二
〃　乾　政彦
〃　久布白落實
〃　古島　義英
〔山田　義見〕
〔諸橋　襄〕
〔末延　三次〕
〃　中村　又一
番　外　林　譲治
〃　周東　英雄
〃　入江　俊郎
〃　佐藤　達夫
幹　事　谷川　昇
〃　岡田　聰
〃　奥野　健一
〃　佐藤　藤佐
〃　小澤　文雄
〃　野木　新一
〃　飯塚　敏夫
〃　近藤　英明
〃　西澤哲四郎
〃　兼子　一
〃　川島　武宜
〃　團藤　重光
〃　石井　照久

〔資料42〕　臨時法制調査会各部会所属職員名簿

〔高辻　正巳〕
番　外　佐藤　達夫
〃　井手　成三
〃　宮内　　乾
〃　今枝　常男
〃　鮫島　眞男

第四部会　財政関係その他他の部会の所管に属しないもの

部会長　平塚　廣義
委　員　飯沼　一省
〃　山田　義見
〃　山崎　匡輔
〃　安井誠一郎
〃　下條　康麿
〃　田所　美治
〃　川村　竹治
〃　林　　連
〃　山崎　　猛
〃　鈴木　義男
〃　杉村章三郎
〃　菊池　勇夫
〃　松尾　國松
〃　世耕　弘一
〃　桂　　作藏
〃　上塚　　司
〔山田　三良〕
〃　柴田兵一郎
番　外　林　　譲治
〃　周東　英雄
〃　入江　俊郎
〃　佐藤　達夫
幹　事　橋井　　眞
〃　佐藤　朝生
〃　萩原　　徹
〃　井口　貞夫
〃　郡　　祐一
〃　鈴木　俊一
〃　野田　卯一
〃　石原　周夫
〃　辻田　　力
〃　米澤　常道
〃　鵜飼　信成

〃　　田中　二郎
〃　　河野　一之
番外　佐藤　達夫
〃　　井手　成三
〃　　宮内　乾
〃　　今枝　常男
〃　　鮫島　眞男

〔資料43〕臨時法制調査会各部会所属職員名簿

〔第一部会　皇室及び内閣関係〕

〃　　宮澤　俊義
〃　　我妻　榮
〃　　中川善之助
〃　　牧野　英一
〃　　杉村章三郎
〃　　尾高　朝雄
〃　　乾　政彦
番外　林　譲治
〃　　周東　英雄
〃　　入江　俊郎
〃　　佐藤　達夫
幹事　橋井　眞
〃　　佐藤　朝生
〃　　高辻　正巳
〃　　萩原　徹
〃　　野田　卯一
〃　　加藤　八郎
〃　　石原　周夫
〃　　奥野　健一
〃　　小澤　文雄
〃　　飯塚　敏夫
〃　　川島　武宜
〃　　鵜飼　信成
〃　　田中　二郎
番外　井手　成三
〃　　宮内　乾

〔欠落〕

第二部会　議会関係

部会長　北　昤吉
委　員　寺崎　太郎

〔資料43〕 臨時法制調査会各部会所属職員名簿

〃 飯沼 一省
〃 山田 義見
〔谷村唯一郎〕
〃 小林 次郎
〃 大池 眞
〔山田 三良〕
〃 下條 康麿
〃 田所 美治
〃 後藤 一藏
〃 平塚 廣義
〃 川村 竹治
〔一部欠落〕
〃 山崎 猛
〃 水谷長三郎
〃 鈴木 義男
〃 宮澤 俊義
〃 浅井 清
〃 田岡 良一
〃 末延 三次
〃 久布白落實
〔○佐々木惣一〕

番外 林 讓治
〃 周東 英雄
〃 入江 俊郎
〃 佐藤 達夫
幹事 橋井 眞
〃 佐藤 朝生
〃 萩原 徹
〃 井口 貞夫
〃 郡 祐一
〃 谷川 昇
〃 鈴木 俊一
〃 岡田 聰
〃 野田 卯一
〃 佐藤 藤佐
〃 野木 新一
〃 近藤 英明
〃 西澤哲四郎
〃 鵜飼 信成
番外 井手 成三
〃 宮内 乾
〃 今枝 常男

〃　鮫島眞男

第三部会　司法関係

部会長　有馬忠三郎
委員　飯沼一省
〃　谷村唯一郎
〃　梶田年
〃　澤田竹治郎
〃　〔小林次郎〕
〃　〔大池眞〕
〃　田所美治
〃　後藤一藏
〃　原夫次郎
〃　山崎猛
〃　水谷長三郎
〃　我妻榮
〃　中川善之助
〃　木村亀二
〃　乾政彦
〃　久布白落實
番外　林譲治
〃　周東英雄
〃　入江俊郎
〃　佐藤達夫
幹事　谷川昇
〃　岡田總
〃　奥野健一
〃　佐藤藤佐
〃　小沢文雄
〃　野木新一
〃　飯塚敏夫
〃　近藤英明
〃　西澤哲四郎
幹事　兼子一
〃　川島武宜
〃　團藤重光
〃　石井照久
番外　井手成三
〃　宮内乾
〃　今枝常男
〃　鮫島眞男

〔資料43〕　臨時法制調査会各部会所属職員名簿

第四部会　小委員会候補者

貴族院 ｛平塚　廣義委員　〔川村委員〕
　　　　 田所　美治委員

衆議院 ｛山崎　猛委員
　　　　 林　連委員

学識経験者 ｛杉村章三郎委員
　　　　　　 松尾　國松委員

政務官 ｛上塚　司委員
　　　　 柴田兵一郎委員

官庁 ｛山田　義見委員
　　　 安井誠一郎委員

計　十人

第四部会　財政関係その他他の部会の所管に属しないもの

〔小委員会委員〕

部会長　平塚　廣義
委　員　飯沼　一省
〃　山田　義見……〔上塚司〕
〃　山崎　匡輔……〔柴田兵一郎〕
〃　安井誠一郎

〃　下條　康麿
〃　〔平塚同和〕田所　美治
〃　〔交友〕川村　竹治
〃　林　連
〃　山崎　猛
〔上塚柴田〕政友
〃　菊地　勇夫
〃　松尾　國松
番外　林　譲治
〃　周東　英雄
〃　入江　俊郎
〃　佐藤　達夫
幹事　橋井　眞
〃　佐藤　朝生
〃　萩原　徹
〃　井口　貞夫
〃　郡　祐一
〃　鈴木　俊一
〃　野田　卯一
幹事　石原　周夫
〃　辻田　力

〃　米澤　常道
〃　鵜飼　信成
〃　田中　二郎
番外　井手　成三
〃　宮内　乾
〃　今枝　常男
〃　鮫島　眞男

〔資料44〕　各部会所属職員名簿追加

各部会所属職員名簿追加

第一部会　皇室内閣関係　幹事　佐藤　達夫
河野　一之

第二部会　議会関係　委員　世耕　弘一
〃　桂　作藏
〃　上塚　司
〃　柴田兵一郎
〃　古島　義英
〃　中村　又一
〃　安部　俊吾
幹事　佐藤　達夫
〔河野一之〕

第三部会　司法関係　委員　古島　義英
〃　中村　又一
幹事　佐藤　達夫

第四部会　財政関係その他　委員　世耕　弘一
〃　桂　作藏
〃　上塚　司
〃　柴田兵一郎
幹事　佐藤　達夫
〃　河野　一之

〔資料45〕　臨時法制調査会名簿（昭和二一年七月）

臨時法制調査会名簿（昭和廿一年七月）　法制局　麹町区霞ケ関一
銀座(57)五八三一―九
仝　(〃)九五二（直通）
□三○□七

会　長　内閣総理大臣　吉田　茂　麹町区永田町二ノ一官舎
（銀座(57)二一一一至二一一五）

副会長　国務大臣　金森徳次郎　世田谷区代田一ノ三八五
（総理官邸銀座(57)二一一一至二一一五）

委　員　内閣書記官長　林　譲治　小石川区音羽七ノ一〇鳩山方（九段(33)二二〇〇）
（総理官邸銀座(57)二一一一―二一一五）

内閣副書記官長　周東　英雄　大森区馬込西四丁目二八四〇大森06二九九二
（総理官邸銀座(57)二一一一―五）

法制局長官　入江　俊郎　荏原区平塚七ノ一〇七五（荏原08一五六七）
（法制局銀座(57)五八三一―九）

法制局次長　佐藤　達夫　杉並区高円寺三ノ二九八（中野58一七四一）
（法制局銀座(57)五八三一―九）

枢密顧問官　關屋貞三郎　麹町区紀尾井町三（九段(33)二二九〇）

枢密院書記官長　諸橋　襄　杉並区松ノ木一一八七（中野(38)一三三三）

外務次官　寺崎　太郎　（枢密院(23)〇四〇九）
渋谷区代々木上原一一七七（官邸）
（外務省(57)二一一一―九）

内務次官　飯沼　一省　淀橋区下落合二ノ八二一（落合長崎(95)二五五三）
（内務省(57)五六一一）

大蔵次官　山田　義見　芝区白金猿町六七大崎一、二一〇
（大蔵省(57)一七五二―五）

司法次官　谷村唯一郎　板橋区練馬南町二ノ五八九（練馬八〇八）
（司法省(47)五六〇一―九）

判　事　梶田　年　（大審院(57)五六〇一）

文部次官　山崎　匡輔　目黒区駒場八六一渋谷(46)二四六
（文部省(49)五七七一）

厚生次官　安井誠一郎　世田谷区赤堤二ノ五四四松沢二一八九
（厚生省(47)〇五五六）

行政裁判所長官　澤田竹治郎　麹町区紀尾井町
（行政裁判所　　　）

貴族院書記官長　小林　次郎　牛込区市ケ谷甲良町四〇　九段　三三一八八
（貴族院(57)三九五五―三九五九）

衆議院書記官長　大池　眞　四谷区内藤町一ノ五五淀橋(37)七七二
（衆議院(57)一四四五）

貴族院議員　下條　康麿　東京都北多摩郡小金井町一五一二（小金井二〇六）

〔資料45〕 臨時法制調査会名簿（昭和21年７月）

貴族院議員	田所　美治	鎌倉市浄明寺七七（鎌倉一二六五）
同	後藤　一藏	渋谷区上智町三八増田方（赤坂48一七九五）
同	平塚　廣義	目黒区中目黒三ノ九四六（大崎49一八一六）
同	川村　竹治	豊島区目白町二ノ一六四三（九段33六六五）
衆議院議員	林　　連	荒川区南千住町八ノ三七（浅草84二二九〇）
同	原　夫次郎	牛込区甲良町二三（九段33四二四〇）
同	山崎　　猛	世田谷区東玉川町一五七（田園調布三六四四）
同	北　　昤吉	杉並区井荻三ノ一（荻窪二三六二）
同	水谷長三郎	品川区西品川二ノ一〇三七坂本三右衛門方（大崎49五〇一四）
同	鈴木　義男	麹町区丸ノ内二ノ二丸ビル三九五（丸ノ内23七七八）
	佐々木惣一	渋谷区下通五ノ一六日電興業渋谷寮（渋谷45一八〇九）
	宮澤　俊義	渋谷区代々木上原一一六〇（渋谷45一六七一） 東京帝国大学法学部（85一三一四）
	我妻　　榮	板橋区石神井南田中町一〇七一（石神井一二二） 東京帝国大学法学部（85一三一四）
	中川善之助	東北帝国大学法文学部
	牧野　英一	神奈川県高座郡茅ケ崎町東海岸八四七〇
	杉村章三郎	神奈川県鎌倉市大町一二二七（鎌倉一六六六五） 東京帝国大学法学部（85一三一四）
	淺井　　清	横浜市港北区日吉本町二〇〇一 慶應義塾体育会寄宿舎内（中原八四）

	田岡　良一	京都帝国大学法学部
	菊池　勇夫	九州帝国大学法文学部
	木村　亀二	仙台市霞屋下一〇〇ノ九
		東北帝国大学法文学部研究室
	尾高　朝雄	小石川区大塚仲町三六
		東京帝国大学法学部（85一三一四）
	末延　三次	渋谷区豊分町一一赤坂50一三三一
		東京帝国大学法学部（85一三一四）
	松尾　國松	岐阜市木田町
	乾　　政彦	世田谷区玉川田園調布二ノ七一七
		（麹町区丸ノ内二丁目丸ビル八階八丸ノ内一六一〇）事務所
	有馬忠三郎	麹町区丸ノ内二丁目丸ビル七階七二区七二三丸ノ内一五
	久布白落實	世田谷区祖師ケ谷町一ノ四六〇
内務政務次官	世耕〔弘〕一	世田谷区北澤三ノ一〇七七
内務参与官	桂　　作藏	赤坂区氷川町三四、喜旅館　赤坂48一七〇六
大蔵政務次官	七〔上〕塚　　司	渋谷区松濤町二九、渋谷40一三〇一
大蔵参与官	柴田兵一郎	目黒区宮前町一二　荏原二七四三
司法政務次官	古島　義英	芝区櫻川町二七鬼島方　芝43五四〇
司法参事官	中村　又一	麻布区一本松二四45松田方
貴族院議員	山田　三良	神奈川県三浦郡葉山町長柄五〇二
内閣事務官	橋井　　眞	荏原区豊町一ノ一二二）

〔資料45〕　臨時法制調査会名簿（昭和21年７月）

（内閣審議室　五八三一—九）

同　佐藤　朝生　渋谷区千駄谷五ノ八二六　淀橋37七八八

（内閣総務課長　二一一一—五）

法制局事務官　井手　成三　目黒区三谷町一三九荏原08一六三八

同　宮内　乾　市川市浅間前七六二

同　今枝　常男　北多摩郡神代村字金子一二二一鹿島方（千歳烏山一〇一）

同　鮫島　眞男　大森区馬込町東一ノ一二七六

枢密院事務官　高〔辻〕正巳　世田谷区代田町二ノ七九四（松沢四一八八）

（枢密院23四〇九）

外務事務官　萩原　徹　麻布区新龍土町一二

外務省　一一一—九）

同　井口　貞夫　世田谷区玉川田園調布二ノ七二四（田園調布　四五五八）

外務省57五一一一—九

内務事務官　郡　祐一　小石川区〔丸〕山町五（大塚六七二）

（内務省57五六一一）

内務事務官　谷川　昇　品川区五反田五丁目六〇（大崎　三七八八）

（内務省57五六一一）

同　鈴木　俊一　芝区高輪西大町高松宮御殿内三田一一

（内務省57五六一一）

同　岡田　總　京橋区木□町二ノ一三満寿屋内京橋　八七〇

（内務省57五六一一）

大蔵事務官　野田　卯一　小石川区大塚仲町四一大塚八二〇
（大蔵省57一七五二一五）
同　加藤　八郎　本郷区森川町二高橋岩太郎方小石川四七五四
（大蔵省57一七五二一五）
同　石原　周夫　神奈川県横須賀市　子町山ノ根三六五
（大蔵省57一七五二一五）
司法事務官　奥野　建一　渋谷区原町二二
（司法省57五六〇一）（五二三二）
同　佐藤　藤佐　麻布区新十□町六（赤坂一八七一）
（司法省57五六〇一）
同　小澤　文雄　杉並区永福町三七三（松沢二九〇二）
（司法省57五六〇一）
同　野木　新一　荏原区西中延町五ノ一二五一
（司法省57五六〇一）
判　事　飯塚　敏夫
（大審院57五六〇一）
文部事務官　辻田　力　世田谷区松原三ノ一〇二一松沢三八一九
（文部省57五七七一）
厚生事務官　米澤　常道　中野区鷺ノ宮二丁目八八一竹内方
（厚生省49五五六）
貴族院事務官　近藤　英明　麹町区永田町二ノ一四貴族院内
（貴族院77三九五五ノ三九五九）

〔資料45〕 臨時法制調査会名簿（昭和21年７月）

衆議院事務官　西澤哲四郎　渋谷区□塚町一一四七淀橋　一〇〇一
（衆議院57一四四五）

兼子　一　渋谷区代々木大山町一五一
東京帝国大学法学部（85一三一四）

川島　武宜　東京帝国大学法学部研究室（85一三一四）

鵜〔飼〕信成　鎌倉市二階堂一〇八　文堂書房内

團藤　重光　神田区〔駿〕河台四
東京帝国大学法学部（85一三一四）

石井　照久　渋谷区代々木富ケ谷一四六六
東京帝国大学法学部（85一三一四）

田中　二郎　本郷区西片町一〇イ号四一
東京帝国大学法学部（85一三一四）

大蔵事務官　河野　一之　大蔵省　37一七五二

主事

内閣事務官　畝目武二郎　同　齊木秀次郎

法制局事務官　伊藤　増男　同　三好　務

同　後藤　榮

〔資料46〕 臨時法制調査会名簿（昭和二一年七月三日）

臨時法制調査会名簿（昭和廿一年七月三日）　法制局

麹町区霞ケ関一
銀座(57)五八三一―九
(57)　九五二（直通）
八〇〇八

I　臨時法制調査会関係

会　長　内閣総理大臣　吉田　茂　麹町区永田町二ノ一官舎
（銀座(57)二一一一―二一一五）

副会長　国務大臣　金森徳次郎　世田谷区代田一ノ三八五
（総理官邸銀座(57)二一一一―二一一五）

委　員　内閣書記官長　林　譲治　小石川区音羽七ノ一〇鳩山方（九段(33)二二〇〇）
（総理官邸銀座(57)二一一一―二一一五）

内閣副書記官長　周東　英雄　大森区馬込西四丁目二八四〇大森(06)二九九二
（総理官邸銀座(57)二一一一―二一一五）

法制局長官　入江　俊郎　荏原区平塚七ノ一〇七五（荏原(08)一五六七）
（法制局銀座(57)五七三一―九）

法制局次長　佐藤　達夫　杉並区高円寺三ノ二九八（中野(58)一七四一）
（法制局銀座(57)五七三一―九）

枢密顧問官　關屋貞三郎　麹町区紀尾井町三、（九段(33)二二九〇）

枢密院書記官長　諸橋　襄　杉並区松ノ木一一八七（中野(38)一三三三）
（枢密院(23)〇四〇九）

〔資料46〕 臨時法制調査会名簿（昭和21年7月3日）

外務次官 寺崎 太郎 渋谷区代々木上原一一七七（官舎）
（外務省(57)二二二—九）

内務次官 飯沼 一省 淀橋区下落合二丁目八二一（落合長崎(95)二五五三）
（内務省(57)五六二）

〔大蔵次官〕 山田 義見 芝区白金町六七 大崎一、二一〇
（大蔵省(57)一七五二—五）

司法次官 谷村唯一郎 板橋区練馬南町二ノ五八九（練馬八〇八）
（司法省(47)五六〇一—九）

判 事 梶田 年
（大審院(57)五六〇一）

文部次官 山崎 匡輔 目黒区駒場八六一渋谷(46)二四六
（文部省(49)五七七一）

厚生次官 安井誠一郎 世田谷区赤堤二丁目五四四松沢二一八九
（厚生省(47)〇五五六）

行政裁判所長官 澤田竹治郎 麹町区紀尾井町
行政裁判所

貴族院書記官長 小林 次郎 牛込区市ケ谷甲良町四〇九段□三二八八
（貴族院(57)三九五五—三九五九）

衆議院書記官長 大池 眞 四谷区内藤町一ノ五五淀橋(37)七七二
（衆議院(57)一四四五）

貴族院議員 下條 康麿 東京都北多摩郡小金井町一五一二（小金井二〇六）

同 田所 美治 鎌倉市浄明寺七七（鎌倉一二六五）

同　後藤　一藏　渋谷区上智町三八増田方（赤坂(48)一七九五）

同　平塚　廣義　目黒区中目黒三ノ九四六（大崎(49)一八一六）

同　川村　竹治　豊島区目白町二ノ一六四三（九段(35)六六六五）

衆議院議員　林　　連　荒川区南千住町八ノ三七（浅草(34)二二九〇）

同　原　夫次郎　牛込区甲良町二三（九段(33)四二四〇）

同　山崎　　猛　世田谷区東玉川町一五七（田園調布三六四四）

同　北　　玲吉　杉並区井荻三ノ一（荻窪二三六二）

同　水谷長三郎　品川区西品川二ノ一〇三七坂本三右衛門方
（大崎□五〇一四）

同　鈴木　義男　麹町区丸ノ内二ノ二丸ビル三九五（丸の内(23)七七八）

佐々木惣一　渋谷区下通五ノ一六日電興業渋谷寮（渋谷(45)一八〇九）

宮澤　俊義　渋谷区代々木上原一一六〇（渋谷(45)一六七一）
東京帝国大学法学部(85)一三一四）

我妻　　榮　板橋区石神井南田中町一〇七一（石神井一二二）
東京帝国大学法学部(85)一三一四）

中川善之助　東北帝国大学法文学部

牧野　英一　神奈川県高座郡茅ケ崎町東海岸八四七〇

杉村章三郎　神奈川県鎌倉市大町一二二七（鎌倉一六六五）
東京帝国大学法学部(85)一三一四）

淺井　　清　慶應義塾大学（□〇二一八）

田岡　良一　京都帝国大学法学部

〔資料46〕　臨時法制調査会名簿（昭和21年7月3日）

菊池　勇夫　九州帝国大学法文学部

木村　亀二　仙台市霞屋下一〇〇ノ九
東北帝国大学法文学部研究室

尾高　朝雄　小石川区大塚仲町三六
東京帝国大学法学部（85）一三一四

末延　三次　渋谷区豊分町一一福川正三方
東京帝国大学法学部（85）一三一四

松尾　國松　岐阜市木田町

乾　　政彦　世田谷区玉川田園調布二丁目七一七
（麹町区丸ノ内丸ビル八七八丸ノ内一六〇）事務所

有馬忠三郎　麹町区丸ノ内二丁目丸ビル七階七二区七二三
丸ノ内□九一五

久布白落實　世田谷区祖師ケ谷町一ノ四六〇

幹事　内務事務官　橋井　眞　荏原区豊町一ノ一二二
（内閣審議室□三八三一―九）

同　佐藤　朝生　渋谷区千駄谷五ノ八二六　淀橋　七八八
（内閣総務課長（73）二一一一―五）

法制局事務官　井手　成三　目黒区三谷町一三九荏原（08）一六二八

同　宮内　乾　市川市浅間前七六二

同　今枝　常男　北多摩郡神代村字金子一二三一諸富方（千歳〔烏〕山一〇一）

同　鮫島　眞男　大森区馬込町東一ノ一二七六

I　臨時法制調査会関係

枢密院事務官　高辻　正巳　世田谷区代田町二ノ七九四（松沢四一八八）
（枢密院(23)四〇九）

外務事務官　萩原　徹　麻布区新龍土町一二
（外務省(32)五一二一―九）

同　井口　貞夫　世田谷区玉川田園調布一ノ七二四田園調布四五五八
（外務省(23)五一一一―九）

内務事務官　郡　榮一　小石川区丸山町五（大塚六七二）
（内務省(57)五六一一）

同　谷川　昇　品川区五反田五丁目六〇（大崎□三七八八）
（内務省(57)五六一一）

同　鈴木　俊一　芝区高輪西大□高松宮御殿内三田□一一
（内務省(57)五六一一）

内務事務官　岡田　聰　京橋区木□町二ノ一三満寿屋内京橋□八七〇
（内務省(57)五六一一）

大蔵事務官　野田　卯一　小石川区大塚仲町四一大塚八二〇
（大蔵省(57)一七五二―五）

同　加藤　八郎　本郷区森川町二高橋岩太郎方小石川四五五四
（大蔵省(57)一七五二―五）

同　石原　周夫　神奈川県横須賀市□子町山ノ根三六五
（大蔵省(57)一七五二―五）

司法事務官　奥野　健一　渋谷区原町二三二（高輪五二五二）

〔資料46〕 臨時法制調査会名簿（昭和21年7月3日）

（司法省(57)五六〇一）

同　佐藤　藤佐　麻布区新十路町六（赤坂一八七一）
（司法省(57)五六〇一）

同　小澤　文雄　杉並区永福町三七三（松沢二九〇二）
（司法省(57)五六〇一）

同　野木　新一　荏原区西中延町五ノ一二五一
（司法省(57)五六〇一）

判事　飯塚　敏夫　（大審院57五六〇一）

文部事務官　辻田　力　世田谷区松原三ノ一〇二一松沢三八一九
（文部省(57)五七七一）

厚生事務官　米澤　常道　中野区鷺ノ宮二丁目八八一竹内方
（厚生省(49)五五五六）

貴族院事務官　近藤　英明　麹町区永田町二ノ一四貴族院内
（貴族院(77)三九九五―三九五九）

衆議院事務官　西澤哲四郎　渋谷区笹塚町一一四七淀橋□　一〇〇一
（衆議院(57)一四四五）

兼子　一　渋谷区代々木大山町一五一
東京帝国大学法学部（85）一三一四）

川島　武宜　東京帝国大学法学部研究室（□一三一四）

鵜飼　信成　東京帝国大学法学部

團藤　重光　神田区駿河台四丁目四五四八

東京帝国大学法学部（85）一三一四

石井　照久　渋谷区代々木富ケ谷一四六六

東京帝国大学法学部（85）一三一四

田中　二郎　本郷区西片町一〇イ号四一

東京帝国大学法学部（85）一三一四

〔主事〕内閣事務官　畝目武二郎

法務局事務官　伊藤　増男

同　後藤　榮

同　齊木秀次郎

同　三好　務

(ロ) 総会・答申

〔資料47〕 臨時法制調査会第一回総会配布資料

臨時法制調査会第一回総会資料

一、臨時法制調査会官制
一、臨時法制調査会職員名簿
一、臨時法制調査会議事規則（案）
一、議席表
一、諮問第一号
一、憲法を施行するために制定又は改廃を必要とする法律等の件名概略
一、臨時法制調査会各部会事務分掌
一、臨時法制調査会各部会所属職員名簿
一、主要法律案要綱立案分担予定
一、臨時法制調査会事務進行予定
一、憲法改正に関する調査資料
(一) 憲法改正草案
(二) 新聞等に表はれた各政党その他の憲法改正案
(三) 主要各国憲法
(四) 憲法改正案ノ諸規定ニ関スル外国立法例（第一輯）
(五) 憲法改正案ノ諸規定ニ関スル外国立法例（第二輯）
一、現行憲法附属法令集

配布外作成書類

一、総理挨拶案
一、議事順席

〔資料48〕 第一回総会配布資料

第一回総会配布資料

一、臨時法制調査会官制
一、臨時法制調査会委員、幹事
一、諮問
一、臨時法制調査会部会規程
一、主要法案要綱立案分担予定
一、憲法を施行するために制定又は改廃を必要とする法律案の件名概略
一、臨時法制調査会各部会所属職員名簿

一、臨時法制調査会事務進行予定
一、憲法改正に関する調査資料
㈠憲法改正草案
㈡新聞等に表はれた各政党その他の憲法改正案
㈢主要各国憲法
㈣憲法改正案ノ諸規定ニ関スル外国立法例（第一輯）
㈤憲法改正案ノ諸規定ニ関スル外国立法例（第二輯）

〔資料49〕第一回総会配布資料追加

第一回総会配布資料追加

一、臨時法制調査会議事規則（案）
一、臨時法制調査会各部会所属職員名簿
一、臨時法制調査会名簿（住所録）

〔資料50〕第一回総会配布資料（抄）

第一回総会配布資料（抄）

一、臨時法制調査会官制
一、臨時法制調査会議事規則
一、諮問
一、臨時法制調査会部会規程
一、主要法案要綱立案分担予定
一、憲法を施行するために制定又は改廃を必要とする法律案の件名概略
一、臨時法制調査会各部会所属職員名簿
一、臨時法制調査会事務進行予定
一、臨時法制調査会名簿（住所録）
一、憲法改正に関する調査資料
㈠　憲法改正草案
㈡　新聞等に表はれた各政党その他の憲法改正案
㈢　主要各国憲法
㈣　憲法改正案ノ諸規定ニ関スル外国立法例（第一輯）
㈤　憲法改正案ノ諸規定ニ関スル外国立法例（第二輯）

〔資料51〕第一回幹事会配布資料（昭和二一年七月）

昭和二一、七

臨時法制調査会配布資料

井手

第一回幹事会配布資料

一、臨時法制調査会官制
一、臨時法制調査会委員、幹事
一、諮問案
一、臨時法制調査会部会規程（案）
一、主要法案要綱立案分担予定
一、憲法を施行するために制定又は改廃を必要とする法律案の件名概略
一、臨時法制調査会部会所属職員表
一、臨時法制調査会事務進行予定

〔資料52〕 諮問案

諮問案

諮問第一号

改正憲法の施行《改正》に伴ひ、制定又は改正を必要とする法律の中、主要なるものにつき、其の立案《法案》要綱を御諮りし《示されたい》ます《する。》。

〔資料53〕 諮問第一号

諮問第一号

憲法の改正に伴ひ、制定又は改正を必要とする主要な法律について、その法案の要綱を示されたい。

〔資料54〕 入江幹事長諮問第一号の説明要旨

入江幹事長

諮問第一号の説明要目

一 憲法を施行するために制定又は改廃を必要とする法対策の件名概略

（配布資料九枚目参照）

二 右の内比較的重点と思料されるものの概括的摘記分類

（配布資料八枚目裏法律案要綱主要分担予定参照）

三 答申を期待する要綱案のスケール

㈠法文の具体的逐条的のものを期待せず

㈡法案の立法上の指針となるべき大綱的ものを期待する次第なり

〔資料55〕　井手メモ（昭和二一年七月二日、第一部会）

二一、七、二、勅令三四八号臨時法制調査会官制
第一部会　皇室及内閣関係
㈠　皇室典範関係法案の□□　㈡皇室財産関係　㈢皇室会計関係
㈣内閣その他官庁組織関係　㈤官吏関係　㈥その他
山下　㈣について
幹事案が多く出た、昭和二一、七、七、法制局案□□総□省が出た。
昭和二一、七、二五には内閣府の各種も出ている。
新聞にもれて困った（対連合軍）
地方行政官庁法案は、内務省の幹事にまかせた、地方官制　行政官庁法案は各省官制通則をうける

内閣法案の試案（井手）第一次昭二一、六、一七
法体案作成、国会提出あり、幹事（学者多い）異論なし
内閣その他官庁組織法案要綱について
起草担当幹事は、井手、郡
官制は、特に立法事項を憲法的に□せられているもの以外一般に立法事項と思うが、一部立法事項で他は通則的根拠のみとすべきか

田中次〔二〕郎　官制は事情□よること明か
萩原　官制の如きは行政部自律し得る
地方行政官庁法における□□
特別地方官庁は中央行政官庁法に規定すべし（佐藤）
然らば法律の名称の中央をとるべし（井手）

原案との比較　一三―一六　後に追加
新一条加わる（ピークの主張）
二条　旧一条　定員　数は実質上同じ
三条　旧二条　同じ
四条　旧三条
五条　旧四条のこととして昭和二一、二、二五加ふる（枢府会議一一、七、一〇時）この日ドクター・ピークと打合せ
六条　枢密院審査ヤル　追加（ドクター・ピークの要求）
七条　旧四条（□変更）
八条　旧五条
九条　旧六条
一〇条　旧七条
一一条　政令の限界全然□なり、旧七条の二、昭和二一、一一、一五、
一二条　旧八条法制局があった。これは現行第四項でいれ□□□

法務総裁の設置の考え方と
法制局をつぶそう（国会立法機能強化）
ドクター・ピークより一一、二〇修正要求
可成り多くの修正を要求した。実質的の事では□□（公式含む）
のことをけった後で他は大したことなし
政令以下の限界はドクター・ピークの主張
中央行政官庁法（地方行政官庁法に対し）が行政官庁法となって
後者はなくなった。
後に消防研究所を政令でつくろうとしてG、S（コマンダー、ソ
ープ、ハッシー）に反対され
八、一二、前后
国家行政組織法案　行政調査部が可成り主役をなす
総理府設置法が出ている、地方機関も□□□□
　行政官庁法は三転五転し、連合軍側の大した意見なし根本
的に法制局の廃止や、法務府の設置など□□□も総理府は
日本側の主張

〔資料56〕　井手メモ（内閣法）

行政官庁法は□井が□□案井手が監理

〔資料56〕　井手メモ（内閣法）

　当時の井手の立場
国内的には、法制局が各方面の意見をきゝつくった通りで進んだ。
G、Sの交渉は藤崎君がついて来た。（但し参議院の修正）
一、GS側は皇室制度（特に経済関係）ほど強い意見を示さなか
った。
但し、全体を通じて国会統治行政権の地位低下をねらった。
細かい意見は相当でた。
二、憲法の枠があるので、その範囲で行政能率の□□従前の長所
（又は旧来の短所矯正〔〕）につとめた
一〇要□し、一二の些細なことは主張すると反って全体こわ
すのでがまんした。
三、部局の設置は政令で出来る原案であったが、参議院の修正を
被った。
内閣法は、第一条、第六条、第一一条□でGSの要求でなおした、
法制局をけづった。
　行政官庁法は中央行政官庁法と地方行政官庁法の二本建（各省
官制通則）（地方官官制）を根本的になおした。一本の行政官庁

法になった。
□をみて国家行政組織法になった。
　憲法における内閣の権限について、明確にして欲しいと思うもの一、二
六五
　行政委員会の必要性あれは、明確にかくこと
　そして多数決議にするなども考えること
六六条
　文民規定、かくなら人事□の資□のようなものであろう
六八条
　任意に罷免はひどい
六九条にかえて
　解散の場合を明確に
七〇条
「欠けたとき」
七一条
　前二条の場合には
第七二条
「内閣を代表して」の語は余計□□
「議案」の内容
　一般国民と外交との区別
第七三条
第七四条　公□法にまかせる
第七五条　□□には憲法に規定なし

〔資料57〕臨時法制調査会第一回総会議事速記録（昭和二一年七月一一日）

臨時法制調査会

昭和二十一年七月十一日（内閣総理大臣官邸において）

臨時法制調査会第一回総会議事速記録

〔この臨時法制調査会は閣議決定による委員会で官制によらなかった。政府は三月六日の憲法改正案が出たので、これに接□してこの調査会の設置を考案し二十年三月十二日の閣議で次の特別議会に憲法改正案提出の件の根本方針を閣議規定すると、同日に、臨時法制調査会設置の件の閣議決定をした。

こえて三月十五日の閣議では右臨時法制調査会の運用方針を附議、その細目を閣議決定している。

ところが、実際の発足は二十一年「七月三日」となり七月十一日が第一回総会であった。それはこの間に政変等あり、委員の人選もおくれた為であった〕

臨時法制調査会第一回総会議事速記録目次

一、会長開会の挨拶
二、議事規則の決定
三、議席の決定
四、諮問第一号について幹事長の説明
五、諮問第一号に対する質疑応答
六、部会の設置及び所属職員の決定
七、事務進行予定の決定
八、閉　会

臨時法制調査会第一回総会議事速記録

昭和二十一年七月十一日午前十時十五分開会

○**議長（吉田会長）**　是より会議を開きます、本日茲に臨時法制調査会の第一回の総会を開くに当りまして、内閣総理大臣として一言挨拶を致します、御承知の通り帝国憲法改正案は此の議会に付議せられ現に其の審議が進められて居ります、申すまでもなく此の度の憲法改正は民主主義平和主義の理念に徹して基本的人権を尊重し、国民の自由福祉を永久に確保し、国家機構に根本的改革を加へまして、国家再建の礎を定めむとするものであります、従つて之が実施に伴ひまして必要となる諸般の法制の整備は甚だ広汎多岐に亙るものがあります、皇室関係を初めとしまして、国会の関係、内閣の関係、地方関係其の他重要の法律の制定改廃を必要とするものが、差迫つて居るもののみを数へましても数十件の多数に上る次第であります。而も是等は何れも改正憲法と相俟つて新日本建設の基盤を構成するものでありますから、之が立案に付きましては衆知を集めて各般の観点より慎重なる調査審議を致しますことが是非共必要であるのであります、仍て政府は本調査会を設け、是等の諸法制に造詣の深い各位の御協力を仰ぐことに致しました次第であります、御審査を御願ひ致します問題は内容が極めて重大であるのみならず、改正憲法が此の議会に議決を得ますれば、其の施行は明年早々となります関係上、是等の法制の立案に付きましては極度の時間の制約を受けて居る次第であります、誠に恐縮でありますが、各位の格別の御尽力に依りまして適切妥当な成案を得て、此の昿古の大事業を是非共予定通り完遂致しまするこことを切望致すのであります、政府は本調査会の審議の経過を待つて適当な成案を得、之を今秋召集せらるゝ予定になつて居りまする臨時議会に提案したい考であります、各位に於かれしましては政府の意のある所を諒とせられ何卒十分なる御力添へを願ひたいと思ひます

それでは是より議事に入ります、先づ議事規則を決定致したいと思ひます、御手許に配布してあります議事規則を議題に供しま

す

〔幹事朗読〕

〔臨時法制調査会議事規則（案）〕

〔吉田会長退席金森副会長議長席に就く〕

○議長（金森副会長）　会長に故障がございますので僭越でございますが、副会長として私が会議の進行を取計ひます

そこで只今幹事から朗読致しましたが、此の議事規則案に付きまして御審議を願ひたいと存じます、大体普通の斯う云ふ委員会にあり勝ちの規定と異なりますので、如何でございますか、御異議ございませぬければ是で採決致したいと思います

○二十四番（佐々木委員）　大体之に書いてある通り、是は矢張り議決になつた結果だけを報告して、少数者の意見と云ふものは兎角葬られるやうな形になりますが、或は議決と共に少数者の意見と云ふものも何か報告するやうな方法は採れませぬか、是は御存じのやうにイギリスのローヤル・コムミツテ見たやうなやり方、あれは大変宜い、議院などと違ひますから単なる議決其のものは必ずしも要らぬ位に思つて居りますが、それは別のことでございますが、多数者は斯う云ふ意見、少数者は斯う云ふ意見と云ふことを報告しても宜いやうに思ひます、さう云ふ少数者の意見を示すやうな方法は許されると思ひますが、如何でございますか、此の議事規則を変へると云ふ意味ではございませぬが

○議長（金森副会長）　分りました、議長の意見として申上げるのは少し不似合でございますけれども、大体私の個人的見解と致しましては、さう云ふ風にありたいと云ふ考を持つて居ります、従つて此の会議の全体の方の御援助に依りますれば、さう云ふ方法で進むことは結構だらうと思ひます

○二十四番（佐々木委員）　分りました、それでは成べくそう云ふ風に願ひます

○議長（金森副会長）　それでは此の議事規則は御異議ないものと了解致しまして決定に致します、そこで次に申上げて置きたいのでありますが、現在御着席になつて居ります御席は他に適当になつて居ります御席は他に適当の方法もありませぬでしたから、便宜幹事に於きまして然るべく定めたものでございまして、行届かぬ所もあるかと思ひまするが、事情御酌取りの上御了解を願ひたいと思つて居ります

次に申上げますことは政府から本会に対しまして諮問がございました、其の諮問を幹事に朗読致させます

〔幹事朗読〕

諮問第一号

憲法の改正に伴ひ、制定又は改正を必要とする主要な法律について、その法案の要綱を示されたい。

○幹事長（入江俊郎君）　只今の諮問第一号に付きまして一応簡

〔資料57〕　臨時法制調査会第一回総会議事速記録（昭和21年7月11日）
―諮問第一号

単に御説明を申上げて置きたいと存じます
　此の委員会は官制にもありまするやうに、憲法改正に伴う諸般の法則の整備に関する重要事項を審議する訳でございますが、之を稍〻具体化しまして只今のやうな諮問事項と致した訳でありまず、即ち憲法の改正に伴ひまして憲法を施行する為に是非共改廃しなければならぬと云ふやうな法律に付きまして、其の制定又は改正に付き要綱を御尋ねをすると云ふことになる訳であります、何分にも審議をする期間が極めて短いものでありますから、法案の逐条的なものに付ての御討議御答申を願ふと云ふことも其の暇もございませぬし、又さう云ふ事項は多く技術的に亙る事項でございますので、此の調査会としましては其の法案の主要な方向を意見として御決めを願ひたいと云ふ風に考へた次第でございます、従つて後の方の参考書にもございますがそれ等で掲げましたやうな色々の法律に付て御研究を願つたらどうかと思ふのであります、此の資料の中に今の諮問から二枚目にございますが、皇室典範であるとか、皇室財産関係であるとか或は皇室会計関係であるとか、或は内閣其の他官庁組織の法律であるとか、さう云つたものが皇室、内閣に関する重要な法律と先づ考へられるものではないかと云ふ風に幹事側としては参考として考へて居る次第であります、又国会関係に付きましては国会法と云ふやうなもの、更に衆議院議員選挙関係及参議院議員選挙法関係と云ふ風な法律を考へられるやうに考へて居る次第であります、それから司法関係に付きましては裁判所構成法、それから新に憲法で認められて居ります判事弾劾法、或は最高裁判所判事国民審査の関係の法律、更に民事関係と云ふ風なものがあるのであります、併し民事刑事と申しましても此の調査会で民事刑事の細かいことを全部審議をする、或は又憲法に関係のない所の重要事項を審議すると云ふのではないのでありまして、此の調査会に於きましては民事刑事に付きましても憲法施行に伴つて是非共必要であると云ふ部分の審査の方面から之に触れて行くと云ふやうな考へ方をして居る次第でございます、尤も今申し上げましたやうな法律は一つの例でもありまして、是以外にも皆様方に御意見があつて、斯う云ふ法律も矢張り重要であると云ふ風な御意見がありますれば、それ等に付ても御検討を願ふことになると思ひますが、一応我々は今申しましたやうな範囲を先づ重要な法律と考へられるのではなからうかと考へた次第であります、左様な次第でありますので此の諮問に対する対しましての御答申に付きましては御自由に御審議を願ひたいと思ひますけれども、要するに法文の具体的逐条的なものと云ふよりは、其の重要な要綱に付て御答申を願ふと云ふ風に考へたいと思つて居ります、又実際の場合には要綱を検討するに付ても、其の事項が法文としてどう現れるかと云ふことは一方に於て頭の中に置きながらでないと要綱も出来ないこともありますが、さう云ふ技術的なことに付きましては十分幹事が之を検討致しまして出来るだけの御協力を委員の皆様方にして差上げたいと考へて居る次第でございます、諮問として斯う云ふ題目が出ましたことに付きましての一応の御説明を申上げた次第であります

○議長（金森副会長）　只今幹事長から諮問に付きましての色々の説明がございましたが、此の諮問全体に対しまして何か御質疑等がございますれば此の際承つて置きたいと考へて居ります

○二十四番（佐々木委員）　是は憲法の時に御尋ねしたが宜いと思ひますが、司法関係の所謂司法は是までは誰も知つて居る通り民事、刑事、裁判所でありますが、今度の憲法に依りますと所謂従来司法裁利〔判〕所と言つて居つたもので行政裁判を行ふのではないかと思はれます、是は憲法の審議其のものの時に御尋ねして見ようと思つて居るのでありますが、それはどう云ふものでございませう、さうして此処に一方に行政裁判所の廃止と云ふのは民事、刑事と云ふことだけでありますか、さう見える、此の問題をちょっとはつきりしないと将来審議上工合が悪いと思ひます、今でなくても宜いのでありますが、ちょっと私の気の付いたことを申上げて置きます

○幹事長（入江俊郎君）　其の点に付て御答申上げます、此の憲法に於きましては行政事件は司法権の作用としまして裁判所に於て扱ふことになりましたので、大きな制度上の変革と思ひますが、今申上げました裁判所構成法関係と云ふ中に若干行政に関する部分の法制が織込まれるものと考へて居ります、又民事関係、刑事関係と云ふ中には行政関係と云ふものは入つて参りませぬけれども、其の他と云ふものもございまして、行政に付きまして行政裁判所法と云ふやうなものが出来るかどうか、私共は一応そこまで考へないで居りましたけれども、兎に角司法関係と云ふ中で裁判所構成法関係とか或は其の他であるとか云ふ風な所の中に今の行政に関するものを含めてあると御了承を願いたいと思ひます

○二十四番（佐々木委員）　分りました、司法関係の司法と云ふのを民事、刑事のみと限らずに、他の法律的の正確なる説明は別として、少くとも此の調査会に於ては民事法、刑事法とも限らずに、行政事項も含むと考へて居るのでありますか

○幹事長（入江俊郎君）　左様でございます

○三十八番（有馬委員）　それに関連して、特許関係のことはどうなりますか

○幹事長（入江俊郎君）　之をどう扱ふかと云ふことは研究の問題でございますが、私権関係の法律関係でございますから、司法関係として御取扱ひになつて結構だと思ひます。

○三十八番（有馬委員）　分りました

○七番（梶田委員）　此の第三部会の司法関係の中にあります判事弾劾関係法案、是は一般判事の弾劾ですが、此の弾劾裁判所と

〔資料57〕　臨時法制調査会第一回総会議事速記録（昭和21年７月11日）
―諮問第一号

云ふものは憲法草案に依りますと衆議院と参議院の議員から成る委員を以て弾劾裁判所と云ふものが出来るやうでありますが、さうしますと此の仕事はどうしても国会の方でおやりになることになるのでありますが、国会でおやりになることを裁判所構成法の中で規定して置かうと云ふ御考でせうか、其の辺権宜的に言ふと此の問題は国会法とか議院法と云ふやうなものの中に入れた方が都合が宜いかと思ふのでありますが、是は間違つて居るものでありますが、是はどちらでやるかと云ふことを斯う云ふ総会で御決め願ふ方が宜いでせうか、それとも一応斯うやつて置いて、連絡して二部と三部の間で協議の上決めるやうなことに致しますか、それと同じ問題が最高裁判所の判事の国民投票に依る国民審査、此の問題も投票は何れ此の関係は衆議院議員選挙法で決められるべき訳だらうと思ひますが、事柄は最高裁判所の判事の信任投票の問題ですから、是も同じやうに両方に跨つて居りますので、司法関係の方で、詰り裁判所構成法の中に織込んで決してしまふよりは、或は衆議院議員選挙法の中に規定した方が都合が宜いではないかとも考へられるのでありますが、要するに跨つて居りますので、どちらでやつて宜いか、権限争ひと言ひますか縄張りがはつきりしない感じがしますが、斯う云ふ点を大体総会でどちらであると云ふことを御決めになる方が宜いと思ひますが、如何でございますか

○**議長（金森副会長）**　梶田委員に申上げますが、今現に此処で御質疑を願つて居りますのは、今日諮問せられた此の案に対して疑義があれば御質疑を願ふ、斯う云ふことになつて居りまして、まだ部会を如何にするかと云ふ所まで問題が進んで居りませぬ。直ぐ接近致しまして部会を設置することに付て皆様方の御意見を伺ひたいと思つて居ります、そこで其の部会の分け方とか、部会に配置すべき問題の適否と云ふことを論議して戴きまして、それから結論に行つて戴きたいと思ひます

○**七番（梶田委員）**　先程幹事長から関係の所は大体斯んな所だと云ふ各部会のことに付て御説明があつたものでありますから、そこで私は疑問を抱いたのであります

○**議長（金森副会長）**　会議の順序としては暫く御待ちを願つて、そこで決めて戴いたら宜いと思ひます

○**八番（山崎（匡）委員）**　此処にございます「一部改正或は全部改正を要するもの」と云ふやうなことでございますが、是ほどの位の期間に議了なさる御考でありますか

○**議長（金森副会長）**　予定に付きましては幹事の方で工夫があるさうでございますから、そこの所で申上げて色々御意見を伺ふ機会があると思ひます

○**八番（山崎匡輔委員）**　さうしますと非常に御急ぎのやうでありますが、それに関連して此処に教育法並に地方学事法と云ふや

うなものがございますが、此の点に関しまして文部省の方から内閣の方に御願ひ致しまして、近く教育刷新委員会と云ふものが出来ることに相成つて居ります、是は大体が司令部の方の指令の一部にさう云ふものがございまして、出来ることになつて居るのでございます、此の方で教育の根本法に付きまして十分の御審議を得て之を大いに参考にして斯う云ふものをやらなければならぬと云ふ建前になつて居ります、此の御予定でありますと此の刷新委員会も近く発足することになつて居りますのでありますが、まだ出来上つて居りませぬやうな関係で、御予定通りに此処で全部御立案願ふことに致しますと云ふと、折角出来ます刷新委員会の意味が徹底致しませぬので、其の辺の御取扱をどう云ふ風に致しましたら宜しうございますか、御考を伺ひたいと思ひます

○**議長（金森副会長）**　今御話になりました点は単り〔に〕教育問題ばかりでなく、司法に関する方面に於きましても、憲法に直接どうしても伴はなければならぬと言はれないにしても、憲法の改正と云うことと牽連を持ちまして司法の部門に於きましても相当に広い改正が行はれなければならぬ状況になつて居りまして、それに付きまして司法省関係の御考に一つの調査会が内閣に置かれることになつて居ります、文部省関係の調査会と司法省関係の調査会、それから今日御集りを願つて居ります此の調査会とは三位一体と言ひますか、或部分に於ては殆ど同じやうな部面を担任し、又或部分に於ては稍〻違つた見地に於て会議を進行さして行かなければならぬと云ふやうな順序になつて居ると思ひます、従つて之に対する一応の考が初めからなければ、此の会議自身もなか〳〵うまく行かないと云ふことは、今の御考の通りと思つて居ります、是はもう少し会議の進行に伴ひまして適当な時機に幹事長の方から此の会議の関する限りに於て説明をして貰ひたいと思つて居ります

それでは此の諮問に付きまして色々の御意見がありましたが、其の問題が先の方に御協議を願ふことと絡んで居りますので、そこに着想をして先の方の問題に移りたいと考へて居ります

そこで次は部会の設置の問題でございますが、是は官制の中に、少し官僚的と言へば官僚的でございますけれども、総理大臣が調査会に部会を置き、其の所掌事項を分掌させることが出来ると云ふことが第五条の中に書いてありまして、総理大臣が部会を置かれたと云ふ段階になつて居ります、そこで此の部会に関する規定、部会長及び所属委員、幹事と云ふものが、是も少し官僚的でありますけれども決つて居る訳でありまして、それを一つ御示しを致したいと思ひます、幹事に朗読して貰ひます

〔幹事朗読〕

〔主要法律案要綱立案分担予定〕

〔臨時法制調査会部会所属職員表〕

○議長（金森副会長）　尚此の委員に付きましては今後追加せられるべき方々を予想して居りまするし、又部属の関係に於きましても色々な事情があつて変更することもあらうと思ひます、さう云ふ場合には其の都度御通知を申上げたいと考へて居ります、そこで先刻梶田委員から御意見が前提となる御質疑がありまして、部に所属せしむる事項の点に付きましての御発言がありましたけれども、之に付て何か幹事長の方から御意見がありますか。

○幹事長（入江俊郎君）　只今部属に付きましての御説明がございましたが、梶田委員からの御話に付きまして先づ御答へを申上げますと、我々の一応考へて居ります所は、成程判事弾劾の関係は、両院議員が其の構成分子となる組織でありますし、又其の外国民投票と云ふ風なものが一つの選挙的な手続であると云ふ点に於きましては、国会関係の法制に密接なる関連はありますけれども、併し判事の弾劾と云ふことに付きましては、是はやはり司法部内の関係でありまして、唯其の弾劾をする場合の裁判所の構成員が議員であると云ふ風なことでございますから、やはり是は司法関係として第三部会で御取上げになることが適当ではなからうか、更に又国民投票と云ふ風な場合に於きましても、成程手続は選挙と云ふ風なものに密接なる関係でありますけれども、自らやはり其の目的が異なつて居りますので、さう云ふものも性質に従つて各部会に分けて御検討を願つて、唯それが実際上国会関係に関連のある部分に付きましては、例へば国会関係を扱う部会でも研究はして宜しうございますけれども、本体はやはり其の目的が何であるかと云ふ所で御扱ひを願ふことが適当ではなからうかと一応考へた次第でございます

それから序を以て今部会の関係を御説明するに際しまして、先程文部次官からも御話がございましたが、又会長からも御発言があつたやうな訳で、此の臨時法制調査会の外に、文部関係に付きましては、教育刷新委員会と云ふものが内閣に近く設けらるゝことになつて居ります、又司法制度に付きましては、司法法制審議会と云ふものが司法省の方に設けらるゝことになつて居ります、此の司法法制審議会と云ふのは、今まで司法省内で民事刑事に付きまして御研究になつて居る幾つかの委員会を統合して一つの審議会とする訳でありますが、左様なものが設けられることになりました、又労務関係に付きましては、厚生省に労務法制調査会と云ふものが設けられまして、現在審議を進めて居ります、所で是等の委員会審議会等に付きましては、勿論教育、労務、或は司法制度全般に亘つて広く検討をなさいますから、自然憲法関係のものも重要な事項として取上げられることは勿論と思ひますが、こちらの臨時法制調査会と致しましては、司法制度に付きましても、教育制度に付きましても、或は又労務関係に付きましても、憲法施行に伴ふ必要なる法制としては、やはり此の我々の方の調査会

でも審議の客体になるものと考へて居ります、けれども実際問題としては、期間も短いことでありますので、両方でことを研究することは不適当であるししますので、教育関係と申しましても、憲法施行に伴ふもの、それとそれ以外のもつと深い教育全般に付ての問題、それ等を一連のものとして取上げなければ十分の審議が出来ませぬので、先づ教育の関係に付きまして、憲法関係もさうでないものも、一括して御審議を願つて宜しいと思つて居りますが、それ等の中で憲法関係に付ては、随時此の臨時法制調査会の方と連絡を取つて、此の臨時法制調査会に於きましても、教育刷新委員会等で御決めになり、又御決めになりつゝある議論を十分受容れまして、調査会としては、それと協力して考へを纏めて行きたいと云ふ風に考へて居るのであります、又司法制度に付きましても、やはり憲法関係以外に、広く民事刑事の制度の建直しが必要であらうと思ひますけれども、それ等に付ても憲法関係とさうでないものとの分離も難かしいので、司法省に設けられる司法法制審議会に於きまして、一応全面的に取上げて戴きまして、而も其の取上げた内容審議の進行状況は、随時臨時法制調査会の方に連絡して戴きまして、さうして最後の締括りの場合には、そちらの御意見も十分根拠にして此の法制調査会の方でも、最後の場合に取上げて見たいと云ふ風に考へて居る次第であります、労務法制の問題に付てもやはり同様に考へて居ります、要するに具体的の実際の調査は、是等司法制度、労務関係、或は教育関係の委員会でやつて戴きますが、それ等の始末を承けまして、此の臨時法制調査会で最後の意見を調査会としては決めて行きたいと云ふ風に考へて居るのであります、さう云ふ関係で司法法制審議会に付きましては、出来得る限りこちらの司法部会の委員が、同時に司法省の方の司法法制審議会の委員にして戴くやうな手続を執つて居ります、教育方面に付ては司法制度程に密接不可分の関係はないかも知れませぬが、出来るだけ委員或は幹事等の人的結合に依りまして、表裏一体となつて、矛盾なく又二重になるやうなことのないやうにして、両方審議を進めて有終の美を収めたいと云ふ風に考へて居る次第でございます

○八番（山崎（匡）輔委員）　只今の幹事長の御話で大変能く分りましたが、さう致しますと、今の教育刷新委員会の方の議事とこちらの方と並行にすると云ふやうな御考へ、又大部分そちらの方の審議を御取上げ御参考下さるように拝聴致しました、何分にも教育根本法になりますと、審議が予期するやうに進捗致さないかも分りませぬやうな心配もございますので、差向き新憲法の条項に抵触するやうな部分は、特にこちらの方で取上げて先議なすつて戴くやうに御取計らひを願いたいと思ひますが、如何でございますか

○幹事長（入江俊郎君）　只今の点に付きましては、憲法を施行

する為にどうしてもいぢらなければ憲法違反になると云ふ風な部分が、現在の教育法制でどの位あるかと云ふ問題でございますが、どうも我々が考へます所では、より良くすると云ふ点は多々ありますけれども、それをいぢらないと憲法違反になると云ふ風な部分は、さう多くの部面にないやうな気もするのであります、そこで其の部面に付て相当重要なるものがあれば、こちらの調査会で先決して先議的に取上げますけれども、先程申しましたやうに、此の調査会は憲法施行に伴ふ各種の法事の中で、特に重要なものに付ての要綱を先づ御研究願ひたいと思ひますので、或は教育関係に付きましては、此の委員会で先づ取上げる程に憲法関係として重要と考へられるものであるかどうかに付ても、聊か疑問があるのであります、随て理論的にはそちらで仰しやるやうなものは取上ぐべきでありますが、果して取上ぐべき題目があるかどうかに付きましては、更に此の第四部会に於きまして一応御研究願ひまして、さう云ふものがないと云ふことになりますれば、重要なるものでないと致しまして、此の委員会としては直接触れなくても、政府部内で適当に処理して行くと云ふことで済むかと思つて居ります、それ等は此の会の進行状況に伴ひまして、今の教育刷新委員会の方の進行状況と睨み合せまして、適当に善処して行きたいと思つて居ります

○八番（山崎（匡輔）委員） 分りました

○二十四番（佐々木委員） 論議する程のことではないですが、各委員が自己の所属部以外の部の議事を傍聴するといふやうな方法はありますすか

○議長（金森副会長） 固よりあるものと考へて居ります、それに対する適当な連絡方法は実行する積りであります

それから私から質問するのはをかしいですけれども、幹事長に伺ひますが、此の法制調査会は、法律に関することだけを議するのですか、法律以外の命令に関することまでも議するでせうか、と云ふのは、官制には「法制ノ整備に関スル重要事項」とありまするし、部会の所では、何かはつきり分りませぬけれども、法律だけを念頭に置いて居るやうですけれども、そこはどうですか

○幹事長（入江俊郎君） 御話のやうに、調査会の官制としては「法制ノ整備ニ関スル重要事項」でありますから、相当広くなつて居りますが、併し先づ差当り諮問第一号として、短期間に是非とも御願ひしたいと思ひますことは、議会を差控への今日でありますから、そこで法律に付て一つ御意見を聴かして戴きたい、それから又更に法律以外の命令に付ては、此処で出ました意見等を参照にして政府に於て又考へる余地もあらうかと思ひますし、或は又議会が終つた後で、更に此の委員会を続けて、命令等に付ても御意見を伺ふ機会があるかも分りませぬが、差当りは法律と云ふことに考へて居ります

○議長（金森副会長）　それでは此の点に付きまして特別の御異議がないと思ひまするし、今佐々木委員から御希望がありましたやうに、各部会の会議に他の委員が随時之を傍聴し或は場合に依つては何かの発言もなし得る程度に能く連絡を執ると云ふことを一つ幹事側の諸君に希望致しまして、此の点は進行することに致します

○三十八番（有馬委員）　今思ひ付いたのですが、此の検察庁法、是は今までもないのだし、裁判所構成法の中であるでせうけれども、憲法では検事に付ては草案には何にもない、検事は裁判所構成法の定むる所に従ふ、さう云ふのが一つあるだけではないかと考へます、さうすると是はやはり裁判所構成法の中で検察庁法と云ふものを、独立の法律と云ふ訳にはやはりいかない、其の中でさつき仰しやつたやうな行政裁判所のやうなものを一項設けると云ふやうな風でやると云ふ御考へでせうか、検察庁法となつて居りますが、裁判所構成法の中で行政裁判所法とか何とか云ふやうな風な形で決めて行きたいと云ふのでありますか

○幹事長（入江俊郎君）　是に書きましたのは、ほんの参考でありまして、検察庁に関しまして検事局関係の法制に付きましては、司法部会で扱ふことが適当であると云ふ風に決めたに過ぎないのでありますが、御見解に依りまして、どう云ふ風に扱ふか、部会に於て御自由に御判断願つて結構であらうと思ひます。

○議長（金森副会長）　それは一寸議長の立場からではなく、関係者として申上げますけれども、憲法の草案の方で検察に関しますることを表面から書かなかつた、さうして検察に関する規定を最高裁判所の長が作れると云ふやうな規定がありまして、一寸錯覚を起し易いのですけれども、あれは裁判所の中の事務規定のやうなものでありまして、決して検察官の本体を高等裁判所で決めると云ふ趣旨ではありませぬ。結局独立なる制度が立派な姿で生れて来なければならぬと思ひます。今御話になりましたやうに、司法関係の所に織込むと云ふのは、少し言葉の言表はし方が不十分かも知れませぬけれども、意味としては此処で独立に扱つて戴きたいと云ふ気持だと思つて居ります

そこで其の点が済みましたら、今度は先に総理大臣から事務の進行に付きまして特に希望が述べられて居りましたが、実際の政府の方の都合としては、恐らく其の点に重点が置かれて居ると思ひまするので、事務の進行の予定に付きまして、幹事側で拵へました大体の案があるのでありますから、それを一つ朗読して貰ひまして御批判を仰ぎたいと思ひます。

〔幹事朗読〕

〔主要法律案要綱立案分担予定、臨時法制調査会事務進行予定〕

○議長（金森副会長）　此の事務の予定表は、今から厳重に之を

守るべきものとして計画を立てますることは、確かに無理と思ひまして、此の通りに完全に行くとは思つて居りませぬけれども、兎に角先の方が決まつて居つて、此の憲法が公布後六箇月内に実施されると云ふ制約がくつ付いて居りますが故に、何とか早く基本の計費を立てなければならぬと考へて居りまして、短期間に多数の案件の調査を御願ひし、而も問題がそれ自身色色な特性を備へて居りまして、相当困難なものでありますから、委員各位幹事各位の特別なる御努力を願はなければ、非常に心細いやうな風に思つて居ります、此の点に付きましては、一つ目的に適ふやうに何とか努力してやらうと云ふ御考への下に、調査方針等に付きまして、腹蔵のない御意見を御伺ひしたいと思つて居ります。

○**幹事長（入江俊郎君）** 今幹事が読みました事務進行予定の中で、第三部会の最初の集まりが七月十五日月曜日となつて居りますが、之に付きましては、実は第三部会の司法部会は、先程申しましたやうに、司法省に設けられまする司法法制審議会と、実は表裏一体となつて運営して行く方が適当ではなからうかと考へますので、そこで第三部会に属する委員の方に、本日の此の総会が一応終へた後で一寸御残り願ひまして、此の司法法制審議会との連絡に付て、部会として御相談を願ひたいと思ふのであります。随て第三部会が七月十五日月曜日と是に書いてございますが、此の日取を一応未定として置きまして、後程御残り願つた時に、其の部会として、御懇談を願つて、司法法制議会との関係を適当に調整するやうに御願ひしたいと思つて居ります。それだけ一寸附加へて置きます

○**一番（關屋委員）** 此の案を御進行になるに付きまして、委員の外に各省から相当の幹事の方が見えて居りまして、幹事の方は無論各省と連絡を執つて、それ〴〵法案の準備をなさると思ふのでありますが、無論此の会は内閣に出来たのでありますから、法律関係の方の宮内省の人は入らぬ訳でありますが、要するに宮内省の方は、内閣法制局の方々が、宮内省と連絡を執つて色色おやりになることと思ふのであります、現に非常に重大な皇室典範の問題の如きは、宮内当局の方では何れ既に考へて居られると思ひますが、皇室典範に伴つた皇室令が非常に沢山ある、其の外皇室典範に関係のない皇室令が沢山ありまして、将来憲法で天皇の御地位其の他を御決めになるに付きましては、現在の皇室令の中に廃止するものもあり、改正するものも沢山あると思ひます。皇室令は法律でもなし、勅令でもなし、唯宮内省令でありますが、其の力は非常に大きなもので、又非常に範囲が広いのでありますから、余程宮内省に働き掛けられまして、宮内省でも相当の準備が出来て居ないと云ふと、中々御進行が難かしいだらうと思ふのでありります、私宮内省関係者で、さう云ふ関係で御選定になつたかどうか知りませぬが、私一人でありまして、甚だ心細い訳であり

ますが、是はどうしても内閣の諸君が宮内省の人と事務的に連絡を御取りになりまして、皇室関係の方の御手許で御取纏めになつて、速かに進行しないと、他の各位は〔に〕甚だ失礼でありますけれども、宮内省の内部のことは余り御承知ない方が多いやうでありますから、十分な論議を尽さないやうな処があると困りますから、其の点は何れ考へて居られると思ひますけれども、御注意と申しますか、御質問と申しますか、一寸意見を申上げます

○**幹事長（入江俊郎君）**　宮内省関係の宮内官の中から委員を御願ひ致しまして、此の第一部会に入つて戴くことにしてあるのでありますが、所が色んな任命の手続とか、関係方面色んな関係で手続が面倒でありますからしてまだ遅れて居りまして、若干の方は委員及び幹事として第一部会に宮内省関係の方をもう一、二補充する積りで考へて居ります

○**一番（關屋委員）**　私は其の点は是は内閣の御随意でありまして、御入れになるかならぬかは兎も角でありますが、余程能く連絡を執らぬと手落があると思ひますから、唯私は内閣の方で十分宮内省との連絡を御執り願ひたいと云ふ意見を申上げる訳でございます。人事の問題は内閣の御随意であると思ひます

○**三十番（浅井委員）**　議事の進行に付て私の意見を申上げます、此の会へ出されまする色んな問題の審議と云ふものは、只今議会が審査進行中でありまする所の憲法草案それ自体の審議と非常に密接な関係を持つて居ると思ひます、殊に国会の第二院の参議院の性格に関する問題は、是は憲法の草案が其の侭通るか修正されるかと云ふことに非常に微妙な関係を持つて居ると思ひますので、此の参議院法も本会に提出されるかと思ひますが、之に付ては最も速かに審議を御進め下さるやうに御願ひ致します

○**議長（金森副会長）**　今の淺井委員の御意見は、会の事務を執る方に於て十分注意を致す積りで居ります

○**幹事長（入江俊郎君）**　もう一言人的のことを申上げますが、先程幹事が読みました事務進行予定で、実は第一部会が明日の十二日、第二部会が十三日、それから第三部会は先程申しましたやうに一寸未定と致して置きまして、十六日の第四部会、此の十二、十三、十六、第一、第二、第四部会に付きましては、予定でありますが、御差支へなければ、此の通り実は御開き願ひたいと思ひます、さうなりますと日もありませぬので、別段所属委員の方に御通知を出しませぬので、此の席でさう御決め願ふことにしたいと思ふのであります、随て第一部会に付ては七月十二日の金曜日午後一時半から此の総理大臣官邸で、それから第二部会は十三日の土曜日の午後一時半から、やはり総理大臣官邸で、第四部会は十六日の火曜日の午後一時半から、総理大臣官邸で御開きを願ふやうに御願ひしたいと思つて居ります、別段御通知を差上げませぬが、それで御了承願へれば結構であります、八月半頃に書いて

〔資料57〕 臨時法制調査会第一回総会議事速記録（昭和21年7月11日）
―要綱案立案分担予定、事務進行予定

ありまする部会の予定は、是は先のことでございまして、其の時に又異動がございませうから、それに付きましては改めて御通知差上げることに致したいと思ひます。

○**議長（金森副会長）** 大体今まで御話合ひが出来ましたやうな趣旨に従ひまして、洵に御迷惑と思ひまするけれども、此の定めに従ひまして、各部会がそれ〴〵適当に御開会を下さつて、御審議を御願ひしたい、斯う考へて居ります、部会の進行と対応致しまして、必要に応じて又予定のやうに総会を開いて行きたい、斯う云ふ風にも考へて居ります、他に御意見等の御示がありますか

○**十二番（大池委員）** 私部会の方で申上げやうと思つて居りましたが、総会の委員皆様にも一応御了承を願つて置いた方が宜いと思ひますので、議会関係の此の部会の案を作ります上に御参考にして戴きたいと思ふ点を一言申上げたいと思ひます

それは此の憲法が改正されますと、此の会の方で法律案等は当然に今の議院法等が変つて、或る程度の憲法に即応した議院法――国会法と申しますか、と云ふものが出来ねばならぬものと思はれる、随て是は此の次の議会までに、今仰しやるやうに掛かるべきものだと思はれますので、其の点に対しまして関係方面のG・H・Qからの「サゼッション」がございまして、議長副議長を招ばれまして色々御話がありました際に、憲法が若し変れば国会と云ふものが唯一の立法府であるのであるから、少くとも自らの国会法と云ふものは議会の方で十分考へを練つて出すべきものではないか、聞く所に依れば、政府の方で臨時法制調査会等を拵へて、それに依つて今の国会法に関することを十分研究されると云ふことを聞いて居るが、それは政府案としての考へであるべきものであつて、議会自らの考へからどう国会を運営して行かなければならぬかと云ふことを自ら考へるべきではないかと云ふやうな御話がありまして、其の「サゼッション」に基きまして、議長副議長を中心に、議会の各派から二十名の委員を設けまして、議会法規研究調査会と云ふものを作つてあります、是は議会真最中で、到底進行が困難ではございますが、G・H・Q等の「サゼッション」では、今から早く手を着けて此の次の議会に出すやうに研究して欲しいと云ふやうなことでありまして、今後議会中と雖も隙を見て逐次国会法に関する法律案の内容に付ては、十分に調査考究をされる筈になつて居りますので、偶〻此の調査会に於ても、此の国会法に関する今の法律案を制定します要綱等を作りまする際に於きましては、勿論大綱的なことを御決め願ふ点に於きましては毛頭差支へございませぬと思ひますけれども、両方で同じやうな研究をします場合に、こちらの意見と議院関係の方の意見とが食違ふこともあつてはならぬと思ひますので、余り細目にまで入ることは到底出来ないことと思ひますが、其の間の調整を滑らかに御取り願ふやうなことを、此の総会の方でも御協力願ひた

いと、斯う考へて居りますので、唯さう云ふものが私共の方に出来て居りまして、今後研究されて行くと云ふ其の関係がございますので、此のことを十分御了承置きを願ひたいと思ひまして一言申上げて置きます

○議長（金森副会長）　大池委員の御話下さいましたことは、大変有難ふございます、何か連絡方法に付て若し良い智恵がありましたら、御示しを願ひまして、此の会として研究して行きたいと思ひます

○十二番（大池委員）　議会等が済みました際には、各部会等で意見を申上げたいと思ひます

○議長（金森副会長）　尚ほ私から少しく所見を申上げたいと言つたら甚だ恐縮ですけれども、今回の憲法草案が本になりまして、是が幸ひにして成立を得ますると、それに基きまして此の調査会に於きまして、種々なる御研究が現実に働いて行くことになりますが、私自身の観察から申しますると、此の憲法の改正案の含んで居ります基本の考へ方、少くとも私の直観する所だけで申しますれば、政治方面は別と致しまして、行政各部の間には、必ずしもまだ滲透して居ないのではないか、各〻従来の伝統を踏襲する考へが何となくそこに力を持つて居つて――末梢的な現はれから判断する訳で判断する訳でありまするが、どうも何処かに、折角新たな文化的な民主的な方面に伸びて行く大抱負を描いて居りまする憲法が、実施の附属法律等の面に於きまして抑制されると云ふやうな懸念があると拙いと思つて居ります、其の点は実は私自身としては大いに委員の中に入つて力説したいと思つて居りましたけれども、廻り合せ運が悪くて力説する場面がなくなりましたから、甚だ恐縮でありますけれども、此の際さう云ふ希望を強く抱いて居ることを此処で申上げさして戴きたいと思つて居る訳であります

それでは大体今日の御集まりは此の程度で目的を達したものと認めまして、今日御配り致しました資料は甚だ僅かではありまするけれども、一応御覧を願ふことに致しまして、是で散会を致します、どうも有難うございました

午前十一時三十分閉会

〔資料58〕　七月一二日メモ（憲法委員会）

七・一二

一、憲法委員会

下條　栄典法ハ如何

二、入江　法律デツクルベキモノ、

宮澤　軽イモノニナルノデハナイカ

佐々木　栄典トイフ制度ヲオクナラ重イモノナラン、従ツテ法律、多クノ規定ハ不可
宮澤　法律デアルト重要デアルトノ区別ハ別ナリ、法律デ規定スベキモノナリ
佐々木　今ハ憲法上ノ大権事項ダカラ法律ニシテ□□□
諸橋　会計検査院法ハドコカ
井手　第四部デヤレバヤル
諸橋　宮内省法ハドウナルカ
井手　別□□□□□
佐々木　栄典ノコトハ議会デ□□□□□□ベキデナイトイフコトニナツタ（□□）君主ノ□行為シ□ルヤダカラ□□□シテハハ□クシテモライ□□
高尾　皇室典範ノ説明
宮澤　王公族ノ問題
入江　将来廃止スルトイフ説明ヲシタ、憲法上暫定的措置ヲ許サレズ、華族ノミハ一代ハ認メル
下條　女子継承ノ習慣ナキヤ外国ノ立法例如何、加藤伊藤博文ノ厖大ナルモノアリ
佐々木　皇室典範ハ法律ナリヤ性格ハ別カ
入江　法律ノ一種ナリ

關屋　女王ノ其ノ他ノ立法例ハ宮内省御調査ヲ願フ
佐々木　皇族ノ五世以下ハ臣籍トスル、資料ハタノム
入江　政府ノ答弁案
此ノ□トシテハ女帝ハ考ヘヌ、崩御□ハ（御退位）考ヘテヰナイト答ヘルコトトシテヰル
萩原　五五条□□ハ議決□□ハ出来□□
入江　議会ノ権限ヲ制限出来タ、ソノ□□トシテ諮問ヲスルコトハ出来ル
下條　アメリカでは法律デ定メラレル□□ハ何カ
宮澤　個々ノ法律デヤツテル、□□法ハナイ
諸橋　連合軍デ案ヲモツテヰナイカ
諸橋　閣議ノ議決負担ヲ質問スベキヤ
田中　連帯トイフ意味ナラ全会一致ナルコト勿論ナリソノ意味デ幹事会デハアゲナカツタ
入江　国ム大臣カ各省大臣ナルコトヲ前提トシテキメテヰル（七〇条）
井手　国ム大臣ト各省大臣トハ同一人ナルモ、ソレハ内閣ノ一員デアラウカ
内閣ノ下ノ各□ノ長官ナルヤ
入江　委任命令ハ可能ナリ

諸橋　国ム大臣ノ下ニ国ム大臣□□□ルカ
井手　然リ
諸橋　内閣法等デソノ問題ニフレルカ
萩原　七九条ノ内閣ハ会議体トナルカ
尾高　道州ハドウカ
井手　時間的制限ガアルノデソレハフレラレヌ、御□□□
佐々木　法律全体ノ責任ハ内閣、個別的ナ法律ノ執行ハ主任ノ大臣ハ出来ル
佐々木　官吏ニ重キヲオク、官吏法ハ重大法制ナリ
　高等試験ノ行ヒ方ハ重大ナリ
　官吏ニナツタラ□□シテ□悔キズト□イ
　公僕ハ誤解アリ

〔資料59〕　七月一八日小委員会議録

七、一八　小委員会
　アメリカ　官制ハ連邦ハ立法事項□原則
　　各州ハ行政権ニユヅツテキルコトカ□□
　　法律ニヨツテ基本ヲ定メル遣方
杉村　立法事項ニスルト不便ガオコル
田中　宮廷ハ内閣法ニ委任スルコトハドウカ
鈴木　三権分立ハトラズ、基本的ナ指成ハ立法権ガヤルベキナリ
諸橋　総局ハ外局ト何レモ次官ノ□□ヲウケル故アマリ差別ナシ
　宮廷府ノ官制ニ付キ法律□スルナリ
北　宮廷府ノ地位
關屋　㈢ノ⑴必要ナモノハ立法スル
杉村　何カ標準ガナイカ、□□ヲクラスヲ目途トスル
關屋　宮廷府省ニ準ズル大キナモノハ法律デキメル
　六七条関係ヲ□□ノ総辞職ノトキ憲67趣旨ヲ
　□□スル必要アリ

〔資料60〕　第一部会関係日程

第一部会関係日程

八月　六日火曜　小委員会　午后一時ヨリ官吏法
八月　八日木曜　小委員会　〃
八月　十二日月曜　小委員会　〃　宮内省、典範ノ総マトメ
八月　十六日金曜　部会　〃
八月二十一日水曜 ⎫ 第二回総会　午前十時ヨリ午前午后ニ亘ル
八月二十二日木曜 ⎭ 　　　　　　午前十時ヨリ午前午后ニ亘ル

八月二十六日月曜　部会

〔資料61〕第一部会ニ於ケル關屋小委員長ノ経過報告（案）（昭和二一年八月一二日）

〔關屋委員長宛ニ便ヲ出シテ届ケマシタ　鈴木〕

第一部会ニ於ケル關屋小委員長ノ経過報告（案）

二一、八、一二、

第一部会ノ小委員会ノ経過ヲ、概略御告申シ上ゲマス。御承知ノ通リ、第一部会ハ、金森《（副会長）》国務大臣ガ部会長ニナツテ居ラレマスガ、何分ニモ同氏ハ議会ノ方ガ憲法関係等デ極メテ御多忙デアリマシテ、コレ迄法制調査会ノ部会及小委員会ヘ常時御出席ガ出来ナイ事情ニアリマシタ。ソコデ私ガ御指名ニ依リマシテ、代ツテ部会及ビ小委員会ノ進行ニ当ツテ参ツテ次第デアリマス。カヤウナ関係デ今日迄ノ小委員会ノ審議ノ経過ヲ私カラ部会ノ諸君ニ御報告スル次第デアリマス。

七月十一日ノ第一回総会ノ直後、即チ七月十二日ト同十七日トノ二回ニ亘ツテ第一部会ノ会議ガ開カレ、其ノ際本部会ノ担当ニナツテ居ル皇室及ビ内閣関係ノ法案ノ中デ、主要ノ法案トシテ、本会ノ研究ノ対象トシテ、取リ上ゲルベキモノハ、

一　皇室典範
二　皇室財産法及ビ皇室会計法
三　内閣法
四　中央行政官庁法
五　地方行政官庁法
六　官吏法

ノ六項目ト決定セラレ、此ノ範囲デ、本部会ノ研究ヲ進メテ行クコトニナリマシタ。其ノ際ノ会議ノ席上デ、右ノ諸法律案ノ要綱ヲ立案スル上ニ於テ、特ニ考究ヲ要スルト認メラレル問題ノ所在ニ付テ、幹事カラ説明ガアリマシタガ、ソノ結果之等ノ問題ノ内容ヲヨリ詳シク検討シテ政府ノ諮問ニ応ヘル答申案ノ試案ヲ作成スルタメ、本部会ヲ委員ノ中カラ十一人ノ小委員ガ指名セラレタノデアリマス。以上ノ事ハ当時部会ニ御出席ノ皆サンノ御承知ノ通リデアリマス。

爾来小委員ハ毎週火曜木曜ト二回定時ニ会合致シマシテ、関係幹事ノ御出席ヲ得マシテ、各自ノ研究ノ結果ヲ持チ寄リ、今日迄前後八回ノ小委員会ヲ開イテ、熱心ナル討議研究ヲ続ケテ参ツタ訳デアリマス。只今ヨリ幹事ノ朗読致シマス内閣法案、中央行政官庁法案、地方行政官庁法案及ビ官吏法案ノ要綱案ハ小委員会ガ右ノ様ニシテ今日迄研究シテ来タ結果トシテ、一応結論ニ達シマシ

タノデ、部会トシテノ御審議御決定ノ基礎トシテ部会ニ御報告スル次第デアリマス。尚此等ノ関係法案ノ要綱モ、結局ハ改正憲法ノ成立ヲ待ツテ本格的ニ決定セラルベキモノデアリマシテ、今後改正憲法ノ帝国議会ニ於ケル審議ニヨリマシテ、影響ヲ受ケルベキコトハ勿論デアリマス。

〔一、改正憲法ガ通過スレバコノマヽ確定スベキモノトシテ総会ノ議ニ付ス
二、部会ヘ報告シタル小委員会案、部会ヘ配布シタル小委員会参考議案〕

更ニ皇室典範ノ要綱ニツキマシテハ小委員会トシマシテ数次ニ亘リ審議研究ヲ重ネタノデアリマスガ、事柄ノ重要性ニ鑑ミマシテマダ小委員会トシマシテ決定的成案ヲ得ルトイフ域ニ達シテ居リマセンガ、一応ノ試案トイツタ程度ノモノカ纏ツテオリマスノデ、御参考ニ配布致シテオキマシタ。

皇室財産法案及ビ皇室会計法案ノ要綱ニツキマシテハ、種々ノ都合デ、其ノ程度ニモ達シテオリマセンノデ本日ハ関係書類ヲ配布致シテオリマセン。

サテ、本日御配布致シマシタ各案ノ内容ノ詳細ニ付キマシテハ、何レ御質疑等ニ応ジマシテ関係ノ幹事又ハ他ノ委員ノ方カラ御説明ガアル筈デアリマスガ、此ノ際私カラ一応ソノ概略ヲ御話シ申シ上ゲマス。

皇室典範

皇室典範案ハ第一部会担当ノ法案中デモ最モ重要ナル案件デアリマスカラ、充分研究ヲ尽サネバナラナイト考ヘテ居ルノデアリマシテ、小委員会ト致シマシテハ非常ニ熱心ナ研究ヲ続ケタノデアリマス、然シ乍ラコノ大問題ニ対シテハマダマダ研究シ論議シナケレバナラヌ点ガゴザイマシテ、未ダ充分ニ論議ヲ尽サレタトハ決シテ申サレナイノデアリマス。御手許ニ配布シマシタ試案ハ前申シマシタ如ク一応ノ試案ノ程度ヲ出デテ居ラナイモノデアリマス。コレカラ部会及ビ総会ノ御意見ヲ充分拝聴シタ上デ更ニ検討致シ度イト存ジマス。

只右試案立案ノ構想ヲ申上ゲマスルト㈠改正憲法ノ精神ヲ充分汲ミ入レテ皇室ノ制度ヲ新事態ニ最モ良ク適合スルヤウ合理化スルコト㈡皇室ノ尊厳並ニ皇統ノ護持ニ付遺憾ナキヲ期スルコトノ二大基本ニ基キマシテ㈠新ニ法律ノ形式ニ依ツテ制定セラルベキ皇室典範ノ中ニ規定スル事項ハ原則トシテ皇位継承ト摂政ニ関シ必要ナル事項ニ限ルコトトシ、現行ノ皇室典範ニ規定サレテ居ル其ノ他ノ事項ハ、新ナル皇室典範ノ中カラハ之ヲ除クコト、㈡皇位継承ト摂政ニ関シ必要ナル事項ニ付イテハ、現行ノ原則ニ大ナル変更ヲ加ヘナイコト、ト云フ建テ前ノ下ニ試案ハ取纏メラレテ居ル次第デアリマス。

（而シテ天皇ノ国務上ノ職能ノ縮少ニ伴ヒマシテ皇室ノ法律上ノ特権ハ、コレヲ縮少スルノデアリマスガ、国民敬仰ノマトデアル皇室ノ尊厳ハコレヲ維持スルニ遺憾ナキヲ期シテヰルノデアリマ

ス。）

次ニ官制法案関係ニ付テ申上ゲマス。先ズ全体ニ対スル態度カラ申シマスト一般的ニ官制ハ改正憲法ノ下デハ、法律事項デアルトノ前提ニ立ツノデアリマスガ、然シ総テノ官制ハ細大漏サズ法律デ規定スルコトハ立法手続、立法技術ノ上カラ、適当デハナイカラ主要ナ官制ハ法律デ定メルガ、其ノ他ハ法律ノ根拠ニ基イテ、政令ニ委任スル建前ヲ採ルコトニ意見ガ一致シマシタ。ソコデ小委員会トシテハ、部会ニオイテ採リ上ゲラレマシタ通リ基本的ナ官制トシテ、内閣法案、中央行政官庁法案及ビ地方行政官庁法案ノ要綱ヲ立案致シマシテ、其ノ他ノモノニ迄ハ及バナイコトニ致シタノデアリマスガ、シカシ其ノ他ノ官制モ主要特別ノ官制デアル限リ前述ノ原則ニ従ツテ当然法律デ規定スベキモノデアルト云フ結論ニナツテ居ルノデアリマス。

以下官制ニ関スル法案ノ各個ニ付テ申シ上ゲマス。

㈠内閣法案

改正憲法ガ内閣制度ニ付テ執ツタ態度ノ特色ハ、内閣総理大臣ノ権限ヲ強化スルコト、合議体トシテ内閣制ノ強調トニアルト云フコトガ出来ルノデアリマス。ソコデ先ヅ総理大臣ノ下ニ合議体タル内閣ノ「メンバー」トシテノ国務大臣ガ任命セラレ、国務大臣ニ任命セラレタ者ヲ各省大臣ニ補職スルト云フ建テ前ヲ採ツテ総理大臣ト閣議トヲ中心トシテ万般ノ行政ガ運営セラレルヤウニ仕組ンデ行クコトヲ考ヘタワケデアリマス。其ノ際問題トナツタ事項ノ中主要ト思ハレルモノヲ御紹介致シマスト先ヅ右申述ベマシタ如キ内閣制度ノ性質ニ鑑ミ又従来ノ経験ニ徴シ今後ノ内閣総理大臣ニハ時間的ナ余裕ヲ相当充分ニ与ヘルヤウニシナケレバナラナイ。内外ノ情勢ヲ篤ト研究シテ国ノ大事ニ向ツテ全力ヲ振ヒ得ルヤウニシナケレバナラナイ。換言シマスレバ従来ノヤウニ総理大臣ノ下ニ大小ノ雑務迄モ持チ込ム結果総理大臣ガ多忙ヲ極メ大局ヲヂツクリト考慮スル暇ノナイヤウナ状態ニ置カレルコトヲ極力防止シナケレバナラナイトノ意見ガ強調セラレマシタ。次ニ改正憲法ノ下デハ内閣ノ地位ガ極メテ重要ト為ルノニ鑑ミマシテ其ノ補助機構ヲ充分強化シナケレバナラナイコト即チ内閣ノ補佐ノ機構トシテ法制局ノ如キ機構ヲ拡充スルトトモニ学識経験ノ豊カナ人材ヲ参加セシメテ法制、予算、企画、人事行政ノ統轄、行政監査等ヲ所掌シ内閣ノ機能発揮ニ遺憾ナカラシメルコト及び政務官ノ制度ヲ寧ロ内閣制度ノ関連セシメテ内閣、国会及ビ各庁間ノ連絡ニ遺憾ナキヲ期スベキデアルトノ意見ガ相当強ク主張セラレテ居リマシタ。

就テハ政府ニ於テハ内閣制度ヲ初メ重要行政機構ニ付マシテハ今回ノ改正ノ外ニ今後充分ナル検討ヲ加ヘ更ニヨリ改正憲法ノ精神ニ合致スルヤウ改善セラレンコトヲ冀フ次第デアリマス。

〔行政機構改善ヲＧＨＱニ約セリ〕

〔資料61〕 第一部会ニ於ケル關屋小委員長ノ経過報告（案）（昭和21年８月12日）

(二)中央行政官庁法案及ビ地方行政官庁法案

右ニ付キマシテハ大体現在ノ官庁組織ヲ骨格トシテ之ノ法律ノ規定ニ置キ換ヘルコトヲ当面ノ措置ト致シテ居リマス。従ツテ私カラ特ニ取リ立テテ申上グル事項ハ御座イマセン。内容ノ細部ニ付テハ必要ニ応ジマシテ、他ノ委員及ビ幹事ノ方カラ説明ヲ願ヒ度イト思ヒマス。

〔一、自治関係法帰趨ノ□□デ条件附大体ドンナ修正ノ傾向ニナツテヰルカ〕

官吏関係

最後ニ官吏法案ニ付テ申シ上ゲマス。申ス迄モナク官吏制度ハ新日本建設ノ上カラモ又改正憲法ノ運営ノ十全ヲ期スル上カラモ極メテ重要ナ問題デアリマスカラ、官吏関係ノ各般ノ事項ニ亘ツテ最モ慎重周到ナ検討ガ加ヘラレネバナラナイノデアリマス。然シ乍ラ他面今日ノ場合ニ於テ僅カ一二ケ月ノ短期間ニ此レヲ完成スルコトハ実際上ナカナカ困難デハアリ万一功ヲ急グノ余リ、不充分ナ結果ヲ得ルヤウナ結果ニナツテモ誠ニ遺憾ナコトト存ズルノデアリマス。依テ已ムヲ得ズ此ノ際ハ改正憲法ノ施行ニ伴ツテ改正スル必要ノアル事項ヲ中心ニ検討ヲ加ヘルコトト致シマシテ只今朗読致シマス程度ヲ成案ヲ得タ次第デアリマスガ、只同時ニ政府ニ於テハ速ニ官吏制度ノ根本的改革ニツキ更ニ調査研究ヲ遂ゲ成ルベク早イ機会ニ之ヲ実現セラルルヤウ本会トシテモ希望スルト云フ謂ハバ希望条件附ノ答申ト致スノガ、適当ナノデハナイカト小委員会デハ考ヘタ次第デアリマス。

次ニ右ノ官吏法要綱ノ試案ヲ取纏メマスル間ニ種々ノ事項ガ問題トナツタノデアリマスガ、官吏制度ニ付キマシテ私ガ特ニ小委員会ニ於テ申シ述ベマシタ所ヲ更ニ此ノ部会ニ於テモ申シ述ベマシテ御参考ノ一資料ニサセテ頂キ度イト存ジマス。則チ最近ノ傾向トシテ一般ニ官吏ヲ軽蔑スルカノ如キ気風ガ見エ又官吏自身ノ側ニモ自ラヲ侮ルカノ如キ者モアルカニ感ジラレマスコトハ官吏ノ任務ノ重大ナルニ鑑ミテ甚ダ寒心ニ堪ヘナイ所デアリマス。

確固タル信念ニ立脚シテ時弊ノ外ニ立ツテ進ミ得ル如キ官吏ノ養成ニ努メルコト、給与ヲ充分ナラシメル反面勤務ヲ厳粛ニシテ自ラノ使命、任務ヲ侮ル如キ傾向ヲ絶無ナラシメ公務員ハ全体ニ対スル奉仕者デアルト云フ改正憲法ノ精神ノ正シキ理解ヲ与ヘルコトニ努メテ頂キ度イト存ジテヰルノデアリマス。

大体以上ガ小委員会ニ於ケル経過ノ概要デアリマス部会トシテ忌憚ナキ御検討ヲ御願ヒ致シマス。

終リニ小委員会ニ於テ各委員、幹事共炎暑且御多忙中ヲ差繰ツテ御出席下サレ極メテ熱心真摯ニ研究討議セラレ或ハ意見ヲ書面ニ纏メテ提出セラレ、或ハ諸外国ノ立法例ヲ詳細調査提出シテ戴ク等小委員長トシテ感謝ニ堪ヘナイ次第デアリマシタ。今後共各位一層ノ御協力ヲ御願ヒ致シマス。

〔資料62〕 八月一六日〔第一〕部会記録

八、一六部会

關屋 挨拶経過

鈴木 議案朗読

關屋 内閣法

下條 内閣書記官長ノ官名ヲ事務総長トスベシ

入江 行政制度ニ付テモ相当根本的ナ検討ガイル、官名モカハッテ来ル、コノ官名ノミヲカヘテシマフト一寸コマル。

下條 ソレデ結構ダ、マヘカラソノ名称ハ実体ニソハヌト考ヘテヰタ、全体ノ〔コ〕トヲ考慮シテ欲シイ

鈴木 総理省ハドウシタ

井手 中央行政官庁法ヘモッテキッタ、ソレデ研究シテ欲シイ

關屋 中央行政官庁法

井手 内閣府ヲ□□ナカッタ部分

原 内閣ノ話題トナッタ未定稿ノ部分ハ今回ノ機会ニ実現シテモラヘタカ、内閣法ガ出来レバ一般査察デモ出来ルヤウナコトモ入レテ欲シイ。

入江 忙シイカラトイッテ後マハシニスルツモリナシ、予算、企画、部局マデモッテイルト少シ考ヘサセテ頂キ度シ、行政機構ノ根本的改革ヲ考ヘサセテ頂キ度イ

山田 予算部局ヲ内閣ニモッテクル、コノ点ハ慎重ニ研究シテ決シテモライ度、予算ハ財政金融ヘノ影響ガ大キイ、大蔵ニ予算ト金融トガ一緒ニナッテヲラヌ連繋ガウマクユカヌ点アリ

原 最終ノ閣ギニカケル前ノ下調査ヘ□□シタ内閣ノ下デ考ヘタラヨイトイフ考ヘ方ナリ。大蔵省カラ皆トルトイフ意味デハナイ

入江 特別地方官衙トイフ名称ハナクナルカ

井手 然ラズ

關屋 地方行政官庁法

井手 コレハ特ニ条件附ナリ

鈴木 法文ニカケバ如何

井手 委員長報告トシテ□□□

杉村 中央行政ノ(10)ノ一項後段ハ省クコト要綱デハナイ

關屋 コノマ、デ願ヒ度シ

山田(蔵次官) 官名同一ノ原則ヲ改メルコトハ結構デアルガ、同様ニ給与ハ一本ニナッテヲルガ、一級、二級、三級ノ官吏別ニ□□デオケバ如何

井手 現在ノ制度ノ説明

關屋 山田ト同意見

鈴木 行政官モイケル所迄イケルヨウニセヨ

關屋　行政官ガ次官迄ユクノハ□□□ト思フ
鈴木　イギリスデハ郵便局長ハ次官ト同ジ迄□ル（一省二人□）
北　□□□シデハワカラヌ
山田　差別ガ□□勉励ノ刺激ナシ
北　官吏ハ末端官吏ガ多イノデアヤマリ□□□□□□
關屋　山田案ニ近キ修正案□カル
鈴木　階級ノ多イノハ反対、俸給ハ同ジデ手当デ処理シタラドウカ。
鈴木　分限ハ如何
井手　昔ノ分限制度
鈴木　裁判官ト違ツテ自由ニヤメサセル、イデオロギー的ニ頭ノイレカハツタモノヲ総入レ替ヘセネバナラヌ
　高文ヲ通ツタ人デハイカヌ、通ラヌ人ヲトル
　全然身分上ノ保障ノナイノモ困ル
北　我党政策ヲ実施スルニ、□□出来ヌト困ル、身分ヲ保障シ□□□下剋上、スポイルシステムハ阿片□□デ一利一害アル程度ノ□□□ナケレバナラヌ
　内閣査察部ヲ置ク。
鈴木　保障ガナクテモ組合ナドデ保障以上ノモアリ
入江　信賞必罰ノ励行ガイカレテオル、之ヲ七ニ入レルコト
　官吏ノ研修制度ト考課制度ヲ考慮スルコト
北　内閣直属ノ審査機関ガイル。裁判官ノ弾劾ハスル。

〔資料63〕臨時法制調査会第二回総会ニ於ケル北第二部会長ノ経過報告（案）（昭和二一年八月一九日）

臨時法制調査会第二回総会ニ於ケル北第二部会長ノ経過報告（案）
昭二一、八、一九、

第二部会ノコレ迄ノ経過ヲ、ナルベク簡単ニ御報告致シマス。

第二部会ハ議会関係ノ法律案ノ要綱ヲ立案審議スルコトニナツテ居リマシテ、先刻第一部会ニ付テ御報告ノアリマシタノト同様ノ経路デ

一　議院法ノ改正法案要綱
二　参議院議員選挙法案要綱
三　衆議院議員選挙法案要綱

ノ三項目ニ付テ部会ノ研究調査ヲ進メテ行クコトニナツタノデアリマス。ソコデ第一回総会以来前後十余回ニ亘リ部会又ハ小委員会ヲ開キマシテ関係者一同議会関係デ特ニ多忙ノ中デハアリマシタガ何レモ差シ繰ツテ御出席ヲ願ヒ極メテ熱心ナ討議研究ヲ続ケテ参ツタ次第デアリマス。

今日御手許ニ配布シマシタ国会法案要綱及ビ参議院議員選挙法案

〔資料63〕 臨時法制調査会第二回総会ニ於ケル北第二部会長ノ経過報告（案）（昭和21年８月19日）

要綱ノ試案ハ、コレ迄第二部会ニ於イテ研究致シマシタ結果トシテノ一応ノ結論デアリマス。然シ之ハ現在ノトコロデハ何処迄モ試案デアリマシテ、先刻モ会長其ノ他カラ御話ノアリマシタ通リ、本日ノ総会ノ御意向ヲ充分御伺ヒシ、更ニ本格的ナ立案検討ヲ行ヒ度イト存ジテ居ル次第デアリマス。

サテ御配布致シマシタ試案ノ内容ニ付テ、部会ニ於イテ論議致シマシタ要点ノ主ナルモノヲ概略御話シ申シ上ゲマス。

国会法案要綱

先ヅ国会法ニ付テ申シ上ゲマス。従来ノ議院法ヲ全面的ニ改正シテ、同時ニ題名モ「国会法」ト改メルト言フ考へ方デ、進ンデオルノデアリマス。

ソコデ第一ニ改正憲法ノ下ニ於テモ、現行ノ議院法ノヤウナ法律ガ、果シテ必要ナリヤ否ヤト言フコトガ問題トナリマシタ。国会ハ国権ノ最高機関デアルノダカラ、各院ハ自律的ニ議院規則ニヨツテ運営スルノガ妥当デハナイカ。外国ノ立法例ニモ、議院法ノ如キモノハ殆ンドナイデハナイカ。ト言フ議論モ出タノデアリマスガ、改正憲法ノ下デハ、会期ニ関スル事項等国会トシテノ活動ニ関シ必要ナ事項ヲ法律デ一般ニ明確ニシテ置クコトガ、実際上妥当デアラウコト言フコトニ、意見ガ纏ツテ居ルノデアリマス。

次ニ其ノ組ミ立テ方ニ付キマシテハ、現行ノ議院法ヲ、土台ニ置イテ、コレニ憲法改正ニ伴フ当然ノ改正ヲ、全面的ニ織込ム行キ方ヲ考へテ居ルノデアリマスカラ、基本的構想ニ付テハ特ニ取リ立テテ申シ上ゲルモノハアリマセン。

次ニ審議ノ間ニ問題トナリマシタ各項目ノ主ナルモノニ付、論点ノ概略ヲ御紹介致シマス。

㈠会期

第一ニ会期ノ問題デアリマスガ、之ニ付イテハ、改正憲法ハ果シテ会期制度ヲ予定シテ居ルモノカドウカ、換言スレバ憲法ハ国会ノ会期ヲ限定シナイ趣旨ト解サレナイカ、偶〻、成文中ニ会期ト言フ文字ガ用ヒラレテ居テモ、ソレハ単ニ国会ノ開会中ノコトヲ指スモノデアツテ、国会ガ召集セラレテ開会スレバ、其ノ任務遂行中ハ、即チ会期中デアツテ、任務終了ト共ニ、自ラ閉会スル、其ノ時ニ会期モ終了スルト考ヘルトノ有力ナ意見ガアリマシタガ、種々研究討議ノ結果、矢張リ憲法ノ法意トシテ、従来ト同様ニ、予メ期間ヲ限定スル意味ノ会期ヲ予想シテ居ルモノト解釈シ得ルノミナラズ、我ガ国ノ実情カラ言ツテモ、会期ヲ明確ニスルコトガ、国政ノ運営上適当デアル、トノ結論ニナツテ居ルノデアリマス。

然ラバ、具体的ニ会期ヲ、何箇月ト定メルカ。臨時会ノ会期ハ、ソノ都度内閣ニ於テ決定スルトシテ、通常会ノ会期ヲ法定スル場合ニハ、従来ノ如ク三箇月トシテハ短カキニ過ギルコトハ、過去ノ経験ニ徴シテ、何人モ異論ノナイ所デアリマスガ、之ヲ延長シテ若シ長キニ失スレバ、却ツテ国会ノ活動ヲ不活発ナラシメ、能率低下ノ虞ガアルト共ニ、行政ノ運行上モ支障ガ予想セラレマスカラ、一時ハ六箇月トスルト言フ考ヘモアリマシタガ、結局現行ノ三箇月ニ、一箇月ヲ加ヘレバ、通常会ノ仕事ハ、充分完了シ得ル見込デ、アルト同時ニ、議院内閣制ノ下デハ、必要ニ応ジ、民意ニ副ツテ、内閣ハ何時デモ、臨時会ノ召集ヲ決定シ得ルコト、並ニ憲法第四十九条ノ規定ニ依リ、議員ノ側カラモ、臨時会ノ召集ヲ要求スル途ガ開カレテ居ルコト等ヲ考ヘ合セテ、通常会ノ会期ハ、四箇月トスルコトニ、部会ノ意見ハ一応纏ツテ居ル次第デアリマス。

㈡議員ノ歳費

議員ノ歳費ニ関スル規定ヲ国会法ノ中ニ設ケルコトガ、適当デアルカ否カ、単行法トスルコトガ妥当デアルトノ意見モアリマシタガ、国会ニ関シテ、憲法ガ法律ヲ以テ定ムベシトシタ事柄ハ、国会法ノ中ニ、一括シテ規定スルコトガ、適当デアルト言フ意見ニ落チツキマシタ。サテソレデハ金額ヲ如何ニ定メルカ、又従来ノ如ク、議長等ノ歳費ノ定額ト、議員ノソレトノ間ニ如何程ノ差等ヲ設ケルコトガ適当デアルカニ付テモ、検討ガ加ヘラレマシタガ、結局要綱試案ニ書キマシタヤウナ方向ガ、最モ妥当ナルベシトノ結論デアリマシタ。唯試案ニハ一応三万円ト言フ様ナ金額ヲ上ゲテアリマスガ、ソノ額ニ付テハ改正憲法ニ基ク国務大臣ノ俸給等トモ睨ミ合セテ更ニ検討ヲシヤウト言フコトデアリマシタ。

㈢役員ノ選任

改正憲法第五十四条ニ、両議院ハ、各々議長其ノ他ノ役員ヲ選任スル、トアリマスガ、コノ場合ノ「其ノ他ノ役員」トハ如何ナル範囲ノモノヲ指スカ。現在ノ書記官長ニ該当スルモノハ、其ノ中ニ入ルカ否カ、ノ議論モ相当活発ニ行ハレマシタガ、結局ソコニ議長ト例示セラレテオルノデアリマスカラ、コレニ類スルモノデナケレバナラヌ、従ツテ少クトモ議員ノ中カラ選任セラレルモノタルコトヲ要件トスル、トノ解釈ニ一致シマシテ、要綱案ニハ制限的ニ列挙スルコトニナリマシタ。コレニ基イテ問題トナツタノハ、然ラバ現在ノ書記官長以下ノ事務局職員ハ、如何ナル任命方法ニ依ルヲ適当トスルカノ点デアリマシタ。コレ等事務局ノ職員ハ、永ク其ノ地位ニアツテ、院内ノ事情ニ通暁シ、議院ノ運営ニ慣熟シタ練達ノ士デナケレバナラナイ。政党ノ勢力カラ独立シタ、厳正公平ノ地位ニアラネバナラナイコト、等カラ考ヘマスト、現行法通リ官吏トスルコトガ適当デアルト言フ論モ、成リタツノデアリマスガ、ソレデハ今後ニ於ケル国会ノ地位ニ鑑ミ、又議員ト事務局トノ緊密ニシテ且ツ円滑ナル連絡ノ必要カラ考ヘテ、適当デナイ節《フシ》モアリマスノデ、結局試案ノ様ナ考ヘ方ニ落チ付イタ次第デアリマス。

㈣両院協議会

〔資料63〕 臨時法制調査会第二回総会ニ於ケル北第二部会長ノ経過報告（案）（昭和21年8月19日）

両院協議会ノ問題ト致シマシテハ、改正憲法第五十六条及ビ第五十七条デ、予算及ビ条約ノ場合ニハ、両院協議会ノコトガ規定セラレテ居ルニ拘ラズ、第五十五条ノ法律ノ場合ニハ、其ノ規定ガナイト言フコトハ、憲法ハ法律案ニ付テハ、両院協議会ヲ開クコトヲ認メナイ法意デアルト解スベキカ、或ハ、予算及ビ条約ノ場合ニハ、両院ノ意見ガ一致シナイトキニ、両院協議会ヲ開クコトガ、憲法上ノ要件トナツテ居ルノデアルガ、法律案ノ場合ニハ、要件ニハナツテ居ナイ。然シ法律デ規定ヲ設ケテ、法律案ノ場合ニモ、両院協議会ヲ開イテ、成ルベク両院ノ意見ノ一致スル機会ヲ、多クスルコトニ努メルコトハ、何等憲法違反トハナラナイト解スベキカノ問題ハ、可成リ精密ニ議論シマシタ結果、両院協議会ニ関スル規定ヲ、法律案ノ場合ニ付イテモ、設ケテ差支ヘナイト言フ積極論ニ、部会トシテノ意見ハ落チ付イテ居リマス。

㈤国会図書館ノ設置、充実

「コングレスライブラリー」ノ設置充実ノ問題ハ、苟モ議会問題ヲ、真面目ニ考ヘル人々ニトリマシテハ、既ニ多年ノ要望トナツテ居リマス。改正憲法ノ下ニ於イテ、国会ノ任務ガ特段ノ重要性ヲ加ヘマスルコノ機会ニ、是非共万難ヲ排シテ、コレガ設置充実ヲ図リタイト言フコトハ、各委員ノ一致ノ意見デアリ、熱望セラルル所デアリマシタ。

ソノ他国会法案要綱試案ノ各項目ニ付キ、各般ノ視野カラ検討ガ加ヘラレマシタガ、何レコレ等ニ付キマシテハ、各項目御審議ノ際ニ、御質問ニ応ジテ、関係者カラ御説明願フコトト致シタイト存ジマス。

参議院議員選挙法案要綱

次ニ参議院ノ構成ヲ如何ニスルカ、参議院議員ノ選挙方法ヲ如何ニ定メルカ、ト言フ問題ハ、帝国議会ニ於キマシテモ、改正憲法案ノ審議上、最モ重大ナ問題ノ一トシテ、取上ゲラレテ居リマスガ、私ハコ、デハ、専ラ、第二部会ガ、憲法改正案ノ建テ前ニ副ツテ、コノ問題ヲ検討シタ経過ヲ申上ゲマス。

参議院問題ノ焦点ハ、改正憲法第三十九条ガ、第二院トシテノ参議院ノ組織ニ付テ、全国民ヲ代表スル選挙セラレタ議員ヲ以テ組織スト規定シテ、衆議院ニ対スルノト全ク同一ノ原則ヲ立テテ、極メテ「デモクラチツク」ナ態度ヲトツタノニ対シ、実際上コノ原則ノ下ニ於テ選挙ヲ如何ナル仕組ニシタナラバ、参議院ガ第二院トシテノ本来ノ任務ヲ遂行スルノニ、最モ適当シタ、練達堪能ノ士ヲ、参議院議員トシテ、選出スルコトガ出来ルカト言フコトニアルノデアリマス。換言シマスレバ、第三十九条ノ原則ヲ無技巧ニ適用スレバ、衆議院議員ノ選挙ト、同一ノ結果トナルノデアリマスガ、ソレデハ第二院トシテノ参議院ヲ設ケル意義ガ、極メテ少クナルノデアリマス。練達堪能デ、シカモ厳正公平ナ人ハ、通常ノ選挙ノ方法デハ得難イ、ドウシテモ政党色ヲ帯ビタ人ガ出テ来ル。ソレヨリハ寧ロ、従来ノ勅選制度ノ様ナ制度ノ方ガ、現在ノ所デハ、目的ニ合致シテ居ル。此ノ間ノ矛盾ヲ如何ニ調和スルカガ問題ノ中心デアリマス。ソノ解決策トシテハ、寧ロ改正憲法ノ第三十九条ニ修正ヲ加ヘテ例ヘバ「参議院ハ参議院法ノ定ムル所ニ依リ組織ス」ルモノト言フ意味ニ改メテ、時勢ニ応ジテ最モ適任者ヲ得ラレル様ニ、立法的ニ工夫シ得ル余地ヲ、拵ヘテハドウカトノ意見モ出マシタガ、ソレデハ改正憲法ガ全体ヲ通ジテ強ク一貫シテ居ル民主主義ノ原理ヲ、コノ「ポイント」デ歪メルコトニナリ、当面ノ便宜ニ走ツテ理想ヲ没却スルコトニモナリマスト共ニ、ソコ迄考ヘルコトハ法制調査会ノ任務ノ範囲ヲ逸脱スルコトニモナリマスノデ、専ラ憲法第三十九条ノ規定ノ範囲内デ、最モ妥当ナ案ヲ考究スルト言フコトデ進ンデ参ツテ居ルノデアリマス。

次ニ考ヘラレマスコトハ、職能代表制ノ問題デアリマス。即チ衆議院ノ地域代表制ニ対シテ参議院ヲ職能代表制トシテ二院制ヲ意義アラシメヤウトスル考ヘハ、二院制ニ対スル大キナ答案デアルト思ハレルノデアリマシテ、第二部会ノ方デモコノ問題ヲ相当堀〔掘〕リ下ゲテ検討致シマシタガ、結局コノ制度ハ、ソノ前提条件トシテ、国ノ社会組織ガ職能別ニ可成リ整然ト組立テラレテ居ラネバ、例ヘバ、職能ノ分類選定、各職能ノ代表者数、選挙母体等ノ諸種ノ問題ニツイテ、難関ニ逢着シテ、公平ナル制度トシテ成立ガ困難ニナル虞ガアルノデアリマス。我ガ国ノ現状ト致シマシテハ、未ダ正面カラコノ制度ヲ採用スルコトノ出来ル迄ニ、各界ノ職能組織ガ発達シテ居ラナイ、後ニ述ベマス地域代表制ノ中ニ成ルベク職能代表ノ趣旨ヲ加味スルト言フ程度以上ニハ考ヘラレナイデアラウト言フノガ、部会ニ於ケル委員ノ大多数ノ意見デアリマシタ。

以上ノ様ナ前提ニ立ツテ、最モ妥当ト思ハレル案ヲ工夫シナケレバナラナイノデアリマスガ、政府ノ方デモ種々研究セラレマシテ、先般一応考ヘ得ル案トシテ七案程書面ニシテ議会ニ於ケル憲法案審議ノ参考資料トシテ配布セラレ、新聞ニモ発表セラレマシタカラ、各位モ御承知ノコトト存ジマス。第二部会ノ方デモ、其ノ途ノ権威者ガ揃ツテオイデノコトデアリマスカラ、各委員ノ個々ノ立場カラ、御研究ニナツタ結論ヲ、書面ニシテ御提出ヲ戴イテ居ルモノモ、相当アルノデアリマス。之等ノ考ヘヲ参酌シツツ、部会トシテノ意見ヲ取纏メテ参リマシタ。

第二部会トシテノ要綱案ノ骨子ヲ申シ上ゲマスト、参議院議員ノ定数ヲ一応三〇〇人トシ、其ノ中半数即チ一五〇人ヲ地域代表トシテ、各都道府県ノ区域カラ、大体現在ノ衆議院議員ト同様ノ方法デ、選挙年齢ヲ多少引上ゲマスガ、兎ニ角大体同ジ方法ニ依ツテ選挙スルコトト致シマス。残リノ半数ニ付キマシテハ、コレヲ国会ノ両院ノ各々ガ更ニソノ半数ヅツヲ選挙スルコトトシテ、適

〔資料63〕 臨時法制調査会第二回総会ニ於ケル北第二部会長ノ経過報告（案）（昭和21年８月19日）

材ヲ得ルコトニ遺憾ナカラシムルノ措置ト致シタイト考ヘテ来タノデアリマス。

右ノ考ヘ方デ進ムコトトシテ、更ニ之ヲ反省シ再検討ヲ加ヘテ見マスルト、ソコニハ依然トシテ、疑問ガ残ツテ居ルノデアリマス、即チ憲法第三十九条ガ全国民ヲ代表スル選挙サレタ議員ヲ以テ組織スル、ト規定シテ居リマス精神ハ、民主主義ノ原理ニ基キマシテ、コノ場合ノ選挙ハ何処迄モ、「フリー」デアリ「ダイレクト」デ「ゼネラル」ナモノデナケレバ全国民ヲ代表スルトノ要件ヲ充タシ得ナイト言フ解釈ガ、正当ナ解釈ト考ヘラレルノデアリマス。従ツテ半数ヲ両院デ選挙スルト言フ考ヘ方ハ、ソノ根本ニ於イテ「アンコンスチチューショナル」デアルトノ誹ヲ免レナイノデアリマス。ソコデ更ニ一歩ヲ譲ツテ、両院ニ於イテ直接選挙スル代リニ、ソノ定数ノ二倍ノ候補者ヲ推薦スル、コレ等推薦セラレタ候補者ニツイテ、選挙人ガ全国一選挙区デ選挙ヲ行フ、トスル案ニ到達シタ次第デアリマス。コレトテモ深ク考究致シマスト、推薦制度ハ果シテ前途ノ三要件ノ中ノ「フリーイレクション」ノ要件ヲ缺イテハオラヌカ、トノ疑問ガ生ズルノデアリマスガ、何分ニモ本来聊カ方向ノ異ルニ個ノ要請ノ調和ヲ計ルノデアリマストモ共ニ、野ニ遺賢ナキヲ期スルコトハ、参議院議員ノ場合ニ特ニ重大ナ意義ヲ有スルノデアリマスカラ、此ノ程度ノ疑義ハ、深ク咎メナイデ、進ミタイト言フノガ部会ニ於ケル大体ノ意向デアリマシタ。従ヒマシテコノ点ハ、本総会ニ於テ充分御審議御批判ヲ戴キタイト存ジマス。其ノ他ノ議員定数、選挙年齢、選挙方法等ノ諸点ニ付キマシテハ、各項目御審議ノ際ニ、各関係者カラ御説明願ヒタイト存ジマス。

衆議院議員選挙法改正法案要綱

最後ニ衆議院議員ノ選挙法ノ改正ニ付テ一言申シ上ゲマス。コレハ前申シマシタ如ク、第二部会ノ課題トシテ取リ上ゲラレテ居ルノデアリマスガ、其ノ内容ヲ検討シテ見マスト、改正憲法ノ影響ヲ受ケル部分ハ、比較的ニ少イノデアリマシテ、其ノ骨格的部分迄モ改正シナケレバナラナイ言フ点ハ、ナイヤウニ見受ケラレマス。唯改正憲法第五十一条ノ規定ニハ議員ノ選挙又ハ資格ニ関スル争訟ハ、両議院デコレヲ裁判スルコトニナツテオリマス。若シコレガコノ侭是認セラレルト、之ニ伴ヒマシテ衆議院議員選挙法ノ中ノ、コレニ関係ノアル規定ニ改正ヲ加ヘナケレバナラヌノデアリマスガ現ニ議会ノ方デ、第五十一条ノ規定ニ対シ、修正意見ガ出テ居ル関係モアリマスノデ、本部会ノ方デハ、成リ行キヲ待ツコトト致シタ次第デアリマス。従ツテ衆議院議員選挙法改正案ノ要綱ハ本日ノ総会ニ提出シテ御審議ヲ願フ運ビニナツテオラナイノデアリマス。事情御了承ヲ御願ヒ致シマス。

以上ヲ以テ第二部会長トシテノ経過報告ト致シマス。

〔資料64〕 臨時法制調査会第二回総会ニ於ケル平塚第四部会長ノ経過報告（案）（昭和二一年八月一九日）

臨時法制調査会第二回総会ニ於ケル
平塚第四部会長ノ経過報告（案）

二一、八、一九

第四部会ノ経過ヲ、御報告申シ上ゲマス。

御承知ノ通リ、第四部会ノ担当事項ハ、財政関係其ノ他他ノ部会ノ所管ニ属シナイ事項、ト言フコトニナツテ居リマシテ、当初ハ財政関係法案ノ外、教育関係法案及ビ勤労規準関係法案ノ要綱ノ立案ガ、見込マレテ、居リマシタ所、其ノ後主務省ノ方デハ、主管ノ立場カラ、相当大規模ニ、基礎的ナ問題ヲ、手広ク深ク調査研究シタ上デ、全体ノ問題ニ供シタイトノ御考ヘカラ、法制調査会ノ問題トシテハ、暫ク留保セラレルコトニ、相成リマシタ。ソコデ結局本部会ガ担当スル当面ノ課題ハ、財政関係ノ法案ノミトナリ、財政関係ノ中デモ特ニ会計法ニ付テ、憲法改正ノ結果ニヨリ、改正スル必要ノ生ジタ点ヲ、調査審議シテ、法案ノ要綱ヲ立案スルコトニ、問題ノ範囲ガ限ラレテ参イツタ次第デアリマス。ソコデ第一回ノ総会後今日迄、第四部会ニ於キマシテモ、他ノ部会ト御同様ニ、小委員会ヲ設ケテ、調査審議ヲ続ケテ参リマシタ結果、コノ程部会トシテノ要綱案ガ纏リマシタノデ、本日ノ総会ノ御審議ヲ、御願ヒスル次第デアリマス。

以下御手許ニ配布サレマシタ要綱案ニ付テ、概略ノ御話ヲ、申シ上ゲマス。

現行ノ会計法ニ付テ、憲法改正ノ結果ニ基キ、直チニ改正ヲ加ヘル必要ノ生ジマスル部分ハ、主トシテ予算ニ関スル諸規定デアリマス。即チ現行法制定以来、永年運用シテ来マシタ実績ニ徴シ、今次憲法改正ノ根本精神ニ照シテ、改正ヲ必要トスト、認メラレルモノモ御座イマスシ、又現行憲法ニハ規定セラレテ居ル事項デアルガ、改正憲法ニハ其ノ規定ノナイモノモアリマス。例ヘバ予算不成立ノ場合ニ関スル規定、緊急財政処分ニ関スル規定、継続費ニ関スル規定、予算外契約ニ関スル規定等ガ、コレニ該当スルノデアリマスガコレ等ヲ改正憲法ノ下デハ、如何ニ措置スルノカ問題ガアルノデアリマス。更ニ又改正憲法第七十九条以下ノ財政ニ関スル諸規定ノ中ニハ、今次ノ憲法改正ノ根本精神ニ基キマシテ、従来ノ制度ニ対スル各種ノ改正ガ織リ込マレテ居ルノデアリマス。コレ等ニ検討ヲ加ヘマシタ結果ノ答案ヲ、拾ヒ上ゲテ、綴リ合セテ見マスト、其処ニハ一ツノ纏ツタ体系ヲ具ヘタ予算法ト申シマスカ、財政法ト申ス方ガヨリ適切ト存ジマスガ、兎ニ角一連ノ組織ヲ持ツタ法案ガ出来上ルノデアリマス。コレ等ノ諸規定ヲ取リ上ゲタ後ノ残リノ会計方ハ、之亦細部ニ亘ル改正ノ必要ノアルコトハ勿論デアリマスガ、然シ会計法トシテ依然一箇ノ体系ヲナシテ、存立シ得ルノデアリマス。ソコデ結局従来ノ一本建テノ会計法ヲ、改正憲法ノ下デハ、財政法及ビ会計法ノ二本建ニ改メル、ト言フノガ基本的ノ構想デアリマシテ、財政法ハ予算ヲ中心ニシテ、組ミ立テルト言フコトニ、部会ノ意見ガ纏ツタ次第デアリマス。

要綱案ノ各項目ニ付キマシテハ、御審議ノ際幹事ソノ他ノ方カラ御説明ガアルト存ジマスガ、其ノ内デ特ニコノ際申シ上ゲテ置キタイコトハ従来予算ノ区分ガ各省別、所管別ニナツテ居リマシタ為、予算ノ内容ヲ局外省ハ殆ンド窺ヒ知ルコトガ出来ナイ事情ニアリマシタガ今回コレヲ改メテ事項別ニ部及ビ款項ノ区分ヲ立テルコトヲ考慮致シテ居リマス。コノコトハ今後予算ノ民主化及ビ民衆化ニ、多大ノ効果アルモノト期待スル次第デアリマス。

以上ヲ以テ簡単デハアリマスガ、第四部会ノ所管事項ノ経過報告ト致シマス。

〔資料65〕　臨時法制調査会第二回総会議事順序

臨時法制調査会第二回総会（昭和二十一年八月二十一日・同　二十二日）

議事順序

開会

（幹事　開会の辞）

開議

会長　これより会議を開きます。

前回の総会以来、炎暑の中を四十日に亘りまして、部会及び小委員会において、答申案の試案を討議願つ参りましたが、此の程漸く一応。中間報告の案がまとまりつきました。お手許に配布しております試案が、即ちそれであります。そこで今回の総会におきましては、今日までの部会、小委員会における審議の経過を御報告致しまするとともに、此の試案について、中間的の御審議を煩はしたいと存じます。

〔尚ほ本日御決定に至ります案と致しましても、改正憲法が成立致しました後に、初めて正式の答申案として確定致すことに取扱ひますことが、妥当であると存じますので、此の意味では中間的な決定案として、取扱はせて頂き度く存じてゐます。〕

従ひまして、此の試案に対する扱ひと致しましては、御審議の結果、或は原案通り、或は修正致しまして、中間的にでも一応決定し得るものは、なるべくそのやうに致したいと存じますが併し、各位の御意見と事柄に依りましては、必ずしも決を採ることなく、充分の御意見を伺つた上、部会において、修正なり取纏めを行ふと云ふやうなものも、出来てくるかと存じます。

この辺のこともお含み願ひまして、腹蔵のない御意見を出して戴き、充分の論議をつくしたいと存じます。

議事第一部会長報告

会長　それではこれより議事に入ります。部会の順に従ひまして、先づ第一に皇室及び内閣関係について、第一部会長より、経過報告をお願ひ致します。

（第一部会長　経過報告）

内閣関係試案朗読

会長　次に内閣関係の試案を朗読致させます。皇室関係の試案は、只今部会長の御話の通りござゐません。

（幹事　試案朗読）

官制関係討議

会長　只今朗読致しました試案につきまして、御質疑なり御意見を伺います。官吏関係は後廻りに致しまして、先づ官制関係三案につきまして、どうぞ願ひます。

（質疑応答、討議）

官吏関係討議

会長　それでは官吏関係につきまして、御質疑、御意見を伺ひます。

（質疑応答、討議）

第二部会長報告

会長　それでは議会関係に移ります。第二部会長より、経過報告を願ひます。

（第二部会長　経過報告）

議会関係試案朗読

会長　次に議会関係の試案を朗読致させます。

（幹事　試案朗読）

議院法討議

会長　それでは参議院議員選挙法は後廻しに致しまして、議院法から御質疑、御意見を伺ひます。

（質疑応答、討議）

参議院討議

会長　次に参議院議員選挙法について、御質疑、御意見を伺ひます。

（質疑応答、討議）

第三部会長報告

会長　それでは司法関係に移ります。第三部会長より経過報告を伺ひます。

（第三部会長　経過報告）

裁判所法試案朗読

会長　司法関係は件数が多く且つ何れも大部に亘りますので、各案件毎に試案の朗読、討議を進めて行き度いと存じます。

それでは裁判所法の試案を朗読致させます。

（幹事　試案朗読）

裁判所法討議

会長　次に裁判所法について御質疑、御意見を伺います。

（質疑応答、討議）

（前の例に依り左記順に従ひ進行のこと）

一、裁判所法
二、検察庁法
三、行政訴訟に関する特則
四、裁判官国民審査法
五、裁判官弾劾法
六、民法改正
七、刑法改正
八、刑事訴訟法改正
九、基本的人権保護法

第四部会長報告

会長　最後に財政関係に入ります。先づ第四部会長より、経過報告を御願ひ致します。

（第三部会長　経過報告）

財政関係試案朗読

会長　次で試案を朗読致させます。

（幹事　試案朗読）

財政関係討議

会長　それでは御質問、御意見を伺います。

（質疑応答、討議）

閉会

会長　それではこれで議事を終ります。

炎暑の際二日に亘り、色々御意見を伺いまして、寔に、御苦労でございました、後は適宜部会、小委員会を開きまして、今回の御意見を取りまとめ、なるべく速やかに第三回総会で、お目にかけることに致します。それではこれで閉会致します。

〔資料66〕臨時法制調査会第二回総会配布資料目録（昭和二一年八月二一日）

臨時法制調査会第二回総会配布資料目録

昭和二一、八、二一、

一、議席表
二、委員及び幹事異動報告
三、第一部会関係（皇室及び内閣関係）試案
(1)　内閣法案要綱試案

(2)　中央行政官庁法案要綱試案
(3)　地方行政官庁法案要綱試案
(4)　官吏法案要綱試案

四、第二部会関係（議会関係）試案
(1)　国会法案要綱思案
(2)　参議院選挙法案要綱試案

五、第三部会関係（司法関係）試案
(1)　裁判所法案要綱試案
(2)　検察庁法案要綱試案
(3)　行政訴訟に関する特別案要綱試案
(4)　裁判官国民審査法案要綱試案
(5)　裁判官弾劾法案要綱試案
(6)　民法中改正案要綱試案
(7)　刑法中改正案要綱試案
(8)　刑事訴訟法改正案要綱試案
(9)　基本的人権保護法案要綱試案
〔(10)　刑事□□法中改正案要綱試案〕

六、第四部会関係（財政関係其の他）試案
(1)　財政法案要綱試案

〔資料67〕　入江メモ（昭和二一年八月二一、二二日）

二十一年八月二十一日
　　　　　　二十二日）

一　国会法
1水谷、衆院ノ調査会トマッチサセヨ
2□□　四六条　内乱外患ノ罪ノ場合

二　参議院
□□　□□□代ノ方法

三　内閣法

四　中央官庁

五　地方官庁

六　官吏法

七　財政法
1ヨサンノ各省別ヲ如何ニスルカ

一　裁判所法
1最高裁判所判事ヲ自由任用トスルカ、ソノ人員□□□□）

牧野
2□□□

二　検察庁

三　□□□□□ノ沢田　印紙法適用ハコマル

四　国民審査法

五　弾劾法
　1第二部会ト関係シ国会法中ニ弾劾裁判所判事ノ選任ソノ他
（梶田）
六　民法
　1　家□□ノ趣旨ヲ明ニセヨ
　2　婚姻共有財産制　□□
　3　家庭ヲ法律上ノ□□
　4　第四十　⑤官吏ノ不法行為ニ対スル賠償責任の法律
七　刑法
　1□□罪ノ取扱方
八　刑訴
九　人事□□法
　1取扱方　牧野
十　刑事訴訟法

〔資料68〕　臨時法制調査会委員及び幹事異動報告（昭和二一年八月二一日現在）

臨時法制調査会委員及び幹事異動報告
（昭和二十一年八月二十一日現在）

委　員

昭和二十一年七月十一日　貴族院議員山田三良氏委員仰付けらる。
〃　七月十六日　貴族院議員松田正之氏委員仰付けらる。
〃　七月二十二日　検事佐藤祥樹氏委員仰付けらる。
〃　七月二十三日　厚生次官安井誠一郎氏転官に依り委員は自然消滅となる。
〃　七月三十一日　村岡花子氏委員仰付けらる。
〃　八月七日　宮内次官加藤進氏、河崎なつ氏及び庄野理一氏委員仰付けらる。

幹　事

昭和二十一年七月二十二日　検事丸才司氏及び大蔵事務官池田勇人氏幹事仰付けらる。
〃　七月三十一日　宮内省出仕高尾亮一氏幹事仰付けらる。
〃　八月十三日　宮内省出仕大場茂行氏幹事仰付けらる。

〔資料69〕　臨時法制調査会第二回総会議事速記録（昭和二一年八月二一日・二二日）

昭和二十一年八月二十一日・二十二日（内閣総理大臣官邸において）
臨時法制調査会第二回総会議事速記録

Ⅰ　臨時法制調査会関係

臨時法制調査会

臨時法制調査会第二回総会議事速記録　目次

臨時法制調査会第二回総会議事速記録

昭和二十一年八月二十一日午前十時二十分開会

○**鮫島幹事**　御待たせ致しました、只今より臨時法制調査会第二回総会を開会致します

○**幹事長（入江俊郎君）**　ちよつと幹事長と致しまして此の際御諮り致したいことがございます、実は本日の総会に於きましては会長である総理大臣が臨席致しまして始終会長の職務を執ることの予定であつたのでございます、若し総理大臣に故障がありましたならば議事規則の定むる所に依りまして副会長である金森国務大臣が其の職務を執ることに予定してあつたのでございますが、

御承知のやうに本日及明日は衆議院に於きまして改正憲法の審議が大詰になつて参つてのであります、実はさう云ふ風なことが此の一日二日前に確定的に決つたものでありますから、そこで本日及明日の総会を或は延期しようかと云ふ話もありましたけれども、会長、副会長の関係だけでさう云ふことを御願ひすることもどうであらうか、尤もそれに対しては衆議院の議員の方は憲法の方に御出にならなければならぬと云ふ関係もありまして、御迷惑もあることと思ひますけれども、何分にも一日二日前にさう云ふことが確定致したものでありますから、今更延期をすると云ふことも困難な事情に立至りましたので、本日の会議を開くことにしたのであります、尚本日は午前中は総理に御出を願ふやうに予定して居つたのでございますが、昨晩になりまして矢張り憲法の特別委員会の衆議院の方から総理にも是非出席して呉れと云ふ御要求がありましたものでありますから、総理大臣も遂に本日此処に御見えになれなくなつたのであります、そこで御諮り致したいでありますが、今明日此の会長の職務を臨時的に委員の御一人である關屋貞三郎氏に御委嘱をして戴いたらどうであらうか、若し皆様に御異議なければ其の限度に於て臨時的の議事規則の御変更を御申合せを願ひまして、關屋さんに御願ひ出来たらばと思ひますが、如何でございますか

〔「異議なし」と呼ぶ者あり〕

○**幹事長（入江俊郎君）** それでは關屋委員甚だ御迷惑でございますが、一つ御願ひしたいと思ひます

〔一番關屋委員議長席に着く〕

○**議長（關屋委員）** 只今幹事長から御話がございました通り、会長である総理大臣、それから又副会長も已むを得ない事情で御欠席になることになりまして、一応私に進行を取纏めをしろと云ふ御話が先刻突然あつたのであります、議事規則を能く存じませぬが、皆様の御同意があれば御引受けしても宜しいと云ふことを申上げた所が、幸に御同意があつたやうでありますから、実は甚だ突然でもあり、私甚だ不慣でございまして旨く進行するかどうか知りませぬけれども、幹事長初め幹事の諸君の御援けに依り、又皆様の御協力に依りまして暫く此の席に座らうと思ひます、どうぞ宜しく御願ひ致します

それでは是より会議を開きます、前回の総会以来炎暑の中を四十日に亙りまして部会及小委員会に於て答申案の試案に付て極めて熱心に御討議を願つて参つたのでありましたが、此の程一応中間報告の案が纏まりましたので、茲に第二回総会を開催することに致した次第であります、今回の総会に於きましては今日迄の部会、小委員会に於ける審議の経過を各部会長より御報告を願ふこと共に、此の試案に付て十分の御審議を煩はしたいと存ずるのであります、唯答申案として最終の決定は改正憲法が成立致しま

した後に改めて総会を開いて、其の際に御決めを願ふことが適当と考へますので、此の辺のことも御含みを願ひまして、御腹蔵なく御意見を御出しを願ひまして、各位の御意見と事柄に依りましては十分の御意見を伺つた上で、更に部会に於て再検討を行ふことも宜からうと思ふのであります

それでは是から議事に入るのでありますが、最初は第一部会、第二部会、第三部会、第四部会と云ふ順序で御願ひしたいと思つたのでありまするが、是は部会長の御都合もありますので、第一部会を後に致しまして、第二部会から御願ひ致しまして、第一部会が済みましたらば第三部会、第四部会、それから或は明日になららうかと思ひますが、最も議論のある第三部会は明日に御願ひするやうになるであらうと思ひます、それでは第二部会の経過の御報告を願ひます

○第二部会長（北委員）　第二部会の是迄の経過を成べく簡単に御報告致します

第二部会は議会関係の法律案の要綱を立案審議することになつて居りまして、一、議院法の改正法案要綱、二、参議院議員選挙法案要綱、三、衆議院議員選挙法案要綱の三項目に付て部会の研究調査を進めて行くことになつたのであります、そこで第一回総会以来十余回に亙りまして部会又は小委員会を開きまして、関係者一同議会関係で特に多忙の中ではありましたが、何れも差し繰つて御出席を願ひ極めて熱心な討議研究を続けて参つた次第であります、今日御手許に配布しました国会法案要綱及び参議院議員選挙法案要綱の試案は、是迄第二部会に於て研究致しました結果としての一応の結論であります、併し是は現在の処では何処迄も試案でありまして、先刻も会長其の他から御話のありました通り本日の総会の御意向を十分御伺ひし、更に本格的な立案検討を行ひたいと存じて居る次第であります、さて御配布を致しました試案の内容に付て部会に於て論議致しました要点の主なるものを概略御話し申上げます

先づ国会法に付て申上げます、従来の議院法を全面的に改正して、同時に題名も「国会法」と改めると云ふ考へ方で進んで居るのであります、そこで第一に改正憲法の下に於ても現行の議院法のやうな法律が果して必要なりや否やと云ふことが問題となりました、国会は国権の最高機関であるのだから、各院は自律的に議院規則に依つて運営するのが妥当ではないか、外国の立法例にも議院法の如きものは殆どないではないかと云ふ議論も出たのでありますが、改正憲法の下では会期に関する事項等国会として活動に関し必要な事項を法律で一般に明確にして置くことが実際上妥当であらうと云ふことに意見が纏つて居るのであります、次の其の組立て方に付きましては現行の議院法を土台に置いて、之に憲法改正に伴ふ当然の改正を全面的に織込む行き方を考へて居るの

でありますから、基本的構想に付ては特に取立てて申上げるものはありませぬ

次に審議の間に問題になりました各項目の主なるものに付て論点の概略を御紹介致します

第一に会期の問題でありますが、之に付ては改正憲法は果して会期制度を予定して居るものかどうか、換言すれば憲法は国会の会期を限定しない趣旨と解されないか、偶〻成文中に会期と云ふ文字が用ひられて居ても、それは単に国会の開会中のことを指すものであつて、国会が召集せられて開会すれば其の任務遂行中は、即ち会期中であつて、任務終了と共に自ら閉会する、其の時に会期も終了すると考へるとの有力な意見がありましたが、種々研究討議の結果、矢張り憲法の法意として、従来と同様に予め期間を限定する意味の会期を予想して居るものと解釈し得るのみならず、我が国の実情から言つても会期を明確にすることが国政の運営上適当であるとの結論になつて居るのであります、然らば具体的に会期を何箇月と定めるか、臨時会の会期は其の都度内閣に於て決定するとして、通常会の会期を決定する場合には、従来の如く三箇月としては短きに過ぎることは、過去の経験に徴して何人も異論のない所でありますが、之を延長して若し長きに失すれば却て国会の活動を不活発ならしめ、能率低下の処があると共に、行政の運行上も支障が予想せられますから、一時は六箇月とすると云ふ考へもありましたが、結局現行の三箇月に一箇月を加へれば通常会の仕事は十分完了し得る見込であると同時に、議院内閣制の下では必要に応じ、民意に副つて内閣は何時でも臨時会の召集を決定し得ること並に憲法第四十九条の規定に依り議員の側からも臨時会の召集を要求する途が開かれて居ること等を考へ合せて、通常会の会期は四箇月とすることに部会の意見は一応纏つて居る次第であります

第二は議員の歳費に関する規定を国会法の中に設けることが適当であるか否か、単行法とすることかず妥当であるとの意見もありましたが、国会に関して憲法が法律を以て定むべしとした事柄は国会法の中に一括して規定することが適当であると云ふ意見に落付きました、さてそれでは金額を如何に定めるか、又従来の如く議長等の歳費の定額と議員のそれとの間に如何程の差等を設けることが適当であるかに付ても検討が加へられましたが、結局要綱試案に書きましたやうな方向が最も妥当なるべしとの結論でありました、唯試案には一応三万円と云ふやうな金額を上げてありますが、其の額に付ては改正憲法に基く国務大臣の俸給等とも睨み合せて更に検討をしようと云ふことでありました

第三は役員の選任に付てでありますが、改正憲法第五十四条に、両議院は各々議長其の他の役員を選任するとありますが、此の場合「其の他の役員」とは如何なる範囲のものを指すか、現在の書

記官長に該当するものは、其の中に入るか否か、此の議論も相当活発に行はれましたが、結局そこに議長と例示せられて居るのでありますから、之に類するものでなければならぬ、従つて少くとも議員の中から選任せられるものたることを要件とするとの解釈に一致しまして、要綱案には制限的に列挙することになりました、之に基いて問題となつたのは然らば現在の書記官長以下の事務局職員は如何なる任命方法に依るを適当とするかの点でありました、之等事務局の職員は永く其の地位にあつて院内の事情に通暁し、議員の運営に慣熟した練達の士でなければならない、政党の勢力から独立した厳正公平の地位にあらねばならないこと等から考へますと、現行法通り官吏とすることが適当であると云ふ論も成り立つのでありますが、それでは今後に於ける国会の地位に鑑み、又議員と事務局との緊密にして且つ円滑なる連絡の必要から考へて適当でない節もありますので、結局試案のやうな考へ方に落付いた次第であります

第四は両院協議会に付てでありますが、両院協議会の問題と致しましては改正憲法第五十六条及び第五十六条で予算及び条約の場合には両院協議会のことが規定せられて居るに拘らず、第五十五条の法律の場合には其の規定がないと云ふことは、憲法は法律案に付ては両院協議会を開くことを認めない法意であると解すべきか、或は予算及び条約の場合には両院の意見が一致しない時に両院協議会を開くことが憲法上の要件となつて居るのであるが、法律案の場合には要件にはなつて居ない、併し法律で規定を設けて、法律案の場合にも両院協議会を開いて、成べく両院の意見の一致する機会を多くすることに努めることは、何等憲法違反とはならないと解すべきかの問題は可なり精密に議論しました結果、両院協議会に関する規定を法律案の場合に付ても設けて差支へないと云ふ積極論に部会としての意見は落付いて居ります

第五は国会図書館の設置充実でありますが、「コングレスライブラリー」の設置充実の問題は苟も議会問題を真面目に考へる人々に取りましては既に多年の要望となつて居ります、改正憲法の下に於て国会の任務が特段の重要性を加へまする此の機会には是非共万難を排して之が設備充実を図りたいと云ふことは、各委員の一致の意見であり熱望せられる所でありました

其の他の国会法案要綱試案の各項目に付きまして各般の視野から検討が加へられましたが、何れ之等に付きましては各項目御審議の際に御質問に応じて関係者から御説明願ふことと致したいと存じます

次に参議院議員選挙法案要綱に付てでありますが、参議院の構成を如何にするか、参議院議員の選挙方法を如何に定めるかと云ふ問題は、帝国議会に於きましても改正憲法案の審議上最も重大な問題の一として取上げられて居りますが、私は此処では専ら第

〔資料69〕 臨時法制調査会第二回総会議事速記録（昭和21年８月21日・22日）—第二部会経過報告

二部会が憲法改正案の建前に副つて此の問題を検討した経過を申上げます

参議院問題の焦点は、改正憲法第三十九条が第二院としての参議院の組織に付て全国民を代表する選挙せられた議員を以て組織すと規定して、衆議院に対するのと全く同一の原則を立てて、極めて「デモクラテイツク」な態度を取つたのに対し、実際上此の原則の下に於て選挙を如何なる仕組にしたならば参議院が第二院としての本来の任務を遂行するのに最も適当した練達堪能の士を参議院議員として選出することが出来るかと云ふことにあるのであります、換言すれば第三十九条の原則を無技巧に適用すれば、衆議院議員の選挙と同一の結果となるのでありますが、それでは第二院としての参議院〔を〕設ける意義が極めて少くなるのであります、練達堪能で而も厳正公平な人は通常の選挙の方法では得難い、どうしても政党色を帯びた人が出て来る、それよりは寧ろ従来の勅選制度ののやうな制度の方が現在の所では目的に合致して居る、此の間の矛盾を如何に調和するかが問題であります、其の解決策としては寧ろ改正憲法の第三十九条に修正を加へて、例へば「参議院は参議院法の定むる所に依り組織す」るものと云ふ意味に改めて、時勢に応じて最も適任者を得られるやうに立法的に工夫し得る余地を捹へてはどうかとの意見も出ましたが、それでは改正憲法が全体を通じて強く一貫して居る民主主義の原理を此の「ポイント」で歪めることになり、当面の便宜に走つて理想を没却することにもなりますと共に、其処迄考へることは法制調査会の任務の範囲を逸脱することにもなりますので、専ら憲法第三十九条の規定の範囲内で最も妥当な案を考究すると云ふことで進んで参つて居るのであります

次に考へられますことは、職能代表制の問題であります、即ち参議院の地域代表制に対して参議院を職能代表制として二院制を意義あらしめやうとする考へは、二院制に対する大きな答案であると思はれるのでありまして、第二部会の方でも此の問題を相当掘下げて検討致しましたが、結局此の制度は其の前提条件として国の社会組織が職能別に可なり整然と組立てられて居らなければ、例へば職能の分類の分類選定、各職能の代表者数、選挙母体等の諸種の問題に付て難関に逢着して公平なる制度として成立が困難になる虞があるのであります、我が国の現状と致しましては未だ正面から此の制度を採用することの出来る迄に、各界の職能組織が発達して居らない、後に述べます地域代表制の中に成べく職能代表の趣旨を加味すると云ふ程度以上には考へられないであらうと云ふのが部会に於ける委員の大多数の意見でありました

以上のやうな前提に立つて最も妥当と思はれる案を工夫しなければならないのでありますが、政府の方でも種々研究せられまして、先般一応考へ得る案として七案程書面にして議会に於ける憲

法案審議の参考資料として配布せられ、新聞にも発表せられましたから各位も御承知のことと存じます、第二部会の方でも其の道の権威者が揃つておゐでのことでありますから、各委員の個々の立場から御研究になつた結論を書面にして御提出を戴いて居るものも相当あるのであります、是等の御考を参酌しつゝ部会としての意見を取纏めて参りました

第二部会としての要綱案の骨子を申上げますと、参議院議員の定数を一応三百人とし、其の中半数即ち百五十人を地域代表として各都道府県の区域から大体現在の衆議院議員と同様の方法で、選挙年齢を多少引上げますが、兎に角大体同じ方法に依つて選挙することと致します、残りの半数に付きましては之を国会の両院の各〻が更に其の半数づつを選挙することとして、適材を得ることに遺憾なからしむるのを措置と致したいと考へて来たのであります

右のやうな考へ方で進むこととして、更に之を反省し再検討を加へて見ますると、そこには依然として疑問が残つて居るのであります、即ち憲法第三十九条が全国民を代表する選挙された議員を以て組織すると規定して居ります精神は、民主主義の原理に基きまして、此の場合の選挙は何処迄も「フリー」であり、「ダイレクト」で「ゼネラル」なものでなければ全国民を代表するとの要件を充たし得ないと云ふ解釈が正当な解釈と考へられたのであります、従つて半数を両院で選挙すると云ふ考へ方は、其の根本に於て「アンコンスチユーショナル」であるとの誹を免れないのであります、そこで更に一歩譲つて両院に於て直接選挙をする代りに、其の定数の二倍の候補者を推薦する、是等推薦せられた候補者に対して選挙人が全国一選挙区で選挙を行ふとする案に到達した次第であります、是とても深く考究致しますと、推薦制度は果して前述の三要件の中の「フリーイレクション」の要件を欠いては居らぬかとの疑問が生ずるのでありますが、何分にも本来聊か方向の異る二個の要請の調和を計るのでありますと共に、野に遺賢なきを期することは参議院議員の場合に特に重大な意義を有するのでありますから、此の程度の疑義は深く咎めないで進みたいと云ふのが部会に於ける大体の意向でありました、従ひまして此の点は本総会に於て十分御審議御批判を戴きたいと存じます、其の他の議員定数、選挙年齢、選挙方法等の諸点に付きましては各項目御審議の際に各関係者から御説明願ひたいと存じます

最後に衆議院議員の選挙法の改正に付て一言申上げます、是は前申しました如く、第二部会の課題として取上げられて居るのでありますが、其の内容を検討して見ますと、改正憲法の影響を受ける部分は比較的に少ないのでありまして、其の骨格的部分迄も改正しなければならないと云ふ点はないやうに見受けられます、改正憲法第五十一条の規定には、議会の選挙又は資格に関する争

訟は両議院で之を裁判することになつて居ります、若し是が此の侭是認せられると、之に伴ひまして衆議院議員選挙法の中の之に関係のある規定に改正を加へなければならなぬのでありますが、現に議会の方で第五十一条の規定に対し修正意見が出て居る関係もありますので、本部会の方ではそれまで其の成行きを待つことも致した次第であります、従つて衆議院議員選挙改正法案の要綱は本日の総会に提出して御審議を願ふ運びになつて居らないのであります、其の点事情御了承を御願ひ致します

以上を以ちまして第二部会長としての経過報告と致します

○**議長（關屋委員）** 只今第二部会の報告がありましたが、便宜国会法要綱試案並に参議院議員選挙法案要綱試案を朗読致すことに致します

〔幹事 国会法案要綱試案、参議院議員選挙法案要綱試案朗読〕

○**議長（關屋委員）** それでは是から皆さんの御質問なり御意見なりを伺ひます、どうぞ国会法を先づ先に致しまして、国会法が済んだ所で参議院議員選挙法の方に移ります、国会法の要綱に付きまして御質疑なり何なりを御願ひ致します

○**二十一番（水谷委員）** 国会法ですが、今衆議院で議院制度の調査会、是は北さんも御存じだろうと思ひますが、それと大分違つて居る、例へば事務総長は議員に於て議員以外の者から選挙するものとし、其の他は事務総長の任命するものとすることとありますが、是は衆議院の議院制度調査会でも議論したのでありますが、結局は矢張り実際の仕事は事務総長がするけれども、任命は議長の方が宜かろうと云ふことになつて議長に落着いたのでありますが、是は矢張り議長の方が宜いぢやないかと思ひますが、如何ですか、会期の点もあちらでは色色議論したのですが、五箇月になつたりして大分色々意見がございましたが、是は会期の方は考へ方に依つて色々ありますが、（九）の所は事務総長よりも議長の方が宜いのではないかと思ひます、之に付てはどんな議論がありましたか

○**第二部会長（北委員）** 是は私等の審議の際にも議長の方が宜からうと云ふ意見もありました、実際は書記官長が推薦するものを議長が任命する形になるでせうね、書記官長と云ふか事務総長と申しますか、是は議会で選挙すると云ふ点は衆議院の方の……

○**二十一番（水谷委員）** 事務総長と云ふ名前も一致して居ります、其の選挙も同じであります、事務総長以外の者の任命の形式は議長の方が宜からうと云ふ工合になつて居ります、是は議長の方が宜いと思ひます

○**第二部会長（北委員）** 是は利害損失の両方の議論がありまして、議長が政党に関係して、公明であるべき議長が色々情実で書記官を任命するやうなことがあつては困る、寧ろ書記官長、事務

総長が任命する方が実質は宜くはないか、斯う云ふ議論であつたのであります、是はどちらでもなければならぬと云ふはつきりした議論の根拠はないやうに思はれました、皆さんも一つ御研究を願ひたいと思ひます、結局法制当局で原案を出される時には、此処の審議の結果と、今衆議院に行はれて居る委員会の模様等を睨み合せて一本にして出すだらうと私は思ひますが、議論は十分に尽して貰ひたいと思ひます

○二十一番（水谷委員）　会期の五箇月と云ふような問題もありますが、まあ一応此の位で……

○三十五番（松尾委員）　ちよつと伺ひたいのでありますが、国会法の（九）の所に、両院事務局の職員は官吏とせず公務員たるものとし、斯う云ふことになつて居るのでありますが、此の官吏と公務員との区別はどう云ふ所に置かれるか、斯う云ふのであります、尚之に付て質疑の理由を申上げれば、憲法草案に於ては官吏或は公務員、地方吏員、地方官吏、裁判官、さう云ふ文字が使つてあるのであります、併しそれ等のものと云ふものは新憲法に於ては、其の概念としては同じものでなければならぬ、斯う云ふ風に考へる者であります、それは此処に関連するのでありますが、さう云ふ意味に於て今後に於ける「憲法上於ける」と云ふものは公務員に一元するやうに考へる者であります、是は憲法の問題の時に関連するのでありますが、さう云ふ意味に考へると態と国会法に於て官吏とせず公務員とすると云ふ点に於て、其の差別及官吏と公務員の概念に付て御伺ひしたいのであります

○第二部会長（北委員）　是は審議経過の中に大分議論がありましたけれど、将来政府で公務員法と云ふやうなものを議会に提案されるらしいのであります、其の時にはつきりすると思ひますが、我々が審議した時に於きましては、現在の衆議院書記官長、貴族院書記官長も同じでありますが、内閣の任命した官吏が国会内に居ると云ふことは穏かでないぢやないか、今度の改正憲法の趣旨から言つてをかしいではないか、そこで書記官長を事務総長と云ふ名前に変へて、議会で選挙する、そこで内閣が任命した官吏ではなくして議会の公務員と云ふことにした、公務員と云ふものと官吏と云ふものとの関係如何は、是は結局政府当局が公務員法で制定しなければならない事柄でありますが、此の点に付て多少承る必要があるならば、法制局当局からの御意見を承りたいと思ひますが、如何でございますか

○幹事長（入江俊郎君）　今の御尋ねの点でございますが、今部会長から御話がございましたやうに、此処で官吏とせず公務員たるものとすと御書きになつたのは、所謂内閣で任命する官吏ではないと云ふことに重点があるのでありまして、結局是等の職員はさう云ふことになるのであります、是で憲法に謂国会の職員であると云ふことになるのでありまして、公務員のふ公務員と申しますのは非常に広い観念でありまして、公務員の

中には官吏も其の一種であり、又自治体の吏員も其の一種である、更に国会の議員或は又自治体の吏員と云ふものも皆公務員として憲法の法文では使はれて居ると思ひます、従つて公務員法と云ふ単行法を出すかどうかは、まだ研究中でありますが、何れに致しましても国会法の中に是等の職員に付ての地位をはつきり規定致しますれば、それに依りまして官吏でない国会の職員として公務員たる地位を持つと云ふやうなことが明かにならうと考へて居るのであります、それだけちよつと申上げて置きます

○三十五番（松尾委員） さう云ふ御説明を聴くと一層私の疑問は深くなる訳であります、それはどう云ふことかと申しますと、公務員法を作つて、公務員法の中に官吏と公吏とあつて、公吏は広い意味である、更に今の御説明を承ると、議会で拵へたものは公務員であつて、内閣の任命したものは官吏である、さうでないものは公吏であると云ふ風に聞いたのでありますが、併しながら今度の改正憲法の草案に於ては総理大臣も国会で指名するのであります、唯それを天皇が任命すると云ふ幾らかのことを加味する位のものである、さう云ふ意味に於て官吏であると云ふことと区別があるとすれば、其の根本に於て私は違ふものであると思ふ、例へば憲法草案の英文の中には、是は私が申さぬでも御承知の通りでありますが、官吏と云ふ第七条の第五号の国務大臣及官吏と云ふ其の官吏と、地方吏員と云ふ時には、地方の官吏若くは公務員と云ふ時には公の官吏と云ふ言葉が使つてある、故に若し我々日本人の考を以て考へることを基礎にされるならば、同じやうな意味に書いて居ると思ふのでありますが、勿論我国の憲法であるから、さう云ふ英文の方に基礎を置く必要はない、又さう云ふ解釈をする必要はないけれども、若しも任命に依つて官吏と公務員と違ふと云ふことになれば、是から奉仕する範囲をどうするか、是は申上げるまでもなく、公に奉仕し、一部に奉仕するものではないと云ふ其の公と云ふものは、展開すれば世界人類に及ぶものであると考へて居るのであります、故に若し官吏と云ふものを以て国に奉仕するものである、公務員は其の中に官吏も含まれて居るが、比較的に地方に奉仕するものであると云ふ古い行政法の考を持たれるならば、新憲法の考へ方には矛盾して居る考であつて、而も我が国を再建するのに若しさう云ふ古い考を持つてやると云ふならば、私は飛んでもない考でなからうかと考へる者でありますす、故に公務員法が出来ても出来なくても、同一に考へて進まなければならぬと考へる、それに付て御考を伺いたい

○幹事長（入江俊郎君） 憲法上の公務員と云ふのは公の事務に携はるべき人と云ふ広い意味であります、公の事務と云ふと国家の事務である場合もあるし、地方自治団体の事務である場合もあるし、又国会と云ふ特別な国家機関を作りました場合に、国家の自治的な意味に於ける国会の仕事を担任する場合もありますし、

色々な段階があると思ひます、それで憲法で謂つて居る公務員は最も広い観念でありますが、其の公務員の中に今申上げますやうに、官吏と云ふ一つの範疇がある、即ち是は国家と云ふものの事務を直接担任すると云ふことを目的とした一群の公務員でありま す、又吏員と云ふのは、それが地方自治団体の事務を担任することを職責とする公務員の一範疇があると思ひます、更に又国会議員と云ふものは、是は官吏でもなく、又自治体の吏員でもありませぬけれども、広く国家の事務に従事するものである、さう云ふ風に色々な段階があると思ひます、さう云ふ考へ方が果して旧式的な考へ方かどうか知りませぬけれども、兎に角新憲法に於きましてはさう云ふ趣旨で出来て居ると思ひます、此処で問題になつて居ります職員の事務総長以下のものをどう云ふ地位にするかと云ふことが、委員会でも問題になりまして、結局之を従来のやうな勅任官、奏任官、或は一級二級の官吏としないで、国会と云ふ国家機関でありますけれども、国会の自治的な事務を担任するものとして国会の機関と云ふことに先づ第一段に考へて行く方が、国会を尊重する所以であらうと云ふ所から、又それが国会の趣旨に合ふ所から斯う云ふ一つの案が出来たと思います、公務員と官吏の関係は少し理窟めきますから差控へますが、兎に角さう云ふ趣旨で出来て居ると思ひます

○**三十五番（松尾委員）**　私は今の御答弁の意味はよく分つて居る、意味は分つて居りますが、新憲法に於てさう云ふ公務員と官吏と云ふ考へ方が、其のものの性質若くは目的と云ふものに依つて、概念と云ふかそれが違ふと云ふことがございますれば、私は実は民主主義とかさう云ふ言葉は借りなくても宜い、現在の新憲法を解釈する上に於てさう云ふ公吏、公務員と官吏の間に於て区別があり、差等がある、斯う云ふことになれば今日までの恐るべき我が国の非違を見たる官と云ふものと公と云ふものと、民と云ふものと、又教育にも、総ての問題に是は及ぼすことであると存じます、故に私は今の御説明に於て新憲法の上に於ける官吏と公務員との左様な区別があると云ふことは考へられぬ者であります、御答弁其のものはよく分りますけれども、新憲法の上に於ては私は遺憾ながら根本に於て意見を異にする者であります、それで此の質問は打切るが、さう云ふ考へで申したと云ふことだけ申上げて置きます、もう答弁も何も要りませぬのであります

○**四十三番（古島委員）**　私は要綱の七に付てちよつと疑問がある、凡そ議員を会期中に逮捕することを禁止致しますのは、時の政府なり官憲なりが、何か反対党の議員を逮捕し、若くは監禁を致して自分の政策を遂行すると云ふやうな虞があるが為に、之を防止すると云ふのが逮捕、監禁を禁止する所以なのであります、所が第七を見ますと、逮捕の出来るのは現行犯も出来れば内乱外患の罪も逮捕が出来ると云ふことになつて居る、而も此の現行犯

と内乱外患に対する罪は許諾なくして是が逮捕出来ると云ふことになりますから、斯うなると逮捕監禁を禁止致します本当の法律の意味とは全く矛盾すると思ひます、現行犯の如きに至つては、是はどうしても逮捕監禁するの外はないのであります、内乱に関する罪、外患に関する罪と云ふものは、政治家が常に疑ひを持たれるのであります、即ち何か外国を援助するやうな疑ひがあつたと云ふならば、議員は逮捕される訳であります、又騒擾がありましても「ストライキ」がありましても、それが内乱に関するやうな疑ひがあると云ふならば、其の議員は逮捕されることになる、議員を逮捕するに極めて便利な内乱に関する罪、外患に関する罪と云ふのを、許諾なくして逮捕が出来ると云ふことにしたのは、是は何か此の点に付て特に議論があつたことと思ひますが、討議の際にどう云ふ議論がありましたか、其の点を伺ひたいと思ひます

○**第二部会長（北委員）** 是は現行憲法の趣旨に依つたものと思ひます、現行憲法五十三条、両議院の議員は現行犯罪又は内乱外患に関する罪を除く外会期中其の院の許諾なくして逮捕せらるることなし、此の第五十三条にあるそれと同じやうな趣意で、只今古島委員からの御質問がありましたが、内乱、外患に関する罪で議員が逮捕されたのは余り例がなさそうで、弊害は起きないと思ひますが、是は問題にならなかつたやうであります

○**四十三番（古島委員）** 是は現行憲法の改正は勝手に出来ませぬから、そこで憲法にさう云ふ記載があることは承知して居りますが、実際の問題としてどうしてもそれは整へなければならぬと云ふのが本当の方法であつたのであります、実際法曹界に於ては矢張り内乱外患と云ふやうなことがあるが、外患である内乱罪であると云ふのはどうも政治家が疑ひを持たれる点になつて来る、そこで現行犯の如き急速を要するものと、斯う云ふ政治的の意味のあるものとを一緒にして、許諾なくして之を逮捕すると云ふことになれば、乱暴な人が出て暴威を振ふと云ふことに依つて相当いため付けられると云ふ心配があつた、そこで現行憲法にあります通り、少くとも議院法を改正するに当つては、此の点は削除する必要があると私は信じて居るのであります、そこで議論がなかつたと云ふならば致し方ありませぬが、私の希望と致しましては、是だけは削る必要があるではあるまいか、若し又削ることが出来ぬと云ふならば、少くとも是は許諾を受けなければ逮捕出来ないと云ふ方に入れるべきものであると思ひますから、自分の意見だけを申上げて質問を終ります

○**二十一番（水谷委員）**（十四）でありますが、「継続委員会及び常置委員会に関する規定を設けること」と云ふのがありますが、常置委員会に関する規定を設ければ従来継続委員会で決つて来たことは常置委員会で解決出来るのぢやないかと思ふので、之を二

つ継続委員会と常置委員会に関する規定を設けられると云ふ趣旨は、是は常置委員会だけで宜いのぢやないでせうか

○第二部会長（北委員）　其の質問も出ました、それに付て論議もありましたが、議院法の中に継続委員会と云ふのがあつて、是は議案の審査未了のものを休会中に審査をする、或特定の議案に限られて居り、常置委員会と云ふのは今度新なる、「アメリカ」あたりの制度をあの侭にはうまく運用出来ないかも知れないが、休会中議員が政務に通じないと困るから各省の仕事を分担して、絶えず政府と密接なる関係を持つて政務に通じよう、それが新なる法律案、或は予算案等が出る場合に事前にそれを知りたいと云ふので、性質が違ふから、常置委員会があれば継続委員会は要るまいと考へる向もありましたけれども、性質が少し違ふから両方共置かうぢやないか、今迄の審議経過はさう云ふことであります

○二十一番（水谷委員）　さうすると常置委員会と云ふものは大体事前参加と云ふことに重きを置くのですね

○第二部会長（北委員）　さうです、又法律が出来て、法律の施行の工合がどうなつて居るか、予算の実施の工合がどうなつて居るか、まあ広い意味の行政監督もあるでせう、継続委員会は或法案の審議を継続して行く、それで両方置いたらどうか、斯う云ふやうな大体意見であります

○二十一番（水谷委員）　それから（九）ですが、此の全院委員長ですが、是は色々衆議院の方の審議会でも問題になつたのですが、全院委員長は要らない、廃めてしまふことにしたのですが……

○第二部会長（北委員）　此の全院委員長の問題は余り実際に働いて居らぬものですから、習慣的に是は置くと云ふだけの考で、是は議論されませぬでした、それですから衆議院の審査の結果を承りまして、更に継続して行く時に一つ審議し直して見たいと思ひます、私等の審議では議論の対象にならなかつたのです

○議長（關屋委員）　それでは国会法の方はまだ御意見もあるかも知れませぬが、段々有益な御意見も出て居りますから幹事の方でも十分御記憶下さつて、参議院法に移ります

○四十三番（古島委員）　私は此の要綱を見まして甚だ結構な要綱だと存じますが、一番終の当初三年で終る議員、どちらの議員が三年で終るかなんですが、此の条項であります、此の第五に付ては余程考へねばならぬと思ふのでありますが、地域代表制と全国一選挙区の議員と二色になつて居りますが、之を半分宛任期が来るやうに致しますると、選挙毎に非常な煩雑を来すと思ふのであります、其の後は、第二回目からは三年に一遍宛でやるのですが、三年に一遍選挙をすると云ふことになると、半分宛でやると云ふことになれば、地域代表の方も半分、全国一選挙も半分、全国一選挙区の方は貴衆両院で推薦すると云ふことになると非常に

煩雑を来しますから、一番初めはお気の毒であるが、地域代表制の方を三年にするとか、若くは全国一選挙区の方を三年にするとか、どちらか一方に決めれば選挙が余り紛肴しないで都合が宜からうと思ひますが、斯う云ふ風な議論は出たのでありませうか、お伺ひ致します

○**第二部会長（北委員）**　只今の古島委員の御質問のやうなことはなかつたですが、唯都道府県代表の参議院議員と、それから全国一選挙区単位で選挙をした参議院議員、各〻半数宛が、三年毎に交替する、其の趣意から都道府県の場合に於ては偶数でなければ非常に不公平を生ずる、そこで二とか四とか六とか半数が代る、二名選出の場合でも一名が残る、斯う云ふ趣意に考へたのでありますが、ちよつと選挙の手続はうるさいですが、是は成るべく選挙は同時にやりたいと云ふ趣旨で、選挙を簡単にしたいと云ふ考から、二の初めの所でも本当は参議院の被選資格者は年齢を高くしたから、選挙人も二十五歳以上と云ふのが初めの皆の考でありましたが、段々考へて見ると、選挙が複雑になる、是から知事の選挙の際も二十歳以上、衆議院の場合も二十歳以上、然るに参議院の場合を二十五歳にすると、選挙人名簿を二様に拵へなければならぬ、此の前の選挙でも非常に選挙人名簿に脱漏があつて、各地に問題を生じましたので、簡単にやりたいと云ふので二十歳迄にしたのであります、それと同じ趣旨で此の第五の場合も同時に一人が二票宛でも行使するやうにしたら宜いかと云ふのが我々の話合でありました

○**四十三番（古島委員）**　只今の御答弁と私の承つたのは方向が違ふのであります、私は選挙を簡単にするには矢張り地域代表の者と全国一選挙区の者と突き混ぜて半数開選と云ふことが非常に煩雑だと思ふのであります、即ち府県で選挙をする場合には、どれが全国一選挙区の候補者か或は地域の候補者か、其の判別がなか〳〵困難なのであります、知識階級の人達は別でありますが、二十歳以上の男女が選挙を致すのであり、殊に老年の婦人などに至りますとなか〳〵其の判別は困難だと思ふのであります、そこで府県単位の議員と、それから全国を選挙区にした議員と別の時に選挙をする、第一回はやりましても、片方は三年で辞めて戴くと云ふことになれば、次からは半数改選が出来ますから、そこで今度は全国選挙区の人の選挙である、今回の選挙は府県選挙区の選挙であると云ふので極めて簡単に行く、さうして紛肴することがない、選挙民の人達から見て紛はしいことがないので一番宜いのぢやないか、唯お気の毒なことは第一回に選挙された議員が半分宛でなく、片方だけが三年になると云ふことはお気の毒であるが、併し第一回であるから、何れかを片方三年と云ふことにすればうまく組合せが出来るのではないかと思ひます、さう云ふ方途にやつて戴く話が出なかつたか、それを押切つて斯う云ふ風なこ

とになつたか、どう云ふ風な理由であつたかと云ふことを承りたい

○第二部会長（北委員）　只今の古島委員のやうな話は出ませぬでした、それは何故かと云ふと、都道府県単位で選挙される者、それから衆議院、参議院の方で推薦して全国民が選挙する者、それを各〻半分宛が改選になるのが公平でないかと云ふ頭が皆にあつたものですから其の問題は出ませぬでした、唯古島委員のお話非常に尤もで、簡単で、紛はしくないと仰せられますが、私共は其の点に付て少し疑問を持つのは、全国一選挙区で選〔ば〕れた者が全部改選と云ふことになると、それは比較的改選される人が少いのぢやないか、余程有名な特色のある人が出るから、それを一時にやると改選される人が少くて、新しい人が出る機会が少いのぢやないかと云ふやうな感が致しますが、此の点に付て実はG・H・Qの方の其の方の掛で三人ばかり私に会ひたいと云つて審議中に会ひました、さうしたらば、まあ私はざつくばらんに言つたのです、国民代表、国民が直接選挙すると云ふことと、練達堪能の士を出すと云ふことはなか〳〵両立しないから、本当は我々の希望から言ふと、地域的に都道府県から選ばれた参議院議員及衆議院議員で候補者を選んだ方が一番宜い、あとの全国一選挙区で選ぶより衆議院、参議院議員の選挙された者が選ぶのが一番早いと言つたら、偉い人を出すのは其の点が便利が好いかも知れないが、同じやうな人が継続して、永久化する欠点がないか、斯う云ふことを言ひました、そこで地域代表ならば可なり変るのです、全国一選挙区で有名な学者があると、五年や十年経つてなか〳〵有名な学者が無名にならないし、議員の行動、進退を汚すことがないから、同じやうな人が出る、向ふでも心配して居りました、そこで百五十名の全国一選挙区で選んだ者を一時に改選すると割に同じ人が残ることがあつて、其の点は向ふも相当突込んで言ふ感じでした、そこで厄介でも同時にやつたが宜いか、別々が宜いか、結局同時にやらなければならぬでしょうが、全国一選挙区の者も半分、地域代表の者も半分、それで苦心の結果、都道府県別の選出された者は偶数にして、半分変へぬでも宜いと云ふ所を考へたのです、相当向ふはやかましいことを言ふのです、国民が直接選挙でなければならぬと云ふことをえらく固執することと、もう一つは同じやうな者が出る処〔虞〕がある、其の点はちよつと答弁に苦しむ点があります、参議院と衆議院で偉い人を選ぶ、練達堪能の士を選ぶ、処が六年ならば六年居つて、其の後あなたは偉くなつたから辞めて呉れ、又同じ人を出す可能性が、丁度勅選議員が無期で行つて居るやうにずる〳〵と行く可能性がある、向ふの突込むのはそこの所です

○四十三番（古島委員）　さう云ふ御意見もあるかも知れませんが、実際は、同じ人が幾度も出て、どうも新しい人が出ないと

困ると云ふやうな御心配のやうですが、それは私が申しますと何かも知れませぬが、東條さんのお考です、東條さんはどうも古い人が継続して出るといかん、全部頭を替へなければならぬと云ふので、予め頭を替へることを条件にして臨んだが、古い人が続いて云ふことは、其の人が非常に有能だから出るので、到底議員として堪へられない、何人も出し得ないと云ふ人は、出したと思つても出やしませぬ、どうしても是は年は取つて居るが出て居ると云ふのは、全国で見て有能な人だから出るので、幾ら同じ人が出ても是は同じ人が出ても是は御心配ないことです、そこで私は出て参る議員の人達に甲乙を付けるのではなく、選挙に非常に便利である、又選挙民から見ても、是は全国地盤の人か府県地盤の人かと云ふことを一々説明せぬのでも、今年の選挙は全国的の地盤の人が出る、今年の選挙は府県単位の人を出すと云ふので、選挙民から極めて簡単に行くと思ひます、唯御辛棒願ひたいのは、一番初めの選挙の時、何れか一方の人は全部三年と云ふことにして戴かなければならぬから、それはお気の毒ですが、是も仕方がない、第二回目からはどちらもうまく運行が出来るから、此の方が宜いと思ふのであります、是は私の意見になりますが、どうか其の点お含みを願ひます

○**十七番（林委員）** ちよつと古島君にお尋ねしますが、此の憲法四十二条には、「参議院議員の任期は、六年とし、三年ごとに議員の半数を改選する」、斯うなつて居るのであるが、最初から三年と云ふことを決めて選挙をするには此の憲法の条章を何とか変更しなければならぬのぢやないでせうか

○**四十三番（古島委員）** 是は此の要綱に於ても同様であります、此の要綱案に於ては其の点を改正すると云ふのではなく、六年の任期であるが、其の何れかの部分は半数抽籤で決めると書いてありますが、私の意見で言へば、全国代表の人か若くは各府県の人か、どちらか一方を三年で辞職をして貰ふなり、どつちでも構はぬが、兎に角一方だけ第一回は辞めて戴く、さうして二回目からは片方が半分辞めたから、定員三百名の内百六十名が辞めますから、半数改選の形になつて参る、何れも一遍選挙をすれば六年の任期でありますから半数改選と云ふことが出来まして、半数改選の犠牲の為には一方に辞職を願ふなり、或は特別に第一回だけは斯う云ふ風に願ふのだと云ふことにして、此の要綱でもそこは似て居るのでありますが、さう云ふ風に決めたならば宜からうと思ひます

○**十七番（林委員）** 古島委員の言はれるのも一応理由があるやうでありますが、どうもどちらでも三年に決めると言つて、三年の任期を以て選挙すると云ふことは確かに此の四十二条に私は抵触すると思ふ、然らば三年毎に議員の半数を選挙する、此の場合どうするかと云ふことは、三年毎にと云ふ以上は三年に欠員の生

ずることを憲法が予想して居るのであるから、其の意味に於て抽籤を以て半数だけを任期を短くする、斯う云ふ方が憲法の条章から言へば私は当嵌ると考へるのでありますが、此の点どうか〔衍〕解釈致しますか

○**四十三番（古島委員）**　此の半数改選と云ふことは、此の憲法の侭で言へば行はれないのであります、何れにしても任期六年で選挙されると半数改選と云ふことは絶対行はれないと云ふことになるのであります、欠員に対しては別に補欠選挙があるのでありますから、是は半数改選にはならない、そこで半数改選と云ふことにする犠牲には半分だけは辞めて貰ふ、何れかに辞めて貰ふと云ふことを予め決めて掛るより外ないと私は思ふ、此の侭で行けば半数改選と云ふことは事実上行はれないことになる、私はさう信じて居ります

○**二十九番（淺井委員）**　只今御二人の御意見でございますが、此の補則の九十九条でございますが、「この憲法による第一期の参議院議員のうち、その半数の者の任期は、これを三年とする。その議員は、法律の定めるところにより、これを定める」とございますが、此の条文に対して御二人はどうお考へになりますか

○**三十五番（松尾委員）**　ちよつとお伺ひしますが、此の「当初の議員については、衆議院に於てすべて推薦する」と云ふのはどう云ふ意味でございますか

○**第二部会長（北委員）**　只今の御質問御尤もでございますが、ちよつと是は書き方が明瞭を欠いて居りますが、此の三と四を組合はしてお考へ願ひたい、此の案で言ひますと、参議院議員が甲乙の二種類に分れまして、甲議員は都道府県別に選挙される、乙議員は、都道府県で選挙された参議院議員と衆議院議員が残つた定員の二倍の候補者を推薦して、全国の有権者がそれを選挙するとと云ふことになって居りますから、初めは参議院が成立しないのであります、都道府県で以て選挙された参議院議員、即ち百五十名、半分しかありませぬから、参議院の機能が十分に発揮されませぬから、そこで当初の議員に付ては衆議院に於て総て、第三項にあります即ち乙種議員ですが、参議院議員を甲種と乙種として、乙種議員の候補者を推薦する、是は便法として、斯うしないと、半分だけ参議院議員が出来たのでは参議院の機能が発揮出来ませぬから、そこで斯うしようと云ふのであります

○**三十五番（松尾委員）**　さうすると是は各〻当初の議員半数に付てはと、斯う云ふ意味ですか

○**第二部会長（北委員）**　当初と云ふのは第三項にある乙種議員ですね

○**三十五番（松尾委員）**　詰り斯う云ふ風に見えるのです、私が見ると、「当初の議員については、衆議院に於てすべて推薦する」と云ふと、三百人全部推薦するやうに見えるのですが、是はさう

じやないのですね
○第二部会長（北委員） 是は乙種議員の場合です、乙種議員に付ては初めは参議院、衆議院に於て候補者を推薦する、斯う云ふ意味です、甲種の参議院議員は都道府県で選挙しますから、当初の議員と云ふのはちよつと拙いのです、当初の乙種議員に付てはお直し願ひたい、当初の三に規定のある議員に付ては、其の候補者を衆議院に於て推薦する……
○三十五番（松尾委員） ちよつと法文化して下さい
○第二部会長（北委員） 前項の当初の議員に付ては其の候補者を衆議院に於て推薦する、即ち二回目からは甲種議員、乙種議員、各〻半分宛残りますからまだ宜いのですが、一番初めての時は都道府県別の参議院議員が選挙されて出まして、全国一単位のは出て居りませぬから、そこで衆議院で之をやらうと云ふのです、趣意はさう云ふことです
○三十五番（松尾委員） 前項の当初の議員はと、前項を入れればそれがはつきりする訳ですね、分りました
○議長（關屋委員） さうすると四ですが、是は、「前項の当初の議員に付ては其の候補者は衆議院に於て総て之を推薦する」、斯う直して宜しうございますか
○第二部会長（北委員） 宜しうございます
○議長（關屋委員） それではさう云ふ風にお直しを願ひます
○三十一番（菊池委員） 先程部会長の御説明の中に、参議院に付て職能代表に付ても一応御考慮になつて、さうして結局それは御採用にならなかつた御説明がありましたが、それは技術的に困難だからと云ふことだけに止るのでありませうか、それとも参議院の性格に付てもさう云ふことは採らない方が宜いと、さう云ふやうな御議論だつた訳でございませうか、其の点もう一応……
○第二部会長（北委員） 実は衆議院に於きましても、苟くも二院制を認める以上は、衆議院が地域代表になるから、第二院は職能代表にして貰いたい、さうしなければ二院制度の根拠がない、寧ろ一院で宜いと云ふ御議論が圧倒的でありました、処が憲法の趣旨を見ると、「すべて公務員は、全体の奉仕者であつて、一部の奉仕者ではない」、斯う云ふことになつて居りますから、職能代表で職域の利益を代表すると云ふ形は憲法精神に反〔背〕きはしないか、そこで或職域に付て特殊の経験、知識を持つて居る人が出て貰ふことは非常に結構だが、併し其の利益を代表すると云ふ形では憲法の規定上拙いぢやないか、そこで有権者を職域的に全部組織して、さうしてそれ等の人々に選ばせると云ふことはどうも職域代表で、国民代表の形でない、一部への奉仕者になる虞がある、そこで学識、経験ある者、或は各職域に付て特殊の知識、経験を持つて居る者を出易いやうにしたいと云ふ所に落着いた訳でございます、はつきり職域代表として出すと、日本国民が職域

的に組織化されて居らないのみならず、憲法の規定にも反〔背〕く、斯う云ふ懸念を今持つて居るのであります

○三十八番（久布白委員）　こゝに衆議院で何をお選びになると云ふことがございますが、今度の参議院の中には皇族方や、又華族の方は今度減りませうが、従来の議院の主なる構成分子であられましたさう云ふやうな方々は御考慮にお容れになると云ふやうなことがございますでせうか

○第二部会長（北委員）　皇族の問題は、御承知の如く今迄皇族の成年以上は皆軍人と云ふ資格であつたものですから、政治上の地位は御遠慮しなければならない、それから今迄の華族さんとか或は勅選貴族院議員と云ふのは何等今度の選挙規定に於ては特権がありませぬ、唯地域代表の参議院議員として出られゝば、従来の藩主などと云ふお家柄の人は比較的出易い方もあらうと思ひます、華族さんでも亦衆議院へも参議院へも出られます、又特殊の学識に秀でられた方は全国一選挙の国民的単位の選挙に出られても、推薦宜しきを得れば私は当選する可能性が非常に多いと思ひます、今の衆議院に仮りに推薦さしても、貴族院の中の学識、経験あり、或は非常に貫禄のある人は推薦される可能性があると思ふ、衆議院にも出られないやうな、現役を退かざるを得ないやうな人が推薦されることはあり得ないと思ひます、政党の品位を失墜しますから、私は寧ろ有力な、今迄華族であつた者、勅選貴族院議員であつたやうな者、それから全国の農業会の代表者とか山林会の代表者、水産会の代表者と云ふ者も出ると思ふし、国民の政治的訓練に依つては相当良い人が出ると思ひます、そこは御心配ないと思ひます

○三十八番（久布白委員）　今迄軍人であられたからと云ふことであれば仕方がありませぬけれども、将来皇族方の中に、特に私達参議院議員なんかになつて戴きたいやうな方があると思ひます、さうしたやうな場合には衆議院の方から選挙なさる時の御心積りの中に何とか入るやうになればと思ひますが、それは無言の何で宜いかも知れませぬけれども……

○第二部会長（北委員）　それは法文上では皇族とか、従来華族であつた者を規定出来ないと思ひます、社会的の身分とか門地に依つて区別してならぬと云ふ憲法上の一般の規定がありますから、国民の気持で出すのは已むを得ぬと思ひますが、法文的には載せることは出来ないと思ひます

○十七番（林委員）　先刻来参議院の選挙に関する本員の発言は誤つて居りましたから、全部撤回致します

○議長（關屋委員）　大分時間を経つて参りましたから、是で第二部会の中間報告の御審議を終りたいと思ひます、最初に申しました通り今回の総会は部会の中間報告でありまして、最後の決定は部会の終了後の第三回総会に譲ることに致して居るのでありま

〔資料69〕 臨時法制調査会第二回総会議事速記録（昭和21年８月21日・22日）―第一部会経過報告

す、従ひましてそれ迄の間に於きまして御意見なりおありになる方はどうぞ御遠慮なしに部会長なり或は会長宛に書面を以て、書面でないと、一応の話だけだとちよつと有効でないと思ひますから、成るべくならばはつきりした書面を以て御申出を願ひますと、十分其の御意見を尊重して、部会長なり或は政府の当局なりがお考へをして戴くだらうと思ひます、どうか一つ此の点を私から殊にお願ひして置きたいと思ひます、午後は一時から再開致しまして〔第〕一部会を致します、衆議院の方々は非常にお急ぎの方もあるやうでありますから、成るたけ時間を正確に、一時からお願ひ致します、〔第〕一部会が済みましたならば第四部会を致したいと思ひますから、成るたけどうぞ御出席を願ひたいと思ひます、午前中は是で終ります

午前十一時五十五分休憩

昭和二十一年八月二十一日午後一時十分開会

○**議長（關屋委員）** 是から開会致します、第一部会を先に致しまして、第一部会が済まして尚時間に余裕がありますれば、第四部会を御願ひしたいと思ひます、尚皆さんの御許しを得まして、此の席から第一部会の経過の概略を報告致したいと思ひます

御承知の如くに、第一部会は金森副会長が部会長になつて居られるのでありまするが、何分にも同君は議会の方が憲法関係等で御多忙でありますので、是迄法制調査会の部会及小委員会には常時御出席が出来ない事情にあつたのであります、そこで私が揣らずも御指名に依りまして、代つて部会及小委員会の進行に当つて参つた次第であります、斯様な関係で今日迄の部会の審議の経過を私から御報告を申上げる次第であります

七月十一日の第一回総会の直後に二回に亙つて第一部会の会議が開かれまして、其の際に本部会の担当になつて居りまする皇室及内閣関係の法案の中で、主要の法案として本会の研究の対象に採上げられたものは、第一に皇室典範、二は皇室財産法及皇室会計法、三が内閣法、四が中央行政官庁法、五が地方行政官庁法、六が官吏法、此の六項目と決定せられまして、此の範囲で本部会の研究を進めて行くことになつたのであります、其の際の会議の席上で、右の諸法律案の要綱を立案する上に於て特に考究を要すると認められまする問題の所在に付て幹事から説明がありましたが、其の結果、是等の問題をより詳しく検討して、政府の諮問に応へる答申案の試案を作成する為に、本部会の委員の中から更に小委員会が指名せられたのであります

爾来、関係幹事の御参加をも得まして、各自の研究の結果を持ち寄り、今日迄前後八回の小委員会を開いて、熱心なる討議研究を続けて参つた次第であります、今日御手許に御配布致して居りまする内閣法案、中央行政官庁法案、地方行政官庁法案及官吏法案の要綱案は、右のやうにして今日迄研究して参つた結果、一応

の結論に達したやうな訳でありまして、部会の審議を経て提出致しました次第であります、尚是等の関係諸法案の要綱も、結局は改正憲法の成立を待つて本格的に決定せらるべきものでありまして、今後改正憲法の帝国議会に於ける審議に依りまして影響を受けることはあり得ると云ふことに考へて居ります、更に皇室典範の要綱に付きましては、数次に亙りまして審議研究を重ねまして、一応の試案と云つたやうなものを得て居るのでありまするが、皇室財産法案及皇室会計法案の要綱に付きましては、種々の都合で其の程度にも達して居りませぬ、従つて本日は是等の関係書類を御配布致して居りませぬが、何れ成案を得まして次の総会に御報告致して御審議を願ひたいと存じます

本日御配布致しました各案の詳細に付きましては、何れ御質疑等に応じて関係の幹事又は他の委員の方から御説明がある筈でございますが、此の際私から一応其の概略を申上ぐる次第であります

第一に官制法案関係であります、此の官制法案関係に付きましては、先づ全体に対する態度から申上げますると、一般的に官制は、改正憲法の下では法律事項であると云ふ前提に立つのでありまするが、併し総ての官制を細大漏らさず法律で規定すると云ふことは、立法手続、立法技術の上からも適当でないと云ふ点からして、主要な官制は法律で決めるけれども、其の他のものは法律の根拠に基きまして政令に委任すると云ふ建前を採ることに意見が一致致しました、そこで基本的な官制として、内閣法案、中央官庁法案及地方官庁法案の要綱を立案致しまして、其の他のものにまで及ばなかつたことに致したのでありますが、併し其の他の官制も主要特別の官制である限りは、前述の原則に従つて当然法律で規定すべきものであると云ふ結論になつて居るのであります、以下、官制に関する法案の各個に付て申上げたいと思ひます

一が内閣法案であります、改正憲法が内閣制度に付て執つた態度の特色と云ふものは、内閣総理大臣の権限を強化すること、及び合議体としての内閣制の強調にあると言ふことが出来るのであります、そこで先づ総理大臣の下にある合議体たる内閣の「メンバー」として国務大臣が任命せられ、国務大臣に任命せられたる者を各省大臣に補職すると云ふ建前を採りまして、総理大臣と閣議とを中心として万般の行政が運営せらるゝやうに仕組んで行くことを考へた訳であります、其の際問題となりました事項の中で先づ主要と思はれるものを御紹介致しまするよ、右申上げました如くに、内閣制度の性質に鑑みまして、又従来の経験に徴し、今後の内閣総理大臣には時間的の余裕を相当に十分に与へるやうにしなければならぬ、内外の情勢を篤と研究して、国の大事に向つて全力を揮ひ得るやうにしなければならない、換言しますれば、従来のやうに、総理大臣の下に大小の雑務迄も持込んで行くと云

ふ結果、総理大臣が非常に多忙を極めまして、大局をじつくりと考慮するやうな遑がないやうな状態に置かれると云ふことを極力防止しなければならないと云ふ意見が強調せられたのであります、次に改正憲法の下では内閣の地位が極めて重要であると云ふことに鑑みまして、其の補助機構を十分に強化しなければならぬ、即ち内閣内の補佐機構として、法制局の如き機構を拡充すると共に、名称はどうなるか知りませぬが、学識経験の豊かなる人材を参加せしめ、法制、予算、企画、人事、行政の統轄、それから行政監査等を所掌し、内閣の機能発揮に遺憾なからしめること、及び政務官の制度を寧ろ内閣制度に関連せしめて、内閣、国会及各庁間の連絡に遺憾なきことを期すべきであると云ふ意見が相当に強く主張せられて居るのであります、就きましては、内閣制度を初め重要行政機構に付きましては、政府に於て今回の立案の外に今後更に十分なる検討を加へて、改正憲法の精神を発揚するやうに改善せらるゝことを冀ふ次第であります

二が中央行政官庁法案及地方行政官庁法案であります、右に付きましては、大体現在の官庁組織を骨格と致しまして、之を法律の規定に置き替へることを当面の措置と致して居ります、従つて私から特に取立てて申上げる程のことはございませぬ、内容の細部に付きましては、必要に応じまして他の委員及幹事の方から御説明を願ひたいと思ひます

最後に官吏関係、即ち官吏法案に付て申上げます、申す迄もなく官吏制度は新日本建設の上からも、又改正憲法の運営の十全を期す上から致しましても、極めて重要の問題でありますから、官吏関係各般の事項に亙つて最も慎重周到なる検討が加へられなければならぬのであります、併しながら他面、今日の場合に於て、僅か一二箇月の短期間に之を完成すると云ふことは、実際上からもなか〳〵困難であり、万一、巧を急ぐの余り、不十分の結果を得るやうなことになつても、誠に遺憾なことと存ずるのであります、仍ち已むを得ず此の際は、改正憲法の施行に伴つて改正する必要のある事項を中心に検討を加へることに致しまして、御手許に配布せられました程度の成案を得た次第でありますが、唯同時に政府に於きましては、速かに官吏制度の根本的改革に付きまして更に調査研究を遂げまして、成るべく早い機会に之を実現せらるゝやう本会としても希望すると云ふ、謂はゞ希望条件附の答申と致すのが適当ではないかと考へた次第であります、それで次に右の官吏法要綱の試案を取纏めまする間に種々の問題となつた点を申上げまするが、官吏制度に付きまして私が特に部会に於て申述べました所を更に此の際に於ても申述べまして、御参考の一端に供したいと思ふのであります、即ち最近の傾向としては、一般に官吏を侮蔑するやうな気風が見えまして、又官吏自身の側に於きましても自ら侮ると申しますか、さう云ふやうな感じがないで

もないのでありますが、是は官吏の任務の重大なるに鑑みまして、甚だ寒心に堪へない所であります、確乎たる信念に立脚致しまして、時弊の外に立つて進み得るが如き官吏の養成に努むること、又給与を十分ならしめる半面に、勤務を厳粛にして、自らの使命、任務を侮るが如き傾向を絶無ならしめまして、公務員と云ふものは全体に対する奉仕者であると云ふ改正憲法の精神の正しき理解を与へることに努めて戴きたいと存ずる次第であります、能く公僕、公の従僕と云ふやうな文字が見えまするが、さう云ふ文字は避けて居ります、公の奉仕者と云ふ方が適当であらうと思ふのであります

大体以上が第一部会に於ける経過の概要でありまするが、何卒御遠慮なき御検討を願つて止まない次第であります、是だけを申上げまして、それでは此の各法案に付きまして朗読を願ふことに致します

〔幹事内閣法案要綱試案、中央行政官庁法案要綱試案、地方行政官庁法案要綱試案及官吏法案要綱試案朗読〕

○**議長**（**關屋委員**）　それではずつと一括して朗読致しましたが、便宜内閣法案から御意見を伺ひたいと思ひます

○**十三番**（**田所委員**）　内閣法案に付て御尋ねして見ませう、さつき御報告になりました中に、内閣総理大臣に、今日のやうな劇務の範囲を減縮して、成るべく暇を与へるやうにしたい、余裕を与へるやうにしたいと云ふ御話がありましたが、それはどう云ふやうな方法で御考になつて居りますか、さう云ふ点を伺ひたい、何か御考があるのか、例へば補助機関を多くすると云ふやうな方法でも御執りになるのですか、八項に「内閣に内閣書記官長、法制局長官その他政令を以て定める必要な機構を設けること。」とありますが、現に内閣書記官長、法制局長官が居られますけれども、今日のやうな暑中の議会等に於ては、私共見兼ねる位に忙しいやうでありますが、それを又統轄して居る総理大臣は申すに及ばぬ、斯う云ふ訳でありますから、将来に向つて暇になると云ふことは到底むづかしいであらうと思ふのであります、非常に健康な人で非常に達識な人でなければ総理大臣は勤まらぬ、斯う思はれるのでありますが、それにも拘らず今度の改正法案は、将来総理大臣に成るべく眼と云ふか、少し事務上の余裕を与へたいと云ふ趣旨だらうと思ひますが、是は結構なことと思ひますけれども、是は実行出来ますか、例へば内閣書記官長の外に副書記官長と云ふものを必要に応じて最近御設けになつたやうでありますが、さう云ふやうな補助機関でも創設されると云ふやうな御考でありますか、それから政務官を御設けになると云ふことも御述べになつたやうでありますが、どう云ふやうに政務官を置いて連絡を御取りになるか、政務官は議会に向つての働きだらうと思ひますが、それには政務にも出来るだけ参与させなければならぬと思ひます、

それはなか〳〵困難なことと思ひますが、今は私が居ります時分の政務官と違つて、訓練も積まれて居ると思ひますが、是はどう云ふやうな方法で御考になつて居りますか、是はどう云ふやうにおやりになりますか、又総括して御尋ねするならば、此の八項と云ふものは、現在の制度に対して何処が変つて居りますか、伺ひたい、第一項に「内閣総理大臣及び〇〇人以内の国務大臣」とありますが、何人以内の御考でありますか、必要に応じて段々御増しになるやうでありますが、凡そ何人以内と云ふ御見込でもございませうか、序に伺ひます

〇議長（關屋委員） 御答へ致します、私から申上げて、尚足らぬ所は幹事から申上げたいと思ひます、今の第一の、余裕と云つても暇にして置くと云ふ意味ぢやないのです、唯如何にも内閣総理大臣が忙しい、じつくり、将来の国家の方針をどう云ふ風に向けて行くかと云ふことは考へちやおいでになるには違ひないけれども、成るたけさう云ふことを考へて貰いたい、それであとは各省大臣或は補助機関でやる、結局総理大臣の責任になるものもありますけれどもやつて行かう、さう云ふやうな大体の考へ方であるのであります

それから政務官と云ふものが各省にあるのでありますけれども、是は内閣の方に纏めて各省に出すやうにしたら宜いぢやないかと云ふやうな議論がありましたので、而も是は衆議院の方の側の方からさう云ふ意見が出たのでありまして、十分其の意見を尊重して、私の報告の中にさう云ふ意見があつたと云ふことを書いて置いたのでありまするが、併しながらどう云ふ方法でやるかと云ふことに付きましては、まだ内閣の方でも案は立つて居ないだらうと思ひます

それから只今御注意のありました通りに、第八項の、内閣の人達も、書記官長にしても、法制局長官にしても、実に忙しくてお気の毒千万であるのでありますが、希望としてはさう云ふ風に申上げて置いて、兎に角其の点を十分に考慮して戴く、そこでさうなれば、多少やり方等に付ても御考があり得るであらうと思ふのであります、先づ其の程度であります

総理大臣及び何人の国務大臣を置くか、是はまだ実は内閣の方でも何人置くかと云ふことは決めて居らぬやうでありますが、それで何人と云ふことは書けなかつたのでありまして、唯〇〇人以内の国務大臣と云ふ位にして置いたのであります、尚足らぬ所は幹事から御答へ致します

〇幹事（井手成三君） 只今關屋さんから御答へ戴きましたので殆ど尽きて居るのでありますが、少し細かい所を附加へさして戴きます、総理に非常な雑務を持つて戴くと云ふことは、総理の本来の、内閣の首長たる立場で働いて戴くと云ふことに非常な悪影響があると云ふのが、部会及小委員会に於ける大きな意見であつ

た訳であります、それで、法的にそれでは何が確認するかと云ひますと、寧ろそれは今後の法制其の他の実際の政務のやり方の運用の問題で片付くものが多いだらうと思ふのでありまするが、総理大臣が現在内閣と云ふものの首長であると云ふ立場と、それから各省大臣と同じやうな立場で行政の主任大臣になつて居られる部分が多いのであります、其の主任大臣たる部分を出来るだけ減らす、此の間も例が出て居りましたが、恩給に付て、是は単なる行政事務であるが、其の主任大臣は総理大臣になつて居りますが、将来は之を大蔵省の給与局と云ふやうなものと関連して考へるとか、或は厚生省の社会保険と云ふやうなものと関連するとかと云ふやうな工合に、普通行政の「ヘッド」としての総理の仕事を出来るだけ減らすと云ふ御意向でありまして、是は今後、中央行政官庁の方で総理が主体になる部分を出来るだけ少くしようと云ふ風に、個々の法令に付て考へて行きたいと、此の御答申に付きましては考へて居る訳で、御答申の趣旨もさう云ふことであらうと思ふのであります

政務官に付きましては、今委員長から御答になつた通りでありまして、政務官に付きまして如何なる方法で政務に参加せしめるかと云ふやうなこと迄は、委員会では別に御議論がなかつたやうに思ひますが、各省に付くと云ふよりも、寧ろ内閣の方に付いて居ると云ふ「アイデア」の方が面白いのではないかと云ふことが、相当非常に強力に主張せられたので、委員長から意見として御報告があつた次第であります

更に第八は現在とどう違ふかと云ふことになりますと、現在総理大臣の補助機関と云ふものが実は明白でございませぬ、法制局長官と云ふものは、官制の少し細かいことになりますが、「法制局は内閣に隷す」と書いてありまして、外の例へば恩給局のやうなものは内閣部内の所属部局と云ふことになつて居つて各省の外局のやうに書いてあります、企画院総裁と云ふものは内閣総理大臣の管理に属すと、各省の外局のやうに書いてある、法制局だけは「内閣に隷す」と云ふやうな表現になつて居りまして、今迄は「内閣に隷す」とか、総理大臣の下にあるとか云ふことを書いてあるが、それは内閣と云ふ合議体の補助機関なのか、総理大臣の個人的な一つの行政官庁たる補助機関であるか、稍〻明白でないものでありますから、今回内閣の補助機関であると云ふことをはつきりしよう、法制局長官とか内閣書記官長とか云ふものは内閣の合議体の補助機関であると云ふことをはつきりしよう、各省の合議体の補助機関でない、恩給局長とか統計局長とか云ふものと大分違ふと云ふことをはつきりしよう、内閣法の中に斯う云ふものの根拠を出さうと云ふことで、八の所に斯う云ふことを現した次第であります、尚先程御報告がありましたやうに、内閣に於ては法制或は国務の全体的の総括と云ふやうなことは、書記官長が

色々やつて居りますが、さう云ふことの外に、予算とか企画とか云ふことに付ても、今後は新しく内閣制度としては寧ろ其の補助機構をはつきり茲に設けるやうな必要があるのぢやないか、それがまだ如何なる機構でやるかと云ふことに付ては決定して居ないものですから、八で「その他政令を以て定める必要な機構を設けること」にして置いて、委員長の御報告の如く、もう少し検討しまして、中央的な行政機構を徹底的に検討した場合に、此の補助機構を一元的に立派なものにするかどうかと云ふことをやつて貰ひたいと云ふやうな意味であつたと私は考へて居ります

第一の国務大臣の数でありますが、是は中央行政官庁法の方で、如何なる省が出来るかと云ふことが何れ現れて来ると思ふのであります、是は現在の省の外に、色々世の中で労働省が出来るとか何とか云ふことがありますから、中央行政官庁の方で如何なるものが出来るか決まると思ひますが、其の外に無任所大臣を若干名置いて戴きたい、是も無暗に多いと云ふことは問題であらうと思ひます、現在は特殊な事情で相当多くの大臣が置いてありますが、まあ現在あるやうなものを前提にして、各省大臣の数と無任所大臣を若干名入れた数を此処に入れて戴きたいと考へて居る次第であります

○十三番（田所委員） 能く分りました、政務官に付て御話がありましたが、自分は政務官をやつたことはありませぬけれども、今のやうな、内閣の方に御関係をもつと密接に付けると云ふことに付ては、御考を願ひたいと思ひます、私は政務官と一緒に居りましたことがあるのですが、時に依ると、手持ち無沙汰であつた、私のことでありますから、総て一緒にやつて行かうと云ふ考で努めましたけれども、是は事務の系統から云へば今日も同じであると思ひますが、遽かに議会が始まる、慣れた人なら宜しうございますけれども、不慣れな人は、其の時に慌てて教育しなければならないと云ふことになつて、本人も非常な迷惑を感ずる場合がある、況んや内閣の方には何等のさう云ふ関係もなかつたのでありますが、今の点が問題があると思ひます、そこで是は新らしい新設の場合でありますから、どうぞ実効の挙がるやうに御工夫を願ひます

今内閣総理大臣の忙しいことに付て、恩給局の御話がありましたが、まだ外にもございませうか、外から見て居ると、戦時中は色々なものをくつ付けて、先程の御報告と反対に、日に日に殖えて行く、それでは総理大臣はやり切れない、こゝ数年の間はそんなやうなことになつて居つたやうですが、今日戦後にまだ残つて居るものでどんなものがございますか、恩給局は昔からございましたが、どんなものがございますか、さう云ふやうな整理出来る部分に付て御考へ付きがあれば、二三御教へを願ひたいと思ひます

○**幹事（井手成三君）**　幹事から御答へ申上げます、昔は東北局とか紀元二千六百年祝典事務局とか拓務局とか、色々あつた時代がございますが、只今では印刷局あたりも大蔵省に移りまして、大分減りまして、内局としましては、恩給局と統計局がございます、其の外には所謂外局的な存在としまして法制局があるのですが、是は合議体の内閣の補助機構みたいになつて居ります、其の外に性格ははつきりしませぬが、賞勲局と云ふものも外局的にございます、それから賞勲局の外には、経済安定本部と云ふものも、是もちよつと合議体の内閣の補助みたいなものでございますが、それから重要な外局として、是は本当の総理大臣の行政官庁たる立場としての外局として、戦災復興院と云ふ大きなものがございます、それから復員庁、第一復員省と第二復員省とが合体しまして陸海軍省の後始末をやつて居りますが復員庁、是が相当大きな、総理大臣が行政官庁としての仕事を持つて居る行政でございます、それからあとは委員会と云ふやうなものが相当沢山付いて居る、それから審議室と云ふやうなものを置きまして、其処に雑多な事務を持つて居るやうな持つて居ないような形でございます、大体さう云ふ程度のものでございます

○**議長（關屋委員）**　ちよつと私から御説明申上げますが、只今十三番の御尋の点でございますが、どうも他所から見て居つて、余り総理が忙し過ぎて、実は何と云ふか、無論各省に関係のある仕事には違ひないけれども、悪く言へば、「セクショナリズム」と云ふか何と云ふか、それはなか〳〵抑へられない、総理の所へ持つて行きさへすれば何とかなるだらうと云ふので、総理に押し付ける、総理は責任はあるけれども、実際は其の事務を見ることが出来ない、殊に非常に専門的なものがありますから、無理なものもあり得る訳です、併しどうも今迄やつて居る所を見ますと、已むを得ない傾向ではありますが、併しながら総理と云ふ立場は非常に大きな立場であつて、国の将来をどう云ふ風にやるのであるかと云ふ風に考へて行きたい、決して余裕を持たせると云ふのは暇を与へると云ふ意味ぢやありませぬけれども、色々な方面に頭を散らしてやらずに、じつくり国の大方針を考へて貰ひたい、又各省大臣は総理の下にあるので、総理大臣の地位が非常に高くなつたのであるから、益〻さう云ふ点から大きく考へると云ふことが憲法の趣旨にも合ふだらうと云ふ意味で、意見を強調した人が段々あるのであります、従ひまして実は内閣には或は迷惑かも知れないけれども、私の報告にもありました通り、さう云ふ意見を非常に強調されたと云ふことを特に謳つて置いたのでございまして、咄嗟の際でそれをどう云ふ風にするかと云ふ官制迄は我々の方でも実は考へて居らなかつたのであります、併しながら委員の諸君の中では、今の内閣の此の政務官の問題等も極めて力強く要望された方もありますので、殊に委員長としては其の要望を採

上げて報告の中には書いたのでございます、まだ具体的に之をどう云ふ風にしたら宜いかと云ふ御質問になりますと甚だ困るのでありますが、さう云ふことを政府の方に注意を求めて置くと云ふことも非常に必要なことぢやないかと云ふ位で一つ御承認を願ひたいと思ひます

○**十六番（川村委員）**　五に「内閣の職権に属する事項はすべて閣議を経ること。」斯う書いてあるのでありますが、近頃内閣の政策振りを見て居りますと、各省が各〻違つたやうな政策を行つて、さうして内閣が之を統一して居らぬかの如き感を抱く場合が甚だ多いのであります、例へば「インフレ」防止、或は通貨膨脹を防ぐと言つて置きながら、一面に於ては盛に国費を増すことを提案して居ると云ふやうな訳で、どうも各省大臣にあつても内閣と云ふものはないのぢやないかと云ふやうな感じを抱く場合が近頃多いと思ひます、それでは一国の政治がいかぬから、どうしても内閣に統一した所の政策を以て之を強力に実行して行くと云ふことでなければ、今後の政治はうまく行かないと私は思ふ、それで内閣総理大臣の権限を強化すると申しますか、或は内閣の団結を強くすると申しますか、兎に角一つの政策を決定した以上は、各省は挙つて之に力を注ぐと云ふことにならぬと、私は本当に良い政治は出来ぬと思ふ、是等の点に付て何か御研究でもあつたのでありませうか

○**議長（關屋委員）**　私から御答へ申上げます、別に只今御話のやうなはつきりした点に付て殊に意見があつたと云ふ訳ぢやないのでありまするが、内閣総理大臣を中心にして内閣がやつて行く、従ひまして各省大臣も国務大臣と云ふものにして、其の上で各省大臣にする、斯う云ふやうな風に致しまして、只今御懸念のやうな、方針が違ふやうなことがないやうに、少くとも国務大臣としては全く同じことで行く、どの省に行つたら其の省の意見に従ふと云ふのは、是は行政の方では多少ありますけれども、国務大臣としては、所謂内閣としては全く同心一体で一つの方針で行くやうにすると云ふ気分は十分あつたのであります、従ひまして其の議論は、はつきりした議論は出ませぬでしたけれども、此処にもあります通り、初めに国務大臣に任命する、さうして其の人を各省大臣にする、と云ふやうな風にやつて行かうと云ふ訳でありま す、さう云ふ風になりまするど、自然国務大臣としての責任を皆考へるだらう、各省大臣としては皆一生懸命やつて居るかも知れぬけれども、それが案外分裂致しまして、只今御懸念のやうなことが起り得るのでありますから、さう云ふことがないやうにしたいと云ふことは、斯う云ふ点から見ましても分つて居るだらうと思ひます、さう云ふ積りだと思ひます、何かありましたら御気付きの点をどうぞ……、さう云ふ積りであつたやうに思ふのであります

○十六番（川村委員）　今の各省大臣も国務大臣でありますから、他面に於ては国務大臣としてやつて居られることと思ひますが、それでも尚且そうですから、矢張り国務大臣になつて各省大臣を受持つと云ふことになると云ふと、矢張り各省大臣の仕事と云ふか仕事の方に重きを置いて、国家の全体と云ふことにはどうも考が及ばぬと云ふやうな形が生ずることは、恐らく今日と大差はないだらうと思ひます、何か一つさう云ふ主なる政策に付ては内閣で根本を決めて置くと云ふやうなことに出来ないものでせうか、内閣の主なる政策に付てはちやんと決めて置く、さうして其の線に沿うて各省大臣がやつて行くと云ふことが出来れば宜しいと思ひますが、何かさう云ふ考案はないものでせうか、例へば主な「インフレ」防止、それからして国民の負担になる税の問題、どの位にやるか、国費はどの位の程度でやつて行くかと云ふことは、内閣の政策、方針としては大体決めて置かれる方が宜しいのぢやないかと思ひます

○議長（關屋委員）　私、能く内閣のことは存じませぬが、今でもさう云ふ気分で閣議も開いて居るだらうと思ひますが、今度の内閣法にも、どの大臣でもどしどし意見を述べる、此処にもありますが、「各大臣はその所見により何等の件を問はず内閣総理大臣に提出して閣議を求めることを得ること。」と云ふ風にも言うて居る訳であります、自分の省の考でなくても何でも一つになつてやらうと云ふ風に、是は一つは運営でもあり、総理大臣が責任者であるかないかに依つて余程違ふのでありますが、総理大臣がしつかりして居りさへすればさう云ふことは出来る、従つて総理大臣と云ふものは矢張り全体に亙つて種々考へて貰はなければ困るのであつて、余り局部的なことに頭を突つ込んでしまふと、各省大臣の二の舞になると云ふやうなことになつてしまふと思ひます、殊に第七に「各大臣はその所見により何等の件を問はず内閣総理大臣に提出して閣議を求めることを得ること。」是は決つたことでありますけれど、兎に角閣議を求めて宜しいのであつて、さう云ふ意味も含んで居るだらうと思ひます、実際のことは運営に依らざるを得ないのでありまして、唯思召しのことは至極御同感でありますから、どうぞ政府の方の方は能く今の御意見を御聴き下すつて、さう云ふことがはつきり内閣法に書ければ大変結構ですけれども、さう云ふ意見は、皆さん恐らくは御同感だらうと思うのであります

○九番（澤田委員）　極く幼稚な御尋をしますが、此の要綱の二に「内閣総理大臣は、国務大臣の中から、各省大臣を命ずること。」とありますが、是は総理大臣は、国務大臣として何人も御置きになると云ふことは、今度の憲法ではなると思ひますが、各省大臣としての任務は御持ちにならぬと云ふことになりますのですかどうなんですか

○幹事長（入江俊郎君） 只今の御尋でございますが、憲法の上では、内閣総理大臣とそれ以外の国務大臣とが共に内閣を組織する国務大臣と考へて居るのでございます、処で各省大臣と申しますのは、行政事務を担任する最高の行政官庁として各省大臣が出来まして、それが国務大臣の中から命ずることになつて居ります が、内閣総理大臣は内閣総理大臣としては、後で御審議願ふことになつて居ると思ひますが、中央行政官庁法の中で、内閣総理大臣が中央行政官庁としての職権を持つと云ふ場合を決めて居ります

○九番（澤田委員） 矢張り行政官庁の任務を御持ちになる訳ですか

○幹事長（入江俊郎君） 左様でございます

○九番（澤田委員） 私は今、田所委員の第一の御質問の、総理大臣が余り小さなことに煩はされて、ゆつくり国策と云ふやうなことに付て御研究になる時間が少いと云ふことに付ての会長の御説明に対する御質問があつて、私もその点に付て聊か疑義を持つて居つたのであります、従来御承知のやうに、内閣総理大臣が行政事務に携はるのは、各省大臣に委任すること不適当とするやうなものを掻き集めておやりになつて居つた、新憲法では従来の憲法と違つて、内閣総理大臣の職責がはつきりと出て居りますが、今後は所謂現在のやうな制度の下に於ける行政事務、今の恩給事務とか統計の事務とかと云ふやうなものは、総理大臣の権限から全然御除きになつて、専ら総理大臣し大国策と云ふやうなものに付て御専念になる制度上の機構を御作りになつたらどうでせうか、東條さん見たいに、あれも是もやると云ふ人もありますが、是は人に依つて違ひませうが、制度上から当然に余裕のある地位だと云ふことになるやうに御考になるやうな御議論が出たかどうかと云ふことを私は伺ひたい、斯う思つたのですが……

○議長（關屋会長代理） 只今御注意の点は大分話が出ました、結局さう云ふ風にもなつた方が宜いのぢやないかと思ふのであります、さうなると、例へば一つの仕事で各省に関係があると云ふけれども、其の内、多少軽重がありますし、それは多少我慢し合はなければ駄目です、全体に関係あると云へば全体に関係があることになるので、是は飛躍的に考へないと相変らず、総理大臣は暇でもないが、十分の余裕を持たせようと思つても持てない、皆さんもさう云ふ御意向であれば、其の意味のことを承つて置きますれば、報告にも大分合ふ訳であります、さう云ふ訳です

さうすると内閣法は此の位に願ひまして、次に中央行政官庁法案要綱と地方行政官庁法案要綱、是は二つに別々になつて居りますけれども、大分関連がありますから、一緒に議題に供しまして、皆さんの御意見を承ることに致したいと思ひます、何か幹事の方から御説明がありますか

○幹事（井手成三君）　別に御説明することもないのでございますが、地方行政官庁法は地方自治団体の関係で色々と衆議院の方で研究が進んで居りまして、地方長官及幹部の陣容を所謂官吏でない公務員にすると云ふやうな意向が大分あるさうですが、其の方向で徹底致しますと、地方行政官庁法の方は、例へば地方長官と云ふ言葉が先づ問題になつて来るのぢやないかと思ひまして、今度の総会では所謂中間的の御決定を戴きまして、更に改正憲法成立後に確定的に御報告の案が出来るのだと思ひますが、之に依つて官吏でなく公務員になつた場合にどう云ふやうな影響があるか、内務省の方の関係官とも法制局で只今此の案に付て検討致して居りまするが、其の御含みを以て御了解の上で之を御進めを願ひたいと思つて居ります

○九番（澤田委員）　ちよつと御伺ひ致しますが、此の一に「中央行政官庁法は、中央行政官庁中特別の官庁を除くの外各省等についての一般法とすること。」とありますが、「等」と云ふ言葉は、各省の外に尚中央行政官庁と云ふものを御認めになつて居るのでありますか、結局今の第二次中央官庁と云ふものを御加へになつたのでありますか、或は第一の中央官庁に限る、斯う云ふ御趣旨でございますか

○幹事（井手成三君）　私から御答へ申上げます、是は先程澤田さんが御質問になりましたのと関連して居るのでありますが、内閣総理大臣が行政官庁の主任になると云ふことを全然排除することが容易に決定出来ないので、戦災復興院とか恩給局とか普通行政事務は総理大臣を主任にしないことに出来るだけ努力しますけれども、今後矢張りあるだらう、それに付きましては二項で、所謂総理大臣を主任とする行政の一つの「グループ」が出来る訳でありますが、（10）で準用して居りますので、一と云ふ所ではそれをも含めた意味で「各省等」と書いたので、外に他意はないのであります、特別の官庁で云ひますならば、会計検査院のやうな、ちよつと内閣の系統から外に立つて居るやうなものを考へて居ります

○十三番（田所委員）　ちよつと迂闊なことをお尋ねしますが、先年でしたか、地方「グループ」が出来て、新潟とか宮城とか、それから大阪、広島、四国、九州の福岡、あそこに主任の知事を置いて居つたことがあります、今は廃せられて居りますが、あゝ云ふやうに府県の行政を「ブロック」にしてやつて行くと云ふやうな場合、是は中央的にも或は地方的にも両方に交渉する訳でありますが、さう云ふ風の機構と云ふものは御考になりましたかどうか、御尋ねして見たいと思ひます、あゝ云ふものの必要はないとお考になりますか、あればどうするかと云ふ、何処かの官庁に御移しになるやうな機構が問題になりましたか、斯う伺つて見たいと思ひます

○幹事長（入江俊郎君）　地方行政機構の改革に伴つて道州制の如きものの必要に付きましては、委員会、小委員会等でも話は出たのであります、それに付きましても、内務省方面の意見もございまして、此の際としては、さう云つたやうな道州制的なものを作ると云ふ迄にも内務省側及内閣側の意見もはつきりして居りませぬものでしたもので、其のことを小委員会に申上げまして、此の要綱試案としてはそれが現れて居りませぬけれども、之に付きましては重要問題でありまして、尚御意見があれば御意見を伺ひたいと思ひますけれども、要綱としてはさう云ふ経過で、表に現れて居らないのであります、尚是は後で申上げても宜いのかも知れませぬが、内閣制度に致しましても、中央地方行政機構に致しましても、又官吏制度に致しましても、此の要綱は部会長からも御報告があつたかと思ひますが、非常に抜本的な全面的な改正になつて居りませぬので、憲法施行に伴つて比較的短期間に是非やらなければならぬものを盛り込んであるものですから、今のやうな御話の点は、行政機構の全面的、根本的改革とも関連があるので、之に付ては、官吏制度の改正もさうでありますが、稍〻期間を藉して就いて尚研究をしたらどうであらうと云ふ風なことも併せて考へ、小委員会等でも其のことを申上げた経過がございます

○十三番（田所委員）　どうぞ御考へ願ひます、まあゝ云ふやうな地方の「グループ」のやうな、少し今の「プリフエクチユア」と云ふものより大きいものがありますれば、今度の参議院の選挙制度、先程報告がありましたやうなことに付ても、全国を一選挙区にしてやる、一方では三府四十何県の小さなものにする、中間にさう云ふやうなものでもあれば、今度の参議院の選挙などの場合には基本にならうと云ふ風に考へるのですけれども、今はないものですから、折角行政事務の関係に於ても昔からの其の侭で、交通の不便な幼稚な時代の三府四十何県其の侭で行つて居るのであります、是は何時も言うて行はれぬ話でありますから、色々な点に亙りまして法制局長官に一つ問題にして御考を願ひ、尚此の次の部会もありますことと思ひますから、御研究を願ひます

○議長（關屋委員）　只今十三番の御意見のやうな意味のことは、小委員会でも色々出たのでありますが、小委員会は八回でしたか開きましたが、実は始終皆さんがお揃ひになつたとも限りませぬけれども、色々意見を文書に書いて出して下すつた人もありまして、何様非常に短かいのと、それから議会と一緒にやつて居るものですから、各省とも相談が出来ない、各省次官も此の委員になつて居りますけれども、正直に言へば、実は出られない、それで非常に困つた訳でありますが、併し大体の方向は、憲法施行に付て必要なものは是非共やらなければならぬから、それだけをやる、それに伴つて只今御話のやうな、将来根本的の改正になるやうな、又憲法の精神に副うて行くやうなものは是非やつて行かうと云ふ

やうな、一応の話合ひは致したのでありますが、如何にも良い御注意でありまして、政府の方もさう云ふ風に具体的に今直ぐ御返事は出来ないと思ひますが、段々さう云ふ方向に向つて行けば大変結構であります

○**十五番（平塚委員）**　只今田所委員から御質問があり御意見があつたのですが、私共も矢張り考へまする所から行きまするると、参議院の組織に伴ひまして、昨年迄ありましたあゝ云ふ地方の行政機構と云ひますか事務機構のやうなものがあつた方が宜いか悪いか、是は私共問題があると思ひますけれども、只今では前の官制は廃止せられまして、さうして勅令か何かで今出来て居るのでありますが、其の勅令が、矢張り其の所在地の方の地方長官が長官になつて、さうして次長が別にあるのださうでありますが、さう云ふやうな名前だけあると致しても、是が官制上、どう云ふ権限があるものか、ないものか、頗る不明瞭なもので弱いものだと云ふ風に私は考へるのですが、参議院法と関係をして考へますと、斯う云ふものがありましたならば、それは一つの単位として、先刻部会長から御話がありましたやうな点も考慮し得る一つの有力な仕組でないかと云ふ風にも考へるのであります、唯何と致しましても、勅令か何かで、而も官制的に出来たものぢやないのぢやないかと思ひますが、唯便宜の行政上の措置のやうに考へるのでありますが、ですから之を本当の府県に依る選挙施行の一部の制度であると云ふことを以て行くと云ふと、只今に於ては不穏当ぢやないか、斯う云ふ風に考へるのであります、それで先づ以て其の点を考究した上に、只今田所委員の御話のやうな点に付ては、私共もどうもさう云ふやうな制度の方が、二部の方で問題になりました案よりも宜しいのぢやないか、弊害は色々除去せられやせぬか、又適当な人を選出する上に於ても宜くはないかと云ふ風に見て居るのでありますが、唯、今申しました通りに、何としても官制上どうかと思ひますが、只今の処の之に対する政府の御見解も、又御研究も、其の点を含めて一つやつて戴く、斯う思ふのですが、根本的に地方制度の大改革をやると云ふやうなことは、今の参議院法を控へてちよつと待つて居る訳には行かぬだらうと思ひまするから、果してさうでありまするならば、之を利用し得る何かの途があるだらうか、ないだらうかと云ふ点であります、今御考になつて居れば一つ伺ひたいのですが、二部の方に於ても、田所さんの御話のやうな意見を私共も述べて参考にして見ようと思ひましたけれども、今申しました根拠がどう云ふものか、之を疑ひましたので、それを究めた上で尚研究して申出るものは申出ようと云ふ積りで居つたのであります、さう云ふ意味で、御考がありましたら伺ひたいと思ひます

○**幹事長（入江俊郎君）**　先程私は道州制と云ふやうな、能く世間で言はれて居りますやうなものに付きましては、行政機構全般

の問題にも関連が深いので、今回の要綱試案の中には表に出て居ないと申上げたのですが、地方行政官庁法案要綱の（11）と云ふ所に「都庁〔道〕府県の区域を超える普通地方行政官衛〔衙〕に関する根拠規定」と云ふことを書きまして、今ありまする地方行政事務局のやうな、さう云つたものに付ては、地方行政官庁法の中に根拠を置く事項と一応書いてありますけれども、是は所謂道州制と云ふやうな、地方自治団体と地方行政区画との関連を十分考へたのぢやありませぬので、本当の行政上の便宜的のものかと思ひます、尚現在の地方行政事務局につきましては、実は勅令の規定がございまして、終戦後昨年の十一月でありましたか勅令がありまして、地方行政事務局設置制と云ふのが出て居ります、それに依りまして、地方に於ける各般の行政の綜合連絡調整を図る為め地方行政事務局を置く、とありまして、それで現在、地方行政事務局が七つ置かれてございます、併し是は要するに連絡綜合の行政の便宜的の組織であつて、是れ自身が独立した行政官庁と迄は言へないもので斯う云ふものがあると云ふことだけ、ちよつと補足的に申上げて置きます

○十五番（平塚委員）　今の選挙などの区域もどうかと云ふ此の点で、実は参議院の方に付てもさう云ふこと申上げ兼ねて居るのであります、何か今のやうな根拠がございましたら、御研究を願ひたいと思ひます、さう云ふことを考へて居るのであります

○議長（關屋委員）　それでは中央行政官庁法と地方行政官庁法は、色々御意見があらうかと思ひますが、一応此の位に致しまして、次に官吏法を御願ひ致します

○十三番（田所委員）　何だか官吏制度に付て御尋ねするやうでありますが、官吏法と云ふものは私は結構であります、まあ官吏の悪口を言ふと、幾つもありませうけれども、独善だとか、民主主義に反するとか云ふやうな言葉、官吏閥と云ふやうな風で不親切極まると云ふやうに言はれるのでありますが、どうもさうぢやなかつたかと思ひます、自分はまあ少くともそんなことはしない積りで居りましたが、私は御承知のやうな経歴を持つておりますけれども、どうもさう云ふ其処等の点はどう御考になりますか、斯う伺つて見たいと思ひます、「各般の事項に亙つて慎重且周到に検討されねばならぬものと思はれる。よつて政府は官吏制度の根本的改革につき」、斯う云ふやうに書いてありますが、是は実効が挙がり得ることでなければ駄目なんで、唯口に慎重とか周到とか何とか言うた処で、方法が伴はぬといかぬのであつて、官吏は民主主義、民主制の確立、斯う云ふことに進まなければならぬ、官吏は大いに親切でなくちやならぬ、人民に向つて平等で行かなければならぬ、官吏と云ふものは威張ると云ふ態度で行つちやいかぬと云ふことになつて来る、さう云ふ官吏も沢山あるので、段々年と共に斯う云ふことは宜くなつて行つて居ると思ふのであ

りますが、何も民主主義になつたと言つても、直ぐ様、規則の上でどう変へた処で仕様がない、精神がさう云ふやうな御心持に一層深くなつて、それが強化されて外にも現れて来ると云ふ、斯う云ふ道徳的と云ふか、訓練的と云ふか、さう云ふことだらうと思ひますが、何か官吏法に向つて、是は規定でありますが、規定の上でどう云ふやうにでもして見る、大いに民主主義をやれと云ふやうにでも御書きになりますか、何か伺つて置くことがあれば伺つて見たいと思ひます

それから一番しまひに「官吏の研修制度及び考課制度を考慮すること。」とありますが、此の研修制度と云ふのは、官吏が修養して行く制度と云ふ意味でありませうが、別に官吏になるに付て、今の処は試験の制度がありますけれども、此の試験は経験を試す訳ぢやなしに、学識の方の側でありますから、なかなか研修と云ふこともむつかしいことはむつかしうございませうが、官吏たらむと欲する者は予め修養の機関で修養をする、教育の方で言へば、一箇年の教育実習をやる、御承知の通り、高等師範とか云ふやうなものはさう云ふことをやつて居ります、少くも六箇月とか一年とかは斯う云ふ実地教育をやつて居ります、さう云ふやうな、「デモクラシー」の「デモクラチツク・サービス」をやると云ふやうな訓練所が出来れば、どれだけの効能があるか、そんな風にも考へるのであります、之に付て何か具体的に御考になつていらつしやる点がございませうか

○議長（關屋会長代理）　幹事からも御説明があるだらうと思ひますが、只今十三番の御意見のやうなことが、矢張り小委員会の方にもありまして、此処にある通り、官名、任免手続、任用資格、高等試験、分限及懲戒、給与、服務紀律と云ふやうな風に大体分けて来たのでありますが、結局官吏が立派になつて貰はぬと困る、一面に於ては議会が中心になつたけれども、実際の仕事と云ふものは官吏がやるのですから、殊に直接に人民に当る人、議会を通つたものを、それを執行するのは官吏でありますから、其の人達の心持が非常に良くならぬ以上は、如何に規則を決めても駄目なんです、そこで報告の中にも申上げて置いたのですが、矢張り官吏と云ふものは奉仕者である、奉仕をするのが官吏の職務であると云ふやうな考を中心にしなければなるまいと云ふやうな心持が、多数の御意見であつたやうに思ひます、私も現にさう云ふことを申上げたのでありますが、それでまあ謂はば官吏の心得としては、それが一番大切ぢやないか、我々は公に奉仕して居るのだ、斯う云ふ観念を持つてやるべきものであつて、詰り自分が権限を持つて居るとか何とか言つて大威張りで居ると云ふやうな考が、今迄官僚独善であるとか軍閥官僚であるとか云ふことで一口に言はれたのでありまして、是はさう言つてはなんですが、先輩諸君が、我々も先輩かも知れませぬが、少くとも後進をさう云ふやうに指

導出来なかつたと云ふことは、先輩の非常な誤りです、明治以来の官僚の一番悪い所だと思ひます、せめて官僚だけでも良くなつて居れば、もう少し良くなつて居つたかも知れないと思ひます、軍閥は又別問題でありますけれども、唯法科万能主義で、此の頃は直りましたが、文官試験なども、法律さへ知つて居れば、哲学も知らなくても宜い、歴史も知らなくても宜いと云ふ流儀でずつとやつて来たのでありまして、出た後で俺の権限だ、あれは俺が許可してやつたのだと云ふ顔をすることが、抑々間違ひだ、官吏と云ふものはさう云ふものであつて、法律なり勅令なり省令なりで決つて居る権限を実行するのが、我々の有難い仕事だ、それを忠実に正しく行ふのだと云ふことで、報告にもありました通り、成るたけ時弊の中に入らぬようにして、唯時弊と言つては悪うございますが、弊害のある所に行かないやうにして、自分も侮らない、人にも侮られないやうにしなければいかぬと云ふ気分が、全体を通じた気分でありまして、それに依つて要綱の試案が出来た訳であります、従ひまして第一の官名などに付ても、それから給与などに付ても、現在の制度を再検討して貰ひたい〔一〕是はもう極く最近のことでありますから、現在の当局者に対しては或は寧ろお気の毒かも知れないけれども、之を再検討して貰はぬと、今の有様では官吏と云ふものは非常に侮蔑の対象になるし、官吏自身も自分を尊重しない気分になる、さればと云つて官吏が大切である以上は、出来るだけ地位を安固にしなければならぬ、併しながら安固にするからと云つて、どんな官吏でも置けと云ふことは宜くないから、特に此処にも書いてある通り、優秀な人を十分に待遇する、例へば判任の仕事をして居つても、其の人が非常に優秀であれば、其の人が功労があれば、其の人に対しても高等官と同じやうな俸給をやつても宜いぢやないか、斯う云ふやうな気分で此の案が出来た訳であります、それは十分に小委員会では政府の方にも御願ひ致しましたから、政府の方では恐らくはさう云ふ風にして戴けるだらう、そこまあそれこそ、服務紀律と云ふやうなものを幾ら立派に書いた処で、それが実行出来なければ何にもならぬのでありますけれども、願くは唯旧式なるあれでなしに、内容も十分道徳的、宗教的と云ふか、特に人情味のあるやうな服務紀律にして貰ひたいと云ふやうなことで、唯官吏が悪いことをしてはいかぬと云ふやうな、教育的のものでは面白くないと思ふ、大体十三番の田所君の仰せられたやうな意味は、相当に此の中に入つた積りであります

○十三番（田所委員）　能く分りました、法制局長官にちよつと御尋ねして見たいのですが、是はもう今日は敗戦国になつて居りますが「ドイツ」には「アッセサー」と云ふ制度がありまして、教育者になるにはなか〳〵むつかしい、大学あたりではなかなか「プロフエッサー」にはなれない、「プロフエッサー」になる前に

「アッセサー」をやつて三年とか二年とか実務演習をやらなければならぬ、斯う云ふことになつて居る、私が見て来た時分にはさう云ふことになつて居りましたが、日本には試補と云ふやうな制度があつた、あれは今は実行されて居らぬだらうと思ひますが、そんなことに付て、どんな風に御考になりますか、其の場合に、或は日本独得で官吏の「トレーニング・システム」を拵へる、或は今、東京大学あたりでは、実業家の話などを聴く、外国貿易の話を聴くとか、日本銀行の人に実際の話を聴くとか、そんなことをして間接に役に立つて居ると思ひますが、官吏の方ではさう云ふ「システム」はなくて、試験と云ふことでやつて居りました、だから事実、人間とか「サービス」がどうとか云ふことに付ては、唯学問が出来たら宜い、斯う云ふことになつて居るやうでありま す、それはどれだけの効能があるかどうか分かりませぬが、兎に角「ドイツ」あたりではさう云ふ「システム」でやつて居ります、五年、十年位「アッセサー」をやつて居る、四十位にならなければ本当のものになれぬと云うやうな状況だつたやうでありますが、何か官吏法に付て御考がございますか、伺つて置きたいと思ひます

○**幹事長（入江俊郎君）**　今御話の官吏の試補の制度でございますが、現在は制度としては、試補と云ふ制度が規定の上ではありますけれども、実際にはもう長いこと置かれて居りませぬ、是は司法官に付きましては、司法官試補の制度がありますけれども、是は特殊なもので、行政官吏に付きましては、試補の制度と云ふものは活用されて居りませぬ、そこで此の四月に官吏制度を一応改革しました時にも、試補の制度を一つ検討したらどうかと云ふことで研究しましたけれども、試補と云ふやうなことにして特別な「グループ」を作つてやるが宜いか、或は兎に角一応官吏と致しまして一人前に之を取扱つて、而も或程度事務に習熟した時に、之に所謂再教育と申しますか、之に対して研修をさせる方が宜いかと云ふことを考へまして、其の当時の結論としては、試補と云ふやうな特別な段階を設けるよりは、任用する時に出来るだけうまい方法で良い人を採ると云ふことに努力し、一方に於て官吏になつた後で適当な機会に之に研修をさせると云ふことの方が宜からうと云ふことになつて、試補の制度は、現在は特別なことを考へて居らないのであります、併し御話の、官吏になるに付きまして、今の高等試験の制度、是が必ずしも理想的でないのでありま す、尤も此の四月に高等試験制度も変へまして、其の科目等も整理し、やり方に付ても一つ新しく行かうと云ふことにしたのであります、此の秋、高等試験が行はれますけれども、是も実際問題として考へますと、それ程飛躍的なことが出来るとも或は言へないかも知れませぬが、努力する目標は、出来るだけ一般の理論にのみ偏しないで、応用能力があるやうな人を採つて行かうと云

ふことを大きな一つの眼目として居ります、それから研修制度に付きましては、さうして入つて来た人に対して相当専門的な、而も又実務的な研修を致しまして、それには同時に又官吏としての識見を養ふと云ふやうな方面にも努力してやつて行つたらどうか、研修の制度に付きましては、現在文部省、或は外務省に研修制度が最近出来ましたけれども、それが必ずしも理想的かどうか、更に大いに改善すべき点もあるかと思ひますけれども、さう云つた方向で、官吏全般に付て研修制度を研究して行きたいと考へつゝあるのであります、それから又今「ドイツ」の例も御引きになりましたが、誠に「ドイツ」の官吏の制度及其の運用は、我々として大いに参考になる点がありますので、是等に付けて研究したいと思つて居るのでります、唯是は先程も申上げましたやうに、官吏制度を抜本的に改正する所の必要は痛感するのですけれども、色々な関係で相当矢張り科学的に、さうして又慎重に周到に調査をする必要があらうと思ふので、謂はゞ一時の思ひ付きで官吏制度をどのやうに変へると云ふよりは、稍〻期間を与へて戴いて、本当に研究して見たい、本日の此の案は、現れた所は甚だ平凡な案になつて居ると云ふ風に御思ひかと思ひますが、是等も委員会、小委員会等におきまして其のことを申上げまして、兎に角此の際としては此の程度で行くことにして、更に今御話のやうな点、其の他の点を来るべき次の機会に之を譲つて置かう、併し政府は出来るだけ努力するやうにと云ふ御話合ひで此の試案が出来たと御了承願ひたいと思ひます

○**十三番（田所委員）** どうぞ御研究願ひます

○**四十六番（山田（三良）委員）** ちよつと伺ひたいのですが、小委員会で色々議論があつたことと思ひますが、私其の方に関係して居りませぬので、是は初めて案を拝見するのですが、第一の官名ですね、官名に付て「一級、二級及び三級を通じて同一官名とする現行制度の原則に再検討を加へること。」とありますが、是は至極結構と思ひますが、小委員会に於て今迄御議論のあつた点、現行制度のどう云ふ点に付て玆に改めなければならないかと云ふ議論がありましたから更に伺ひたいと思ひます、それからもう一つ是と牽連して、第六の給与の項ですが、「一級、二級及び三級を通じて同一号俸とする現行制度の原則に再検討を加へる」とありますが、是も官吏の全体の制度と相関連して更に重要な点と思ひます、此の二つの点に付て、現行制度の如何なる点に付て如何様に改正せらるべき意図がありましたのかを、議論の大体のことを更に詳しく説明して戴きたいと思ひます

○**議長（關屋委員）** それは或は幹事より私から御答へした方が宜いかと思ひます、詳しいことは幹事から申上げるだらうと思ひますが、実は政府の側でも之に付ての案はまだないのであります、ないのですが、例へば事務官なら事務官、例へば中学後を出て判

任官になれば事務官です、総理大臣は事務官ぢやないけれども、名前のあるもの以外は、高等官一等の人でも事務官です、さう云ふことは非常に面白くないぢやないか、と云ふのが矢張り主なんです、それでさればと云つて余り差別的にしても如何かと思ひますが、どう云ふ風にするかと云ふことは、是は実はまだ積極的な案はないのですけれども、唯昔の通りに復活すると云ふ気分はありませぬ、それから俸給の方は御承知の通り三十級俸になつて居つて、総理大臣が一級俸で、それから下の方の判任官の、中学を出た者が三十級、さう云ふのは非常に面白くないぢやないか、矢張り職務と云ふものは自から責任も違ふし色々違ふのだから、或程度の階級は付くべきものぢやないか、現に今でも政府でも、誰も判任官の人を一級俸にするとは考へないでせうけれども、内規か何かで決めなければならぬから、矢張り一号表、二号表と云ふ風にするか、何とかして適当な方法でやつたら宜いぢやないか、斯う云ふのが大体の意見でありまして、多少何と云ふか復活的の気分もありますけれども、前の通りにしようと云ふのぢやありませぬ、併しながら判任官なら判任官をやつて、二十年、三十年勤めた、さうして能く言ふ通り、所謂其の役所の主であると云ふ連中も居りますから、さう云ふ連中を例へば是だけなら是だけと云ふやうに限るのは宜くないから、さう云ふ人は無論判任官であつても、高等官の或所迄の俸給なり何なりを与へても宜いのぢやないか、即ち優秀な人は優遇しても宜いのぢやないか、さうして矢張り其処に安んじて居られるやうにしたら宜いのぢやないか、斯う云ふのが、官名と給与の問題に付ての議論が出た所なんでありまする

○四十六番（山田（三良）委員）　まだ根本的の考は決つて居ないのですね

○議長（關屋委員）　それで根本の考はさうですが、方法はどう云ふやうにするかと云ふことに付ては、実は是は最近出来た問題でありまして、当局者も之を御変へになるのは余程御苦しいだらうと思ひます、けれども、委員会の気分は、只今申上げたやうな気分が圧倒的に多数であつたのであります

○四十六番（山田（三良）委員）　それでは将来之を御考になる時の御参考になるかどうか分りませぬが、一つ申添へて見たいと思ひますが、それはさつき御話のありました日本では或官吏が優秀なる為に其の人を外の椅子へ持つて行つて優遇する、例へば地方長官に付て言へば、一番初めは小さい県に行き、其処で良くなつた時は次の大県へ、更に良くなつて功労を経た人は三府とか五県とか云ふ所へ持つて行かれる、其の為に人を無暗に転職せしめる、是は非常な弊害であらうと思ふのであります、或人が優秀であつて、其の人が其処に居ることは、其の人には迷惑でせうけれども、さう云ふ意図から官吏の転任を屡々すると云ふことは、非

常に困つたことと思ひます、是は司法官に付てもさうであります、又学校教職員に付てもさうであります、さう云ふことは成るべくないやうにして、優秀な人は其の地位に居つて優秀なる待遇を受けられる、斯う行くやうにありたいと思はれるのであります、外交官等に付ても矢張り其の通りで、或人が総領事として非常に適任であつて、其の人が其処に居れば、内外の仕事が非常に能く行くに拘らず、其の人が其処に居つては勅任官となれない為に、外に持つて行くと云ふことが屢〻あつて、良い人が一年か二年の間に転任して行くと云ふことが多いのでありますが、一体官吏と云ふものは、終身官と云ふことは出来ませぬけれども、或地位に長く留まると云ふことが、一つの要件だらうと思ひます、地方長官でありましても、五年か六年か一地方に居りますと、県下の事情に精通して、真に其の県の為に図ることが出来るけれども、半年か一年でドン〴〵長官が迭つて行きますと、漸く其の地方の事情を知つた地方長官は外へ行くと云ふことになりますから、折角居つた一年間の経験は何にもならぬ、外の所で又新たになる、是が日本の官吏の能率が上らない根本の原因だらうと思はれるのであります、だから官吏は或程度に其の事情に精通して行く迄は、少くとも数年間は其の職に留まる、斯う云ふ方針を内閣が立てられて、さうして成るたけ転任を少くして、又其の職務に居らしては其の人の待遇がそれより出来ないと云ふ現行の俸給制度がありますが、今度それが直れば其のことはなくなりますから、さう云ふことに依つて、俸給の改正と相俟つて、優秀な人の其の程度に応じまして俸給も良くなる、待遇も良くなる、さうして喜んで其の地の公務に奉仕する、斯う云ふことにならなければ、幾ら此の制度を改正しても、今日迄のやうな官吏の転任のやり方では、迚も良い官吏は出来やしませぬし、官吏の成績も良くなりつこありませぬから、何か良い制度を立てられるやうにして戴きたい、さうしますと、一つの職に長く留まる、さう云ふことが根本の精神であります、「イギリス」の官吏はさう云ふものが多いのでありまして、例へば上海なら上海の総領事をして居るけれども、公使以上の待遇を受けて居る人がある、「ニユーヨーク」の英国の総領事は何十年か居る、是が居る為に、英米の通商関係が活きて居る、日本ではさう云ふ総領事は居らない、是が根本的の弊害でありますから、一人一人の官吏が長く其の地位に居りまして、其の人が国の代表者であつて、其の人が居れば安心だと云ふことにならなくちやならない、不幸にして我が国に於てはさう云ふ総領事は居らない、是は非常な欠点であります、それは何処に根本があるかと云ふと、二年三年で転任してしまふ、漸く其の地方の人と交際が出来る、日本の総領事として向ふの実業家と交際が出来ると云ふ風になると、転任してしまふ、是が根本の禍であります、内地の官吏でも其の通りであります、地方長官が其の地方の事情に通ずると云ふことは、半年や一年では不可能であります、斯う私は断言する、然るに、私の郷里は奈良県でありますが、奈良県のやうな所には、初任の知事が来ることに決つて居るが、それが半年や一年で迭つて行く、五六年もすると、其の年数と同じだけの人が迭る、さうすると属僚委せになつて、下級の者がしたものをそれを鵜呑みにして、自らの発案に依つてすることが出来ない、知事も今度公選になりますから違つて来ませうけれども、官吏のやり方はさうであります、官吏がもう少し或地位に定住する、少くとも五年なり六年なり十年なり居る、斯う云ふ風にして安んじて其処に居れると云ふ風にして戴きたい、内閣で官吏法を拵へる時に、さう云ふ点を大いに考慮せられむことを希望して置く次第であります

○**議長（關屋委員）**　私から御答へ致します、全然御同感なんです、それで此処の所は言葉が足らないかもしれませぬね、六の所は「一級、二級及び三級を通じて同一号俸とする現行制度の原則に再検討を加へると共に成績優秀の者を優遇するの途を開くこと。」となつて居りますが、是は同一地位にあつても成績優秀な者は優遇すると云ふ意味であります、前の方を御覧下さると分りますが、少し「コンフユーズ」して居りますけれども、分限懲戒の所に「誠実有能なる官吏を永く安んじて職務に精励せしめ」と書いてありますが、多少足りませぬけれども其の意味です、或は案でもあつて之に加へろと云ふなら、加へても構はぬのですが、全然御同感です、戦争中もひどかつたのですけれども、戦後も相変らずひどい、二三箇月位でどん〳〵更へてしまふ、能く出来るものだと思つて私共も不思議に思つて居るのですけれども、是は実際、役所の悪い弊害であります、如何に有能な人でも、それでも国務大臣にでもなるなら已むを得ぬけれども、隣の県へ行つたつて仕様がない、前の県に居つて知事をやつて居る方が、本人に取つても愉快なことです、それを一年も経たない内に更へてしまふ、それから各地方の課長と云ふものは非常なものであります、是は三年と居つた人は余りないだらうと思ひます、極端に言へば、二三箇月で迭つてしまふ、実にひどい、だから積極的にそれを書いても宜い訳ですが、私、さう云ふことは全く御同感です、其の意味を一つ十分政府の方にも記憶を願つて、積極的に何処に書いたら宜いか知らぬが、是は運用にも依るので、されぱと云つて絶対に動かすなと云ふことも出来ませぬが、今度は公選知事には四年ですから期限があるから、それと同じやうな意味に於て、矢張り四年とは限らぬのですけれども、地方長官にしても、さうなれば張合ひがあるのですが、矢張り良い所へ動かせられると、本人もいい気になつて動く、是は非常に宜くないことです、ですからさう云ふことのないやうにしたいと思ひます、そこで成績優秀なる者を優遇すると云ふことは、そんなやうな意味で書いたのであります、併

しどうも書き方が足りませぬが、余り動かさないと云ふ点だけは一つやつて戴きたいですね、大体の御趣旨は此処に書いて置きまして、政府の方にも十分に御考を願つて置きたいと思ひます、我々は全然御同感であります

○三十七番（有馬委員）　今のことに関連して居るのですが、官吏法と云ふものでは、司法官など身分などに付ては自から違ふでせうが、其の外は矢張り大体司法官などに付ては特別に考慮すると云ふやうな御意向はなかつたでせうか、もう一つは教官ですが、特に大学の教授と限りませぬが、教官、さう云ふものに付て特に考慮すると云ふ御考はなかつたでせうか

○幹事（井手成三君）　幹事の方から御答へ致します、此の官吏法案要綱の幹事会、小委員会の方でも、此の官吏法は全面的に官吏の全部の種類に適用があるのか、或は教育関係の官吏、又は司法官等に付て例外があるのかと云ふやうな問題に付て何処かに書いたらどうかと云ふ意見も実はあつたのでありますが、現在の文官任用令とか現在の文官分限令、それから現在の官吏服務紀律等が別にそれ自体としてははつきり書いてありませぬでも、特別法がありますと、それに依つて抜けて行くやうな建て方になつて居るものですから、官吏法に付ては其のことを別に書きませぬでしたが、例へば官吏服務紀律は現在総ての種類の官吏に適用がある訳です、従つて此の官吏法案要綱に於きましても、例外を書きませぬ時には、官吏服務紀律から当然適用があることになります、高等試験令のやうなものも、司法官の基礎としては、此の下に於て特別の規定が抜けませぬ限りは、行くことになります、併し任用とか分限とか懲戒と云ふことになりますと、当然裁判所構成法とか、さう云ふ外の手続で抜けて行きます、任命に付きましても、特別の規定ができませぬ限りは、現在の官吏任用叙級令は司法官も同じやうに規定して居りますから、是は此の官吏法も一応は全面的にかぶつて来ることになつて居りますから、特別法に依つて特殊なものを作らなければならないと云ふやうな事項がありますと、それ〴〵の立法で特別に規定して戴く、自然是から抜けて行くと云ふやうに考へて居ります、特に大きな点では、司法官に付きましては例外的に抜けて行く点が多いのでありますが、教育の官吏に付きましてどう云ふやうな制度にしたら宜いか、今後文部省あたりで教育制度に付きまして相当研究する部局を作つて其処で検討すると云ふやうなことになりつゝあるのでございますので、此の官吏法の中でどう云ふ部分が特殊なことになつて此の中から抜けて行くのかと云ふことに付ては、まだ御答へする迄に至つて居りませぬ

○三十七番（有馬委員）　能く分りましたが、私は希望と致しまして、特に大学教授と云ふものは、一般の官吏と総ての点に於て待遇を異にする、学問の尊重と云ふ点からも、大学教授の優遇と

云ふことを特に御考慮願つて、文部省などで御研究であれば、其の方と御連絡になつて何分の御配慮を願ひたいと思ひます

○**幹事**（**井手成三君**）　承知致しました

○**九番**（**澤田委員**）　此の官吏法の適用に付ては、只今井手君から細かい御説明があつたのでありまするが、鉄道省とか逓信省とか云ふ現業官庁の現業員も、或者は官吏と云ふ身分が与へられることになるのでございますか、と申しますのは、例の労働組合の労働運動との関係で、分限、懲戒とか云ふことになると、私の議論としては、成るべく官吏を醇化して、精神労働と云ふやうな面に官吏と云ふものを限つて、さうして清廉潔白な、さう云ふ性格の者を官吏に選んで行くと云ふことが、先づ以て日本の官吏を向上さす所の必須要件ぢやないか、成るたけ官吏と云ふものを限局して、精選したものだけを官吏と云ふやうにして、自然是が公吏其の他の公務員を含む所の一つの先達として、公務員の一般気風を向上せしめると云ふことにすることが宜いのぢやないかと思ふ、斯う云ふ風に私は考へて居りますのですが、或は其の点に付て委員会で何か御議論が出たかとも思つて居りますが、其の点に付て何か御説明でもありましたら、御伺ひ致したいと思ふのでありまず

○**議長**（**關屋委員**）　どうも其の点は委員会では余り意見が出ませぬでした、官吏の醇化と云ふことは勿論此処にもありますが、さう云ふ気分は皆持つて居りますけれども、現業員と非現業員と云ふやうな問題に付ての区別は余り出ないやうに思ひました

○**九番**（**澤田委員**）　私は労働運動と云ふものは、主として官吏の中であれば現業員の方の方が現在に於ても一番盛なやうに思ふのであります、さう云ふ労働運動と云ふものと、官吏と云ふものの服務紀律とか懲戒とか云ふものと、どう云ふ風に調和が取れて行くか、其の調和が取れないことがあると云ふと、相当重大な問題だと思ふ、官吏が品位を高めると云ふ意味に於て、現在のやうな運動が、果して官吏として執るべきものであるかどうか、斯う云ふことは結局現業員の方に多く起るものでありまして、それでありますから、肉体労働者は全然除外して、官吏とは精神労働者だけに限ると云ふことにして置けば、益〻労働運動と云ふものと官吏と云ふものとの間の交渉が少くなつて行く、こんなやうな考を私は持つて居るのでありますが、其の点に付て御議論があつたかどうかと云ふことを承りたい

○**議長**（**關屋委員**）　議論は余り出ませぬでした、どう云ふ風に御答へしたら宜いか、是もちよつとはつきりした御答が出来ませぬが、少くとも其の御議論は出ませぬでした、現業員と非現業員と区別するとか、或は肉体労働者と精神労働者を区別すると云ふやうな議論はなかつたと思ひます

○**九番**（**澤田委員**）　私共の意見は、労働組合と云ふものは、肉

体労働者で、精神労働者にあゝ云ふものを認める必要はないと云ふ私は古い頭を持つて居るのですから、斯う云ふやうなことを申上げることになるかと思ひますが、私は官吏の服務紀律、懲戒と云ふやうな規定を厳粛に行ふには、さう云ふことから先づ考へて行かなければならぬのぢやないか、斯う私は思つて居ります、さう云ふやうなことを御尋ね旁〻申上げて見た訳であります

○議長（關屋委員）　まあ実際或意味に於て已むを得ないこともあり困つたこともある、学校の教員などが色々なことを言ふのは、子弟に対すを〔る〕影響もどう云ふものかと云ふ心配もないでもない、どう云ふことにしたら宜いか、労働組合法其のものが問題になるだらうと思ひますけれども、唯御注意の点は承つて置きます

それでは宜しうございますか――宜しければ、是で官吏法案の方も打切りまして、次に甚だ恐縮ですけれども、まだ少し時間がありますから、財政法案要綱試案に付きまして、第四部の委員長の御報告を願ひます

○十五番（平塚委員）　それでは第四部会の経過を御報告申上げます、御承知の通りに、第四部会の担当事項は、財政関係其の他、他の部会の所管に属しない事項と云ふことになつて居りまして、当初は財政関係法案の外に、教育関係法案及勤労基準関係法案の要綱の立案が見込まれて居つた次第でありまするが、其の後、是等の主務省に於きましては、主管の立場から、相当大規模に基礎的な問題を手広く深く調査研究をして、其の上で全体の問題に供したいと云ふ考がありまする故に、法制調査会の問題と致しましては、暫く留保せらるゝことに相成つた次第であります、そこで結局、当部会に於て担当する当面の問題は、財政関係の法案のみとなりまして、而も財政関係の中でも特に会計法に付て、憲法改正の結果に依り改正する必要の生じた点を調査審議致しまして、法案の要綱を立案すると云ふことに、問題の範囲が限定せられて参つたやうな次第であります

それ故に、此の点に付きまして、第一回の総会後今日迄、第四部会に於きましても、他の部会同様小委員会を設けまして、調査審議を続けて参つた結果、此の程部会としての要綱案が纏まりましたので、本日の此の総会の御審議を御願ひする次第であります以下御手許に配布せられました要綱案に付て、概略の御話を申上げて見たいと思ひます

現行の会計法に付て、憲法改正の結果に基きまして直ちに改正を加へる必要の生じまする部分は、主として予算に関する諸規定であります、即ち現行法制定以来長い間運用して来ました実績に徴しまして、今次憲法改正の根本精神に照しまして改正を必要とすると認められたものもございまするし、又現行憲法には規定せられて居る事項でありまするが、改正憲法には其の規定のないも

のもあります、例へば予算不成立の場合の措置に関する規定、緊急財政処分に関する規定、継続費に関する規定、予算外契約に関する規定等がそれ等であります、是等を改正憲法の下では如何に措置するかの問題があるのであります、更に又改正憲法第七章第七十九条以下の財政に関する諸規定の中には、今次の憲法改正の根本精神に基きまして、従来の制度に対する各種の改正が織込まれて居るのでありますから、是等に検討を加へました結果、其の答案を色々拾ひ上げて綴り合せて見まするど、そこに一つの纏つた体系を具へた予算法と申しまするか、或は財政法と申した方が適切であるかと存じまするが、兎に角一連の組織を持つた法案が出来上るのであります、是等の諸規定を取上げた後の残りの会計法は、是亦細部に亙る改正の必要があることは勿論でありまするが、併し会計法として依然一箇の体系を成して存立し得る次第であります、そこで結局、従来の一本建の会計法を、改正憲法の下では財政法及会計法の二本建と改めると云ふのが、今回四部会と致しまして採り上げました所の根本的の構想でありまして、財政法は予算を中心として組立てると云ふことに、部会の意見が纏つた次第であります

差上げてあります所の要綱案の各項目に付きましては、幹事其の他の方々から御説明を得たいと存じまするが、其の中で特に此の際申上げて置きたいことは、従来、予算の区分が各省別、所管別になつて居りました為に、予算の内容を局外者は殆ど窺ひ知ることが出来ない状態にありましたが、今回之を改めて、事項別に部及款項の区分を立てることを考慮致して居るのであります、此のことは今後、予算の民主化及民衆化に多大の効果あるものと期待を致しているやうな次第であります、部及款項と云ふことだけに書いてございまするのは、さう云ふ考を以て書いてあるのであります、以上を以ちまして、簡単ではございまするが、第四部会の所管事項の経過報告と致します

○**議長**（關屋委員）　試案を朗読願ひます

〔幹事財政法案要綱試案朗読〕

○**議長**（關屋委員）　財政法案要綱は稍〻専門的のこともありますから、一つ幹事から御説明願ひます

○**幹事**（石原周夫君）　便宜私から簡単に財政法案に付て逐条的に御説明申上げます、第一の、総計予算主義を原則と致すと云ふ点は、現在の会計法の第二条に「一切の収納を歳入とし一切の経費を歳出とし」と云ふ言葉がありますが、それを其の侭踏襲致すと云ふ意味であります、第二項の、特別会計の設置の場合に於きまして、一般会計と違ふ予算制度或は会計制度を定めることが出来ると云ふことに致しましたのは、主として企業を致します鉄道、通信或は専売などのさう云つたものに対するものであります、一般の企業と同じやうなことをやつて居ります国の企業の会計の問

題であります、是も従来、是は特別会計でありまして、一応歳入歳出特別会計法で別段の定めをして居るのでありまするが、矢張り歳入金、歳出金の扱ひとしてやつて居つた、それに対しまして、其の企業の本来の性質、其のやる仕事を議決に掛けます必要性から考へて見ますると、寧ろ今のやうなさう云ふ特別会計の予算の形で協賛を経るよりも、別に企業の本体に即したやうな予算の決め方、或は国会の議決を求める仕方があるのであります、それに伴ひまして、其の収支を扱ひます会計の制度に付きましても、一般の会計と違つた形にした方が宜しいのではないか、さう云ふ途を拓いて置かうと云ふのが、第二項の意味であります、次の会計年度は、現在の会計法第一条の規定其の儘であります、第二の、年度独立の原則を規定すると云ふのは、現在の会計法第三条であります、当該年度の歳入を以て当該年度の経費に充てる、逆に申しますれば、翌年度の歳入を以て繰上流用をやつて居ります今の地方自治体のやうなやり方は認めない、現行制度通りにする、斯う云ふ意味であります、次の、特別資金の保有の問題でありますが、是は会計法の現在の第四条と同様であります、第四は、予算の編成、実行、決算の調製に付きまして、其の総括的事務は大蔵大臣が行ふ、是は従来、事務の総括と云ふことでやつて居つた問題でもありますが、積極的に之を謳ふと云ふ意味であります、第五の追加予算の規定は、現在の会計法第七条の第二項と同じであります、次の部及款項に分けると云ふ問題でありますが、之に付きましては、現行のやり方と若干違つた考へ方で考へて居るのであります、即ち現在は経常と臨時とに分けまして、其の二つの部毎に於きまして款項があるのでありますが、今回は経常部、臨時部と云ふやうなものは廃めた方が宜いのぢやないか、加へまして現在所管と云ふ制度がありまして、総て経費は各省の所管に分れて居ります、今回は、先程部会長からも御話がございましたやうに、其の所管を外しまして、経費の目的に従ひました分類を以て総予算を編成を致し、それに付て国会の議決を求めると云ふ形にした方が宜しいのではないかと考へて居ります、従ひまして部及款項と云ふものに付きましても、其の目的に基きました分類に依つて区分を致すと云ふことになる訳であります、第七、第八の継続費、予算外契約に付きましては、部会長から先程御話がありましたやうに、憲法に規定がございませぬので、一応財政法でそれに備へる規定を置いた訳であります、次の第九の問題でありますが、是は現在の憲法の七十一条、実行予算を以て施行予算と致すと云ふ規定がなくなりましたのに対しましてどう云つた措置を執るかと云ふ点であります、之に付きましては、一応暫定予算を組むと云ふ方法に依りまして、さうした不成立の虞れのある時に備へたらどうかと云ふ考へ方であります、第二項の書き方は、現在改定予算の法律に於きまして議会に提案をして居りますものと同じであります、之に吸収せられます、斯う云ふことに致します積りであります、それから第十は、是は少し簡単に申上げますと、憲法上の予算と行政法上の予算の区別と申しますか、国会の議決を求めまする予算と、それからそれに基きまして各省が自分のものとして使ひます所の予算、それを現在は観念的の区別があるのでありますが、之をはつきりと区別を致して、先程第六の所で申上げましたやうに、一応目的別に組立てますと、一応、省と云ふものがそれから外れる訳であります、其の外れました省を、矢張り各〻省が使ひますには又省の単位にしなければなりませぬが、従ひまして議会に出しました目的別の予算をもう一遍各省別に組替へると云ふ操作が要る訳であります、それが第十の規定になる訳であります、実際問題としては、議会に出します際に於きまして、何れ各省からの要求を纏めて調製することになりますので、著しく従来と違つたと云ふことになるかどうか、疑問でありますけれども、大体のやり方は今申しましたやうに、両者を区別して考へると云ふ考へ方であります、第十一は、現在の会計規則にある規定でありますが、予備費は大蔵大臣が管理すると云ふのでありります、それから第十二は、予算実行の監査権と申しますか、是からの予算は、其の大きさに於きまして、国民経済の中に於きまする大きさに於きまして、又実施上に於ける「インフレーション」其の他の問題とも関連しまして、実行を余程正確にうまくやつて行く必要がある、此の点に付きまして、報告の聴取、或は適宜の指示権と云ふやうな積極的な規定を置いたのであります、此の内容は、支払予算の承認の方法で本年の初めからやつて居るのでありますが、それを積極的に内容を書いて行かうと云ふのでありす、全体を通じて大蔵大臣、大蔵大臣と云ふ言葉があるのでありますが、是は財政の統括をする所の国務大臣と云ふ意味で、現在の大蔵大臣でありますから、従つて大蔵大臣と云ふ言葉を使つた訳であります、第十三は、新憲法の八十七条に、国会及国民に対して毎年財政の状況を報告しろと云ふ規定がありますから、それに対しまして、どう云ふ方法を以てやるかと云ふ内容を書いて見たのであります、備考の一の方は、先程部会長から仰しやいましたやうに、現在の会計法の第一章総則、第二章予算、此の二つの章に付きましては、相当な規定が財政法の方は抜けるのでありますす、それから収入、支出に関する規定でありますが、此の収入、支出に関する規定は一体として残るのであります、備考の二は、会計検査院法中機密費に関する規定は、新しい憲法の八十六条に抵触することがありますので廃める、出納官吏の賠償責任に関する規定は、新憲法七の十二条〔の七十二条〕に抵触するのでありま す、それで此の両者に付きましては別段に定める必要があると云ふことであります

○**議長（關屋委員）**　一応御説明致しましたが、どうか十分御意

見を御述べ願ひます

○六番（谷村委員）　ちよつと第六に付て伺ひたいのですが、先程部会長の御報告に依りますと、従来の各省別の予算を外して部款項に分ける、是は予算を国民が分り易いやうにする、斯う云ふ御説明のやうに伺つたのでありますが、是は各省の予算の関係に付て考へますると、例へば人件費の如き、是は各省に共通的に矢張り計上すると云ふことになるのでありますか、其の内容は各省の要求に基いて組立てると云ふやうな今の御説明でありましたが、各省から出たものをそれを集計して唯上げると云ふだけになるのでありますか、或は人件費の如きは、総て平均して均らして、さうして人件費と云ふ項目で計上すると云ふことになるのでありませうか、其の辺のことをちよつと御伺ひしたいと思ひます

○幹事（石原周夫君）　便宜私から御答へ致します、大体まだ最後の纏つた仕方で、どう云ふやうな事項別の区分で、それを幾つの部に、幾つの款にと云ふはつきりした成案は未だ得て居ないのであります、大体に於きまして今回の改定予算の分類表として議会に御配りを致しましたもの、勿論あの侭ではいかぬと思ひますが、大体あゝ云ふやうな分類のもので行くと御考になつて宜いかと思ひます、従つて人件費なども、之を大きく経済安定とか教育文化でありますとか、さう云つた所では当然各〻に分れることになりますし、又其の下に設けられます所の款の中に、又人件費、物件費と云ふものがありますから、大きく全体が人件費、物件費と云ふことはないのであります、人件費、物件費と云ふ分類を少くとも項の所で出して目の所で出すと云ふことは今後研究したいと思ひますが、其処等辺で人件費、物件費と云ふものが出て来る、それでありますと、大体一つの人件費に付きましては、一つの項で二省以上に亘ると云ふことは、さうは出て参らないと云ふ風に考へます

○六番（谷村委員）　各省別と云ふのぢやなくて、各省が合議して人件費なら人件費として計上する、斯う云ふ建前になるのですか

○幹事（石原周夫君）　同じ目的です、例へば公共土木事業と云ふやうなものを仮に款なら款に致しまして、其の下に人件費、物件費と云ふやうに分けるやうに致しますれば、或は運輸省、内務省と云ふやうなものを一括して人件費と云ふものが考へられますのですが、今考へて居ります処では、出来るだけ公共事業と云ふやうな所で人件費、物件費を分ける、港湾事業と云ふ所で分けるやうになるのが多からうと思ひます

○六番（谷村委員）　是は私共の思ひ付きでありますが、色々専門家が御研究になつた結果斯うなつたと思ひますけれども、予算を各省別にするよりも部款項に分けた方が分り易いと云ふ御趣旨のやうでありますが、矢張り是は各省別に致しまして、例へば内

務省はどう云ふ事業を営まむとして居るのだ、或は内務省の人件費は幾らある、或は厚生省はどう云ふ社会事業をやるのだから人件費が幾ら、それから司法省の人件費がどうであるか、判事の定員幾らに対して幾らの人件費が計上されて居る、斯う云ふ風に矢張り各省別に致しました方が、国民の関心を惹く点から考へましても、それ〴〵各省別の事業を検討しまする点から考へましても、寧ろ此の方が分り易いのぢやないかと云ふ風に一応考へるのでありますが、其の点は如何でせうか

〇**十五番（平塚委員）**　先刻幹事の方から御説明申上げましたやうなことで、此の間の改定予算の分類の仕方を見まするとと、例へば特別住宅建設資材費と云ふものの中にも、人件費などもありますが、物件費は相当見積つてあります、金額に致しましても、色々農林省関係、内務省関係、色々なものがあるだらうと思ひますが、それを纏めて一本のものにして此の項に分類して出してあります、併し実際の一般の国民に知らせ、又各省に対して自分の省の予算を知らしむる上に於きましては、矢張り各省の方々から提出せられました其の予算に基いて各省に分配すると云ふことになりまするので、今の御意見の点は御尤もに考へまするが、それ等の点も矢張り見合せて、さうして一般に知らせる際に於ては、それ等の点にも及んでやつた方が宜いのぢやないか、今の十三の中に「ラヂオ」とか何とか色々なことが書いてありますけれども、是は唯必ず是でやるのだと云ふことではなくして、裕りを付け此処に書いた積りでありまするが、何かもつと具体的に一般の国民に知らせる方法を考究して貰ひたいと云ふ意味に於きまして、斯う云ふことを十三の所に書いたのであります、こんな訳でありまするので、御話のやうな、例へば河川改修に致しましても、農林省の方面から、それから内務省の方面からと云ふやうな風に、其の経費に一方はどうで一方は幾らと云ふやうなことを知らせて置くと云ふことは、御話の通り、非常に地方の関心も惹かれる訳でありますので、それ等のことは能く活用して、さうして各省に於て見込を付けてやつて貰ひたい、斯う考へて居るのでありますが、各省の方の役人側に於きましては、各省から提出を致しました予算が骨子になつて居りますので、それを配分を受けさへすれば、各省に於ては明かになる訳であります、一般の国民、それから各官庁等に於て自分関係の予算はどうなつて居るかと云ふやうな点に付ては、今御話のありました御心配の点は御尤もであると思ひまするが、実際の上に於てはそれを適当にやつて貰ひたいと云ふ意味でありまして、細かいことは此処に書いてありませぬけれども、大体はさう云ふ意味に考へて居る訳であります、尚幹事の方から実際問題に付て御説明を補充して戴きたいと思ひます

〇**六番（谷村委員）**　大体御趣旨は分りましたのですが、予算の要求は、勿論従来通り各省の要求に基いて予算は編まれることに

相成るのでありまするが、さうすると今の部会長の御説明に依りますと、各省の定額は、是は第十に依りまして、大蔵大臣が定額を決定して配付する、此の配付を受けた範囲に於て予算を実行すると云ふことに相成るのでありまするが、私が考へて居りますことは、要求予算を引つ括めて一括してさうして議会なら議会に提案すると云ふやうな場合に、此の予算面に於て各種の各省の事業の内容と云ふものが、或程度国民に分るでありませうか、矢張り分らせた方が宜いのぢやないか、斯う云ふ考なんであります

○**幹事（石原周夫君）** 其の点に付きまして、或程度、各省の経費がどう云ふ風に盛られて居るかと云ふことを分らせるやうな措置が必要だと考へて居ります、斯う云ふ風に各省別でなしに、部及款項、殊に予算使用の目的別に分けることに致しましたのは、国民が予算を知らうと云ふ場合に、各省がどう云ふ仕事をすると云ふよりは、どう云ふことの為にどれだけの金を使つて呉れるのだと云ふことが本来だと思ひますので、其の方が予算が分り易いのぢやないか、併しそれが各省大臣の責任に於て如何に使はれるかと云ふことに付ては、予算と云ふものは行政各部が執行するものでありますから、各省大臣は此の範囲で以て会計上の責任を負ふと云ふことが必要でせうと考へますので、款項以下に於て各省の区分と云ふものを明らかにする、それと共に、各省の各〻の款項に分れると思ひますか、それを取纏めました要求書と申しますが、各省の人件費は幾ら、物件費は幾らと云ふものを一括致しまして、別表と云ふますか、別の参考書のやうなものを、謂はゞ是が行政法上の予算と云ふものに相成るかも知れませぬが、斯う云つたものを別に作つて出して行かなければならぬ、斯う云ふ風に考へるのであります

○**六番（谷村委員）** 御説明で能く分りました

○**議長（關屋委員）** ちよつと私から伺ふのは変ですが、私は一番ですが、委員長でも幹事でも宜しうございますが、六番の御質問、如何にも御尤ものやうに思ひますが、さうすると、議会に総予算案を出し、更に大蔵省で支出に付ての問題を、詰り予算と云ふものを二つにする訳ですか

○**幹事** 是は前にどう云ふやうに申し上げたか知りませぬが、途中から参りまして甚だ失礼でありますけれども、此の書きました「部」と云ふものは、経常部、臨時部の区別ではございませぬ、例へば第一部、皇室費、第二部、立法部、第三部、行政部、又行政部の中に中央行政官庁、地方行政官庁、それから第四部として裁判及検察庁、さう云ふやうな分け方に相成るかと思ひます、さうして是が所謂憲法上の予算で、それとして御協賛を仰ぐ訳であります、併し其の款項の下に、中央行政官庁でありますならば内務省、外務省、大蔵省と云ふものが出て参ります、其の下に人件費、物件費、補助費と云ふものが出て来る恰好に相成ると思ひま

す、併しそれをずつとばら〳〵にしまして各省別にした場合にはどう云ふものになるかと云ふ所謂行政法上の予算と云ふものが出来まして、さうして大蔵大臣が予算を作る場合にはそれに依つて作るのだと云ふことを、併せて議会の参考として出す、殆ど其の通り行く訳ではありますけれども、例へば途中に於て行政官庁の権限が変ると云つた場合には、従来は所管と云ふものがありまして、それが款項に囚はれます関係上、一方では不用にし、一方では予備金を出さなければならぬと云ふ場合がありましたが、今度はさう云ふ場合には、実質上議会の協賛権を無視して居る訳ではありませぬので、其の行政法上の予算と云ふものは、大蔵大臣で憲法上の予算の範囲内で出来る、予算定額が作られると云ふ趣旨にしたいと云ふ意味で、斯う云ふ規定を置いた訳であります

○**議長**（**關屋委員**）　例へば科学の研究は、文部省でも科学研究をやつて居るし、それから商工省でも工業試験所と云ふやうな所でやつて居るが、さう云ふものは科学研究費と云ふやうにして、其の中に文部省とか商工省とか云ふ風に別にするのでございますか、さう云ふのはどう云ふ風になつて居るのでありますか

○**幹事**（**石原周夫君**）　科学研究費と云ふものになりますと、其の辺迄も考へて居りませぬですが、従来の予算の計上の行き方は、文部省の分と、商工省の分と、各〻の所管に分けて計上しましたが、今度の行き方ですと、深くは考へて居りませぬが、或は科学研究費と云ふものを一項設けて、其の中の目で商工省分、或は文部省分として、さうして予定経費要求書と云ふものを添へて作る、場合に依つて議会の御承認を予め得て置いて、両方の間に事情に依つては直接流用が出来る、従つてそれに基いて大蔵大臣が定額の決定が出来ると云ふ風に考へて執行することも、考へて宜いのぢやないかと考へて居ります

○**十五番**（**平塚委員**）　此の間の改定予算の法律案には、之に当嵌まるのはありませぬけれども、第三に教育文化費と云ふものがございます、其の一が国民教育費、其の中に義務教育費国庫負担金其の他、それから其の次に中等教育費、専門学校教育費、四、社会教育費、五、科学研究費其の他としてありますが、此の科学研究費は、是は教育文化費の中ですから、文部省関係のものばかりではないと思ひますが、そんな風に分類してあります、それですから、是が一つの今度の見本みたいなものですが、此のやうな分け方に依つて、さうして綜合的に、只今説明のありましたやうな風に、第一、第二、第三、第四と斯う仕事を掲げて、さうして統括して出すやうにしたら宜からうと云ふのであります、今度のも、第一は民生安定費、此の中に色々な保険のことも、失業対策、食糧確保調整補給金と云ふやうなものも含んで居ります、第二は経済再建費、此の中に公共事業費、産業振興費、此の産業振興費の中に農林、畜産、水産と云ふやうに、色々分類して書いてあり

ます、さうして矢張り其の中には人件費、物件費、補助費と云ふやうな風に分けてありまするが、斯う云ふ方法でやるやうにしたらどうかと云ふのであります、さうして議会に提出するものに付きましては、実は六番から御質問のありましたやうな点にも触れて色々考へたのでありまするが、詰り要するに、議会に提出する総予算に添附すべき書類、それを此の法律の中に掲げて置いた方が宜いのぢやないかと云ふ論も、実は度々論議せられたのであります、詰りさう致しまするると、私共外国のことは能く知りませぬが、外国のやり方なども、色々方法が違つて居るやうでありますけれども、我が国と致しまして、さう云ふやうな点も考慮して、さうして此の中に織込む、詰り一般の財政状態、或は又国民の富の程度と云ふやうな点迄調べたものを添附してやると云ふことを掲げて置いたらどうかと云ふ意見もあり、誠に御尤もなことであらうと思ひます、併しそれ等の細目のことに付きましては、技術上の点もありまするし、尚考究を要する点もありまするから、それ等は考究をして戴きたい、又官庁方面に於きましても、大蔵省、法制局等に於て尚継続して研究を続けて戴きたいと云ふやうな考を、実は部会の方では持つて居りました、是等が纏つて来まして、此処の中に附加へる必要がありますれば、此の次の総会に又提出して御意見を伺はうかと云ふ風に実は考へて居ります、それ等も御参考の為に申上げて置く訳であります、どうも唯見まするると、今の六番の御話の通り、又一番から御質問があつたやうな懸念がありまするから、それ等が唯、飾りものでない、予算が飾りものでないのだ、斯う云ふ根拠で斯う云ふ方面で斯うするのだと云ふことが、どうもはつきり議会は勿論、一般国民にも分かるやうに致して置きたい、斯う考へて居りまするることは、御同感であります、尚それ等の点に付て関係の当局に於ても、具体的に、技術的に一つ考究をして貰ふと云ふことを御願をして居る訳であります

○**七番（梶田委員）**　最後の備考の所ですが、二の一番おしまひの所、「出納官吏の賠償責任に関する規定に付いては、所要の改正を行ふこと。」とありまして、此の点は憲法七十二条に抵触するから廃止するとか云ふ御説明があつたやうであります、ちよつとこちらには聴取れなかつたのですが……、そこで此の点に付きまして、第三部会の方と関係がありますので、第三部会の方では裁判所構成法関係をやつて居りますが、第一小委員会の方で、こちらの幹事からして四部会の幹事さんの方へ、此の点の修正に付て意見を申上げて連絡を取るやうに致して置いたのですが、果して其の連絡が届いて居りますかどうですか

○**十五番（平塚委員）**　まだ其処迄は連絡を受けて居りませぬ、三部ばかりでなく、一部の皇室財産のこともありますが、それはまだ意見が十分熟して居りませぬから……、それ等のことは一部或は三部と連絡を取つてやります

○七番（梶田委員）　私の方から連絡を取りに行つて居る訳ですが、まだちよつと……

○幹事（宮内乾君）　其の点はまだ幹事としまして御連絡を受けて居りませぬ、唯、今御尋の点が正しく此の問題でありまして、新憲法の下に於ては許されないのぢやないか、であるからして斯う云ふものは、裁判所の方に御願をするやうな工合に、こちらでは改正をしなければいけないのぢやなからうか、それが備考の二に出て居るのであります、まだ幹事としては、そちらが幹事から御連絡を受けて居りませぬ

○七番（梶田委員）　時日がないから連絡が付いて居ないのかも知れませぬが、さうすると只今の御意見ですと、会計検査院は賠償責任に付て判決をすると云ふことになつて居りますですね、此の判決を会計検査院でやらないことにすると云ふやうな御趣旨でございます

○幹事（宮内乾君）　此の点は実は備考の所に掲げてございますのは、「所要の改正を行ふこと」斯う云ふことになつて居りますが、是は今日は中間報告で、まだ最後の段階迄のこちらの結論を生み出して居りませぬが、大体新憲法の下に於きましては――只今は特殊のものと認めまして、公法上の責任、特殊のものと認めまして会計検査院の方に行つて居る訳でありますが、大体新憲法の下に於きましては、司法裁判所の方に御願をするやうにしなければいけないのぢやなからうかと考へて居ります

○七番（梶田委員）　此の判決は司法裁判所の方でやる、斯う云ふ訳でございますか、どうも其の辺が……、実は私共の方の三部会でやつた是も中間報告ですから決定的ではございませぬが、是は出納官吏に関する賠償責任の判決とありまするけれども、是は矢張り一種の行政処分であつて、此の会計検査院は明治二十二年頃の古い法律ですから判決と云ふ言葉を使つて居りますが、是は性質は一つの行政処分ぢやないか、判決とあつても、一つ判決と云ふ文字を変へて戴くならば、認定とか処分とか云ふ風に変へて行けば宜いのぢやないか、さうして此の処分なり判決に対しましては、是は憲法の七十二条で最終審として行政庁が裁判は出来ないと云ふ関係もありますが、要するに是が判決としても、或は処分としましても、行政処分と致しますれば、総て違法の行政処分に対しては、今度は裁判所へ不服の訴訟を起すことが出来ると云ふ建前にしよう、さう云ふ解釈にしようと云ふことになつて居りますので、此の会計検査院でなした賠償に関する処分なり判決、之に対しては裁判所へ不服の訴訟を起せることになつて居りまして、実は其の訴訟を、会計検査院は是は中央官庁ですから特別管轄にしまして、東京の控訴院へ直接訴訟を起せると云ふ風な建前に、第三部会の裁判所構成法関係ではなつて居りますので、其の点を御含みの上で、此の改正をなさる時には一つ御注意を御願ひ

したい、斯う云ふ訳なんであります、何れ又詳しいことはこちらから連絡に伺はせることに致したいと思ひます

○**十五番（平塚委員）** 只今の七番の御説明は能く分りましたので、是は会計検査院の方の御考等を能く伺つて能く連絡を付けてから、所要の改正と云ふことで具体的に改正の目安を付けて、連絡を付けて、必要のある点は改正をしようと思つて居ります、改正のやり方も能く連絡を付けて御相談をしてやらう、斯う云ふ気持であります

○**七番（梶田委員）** 何れこちらから連絡申し上げますから……

○**十五番（平塚委員）** どうぞ御願ひ致します

○**九番（澤田委員）** 念の為に伺つて置きますが、只今の御考では、会計法の責任の上から其の点は動かす御考はないのですか

○**幹事（宮内乾君）** 繰返し御答へ申上げましたやうに、其処迄最後の結論に至つて居りませぬ、御承知の如く新憲法の下に於きましては、現行憲法の下に於きます司法裁判と行政裁判と併せてやつて居りますので、先程来拝聴致しましたやうに、一応の賠償責任を命ずる処分に致しまして、行政裁判的のものに致して向ふに持つて行くと云ふことも一つの考へ方であり、初めから何か訴訟手続のやうなことにしまして、行政裁判のやうなことに致すのも一つの考へ方でありますが、決して何れを執らなければならぬと云ふ理論上のあれがあると云ふこともちよつと考へられませぬので、兎に角只今のやうに、裁判所の方に出訴すると云ふ途を塞いで置きましたのでは、改正憲法の下に於きましては如何かと思はれます、其の点をもう少し考慮致すと云ふことでありますので、何れに参りますか、まだちよつと其の点の結論は出て居らぬ訳であります

○**九番（澤田委員）** 私が伺ふのは、現行の会計法では出納官吏が所謂業務上の横領とか、斯う云ふ不法行為を行つた場合、監督上、行政上の注意を怠つた為に、賠償責任がある、斯う云ふことになつて居りますが、其の責任の範囲を別に動かす御考はないかどうか、国家の官吏として賠償の責任を取るのは当然だと思ふのですが……

○**幹事（宮内乾君）** 其の点は到底動かすべからざるものと思ひます、実質は変りないと思ひます

○**議長（關屋委員）** 財政法案如何でせうか、大体宜しければ、一応是で財政法案を終ることに致します、それからあと残って居りますのは、第三部会の司法関係でございまして、是は試案もなか〳〵多うございますし、色々御議論もあらうかと思ひますから、是は明朝十時から致す積りであります、今日は是で散会致します

午後三時五十七分散会

昭和二十一年八月二十二日　午前十時二十分開会

○**幹事（鮫島眞男君）** それでは只今より昨日に引続きまして臨

時法制調査会第二回総会を開会致します

○議長（吉田会長）　只今より昨日に引続き総会の審議を継続致します、私は昨日議会関係の為に已むを得ず此処に出席が出来ませぬで、洵に残念に思ひます、本日も議会の関係で退席しなければならぬ事情がございますが、暫く此の席を占めることに致します

炎暑の砌り委員各位に於かれては引続き御精励を願ひ、茲に中間報告を審議することになりましたことは、私の非常の喜びとする所でありまして、衷心より各位に対し深甚の感謝と敬意とを表する次第でございます、尚ほ今後とも宜しく御審議を願ひたいと存じます

是より第三部会担当の事項に関する審議を致します、第三部会長より経過報告を御願ひ致します

○三十七番（有馬委員）　臨時法制調査会の第三部会は司法省に於きまして設けられました司法法制審議会と併行致しまして、本年七月十二日第一回部会総会を開いたのであります、先づ三つの小委員会に分ちまして、第一小委員会は裁判所構成法、検察庁法等、第二小委員会は民法、第三小委員会は刑法、刑事訴訟法等に付きまして審議を致し、其の間部会総会を開きますこと八回、小委員会を開催すること二十六回、其の他起草委員会、幹事会等、連日開催、審議を致しまして、御手許に配りましたやうな法案要綱を作製致したのであります、各法案要綱の内容に付きましては、御覧の上、御質問なり御意見を承ることと致しまして、茲では各法案の要綱に付きまして簡単に御紹介致しまして、審議の経過及び結果に付き併せて御報告致したいと思ひます

先づ最初に裁判所法要綱に付きまして御説明申上げます、憲法改正草案は御承知のやうに最高裁判所に付きまして相当に詳細な規定を設けまして、裁判権の独立に深く考慮を払ふと共に、所謂法令審査権と云ふやうな重要な権限を之に与へて居るのでありまして、司法権の拡充を図つて居るのであります、随て此の要綱に関する第三部会の討議も、先づ最高裁判所の構想に集中せられまして、其の構成をどうするか、其の裁判所の範囲を如何に定めるかに付きまして議論を重ねたのであります、其の結果、御手許に配付致しました要綱のやうに、裁判官の定員は十五人と致し、其の内少くとも十人は法曹或は法律学を専攻した者を任用し、其の他は自由任用と致したのであります、是は最高裁判所が最高の裁判機関と致しまして、数部に分れることなく、一体となつて各種の訴訟其の他の事件に付き裁判を致すことを考慮致したのであります、裁判官の中に、自由任用の者を入れましたのは、最高裁判所が一般の法律問題の外に憲法の解釈と云ふ極めて重大な権限を持つて居りますので、法曹や法律学を専攻した者以外に、各方面から人材を入れると云ふことを考慮致したものであります、十五

人の裁判官で事件を処理致します為に、其の処理方法に付ても工夫を加へましたが、それは要綱の中の「三」と致しまして、審理及び裁判と云ふ項を御覧戴きたいと存じます、最高裁判所の裁判権に付きましては、其の使命が所謂法令の審議と法令解釈の統一にあることを明確に致しまして要綱を作成致したのであります、此の内、一般の上告に付ては訴訟法規の規定の改正に俟つ訳でありますが、所謂違憲問題と判決に於ける法令の違反に付ては最高裁判所の裁判を受け得ることと致したのであります

次に下級裁判所でありますが、是は大体現在の控訴院に当る高等裁判所と現在の地方裁判所及び区裁判所の権限の一部を合せた地方裁判所と、更に新に設けられる簡易裁判所、此の三つを設けることに致し、区裁判所は廃止することに致したのであります、此の内、高等裁判所は管内の地方裁判所の幾つかに設けることに致しました、又地方裁判所は合議制と単独制を併用致しまして、現在区裁判所が設置せられて居る所には支部を設けることに致しました

下級裁判所の中で最も多く論議されたのは簡易裁判所でございました、憲法改正草案が最も重視して居ります人権の擁護に鑑みまして、違警罪の即決処分と云ふ従来兎角問題になつて居りました制度は之を此の際廃止して、此の種の事件も総て裁判に依らせることと致し、是が為に全国各地に多くの裁判所を設置することが先づ必要となるのでありますが、それと共に国民一般に取つて最も手近な、親み易い、而も十分に信頼し得る裁判所を設けて、之に比較的軽微な事件を扱はせることにする為に色々な構想を練つたのであります、即ち裁判官も法曹の外に学識経験者を一定の条件の下に任用する途を拓き、手続も出来る限り煩瑣な形式を避けることと致したのであります、尚ほ詳しいことは御手許に配付致しました要綱を御覧戴きたいと存じます

其の他司法行政の面に於きましては、司法大臣の裁判所に対する監督権を廃止することを明確に致し、各裁判所に裁判官会議を設けまして、裁判所に関する重要な事項は総て此の会議に依つて決定することと致し、司法官試補の修習も弁護士試補の修習と共に最高裁判所の所管とする等、司法権の運営の強化拡充を図つたのであります

之を要しまするに、本要綱に於きましては、最高裁判所と云ふ権限の大きな、地位の高い裁判所から、国民一般の日常手近な簡易裁判所まで四段階の裁判所を設けて裁判権の運用の全きを期すると共に、裁判官の地位に付きましても十分の考慮を払ひ、司法権に対する国民一般の信頼を益〻高めることを期したのであります

次に検察庁法の要綱案に付きまして御説明申上げます、憲法改正に伴ひ裁判所の機能、組織が全面的に改革されることになるの

で、之に伴つて検事局の機能、組織を如何様に改めるべきかと云ふことが審議の対象となつたのであります、此の問題は裁判所構成法とも関係があるのでありまして、同法の改正を審議する本調査会第三部〔会〕第一小委員会で先づ審議を行つたのであります

第一に論議せられましたことは、検事局を従来通り裁判所に附置すべきか否かと云ふことでありました、其の結果、検事局は裁判所より独立すべしと云ふのが多数意見であつたのであります、其の理由は、検事局が形式的に一の行政官庁である以上、之の裁判所に附置して置いては司法権の行使に付き行政官庁が之に干渉するが如き疑惑を与へる虞がある、又刑事訴訟法に於ける当事者主義の徹底を図ることが民主主義の一要請であるとしますならば、原告官である検事が、被告人、弁護人に比し裁判所に接近して居ると云ふことは望ましくないと云ふやうな点にあつたのであります、検事局を裁判所から分離する場合に検事局の組織等に関する事項を裁判所構成法中に置くかどうかと云ふことが併せて論ぜられたのでありますが、検事局が裁判所より独立する以上、裁判所法とは別箇の法律を以て規定するのが相当であると云ふのが一致した意見であつたのであります

更に、検事局と裁判所とを分離するとして、其の組織は現在通り全国的統一組織とするか、或は此の際地方分権制を執るかと云ふことが又問題になつたのでありますが、全国的統一組織にすると云ふことに付きましては全く異議がなかつたのであります

是等の基本的問題の外に検事の任用資格をどうするか、検事直属の司法警察官を置いてはどうか等の問題が出されたのでありますが、是等の問題に付て論ぜられました多くの意見中、概ね多数意見と思はれるものを参酌致しまして、司法事務当局の委員、幹事に於て検察庁法要綱案を作成致しまして、それを更に同小委員会に付議し最後に第三部会に諮り、其の間多少の修正を見て決定されたものが配付致しました検察庁法要綱案であります、此の案は結果に於て検事局を裁判所から独立させ、検察庁と改称し、法律を以て其の組織、権限等を規定することとした点を除きますれば、従来の検事局の組織、権限等と根本に於て大差がないものと言へると思ふのであります、併し自然新しい若干の制度が考へられて居ることは勿論でありまして、其の新しい点の主なる点を挙げますれば次の通りであります

一、検事の任用資格を拡張したこと

二、副検事制度を創設し、副検事より検事への昇進の途を開いて、所謂特別任用の検事を設けることとしたこと

三、検察庁の職員として検察補佐官を置き、之に従来の書記の職務を掌らせると同時に捜査に従事せしめることとし、或は検事直属の司法検察官を実現せしめることとしたこと

四、検察官庁に鑑識官を置くことが出来ることとし、従来に比

〔資料69〕 臨時法制調査会第二回総会議事速記録（昭和21年８月21日・22日）—行政訴訟特則要綱、裁判官国民審査法案要綱等

し警察事務の遂行に科学的方法を一層強く採用する工夫をしたこと

五、検事の身分保障に付き特別の考慮を払つたこと

等であります

最後の問題、即ち検事の身分保障の問題は小委員会及び部会に於きまして最も熱心に論議せられた問題の一つでありました、検事の身分を一般行政官と同様にして置くか、或は検察事務を公正を担保する為めそれに特別の身分保障を与ふべきか、又特別の身分保障を与へるとして其の程度を如何にするかと云ふことが論議の中心となつたのであります、大多数の意見は、検事に対し一般行政官に比して特別の身分保障をする必要は認めるが、身分保障が強過ぎれば、刑事訴訟法の改正に伴つて捜査上の強制権が与へられること、或は本要綱案は依つて直属の司法警察官が設けられることなどと関連して、検事の権限が強大になり過ぎはしないかそれを妨ぐ為には従来の検事の身分保障を若干弱める必要があるのではなかいと云ふ点に一致し、其の結果本要綱案第一乃至第十八となつたのであります

要綱案第十七に依りますれば、別に法律の定むる所に従つて検事の適格審査をなす委員会を設け、司法大臣は其の委員会の議決を経て検事を罷免することが出来ることとなつて居るのでありま す、其の委員会の構成には十分民意を反映するやう考慮する旨司法事務当局の言明であつたことを茲に附言致して置きます

尚ほ検察庁に対する司法大臣の監督の厳正と徹底を図る為め其の諮問機関を設けられたいとの要望があり、司法事務当局に於ても同意を表する所があつたので、本要綱案第三十六が設けられて居りますが、之を検察庁法中に規定するか或は司法省官制に代るべきものの中に規定するかと云ふやうなことまでは決定した訳ではないのであります

最後に付加へて置きたいことは、本要綱案は裁判所と検事局とが分離した場合に於ても司法省は依然存続すると云ふ建前を執つて居りますが、第一小委員会に於ては司法省は存続すべきものとする意見が多かつたやうに見受けられたのであります

次に行政訴訟に関する特則要綱に付て申上げます、今回の憲法の改正に伴つて行政に対する訴訟も司法裁判所の裁判権に属することになるのでありますが、其の手続に付きまして現在は裁判法に簡単な規定を設け、其の第四十三条に「此の法律に規定なきものは行政裁判所の定むる所に依り民事訴訟に関する規定を適用することを得」と定めて居るに過ぎないのであります、今回行政裁判法が廃止せられ、司法裁判所が此の種の事件を管轄致すことになるのに際しまして、手続法を整備することに致したのでありま す、則ち御手許に配付致しました要綱のやうに、行政訴訟の特別な性質に鑑みまして必要な特例の規定を設け、特に規定がない限

り民事訴訟法を適用することに致したのであります

次に裁判官国民審査法案要綱に付て御説明申上げます、憲法改正草案第七十五条は、最高裁判所の裁判官の任命は国民の審査に付されることを規定致し、審査に関する事項は法律で定めること と致して居るのであります、此の問題に付きましては審査権を有する者の範囲、投票の方法等、第三部会に於きましてはさしたる論議もなく、御手許に配付致しました要綱のやうに決定致したのであります、唯最高裁判所の各裁判官の意見なり思想なりを一般国民が知る機会を得るのにはどうしたら宜いかが議論されたのでありますが、其の点に付きましては最高裁判所の要綱の中に、特に判決者〔書〕には評議に於ける各裁判官の意見を明確に表示することに致して居るのでありまして、之に依つて各裁判官の意見は明瞭となり、尚ほ判決書は今後は恐らく総て公判〔表〕されることになると考へられますので、之に依て国民は平生裁判官の意見なり思想なりを知る機会が得られるのであります

次に裁判官弾劾法案要綱に付て御説明申上げます、憲法改正草案は第六十条に弾劾裁判所を設けることに付て規定致して居りますが、尚ほ弾劾に関する事項は法律で定めることになつて居るのであります、此の問題に付きましては第三部会では弾劾訴追の機関に付て色々議論があつたのでありますが、結局本要綱案にありますやうに、衆議院議員二十名を以て組織する訴追委員会を設けて、之に訴追権を行はしめることになつて居るのであります、此の訴追委員会に対しましては、一般国民からも訴追の請願をすることが出来るのでありまして、訴追委員会が其の請願を入れた場合にも弾劾の訴追を致すことになる訳であります、尚ほ弾劾裁判所に付きましては憲法改正草案第六十条に「国会は云々……弾劾裁判所を設ける」とございますので、国会と弾劾裁判所との関係は、弾劾裁判所が単に両議院の議員を其の構成員とするのみで、国会の外に置かれると云ふのではなくて、本来国会内に設けられるものではないかと云ふ意見がございましたが、此の点は尚ほ研究を要するものと考へて居ります

次に民法改正要綱に付て御説明申上げます、御承知のやうに憲法草案第二十二条には、我が国の婚姻制度其の他の身分制度に関する基本的原則を掲げて居りまして、其の立場から現行民法を眺めますと、特に親族相談〔続〕編中に幾多改革を要すべき点が散見致しますので、本要綱案に於ては其の一々を拾い上げ、適当な改正をなすことと致したのであります、以下其の内容の主なものを取纏めて申上げたいと存じます

改正の第一は、民法の戸主及び家族に関する規定を削除し、親族共同生活を現実に即して規律することと致した点であります、此の問題は我が国の家族制度に重大な影響を持つものでありまして、部会に於ても最も慎重に、且つ熱心に討議されました、即ち

当初は民法上の家を廃すと云ふやうな言葉を用ひた意見もあつたのでありまするが、此の表現は我が国古来の家族制度を廃止せんとするものである、又実情にも副はず、国民感情にも反し、行過ぎであると云ふ強い意見がありまして、本要綱の如く改められたのでありますが、本要綱は民法から戸主及び家族に関する規定を削除するので、斯く致しても是が為め我が国の家族制度を否定することにはならない、唯民法の戸主及び家族に関する規定は現在既に実情から遊離して居り、却て健全な親族共同生活に障碍となるものであるから、之を現実に即して規律する必要があると云ふのでありまして、是は殆ど全会一致の結論となつた次第でございます

改正の第二は家督相続に関するものであります、本案では在来の家督相続に関する規定を改め、財産の相続は総て遺産相続の原則に従ふべきものとし、唯系譜、祭具及び墳墓の所有権に付てだけ祖先の祭祀を主宰する者に之を承継させることと致しました、此の点は第一の戸主及び家族に関する規定の削除と必然な関連を持つ訳であります

改正の第三は婚姻に関するものであります、現行民法中から婚姻の自由、夫婦の同権を規定した憲法改正案第二十二条の趣旨に抵触するものを拾い上げて、検討の上改正案を得たのであります、例へば成年者の婚姻には他の何人の同意をも不必要とし、妻の無能力の制度を廃止し、夫婦法定財産制を修正し、協議離婚を当事者の自由に一任し、裁判上の離婚原因を夫婦平等に改める等の諸点が其の主なるものであります

最後に、遺留権の規定に付ても活発な論議が行はれたのであります、即ち一方の議論は、遺留権の規定を全廃して、相続財産の処分に付ては被相続人の自由意思に任すと云ふのであります、此の議論は相続財産に対する個人の自由意志を重んずると云ふ点にもありますが、それのみではなく、之に依りまして相続財産、特に我が国に多数ある農地の細分を妨ぐ所に狙ひを持つて居るのであります、家督相続の廃止の結果は、当然農地は細分せられる虞があるのであります、そこで之を防ぐ為に、被相続人の絶対の自由意思を認めると、之を細分しないで長子のみに之を譲渡して、さうして事実上家督相続があつたと同様の結果を得せしめると云ふやうな所に此の意見の狙ひがあるのでありますが、併し斯様な自由意思を認めると云ふと、左様な場合には宜いのでありますが、是は濫用と申しますか、さう云ふ目的でない、気侭勝手に、子供にも与へず他人に与へてしまふと云ふやうな場合には、少くも狙つた目的は達せられない、此の点に於て此の説の弱味があり、反対論の強味が生じて来るのであります、結局農地の細分を防ぐ為に、さう云ふことのみに利用せられる場合は此の規定に従ふのも宜いが、さうでない場合を考へると、どうもさうも行かないと云

ふ所もあるので、要綱のやうな所に落着いたのであります

次は刑法の改正要綱に付て申上げます、刑〔憲〕法中の規定の改正に伴ふ必要最小限の改正に止めまして、他は総て刑法の全面的改正の機会に譲ると云ふことに致したことを予め御了承を願つて置きます

刑法改正に於て特に問題になりましたのは、要綱案第九の姦通罪であります、憲法草案第二十二条は夫婦同権を規定して居りますので、姦通罪に付ては今後夫の姦通も妻も〔の〕それと同様に処罰するか、或は全然姦通罪と云ふものを廃止するか、此の二途の一を出でないことになつたのであります、此の点に付きましては第三部会に於きまして色々御議論があつた所でありまして、姦通罪廃止論と致しましては、要するに其のやうな問題は道徳なり社会的制裁なりの分野に譲るべきで、刑罰を以て臨むべきものではない、又実際に於て刑法に規定を設けて置いても、刑事事件として現はれたものは意外に少ないので、此の罰則は余り活用されて居ない、却て告訴権が裏面に於て脅喝などに利用せられて居る弊害が多分にあるのである、寧ろ此の際思切つて英国の如く此の問題を道徳と民法上の例へば離婚原因などの問題に止めて、刑法の領域から除外した方が宜いと云ふのであります、之に対して存続論は即ち両罰論でありまして、刑罰規定の威嚇的効果を重視しますと共に、殊に従来犯罪とされて居たものを廃止することは今日の時勢に於ては社会一般をして道徳の上に於ても之を許されたものと思はしめる危険が多分にあることを強く憂慮して、是が廃止に反対したのであります、左様な訳でありましたが、最後には結局廃止論が多数のやうに見受けられまして、要綱の如く決定致した次第であります

〔議長吉田会長退席　關屋委員着席〕

次に要綱第六の皇室に対する罪に付きましても議論を致したのでありますが、新憲法に於ける天皇の地位並に其の皇位継承に関係があります皇族の地位に鑑み、且つは皇室に対する国民感情の点を十分考慮致しまして、総て現行の侭据置いて手を触れないと云ふことに決定致したのであります

次に要綱第二の執行猶予制度の拡張、及び要綱第五の刑の言渡しの消滅、此のことは多年の懸案とも申すべきものでありましたが、今回の憲法改正を機会として、之に盛られた精神に従ひまして、不必要に前科者を殖すことなく、又一度前科の付いた者も何時までも其の為に苦しましめると云ふやうなことのないやうに致したいと云ふ所から取上げたものであります、尚ほ此の点に付きましては簡易裁判所の新設と関連致しまして、罰金以下の刑の言ひ渡しを司る簡易裁判所に於ても刑の執行猶予の言渡しが出来るやうに此の制度を拡張しようと云ふ趣旨のある所を十分御了承を願ひたいと存じます

要綱の第三は、憲法改正草案第三十六条の精神に基いて刑事訴訟法中の所謂被告人の不利益な再審の制度が廃止されます為に、従来一罪として取扱はれました刑法第五十四条、第五十五条の罪の一部に付き軽い確定判決があつて、其の後に重い余罪が発覚した時、之を処罰する方法がなくなつたことに基くのであります、現在の大審院判例の解釈に依りますと、今後に於ても此のやうな問題は発生致しますし、一般社会の常識上から見ても、治安維持上から見ましても、放置する訳に行きませぬので、此の際刑法第五十四条、第五十五条の罪を一般の併合罪と同じく数罪として取扱ふことに致したのであります、唯従来の沿革もありますので、其の刑は所謂吸収刑に止め、又余罪の処罰に付きましては、公益上の必要と被告人の利益との調和に十分の考慮を払ふやうにと云ふことで、此の「憲法の規定との関係を考慮すること」と云ふ文字が特に附加へられて居るのであります

尚ほ要綱の第四は、是も憲法改正草案第三十六条の精神に従つたものであります

次に要綱第七及び第八は、改正憲法の戦争抛棄の規定と、今後外国との国交に特に意を用ふべき我が国の立場とに基く改正であります

次に要綱の第十以下は、憲法改正草案が特に強調して居ります所の人権の保障の強化に対応致しまして、従来刑法中他に比して稍ゝ保護が薄かつた嫌のある自由及名誉の保護を強化致しますと共に、少年少女の保護に遺憾なきを期し、又過失行為に対する生命身体の保護にも万全を期せんとするものでありまして、是は特に格別の説明を必要とも存じませぬ

以上の外、要綱の第一に掲げましたのは、牧野委員の提案になるものでありますが、是は審議を尽す余裕もありませぬでしたので決議を留保しまして、刑法の全面的改正の際に於ける参考意見として之を司法当局に送致すると云ふことに致した次第であります

次に刑事訴訟法要綱に付て御説明申上げます、現行刑事訴訟法は憲法の改正に依りまして極めて大なる影響を受け、殆ど全面的に改正を加へなければならなくなつたのであります、随て其の審議には最も多くの時間と努力とを払ひまして、御手許に配布致しました答申案を作成したのでありますが、何分急速に成案を得ることに努めましたので、十分論議の尽されない点もあらうと存ずるのであります

本案の大体の趣旨は、新憲法に依つて保障せられました基本的人権を刑事手続上十分保障すると共に、真に公平な裁判所の迅速にして実体に即した公開裁判が行はれるやうに現行刑事訴訟法を改正するにあると申すことが出来るのであります、改正せられます主な点は

一、弁護権を著しく拡張強化したこと
二、拘留中の被告人及び被疑者の保護に十分考慮を払ふこととしたこと
三、捜査機関に一定限度の強制捜査権を与へ、捜査の権限と責任とを明確にすることとしたこと
四、予審を廃止するとしたこと
五、公判手続に所謂「クロッス・エキザミネーション」の方式を採入れると共に、公判中心主義の徹底を図ることとしたこと
六、最高裁判所の法律審としての性格を明かにすることと致したこと

等でありまして、全体として所謂当事者主義の色彩が強く現はれることとなつたのであります

是等改正部分の詳細に付ては配布書類を御覧願ふことと致しまして、茲では特に重要な点のみを拾い上げて御報告することに致します

第一は、弁護権に付きましては被疑者も弁護人を依頼することが出来ることとすると共に、官選弁護人を附する場合を広く認め、之に費用と相当額の報酬とを支給することとし、且つ一般に弁護人の権限を拡張致したのでありますが、其の反面、弁護人の数を制限すべきかどうかの問題が取上げられ、種々論議が交されました結果、弁護人の自粛に任せてはどうかとの強い意見もありましたが、結局原則としては無制限と致しまして、裁判所に於て客観的に特に必要であると認めた場合には被告人一人に付き三人までに制限することができるものとすることに落着いたのであります、尚ほ、司法試補其の他弁護士以外の者を官選弁護人にすることに付きましては、是等の者が憲法第三十四条の資格ある弁護人に該当するかどうかに憲法解釈上の問題がありますので、更に研究致すことに相成つて居るのであります

第二に、憲法第三十一条末項に、拘禁せられた者が公開の法廷で、其の理由を示すことを要求出来ると云ふ規定があるのであります、刑事訴訟法では之を勾留に対する異議の申し立と云ふ形で取入れ、裁判所は審理の上、申立を理由があるものと認めた時には拘禁を解いて釈放を命ずることとし、勾留中の被告人及び被疑者の保護を図ることと致したのであります

第三は、捜査機関に強制捜査権を与へることに付ては相当強い反対意見も主張せられたのでありますが、捜査機関に犯罪捜査に付ての責任を負はせながらそれに必要な権限を与へないことは不合理であり、そこに従来行政執行法等が犯罪の捜査に悪用せられた原因がある、刑事訴訟法を改正して予審を廃止し、公判中心主義を徹底するに当り、且つは又現下の治安状況に鑑みて、捜査機関、特に検事に或る程度の強制捜査権を与へると共に、司法警察

官にも最小限度に必要な強制権を与へ、他面所謂人権蹂躙条件に関する検事の不起訴処分の当否に付き告訴人又は告発人より裁判所に其の裁判を仰ぐの途を開く外、強制権の濫用を防止する為め十分な措置を執ることに致したのであります、尚ほ斯様に捜査機関たる検事及び司法警察官に強制捜査権を与へることに付きましては、憲法第三十条及び三十二条に、所謂司法官憲の中に検事及び司法警察官を含むと云ふ解釈が成立つことを条件と致して居るのであります、この点も多少の疑問が残つて居るのであります

第四に公判手続の改正に付て申上げます、従来の公判手続は裁判所が職権に依つて被告人訊問及び証拠調を行ふを原則として居たのでありますが、此の方法では裁判所に冷静公平に〔な〕判断を期待し難いのではないかとの危惧もあり、寧ろ裁判官は公平な第三者として予断を抱かずに法廷に臨み、当事者が交互に行ふ証拠調及び意見の陳述を聴き、最後の判断を下すのが妥当であらうとの意見が強く、其の結果英米式の所謂「クロッス・エキザミネーション」の方式に範を取り、之に裁判所の職権に依る審理の方式を加味して、全体として実体的真実の発見にも遺憾なきを期することとなつたのであります

斯様な公判の審理方式の変更に伴ひ、現在の陪審法よりも尚ほ一歩進んで直接証拠主義を採ることと致したのであります、之に依つて極めて徹底した公判中心主義の裁判が行はれることとなるのであります

第五に、控訴及び上告に付きましては特に活発な論議が行はれましたが、結局控訴審は現行法通りとすることに致しました、上告審に付ては、控訴審が従来通り完全な覆審となりますので、第一審も控訴審も共に只今申上げました通り徹底した公判中心主義に依り慎重な審理が行はれることになりますので、最高裁判所の行ふ上告審は之を純粋な法律審とし、憲法を初めとする法令の解釈統一に専念せしめることが、新憲法に依つて定められます最高裁判所の性格から申しましても妥当であらうとせられ、其の結果上告理由を法令の違反のみに限り、且つ上告審では事実の審理を行はないことに致したのであります

最後に陪審制に付きましては、昭和三年以来の成績に鑑みまして、其の不振の原因を尚ほ深く検討する必要があるばかりでなく、庁舎の復興及び施設の整備を要する関係もありますので、暫く実施を延期し、其の間更に研究を続行することと致したのであります

次に基本的人権保護法律案の要綱に付て申上げます、基本的人権を保護する新憲法の精神に則つて、刑事訴訟法中改正要綱に於ては相当保障制度を立案したのであります、殊に其の第十四項に於ては憲法草案第三十一条の趣旨に則り、刑事手続に於ける拘束に対して当事者の異議申立の権利を認め、裁判所は公開の法廷に

於て之を裁判し、異議申立に理由があることを認めた時は拘禁を取消さなければならないと云ふ保障制度を立案してあるのでありますが、先般第三部の総会に於きまして基本的人権を保護する為には刑事手続に於ける不当拘禁に限らず、苟くも不法に人が拘禁せられた場合には総て高等裁判所に取調の要求をなすことが出来る保障制度を認むる必要があると云ふ動議が提出せられまして、総会は之を可決致したのであります、其の際に提出せられた要綱案は御手許に配布してありますから、此の際其の要綱案に付ても篤と御審議を煩はしたいと存じます

最後に刑事補償法中改正要綱に付て御説明申上げます、此の案は改正憲法の精神に則りまして刑事補償法を改正し、国が補償する場合を拡充し、以て刑事訴訟〔法〕等の改正と相俟ちまして一層人権の保護の徹底を図ることと致したものであります

改正の主要な点は、先づ現行法では無罪又は免訴の言渡しを受けた者が、未決勾留又は刑の執行若しくは拘置を受けた場合に、未決勾留、刑の執行又は拘置に依る補償をするのに止まりますが、本案に於きましては、更に其の外に被疑者其の他の者が刑事手続に於て不法に拘禁せられた場合、及び被疑者其の他の者が刑事手続に於て其の公務員から暴行又は凌辱を受け、其の為に死傷に至つた場合にも、之に補償をすることに致したのであります

次に、現行法では本人の故意又は重大な過失に依る行為が起訴、勾留等の原因になつた場合等には補償をしないことになつて居るのでありますが、本案は斯かる場合にも原則として補償をすることに致したのであります、尚ほ補償金額の増額に付ても考慮せられて居るのであります

以上を以て一応の私からの御報告を終ることに致します

○**議長**（**關屋委員**）　只今第三部会長から経過の御報告がありましたが、此の三部の案は御覧の通り司法関係であります、如何にも多数であり、且つ無論重要なものでございますが、今日の午前と午後に亙りまして本日中に御審議を願ひたいと云ふ訳でございます、甚だ恐縮でございますが、どうか宜しく御勉強を願ひまして進行に御協力を願ひたいと存じます

是から試案を朗読願ひまして討議を進めて行きたいと存じます

〔幹事裁判所法案要綱試案、検察庁法案要綱試案朗読〕

○**議長**（**關屋委員**）　それでは此の二件に付きまして、是は非常に厖大なものでありますが、宜しく御願ひ致します

○**二十七番**（**牧野委員**）　私は四つばかり此の二つの案に付て御考慮を御願ひ致したいと思ひます、先づ第一は最高裁判所の判事の資格でありまするが、之に付ては小委員会の席上で、最高裁判所の判事に付ては特に資格の制限をしない方が適当ではないかと云ふ議論がありました、又第二には、最高裁判所に付て斯くの如き資格は制限するとしても、三分の二まで必要であるとするのは

少し窮屈ではないか、斯う言ふ者があつて、せめて半数までと云ふ主張がありました、更に第三としては、稍〻性質が違ひ、寧ろそれに反対するものがありますが、最高裁判所の裁判官はどこまでも裁判官又は弁護士の経験のある人でなければならぬので、大学の教授の如きは是より除外せらるべきものであると云ふ説もありました、併しながら此の案に於て窺はれる通り、最高裁判所の任務と云ふものは特別なものであり、是は或る意味に於ては必ずしも所謂法曹出身の人であることを要しないばかりでなく、法曹出身でない人が大いに之に加はることに依つて、第一には憲法の運用に関し、第二には民法、刑法の運用に付ても新しい解釈、運用の途が開かれると云ふものではないでありませうか、固よりそれに付ては裁判をするだけの技倆がなければならぬ訳でございますが、即ち事件を審判し判決を書くと云ふことに特殊の技能を要すると云ふことは之を認めますけれども、併しながら苟くも最高裁判所の判事に擬せられる所の人であれば、法曹出身にあらずと雖も其の技術を有することは出来るのであります、又特殊の民事訴訟法なり刑事訴訟法なりの「テクニカル」なものに付ても、少し勉強すれば直ぐ分り得ることであらうと思ひます、最高裁判所には、裁判官に固有な一種の気質とでも申しますか、さう云ふものでなく、どこまでも「フレツシユ」な、社会の健全な通念を反映することの出来るやうにする為に、私自身としては資格の制限を止めた方が宜いと思ひます、資格の制限を止めても勿論法曹出身の人が多数それに任用せられることになると云ふのは当然なことでございませうが、法規の形式上は資格を撤廃して、国務大臣の任用資格には何等の制限がないのと同じやうにした方が宜いと思ひます、唯それでは余りひどいと云ふことになりますならば、資格の制限は先づ此の裁判官の半数位の程度にして置くと云ふことは如何なものであらうかと、斯う考へる次第でございます、小委員会に於きましてそれ等の主張は採用にならなかつたのでございまするが、尚ほ此の総会に於て御考慮を仰ぐことが出来れば幸に存じます

第二には裁判官の停年の定めでございます、憲法の規定する所に依つて裁判官に一定の停年が設けられると云ふことは当然であらうかと思ひます、小委員会の席上では、最高裁判所の判事には停年の定めなきものとすると云ふ主張がありまするが、それは採用になりませぬでした、併しながら、長官が七十五、又裁判官が七十と云ふ年齢の定め方が果して妥当なものでございませうか、憲法の曩に示されたる草案には七十とありましたが、それが後に示されたる草案、随て今議会に提出中の改正案に於きましては、法律に依つて定めたる年齢と云ふやうに改められて居ります、現行の停年制と比べまして余りに隔りがあります、最高裁判所の判事に付ては其の隔りが特に顕著でありまするが、所謂下級裁判所

の判事に付ても現在の停年より高いことになつて居りますが、現在の停年制の実施の結果、当局はどう云ふ風に御考へになるのでございませうか、帝国大学の方に於きましては、是は大学に依つても差異がありまするが、多くは六十と云ふものを停年の申合せとして実施致して居ります、裁判官の方は現在に於てもそれより三年高いのでありまするが、それを更に引上げて六十五歳にする、此のあたり、果して社会の一般の通念がそれで宜いと受容れるものでございませうか、やはり今日の停年制の実施が、六十三で潔く退いて行くことに依つて裁判所の空気が常に新たにせられて結構であると云ふことでございますれば、此の点は尚ほ一つ御考慮を仰ぐことが出来ないものかと考へます、私だけの考へを申しますれば、先づ最高裁判所の長官は六十八位にして、裁判官が六十五、是も六十八、六十五と区別をすることが適当でありますか、どうですか、下になりますと、高等裁判所の長官が六十五で判事が六十三、是も最高裁判所と同じやうに二つの間の区別を設けることが果して妥当でありますか、どうでありますか、兎に角今日の制度では大審院長は六十五、他の裁判長は六十三と云ふことになつて居りますから、其の間に差異を御設けになると云ふことも実際上或は理由のあることかも知れませぬが、其の差異の議論は別と致しまして、停年其のものが七十五、七十、六十五と云ふことで果して適当であるかどうかと云ふ、是は議論の問題ではございませぬ、目分量の問題になりますが、現在やつておいでになる事柄と照し合はせて、是も一つ御願ひする訳に行きますまいか

第三と致しましては簡易裁判所のことでございますが、簡易裁判所の刑事事件に付ては勾留、科料のみの事件を扱ふやうになつて居ります、是は即決例を廃止することに付て、それに代るべき裁判所と云ふことを御考へになつた結果、勾留、科料と云ふ風に御決りになつたものと考へますが、尚ほ自由刑、一般の懲役に付ても軽いものに付ては簡易裁判所の管轄になさる方が如何でございませうかと云ふことを私は申しましたけれども、是は余り御議論には上らないで其の侭になりました、私の考へと致しましては、やはり短期自由刑を言渡すと云ふやうな場合にはわざ〳〵地方裁判所まで行かないで、簡易裁判所でやることが出来るやうにしたら如何なものかと思ひます、事は刑法改正仮案と関連致しますが、仮案の中には六月以下の自由刑――と思ひましたが――を言渡す場合に於て、情状に依りそれに代へて譴責を言渡すことが出来る、又場合に依つては刑の免除を言渡すことも出来ると云ふことになつて居ります、此の規定が妥当なりや否やと云ふことに付ては、まだ議論の余地があることであらうと思ひますが、短期自由刑と云ふものは成べく之を科さないで、短期自由刑で一応之を仕切つて置くが、併し実際には是は執行しない方が宜いと云ふので、譴責又は刑の免除と云ふやうな制度が外国の立法例には設けられて

居りますが、少くともさう云ふ程度のもの、場合に依つては譴責なり刑の免除なりになり得るやうな程度のものは、やはり簡易裁判所でも常識的に之を扱ふことが出来るやうにしたら如何なものでございませうか、是も少しばかり私は議論を申上げたけれども、兎に角まあ先を急ぐと云ふことで、余り深く御詮議にはならなかつたことでございます

もう一点は検察庁方に付てのことでございますが、検察庁法の二十四項及び二十五項の書き方でございます、是は検事同一体の原則を現はされた書き方でありまして、現行法が斯う云ふ書き方になつて居りますが、洵に是は分りにくいことで、検事同一体の原則を書くならばもつと率直に、手短かに書く方法はないでございませうか、例へば第二十四項に付て見ましても、特別の許可を受けないで其の庁の長の代理をすることが出来る、斯うありますけれども、庁の代理である、検事正の代理である、検事長の代理であると云ふ廻り道をしないで、其の検事が当然の職務としてすることが出来るとして差支へないことであります、他の言葉を以て言ひますれば、控訴院の検事なり地方裁判所の検事なりのやつたことは、之を検事長の行為と看做すと云ふやうな擬制を用ひる必要はないのでありまして、控訴院検事として、地方裁判所の検事として当然其の職務を扱へるものであると云ふやうに率直に御規定になつて然るべきものではないかと思ひます、是は内容的に異論を唱へる積りではございませぬが、もつと簡明な法形式はないものかと云ふだけのことであります、私自身の経験で申しますと、学校で此の規定の説明を致します時に、何故斯う云ふ廻り道をするのかと云ふことを学生から屢〻質問を受けますので、私自身も、実は是が検事同一体の原則である、斯う説明をするだけで、実は要らぬことであると心には思つて、併しながら現行法の規定が斯うなつて居るからまあさう云ふ訳だと云ふ位の説明を致して居るのであります、是なども従来の例に依らないで、もつと簡単な方法はないものでございませうか、二十五項に付きましても、わざわざ上官が他の検事をしてなさしめると云ふが如き廻り諄いことを言はないで、もつと率直に言へないものでございませうか、他の行政庁の官制にはさう云ふやうな特別な規定はないやうに思ひますので、検事が行政官たる面目は、もつと簡単明瞭に、誰が読んでも分るやうな方法を御執り下さる訳に行きますまいかと存じます、今日は決議を御取りになりますかどうですか、中間報告と云ふことでございますから、特に此の際御決定を願ふとまでは申上げませぬけれども、此の差当り気付いた点四つに付て御考慮を仰ぐことが出来ますれば幸に存じます

○**議長**（**關屋委員**）　民事局長、何か御話がありますか

○**幹事**（**奥野健一君**）　それでは幹事から一寸申上げます、只今の第一の御意見、最高裁判所の裁判官の任用資格の中で、原案に

依りますと三分の二は法曹出身の専門家を以て充て、他の三分の一は広く一般の識者を迎へ得るやうに致して居るのでありますが、是は寧ろ同数のものにするか、或は全然資格を撤廃するかと云ふやうなことに付て考慮してはどうかと云ふ御話でありましたが、之に付て、小委員会に於ては色々議論がありましたが、要するに最高裁判所は御承知のやうに飽くまでも法令の解釈、適用、殊に違憲問題、憲法問題を審議する使命を持つて居りますので、どうしても法律に明るい、法律の専門家が其の中心にならなければならないが、唯法律家のみでは凡ゆる社会万般の常識等の点に付て如何であらうか、それを十分酌み入れる必要があると云ふので、其の比重を考へまして、今回の原案にありますやうに、先づ三分の二は専門家及び法律家、其の三分の一は広く一般識者を迎へると云ふのが最も妥当ではないかと云ふことに落着いた訳でありますす

第二の、最高裁判所の裁判官の停年が現在と余り懸離れて、七十五歳、七十歳と云ふのは高きに失するのではないかと云ふ御話でありますが、此の点は実は御尤もと考へるのでありまして、此の原案が新聞等に発表されてから後、各方面から、最高裁判所の裁判官の停年は少しく高きに過ぎるではないかと云ふ御意見が相当ありますので、私共事務の者と致しても、是は再考しなければならないのではないかと云ふ風に実は考へて居る訳でありまして、御承知のやうに憲法の初めの要綱に於きましては最高裁判所、下級裁判所、全部を通じて七十の停年をなくしたいと云ふことになつて居りましたが、それでは余りに機動性がない、伸縮性がないと云ふので、法律を以て決めることに致して各段階を設けた訳でありますが、初めの要綱の時七十歳と云ふことになつて居りましたので、それを中心にして、或は長官は七十五歳と云ふやうなことになり、他の裁判官は七十歳、それから下級の裁判官は六十五歳と云ふやうに分けた訳でありますが、其の後の情勢から申しますと、それでは余りに高きに失するので、少しく若い、新鮮味を加へることにしたらどうかと云つたやうな色々非公式な御意見等も承りますので、此の点は只今の牧野委員の御意見は御尤もと思つて居りまして、更に再考致したいと考へます、他の点に付きましては刑事局長より申上げます

○**幹事（佐藤藤佐君）**　刑事関係の御質問に付て幹事から御答へ致します、簡易裁判所の刑事事件に付て、短期自由刑も裁判し得るやうにしたらどうかと云ふ御意見でございます、私共も簡易裁判所に一定の短期の自由刑に付て裁判し得るやうにと云ふことは非常に望んで居るのでありますが、何分にも簡易裁判所は新しい試みでありまして、其の裁判官の大部分は所謂素人の学識経験者を以て裁判官に充てなければならぬと云ふ実情にありますので、暫く此の簡易裁判所の成行を見ました上で、御説のやうに短期の

自由刑をも裁判し得るやうな方向に進んで行きたい、斯様に考へて居るのであります

次は検察庁法の第二十四、第二十五の要綱の書き現はし方でありますが、之に付きましては事務当局に於きましても、もう少し簡単に、分り易く書くことが出来はしないかと云ふので苦心致して居るのであります、現在の裁判所構成法にあります検事一体の原則の現はし方として検察庁法の第二十四、第二十五のやうな規定が設けられて居るのでありますが、此の規定の設けられた趣旨は、検事長と控訴院の検事、それから地方裁判所ならば検事正と地方裁判所の検事、それ〴〵其の職責が異なるのでありますから、其の庁の検事が長官を代理する場合には、特に代理すると云ふ、此の代理権限の所在を明かにする方が職責の混淆を来さないで宜しからうと云ふ趣旨で斯様な規定が設けられたのではないかと存ずるのであります

尚ほ現行の刑事訴訟法に於きましては、所在不明の被告人の捜査、拘引も又所在不明の確定犯人の刑の執行の為の逮捕等に付きましては、特に検事長に嘱託すると云ふことになつて居りまして、検事長独特の職務と云ひますか、権限も刑事執行法で規定されて居るのであります

尚ほ検事総長に付きましては、非常上告は検事総長だけが出来ると云ふやうな特別な権限も規定されて居りますので、現行刑事訴訟法の下に於きましては上官と検事の職務が小さな点までも区別されて居りまして、相当意義のあることと思ひますが、今後検察庁法及び刑事訴訟法の改正に当りましては御説のやうにもう少し簡単明瞭に其の代理権を行使することが出来るやうな規定を工夫を致したいと思つて居ります、是は目下研究致して居る訳であります、簡単でございますが一言御説明申上げます

○**議長**（**關屋委員**）　只今牧野君から御話がありましたが、今日は決を採ると云ふ所までは進んで居りませぬ、尚ほ御覧の通り貴衆両院議員の諸君がおいでになれないので、此の次に来て戴いたならば、私は議事規則は余り知りませぬが、決を採つても宜いのではないかと思ひますが、私は其の時には此の席には居ないで、総理大臣がおいでになるだらうと思ひます、そこで如何でございませう、御意見を書いたものを部会長なり会長なりに御出し下さつて、各委員があなたの御説を一遍知る機会があると、皆さんが態度を決めるのに非常に便利だと思ひますが……

○**二十七番**（**牧野委員**）　分りました、其のやうに取計らひます

○**議長**（**關屋委員**）　是はあなたばかりでなく、皆様方色々御意見がある場合、唯一応の話だけに終つてしまふのは非常に残念でございます、殊に「オーソリチー」が多いのですから、自由な意見で遠慮なく御出しになる方が、部会長など纏めるには骨が折れても、全体としては効果的であらう、例へば直ぐには出来なくて

も、将来法律を改正すると云ふことも出来ようと思ひます、何さま今度は憲法改正に伴つてやるのでありますから、十分なことは中々事務当局の方も御無理があるだらうと思ひますが、さう云ふ目標があれば、今御話がある通り、大分一致した御意見もあるやうですから、非常に効能があると思ひますから、どうぞさう云ふ風に……

○**二十七番（牧野委員）**　何れ是も書面で差出しますけれども、尚ほ一つだけ今申上げましたことに附加することを御許し願ひたいと存じます、それは簡易裁判所の問題でございますが、簡易裁判所では刑の執行猶予を言渡すことが出来ると云ふことに協議が出来ました、それで、簡易裁判所で罰金刑を言ひ渡します時には刑の執行猶予が出来ますが、併し是が地方裁判所へ事件が繋属致しました場合には、刑法上罰金に付て刑の執行猶予が許されないと云ふ所から、権衡を失することであります、此の点に付ては小委員会で議論がありまして、事務当局に伺つて了解を得て置きました、即ち此の執行猶予の規定を其の点に付ても十分考慮して改めると云ふことでございましたが、私昨晩自分の手控を能く調べて見ました所が、其の点に付てははつきりした決議がなかつたと思ひます、併しながら事務当局の方からは、十分其の点を考慮して罰金刑に付ては刑の執行猶予の言ひ渡しが出来るやうに取計らふと云ふことでございましたが、どうも決議があつたか、なかつたのか、其の点はつきりして居りませぬが、刑事局長から今申上げたやうな答弁があつたことだけははつきりして居りますので、其の点御承知置きを願ひたいと思ひます

○**議長（關屋委員）**　両案とも非常に重大であり、且つ内容も豊富な案でありますが、申すまでもなく部会に於て十分御議論もあり、部会長も非常に苦心して御纏めになつたと思ひますので、格別御意見がなければ両案とも中間報告は一応此の位に致しまして終りたいと思ひますが、如何でございませうか

〔「異議なし」と呼ぶ者あり〕

○**議長（關屋委員）**　それでは左様に致しまして、午後は一時から開会致します

午後零時十分休憩

昭和二十一年八月二十二日　午後一時五分開会

○**議長（關屋委員）**　それでは是から開会致します、行政訴訟に関する特則案要綱試案、裁判官国民審査法案要綱試案、裁判官弾劾法案要綱試案、此の三つを朗読致します

〔幹事行政訴訟に関する特則案要綱試案、裁判官国民審査法案要綱試案、裁判官弾劾法案要綱試案朗読〕

○**議長（關屋委員）**　以上三案に付きまして御審議を願ひます

○**九番（澤田委員）**　此の行政訴訟に関する特則の要綱に付てで

ありますが、実は私は此の審議会に於きましても、行政訴訟と云ふものと民事訴訟と云ふものとは根本的に訴訟の性質に相違がありますので、出来るならば此の訴訟手続は民事訴訟法を運用するとか適用するとか云ふ建て方でなく、行政訴訟に関しての訴訟手続と云ふものを別箇に御制定願ふのが至当ではないか、斯う云ふ意見を申述べて置いたのでありまするが、此の意見は御採用願へなくて、玆に特に行政訴訟に関する特則を挙げて、それ以外は民事訴訟法の規定を適用すると云ふ案が出来た訳でありますが、或は今回の改正に於ては暫く此の要綱の如くに願ふと云ふことも已むを得ぬかとも思ひますが、実は是は現行の憲法に於ての訴訟の事項と云ふものと新しい憲法の下に於ける訴訟の事項とは、範囲に非常な相違を来して、今日の場合殆ど予想が付かない位に此の事件が増加するものではないかと考へられますので、将来又此の点に付ては御考究を願ふと云ふことに致すことが当然かと思ひますので、其の点は私暫く強ひて申上げませぬが、皆様の御一考を願ひたいと思ひます

尚ほ此の特則は、現在私共行政訴訟に与つて居る者として最小限度の特則として御認めを願ふ事項でありますが、是れ以外に尚ほ多少考へる所があるのであります、併しそれは今日暫く差控へまして、特に玆で一言申上げて置きたいと思ひますのは、此の備考の所（一）にあります「書類には民事訴訟用印紙法の規定に準じて印紙を貼用させるものとする」と云ふ一項であります、現在は御承知の如く行政裁判法の四十二条の二項に「行政訴訟には訴訟用印紙を貼用するを要せず」と云ふ規定がありまして、民事訴訟の訴訟用の印紙法の適用をして居りませぬから、謂はば国家に対する手数料と云ふものは免除されて居る訳であります、尚ほ、是は別に法令の根拠がないのでありますけれども、現在行政裁判所の慣例的に認めて居りますのは、印紙法と違ひまして、民事訴訟費用法の十四条に「判事及び裁判所書記検証の為め実地臨検を為すに付ての旅費及び止宿料は証人に準ず」とありまして、民事訴訟費用法では其の費用はやはり判決で定めた費用を負担することになつて居りますが、現在の行政裁判法の慣例では、判事及び書記の旅費、検証の為の旅費、日当と云ふやうなものは全然当事者に負担させない、国費支弁と云ふことになつて居るのであります、是はどう云ふ訳で斯う云ふ訴訟費用の点に於ても此の印紙法の適用をしないかと云ふ、其の理由に付てのはつきりしたものはありませぬけれども、私の想像する所では、行政訴訟と云ふものは元来一方的に国家なり公共団体が処分を致す、或はそれに依つて権利を侵害されると云ふものが受身の地位に於て自己の権利を護衛すると云ふ為に起す訴訟である、斯う云ふことが一つと、尚ほ又此の訴訟は一面に於ては行政庁が行政法規を適正に行使する、さうして行政庁に対する国民の信頼を高める、斯う云ふ公益上の

一つの役割を果すものとして訴訟と云ふものを認めるのだ、斯う云ふ趣旨から、訴訟其のものは単純に私益の保護と云ふことに役立つのみでなくして、行政法規の適正に行はれる、行政権に対する信頼を増す一つの方法として斯う云ふ制度が認められて居ると云ふ所から、民事訴訟と違つて国家は裁判に関する手数料は徴収しないと云ふ趣旨に出て居ると私は想像して居るのであります、此の想像が間違ひではありますれば格別、さもなければ今日此の新憲法の下に於て、行政訴訟に於ては此の訴訟用の印紙法を適用して国家が手数料を取ることにすると云ふ理由は、どうも私は発見するに苦しむ訳であります、現行憲法の下に於ける行政訴訟より新憲法に於ける行政訴訟と云ふものは、此の新憲法の十一条の規定を見ましても明かである如くに、「この憲法が国民に保障する自由及び権利は、国民の不断の努力によつて、これを保持しなければならない。」とあるが、前から私は行政訴訟と云ふものは国家が行政庁の処分が適正に行はれるものに付て監督をすると云ふことだけでは十分でない、直接其の権利を侵害された者に訴を起さしめて、さうして此の違法な行政処分を取消又は変更して、更に適正な行政処分を行つて、行政権が正当に活動すると云ふことの保障の方法として是が認められて居ると思つて居る、だから行政訴訟を起すものは其の国家の期待に副ふ訳で、所謂国家の公益を保持する行為である、国民自身が行政権の発動の適正に行はれるのに協力する一つの現はれである、斯う私は考へて居つたのであります、此の新憲法では斯う云ふことを国民に要求して居る、此の要求に応ずる一つの方法として此の行政訴訟と云ふものは明かに認められるのではないか、選挙権を与へられた者が棄権をしないで選挙をすると云ふことも一つの方法であるが、同じやうに、行政処分で違法に権利を侵害されたと云ふ者が、其の権利保護の為めと云ふ理由が一つありますが、他面に於ては行政権が適正に行はれると云ふことの為に行政訴訟を起すと云ふ意味がそこにある、是は憲法に謂ふ不断の努力の現はれであると私は思ふ、斯う云ふ点から私は新憲法の下に於て、従来は手数料を国家は徴しないとして居つたものを特に徴すると云ふ理由を発見するに苦しむのであります、のみならず、民事訴訟法に適用される印紙法と云ふものは、大体訴訟物の価格に依つて印紙を貼用せしめると云ふことになつて居る、行政訴訟の目的物も、金額に換算し得るものもありますけれども、大多数は直接財産権に関係のない争ひで、殊に民衆的訴訟と言はれて居る、選挙の効力、当選の効力と云ふやうなものに付ての訴訟になりますと、全然直接財産権に関係のないものである、斯う云ふことになりますと、此の印紙法に依りますれば、或は其の額を百円と見て、殊に此の頃は殖えますし、是は古いものでありますから、金額は多少違ふかも知れませぬが、幾らの額か、其の額を見て印紙を貼る、斯う云ふことでありますが、実は事件の内容から申しますと、当選の効力とか選挙の訴訟は相当に複雑で、手数料を同じに取らなければならぬものもあり、一方偶〻直接財産権に関係する、殊に所得金額の変更、取消の訴と云ふやうなものになりますと、はつきり金額が出て居りますので、それに従つて印紙を貼ると云ふことになります、手数料の貼附をやつても、実際国家に手数料を掛けるものは安くて、簡単に出来るものは手数料が高いと云ふことになる、元々民衆的訴訟の選挙の効力或は当選の効力に関する訴訟と云ふものは、単に訴訟に依つて公法上の権利、選挙権の保護をすると云ふより、寧ろ選挙法規が適正に、法の求めて居る立派な選挙が行はれると云ふことの為に此の選挙の効力なり当選の効力なりの訴訟を認めて居るのであつて、是は国家公益に関することが大部分である、斯う云ふ訴訟費用を提起する原告に負担せしむると云ふことは如何なものであるか、斯う云ふ感じを私は持つて居るので、実は此の点に付て出来るならばもう一つ御再考を願ひたいと存じて居ります、先刻の牧野先生の、御意見に付ても決は御採りになりませぬので、私も今日玆に決を採つて戴くと云ふことを申上げる訳ではありませぬから、御考慮を願ひたいと思ひます、尚ほ今日此処で申上げるより書面で差上げた方が宜いと云ふことであれば差上げることに致します

尚ほ前の裁判所構成法に付ても、行政訴訟に関する限りに於て多少申上げたいこともありますが、後日書面を以て差上げたいと思つて居りますから御含みを願ひたいと思ひます、是だけ申上げて置きます

〇**議長（關屋委員）** 只今三案を朗読して戴いたのでありますが、裁判官国民審査法案、それから裁判官弾劾法案、其の二つがありますが、どうぞ意見のある方は御開陳を願ひます

〇**七番（梶田委員）** 此の裁判官弾劾法案の一の所で、弾劾裁判所は両議院の議員各〻七人の裁判官を以て構成すると云ふことになつて居りますが、此の七人の議員の選定方法は、国会法あたりで其の選出の方法を決めて戴くことになるものと思はれます、今日は第二部会の方の委員諸君や部会長がおいでにならないやうに見受けられますが、斯う云ふ点を一つ第二部会の方へ御伝達願ふやうなことにしたいと思ひます

それと同様に、此の訴追機関の方も衆議院議員二十人を以て組織すると云ふことになつて居りますが、此訴追機関の大綱を構成する議員二十人の選出方も国会法の方で御規定になるべきものだらうと思ひますが、其の辺はどう云ふことになりますか、後日第三部会の方から第二部会の方へ連絡するやうなことにしても宜しからうと思ひますが、若し第二部会の方がどなたかおいでになれば、只今申上げることを御含み願ひたいと思ひます

〇**議長（關屋委員）** それでは連絡することに致します

次に民法中の改正要綱、之を朗読願ひます

〔幹事民法中改正案要綱試案朗読〕

○二十七番（牧野委員）　此の第一に付てお伺ひ致したいと思ひます、「親族共同生活を現実に即して規律すること」と云ふ風に御示しになつた御苦心の程は了解致す次第でありますが、此の各項目の中に、現実に即して規律すると云ふことの内容は、即に御示しになつて居るだけのものでございませうか、或はそれを離れて、別に新しく立法をなすに付て現実の生活を考慮しなければならぬと云ふ御趣旨でございませうか、それを御示し願ひたい、尚ほ此の小委員会に於ては参考の為に此の各項目の中から第一項に関連するものの御示しを願つて置いた訳でありますが、此処には其の御示しがない為に、多少理解に苦しむ点があります、申すまでもなく是は議会に於て相当大きな問題になりはしないかと云ふ虞のあるものでございますので、どうぞ一つ懇に御示しを願ひたいと思ひます

それから最後の第四十でございますが、民事法に関する憲法改正案の大原則を民法中に明かにすること、是は私個人としては大いに重きを置いた項目でありましたが、小委員会に於ては殆ど討論がなかつた事柄であります、分つたやうで分り兼ねる点がありますので、憲法上の民事に関する大原則と云ふのは何ものを御指しになるのであるか、又其の大原則を民法に御掲げになる時には大体どう云ふやうな形で御規定なさる御積りであるか、それも伺つて置きたいと思ひます

○幹事（奥野健一君）　第一の御質問でありますが、此の改正要綱の中に於きましても所謂親族共同生活の現実に即した要綱を包含して居る意味でありまして、其の点は今御指摘になりましたやうに初めの要綱案に参照として、例へば此の要綱案の第八、第十六、第二十五、第三十三と、是等は親族共同生活の現実に即した要綱案であると云ふ意味の参照を附けて置いたのでありますが、是は当然附けるべきであつたかと思ひますが、今度は印刷が漏れた訳であります、尚ほ是等のみならず、其の他の点に於きましても親族共同生活の現実に即するやうな、例へば戸籍法其の他に於て現実に即した規定を設ける趣旨でありまして、此の改正要綱案にのみ依つて現実に即した現定が完備して居ると云ふ訳ではないのであります

第二の御質問の「民事法に関する憲法改正案の大原則を民法中に明文を以て掲ぐること」と云ふのは漠然と致しまして内容が不明であるかも存じませぬが、是は改正憲法に於きましては、例へば第十一条に於て権利の濫用をしてはならない、又常に公共の福祉の為に之を利用する責任を負ふのだと云ふこと、或は第二十二条にありますやうに、個人の権威と両性の本質的平等に立脚して法律を制定しなければならない、斯う云ふ精神から、例へば婚姻

其の他の親族関係に付て裁判所が裁判を行ふに付きましても、是等の原則に立脚しなければならないのだと云つたやうなことを規定致したいと考へて居る訳であります

尚ほ先程の、権利の濫用をしてはならない、或いは権利の行使は公共の福祉の為に之を利用しなければならない責任を負ふと云ふやうなことに関係致しまして、信義誠実の原則と云ふやうなものを、権利の行使、義務の履行に付て其の拠るべき原則として掲げると云ふことも考慮して居る訳であります

○二十七番（牧野委員）　今日御集りの方には恐らく特に申し上げる必要のないことであらうかと思ひますけれども、実は議会の関係上、皆さんが大分御欠席になつて居ります、それで此の御欠席になつた方々には、第一を御覧になつただけでは恐らく今当局の御趣旨とされた所が徹底しない虞がありはしないか、而も又今日出席された方々には此の問題に余程関心を持つて居られる方々が多いことであらうと思ひます、そこで、是は私の希望でございますけれども、此の親族の共同生活を現実に即して規律すると云ふのは斯う云ふ意味であると云ふことを、やはり項目を挙げて各委員へ御配布願ふと云ふことは如何なものでございませうか、それに依つて私共、実は旨く行きますか、どうですか、聊かの意見を持つて居りますので、斯う云ふことをやつてみたら、あゝ云ふことをやつて見たらと云ふ提案も試みたいと昨今研究を致して居るやうな次第でございます、御趣旨のある所を十分推察致しますに付ても、今日欠席になつて居る方の誤解を招かないやうに、私共も十分研究致しますが、老婆心ながらもう少し項目を挙げて下さつたら如何でございませうか、御考へを願ひたいと思ひます

それから第四十に付て、今の御話では、権利の濫用をしてはならない、信義誠実の原則に拠ると云ふことでございました、洵に私共も同感でございます、従来憲法と云ふものは政治上の法律であつて、民法とか刑法とかと云ふ日常生活とは関係のないものとして考へられて居つたのであります、併しながら二十世紀になつての諸国の憲法は、固より政治上の法律でありますけれども、同時に日常生活の根本原則を示した所の法律になつて居るのでありまして、民法、刑法とは格別の深い連絡を持たねばならぬものになつて居る訳であります、さう云ふ訳で、此の刑法改正案に付ても我々民法、刑法の研究に従事する者は格別の関心を持つて研究致して居る訳でありますが、併しながら此の四十だけの項目を斯様に抽象的に御掲げになつたのでは、果して今趣旨として御述べになつた所を一般の人に十分理解して貰へるかどうかと云ふことを疑はねばならぬとも言へませう、それで是も何かもう少し項目を稍〻具体的に示し願ふやうな訳に行かぬものでございませうか、私は同じやうな考へで刑法の改正に付ては或る程度の提案を致しましたけれども、先程第三部の主査の御説明の通り、此の際は評

議に上せないと云ふので、否決でもなかつたのですが、まあ其の侭になつたのであります、民法の項目を御掲げになる、其の項目次第に依つては、刑法に於てもそれと相並んで御考慮を願ひたいこともあるやうな次第なのでございまして、此の第四十も、もう少し理解が容易になるやうなことを御考慮になつて戴くことが出来ますまいか

それに附加へて、もう一つ起草当局に伺つて置きたいと思ひますのは、今御話になつた所の信義誠実の原則と云ふやうなことを掲げて見ようと云ふことでございました、権利は濫用を禁ぜられるばかりでなしに、更に進んで公共の福祉の為に利用されねばならぬと云ふ所に信義誠実の原則の根本があると云ふのでありますが、此の信義誠実の原則と云ふ我々が学問上使つて居る言葉に付ては、我々の理解して居る所では、一つの誤解が世の中にあると思ふのであります、それは、民事の関係には二つの原則がある、第一は法律的確実であり、第二は法律的公平であります、普通には此の法律的確実と云ふことと法律的公平と云ふこととが二元的に考へられ、場合に依つては此の二つのものが相衝突し、相争はねばならぬものとして取扱はれて居るやうに思ふのであります、併しながら信義誠実の原則と云ふことを強く主張して居る所の議論を取る者は、此の二つの原則は衝突するものではない、信義誠実と云ふ原則の中に先づ第一に法律的公平と云ふことが考へられ、其の法律的公平を全うすることが即ち法律的確実を全うすることである、法律的確実と云ふことに執着すると云ふと却て法律的公平が無にされる結果、どんな風にして物事の秩序が破れて来るか分らない、さうでなしに、物は動くべくして動き、水が自ら流れる如く流すことに依つて、ものの確実性が全うされる、斯う云ふ見解に依ると、法律的公平が即ち法律的確実になる訳であります、さう云ふ考へが民事に於ても色々な所に影響を及ぼす訳であらうと思ひますが、尚ほ後で刑法の時に伺ひを立ててみることに関連を致しますので、要するに信義誠実の原則と云ふものは法律的確実と云ふものをどう御扱ひになるか、此の当局の御趣旨のある所を序でに一言伺つて置きたいと思ひます

○三十七番（有馬委員）　四十の方から御答へ旁〻申上げます、四十の方の民法に関する、大原則、之を具体的にと云ふ牧野委員の御話、至極御尤もでございます、併し学説、理論の方で明かなことでも、之を法文にすると云ふことは、非常に表現も難かしいのでありますし、又種々の点に於て非常に考慮を要するので、其の為に慎重に考へて居るのであります、此の侭でいけないことは尤もでありますが、次の総会位までには具体的なものを起案せられる筈と思ひます

それから今刑法にも関連すると言はれまして、先程牧野委員何だか少し御不満なやうな所もあつたやうでありますが、是など、

信義誠実の観念と云ふやうなものは今言はれた通りに矛盾しないことであつて宜いのでありますが、牧野委員の言はれる教育刑と云ふやうなものは、一方に学説上反対して居る者もあるのだし、之を法化すると云ふことは一層難かしいのでありまして、其の為に今度之を掲げることが出来なかつたのは御了承を願ひたいのであります、何れ是等のことは次の総会までには何とか片を付けて、御満足が行くやうに致したいと思つております

それから第一でございますが、是は私が此処で御答へするより、寧ろ第三部会長として起案委員の方に皆の疑を解く為に御確めして置きたいと思ひますが、今牧野委員が言はれた親族共同生活を現実に即してと云ふのは積極的にどう云ふことであるか、之を掲げた方が宜いと云ふのは御尤もであります、是も次回の総会位までには只今幹事の方から御答へしたやうに出来ると思つて居ります、そこに書いてある第八とか第十六の外に「民法の戸主及家族に関する規定を削除し親族共同生活を現実に即して規律すること」、此の戸主及び家族に関する規定を削除すると云ふこと、是れ自身が既に親族共同生活の現実に即したことになるのでありまず、さう云ふ意味もあるのぢやないかと思はれるのであります、現在の社会に於ける我々の社会生活もさることでありますが、是からは更に民主的の生活を我々はするのである、是からの家族制度と云ふものは封建制度を除いて民主的の家族生活、此処に謂ふ民〔親〕族共同生活を実現するのである、其の為には民法の戸主及び家族に関する規定を削除すること自身が既に現実に即することになるだらう、左様に解するのであります、此の点に付て中川委員など、どう云ふやうに御考へになつておりますか、此の席で確めて置いた方が皆が安心が行くと思ひます

○四十六番（山田（三良）委員） 一寸伺ひたいのですが、私は是は初めて拝見するのでありまして、牧野委員から言はれましたやうに、まだ聴いてないものの一人であります、此の小委員会等に於ける説明はどんなものであつたか、さつぱり知りませぬが、第一に掲げてある民法の戸主及び家族に関する規定の削除、是は我が国に於ては民法の最も根本的な重大な点でありますが、之を斯う簡単に削除してしまふと要綱に御書きになつた其の理由を、成べく詳細に御説明願ひたいと思ふのであります、私共斯う云ふ規定が出来ると云ふことを考へることの出来ない点があります、前に議論された方には甚だ御迷惑と思ひますけれども、私は初めて此の案を拝見したのでありますから、御迷惑ながら其の点御説明を願ひたいと思ひます

○三十七番（有馬委員） 是は一つ我妻さんなり中川さんから御説明なさつた方が宜かろうと思ひます

○二十五番（我妻委員） 此の点は只今山田委員の御指摘になりましたやうに、非常に重大な問題として部会では大変議論になつ

た点であります、一応簡単に其の議論の要約とでも申すものを申上げて置かうと思ひます、此の家族制度と云ふことには御承知の通り非常に考への相違がありまして、一方に於ては家族制度が非常に重大な道徳的な理念であつて、之を失ふやうでは我が国の道徳が崩れると云ふ立場から、其の存続を非常に強く主張する方々がおありになります、併し同時に之に対して、封建制度の遺風であつて、到底維持し得べきものではないと云ふ強い反対説もあることは御承知の通りであります、勿論是は今日始まりましたことではありませぬので、御承知の通り現在の民法が出来ます時、穂積八束、梅謙治〔次〕郎、両先輩が両派に分れて争はれて以来の顕著な争ひであります、大正十四年、臨時法制審議会の要綱が発表になりました時、あの要綱に対して一部の人は、是れ我が主張成れり、家族制度は要綱に依つて非常に強くなつたと解釈せられるのでありますけれども、他の方々は又此の要綱を以て、家族制度は段々弱くなるのだと云ふやうな解釈をしておいでになりますので、臨時法制審議会の十年に亙る審議の結果に対しても亦両派がそれ〴〵の立場から之を取上げて議論して居る状態であることは、山田先生あたり能く御存じのことだらうと思ひます、それで、今日になりますとやはり意見が対立しますので、此の前の部会を通じて其の意見の対立を見ますと、中川委員が此の前の部会で申されましたやうに、大体年齢に於て云はば戸主的立場に立たれる方は非常に之を支持せられる、併し年齢に於て非常に若い「ゼネレーション」にある者は大体之に反対する、又大雑把に言つて、男の方は之を支持すべしと言はれるのに対して、御婦人の方々は、家族制度はもう沢山だと云ふ風に言はれる、又我々が個人的に接して居ります外国の我が国の家族制度を研究して居るやうな人々の意見を聴きますと、是は挙つて反対をする、家族制度と云ふものが日本に存続する限り日本の国民生活は民主化しないとさへ極言する者がある、此のことは曽て連合軍の新聞記者達が座談会をやつた記事が或る新聞に載つた時、其の中に明瞭に書いてあつたので、御承知の方があるだらうと思ひます

斯様に家族制度と云ふ重大な事柄に付て斯くの如き激しい賛否両論が対立すると云ふことはどう云ふ理由に基くものであらうか、私共の考へる所に依りますと、是は家族制度と云ふものの考へ方が違ふのぢやないか、賛成する人が考へて居る家族制度と云ふものと、反対論者が考へて居る家族制度と云ふものが違うのぢやないか、其の違いをはつきりさせて見たら案外両者の議論は食ひ違つて居ないのぢやないかと云ふことを考へるのであります

と申しますのは、家族制度と云ふ意味が或る場合には是が道徳的な基盤、道徳的な教へとして考へられて居る、其の内容も説く人に依つて同一ではありませぬけれども、私の理解致します所に依りますと、大体三つの大きな点を掴へて居るやうに思はれる、

それは我々の親族共同生活と云ふものを単に夫婦と其の小さい子供、未成熟の子供だけを含んだ小さい夫婦団体だけを中心としないで、子供は妻を娶つても出来るだけ両親と暮さう、出来るだけ大きい親族共同生活を作つて、縦の連絡を失はないやうにして行かう、そこに一つの道徳を認めよう、是が第一点、それから、その出来るだけ縦の連絡を取つた大きな親族団体の家長とも云ふべき者に其の中心点を置いて、其の家長が精神的に此の団体を指導し、其の中心となつて、相協力して生活を営んで行かうとすることが第二点、それから第三点は、先祖の祭と云ふものを非常に尊重して、其の先祖の祭を、此の縦に連つた団体の中心点である家長にそれを伝へて行かうとすること、大体言つて其の三つであります、出来るだけ大きな親族共同生活を作つて行かうとすること、其の中心点に家長と云ふ極めて道徳的な中心点を置かうとすること、さうして先祖の祭を永久に之を通じて伝へて行かうとすること、此の三つの点を掴へて、それを極めて道徳的に解釈して、そこに美しい家族道徳が発揮されるのだと云ふやうに御考へになる方が、家族制度は非常に良いのだと云ふやうに仰しやるのだと考へられるのであります

所が此の家族制度は、今申しました限りに於ては全く道徳的な教へと考へられるのでありますが、併し民法が此の三つの点を如何なる形で取上げて規定するかと云ふことになりますと、問題は甚だ違つて参るのであります、御承知の通り民法は先づ此の第一点、成たけ多数の親族団体が一緒に共同生活をすると云ふことは、御承知の通り家と云ふ法律的な枠を作つて、其の家の中にあるもの、家に属するものと云ふ固い法律的な枠を作つて居るのであります、さうして婚姻をすると云ふことは、一つの家を出て一つの家に入ることである、養子に行くと云ふことは、一つの家を離れて他の一つの家に行くことである、随て夫が死亡しても嫁は家と云ふものの拘束を受ける、次男が分家しようとしても、家と云ふものを抜けると云ふことで非常な厄介にぶつかる、又長女が嫁に行かうとしても、其の家の相続人に推定されると云ふことで邪魔になると云ふやうに、家と云ふものでそれを法律的な枠に入れると云ふことが現在の民法の一つの立場であります、又成べく大きな共同生活団体の中心に極めて道徳的なものとして置く家長と云ふものは、是は御承知の通り戸主と云ふものを置いて、それに相当大きな権力を与へると云ふ態度を執つて居る訳であります、さうして第三の先祖の祭を継ぐと云ふ点は、民法は之を家督相継と致しまして、単に祖先の祭を継ぐと云ふだけでなく、家の財産其のものを全部之と不可分の関係で継承すると云ふ態度を執つて居ります、要するに家と云ふ法律的な枠を嵌めること、戸主と云ふ権力者を中心に置くこと、或は家督相継と云ふことで全財産を祖先の祭と共に継ぐのだとして居ること、此の三つが民法が見た家

族制度の形であります、そこで此の形だけを掴へて、果して現在の社会状態に適応するかどうかと云ふことになると、是は非常に批判の余地を残すと云ふことになるだらうと思ひます、此処においでの方はご承知のことですから詳しくは申しませぬが、民法上の家と云ふものと、家族制度論者が考へて居る現実の共同生活と云ふものは非常に大きな違ひを生じて居つて、極端に言へば今日の家と云ふものは戸籍法上の所在に過ぎないとさへ言はれて居る、さう云ふ「ギヤツプ」を生じて居ることは御承知の通りでありま す、又戸主と云ふものは、家族制度論者が言はれるやうに、精神的な中心であるべきであり、又多くの戸主はさうでございませうが、遺憾ながら日本には本当の精神的中心点であるに相応はしからぬ戸主が沢山ありますが、既に民法施行後数年を出ずして我が大審院は戸主権の濫用と云ふ判決を出して居ります、さうして今日までの権利の濫用は戸主権の濫用に依つて築き上げられたと云ふやうな皮肉な現象を呈して居ります、又最後の、先祖の祭を継ぐ為に、之と共に総ての財産を相続しなければならぬと云ふことは、少く今日都会生活者に於ては甚しく公平に反すると云ふことは、既に大正八年に設置せられた臨時法制審議会が大正十四年に答申致しました其の答申の中で明かに示して居ります、其の中では、家督相続と云ふものは祖先の祭を継ぐと云ふことと財産を継承すると云ふことを或る程度分離して、財産は多くの子供達に継承すると云ふ態度を執つて居ることは御承知の通りであります

斯様に家族制度と云ふものは、謂はば理念として之を主張する者は、其の美しい所を見て飽くまで之を主張するのでありますけれども、現在の民法に現はれた所を掴へて論議すると、之を否定しようとする説が生じて来ること、又そこに理由があると言ひ得るではないかと考へられるのであります、要するに理念としての家族制度と現在の民法に現はれて居る法律的な意味に於ける家族制度と云ふものを厳重に区別して、さうして其のどちらを維持すべきか、共に維持すべきか、共に否定すべきか、或いは一方は維持するが他方は廃止すべきか、問題は三通りに分れて来ますので、其の三通りをはつきりしないで、家族制度は廃止すべしと議論して居ては、どこまで行つても食ひ違つて居るのぢやないかと考へられます

此の案の考へて居ります所が家族制度を廃止すると仰しやられますと、大変我々の考へる意思とは違つて居るのであります、我々の考へて居りますのは、家族制度を維持しようとして、現在の民法の採用して居る法律的な制度のみを廃止しようと致して居るのであります、それに依つて理念としての家族制度がどうなるかと云ふ御質問があると致しますれば、それに対して私共何等の影響を受けないであらうと答へたいのであります、或は更に進んで我々の社会道徳、道義と云ふものを、是れ以上の道徳の力、教

育の力を以つて進めて行くならば、却て時代に即した美しい家族制度が生れるであらうとさへ申上げたいのであります、是が第一の戸主及び家族に関する規定を削除すると申した理由であります、先程牧野委員から御話になりましたやうに、第一の我々の最初に作りました案には民法上の家を廃止することとあつたのでありまず、此の民法上の家を廃すると云ふ時には、我々は其の家族制度と云ふものを現在の民法が維持しようと考へて居る家と云ふ制度を廃止すると云ふ意味しかなかつたのでありますが、是は牧野先生から大変露骨だと云ふ御忠告がありまして、それで民法上の戸主及び家族に関する規定を削除すると書いたのであります、我々の意図して居る所は、家族制度の現行法上に現はれたる戸主及び家、家督相続と云ふ制度を廃止する、それに依つて謂はば民主主義的な原理に立脚した家族制度は却て美しく発表〔現〕するであらうと云ふことを考へ得ると云ふ意味と御了承願ひたいのであります

更に序でに御答へ申上げますが、現実に即して規律することと云ふのはどう云ふことを含んで居るかと云ふ牧野委員の御質問でありますが、是は前の時には、第八、第十六、第十八、第二十五、第三十三項参照と云ふ事を書いてありました、今度のには抜いてあります、どう云ふ意味で当局が抜かれたのか、実は私存じませぬが、私本日之を拝見して是が抜けて居ることに気が付きました時には、私は斯う考へたのであります、此の第八、第十六云々の所は、御覧になれば御分りになりますやうに――と申しましても今日のにはありませぬが、此の前の委員会で申上げましたやうに、是は要するに氏と云ふ制度を考へて居る点を指示して居る訳である、夫婦は氏を同じうして、共に夫の氏を称するのだ、それから養子に行けば養家の氏を称するのだ、離婚に依つて夫婦分れをすれば氏を異にすることになるのだ、又嫁入つた人が夫に死別して実家に帰ると云ふことになれば、是は又元の氏に帰るのだと云ふ、我々の家族共同生活が或る場合に集り、或る場合に分れると云ふのを、氏を変更すると云ふ、さう云ふ観念で現はして行かう、さうしてそれを基礎として、親が子供に対して親権を行使する場合には氏を同じうする親と云ふ行き方で行かう、又離婚をすれば氏を異にする親と云ふことになる、又扶養と云ふやうなことも、氏を同じうするかしないかと云ふ所を一つの拠り所として之を考へて行かう、斯様に氏と云ふものを頭の中に考へまして、其の氏を同じうするかしないかと云ふことが現実の共同生活が一緒になる、ならぬと云ふ所を抑へる一つの拠り所にしようと云ふ風に考へて居る訳であります、併し、御承知の通り親と子供が同じ所に生活するか、しないかと云ふことは、農村と都会とでは非常に違います、又都会地も、今日のやうな社会情勢になりますと、其の現実の共同生活、或は世帯と申しますか、それが非常に複雑になりま

すので、世帯の侭を法律に現はすと云ふことは甚しい困難、恐らく不可能であらうと思はれる程の困難に逢着するのであります、随て我々起草委員は此の前の部会に於きまして申上げたことを頭の中に入れまして、其の後民法全部に亙る立案を致します際、此の氏の問題だけは特に赤丸の印を付けまして、それが問題になる度に一つ〳〵検討して、何とか一貫した、特に牧野委員の御懇切に御示し下さつた御趣旨に副ふやうにと云ふことで、全力を挙げて実は此の前の委員会から昨日まで、毎日其の問題を中心にして議を凝して居つたのでありますが、我々今日それをまだ全部網羅的に御報告申上げるまでに案が練れて居らないことを遺憾とするのでございます、此の趣旨で、此の次の時までには単に民法上の条文を作るだけでなく、其の中から特に今の趣旨を占むべき部分を集めて来まして、それを分り易く書面にでも致しまして、而して、委員の御参考に供して、然る上に審議を御願ひすることにでもしようかと考へて居る次第であります

更に序でに最後の民法の基本問題の所に付て私から補足的に一言申上げたいと思ひます、是は先程当局から御説明になりましたやうに、事柄を挙げますれば、基本的人権の濫用を許さぬと云ふことと、進んでそれを公共の福祉の為に利用せよと云ふこと、それから個人の権威と両性の本質的平等を記さうと云ふことと、恐らく此の項目が四つあるだらうと思ひます、之を出来れば民法の冒頭に掲げたい、随て冒頭に掲げるのだから是は非常に立派な、何処からも非難を受けない文字にしたい、それには今更「スイス」民法を真似たり「ワイマール」憲法を真似るのでは如何にも芸がない、如何にも平和日本の最初に相応はしい文学〔字〕を練らうと云ふので、是は最後まで原案に於きましては議を練つたのでありますけれども、どうも中々名文句が浮びませぬので、余り毎日続け様に考へても名文句が浮ばぬから、是は一つ打切にして、此の次の起草委員が集るまで各自が自己の案を考へて、それを並べた上で、合作で立派なものを作らうぢやないか、さうして実は牧野先生などに褒められるやうな立派なものを御目に掛けようと思ひましたが、まだ出来て居りませぬが、一つ兜を脱ぎまして、さう云ふ意味で牧野先生にも後世に残る名文句を御考へ戴きたいと云ふことを起草委員として特に御願ひ致して置きます

○四十六番（山田（三良）委員）　只今我妻委員からの詳細な御説明で此の第一の要綱の趣旨は能く分りました、併し尚ほ之を法文化せられる際に御考へ願ひたいと思ひますのは、只今御話になつたことで、尚ほ私供は十分に満足致し兼ねますことは、第一に家族の共同生活が現在の事実に即しないで家はばら〳〵になつて居るのだからと云ふ点、従来の家観念の共同生活と離れて居る、是は一面に於ては其の通りであります、一口に申せば農村に於ては家の共同生活が能く行はれて居るが、都会の生活は家を離れて

個々独立して居る生活を営む者が居るのでありますから、其の点に於て共同生活が今までのやうに維持出来ないと言はれる点は御尤もだらうと思ひますけれども、それは併し日本全国の話でなくして、所謂都会生活、工場職工生活、斯う云ふことでありまして、本来の日本国民の大多数の生活はさうでないと云ふことは御承知の通りであらうと思ひます、又戸主権が強いが為に其の濫用に依つて婚姻が出来ない、夫が死んでも離籍が出来ない、斯う云ふことが若し濫用で困ると云ふことがあつたならば、其の戸主権を制限せらるれば宜いのでありまして、其の為に家を廃めてしまふ理由にはならないぢやないかと云ふ感じもするのであります

第三には「系譜、祭具及墳墓の所有権は被相続人の指定又は慣習に従ひ祖先の祭祀を主催すべき者之を承継する」と云ふことがありますが、それ等のことが、被相続人の指定に依つて、一代二代は続きますけれども、家の観念が破れてしまつて廃止せられてしまひますと、さう云ふ指定と云ふことも重きをなさなくなる、又慣習がある、慣習に依りますれば、只今我々日本人は祖先を大切にすると云ふ風習に慣れて居りますから、其の家の家督相続人と今まで申して居つたやうなものは、慣習に従つて又法律に従つて其の祭祀をなし墳墓を守ると云ふことがありますけれども、一つの根拠が廃せられると云ふことになりますと、さう云ふ慣習も段々と薄らいで来る、又さう云ふことに重きを置かぬやうになる、さうしますと、日本国民の大多数が家を中心として居ると云ふ農村生活、社会生活の根本が民法の改正に依つて破られてしまふことになりますから、此の点が甚だ考慮を要する点だらうと思ひます、尤もさう云ふことを言ふのは君のやうな老人の言ふことで、若い者は反対はせぬと言ふかも知れぬ、成程若い人は家の大切なことも分りませなければ、又多くは親を離れて都会に生活すると云ふのが現在の状態でございますから、都会の生活と相俟つて若い人は家と云ふことには重きを置かなくなりますけれども、其の人が親となりお爺さんお婆さんになると云ふことになりますれば、家の観念は盛んに復活して来るだらうと思ひます、さう簡単に今の情勢で若い人は反対はせぬと解するのはどうかと思ひます、私の解釈の方から申すと、日本の家は非常に誤解がありまして、家があるが為に日本人は家名を尊んで命を捨てると云ふ国民の道徳があるからそこで困る、それを根本的に打破してしまふと云ふのが、恰も皇室に対してもさう云ふ観念を持つて居ると同じやうな意味に於て、上は皇室に対する尊崇の念をなくし、下は家に対する所の根本思想を破壊すれば日本国民のさう云ふ精神的の根拠がなくなるであらう、斯う云ふ考へを一部の人が持つて居ることを屢〻聞いて居りますが、是は非常な誤解でありまして、さう云ふ誤解はあることはありますけれども、我々日本国民としては十分に其の誤解を解いて、決して日本国民は尚武的の人間でもなく、

好戦的な人間でもないと云ふことを十分に理解せしめるやうに努力するならば、さう云ふ外部からの要求と云ふこともないであらうと思はれますから、当局に於かれましては、さう云ふ点に尚ほ考慮をされまして、之を法文化せられる時は、余程是は慎重に御考へになつて戴きたいと云ふことだけを一言希望して置きます

○**三十八番（久布白委員）**　第十九条の所に「庶子の名称を廃止すること」とございますが、私小委員会に居りましたのですが、ついうつかりして居りまして申落しましたが、私生子と云ふのを之に一緒に加へて戴くことは出来ませぬのでございませうか、小学校なんかに行きます子供の中で、免状の上に私生子と書いてあつて、而もそれは戸籍上長女で其の人が嫁に行くことが出来なかつたが為に戸籍を離れることが出来なかつた、其の為に一人の夫、一人の妻でありながら、其の家に行くことが出来ないで戸籍を移すことが出来なかつた、其の為に一人息子である子供に、ずつと小学校から中学校を卒業するまで、私生子と云ふことが免状度びに書いてあつた、其の子供は大変良い子供でございましたけれども、終ひにそんなことが関係したかどうか知りませぬが、精神に異常を来したと云ふやうなことを私知つて居ります、本当に可哀相な間違ひの為の私生児子と云ふものもございますけれども、斯うしたやうな私生児もあります、それが御免状などに一々書いてあると云ふのは、どんなに一生涯其の子供に精神的に影響をしたか分らぬと思ひます、若し庶子と云ふ名前が入るならば、私生子と云ふ名前も此の際一緒に入れて戴くことは出来ないでせうか、是は此の前に申上げる筈でしたのに、小委員会で心が行届きませぬで其のことを申落しました

其の次に二十条と二十三条、二十七条などに裁判所々々と出て居ります、是は此の前小委員会の時にも申上げましたが、斯う云ふ家庭に関する問題を大きな裁判所に出すと云ふことは、出す人も気兼ねでありますから、皆様方も既に御考へになつていらつしやる通り、将来は家事審判所とでも云ふやうなことを入れて戴くことはで来ませぬか、どうかして此の裁判所と云ふ意味はさう云ふ意味であると云ふ意思を此処に表示して置いて戴くことはで来ないものでございませうか、小委員会の時から私度々考へても居り、又御返答も承つて居りますけれども、今度初めて御覧になる方々に初めからさう云ふ意思がおありになると云ふことを何等かの方法で示して戴いたら結構だと思ひます、此の二つの点を御伺ひ致します

○**幹事（奥野健一君）**　只今の私生子の名称は、もう既に二、三年前に廃止になつて居りまま〔す〕から、御心配の点はありませぬ、今回は更に庶子と云ふ名前も廃止しようと進んで参つて居ります

それから第二の裁判所を家事審判所と云ふ風に変へてはどうかと云ふ御話は、小委員会から此の前の部会にも御話がありました

が、御説のやうに家事審判所を設けて是等のことを家事審判所の管轄にせしめるのが相当と思ひますので、さう云ふ方向に進んで参りたいと思つて居ります、現在司法省内に、家事審判所の委員会が尚ほ残つて居りまして、其の委員会で家事審判所の権限管轄其の他のことを研究中でありまして、之には予算等も相当伴ふのでありまして、急速に憲法に伴つて民法の改正を行つて行くと云ふ此の際に、果してそれが間に合ひますかどうか、非常に危んで居るのでありまして、若し間に合はなければ、やはり此の裁判所と云ふことで一応は参りますが、追て家事審判所にそれ等の事項を移すと云ふ方向に進みたいと思つて居ります

○四十九番（村岡委員） 私小委員会に時々欠席して居りますので、小委員会で申上ぐべきことだつたと思ふのでありますが、少しだけ言はせて戴きます、私は法律上民法で言ふ家族制度と云ふものよりも、只今伺ひました道徳的な意味に於ての家族制度と云ふものを支持する年輩に居りますけれども、其の年輩を乗越えまして、私は是に出て居りますやうな民法の上での家族制度と云ふもの、戸主権とか家族権とか云ふやうなものの枠を取外すと云ふことは、本当の意味に於て沢山の幸福になるのぢやないかと云ふ風に考へて居るものであります、それは別のことと致しまして、今私達は戸籍の上で本籍地だとか、寄留地だとか、居住所だとか、色々と煩はしいものを持つて居りますけれども、さう云ふものを廃めて、さうして親族共同の生活をして居る其の場所を家、或は私は新しい意味で、今まで私共が感情的に使つて居る家庭と云ふ言葉にもう少し法律的な意味を持たせて家庭、或は英語で申します「ホーム・ステート」と云つたやうな言葉がございますけれども、さう云ふやうな意味で法律の中に家庭と云ふ言葉を何処かに持つて来るやうなことは出来ないものなのであらうかと云ふやうな朧気とした考へを持つて居ります、さうしてそこは今申しましたやうに、共同の生活を営んで居る場所を家と、斯う云ふやうな感じ方で生活して行くやうなことにして行かれたならば、どんなに宜いか、こんな風に思ひます、唯其の協同体の責任者が誰になるか、是は父がある人ははつきりして居りますけれども、或は父或は之に準ずる責任者が変更した場合、死んだ時にどうするか、さうして家督相続と云ふときは、今まで財産相続と云ふことが必ず附いて行くと云ふことが若し変つて行きました時に、相続することの利益が減つて行つた場合に、さう云ふ協同体のあとの生活の責任を誰が一体持つやうにするであらうかと云ふことでありま す、一体法律で守られて居る民衆の立場から言ひますと、さう云ふことがはつきりとなつて居なければ、あとに残つた子供達が随分困るであらう、それは実力で行くのか、或は共同責任で行くのか、さう云ふやうなことが私共には分らない点が多いと思ひます、さう云ふやうな点と、それからもう一つは私共婦人の立場から言

つて不満に思ひますことは、財産の問題でございます、それは夫なり妻なりが、結婚前に持つて居た財産はそれ〴〵の特有財産とする、此のことは納得が出来ますけれども、今度婚姻生活をして居ります間に各々が作つたものは其の人の財産にすると云ふやうな考へ方で、非常に平等のやうでありますけれども、こゝで何か女が大変無視されて居るやうな、家庭生活に於きましての女の労力と云ふものは少しも考へて居ないやうな気持が致します、結婚生活をして居ります間に夫婦の何れかが作つたものはそれ〴〵のものになると言へば、何だか大変宜しうございますけれども、普通の主婦の場合には決して自分でお金を作ることは出来ませぬ、で唯労力を以て家庭の生活をやつて居る訳でありますから、さう云ふ風にして出来たものは、全然考へられずに、夫が妻の内助に依つて或いは協力に依つて作上げたものが全部夫のものになつて行くと云ふやうな行き方でなく、寧ろ結婚生活の間〔前〕に出来上つたものは、銘々別々に持つべきではなからうか、結婚生活が出来上つてから出来たものは、婚姻に依つて出来たものであるから、婚姻共有財産と云つたやうな名前を付して戴く、それからあとどちらのか分らないものは推定共有財産と云ふもので宜いと思ひますけれども、若し婚姻共有財産と云つたやうなものがございませぬでしたならば、決して私は男女と云ふものが平等に扱はれて居るのだと思はれないのでございます、何年か前にルーズヴェルトが大統領であつた時分に、あのルーズヴェルト夫人が、女子が家庭で働くあの労働と云ふものは、賃金に換算されても宜いものだ、斯う云ふことを発言しまして非常に世界の注目の〔を〕惹きましたけれども、ルーズヴェルト夫人が考へたことは、決して金で寄越せと云ふのではなくして、私は今此処で私が分らないながらも立上つて言つて居るやうな気持をルーズヴェルト夫人が感じたのだと思ひます、此の点に於て夫婦の協力生活と云ふものが、はつきりと民法の上で認められて、さうして協力に依つて作り上げたものに対しては、双方が所有権を持つて居るものだ、それから相続の場合に夫が死にました時の特有財産、婚姻共有財産と云ふものは、三分の一位は妻のものになつて行く、斯う云ふやうな規定を私は欲しいと云ふやうな風に思ふのでございます

それから離婚のことでありますけれども、離婚に付ての裁判がある、裁判は総て家庭審判所の意味に使はれたいと云ふことは私は久布白さんと同じ考へでありますが、裁判上の離婚原因と致しまして、私には二と三の離婚原因と云ふものはそれ程大事なものだらうかと云ふ疑ひがもたれます、それは離婚と云ふことを結婚生活を継続することが出来ないと云ふ観点から見て行く、どうしても結婚生活を続けて行くことが出来ない時に離婚をする、裁判上の離婚であらうと何の離婚であらうと、原因から見て二とか三とか云ふやうなものは五の「其の他婚姻を継続し難き重大なる事

由あるとき」と云ふ所に含まれて行つても宜いのぢやないかと云ふやうな考へが致しますけれども、是は私は本当に唯素人として見た場合に、離婚が随分是から先殖えて行きはしないか、離婚と云ふことを誰しもが考へるやうな場合が多いのぢやないかと云ふことを思つて行きますと、結婚生活継続不可能の場合の離婚と云ふ観点から離婚の規則が作られて居たならばどうかと思ふのでございます、それから総て協議離婚の場合に家庭審判所に持つて行つて、さうして是には詐欺や強迫に依つて協議離婚をさせられたときには、あとで取消すことが出来るとありますけれども、離婚されてしまつた後で取消すのでは遅うございますから、総ての離婚を家庭審判所を通して協議離婚が行はれるやうに、斯う云ふやうなことを私は今考へて居るのでございますけれども、特に此の財産の問題を一つ御考へ願つて置きたいと云ふことを申上げて置きます

〇二十六番（中川委員） 私から簡単にお答へを致します、私共が非常に苦心致しました民法上の家と云ふ枠を外すと云ふことに付て、只今非常に御理解のある御発言を戴きまして感謝して居る次第であります、先程山田先生が仰しやいましたやうに、民法上の家を廃止することに依つて家族制度の美風がなくなつてしまふのだ、さうして日本の伝統の良俗と云ふものが壊れてしまふのだと云ふ風には私共考へて居ないのであります、元々民法に道義上の感情と申しますか、愛情と申しますか、さう云ふものを基礎とした生活を法律で規律すると云ふことは非常に困難なことでありまして、下手に規律すれば弊害だけが出来ると云ふ嫌ひが多分にあるのでありまして、其の点家族制度を規律する法律と云ふものは正に代表的なものだと思ふのであります、或は婚姻などに付きましても、どうも婚姻道徳が廃したからと云つて離婚の方を厳重に取締つて見ても婚姻道徳が作興されないやうに、家族制度に関する家の規定、戸主権の内容と云ふものを拡大強化することに依つては、決して家族制度と云ふものは作興しないのだと私共は考へて居ります、と同時に今日の民法上に於きます家と云ふ〔の〕が、余りに実際の生活から遊離しました為に、其の民法上規定がある為に生れる所の弊害と云ふものが、其の民法の陰に実際営まれて居る美しい家族生活を破壊する面の方が多いのぢやないか、さう云ふものがなければ、もつと美しい家族的道義として皆が拠ろになるであらう所のものさへも時には崩すやうなことがあるのぢやないか、さう云ふやうな点から、民法上の家と云ふものを廃止することに依つて、さう云ふ色々な悲劇を止めることが出来る、さうしてそれを止めても、其の陰に祖先を敬ふとか、親孝行をするとか云ふ美しい日本人らしい家庭生活の事実乃道義心と云ふものは少しも動かないのだらうと私共は考へて居るのであります、其の点に付て小委員会でも何遍も議論が繰返されて容易に私共の

考へが分つて戴けなかつたのでありますが、最後に皆さんの御理解を得て満場一致此の第一項が成立したやうな次第であります、此の点は村岡委員の御発言に関連し、旁〻山田先生の御言葉に対して、起草委員として御答へを申して置きます

次に家族に対する責任でありますが、さう云ふ点は扶養義務と相続権とで行く積りで居ります、此の度は相続権が均分になりまして、小さい子供にも相続分が必ず分れて行く、それに依つて父がなくなつた後の生活は担保する、勿論相続財産がないと云ふやうなこともありませうけれども、さう云ふ貧困な場合には、扶養乃至相続と云ふやうな方法では救済の出来ない問題ではないか、尚ほ扶養に関しましては改正すべき点が多々あるやうに私共も考へております、併しそれは家事審判所と云ふやうなものが出来ないと可なり実施が困難である点もありますので、今回の憲法改正に伴ふ民法改正と云ふ機会には、必要は十分認めましたけれども、取上げないことに致した次第であります

それから第三に夫婦の婚姻中の財産を共有財産とすると云ふ御案は極めて御尤もな御考へでありまして、小委員会に於ても婦人代議士の榊原委員から、やはり同様な案が出て居りました、私共其の御趣旨には衷心賛成するのでありますが、現在の法律の仕組に於きましては、婚姻中夫が取得した財産が直ちに夫婦の共有財産になると云ふことが、色々な点に尚ほ支障を起す点があると我々は思ふのであります、唯五百円夫が俸給袋に入れて貰つて来る、それを細君に渡して細君が四百円で切盛りして百円貯金したと云ふ程度の簡単な場合でありますと、問題がないのでありますけれども、夫なり妻なりが事業をして、大きな収益がある、随て債権債務の関係が縦横に出て来ると云ふやうな場合を考へますと、直ちに婚姻中夫若しくは妻の名儀で獲得した財産を総て共有にしてしまふと云ふことは、先づそれ等の方の法律関係を整理してからでないと実現が困難であると云ふ風に思はれるのであります、其の為にまあ仲良く行つて居る中は名儀は皆夫のものになつて居ても宜からう、其の代り壊れた場合には財産分与と云ふ所で行かう、又死んだ場合には妻の相続権で妻の生活は保障される、そこらの所で妥協して下さいと言つて榊原委員にも妥協願つた訳であります、併し趣旨は女の方でなければ衝いて戴けない所を衝いて戴くので我々も将来の実行に当つては十分考慮したいと思つて居る次第であります

それから第四の離婚原因の所は「配偶者又は其の直系尊属より著しく不当の待遇を受けたるとき」と云ふのが第二号で、第三号が「自己の直系尊属が配偶者より著しく不当なる待遇を受けたるとき」是は夫婦の関係それ自体として見れば直接の原因ではない、離婚と云ふものを婚姻協同体の破綻であると考へるならば、是だけの事実があつただけでは婚姻協同体と云ふものは破綻しない訳

であります、其の当事者が斯う云ふ事情がある為に別れたいと云ふならば別れさしても宜いのぢやないか、それでも併し別れない方が宜いと云ふのならば、此の第二項の諸般の事情を参酌して尚ほ婚姻の継続を相当と認むるときは離婚の請求を止めさしても宜い、此の規定で実際の問題としては救へるのであるから、是は現行法にもある規定でありますが、此の侭残して置く方が宜いのぢやないか、さうして又実際には婚姻関係が幾ら民主化されましても、離婚関係はやはり姑と一緒に居ると云ふ場合には、往々起つて来るのでありまして、其の場合には夫は自分を可愛がつて呉れるけれども、お姑さんが迚もひどいから離婚の訴を起すのだと云ふ、斯う云ふ実例も、恐らく此の法律が改正になつたからなくなると云ふ訳ではないと思ふのであります、それでありますから、二号三号は結局婚姻当事者両方が——両方と申しますよりも、妻が虐待されても夫がどうしても呉れない時には、妻が愛想を尽かして訴へる場合があります、規定として置いておいても差支へないぢやないか、殊にさう云ふ事情があつても離婚をさせないで宜い場合もある、第二項に断つて、さう云ふ権限を裁判所に与へる訳でありますから、此の点も御心配の点は能く分りますが、実際に弊害を生じないで済むのぢやないかと思つて居るのであります

それから最後の協議離婚を総て裁判所に届出させるなり、許可を得させるなり、裁判所の関与がなければ協議離婚が出来ないと云ふことは、実は内輪話を申しますれば、起草委員会でも初め其の案を立てたのであります、併しながら婚姻届出さへも怠つて、其の為に色々な内縁上の面倒な問題が起る今までの状態であるのであるから、協議離婚をして、喧嘩でもしてもう別れると云ふことになつて、話が付いてそれでは明日裁判所へ行きませうと云ふことには中々ならないぢやないか、さうすればやはり届出のない、届出のないと言ふよりも、届出だけなら直ぐ出来るかも知れぬけれども、裁判所へ行くと云ふ手続を履まない事実上の離婚と云ふものが非常に多くなるのぢやないかと云ふ、是は極く法律的な技術的な立場から、此の裁判所に関与させると云ふことの御趣旨は能く分ります、知らぬ間に離婚になつてしまつたとか、或は威かされたとか、騙されたとか云ふ場合を防いで、離婚される妻の地位を保護すると云ふ其の御趣旨は能く分りますが、さうすると却て離婚法全体に穴が明〔空〕いてしまふぢやないか、だから是は唯届出だけで宜いことにして、知らないとか、威かされたとか、騙されたとか云ふ場合に対しての保障を別に置かうと云ふことにして、強迫に対する協議離婚の取消に関する規定を入れました、是は実は現行法にはなければならぬ筈のものであつてどう云ふ訳か落ちて居る規定でありまして、之を特に、直接憲法改正には関係のないやうなことでありますけれども、入れた訳であります

尚ほ一寸先程申すことを落しましたが、家庭と云ふ言葉の御話

は大変御尤もで、我々も御趣旨十分考へたいと思ひますが、実際生活を其の侭把握すると云ふことは、我々も現実の生活に出来るだけ即するやうにして行かうと云ふ立場には居りますけれども、中々現実の夫婦と子供の協同体を常に法律上一つの家庭と云ふことにして行くと云ふことは、其の親が離れる、子が外へ出ると云ふやうな出入が多い為に、さう簡単に把握出来ないのでありまして、詰り一つの世帯と云ふものは其の侭生の侭で家庭と云ふやうなことにしてさうして其の規範を作ることが一番好ましいのでありますが、それはどうも今日の法律技術の上で中々困難である、先程我妻委員も申しましたが、困難だからまあ家庭と云ふやうな点は此の際そこまでは行かないで、足踏みして居やう、其の代り出来るだけ例へば今の離婚原因の二号三号を置いたと云ふやうなことも、やはり理論的と云ふよりも、実際的に現実の生活を見て行かうと云ふのでありますし、尚ほ茲に一寸附言致しますが、此の第四に「姻族関係は夫婦共に婚姻の解消に因りて止むものとすること。」とあります、現行法では是は離婚に依つて止むと云ふことになつて居りまして、配偶者が死亡した場合には姻族関係はなくならないことになつて居ります、さうして其の家婦が夫の家を去つて実家へ戻つた時に姻族関係が止むと云ふことになつて居ります、所が夫の方は妻が死ねば夫の里との姻族関係は、妻が死んだ場合に当然に切れてしまふ訳で、そこでそれ等を同じにしてしまはふと云ふので、此の案を作つたのでありますが、尚ほ此の点に付て起草委員の者が法文を立案するに当つて話した所では、どうも夫が死んで尚ほ其の家に止まつて居る、例へば中川と云ふ所に嫁に行つたものが中川と称して一緒に居るのに、其のお姑さん達と他人になつてしまふと云ふのぢや工合が悪いのぢやないかと云ふので、実は此の要綱が通つてからでありますので要綱は直つて居りませぬ「解消に因りて止む」となつて居りますが、離婚に依つて止むと云ふ現行の姻族関係は残さうと云ふことに、是は非公式な話でありますが、実は起草委員会で話して居ります、それ等の点も理論的でなしに、我々がもつと実際的に現実に家族生活を把握しようと努力して居る一つの現はれとして御聴きを願ひたいと思ひます

○四十九番（村岡委員）　今の財産の問題でありますけれども、私は特に是は一つ此処で申上げて置きたいことは、それは別に今仰しやいましたやうな消極的な意味で、夫が五百円の月給を持つて来たのを苦心して検約して百円残し、さう云ふのが積り積つて貯金が出来た、さう云ふ意味で財産が出来たと云ふのでなくして、是から後の社会になると、夫婦が夫婦生活を営んで居りながら妻は立派な仕事をすると云ふやうなことが沢山あると思ふのであります、さうして双方の収入が一緒になつて家の財産を作る、或はさう云ふ場合は割合に少うございませうけれども、金で現はすこ

との出来ない無形の助力、内助に依つて夫の事業が段々に盛んになつて行く、妻の協力がなかつたならば其の仕事は決して出来上らなかつた、さう云ふ風にして何十年間夫婦が協力して生活をして行き、さうして作り上げた財産と云ふものに対しては、私は是は夫の財産と云ふのではなくして、さう云ふやうなものに対しては、今申しましたやうな婚姻共有財産と云つたやうな名前を作つたらどうかと云ふ私の素人の考へでございます、それから事業の上で又色々の債務関係など面倒なことが起り得ると云ふことも能く分りますけれども、二号に「夫婦の一方が日常の家事に関し」云々とありまして「家事」と書いてありますが、色々な債務が起つた場合には連帯責任を負ふと云ふことを書いてある以上は、さう云ふことも或る部分直つて行くのぢやないかと思ひます、「イプセン」の「人形の家」の「ノラ」で見るやうに、夫が責任を持つことが出来ないので借金を妻が持つ、其の為に一人で苦心すると云ふやうなことは、此の法律に依つてなくなつて行くであらうと思ひますし、それをもう少し拡げて行きましたならば、何か双方がして居つた所で、一方がさう云ふ場合に陥つた時に、やはり責任を負つて呉れると云ふことになるのぢやないかと思ひます、そんなやうな意味で、女の協力と云ふことが非常に消極的に扱はれますが、もつと卑近な言葉で言へば、臍繰を作つたらどうするとか、苦心の結果貯金を作つたらどうするとか、そんな小さなことは私は考へて居りませぬ、さうかと云つて大事業をする女のことも考へて居りませぬ、それよりもつと「ルーズヴエルト」夫人の言ふやうな家庭労働、協力と内助――金を寄越せと言ふのではありませぬけれども、さう云ふのが何か家を作り上げて行く上に於て認められて宜いのぢやないかと云ふだけの心持であります、其の点だけを申上げて置きます

○**議長**（**關屋委員**）　只今我妻さんから御話もありましたが、どうもまだ一般の人は家族制度を廃すると云ふやうな誤解をして居る、家族に関する規定を変へると云ふので、今御話を伺ひますと、御苦心の存する所も分り誤解も解けるであらうと思ひますから、何かの機会に、今度は、総会があるであらうと思ひますから、どなたからか一般の委員の方にも分り易いやうなものを御配りになつては如何でせうか、さうした方が能く分つて協力して決定出来はしないかと思ひますが……

○**十三番**（**田所委員**）　丁度会長の御注文がありましたから、私も注文と云ふか意見を持つて居ります、同感な考へを持つて居ります、我妻、中川両先生、又山田君からも御論がありました、先程我妻君の言はれた所に依ると、二つの反対の「カーレンシー」があつて、それが長い間闘ひ合つて居つた、今度民主主義の憲法改正に伴つて民法の戸主及び家族に関する規定を削除すると云ふことに付きましては、今日の御説明で安心致したのであります、

私は司法の部会に所属して居りますけれども、他の方に出て居りましたから欠席で今日初めて伺つたやうな訳でありますが、新聞で見ると、全く今会長の考へて居られるやうに、私も考へられ、是はどうも何か非常な「ラヂカル」な「リフオーム」だと思ひましてびつくりしたのであります、山田君や私共は極く古い方でありますが、其の頃の話をしますと、我妻君などは御生まれにならぬ明治二十三年の教育勅語の発布になるまでは、忠とか孝とか云ふ観念もはつきりして居らなかつたのです、小学校へはもつと前の十何年頃から出て居つたのでございませう、其の時分には勅語は出て居らぬ、国民道徳と云ふものは一体何かと云ふこともちつとも定まつて居らぬ、修身書は何かと言ふと、外国物の翻訳で「フランクリン」曰く、「ワシントン」曰く、孔子曰く、孟子曰く、さう云ふのを羅列したものが修身書であつた、何処に国民として心得なければならぬ中核があるのか、斯う云ふことすら分らなかつたものが、明治二十三年に勅語が出まして「克く忠に克く孝に」と仰せられた、さうすると忠孝と云ふものが日本の国民道徳の中核である、斯う云ふことを悟つたのであります、当時は私共高等学校に居りました、爾来今日まで来て居る訳でありますが、さう云ふやうな訳で、教育勅語で忠孝国体の精華、克く忠に克く孝に、段々発達して来まして、忠孝一本、孝は百行の本也と云ふやうな文字を発見して、忠も孝も一本である、斯う云ふやうに段々忠孝の実践、解釈と云ふものも進みました、此の頃ではそれを家と申しまして、家生活――家族ぢやない、家と言ふ、国も家だ、国は即ち家なんである、家は即ち国也、我が国の国体観念と云ひますか、其の方を強く言ふ方の論者は、我が国は即ち家族主義の国体であると言ふ、歴史を辿つて見ればそれに相違ない、さう云ふ研究も段々普及して行つたのであります、此の民法が是も出来て数十年になりませう、今御話を承つて分りましたが、改正もせられて居るやうでありますが、段々熟して来た時に、民法から戸主と家族の関係を削除してしまふ、今一寸拝見して見ると、家と云ふ文字も御削りになつて居る、氏と家とは違ひませうけれども、氏と云ふ字は御使ひになつて居るが、家と云ふ字は使はれて居らぬ、妻が結婚すれば夫の家に行く、こゝらは間違ひないでせう、家族生活の錬成されて来た今日、近き民法の改正に於て色んなさう云ふ意味を深められませうが、結婚すれば夫婦同心一体になる、身体は二つだけれども、心は一つだ、そんな教へは欧羅巴各国にも何処にもない、結婚生活は夫婦一体になつてしまふ、今憲法改正でやつて居りますが、君臣一体だとか、君民同治だとか云つて居る、家と云ふことは辿つて見れば、変遷はありませうが、ずつと数百年来、来て居る、斯う云ふのもであるのでありますから、今度の民主主義的な改正と云ふことに付ても、それに反することは無論、或いはそれの発育を妨げることは芟除しなければなりませぬけれども、我が国が折角立てて居つた特色と云ふか、良い点を一朝一夕に捨てると云ふことは、考へなくてはならぬことと思ふのであります、是等に付ては研究も進められませうと思ひますが、私が両君の御説明を聴きまして安心した、又此の案を見まして、新聞に出て居るよりは規定は削除するけれども「親族共同生活を現実に即して規律すること」とありまして、必要な場合には法律にする、単行の法律になるでせう、或は他の形式で法律的規定が出来ることになるか、何かさう云ふことでもありませうねと伺つて見たい、今の国民道徳と云ふか、国体の精華と名付けられて居る忠孝一本、其の一つの道義と云ふものは毫も損傷を受けないと云ふ御話がありましたから安心しました、民法の家族の規定の中には色々戸主の権力関係もありませうし、法律を拵へるならば現行のやうなものになるであらうと思ひますが、民法の中から取ると云ふ御考へであれば、道徳的のことは社会的の訓練に俟つとか、或は教育の善処に俟つと云ふ所に行くと思ひますが、そこらの意見を此の機会に丁度会長の御注文と同じ肚で御願ひをして置きます、それから私共分りませぬけれども、何でも此の頃家々と言ふ、家と云ふことを教育者の中にもよく言ふが、其の家と云ふものはなくなりはしないでせうね、立案者も、家と云ふものを民法から取つてしまつても家と云ふものをなくしてしまふ考へはない、良い所は保存して行くのだと云ふことですが、同じ考へで忠孝は何等の損傷を受けない、斯う了解して宜しうございませうか、念の為に伺ひたい、さうすれば私共も会長も古い型の方でありますが、新しい理解の出来ぬ筈はないと思ひます

〇**二十六番（我妻委員）**　簡単に御答へ致しますが、家の根本道義、或は忠孝一本と云ふやうなことを基礎とした家族制度と云ふものを廃止すると云ふ意思は毛頭ありませぬ、それからそれを大いに作興するやうな規定を入れるかと申しますと、是は入れる積りもありませぬ、それは入れても役に立たない、民法の中の仕事ぢやないんぢやないかと私共思つて居ります、特に親に孝行すべしとか、家族制度をどうしろとか云ふやうなことは、民法の中に規定としては入らないので、やはり只今の御説にもありました通り道義、教育の面――唯民法の中にあつた其の美しい家族制度と云ふものと遊離してしまつた家と云ふ枠並にそれに盛られた家と云ふものが非常に形式的な枠になつてしまつて居るに拘らず、それに実質的な権利義務が盛られて居る、其の為に実際の家族生活との間に色んな摩擦を生ずる、さう云ふ点に付いて民法上の規定を削除する、斯う云ふだけのことであります

〇**議長（關屋委員）**　只今十三番から御注文がありましたが、さつきも御話しました通り、動もすると世間に誤解を招く虞れがありますから、此の調査会の方の議論としては、成べく満場一致の方が宜いと思ひますけれども、今やさしく分るやうに御書き下さ

るやうな気分もあるやうですが、部長に御願ひしたら宜いか、両博士に御願ひしたら宜いか、一つ何だか分るやうに書いて総会前に各委員に御配り下さることは出来ませぬですかね

○二十五番（我妻委員）　今日沢山おいでになつて大体御了解を得られると幸ひだと思つて居つたのであります、実は此の点が定まりませぬと、民法各条には殆ど手を入れられないと云ふ形になつて居りますから、それで実は此処で大体了解を得ることを希望したのでありますけれども、今日御集りが悪いやうでありますから、会長の御希望があつて部会長が御命令になれば此の次の会には民法の条文に即した相当詳細なものを提示することになるだらうと思つて居ります、其の時に更に此の要綱に附加へて、それに対する簡単な説明を附加へると云ふことは、部会長が若し御命令になればやらうと思つて居ります

○議長（關屋委員）　出来得れば書いて廻して戴けば一番宜い

○二十六番（中川委員）　書きましても第三部会の時に斯う云ふことは言はなかつたと云ふやうなことが出て参つて、さう云ふことで時間を取りますのも如何かと思ひますが……

○議長（關屋委員）　併し大体の概念だけだから……

○二十六番（中川委員）　今我妻君が初めに概論的な説明をしましたあの速記では如何ですか

○議長（關屋委員）　それで結構です

○二十六番（中川委員）　或はそれを私共一遍見て、言落して居る所を足すなりすれば、此の席で申上げたことでありますから……

○議長（關屋委員）　私共の第一部会では大分外国の事例などを書いて下さつたのもある、具体的に書いてないと言うただけでは徹底しない、来る人もあるし来ない人もあるし、蒸返すやうな議論もある、どうか一つ書いて戴きます、それから村岡さんにも御願ひしたのですが、婚姻共同財産、それに対する御意見も一つの意見だと思ひますが、例の内助の功に依り主人がどうかしたと云ふやうな場合は、それも中々財産に認めることが出来るかどうか分りませぬが、他に事業をやつた場合等に付ては、民法学者の方ではお困りの点もあるのぢやないかと想像しますが、是れ亦恐入りますが書いて戴きますと非常に分り宜いかと思ひますから、どうぞ御願ひ致します、それではまだあるかも知れませぬが、次に刑法関係の方に移りたいと思ひます

〔幹事刑法中改正案要綱試案、刑事訴訟法改正案要綱試案、基本的人権保護法案要綱試案、刑事補償法中改正案要綱試案朗読〕

○議長（關屋委員）　長くなりまして恐縮でありますが、それでは此の四案に付きまして御審議を願ひます

○二十七番（牧野委員）　刑法のくだりで少しばかり申上げます。

此の第一項と云ふのは、先程第三部会長が御話になりました通り、牧野の提案に依つて出来たものであります、私は此の憲法は単に末梢的な規定に影響を及ぼすばかりではない、思想の根本的な点に於て大きな変動を促して居るものと考へまするので、刑法、刑事訴訟法に亙つて、何か大きな点に付ての綱領の明かにせられることを希望した訳であります、併しながら是も第三部会長の御話になつた通り、大きな問題に付て根本的な議論をすると云ふことは適当でないと云ふことになりまして、刑法の総則に対し私が出しました幾多の案と云ふのは、兎に角刑法の全面的改正の折まで延ばすと云うことになりまして、私としては甚だ遺憾に存じて居る訳であります、併しながら特に思想的な一点に付ては御考慮を願ふと云ふことを申述べまして、第一項に挙げられて居るものを差出しましたことでありまするが、是は民法の綱領の最後のものと関連する訳であります、民法の綱領として新憲法の要求する所の、我妻教授の所謂四箇条の原則がどう云ふ形で表はされるかと云ふことを大いに期待して居つたのでありまするが、不幸にして今日まではそれが間に合はなかつた、さうして却つて逆襲を喰つて、牧野も仲間になつて大いにやれと云ふことになりました、私は少くなくとも刑法の方面に於て民法の四大綱領に対する或るものが示されて欲しいと思ふ訳でありまするか、是も第三部会長の仰せの通り学説上大いに争ひのあることであるから、今俄に決する訳にも行かぬと云ふことになつたのであります、此の点に付ては私は斯う云ふことを申しました、私は純粋に牧野の学説を貫かうと云ふことは考へて居りませぬ、是が第一、何処までも違うつた学説に対して相当な譲歩をして妥協点を見付けることに努める積りであります、併しながら第二として従来学説に於て争つたものが新憲法の上に於ては、余程争ひの流れが変つて来ると云ふことを考へなければなりませぬ、今尚ほ従前の通りの議論が新憲法の下に行はれて居ると思つたら、民法の下に於て所有権及び契約の自由が昔通り幅を利かせるものと思ふのと同じことでございませう、併しながら権利の性質と云ふものが民法の上で全然変動を受けねばならぬことになつたのと同じことで、刑法の上に於ても刑罰の機能と云ふものが全然変つて来なければならぬことになつた訳であります、けれども、兎に角之に付ては大体に於て承認すると云ふ所まで行きました、大体に於てと云ふのは、私が譲歩した書き方でありまして、実は其の趣旨に於ては之を認めると云ふ位の所まで皆さんが仰しやつて下さつた、けれども最後の所で中々強い反対がありますので、不幸にして其の強い反対の学理的の理由に付ては、私はどうも能く伺うことが出来なかつたと思ひますするが、是は学理を超越したる幹事の大きな反対があるのでありります、故に幹事の大きな反対と云ふことに付ては、私は十分譲歩する積りでありますけれども、ものの流れと云ふものが、どう云ふ風に参つて居るかと云ふことは、独り憲法其のものが変動するばかりではない、憲法の変動が民法刑法にも大きな影響を及ぼすと云ふことを考へて戴かなければならぬので、それで斯う云ふことは兎に角御考慮を願ひたいと云ふことを申立てまして、今度の改正に之を入れることは御許しになりませぬけれども。刑法の全面的な改正の時は必ず参考にしてやると云ふことで妥協が付きましたのであります、併しながら民法の方の四大原則がどう云ふ形で言表はされるか、其の四大原則の形次第に於ても我々は黙つて居る訳には行きますまい、我妻委員の説明では「ワイマール」の抱負に付ては敬意を表する訳でありまするが、私も一つ「ドイツ」の刑法でもなく、草案でもなく、又「スイス」の刑法は新しいものが出来ましたけれども、さうでもないものを考へたいと焦つて居ります、所が一つ困つたのは、最近の「フランス」の第一共和国の憲法、是は此の間流産しましたが、是程細かくはありませぬけれども、原則論は憲法に限ることにしました、今度新しく評議して居るのは「テキスト」に接しませぬが、どうか一つさう云ふ連中よりも早く我が国の刑法が範を示すこと尚ほ民法に於ける我妻、中川君のやうな抱負の如くありたいと云ふことを考へて居る訳であります、併しながらさう云ふ風に抱負を大きくしましても、実力は不幸にして余りありませぬ、私のこゝへ書きましたのは「アメリカ」製のものを持つて来ましたのでは始まりませぬ、此の頃は「フランス」製のものを持つて来たのでありますが、「アメリカン・プリゾナス・アツソミ〔シ〕エーシヨン」の「デクレヤレーシヨン・プリンシプル」から拾つて斯う云ふものを作つたものであると云ふことを御承知を願ひます、此の言葉は先程も申上げました通り、牧野の考へを純粋に表はしたものではありませぬので、何処までも従来行はれて居る一種の説を採用して居るのです、併しながら「特に」と云ふ言葉を用ひまして、「特に」と云ふのは、外の考へ方も十分あるのでありまするが、取分て斯う云ふことを考へて戴きたいと云ふことが一つの理由で、是は譲歩を示したものであります、第二には譲歩を示しながらも、今までの裁判の対して欠点とされた所はどう云ふ所であるか、少なくとも連合国が我々に対して大変不信用を示して居る点はどう云ふ所にあるかと云ふことを考へて見ると、時局に際して刑事司法に於て考へなければならぬことは斯う云ふことである、此の点に付ては強い「特に」と云ふ言葉の中に、非常に謙遜な態度を保ちたいと云ふ考へと、同時に時局の弊を救ふが為に斯う云ふ点を強く考へねばならぬと云ふ点とを表はした積りであります、のみならず私の考へでは、先程民法に付て当局の御考へを一寸伺ひたいと申上げました通り、法律的公平と云ふことは即ち「リーガル・エクイテイ」と云ふことと「リーガル・セキユリテイ」との関係であります、「エクイテイ」と云ふことは「セキユリテイ」を無視することか、或は「エクイテイ」と云ふ考へは「セキユリテイ」と云ふ考へを含みながら「オーダー」の下に於けるもう一つの考へであるか、是は「アカデミツク」の議論をして済みませぬけれども、是が新憲法の下に於ける民法刑法の改正に際し、我々が堅く考へねばならぬ大きな問題であると思ふのであります、「アメリカ」の「プリゾナス・アツソシエーシヨン」が明言して居る通り、犯人の道徳的再生を考へると云ふことは、決して犯罪の一般予防、社会に対して規律を正すと云ふこととは反対することと〔衍〕ではない、却て重きものに重く軽きものに対して軽くすることに依つて、社会に対する刑法上の規律が立つ、是は「アメリカ」の「プリゾナス・アツソシエーシヨン」がそれを明言して居りますので、此の点に付て我々は刑法で考へて居る、今朝の新聞で見ますと、教育刑の原則と言つて居りますが、教育刑の原則と云ふ言葉は稍〻皮肉な言葉であるので、如何かと思ひますが、兎に角学問上使つて居ります所の教育刑の原則は、一般の人が動もすれば誤解されるやうな一般予防的作用を無視したものではないのであります、さう云ふ訳で是だけのことを申上げるのは、反対派の学説を無視したものではないけれども、併しながら学説の自ら動く所を考へて戴かなければならぬと云ふこと、さうしてそれを新憲法の下に於て刑法の改正として明かにしたい、斯う云ふ趣旨になるのでありまして、此の点を能く一つ御批評を願ひたいと思ひます、今俄かに此の趣旨に依つて刑法の改正をして戴きたいと云ふ提議を申す積りはございませぬ、刑法の総則の規定をどう改正するかと云ふことは、一応の案を出して置きました、それは民法の改正案が出ましたから、それと相呼応して民法に於ける信義誠実の原則と云ふものは、刑法に於てはどう云ふ形に於て現はれねばならぬものか、恐らくは此の次の総会に於て、或は改めて御評議を願はなければならぬことになるかも知れませぬが、兎に角斯う云ふものを一応御詮議を願つたと云ふ次第を、どうぞ御了承願ひたいと思ひます

之に付て私は簡易裁判所の方にも提議を致して置きました、簡易裁判所の方では議論致しませぬでしたが、先程読上げられた通り「民事に付ては公平を全うし、刑事に付ては公共の福祉と共に犯人の再生を考慮すること」と云ふことになつて居ります、是は私に「特に」と云ふ文字を御許し願へぬでありましたので、斯様に書直しましたが、民法に於ては公平が宜いのであつて、何も社会の一般的秩序の為に公平を無視すると云ふのでは本当の公平にならぬので、一般の秩序を即ち「セキユリテイ」を全うしながら秩序を維持する所に本当の公平がある、此の公平と云ふ言葉は既に我が国の法律に現はれて居る言葉でありますので、割合に此の点は無難に通過されましたが、刑法に於いて犯人の更生と云ふこ

とを考へたいと云ふことを申出ますと、色んな方面から反対が出ます、其の反対は理由を拾つて申し上げることは致しませぬが、要するに感じが許さないと云ふことに帰着するのであります、そこで公共の福祉と云ふことを御考へになつておやりになるのも宜いが、妥協致しまして、同時に犯人の更生と云ふことを考慮して戴く、斯う云ふことで兎も角も簡易裁判所の方のは一応の案が通過致しました、実際今の警察犯即決例の方は、犯人の更生などと云ふことは全く眼中に置きませぬ、全く恐怖主義の裁判をして居るとしか思はれぬことが多いのでありまして、是は「アメリカ」の「プリゾナス・アツソシエーシヨン」が申して居ります通り、恐怖より更生の方が「モア・インポータント」であると云ふことが、簡易裁判所に於て特に明かにせられて欲しいのでありまして、是は先程通過したのと同じやうな次第であります、一般の刑事裁判に付て、私の考へて居るやうなことが、今俄に全面的に受入れ下さらなければ、それで私は今我を通さうと云ふことは考へて居りませぬけれども、法律の発達は総て小さい所から例外的な法規から始まりますので、簡易裁判所と云ふやうな新しく設けられた法律の片隅に新しい「プリンシプル」を御認め下さるならば、物事は自ら発展するが如く発展するでありませう、更に刑法の全面的改正の折のことを俟つことに致しまする次第でありますが、それと同時に有難いことには、刑の執行猶予に付ては整理することを御願ひすることが出来ました、刑の執行猶予の制度を拡張し及び之を整理することと云ふことを申出ましたが、是は一遍否決になりまして、後の刑法の全面的改正の折のことと云ふことになりましたが、事務当局の方でも、幸ひにも段々好意を持つて御考へ下さいまして、今まで二年以下でなければ執行猶予は許さぬとしてあるのを三年まで上げてやらうと云ふことになりました、是で余程実際は助かるのです、五年と云ふ説までも出ましたが、五年はどうも可決されたのでないので、やはり三年で落着いたのでないかと思ひますが、先程同僚と相談しました所が、五年と云ふ声がありそれに決したとも思ふと云ふやうな御話がありましたが、事務当局の刷物では三年になつて居るので是は三年で決つたのでございませう、兎に角三年と云ふことになりますると、余程刑の執行猶予の仕事と云ふものが楽になるだらうと思ひます、それから簡易裁判所に於ては、先程も申しましたやうに、刑の執行猶予を許すやうにする、是は言葉ですが、今から打明けて置きますが、此の言葉で妥協が出来ましたけれども、此の言葉の意味する内容に付ては、事務当局と私との間に不幸にも意見の行違ひがあると云ふことを御承知置き下さい、私は拘留科料全部に付て刑の執行猶予が許されるべきである、又拘留科料に付て執行猶予が許されなければ、簡易裁判所に於て常識豊かな裁判と云ふものが出来るものぢやないと思ひます、けれども事務当局に於ては、拘留科料に執行猶予を許すと云ふことはと云ふので、之に付ては余程議論がありました、そこで事務当局の方では、簡易裁判所に於ても、或る場所に於ては刑の執行猶予を言渡すことが出来るやうにしてやらうと云ふ御趣旨があつたのでありませう、私は簡易裁判所に於ては、拘留科料罰金の全部に亙つて執行猶予が許される筈だと心得て居りますけれども、是は此の綱領の下に尚ほ事務当局に御考へ直しを願ひたいと思ひますが、将来刑法の改正の時に又色々御評議を願ふことになるでございませう、私は現在の刑事司法と云ふものが、動もすれば人が誤解するやうな乱暴なものであると云ふことは信じて居りませぬ、併しながら二つのことだけは御承知置き願ひます、第一は累犯統計と云ふものは洵に遺憾千万なことになつて居ると云ふことであります、何が故に斯くの如く累犯が多いか、是は即ち刑事司法が其の点に於ては甚だ弛んで居ることの証拠になるのではございませぬか、又片方に於ては昭和六年から仮出獄の制度が、運用が緩和されましたけれども、非常な沢山な仮出獄があるのであります、仮出獄を盛んにやると云ふことは善政であります、洵に結構なことで之を以て私は外国に対しても誇として報告をした位でありますけれども、仮出獄が斯くの如く数が非常に多いと云ふことは、如何に裁判所が無用な刑を言渡して居るかと云ふことの証拠になるものと言つても、先づ間違ひがなからうかと思ひます、故に成べく累犯でないやうに、重きものには重くして、仮出獄と云ふやうな特別処分をしないで、軽きものには軽くやるやうに刑事司法をやつて行きたいと思ひますが、併しながら一方に於ては世の中の戒めの為に相当にやらねばならぬこともあると仰しやるから、それならばそれにお任せして、結局の所は不当に重い刑の方は仮出獄の方で調節を付けることにしたいと思ひます、斯様な次第から、昭和の初めから、私共一派の者は、仮出獄の制度の運用には非常な努力を致しまして、到頭昭和六年と昭和八年とに法規の改正が成りまして、仮出獄の運用と云ふものが非常に緩やかになつて、全く今までの仮出獄とは趣を異にする現象が現はれて来ることになつた訳であります、さう云ふ次第で、時間の追つて居るのに長く申して済みませぬでしたが、私は是は憲法の改正に伴ふ最小限度の已むを得ざる改正などと云ふやうなこととは離れて、憲法の改正に付て第一に明かにしなければならぬ根本問題であると思ふ、民法では家の方を先にして、一番お終ひに信義誠実の原則を御持ちになりました、私は刑法の一番初めに之を考へて居る、斯う云ふ次第であります、少し申し上げることが長過ぎました、併し決して私は一般予防を無視するのではございませぬが、一般予防に走らないで犯人の更生即ち日本国民として再生するやうに考へて戴く、それが憲法の趣旨であると思ふ、憲法は刑罰の残虐性と云ふものを禁ずると言つて居りますが、「クルーエル」と云ふことは拷問すると云ふことばかりを言ひませぬ不必要な刑罰を科することは「クルーエル・パニシメント」になるので、此の残虐性と云ふことをもう少し考へて戴きたい、此の民法の四大綱領のやうに直接に刑法には現はれて居りませぬけれども、併しながら刑罰の残虐性を禁ずると云ふ言葉は、余程之を味つて戴きたい、是は「アメリカ」の「プリゾナス・アツソシエーシヨン」の「デクレヤレーシヨン・プリンシプル」などと比べて、余程新しい時代思想を持つて居ると云ふことが出来ると考へて居ります、私は此の問題を今度の第三部の仕事としては生命として、此の採用の為に徹頭徹尾働いて、中々採用願ふことが出来ないで非常に骨折つた末出来ました、難産の末ではありましたけれども、先づ斯くの如き程度で御採用願つたことを非常に幸福とし光栄と致しますが、どうぞ委員諸君、私の意のある所を御酌み下さいまして、どうぞ此の趣旨のことを御考慮下さるやうに希望いたします

それから後は細かい点が色々ありますが、刑事訴訟法で一つ私は感違ひしておりましたが、第四項でありますが、是は文字に「但し二人以下」とありますが、三人以下でなかつたでせうか、私は三人と云ふやうに記憶して居りますが、私の手控にも三人とあります、是は尚ほ御詮議を願ひます、それからあとは刑事訴訟法のことは、どうも非常に「テクニカル」なことで、此処で議論を致しましても、一寸致し方のないことである、是が成文化されました時に細かい点に付て議論をすればそれで話合ひが付くことと考へますから、「テクニカル」の問題に付ては別に申し上げませぬ、刑法の第一だけのことを御承知願つて置きます、私は此の刑の適用に付ては、此の項目ばかりでなしに、刑法仮案に長い間苦労しまして仮案に纏めました幾多の規定を此の際刑法の中へ受入れて戴けば、手数もそんなにむづかしいことはなし、趣旨も明かになることで、又当局が裁判をなさるにも大変好都合ではないか、裁判官がどうも斯うしたいけれども法律上已むを得ぬ、斯う言つてお逃げになるのは、洵に良心的でないことで、お気の毒なことと思ひます、裁判官をして十分良心的に働いて戴き、同時に裁判官が其の責任と見識とに於て行動して戴くと云ふやうに刑法の規定を改めたいと思ひます、仮案の規定は、何れ刑法を全面的に改正をする時に十分御参照願へるでございませう、此処では兎に角当局の御趣旨に基いて各論の方の規定を片付けると云ふことに賛成を致しまして、私としては第一項を唯御参考の為に御決定を願ふと云ふことだけで有難いことに一先づ考へることに致します

○三十八番（久布白委員）　刑法中改正要綱の第九番でございます、是は小委員会に於ても大変に問題に致しました姦通罪の問題でございます、私は昨日或る家に参りました所が、此の法案が新聞に出て居ります、其の新聞を見て其処に居る娘か若奥さんが、あんなこと大変だと言つて居たのを、お父さんが帰つて来て私に

報告致しました、私は「姦通罪の規定を廃止すること。」と是に出て居る其のことは、やはり家の廃止と同じやうな風に、日本の姦通罪と云ふものは、女に対しては実に不利な法律なんです、皆様も御承知の通り女に対する世界一片手落の法律なんですけれども、それにも拘らず婦人が其のことの廃止と云ふことに付て非常に「シヨツク」を感じて居る、私は之に付きましては、具体案として、あの民法の一条をあゝ云ふ風に御変へ下さつたやうに「姦通罪の規定はこれを平等とす」と斯う云ふ風にして、さうして「罪としては罰せず」是は素人の言葉ですから意味を言ふのですが、「罪としてはこれを罰せず、離婚を〔の〕理由とし又賠償の原因とすること。」とでも云ふやうに、姦通罪と云ふものが、国家の眼の前には罪とならないと云ふやうな感じを露呈でも日本の今の人達の心持に思はせると云ふことは大変なことと思ひますから、何とかして此の法律はさう云ふ意味に趣旨のあることを明瞭に間違へずに受けるやうに書直して戴たいと思ひます、部会の時にも四十人の委員の中十六人まで反対である、少数と云ふことで止めになつたけれども、私の心の中には或は二、三あの中にはどつちにしても構はないと思つた方があるではないか、意見が纏まらないではつきり採つてはいけないと云ふ意見が最初喜ばれたにも拘らず、十六人はつきり出た、それで少数と云ふことで否決になつてしまつて私は呆気に取られたですけれども、其の十六人までもはつきり反対の意見があり、殊に其の反対の意見の方の中には、もう一度盛り返しなさいと仰しやつて下さつた方もあり、外で何でもない人が之に「シヨツク」を感ずると云ふやうなことも現在あるのでありますから、どうか此の第九条は之をもつと趣旨が徹底するやうに書直して戴きたいと云ふことを私は御願ひ致します、

○二十七番（牧野委員） 今の御話には全然賛成でございます、是は斯う云ふ風にぶつきら棒に書く積りはなかつたのです、私も十分力を尽さなかつたのは悪いのでありますが、まあ姦通罪は已むを得ず刑法から除外するのだと云ふ意味にしませぬと、斯う云ふ風にぶつきら棒に書きますと、世の中の人はびつくり致します、御尤もですから、事務当局に於ても文句を穏かに御考へ下さることを希望致します

もう一つは、是は人身保護に対する提案でありますが、是は小委員会で初めから提議され、お終ひまで揉めて最後の時には非常に僅かな時間であり、さうして稍〻興奮された形に於て討論が交換された後に、斯う云ふ議決になつたのであります、併しながら私から申上げてはどうかと思ひますけれども、どうも事務当局はお終ひまで、此の案に反対されましたのであります、私は賛成と反対の真中でありまして、賛成と反対の真中のことは是から申上げますが、是はさうせつかちに決を採らないで何とか片が付くことはないかと思ひましたけれども、最後の時であつたものですか

ら、兎も角も決を採ると云ふ形で斯う云ふ案が出た訳であります、人身保護法として、英米の人身保護律に倣つて、我が国でも一定の特別法を持たねばならぬと云ふことは、恐らく憲法の要求して居る所と考へるべきであらうと思ひます、三十条、三十一条あたりの規定に依つて、どうもやはり一種の英米法式の制度を設けることが憲法の精神に合うことになるであらうと思ふのであります、当局に於ては刑事訴訟法の改正に於て其の趣旨で十分御骨折になつて居る、勾留に対する異議の制度に付て細かい御決定になつたのは、其の御苦心の所は洵に敬服致しまする次第でありますが、何分にも人身保護制度と云ふもの丶領域がもう少し広いのであります、領域に於て広いのみならず、人身保護制度と云ふものを検事に任せないで、或は単純に下級裁判所に任せないで、もつと最高裁判所の権威を以て最後の解決をすると云ふ所に英米法の特色がある、それが特に問題になるのであると思ひます、是が大陸になりますと、どうも大陸法には継承されて居りませぬ、人身の自由を保護することに付ては、英米では第一が陪審、第二は「コーパス・アクト」と云ふことになつて居ります、陪審の方は「フランス」にも「ドイツ」にも継承されたにも拘らず、人身保護律の方は継承されて居りませぬ、けれども是は一つ我が国は我が国の立場として考慮する必要があるぢやないか、当局としては刑事訴訟法の改正に関連し相当に苦心ある提案をされて居ります、併し御話を伺つて居りますとどうも喰違ひがある、尚ほ家の制度に関して家を維持しようとする人と、家を廃止すると云ふ人と、同じやうな喰違ひがあるのぢやないかと云ふことを熟々私は考へたのであります、斯様にして私は此の際一つ人身保護律に付ては、斯う云ふはつきりした綱領を、決議とすると云ふことでなしに、当局に向つて人身保護律のことを十分研究して戴く、斯う云ふ風な案を当局へ廻すと云ふ、即ち私が刑法の第一項で御願ひしたやうな趣旨のことで几を付けて戴く訳には行きますまいかと思つたのであります、私の考へでは甚だ失礼でございまするが、英米法の形のものをそつくりと我が国に持込まうとする人身保護律提案者の方は、一体大陸的の影響を受けて居る所の法律的組織の上にどう云ふ風に順応して之を採用することが出来るかと云ふことに付て御考へがまだ十分でないぢやないかと思ふのであります、又司法当局の反対論を伺ひますると、刑事訴訟法の関係に於ける御苦心はさることながら、人身保護律と云ふものが英米の法律に於てどう云ふ意味合のものであるかと云ふことに付て、もう一度御研究を煩はさなければならぬことがありはせぬかと思ふのでありまず、昨今朝から晩まで僅かばかりの時間を使ひまして、此の四、五日の間は一生懸命で私共勉強致しました、さうして「コーパス・アクト」に付て英米法の学者がどう思つて居るか、大陸の学者が之に対してどう云ふ批評をして居るかと云ふことを、若干の文献で調べて見ましたが、是はどうも当事者両方に向つて此の際御研究と反省とを御願ひしなければならぬことがあるのぢやないかと思つた次第であります、併しながら人身保護律を主張する方のやうな人身保護律に付ての特別法を設けると云ふことは、十分一つ採用の方針で御願ひ致したい、又人身保護律の精神と検事に任せず下級裁判所に任せず、行政庁に任せず、癒ゝとなれば最後には最高裁判所がやると云ふ「イギリス」流の制度を十分加味することにして、一つ此の侭当局を拘束すると云ふことではなく、併しながら趣旨だけは十分了解して戴く、斯う云ふやうな風な御取扱ひが願へぬものでございませうか、是は一度小委員会に其の案を持出して下相談を願つたが、不幸にして揉消されました、けれども更に斯う云ふやうなことに願つたらどうか、人身保護制度に付ては憲法改正の規定に関連して特別法を制定する必要があるものと認める、此の点に付て提案者の立場を十分承認する、それには結局に於て最高裁判所の権限に属せしめるものとするのが相当である、「イギリス」流の何者にも動かされない独立な最高裁判所が最後の決定をすると云ふ「プリンシプル」を決めねばならぬ、此の点に付て特に英米に於ける人身保護法を参照すべきである、本調査会は速かに研究と立案とを全うすべきことを、当局に要望し、参考として基本的人権保護法律案要綱を添附する、此の位の程度で両方の顔を立て、此の仕事が成べく早くさうして円満に成立するやうに希望することが出来ないかと思ひます、今日は是も御決議を仰ぐ次第ではございませぬが、是も初めから私が努力致しました一点でございますので、どうぞ賛成反対、即ち私は真中に居りますので、何とか妥協して下さることを希望致します次第であります

○七番（梶田委員） 只今の此の基本的人権保護法律に付て牧野委員から、此の趣旨は大変賛成であつて、原案の通りとは申されぬのですが、大審院の権限にして英法流に斯う云ふものを設けると云ふことは憲法の趣旨に即して居るのであると云ふ御意見であつた、大変賛成でありますが、併し之をもう少し能く研究をして、此の制度を日本に取入れると云ふ側も、日本の今の国情には即しないから日本の全体の構成などからも考へると、もう少し研究する余地があるからお互ひに研究することにしようと云ふ御提案でありまするが、御存じに〔の〕通り新憲法の草案と云ふものは基礎〔本〕的人権の尊重保護と云ふことが中核になつて出来て居るものと見ても私は宜いのぢやないかと思ふ、基本〔的〕人権の保護の為に此の憲法の草案は二十六箇条、全体の四分の一以上も費して規定を詳しく設けて居るのでありまして、其の基本的人権の又一番大切にして居るのは、是は身体の自由と云ふことを最も主眼として居りますことは、只今牧野委員からも仰しやつたやうに、憲法の各規定二十八条、三十一条、十条、十七条などを見れば其

の点は明かであうと思ふのであります、それでありまするから、どうしても此の人権法を実施する為には、此の憲法の趣旨を十分に発揮させるだけの手当をしなければ、憲法を実施する際の立法としては足らないだらうと私は考へるのであります、そこで色々もう少し研究調査することは無論必要でありまするが、斯う云ふ趣旨の法案が憲法実施と共に施行されるやうに、今度臨時議会に出ますが、或は此の暮の常会になるかも知れませぬが、兎に角憲法実施と共に此の法律が生まれて来て、同時に施行せられるやうに私はしなければならぬものだと考へるのであります、憲法が要求致して居りまする十分の手当もしないで実施すると云ふことは、此の調査会の目的から言つてもどうかと考へるのでありまして、調査研究は致すことに致しまして、此の案を此の調査会で御決めになつて臨時議会に御出しになる法案と同時に出すと云ふことにして、お互ひにもう少し研究したいと云ふことに、私は考へて居るのであります、之をもう少しお互ひに調査研究してと云ふことになると、結局憲法実施以後になりまして、何時それが実現するか、又延びてしまひはしないかと云ふ懸念がありますので、此の機会を捉へなければ、私は斯う云ふものは今言はれるやうに英米式のものでありまして、大陸系のものとは違ふのでありまして、我々はお互ひに経験のまだない全く新しい法律でありますから、是は憲法の要求するものとして憲法実施と同時に実施出来るやうにどうしても立案して法律とすると云ふことに私は御願ひ致したいと思ひます、此の提案の理由、此の法律と刑事訴訟法要綱の第十四に於て手当をして居られる所と、其の領域も違ひますし、趣旨も違つて居る所もありまして、それあるが為に是は不必要と云ふことにはならぬのであります、非常にあれは広い領域を持つて居り、もつと高い所から総ての身体の自由を拘束せられた場合に、それを保護すると云ふ趣旨でありまするから、あれがあつても尚ほ私は是はどうしても必要であると云ふ考へでありまするから、お互ひに研究しまして、もう少し調査して立案すると云ふことは宜いのですが、それはどうしても憲法実施と同時に施行が間に合ふやうにすると云ふことに付てお互ひに研究調査したい、斯う云ふやうに考へて居ります

○**二十七番（牧野委員）**　今の梶田委員の御説には私賛成であります、私は速かに研究と立案とを全うする、速かにと云ふ言葉で濁して置きましたが、それだけでは足らぬから、もう少し強くやれと云ふ御説、洵に御尤もでありますが、此の点に付ては、先づ事務当局の方で、人身保護律と云ふものの理解をして戴かなければならぬぢやないかと先程も申しました、他の問題ですと意見の相違位で、或る程度まで研究して相戦ふことが出来るのでありますが、此の問題は初めから提案者と司法当局とが考へが喰違つて居る、先程家の問題の如しと申ししましたが〔ましたが〕、先づ司法

当局を無理押しに押付けないで、能く納得して貰はなければならぬ、そこを私は斯う云ふ委員会の性質上多数決で決まつたぞと云ふやうな顔をしないで、成程さう云ふ次第ならばやりませうと云ふ風に司法当局も機嫌好く此の提案を受入れて戴きたいのでありますが、あの小委員会の討論は最後まで相当強く対立して居つたので遺憾千万のことと存じて居りました、が、さう云ふ意味で速かにと云ふ言葉で此の際を弥縫した訳でありますが、趣旨は梶田委員の仰しやる通り、どうぞ司法当局に於ても御機嫌を直して戴いて、斯う云ふものは必要であると云ふ御考へになれないか、同時に何もかも最高裁判所に持つて行く積りではない、結局に於てはと云ふ言葉の中に余程意味を持たした積りであります、そこで司法当局としては「テクニック」の上で御考慮を戴けると思ひますが、併しながら是は例へば検事総長が逮捕命令を出したと云ふやうな場合に誰が取締るかと云ふやうな時に、やはり最高裁判所の権限、日本の最後の所は政府にあらず、検事にあらず、最高裁判所より他に頼りにする所はないと云ふ「イギリス」流の考へ方、是が「プリンシプル」として成立しなければならぬものであらうかと考へられます、結局に於て最高裁判所の権限に属するもので、速かにと云ふやうなことでやりましたが、併し之を強めても宜いと云ふ考へで、穏かさを維持する積りはございませぬ

○議長（關屋委員）　大変議案が多いのでありまして、非常に有益な御説を伺ひましたが、如何でございませうか、一応此の位で止めて置いては如何ですか

○二十五番（我妻委員）　最後に実は部会長を通じて幹事長に御願ひする筈であつたのでありますが、其の打合せをすることをうつかり失念致しましたので、大変僭越ですが、私の方から幹事長に御願ひ致したいと思ひますが、それは憲法とそれから官吏の法律との関係で、国家に対する司法上の賠償問題、それから官吏個人の責任、其の二つが憲法の改正或は官吏法の関係で問題になりましたら、或はそれに対する不法行為の規定を民法の中に入れなければならないかも知れぬと云ふやうなことを考へて居ります、其の問題に付て他の部会で問題になりましたら御連絡を願ひたい、民法の中に入れますか、或は単行法の中に入れますか、御趣旨を御付けになりましてこちらの方に御連絡願ひたい、部会長から申上げて戴く筈でありましたが、連絡致して居りませぬでしたから

……

○幹事長（入江俊郎君）　其の点は官吏に関する賠償の関係が憲法の改正案に入ることになつたやうでありますから、法律が要ると思ひまして、先達て第一部会に於きまして官吏法を扱つて居りました時に問題になつたのです、併しながらそれは一種の司法上の損害賠償或はそれに似たやうな関係でございますから、第三部会に御願ひをすることが適当であらうか、或は又官吏に関するも

のとして一応第一部会で取上げるのであらうか研究しようと云ふことになつて其の俣になつて居りました、随て至急今の御話を取上げまして、第一部会及び第三部会として御研究願ふことにしまして、分担等を御協議願ひたいと思つて居ります

○**四十八番（佐藤（祥樹）委員）**　今の基本的人権保護法律案に関することでございますが、只今牧野委員から御話のことは頗る理解のある御話でありまして、私はそれに対しては毛頭異議はないのであります、但し御趣旨は玆に現はれて居りまする此の人権保護法律案要綱なるものを一応白紙に還しまして、更に其の線に沿うてもう一つ研究を進めて更に新たな立案をすると云ふ御趣旨でございまするが、それとも此の法律案はやはり法律案要綱として此の俣此の会で採択されて一応置かうと云ふ御趣旨でありますか、其の点少しはつきりして戴きたいと思ふのであります、が若し後者であるとすれば、此の小委員会で反対した一人と致しまして、やはり此処で一応私共の反対理由を申上げて置かなければならぬと思ふのでありますが、時間が切迫して居りますので、如何なのものでございませうか

○**二十七番（牧野委員）**　私の積りでは白紙にしたいと思ひます、是は反対の方にも中々熱心な反対論がある、又賛成論の方には、実は今日は代弁をして居りましたので、青筋立てた賛成論があつたのでありますけれども、今日出席の委員の方には、其の方がおいでになりませぬから私が申上げた次第であります、それで要点は人身保護律を拵へること、最高裁判所と云ふものを最後の頼みにすると云ふ二点だけを御認め下されば、あと末稍的なことは白紙にして御考へを願ひたい、さうでなければ司法当局に於て大いに議論がおありになることを承知致して居りますから、成べく二点だけを「プリンシプル」として、あとは白紙に還つて唯参考の為に御覧願ふと云ふことで、此の所を一つ妥協して戴く訳に行きますまいか

〔四十八番（佐藤（祥樹）委員）「賛成」と呼ぶ〕

○**七番（梶田委員）**　此の人身保護令の「プリンシプル」に従つてやると云ふことでありますれば、白紙に還すと云つてもどう云ふ白紙に還すか分りませぬが、今牧野委員の言葉に依りまして英米に行はれて居ります所の人身保護令の「プリンシプル」の理論に従つて、それを骨子にしてもう少し研究してと云ふことなら結構に存じます、「プリンシプル」が違つて来ては困る、是はそれから来て居る、此の人身保護令の骨子を動かすことは出来ないと云ふことで、私は牧野委員の仰しやることに賛成致します

○**議長（關屋委員）**　宜しうございますか、それでは大分遅くもなりましたし、是で議事を終りたいと思ひます、炎暑の砌両日に亘りまして色んな御意見がありまして、第三部会は今日朝から引続いて非常に御骨折を願ひまして御苦労様でございました、尚ほ

部会、小委員会を開きまして、本会の御意見は当局の方でも、又部会長もそれぐ〳〵御聴きになつたことでありますするから、或る場合には適当な修正もあればあり得ると思ふのでありますが、何れ次の総会に御目に掛けるやうな機会があるであらうかと思ひます

尚ほ此の際に部会に付て一言申上げて置きたいことは、総会は議会の終了後に開催致したいと云ふ政府の御考へであるやうであります、其の間に色々審議を致します為に部会なり或は小委員会なりを開くと云ふことに致しまして、是は八月中は休会に致して、九月上旬から御願ひを致したいと思ふのであります、随ひまして本日は是で第二回の総会を閉会致しまして、中間報告と致しまして、只今申上げたやうなことを報告致す筈であります、尚ほ段々御意見もおありになる方もありまして、昨日も閉会当初に申上げて置きましたが、御意見のある方は議長なり部会長なりに御意見を口頭で御述べになることも、無論差支へございませぬが、迷惑と思ひますが、書面に認めて御出し願へば之を印刷して各部会なり、御希望に依つては全員に御示しを致しても宜しいのでありまます、之を億劫に御考へ下さいますと、堂々たる論文にしなければならぬやうなこともありますけれども、必ずしもそれにも及ばぬかとも思ふのでありまして、場合に依つては一々書きになすつて、有益なる御意見を御述べ下さいますれば、当局は見まして皆さんに御配りを致しまして、さうして御意見のある所を拝承致すことが出来るであらうと思ふのであります、私は一部の方に属して居るのでありまするが、小委員会すらも全部御揃ひは中々御無理でありまして、議会の方当りは、衆議院が差支へない時には貴族院が開かれるとか云つたやうな風に、両院の諸君が全部揃つて、又学者其の他の諸先輩が一堂に集まることは中々難しい訳でありまず、随ひまして、やはり意見のあります所は、願はくば唯小委員会だけで御発言にならないで皆さんに御配りになつて皆さんの御理解を得て置けば、総会に於て賛否を決する場合に非常に宜くはないかと思ふのであります、どうぞさう云ふ積りで御願ひを致したいと思ひます、お暑い所を終日御繰合せ願ひまして感謝に堪へない次第であります、私は誤まつて進行係を務めましたのでありますが、甚だ不十分でありまして、殊に多少急ぐやうな傾向もないではなかつたのでありまして、皆さんの御意見を十分に拝聴出来なかつたことも多々あるであらうと思ふのであります、是は私が不慣れな点でありまして、偏に御詫びを申上げます、是で第三部会を閉ぢます

午後四時四十五分閉会

〔資料70〕 臨時法制調査会第三回総会配付資料目録

別　記

臨時法制調査会第三回総会配付資料目録

一、議席表

二、委員及幹事異動報告

三、議案

第一部会関係（皇室及び内閣関係）

(1)皇室典範改正法案要綱案

(2)皇室経済法案要綱案

(3)内閣法案要綱案

(4)行政官庁法案要綱案

(5)官吏法案要綱案

第二部会関係（国会関係）

(6)国会法案要綱案

(7)参議院議員選挙法案要綱案

第三部会関係（司法関係）

(8)裁判所法案要綱案

(9)検察庁法案要綱

(10)行政訴訟に関する特則案要綱案

(11)裁判官国民審査法案要綱案

(12)裁判官弾劾法案要綱案

(13)民法中改正法案要綱案

(14)戸籍法改正案要綱案

(15)〔14〕刑法中改正法案要綱案

(16)〔15〕刑事訴訟法改正法案要綱案

(17)〔16〕刑事補償法中改正法案要綱案

(18)〔17〕基本的人権保護法案要綱案

第四部会関係（財政関係その他）

(19)〔18〕財政法案要綱案

(20)〔19〕訴願法中改正法案要綱案

〔資料71〕 臨時法制調査会第三回総会議事速記録（昭和二一年一〇月二二・二三・二四日）

昭和二十一年十月二十二日・二十三日・二十四日（内閣総理大臣官邸において）

臨時法制調査会第三回総会議事速記録

臨時法制調査会

臨時法制調査会第三回総会議事速記録　目　次

〔資料71〕　臨時法制調査会第三回総会議事速記録（昭和21年10月22・23・24日）

十月二十二日

一、開　会

二、会長職務臨時代理決定

三、開　議

四、第一部会長経過報告

五、皇室典範改正法案要綱審議

六、皇室経済法案要綱審議

（正午休憩）

七、内閣法案要綱審議

八、行政官庁法案要綱審議

九、官吏法案要綱審議

一〇、第四部会長経過報告

一一、財政法案要綱審議

一二、訴願法中改正法案要綱審議

一三、第二部会長経過報告

一四、国会法案要綱審議

一五、参議院議員選挙法案要綱審議

一六、散　会

十月二十三日

一七、開　議

一八、第三部会長経過報告

一九、裁判所法案要綱審議

（正午休憩）

二〇、検察庁法案要綱審議

二一、行政訴訟に関する特則案要綱審議

二二、裁判官国民審査法案要綱審議

二三、裁判官弾劾法案要綱審議

二四、刑法の一部を改正する法律案の要綱審議

二五、刑事訴訟法改正要綱審議

二六、刑事補償法の一部を改正する法律案要綱審議

二七、基本的人権保護法律案要綱審議

二八、散　会

十月二十四日

二九、民法改正要綱審議

三〇、会長代理挨拶

三一、閉　会

臨時法制調査会第三回総会議事速記録

昭和二十一年十月二十二日　午前十時三十分開会

○**鮫島幹事**　只今から臨時法制調査会第三回総会を開会致します

○**議長（金森副会長）**　会長が今閣議で故障がありますので、私が此の席に暫く腰掛けることに致します、是より会議を開きます

Ⅰ　臨時法制調査会関係
―第一部会状況報告

前回の総会に於きましては改正憲法附属法案の要綱案に付きまして中間的の御審議を煩はしたのでありまするが、改正憲法は愈〻議会の協賛を経まして本極りとなつた次第であります、そこで前回の議会以後に於きまして議会に於ける憲法審議の種種なる状況等を照応して、再び各部の会議を開きまして、前に出来ました所の中間決定法案に対しまして再検討を加へますると同時に、新に皇室関係等の要綱案をも追加を致しまして今回答申案の全部に亙つて大体の成案を得た訳であります、そこで玆に今日第三回の総会を開きまして、其の答申案の最終御審議を煩はしたいと云ふ次第であります、改正憲法案の公布も間近に迫つて居りまして、政府に於きましても附属法案の立案準備も愈〻本格的に急がなければならないやうな時となりましたので、此の際御忙しい時に恐縮とは存じまするが、一つ十分御尽力を御願ひ致したいと存じます

そこで是より議事に入りまするが、議案が非常に沢山ありまするので、其の議事の進行の順序に付きましては此の調査会の部会が幾つもありまするが、其の順序に従ひまして議事を進めて行きたいと考へて居りまするが、唯第三部会は部会長の御都合もありまして、最後に廻すことと致しまして、結局順序と致しましては第一部会、第二部会、第四部会それから第三部会と云ふ順序で進めて行きたいと思つて居ります、さうして又実は此の調査会に充て丶居りまする日取は、今日と明日との二日でございますが、第三部会の議案が非常に沢山ございまするので、それに対して幾分多くの時間を割かなければならないと思ひまするし、旁〻相成るべくは本日中に第一部会と第二部会と第四部会の諸問題が此の会議に於きまして議了願へまするならば、非常に好都合であり、明日ゆつくり第三部会の方の複雑なる諸問題の御審議を煩はすことが出来ると存じて居ります、是は唯希望でありまして、別にそれ以上の意味を持つて居る訳ではございませぬ、そこで先づ各部会毎に最初に部会長から審議の経過の御報告を御願ひ致しまして、それから大体に於て各案件毎に議案の朗読を致しまして、次いで質問討議、最後に採決と云ふやうな、先づ恒例の順序に従つて進行したいと存じて居ります、そこで先づ第一部会関係のもの、換言致しますれば皇室及内閣関係のものに付て審議を進めたいと思ひます、第一部会長より経過の御報告を御願ひ致したいと存じて居ります

○第一部会長（**関屋委員**）　第一部会の経過は大体既往の総会に於て一応の報告を申上げてありまするが、更に其の後の審議の状況を中心と致しまして全体的の御報告と致したいと考へます

御承知の通り第一部会の担当になつて居りまする事項は皇室関係の法案と内閣関係の法案と云ふことになつて居るのでありまするが、内閣法以下の行政関係法案の要綱は大体の成案を得て八月

の第二回総会に中間報告として各位に御報告も致し、且つ一応の御審議を願つた訳でありまするが、皇室関係の法案の要綱は、当時諸種の事情に依りまして成案として報告を申上ぐるまでの運びに至つて居らなかつたのであります、従つて今日初めて部会の調査研究の経過並に結論を御報告申上げ、要綱案の御審議を御願ひする次第であります、就きましては是より皇室関係法案の要綱案の立案の経過を稍〻詳細に申上ますると共に、内閣関係の法案の要綱案に付きまして、其の後多少変更を加へた点もございますまするから、それ等の点に付きまして前回の報告と重複する点があるかと思ひまするが、概略の御報告を致したいと思ひます

第一に皇室典範案要綱、皇室典範は第二部会担当の法案中に於きましても最も重要な案件と致しまして、十分慎重を期せねばならぬと心得て居りました。七月以来部会又は小委員会を度度開催致したのであります、凡ゆる観点から関係委員幹事各位が終始非常に御熱心に慎重審議を重ねられて参つた次第であります、御手許に配布致しました皇室典範要綱の構想に付きまして申上げまると、第一は改正憲法の精神を十分に汲入れまして、皇室の制度を新事態に最も良く適合するやうに合理化することであります、第二は天皇の国務上の御地位の変化に伴ひまして、皇室に対する法律上の特別の取扱いは縮小せざるを得ないのでありまするが、国民敬仰の的と致しまして皇室の尊厳と皇統の護持と云ふことに付きましては遺憾ないことを期するの二大基本に依りまして、（一）新に法律の形式に依りまして制定せられまする皇室典範の中に規定すべき事項は、原則として皇位継承と摂政とに関し必要なる事項に限ることと致しまして、現行の皇室典範に規定せられて居りまする其の他の事項は、新なる皇室典範の中には規定しないのであります、（二）には、皇位継承と摂政とに関し必要なる事項に付きましては、現行の原則に大なる変更を加へないと云ふ建前の下に要綱案は出来上つて居る次第であります、右要綱案が纏まりまするまでの間に関係の委員幹事の口頭又は文書を以て開陳せられました幾多の御意見は、何れも深遠な蘊蓄と省察の結果とを傾けられたものでありまして、誠に貴重なものでございます、茲に其の逐一を御紹介する時間の余裕のないことは甚だ遺憾でありますが、特に重要な点に関して少しばかり申上げまして各位の御参考に供したいと存じます

（一） 先づ第一に皇室典範は改正憲法の下に於きましては、其の形式は普通の法律の形を取ることになるのでありまするが、其の内容は皇位継承、摂政と云ふやうな憲法的な事項を規定する国家の基本に関するものであるから、其の規定に出来るだけ安定性を持たすことが必要である、それが為には将来の改正に関する特別の立法手続、例へば三分の二以上の多数決に依らなければならぬと云ふやうな意味でありまするが、其の立法手続

を典範自体の中に規定する必要があるのではないかと云ふやうな説が有力に主張せられたのであります、至極御尤もの考へと思ふのでありますが、又他面改正憲法の条規に照らしまして、右のやうな特別の立法手続を憲法に依らずに法律で規定すると云ふことは果して可能であるかどうか、所謂違憲の法律と云ふことになる虞はないかと云ふやうな疑ひも多分にあるのであります、そこで要綱案と致しましては直に之を採用するに至りませぬでしたが、今後の具体的立法の際に政府の方で十分御研究を願ひたいことを希望する次第であります

次は皇位継承に関連致しまして、女帝を認めるべきか否かと云ふ問題は極めて重大なる論点でありまして、少数委員より致しまして之を主張せられたのであります、皇統が男系の男子に依つて継承せられます従来の原則に対しては異論は存しなかつたのでありまするが、唯改正憲法が両性の本質的平等を強調して居ります精神に照らして見ると云ふと、如何なる場合にも女帝を認めないと云ふ建前は聊か考慮の余地がありはしないか、順位は勿論男子に対して後れるとしても、少くとも制度的には女帝を認めることにするのが妥当ではないかと云ふやうな説が問題に供せられたのであります、併しながら我が国肇国以来の万世一系と申しますのは男系に依るものでありまして、此のことは歴史上に於きましても客観的事実でありまして、女帝は唯皇位世襲の観念の中には含まれて居ないと云ふことも申し得ることと思はれるのであります。斯様な次第で女帝に依る皇位継承は認め難いと云ふのが部会の結論でありました、従つて女帝を認めざる以上は、仮に女帝を認めましても其の子孫が皇位を継承されることは不可能でありますから、単に女帝の御一代だけ本系の継承者たる男子に依る皇位継承を繰延べたに過ぎないと云ふ結果になるのであります、事情斯くの如くでありまする と共に、他面改正憲法の所謂男女同権の原則と云ふものは、国民に遍く適用せらるゝのでありますが、日本国の象徴たる地位と云ふ特殊性に依る特例は当然予想し得られるものと解し得るのでありまして、皇統を継承するものは男系の男子に限ると云ふ従来の原則を堅持することの結論に達して居る次第であります、第三に、皇位継承の原因を天皇の崩御に限ると云ふことに対しまして、天皇が自ら御退位をせらるゝと云ふ場合には、事情に依つては之を認めることが必要ではないかと云ふやうな説が論議に上つた訳であります、或委員より此の点に付きまして、天皇の地位に鑑み皇統に属する男系の男子として天皇の地位に御着きを戴いたと云ふ以上責任を果して戴く為には常に終身其の他〔地〕位に留つて戴くことが必要であると考へられること、又歴史上から見ましても御退位を認めることに依りまして種々の混乱を生じ、又所謂上皇制度のやうなものに伴ふ弊害の生ずる虞があり、御退位のないことが皇位継承を安全ならしめ皇統を護持

〔資料71〕　臨時法制調査会第三回総会議事速記録（昭和21年10月22・23・24日）
―皇室経済法案要綱案

する所以であること、又現実の問題と致しまして従来と甚だしく異つた原則を法文に掲げることに依りまして、現実事態に対して諸種の憶測と雰囲気とを生ぜしめまして、困難な事態を招来する虞があることなどの見地から致しまして、此の問題を解決して従来通り皇位継承の原因は天皇の崩御のみに限ることに相成つた次第であります、次に要綱案では摂政の設置と皇位継承順序及び摂政就任順序の変更案は、皇室会議の審議を経て之を決することになつて居るのでありますが、之に対しまして右のやうな事項は国の大事でありますから、国権の最高機関である所の国会の議を経ることとしてはどうかと云ふ意見を述べられたのであります。併しながら国の大事には相違ないのでありまするが、事柄が極めて具体的に特定の皇族の身上に関する問題でありますので、之を国会のやうな大規模の組織を持つた而も一般的政治的問題の基本を論議決定する機関が取上げることは妥当でない、併しながら各方面の代表とも考へ得られるやうな委員少数を以て構成する機関の審議に付することを適当とすると云ふ結論を得たのであります、以上が皇室典範要綱案の第一部会に於ける審議の経過の概略であります

次に皇室経済法案要綱案に付て申上げます、皇室財産及び皇室経費の問題に付て御報告申上げます、第一部会と致しましては此の問題に付きまして早くから皇室財産法及皇室経費法の二本建と致しまして、関係委員幹事の間で研究を進めて居つたのでありますす、御承知の如く改正憲法草案中の要綱に付きまして議会に於て修正の情勢が見えました為に、実は中途で部会としての研究調査を中断して、議会の議了を待つことに致したのであります、其の後議会の修正の結果を見るに至りまして、原案に比較して憲法の皇室財産法及経費に関する事項が寧ろ簡潔なものに相成つたのであります、そこで財産法、経費法の二本建を統一して御手許に配布致しましたやうな皇室経済法案要綱として之を取纏めた次第であります

今要綱の内容を概略申上げますと、第一に改正憲法の規定に依りまして総て国有となりまする従来の皇室財産の中、皇室が引続き直接使用せられる財産は国有財産としての皇室用財産として取扱ふことと致しまして、其の取扱の基本的事項を定めると云ふことに致したのであります、二は皇室の財産の授受に付きましての国会の議決に関する事項を定めたのでございます、三には皇室経費として内帑金、宮廷費及び皇族費、是は仮に名づけた名前でございますが、此の皇室費の項目区分を定めて各項目毎に経費支出の基本的事項を定めると云ふことが大体の内容であります、尚皇室経費に関連致しまして皇族が其の尊厳を維持せられまして、国民敬仰の的として御恥しくないやうな制度を打立つべきものであり、殊に今後は皇族にも課税方針が取られて、今後資産上必ずし

も御裕福と申すことは出来ないと云ふことの状況の生ずることも考慮に入れなければならぬのでありますから、殊に又其の公的の御地位に鑑みまして国より皇族に対して、殿邸を支給して、且つ之が維持に必要な通常の経費を国家が負担することと致したいと云ふやうな希望意見もあつたのであります、若し之を実行すると云ふことになりますれば法律の根拠が必要であると云ふ結論になりますれば、皇室経済法の実際の立法化に当つて規定を設けられたいと云ふ御希望が述べられて居ります、要綱案には掲げられて居らないのでありますが、御参考までに御報告申上げて置く次第であります〔ー〕皇室関係のものはそれだけでありますが、三には内閣法案の要綱に付て申上げます、内閣法案の要綱に付きましては前回に中間報告と致しまして提出致しました案の内容に何等の変更をも其の後加へて居りませぬ、部会と致しましては大体それで宜しかろうと云ふことを考へて居るのでありますが、尚此の機会に慎重御審議を煩はしたいと存じます、尚部会の希望意見は既に御報告致して居りまするが、此の機会に其の主なるものの要旨を又重ねて申上げて御参考に供するものも必要ではないかと考へて居ります、即ち内閣法を制定せられまする機会に於きまして、一つは、総理大臣が行政の首長としての任務遂行に遺憾のないやうな態勢に置くと云ふが為には、之に各種の雑多な行政事務を担当せしめると云ふことを成べく避けるやうにしたいと云ふこと、其の意味に詰り内閣総理大臣は最も緊要なる国の大方針を考へて居て戴きたい、従つて内閣総理大臣の身辺が余り多忙であると云ふことは宜しくないと云ふ考であるのであります、又次には斯う云ふ希望もあつたのであります、法制局のやうな内閣の補助機構を十分強化せられまして、或は更に一歩を進めて法制、予算、企画、人事行政の統轄、行政監査と云ふやうなことに付ても此の機構に掌らせるやうに致しまして、さうして国政が円滑にして且つ強力に運行するやうにしたいと云ふことに付て特別な工夫を廻らして貫ひたいと云ふやうな希望もあつたのであります、是は只今申上げた所謂成るべく雑多な仕事をしないと云ふこととはちよつと一見違ふやうでありますが、必ずしもさうではないのでありまして、若し此の両方が幸に調和して行けば誠に結構と思ふのであります

次は行政官庁法案の要綱であります、此の要綱に付きまして申上げまするが、前回の中間報告の際には、中央行政官庁法案と地方行政官庁法案との二つに分けまして要綱を立案して居つたのでありますが、其の後政府に於かれまして地方制度に付ては相当画期的な改正法案を第九十議会に提出せられまして、議会に於て相当なる修正を加へて其の確定を見ましたのであります、其の結果普通地方行政官庁たる都道府県庁に依る行政が其の性格を一変することに相成りまして、地方公共団体として行政に主眼が置かれ

ることとなりまして、行政官庁としての性格は遥に後退することになつて居ります、さう云ふ訳でありますから之を主なる対象として地方行政官庁法を制定することは、最早甚だ意義が乏しくなりましたので、曩の中央行政官庁法案要綱を改めて行政官庁法案として、之に地方に於ける行政を担当すべき地方官衙に関しまして必要なる根拠を明にすることに改めました次第であります、斯う云ふ訳でありまして、其の事情を御了察願つて、之に付きましても更に必要なる審議を御願ひ致したいと思ふのであります

最後に官吏法案要綱でありますが、此の要綱案も部会案を曩の総会に於て一応御決定を見たのでありまするが、更に研究の結果前回の決定の案の方向に従ひまして稍〻之を具体的に明瞭ならしめると云ふことを適当と存じまして本日御配布を致したやうな案を得たのであります、其の内容に付きましては大いなる変化はないのであります、殊に官吏の服務と云ふことに付きまして稍〻詳細なる項目を添へてあるのでありまして、十分に御覧を願ひたいと思ひます、即ち改正憲法の第十五条の精神に則りまして官吏服務紀律を全面的に改正して官吏たるべき者が践むべき大道を、法律を以て明示せらるゝことと致したい趣旨から其の基本となるべき要目を要綱中に新に挿入致したのであります、其の重要性に鑑みまして是れ亦総会として十分に御審議を希望致す次第であります

以上甚だ不完全でありまするが、第一部会の経過の報告と致したいと思ひます

○議長（金森副会長）　部会長の御報告を傾聴致しました、御報告になりました各種の案件に付きまして順次議事を進めたいと存じます、そこで先づ第一部会長の御報告になりました中で、皇室典範と皇室経済法の各〻の要綱案を議題に供したいと思ひます、議案を幹事から朗読して貰ひたいと思ひます

〔鮫島幹事朗読〕

皇室典範改正法案要綱（案）

一、皇位継承

（一）　皇位は、皇統に属する男系の嫡出男子が、これを継承すること。

（二）　皇位継承の順序及び順序の変更は、現制通りとすること

（三）　皇位継承の原因は、崩御に限ること。

（四）　胎中皇子の出生は、既成の皇位継承の効果に変更を及ぼさないこと。

（五）　改元の規定は典範より除くこと。

二、皇統譜

天皇及び皇族の身分上の事実は、皇統譜に登録する旨規定を設けること。

三、成年及び立后
（一）天皇、皇太子及び皇太孫の成年を十八年とすること。
（二）立后は、皇室会議の議を経ること。
四、敬称
陛下、殿下の敬称は現制通りとすること。
五、摂政
（一）未成年天皇のために置かれるものを除き、摂政は、天皇に重大な事故がある場合、皇室会議の議を経て、これを置かれるものとすること。
（二）摂政就任の順序及び順序の変更は、現制通りとすること。
（三）摂政は、その在任中刑事の訴追を受けないこと。
六、太伝
太伝の制は設けないこと。
七、皇族
（一）皇族は、太皇后、皇太后、皇太〔衍〕后、皇太子、皇太子妃、皇太孫、皇太孫妃、親王、親王妃、内親王、王、王妃及び女王とすること。
（二）嫡出の皇子及び皇孫は、男を親王、女を内親王とし、その他の嫡出の皇族は、男を王、女を女王とすること。
（三）皇族の婚姻は皇室会議の議を経て勅許さ〔せ〕られること。
（四）内親王、王及び女王は、勅旨又は情願があつた場合に於ては、皇室会議の議を経て、皇族の身分を離れること。
（五）皇族の身分を離れる王の妻、直系卑属及びその妻は、他の皇族に嫁した女子及びその直系卑属の外、同時に皇族の身分を離れること。他の皇族に嫁した女子も離婚した場合は、皇族の身分を離れること。
（五）皇族以外の女子で親王妃又は王妃となつた者が、その夫を失つたときは、情願により、皇族の身分を離れることができること。その者が離婚したときも皇族の身分を離れること。
（七）皇族の身分を離れた者は、皇族男子との婚姻によるほか、皇族に復することができないこと。
（八）皇族は、養子をすることがでないこと。
（九）皇族の訴訟及び懲戒の規定は典範より除くこと。
（十）皇族に対しては、皇位継承、摂政就任等に関するもののほか、一般法令の適用があるものと考へ、一般法令によるものは、典範より規定を除くこと。
八、皇室会議
摂政設置並びに皇位継承及び摂政就任の順序の変更等典範によりその権限に属せしめられた事項を審議す〔る〕ため、皇室会議を置くこと。
（一）皇室会議の構成員は、皇族二人、内閣総理大臣、宮内

府（仮称）の長、衆議院及び参議院の議長並びに最高裁判所の裁判官二人とする。

（二）皇族及び裁判官の会議員の任期は六年とし、半数づゝを三年ごとに、各〻成年男女皇族と裁判官のうちから互選する。

（三）召集者と議長は、内閣総理大臣を以てあ〔て〕ること。

九、その他

（一）即位の礼及び大喪儀に関し、規定を設けること。

（二）陵墓に関し、規定を設けること。

皇室経済法案要綱（案）

一、憲法により国有となる皇室財産中、皇室が引続いて直接使用せられる財産、例へば宮城離宮、京都皇宮、御用邸、陵墓等は、国有財産の一種皇室用財産として、これを認めること。

二、皇室用財産については

（一）その財産には収益を目的とするものを含まないこと。

（二）その編入並びに用途の廃止及び変更は、皇室経済会議の議を経ること。

（三）その他の事項については国有財産中法中の公用財産に関する規定を適用すること。

三、皇室の財産の授受のうち、通常の経済取引による財産の授受、別に定める一定価額以下の授受並びに調度（御身廻り品を含む、以下同じ）及び食饌に関する進献はその都度国会の議を経るを要しないこと。

四、前項以外の財産の授受のうち、内帑金による賜与及び別に定める一定価額以下の授受で皇室経済会議の議を経たものについても、亦前項と同じであること。

五、天皇、皇后、太皇太后、皇太后、皇太子、皇太子妃、皇太孫、皇太孫妃及び婚家しない未成年の皇子の財産に関しては、租税に関する法令を適用しないこと。

六、皇室経費は、これを内帑金、宮廷費及び皇族費（以上何れも仮称、以下同じ）に分けること。

七、内帑金は、天皇及び第五項に掲げる皇族に関する調度、食饌その他の内廷諸費をその内容とし、別に定める定額を以て国庫から支出すること。

八、宮廷費は、内帑金を除く宮廷諸費をその内容とし、年々の所要に応じ、予算に計上して、国庫から支出すること。

九、皇族費は、皇后、太皇太后、皇太后、皇太子、皇太子妃、皇太孫、皇太孫妃及び婚嫁しない未成年の皇子を除く皇族に対する年々一定額の支給をその内容とし、国庫から支出すること。

十、皇族費は、皇族各一人に対し、別に定める定額を基礎とし、親王、親王妃、内親王、王、王妃、女王、成年、未成年、既婚、未婚、摂政就任等の区別により年々の一定額を定めること。

十一、皇族が、皇族の身分を離れるときには、離れる皇族御一方の一定額の十倍以上十五倍以下に当る金額を国庫から支出すること。但し未婚又は未成年の王については、その成年既婚者となつたときの一定額を、未婚の内親王又は女王については、王妃の一定額を基準とすること。

十二、皇室経済会議の構成員は、内閣総理大臣〔〕宮内府（仮称）の長、大蔵大臣、衆議院及び参議院の議長並びに会計検査院長とすること。

十三、皇室経済会議の召集者と議長は、内閣総理大臣を以てあてること。

○**議長（金森副会長）**　只今朗読致しました二つの議案に付きまして議事の便宜から御質問なり御意見なり併せて御伺ひ致したいと存じます、質問と討議を同時に御願ひした方が便利だらうと考へます

○**三十六番（乾委員）**　皇室典範改正法案要綱の八の（一）、皇室会議の構成員、之には立法部、行政部並に司法部の中心人物と申しまするか、一番上の者が代表されて居るのであります、それは至極適当と思ふのであります、唯最高裁判所の裁判官二人とありますが、是は立法部の頭たる衆議員〔院〕及び参議院の議長、行政部の頭たる総理大臣に対して、其の一人として最高裁判所の長官と云ふことに規定する方が然るべきかと思ふのであります、実際に於ては同じやうなことになるかも知れませぬけれども、規定の形としては矢張り立法、司法、行政三部の一番上の者を以て重みを付けると云ふ趣意であるから、矢張りそれを明かにした方が妥当ではないかと思ふのであります、それと同じやうな趣旨で皇室経済法要綱の十二の皇室経済会議の構成員に関する規定でありますが、此処にも立法部の代表者、それから行政部の代表者は規定されて居りますけれども、司法部の代表者が入れられて居らない、是は何も内閣総理大臣や衆議院の議長等が経済会議の実質内容に付てのさう云ふ事柄に付て特に堪能であると云ふ風な趣旨ではなからう、矢張り重みを付けると云ふことが趣旨であらうと思はるゝのでありますから、それならば矢張り司法部の長官を一枚加へるのが然るべきではないかと思ふのであります、以上

○**井手幹事**　幹事から此の要綱に至りました考へ方を説明致しまして、只今の御意見に対する御答と致したいと思ひます、先づ最初の構成員の中に一人は最高裁判所の長にしたら宜しからうと云ふ御意見でございました、是は八の（二）に互選となつて居りまして、大体こちらの考へ方は最高裁判所の裁判官の中から互選して戴くと云ふやうに法文化には具体的に書かうと思つたのでありますが、出来るだけ衆議院、参議院の関係も、本当は此の為に議会を開いて戴いて、例へば二年なり三年なりと云ふ任期でそれ〴〵の時に、議長、副議長と云ふやうな本来議会を主宰すると云

ふやうな立場の人でなく、此の為に代表的な人を特に出して戴くと云ふやうなことが結構ではないかと云ふやうな考へ方もあつたのでありまするが、衆議院、参議院の方が其の為に特に召集し、又其の為に選挙をして戴くと云ふこともどうかと思ひまして、それで斯う云ふ風にしたのでありますが、出来るだけ裁判所の方は裁判所の全体の代表と云ふので、偶〻長になつて居られる方と云ふことでなく、最高裁判所の全部から二人と云ふやうな考へ方で原案が出来た次第であります

　それから皇室経済会議の構成員の問題でありますが、是は立法、司法、行政各部を代表すると云ふ考へ方を取つた時代もあつたのでありますが、問題が皇室の経済に関することでありまして、会計検査院とか大蔵大臣と云ふやうな仕事の内容に非常に関連の深い方を出すことが宜しいので、司法、立法、行政の各部門を代表して戴くと云ふ感じでない方が宜いと云ふので十二のやうな案に致した次第であります

○**議長（金森副会長）**　他に何か御質問なり御意見なりはございませぬか

○**七番（梶田委員）**　今の皇室会議の会議員の任期のことでありますが、任期は六年とし半数づヽ三年毎に互選する、皇族及裁判官の会議員は三年毎に半数づヽを互選すると云ふことになつて居りますので、第一期の裁判官及皇族の会議員は此の二人の中一人は三年と云ふことに当然なる訳でございますか、其の点ちよつと伺ひたいのであります

○**井手幹事**　只今のやうな第一期の問題に付きましては要綱には大きく謳ふ必要はないので、稍〻細目的のことになるので、具体的に立法化の時に十分に旨く行くやうに考へて、表からは落して居ります

（三十六）○**七番（乾委員）**　大抵さうであらうと思ひます、九の所に皇族の範囲のことが書いてございますが、此の範囲の中で王及王女に当られる方の限界と申しますか範囲は天皇からの親等はどの位の隔りまで認めると云ふやうなことに付ては、何か部会の方で御考慮せられたことでございませうか、ちよつと御伺ひしたい、結局皇統譜に載る御方と云ふことになるでせうか、皇統譜に載せられる方の範囲と云ふやうなことに付て何か考へられて居つたんでせうか

○**井手幹事**　皇統譜の方は寧ろ皇族の範囲が決まりまして、其の方が御載りになるので、皇統譜に載ればそれが皇族になると云ふ方でなくて、皇族になつて居られる方を皇統譜に載せると云ふ考へ方であります、如何なる所までと云ふと、形式的には何処で切ると云ふことではないのでありまして、内規を作りまして勅旨又は請願に依つて皇族の身分を離れて行くと云ふやうな（四）の取扱ひ方であります、是は皇族の方の数とか色々なことを考へまし

て内規が出来ますが、形としては永世皇族主義を採つて居る訳でありります、実際問題としては臣籍降下の問題もございますし、或は今後皇族の数等を考へまして、内容的には一つの決まりを作つて行かう、さうして表からは是は書かないと云ふ考へ方でございます、其の点は現行の制度も同じでございます

○二十七番（牧野委員）　摂政の刑事責任に関連してちよつと御伺ひして置きたいですが、是は現行法のやうになつて居りますが、之に付ては天皇の刑事上の責任と云ふものは憲法の解釈でどう云ふことになるでございませうか、それを一つ伺つて置きたいと思ひます

○幹事長（入江俊郎君）　天皇に付きましての刑事責任は憲法の新しい規定の解釈から致しまして、刑事上の責任は実際上帰せしむる途がないものと解釈して居るのであります

○二十七番（牧野委員）　それはどう云ふ所からそれを引出すことが出来ませうか、もう少し細かに御説明を願ひたい

○幹事長（入江俊郎君）　天皇の御責任に付きましては憲法の審議の途中でも色々両院に於て御議論があつたやうに考へて居りますが、私共として考へて参りましたのは、天皇が第一条の規定にありますやうに日本国及日本国民統合の象徴と云ふ特殊な地位を御持ちになつて居り、而も其の特殊の地位の憲法上の規定の背後に存在する所の日本国家の特色と云ふ風なものと関連させまして、それ等の考へ方を基礎とし、憲法的に申しますならば第一条の規定と云ふものを基に致しまして、天皇に其の尊厳を害するやうな責任を帰せしむることは出来ないと、斯様に解釈して居るのでありります、従つて現行の憲法のやうに神聖不可侵の規定がないものでありますから、それに付て色々御議論もあつたやうでありますけれども、私共は規定はありませぬけれども其の限度に於ては同様の結果になるものと考へて居ります

○二十七番（牧野委員）　それに関連して私は摂政の刑事責任に付ても寧ろ在任中訴追を受けることなしと云ふことでなしに、在任中の行為に付ては刑事責任を負はないと云ふ風にはつきりして置いた方が宜くはないかと云ふ風に考へます、今の幹事長の説明は御尤もとも思ひまするが、相当に是は骨の折れる御明説〔説明〕になつて居りまするので、従つて議会に於ては此の点に付て今御話の通り明文を設けて置いた方が宜からうと云ふ議論が相当にあつた位であります、それでも直接の明文がないものでありますから疑ひを生ずるものと言へば生じ得ないと云ふ訳には参りますまい、そこで摂政に付ては単に刑事上の訴追を受けないと云ふだけのことに止まりまするので、そこに議論の余地が存します、寧ろ此の法律で摂政は刑事上の責任を負はない、単に手続法上のことばかりではない、実体法上の責任もないのだ、斯う云ふ風にはつきりして置きまするとば天皇の関係に於てはそこに勿論解釈が出来

て来よう、斯う云ふ訳のものと思ひます、之を裏から申しますと、苟くも摂政が在任中の行為である、それを摂政を御止めになつてから後に訴追することが出来る、斯う云ふのは穏かでないやうにも思ひますし、それ〴〵相俟つて摂政は在任中の行為に付て刑事上の責任を負はないと実体法的にはつきり御決めになつたらどう云ふものかと思ひます、現行法上に於てもさう云ふ立法上の意見を持つて居りますが、斯う云ふ風に御評議になりましたものに付てはもう少しさう云ふ風に御改め下さつたら如何なものかと思ひますが、そこはどうですか

○**幹事長（入江俊郎君）**　其の点に付きまして此の案が出来まする時の色々な経過を私共が聞いて居りますのを申上げますと云ふと、牧野先生の仰しやるやうな考へ方も十分出来ると思ひますが、摂政は兎に角天皇でないことは申すまでもないことであります、且つ又天皇の行動を国務の面に於て代行するものであつて、普通の行政機関ではありませぬけれども、併し又新憲法の下に於ては一種の国家機関と考へられるであらうと思ひます、そこで此の摂政に付きまして今のやうな考へ方で行くが宜いか、或は又新憲法に於きまする国務大臣の訴追に関する規定がありますけれども、それと同じやうな考へ方で行くが宜いかと云ふことの、両方の考へ方があらうと思ひますので、摂政に付きましては矢張り憲法の国務大臣に付て、国務大臣は其の在任中内閣総理大臣の同意がなければ訴追されない、但し是が為に訴追の権利は害されないと云ふやうな規定があります、それと同じやうな考へ方を参考にしまして、摂政に付ての刑事訴追を受けない要綱が決つたもののやうに考へて居ります、是は一つの考へ方であつて、先生が仰しやるやうな考へ方も勿論可能と思ひますけれども、私が今申上げたやうな考へ方で此の摂政の訴追の関係の条項が出来上つたものと御了解願ひたいと思ひます

○**二十七番（牧野委員）**　折角斯う云ふ風に御決まりになつたものを、此の点に付てしつこくも申しませぬ、殊に現行法通りになつて居るものを此の際もつと強く改めて戴きたいと云ふことになるのでございますから、私も相当に遠慮をしなければなりませぬけれども、実体的にもまあ国務大臣の方は在任中逮捕されない訴追されないと云ふだけのことでございませうが、摂政は国務大臣よりも上のものと見て宜い、斯う思ひまするし、それに一種の形式上の理由が付きます、天皇無答責の精神が天皇の規定に依つてはつきりすると云ふことも考へられまするから、是はどうか御考へが願へれば有難いと思ひますけれども、賛成者がなければ致し方がございませぬが、委員諸君の御考慮を煩はしたいと思ひます

○**四十六番（山田三良委員）**　私は今の牧野君の御意見に賛成でありますが、出来ますれば摂政の規定に依つて反射的に天皇の方もはつきりすることになつて大変宜いと思ひますから、此の摂政

在任中は訴追を受けないと云ふことだけでなしに、其の行為に付て責を負はないと云ふ強い規定を設けた方が最も適当だと思ひますので、牧野さんの意見に賛成致します

○**議長（金森副会長）**　修正の御意見になる訳でありますか、牧野委員に御伺ひ致しまするが、今の摂政の所は仰しやるやうに修正をしようと云ふ御主張でありますか、それに対して山田委員が御賛成になつた訳でございますか、先程乾委員の仰せりなりました最高裁判所の長を以て此の原案の最高裁判所の裁判官と云ふ言葉に代はらせると云ふことと、皇室経済法の方の委員の問題に於ても最高裁判所の裁判官を加へると云ふことの御希望でありますか

○**三十六番（乾委員）**　矢張り修正の意見であります

○**二十七番（牧野委員）**　其の修正に賛成致します

○**議長（金森副会長）**　乾委員の御主張になりましたのが先のやうに思ひますから、それに付て決を採る段階になると思ひますが、もう一度御趣旨をはつきり御伺ひすることが出来ますれば結構かと思ひます

○**三十六番（乾委員）**　皇室典範の八二〔二に〕皇室会議の構成員の規定がありますが、色々此処に謳はれて居りますが、結局内閣総理大臣を玆に加へて、又衆議院議長、参議院議長を加へたのも、それは外にも理由はありませうが、結局重みを附けると云ふことが大きな意味ぢやないかと思ふ、さう云ふことであれば最高裁判所の長と云ふものを、是は改正憲法の趣旨に依つて見ても従来の大審院長よりももつと地位が上つて居り、本当に司法部の代表者でありますから、立法部、行政部の代表者が加はる以上、司法部の代表者が之と相並んで構成員となる方が役者が揃ふと思ひます、最高裁判所の裁判官二人とありますが、最高裁判所の長官及最高裁判最〔衍〕所の裁判官一人とするのが適当と思ひます、と云ふのは此処に総理大臣が規定せられ、衆議院、参議院の議長が規定せられるのは外にも理由がありませうが、主として皇室会議と云ふものに重みを附けると云ふことに重点を置いて居るのであらうと思ひます、果して然らば最高裁判所の長官をも総理大臣や衆議院議長並に参議院議長と相並んで此の構成員の一人とするのが妥当であると思ふのであります、それから皇室経済法案要綱の十二でございますが、此処には最高裁判所の裁判官とか長官とか云ふことは全然ない、是は矢張り内閣総理大臣、衆議院議長、参議院議長と相並んで司法部の一番の頭、即ち最高裁判所長官を一人加へるのが矢張り重みを附けると云ふ意味に於て妥当であると思ふのであります、此の理由に依つて此の修正案を提出する次第であります

○**議長（金森副会長）**　さうすると乾委員から御主張になり牧野委員の御賛成になりました今の修正に付て決を採りたいと思ひま

す、別々に分けて決を採る方が宜いと思ひます、皇室典範改正法案要綱の中の八の（一）の所に、原案に於きましては最高裁判所の裁判官二人とありまする所を、最高裁判所の長たる裁判官及最高裁判所の裁判官一人とする、斯う云ふ趣旨で字句は必ずしも熟して居らぬかも知れませぬが、今御話になりましたやうな趣旨でありますが、之も適当なる字句にそれに調和して改正する、斯う之を修正致しまして、尚（二）の中に之を関連する規安〔定〕が云ふ風に御提案の趣旨を解釈しまして、一つそれに付て皆様方の御意見を先に伺つてから決を採るのが宜いかも知れませぬが、若し決を今採つて宜いと云ふことになれば決を取りたいと思ひます、それでは今の乾委員の御修正案に対して賛成の方の御起立を願ひます

○**三十七番（有馬委員）**　今の乾委員の修正案に賛成と言ひますか幹事長の方の御考はどうでございませうか、御反対でございませうか

○**幹事長（入江俊郎君）**　まあ政府として反対とか賛成とか云ふことは申しにくいのでありますけれども、今の乾委員の御修正が多数の御意見として決まりますれば其の方の方向で立法することに努力することは政府として出来ようかと思つて居ります、但し之に付きまして本当の法案にする迄には色々関係方面と連絶〔絡〕する必要もありますから、此処に御決めになりました条項が最後の段階でどう云ふことになるかは別問題として、今乾委員の皇室典範に付て御述べになりましたことは、多数の御意見がさう云ふことであれば、其の方向に立法の際に努力することは出来ると思ひます

○**議長（金森副会長）**　それでは採決致します、乾委員の御意見に御賛成の諸君の御起立を願ひます

〔賛成者起立〕

○**議長（金森副会長）**　起立十三人、三十人の中で十三人でありますから少数でございます、従つて成立致しませぬ

次に皇室経済法の方に入りまして、乾委員の御修正の意見は皇室経済法の要綱の第十二の所に、皇室経済会議の構成員は内閣総理大臣、宮内府の長、大蔵大臣、衆議院及参議院の議長と云ふことになつて居るが、此処に最高裁判所の長官たる裁判官と云ふ一語を加へまして、それから、並に会計検査院長とすることと云ふ意味の御修正案と考へます、之に付きまして若し決を採るに熟して居りますれば決を採りたいと思ひますが、念の為関係者の御意見を伺ひますが、如何でせうか

○**五十番（加藤委員）**　此の皇室経済会議の委員は最初考へましたときは実は典範の方の会議と違ひまして極く軽い意味の委員会位に考へて居りましたので、審議致しますることも此処に書きました通りに皇室財産の何をどうするか、何をどうするかと云ふこ

とでございますから、典範の方の皇室会議との其の構成は無論変つても宜しいと思ひます、さう云ふ少し軽い意味で行政的に敏活に始終開くと云ふものでありますから、必ずしも最高裁判所の裁判官が入ると云つたやうなことは必要ないのではないかと考へて居ります

○**議長**（**金森副会長**）　外に御意見ありませぬか、それでは今の皇室経済〔法〕案の要綱の第十二の修正に付て決を採りたいと思ひます、修正案に賛成の方の御起立を願ひます

〔賛成者起立〕

○**議長**（**金森副会長**）　起立少数と認めます、それでは此の修正案は成立しないことになりました

次に牧野委員から御主張になりました皇室典範改正法案要綱の五の摂政と云ふ所の（三）の所に関する修正案でありますが、摂政はその在任中の行為に付て刑事上の責に任ずることのないやうにすること、斯う云ふ御主張と考へます、之に対して山田委員が御賛成になりました、如何でございますか、之に付きまして、御意見がございましたら先に御伺ひして、それから決を採りたいと思ひます

○**三十五番**（**松尾委員**）　皆さんに一つ伺ひますが、摂政の行為は天皇の行為と認める意味に於て今の御修正が出るのでありますか、若しくは天皇の行為と同じ意味に於ていけぬと云ふのか、私は実は此の摂政と云ふのは天皇でないから此の規定の方が寧ろ適当であると考へる者であります、其の意味に於てもう少しどう云ふ理由であると云ふことが伺ひたいのであります

○**二十七番**（**牧野委員**）　私は唯摂政の地位を重く見ると云ふだけのことに考へて居るのであります、摂政の行為は天皇の行為であるとかないとか云ふやうな法律上の難かしいことを離れて、兎に角摂政と云ふものは非常に重いし、我々の常識から考へても天皇に準じて理解して行くべきものと思ひますから、是は十分尊重して行く、それだけの趣旨でございます

○**三十五番**（**松尾委員**）　もう一つ伺ひたいですが、私は理論的に申しますと今の御話の重いから尚更此の方が宜いではないかと考へる者でありますが、今御説の通り重いから此の原案で適当でないかと考へるものでありますが、今の御説は其の地位、職務が重いから受けないと云ふことは、私の腹に入らぬ点であります、重いから此の原案が宜いと考えへる者であります

○**二十七番**（**牧野委員**）　是はまあ感じの違ひと云ふことになりませうが、逆に申しますると摂政が其の任務を御離しになつて、後になつて其の在任中の行為に付て訴追を免れると言ふやうなことは、どうも我々として忍びないことになるぢやないか、どう云ふ方が摂政におなりになるか、まあ摂政と云ふものはどう云ふお方かと云ふと総理大臣とか国務大臣と一緒に論ずると云ふよりも

矢張り重い、重いから何処までも無答責にして置けと云ふ趣旨であります、重いから訴追しなければならぬと云ふ理屈の方が私には理解が出来ないのでございます、是は感じの問題でございますから、どうも是以上議論は致しても仕方がないと思ひます、摂政の地位は非常に重いものでありますから摂政は総て無答責、先づ神聖にして冒すべからざるものと同様に扱ふ、斯う云ふのが私の考へ方であります

〇三十番（岡田委員） 牧野博士のやうに改めますと在任前の行為に付ては訴追を受けると云ふ風に取られますか

〇二十七番（牧野委員） 誠に御尤もでございます、其の点は今考へて居りませぬでしたが、無論それも含める必要がございませうから、在任前の行為に付ては刑事上の訴追を受けないし、在任中の行為に付ては絶対に訴追を受けないと云ふことにする必要があると思ひます

〇二十四番（宮澤委員） 只今の問題は原案の侭ではどうしてもいかぬと云ふこともないと思ひますが、又牧野委員の御修正のやうに改めて絶対に困ると云ふこともなからうと思ひます、結局僅かな相違の問題だらうと思ひますが、此の原案は現行法の規定を其の侭やつたのでありますから、原案は現行法を其の侭踏襲して居るやうに思ひます、現行法の下に於て摂政の置かれたこともございますけれども、何等其の点に関して懸念すべきことはないやうに思つて居るのでありまして、其の侭今回も御認めになつて少しも弊害はないではないか、特に此の際さう云ふ風に修正する必要はないと考へます、修正すると困ることになるとか何とか云ふことは決してない、修正になりましても別にどうと云ふことはないのでありますけれども、折角部会で審議されて現行法通りの規定が出来ましたものを、特に此の際さう云ふ方向に改めると云ふことは必要ないやうに考へますけれども、如何でございませうか、結局修正案に反対の意見を申したいと思ひます

〇二十七番（牧野委員） 同論を繰返しては誠に相済みませぬが、先程私が御断りしたやうに、現行法通りのことであるから強くは主張しないと云ふ所まで申しましたが、私の議論をするのには実体上の議論の外に形式上の一つの考へ方があつた、それは天皇無答責と云ふ原則を憲法に掲げるべきであると云ふことを私は相当に強く主張した、けれども政府は肯き入れなかつた、其の理由は法制局長官の御話のやうなことであつてそれでは其の位なら憲法ではつきりする方が宜いと思つたのであります、そこで此の摂政に付ても私の申すやうに修正して置けば天皇の憲法上の関係が法律に依つてでありますけれどもはつきりすると云ふ風に私は考へたのであります、けれどもまあ是で宜いぢやないかと仰しやれば是で宜いし、摂政を置かれた時に此の規定で差支なかつたではないかと仰しやいますが、此の規定が適用されるかされぬかと云ふ

ことは殆ど想像の出来ないことで、是はどうも摂政が置かれた時にそれで差支なかつたかと云ふだけの理由では、それは少し私承認し兼ねますが、理論は観念的なものと致しませう

○四十六番（山田三良委員）　もう議論は尽きて居りませうが、一言附加へさして戴きます、私が牧野説に賛成致しましたのは今牧野君から説明のありましたやうに、本来新憲法に於て無答責の原則を規定せられることを私共衷心から希望して居つたのであります、併し政府の御解釈に依りまして、さう云ふ規定がなくともさう云ふ結果を収めることが出来ると云ふ御解釈でありますから、先づ其の御解釈に信頼致しまして憲法にさう云ふ規定を掲げると云ふ修正案を出さなかつたやうな次第でありますが、本来はさうあるべき筈と信じて居つたのであります、今其の政府の解釈は無論其の通り行きませうけれども、併し何分法文がないものでありますからどう云ふ解釈が出ないとも限りませぬことになりますから、さう云ふ際に摂政の此の規定に於きまして在任中の責任を負はれないと云ふことが明かになりますれば、其の場合或は其の拡張解釈と致しまして天皇の無答責と云ふことがはつきりとして来ますから、政府の御趣意がそれが為に益〻貫徹することになりますす、其の意味に於て特に玆にさう云ふ規定を置いて戴きたいと云ふので、摂政の御行為に付て是だけの規定で十分であるからと云ふ議論でないのでありまして、憲法の天皇に対する無答責の解釈の一つの根拠として、斯う云ふ規定を置かるゝことを切に希望する次第であります、是だけを申上げます

○四十三番（古島委員）　牧野さんの御意見と法制局長官の御意見とは本質的に違つて居ると思ひます、牧野さんの御意見に依れば摂政が在任中の行為は全然責任がないと云ふ前提になつて居る、法制局長官の御意見は責任はあるのだか僅に訴追を受けないと云ふだけであります、さうしまするとは是はどちらでも解釈で宜しいと云ふやうな簡単な問題ではないと私は信ずるのであります、そこで摂政中の行為を責任のある行為と云ふことに解釈をして、摂政が終つたならば刑事訴追を受けるかも分らぬと云ふことになります、斯うなると一大事でありまするから、是はどうしても牧野さんの御意見のやうに摂政在任中は責任のない行為である、斯う云ふことを明にする必要があると思ひます、そこで此の修正案に対しては牧野説に賛成致します

○議長（金森副会長）　大体御意見も出揃つたやうでありますから決を採りたいと存じます、それでは牧野委員からの御主張の修正案は要するき〔に〕摂政に関する規定の（三）の中に、摂政は其の在任中の行為に付き刑事上の責に任ずることのないものとすること、更に加ふるに摂政が在任前の行為に付ては其の在任中刑事上の訴追を受けないと云ふ風に了解して居りますが、此の二点を以て（三）を修正すると云ふ趣旨であると存じます

〔資料71〕　臨時法制調査会第三回総会議事速記録（昭和21年10月22・23・24日）
—天皇の刑事責任

○十七番（林連委員）　若し牧野委員の説に決定されました場合に於て某方面の了解は得られる御見込みでありませうか、それを御尋ね致します

○幹事長（入江俊郎君）　其の点に付きましてはどうもちよつと予測して申上げることが困難かと存じます、唯まあ私は幹事長として意見を述べるのは差控へた方が宜いと思ひますが、只今の考に依りますと在任中の行為に付ては訴追を受けないと云ふばかりでない、兎に角摂政である間やつた行為は全く責任がないと云ふことになる訳でありますから、一体行為自身は摂政自身の行為である、効果は天皇がおやりになつたのと同じでありますが、責任を負ふか負はぬかと云ふのは、摂政と云ふ天皇でない御方であります、所が摂政に付て偶〻其の地位にある点に付ては、天皇と同じにすると云ふ訳でありますから、さう云ふことが新憲法の考へ方から言つても関係方面に説明をする時に素直に呑込んで呉れるかどうかは疑問に思つて居ります、其の程度に申上げて置きます

○三十五番（松尾委員）　今四十三番からの御意見がございましたが、憲法の意味を此の条項に於て明確にすると云ふ意味のやうでありますが、是は今の御話の通り重大な問題であります、国務大臣として憲法上の問題を再三御答弁になつて居りますが、其の点の関係を承りたいのであります、それに依つて自分の説を考へ直す必要があると思つて居ります、唯私は先程申したことは先程申した通りでありますが、併しながら今のやうな問題になれば更に考へて見なければなりませぬが、それは憲法の説明の国務大臣としての御意見を伺ひたいと思ひます

○議長（金森副会長）　会長として申上げる訳ではございませぬが、他の資格に於て私の発言をせよと云ふ意味の松尾委員からの御請求でございました、従つて会長に非ざる人間の意見を申上げたいと思ひます、改正憲法に於きまして天皇が刑事上の責任があるかどうかと云ふことは、文字の上に於きましては何等の規定がないのであります、併ながら国の象徴として天皇の御地位が定つて居りますことには無限の含蓄があるのでありまして、若しも天皇に対しまして刑事責任を負はすが如き趣旨であるならば、斯様な象徴と云ふことはそれ自身瓦解すると云ふことにならうと存じます、従つて此の憲法に天皇の刑事責任の規定のないことは寧ろ自明のことであるが故に書かないので、一体憲法の下に天皇無責任の規定を置くのは寧ろ薄情な規定であります、薄情と云ふのは天皇の御地位に付て十分な理解を持たざることの結果としての意味がある、若し天皇の御地位が我我の信ずる如く国の真の象徴であり、之に対して国民が結合の中心として仰いで行くと云ふ根抵があるものと致しますれば、規定があらうがなからうが天皇は刑事的無責任であると云ふ解釈が生れなければならぬものと思つて居るのであります、さうして此の憲法改正前、即ち現行憲法の下

に於きまして憲法学者の若干の方々の意見は天皇神聖不可侵と云ふことは自明の理である、唯之を念の為に憲法の下に文字に書いて置いたに過ぎない、斯う云ふ風な御説明が確にあつたと記憶して居ります、私共も精神に於ては左様であらうと思つて居ります、今回の憲法改正に於きまして天皇の御地位は憲法の規定の文字に於て著しく変つたと云ふことは固よりでありますけれども、併し国の国民結合の中心として万代不易の御地位を認めると云ふことになり、而して此の皇位の御継承に付きましても、特別なるさう云ふことに関連しての規定を設けてないと云ふやうな趣旨でありまして、大体国民的な判断と云ふものは其の点に於て変る所はないと考へて居ります、斯う云ふ趣旨のことをもう少し外の言葉を以て私は議会で説明をして置きました、尚其の外にも若干敷衍的なことも申しましたが、根本はそれであります、そこで摂政の地位でありますが、摂政は申すまでもなく天皇とは違ふのであります、国の中に於て国の象徴たるものは天皇のみであります、其の外の総ての人は如何に其の地位に権威があるにしても、天皇になりになる可能性があるとか或はおなりになる可能性がある者と非常に密接な関係にあられると云ふことはありますけれども、天皇御自身でないことは一点の疑ひもありませぬ、従つて斯様な方に当然に刑事無責任と云ふ考へ方がある訳ではない、又立法的な考へ方から申しまして、之に対して刑事無責任と云ふやうな考へ方を作るのは稍〻度を越した考へ方ではないかと考へるのであります、尚摂政の地位を置き換へると云ふことは、此の皇室典範の中に出来て来るのでございますが、天皇の御地位を置き換へると云ふことは皇室典範は少しも予測して居りませぬ、摂政は重大なる事由があるならば、其の御順位を変更する、即ち現在の摂政の方が御退任になつて新なる摂政の方が御就きになると云ふことも、此の皇室典範の改正に於ては恐らく予想せられて居ることと存じて居ります、其の点で見ましても非常に天皇の御地位に対する考へ方と摂政に対する考へ方とは違ふのでありまして、もつと露骨に申上げますれば摂政たる方に政治上の過失がありましても、それは矢張り皇位継承とは違ひまして、摂政の順位を変更にすると云ふ結果が起つて来ると思ひます、さうしますれば刑事上の責任に付きましても違ふと云ふことになつても相当の理由があると思ひます、是は唯御尋ねに依りまして此の席から申上げることでありまして、会長とは全然関係はございませぬ、左様な意味に御聴き取りを願ひたいと思ひます

そこで今度は会長の立場として申上げますが、もう決を採つて宜しいと思ひますけれども、只今の牧野君の御主張の修正案に付て御賛成の方の御起立を願ひます

〔賛成者起立〕

○**議長（金森副会長）**　三十六人の中十三人でございますから起

立少数と認めます、それでは其の修正案は成立致さないと認めます

他に此の議案に付きまして特別な御意見がないと致しますれば、此の二案に付きまして御賛成かどうかと云ふ点を御確め致したいと思ひます、二案を一括してと云ふのも少し無理かと思ひますので、皇室典範改正法案要綱に付きまして如何でございますか、御異議ないものと認めて宜しうございますか

〔「異議なし」と呼ぶ者あり〕

○**議長（金森副会長）** 御異議ないと認めます、是は原案通り議了願つたことに致します、次に皇室経済法案の要綱に付きまして御意見を伺ひたいと思ひますが、御異議ございませぬか

〔「異議なし」と呼ぶ者あり〕

○**議長（金森副会長）** 御異議ないと認めまして是は議決されたものと致します、それでは時間が十二時十分過ぎになりましたので一応休憩を致しまして、食事の時間と致しまして、午後は一時十分から更に此の会議の御継続を御願ひ致したいと存じます

午後零時十分休憩

午後一時十分開会

○**議長（金森副会長）** 午前に引続きまして会議を続行致します、午前は二つの案を了りました、今度は内閣法案と行政官庁法案との各〻の要綱を一括して進行を致したいと存じます、幹事から議案の朗読をして戴きます

〔鮫島幹事朗読〕

内閣法案要綱（案）

一、内閣は、首長たる内閣総理大臣及び　人内の国務大臣を以てこれを組織すること

二、内閣総理大臣は、国務大臣の中から、各省大臣を命ずること

三、内閣総理大臣に故障あるとき（欠けたときの暫定的の場合をも含めて）は、内閣総理大臣の予め指名した国務大臣が、その職務を代理すること

四、主任の国務大臣に故障あるとき（欠けたときの暫定的の場合をも含めて）は、内閣総理大臣又はその指名する国務大臣がその職務を管理すること

五、内閣の職権に属する事項は、すべて閣議を経ること、但し、閣議を以て、これを内閣総理大臣又は主任の国務大臣に委任するを妨げないこと

六、主任大臣間の権限について明瞭でない場合のその決定及び意見不一致のある場合のその裁定は、閣議を経ること

七、各大臣は、その所見により何等の件を問はず、内閣総理大臣に提出して閣議を求めることを得ること

八、内閣に内閣官房、法制局その他政令を以て定める必要な機構を設けること

I　臨時法制調査会関係
—内閣法案要綱

行政官庁法案要綱（案）

一、行政官庁は、行政官庁に関する一般法とすること

二、本法では、現行の各省官制通則中中央行政官庁の組織及び権限の基本に関する事項を中心とし、これに各省の外局、地方官衙、各省の管理又は監督する官庁、委員会等の設置その他必要な事項を規定するものとすること

　本法中必要な規定は、内閣総理大臣を主任とする行政事務に関してこれを適用すること

三、以上の方針により、本法は凡そ次の如き事項を規定するものとすること

(1)　本法の適用せられる各省の名称及びその所管事項の大綱

(2)　各省大臣の主任事務についての責任

(3)　各省大臣の主任事務についての法律及び政令の制定改廃の発動

(4)　各省大臣の命令制定権

(5)　各省大臣の地方庁に対する指揮監督権

(6)　各省大臣の所部の官吏の身分に関する権限

(7)　大臣官房、局部等各省の省務分掌の基本機構

　大臣官房、局部等について、その分掌事務の政令への委任

(8)　各省に置かれる職員の官名及び職掌

　各省に置かれる首脳職員以外の職員の定員及び特別な職員の設置の政令への委任

(9)　各省の外局、地方官衙、各省大臣の管理又は監督する官庁、委員会等の設置、権限等の政令への委任

(10)　(2)乃至(5)及び(9)は、法律又は政令により、内閣総理大臣を主任とする行政事務に関してこれを適用すること。なほ内閣総理大臣に普通行政事務を擴〔担〕任せしめることは、なるべくこれを避けること

　前項の事務分掌の機構及び職員等の政令への委任

○議長（金森副会長）　今朗読致しました此の内閣法案と行政官庁法案の各〻の要綱に付きまして議事を進めたいと存じまするが、質問と討議とを便宜上併せて行ひたいと思ひます、御意見なり御質疑なりを御願ひ致したいと思ひます、いきなり案を御廻したやうな形になつて恐縮でありますが、大体前からの一般の傾向に則つて居るのでありまして、多分趣旨を御承知と存じて居りますから、特別の御異議がなければ直に決を採る方向に進みたいと思ひますが、如何でございますか

〔「異議なし」と呼ぶ者あり〕

○議長（金森副会長）　それでは決を採ります、一つづゝ、内閣法案の要綱は部会長御報告のやうに決しまして宜しうございますか

〔「異議なし」と呼ぶ者あり〕

○議長（金森副会長）　御異議がないやうに存じますから可決致します

次に行政官庁法案の要綱に付て部会長の御報告通りで御異議ございませぬか

○三十五番（松尾委員）　斯う云ふことを伺ひたいと思ひます、地方庁と、此の案にあります各省の外局並に普通の言葉で言へば出先官憲とはどう云ふ関係であるかと云ふこと、一つ〳〵に申せば或は土地管理局であるとか、若くは教育部の支庁とか云ふやうなものとか、尚ほ御伺ひしたいのは、それは直接中央機関として指揮せらるゝことも御尤もでありますが、それと地方庁との関係をどうするか、もう一つ詳しく申しまするとと府県知事は公吏とする、斯う云ふことは申すまでもないことでありますが、それに付て官吏と云ふものと公吏と云ふものとは、是は観念的に考へて居る人もあり居らない人もある、さう云ふ風になると府県の行政と云ふものは一元化しない、のみならず現実の問題は政府はさう云ふものをより多く拵へようとして居る、拵へる度毎に地方の行政と云ふものは分科されて行く、であるから地方の行政は決して一元して居らぬ、今では地方官庁と云ふものは内務省が大体に於てやり、各省大臣は自己の担任事務の枠内に於て指揮監督をなすことは法規に定つて居るけれども、其の実質は内務省が之を統制して行政を執行して来た、然るに今日は我々が見て居ると、さう云ふ意識を持つて居るかどうか知らないが、外から見て居ればさう云ふ風な意識を以てなす如くに明かに想像し得る、さうすると地方官庁との連絡はどうするか伺つて見たい、それは今日までの思想と観念的なこととは変つて来ます、だから官吏は官吏、公吏は公吏、斯う云ふことになつて、そこに厳然と区別が立つて、地方行政の一元は寧ろ不可能であると言へるのであります、昨日か今日の新聞に出て居りますが、地方行政を尊重する意味に於て法制調査会に懸けると云ふことは説明がしてあつたが、それがどう云ふ意味か分らぬ、分らぬが事実に於ては尊重するどころではない、地方の官庁の権限を毎日々々詰めて行かうと云ふことを現実化して居る、是等の関係に於てどう云ふ考を持つて居るのであるか、此の案に付てどう云ふことが中に盛られて居るかと云ふことを伺ひたい

○井手幹事　只今松尾委員からの御話でございましたが、此の要綱自体にはさう云ふ「ポリシイ」は実は余り含めて書いたんではございませぬ、是は形式的なものが挙つて居りまして、此の中味にどう云ふことを入れて行くかと云ふことは、実体が決つてから如何様にもならうと思ひます、今御話の如く地方庁と云ふ一元的な綜合的な行政をやりたいと云ふことと、専門的な行政に付て専門的にやりたいと云ふ要求が絶えず両方要求されて居るのであります、各省、内閣と云ふものは此の調和と云ふことを絶えず考へ

て居りまして、只今御話のやうに特別官衙が無闇に出来ると云ふことに付きましては、政府自体に於ても之に対して可なり他の異つた観点から抑へて来たのであります、今後府県庁、府県知事と云ふものが官吏でない、所謂官吏以外の公務員になる、市町村と同じやうに自治団体が中心になりまして、自治行政をやる、固有事務と委任事務を持つて居る、其の上に市町村長が現在国家機関として働いて居ります如く、府県知事には国家機関としての働きを願ふことになると思ひますが、どうしても自治団体を根幹とした役所でありまするので、警察官の身分の問題とか、或は特に国自体の行政として保有しなければならぬ分に付きましては、従前より或は特別官衙が出来易いやうな傾向にあるのではないかと思ひます、勿論本案がさう云ふことを要求するとか、さう云ふことを否定すると云ふことではない、それは寧ろ自治団体法規の方が行政官庁である面を去りまして、自治団体の方を主にした結果さう云ふことになりはしないだらうかと思ふのでありまして、此の案の要綱とは関係ない、此の案は実は先日第二回の総会で御答申を戴いて居ります各省の管理監督する官庁と云ふ中に地方官衙が入るのでありまして、地方官衙を特に挙げたのは、所謂行政官庁と云ふものが今回府県庁や公共団体が基盤になりまして、それに国家行政を委任して行くと云ふ恰好になります結果、地方官衙と云ふことを特掲して行かうと云ふことを書いた次第であります、そこで学校関係の特別官庁と府県庁とがどうなるか、或はどん〳〵出来る特別官衙との関係はどう云ふ風になるかと云ふ点でございますが、学校庁と云ふやうなものが出来るか出来ないか、或は今後の中央行政のやり方、今度の自治団体法の修正された結果に付きまして如何なる特別官衙が出来るかは、今後政府部面で研究して実際化すると思ひます、其の点に付きまして十分に今松尾委員の御話になつたやうな点に付きましては政府で御研究になることと存じますが、唯本案としましては其の点に付きまして何も関係して居りませぬ、唯地方官衙とか各省の管理又は監督する官庁として沢山のものを作ろうと思へば出来るし、又少くしようと思へば少く出来ますが、此の要綱としては其の点に触れて居りませぬ、或は此の行政官庁法の要綱をやります機会に、松尾さんの御話のやうな特別官庁のやうなものを無闇に作ることは宜くないと云ふ意見を伺つて置きますれば、恐らく関係庁に於て十分尊重し、それを参考にすると思ひます、尚官吏と公吏との関係に付て御触れになりましたが、後に官吏法案の要綱も出ますので、其の時に必要があれば発言さして戴きたいと思ひますが、少くとも憲法では官吏と云ふものと官吏を含めたもつと広い公務員と云ふものの二つの概念を持つて居りますが、公務員の中には官吏でない公務員があると云ふことは前提であろうと思ひます、何れ後で議題になりまするが、官吏法の所に於きましての所謂公務員の中の

官吏のものだけを答申を戴いて居る訳であります

○三十五番（松尾委員） 地方官庁と云ふものは此の答申の中には入らないと云ふことはどうかと云ふことが一つ、先程からの御話を伺つて居ると、さう云ふことは委員の中に意見が出たらさう云ふことも考へるのであらうとか云ふやうな御話がございましたが、さうすると此の答申に依つては地方官庁の関係は入つて居らぬ、入つて居らぬがさう云ふやうな意見があれば考へるのである、斯う云ふことになると地方官庁と云ふものは何で決めるかと云ふことを伺ひたい、現実の問題として私は御説の中に頗る分らぬ点がある、分らないと云ふことはどう云ふことかと云ふと、地方官庁は入つて居らぬ、さう云ふことは詮議の時に入るであらう、さうするとそれに関係した者の自由意思に依つてどうにでもなるやうな風に私には聞えるが、それ程に地方官庁と云ふものを軽く見て居るかどうか、現実の問題としては知つて居られるか知つて居られぬか知らぬけれども、例へば米穀検査は国費で為すけれども府県知事に委して居る、所が現実の問題は之を府県知事から取つて中央の直接にして呉れろと云ふ要求がある、それはどう云ふ関係かと云ふと、今日米穀検査員と云ふものは供出の奨励もすれば或は増産の技術の奨励もして居る、さう云ふ大きな責任を持つて居るものを離すが宜いか離さぬが宜いかと云ふことは別に研究するとしても、さう云ふ要求が出て居る、さう云ふことになるのである、それから今教育庁が出来るか出来ぬかは未知の問題である、教育庁はあるとも何とも言はない、現実の問題としては土地管理局と云ふものは予算を取つて居るから出来るに決つて居る、其の外幾多のものがある、さうなると国の力を増して行くと、現実の問題として地方庁はどうなるか、それが此の案の中に入つて居ない、入つて居らなければ当局が任意裁量でどつちにでも出来る、そんな簡単なものでない、さう云ふ点に於てどう云ふことを考へて居るか伺ひたい

○井手幹事 私の説明が不十分でありまして十分に御了承を得なかつたかと思ひますので申上げますが、所謂普通地方官庁と云ふものは入つて居りませぬ、それが府県庁と云ふものが今回は行政官庁と云ふ面よりも公共団体と云ふ面で出来上る、それに対して現在の市町村に対する委員〔任〕とか或は市町村長に対する委任と云ふことで国家行政を委すのでありまして、特に行政官庁として取上げる必要はないと云ふので落してあります、而して然らば地方長官のやうな従前各省の部下と云ふのでなく、一つの独立した――勿論内務大臣の一般的な監督を受け、各省大臣の監督は受けて居りますけれども――各省の下級官庁とは違つた一国一城の主と云ふやうな地方行政官庁と云ふものは出来ませぬので、今後は財務局とか土地管理局とか鉄道局とか、どう云ふ名称になるか知りませぬが、各省から尾を引いた下級官庁の官衙のみでありま

す、詰り行政官庁としては作らない、自治国体法規の修正の結果さう云ふことに直した訳であります、地方官衙は是から出て行くのでありまして、必要があれば之に依つて作れる、実は幹事として御答へしたものでありますから、政府としての御意向を御聴きになるならば首脳の方に方針等は便宜御答へ願へるかと思ひますが、此の立案のことに参与した幹事としては左様に考へて居ります、若し政府の意向がうんと大きな中央官衙を作らう、或は余り作らないで置かうと云ふことは、要綱の二の地方官衙と云ふことから出て来るのでありまして、要綱の文句としては其の点は別段どつちにも制約されて居ない、教育の刷新が必要なりと云ふことになれば、或は教育刷新委員会と云ふものの答申を得て学区庁のやうなものが出来るであらうし、又警察に付ても委員会がありまして実体の研究をして居るやうでありますが、それは大きな中央行政事務局、警視庁のやうなものが必要とあれば作るであらうし、要らないとあれば作らないで全部地方庁に委せると思ひます、或は内務省の検察庁とか小さな警察官衙は此の要綱の二から出て来れる、此の二では各行政のそれ〴〵の中央官衙をどうしようと云ふことまでは触れて居りませぬ、是だけのことを申上げたのであります、尚斯う云ふ方向があるかどうか、それに対してどう考へるかと云ふことに付きましては政府の首脳の方から場合に依つては御答へを願ひたいと思います

○三十五番（松尾委員）　今地方官庁を除いたと云ふことの理由は私はよく分りましたが、分つた為に頗る重大な結果が出ると思ひます、それはどう云ふことであるかと云ふと、それは行政官庁でない、地方団体の庁と云ふか役所と云ふかさう云ふものである、それで此の案から全然除かれたと云ふことに付ては、さう云ふ意味で除いたと云ふなら別段に申さない、申さないが、さう云ふ考を以て是から官制を制定したり法律を編んで行くと云ふやうな考へ方が若しありとすれば、それは全く政治的に地方団体を対立せしむるものである、斯う云ふことになる、対立と云ふことは詰り地方団体と云ふものであるから対立も已むを得ぬ場合もあるのでありませう、ありませうが対立と云ふやうなことを根本に考へて法律を制定するなんと云ふことになれば、一層激しくなるに決つて居る、私が申さぬでも衆議院の希望条件に、官吏公吏の区別を廃して一体的に公務員として次の議会に改正案を提出するやうにと云ふことは、衆議院で立派に意見書が出て居ることは御承知の通りであります、然るにさう云ふやうな考を以て法令を制定して行くと云ふことになれば、それと同様に又国家機関の中の対立をする、斯う云ふことになる、併し私は以前のやうな中央集権に何物もくつ付けてしまふと云ふことは思うて居らぬ、申上げるまでもない、分権をすると云ふことは、是はもう前の大戦以後に於ける世界的の傾向であつて、私が申さぬでも分権と云ふことは、日

本が言ふのでもなければ何でもない、所が分権と云ふ問題になるとどう云ふことになるかと云ふと、今日までのことを理論的に言ふと中央官庁から自治体に対して、国の機関であるとして事務を委任すると云ふのではないと云ふ建前で論じて居つた訳でありまず、然るに拘らず此の度今の説明のやうなことで成立つとすれば、官吏に非ざる者には委任することは出来ない、勿論法律に決めれば委任出来ると云ふことになるかも知れませぬが、さう云ふ考へ方の根本が古いものだと思ひますが、そんな考を以て若し今後公務員法でも地方団体の庁を取扱ふと云ふことになるならば、それは国政を一元的にする点に於て恐るべき結果を招来するのではないかと思ひます、私は今それに付て答弁を求めようともしませぬが、此の案がそんな考を以て出来て居るならば以ての外の結果を見ると云ふことだけを申して置きます

○**幹事長（入江俊郎君）**　別に御答へ申上げる程のこともないと思ひますが、只今松尾委員の仰しやいました考へ方に付きましては、実は其の根本的方針は私共も同様でありまして、今まで幹事の方から御話したこともそれと矛盾して居るやうな所はないと考へます、唯法律制度の上から申しますと、申すまでもなく官治行政と自治行政とがありまして、それが集つて国の行政を形造つて行くものでありますから、そこで行政官庁法の中には府県と云ふものが完全な自治体になる以上は、其の組織は此処には掲げてない、併し行政全般が官治行政と自治行為と相補つて行はれて行く、謂はゞ車の両輪の如く密接な関係を持つて営まれて行くと云ふ気持で機構を作つて行きたいと思ひます、又先程御話がございましたやうな各種の地方官衙と云ふものをどう云ふ風に作つて行くか、是は色々な考へ方があると思ひますが、差当り憲法の施行されるまでの比較的短い期間に於きましては日本の行政機構を根本的に研究して、さうして一番良い制度を作ると云ふことも困難だと思ひますから、大体の考へ方としまして政府として考へて居ることを申上げますと、此の臨時議会若くは通常議会に於きまして、行政官庁法は成案を得ると思ひますが、其の場合でも大体は現在の組織を基にして或型を作つて行きたい、併しながら之に対しては先づ新生日本の進展の上に根本的検討を加へる必要があると思ひますので、是は先達も政府として発表して居りましたが、行政調査部と云ふ特別なる機構を考へまして、是は又特別に沢山の人を御願ひする訳ではございませぬが、現在の役人とか民間の有能なる人に集つて戴きまして、日本の行政組織、官吏制度の根本的の企画をしようと考へて居ります、是が大体一年位の中に完成しようと云ふ考へでありますから、其の方面で取上げて民主的な簡素なものに作つて行きたいと考へて居ります、此の行政官庁法の法案の要綱案としては、其の次の段階としてさう云ふものがあると云ふことを前提として行政官庁として必要のある部面を一般法と

して御考へを願ふと云ふことであります、此の運営の方法と申しますか、行政の持つて行き方、官庁組織をどう云ふ風にして行くかと云ふことは、松尾委員が考へて居られますことと、私共が考へて居る所とさう違ひがないやうに思ひますので、それだけ申上げて置きます

○三十五番（松尾委員）　御話はよく分りましたが、私は実は衆議院に於ける地方制度其の他の審議振りを読んで見ましても、私共の考へて居ることと違はぬやうに思ふのであります、私は実は根本問題としては官治行政と自治行政が新憲法の上に於てあるかないかと云ふことに付ては疑問を持つて居ります、殊に固有事務と委任事務と云ふことは、中央に集権する為に便宜上拵へたものであつて、そんな固有事務と委任事務と云ふものの限界は研究すればする程なくなるものであります、併し是は官治行政を維持する最大の理由として今まで持つて来た極めて古いものと考へて居ります、松尾の言ふことは必ず近き将来に於ては明かであると断言します、さう云ふ区別は新憲法の上に於てなくなると云ふことを断言して置きます、何故さうなるかと云ふと新憲法の上に於てさう云ふ区別をして対立的のことをなすと云ふことは、今後に於て寧ろあり得るべからざることであると思ふ、さう云ふことは意見になりますので止めて置きますが、今御話のやうな意味に於て私の御尋ねしたこと大体は分りましたが、基礎的の考へ方として寧ろ従来の考へ方が多分に僭在して居るのでなからうかと云ふことだけは私はまだ分らないと思ひます、其の点は御答弁も何も要らぬです、大体分りました、是だけ申して置きます

○議長（金森副会長）　松尾委員の仰しやつたことは、是は確かに私共が傾聴して居る所でありまするが、其の問題の実行は此の委員会の仕事の範囲には入つて来ないで、次に政府として計画して居りまする所の或主義の下に論究されることでございまして、政府のやることは松尾さんの御考へと違つた方向へ行くと云ふことは余りなからうと思ひます、さう云ふ風なものと考へて居りますから、此の際は其の程度のことで一つ此の委員会の方は議論を改めまして採決を致したいと思ひます、外に何か御意見ございませうか、御意見がないやうでございますから、行政官庁法の要綱に付て御異議があるかないかを伺ひたいと思ひます、御異議はございませぬでせうか

〔「異議なし」と呼ぶ者あり〕

○議長（金森副会長）　御異議がないと認めますから、是は可決したものとして取扱つて参ります

次に官吏法案要綱に移ります、幹事の朗読を願ひます

〔鮫島幹事朗読〕

官吏法案要綱（案）

本会は官吏制度に関し、改正憲法の施行に伴つて必要な事項を

〔資料71〕 臨時法制調査会第三回総会議事速記録（昭和21年10月22・23・24日）
―官吏法案要綱

中心として検討の結果、左記のやうな官吏法案要綱を答申する、しかしながら、官吏制度は新日本建設の途上において、又改正憲法の十全な運営を期する上からも、各般の事項に亙つて慎重且周到に検討されねばならぬものと思はれる、よつて政府は、官吏制度の根本的改革につき、今後更に調査研究を遂げ、なるべく早い機会に之が実現を期すべきものと考へる

一、官の区分

官を分つて、一級官、二級官及び三級官とすること

一級、二級及び三級を通じて同一官名とする現行制度の原則に再検討を加へること

二、任期及び等級の資格

特別の官の任用資格に関するものを除く外、一級、二級及び三級の別並びに事務系統の官及び技術教育系統の官の別に応じて、大体において現行制度を踏襲して、法律を以て規定すること

三、高等試験及び普通試験

高等試験及び普通試験に関する根拠規定を法律を以て定めることとし、これに基いて概ね現行制度に準ずる内容の政令を発すること、この場合、外交科試験を行政試験から分離する制度を考慮すること

四、任用及び叙級手続

(1) 一級官吏の任用及び叙級は、天皇の任命するもの、任命について天皇の認証するものその他特別のものの外、主任大臣の申告により、内閣において、これを行ふものとすること

(2) 二級官吏の任用及び叙級は、特別のものの外、主任大臣の申出により内閣総理大臣が、これを行ふものとすること

(3) 三級官吏の任用及び叙級は、特別のものの外、主任大臣又は政令の定める各庁の長等が、これを行ふものとすること

五、分限

(1) 官吏は、その意に反して降叙又は、減俸せられることのないものとすること、但し、懲戒による場合は、この限りでないこと

(2) 官吏の休職については、概ね現行制度を踏襲して、これを法律を以て規定すること、但し、官庁事務の都合による必要により休職を命ずる場合には、政令の定めるところにより官吏分限委員会の議に付することとすること

(3) 免官及び退官については、概ね現行制度を踏襲して、これを法律を以て規定すること

免官の手続は、任用及び叙級の手続を準用するものとすること

六、服務

現行官吏服務規律は、これを全面的に改め大要次の事項を規定すること

(1)　官吏は、全体の奉仕者たることを本分とすること
(2)　官吏は、清廉に身を持すべきこと
(3)　官吏は、親切丁寧であるべきものとすること
(4)　官吏は、常に研究につとめ工夫と努力をつくすべきこと
(5)　官吏は、相互に親和協力すべきこと
(6)　官吏は、上司に対する服従義務を有すること、但し、上司の命令について、意見を述べることを得るものとすること
(7)　官吏は、秘密を守る義務があること
(8)　官吏は、みだりに職務を離るべからざること
(9)　官吏の勤務時間、制服、居住地その他服務上必要な事項は、これを政令で定めることができるものとすること
(10)　官吏は本属長官の許可を受けなければ、営利事業団体の役員、職員等となり又は営利事業に従事することを得ないこと
　本属長官は、その所属官吏が前号以外の団体の役員、職員となり又は同号以外の事業に従事することが、官吏の職務執行上支障があると認める場合においてはこれを禁ずることを得ること

七、給与

(1)　官吏の俸給については、政令を以て、これを定めること。この場合、一級、二級及び三級を通じて同一号表の俸給額による現行制度に再検討を加へると共に、勤務年限長く且つ成績優秀な者に対しては、特別俸を設ける等優遇の途を講ずることを得るものとすること
(2)　俸給の外、手当その他の官吏に関する給与について必要な事項は、これを政令を以て定めることができるものとすること

八、懲戒

(1)　官吏の懲戒については、懲戒として降叙を加へるの外、概ね現行制度を踏襲して、重要な事項はこれを法律を以つて然らざる事項は、これを政令を以て規定すること
(2)　降叙は、一級官は二級官に、二級官は三級官にこれを叙級するものとすること、この場合、同一官名に、当該級がないときは、臨時その官に当該級がおかれたものとすること。
　降叙せられたるものは、一年間原級以上に叙級せられることを得ないものとすること

九、考課表制度及び研修制度

(1)　本属長官は、政令の定めるところにより、その所属官吏について、考課表を作成し、これに必要な記載をなすものとすること
(2)　二級及び三級の官吏は、政令の定めるところにより、研修を受けるものとすること
(3)　考課表及び研修の成績は、これを官吏の人事管理の資料と

なすこと

○**議長（金森副会長）** 只今朗読を終りました官吏法案要綱に付きまして御意見なり御質疑なりを御願ひ致したいと思ひます

○**十三番（田所委員）** 官吏法の本属長官の許可を受ければ営利事業団体の役員となると云ふのは、是は現行の通りでありますか、現行に何処にありますか、之を矢張り保存して置かなければならぬ訳は何処にございますか、奉仕の義務とか清廉にするとか云ふやうなことはえらい必要がなければ置く必要はないと思ひますが、如何ですか

○**井手幹事** 只今全部の全国のことを調べた訳ではございませぬが、昔例へば政務官の方で会社の重役をして居られて大して支障がないと云ふので許可したと云つて重役をなさつて居た例を聞及んで居ります、今あるかないか調べて居りませぬ、尚営団等に付きましては営団の理事などに付て、是が営利事業と見るかどうかは分らぬと云ふ段階のものでありますが、其の外にも例はございます、此の許可の方針に付きましては殆ど許可がないと思ひますが、現行制度もございますし、全然途を拓かないと云ふことも実際の運営に付きまして困るではないかと思ひますので、残したのでありますが、唯之を非常に多く使ふと云ふ考はない訳であります

○**十三番（田所委員）** 斯う云ふ規定のあつたことを気付かなかつたのでありますが、第二項の関係で営利事業をやると云ふことは将来は置いて置かぬ方が宜くはありませぬか、禁止して置く方が宜くはありませぬか、今日の官吏の現状を知りませぬが服務紀律を出来るだけ完全なものをと云ふ場合には、斯う云ふ時世には要綱には斯う云ふものを除いてしまつたが宜いと思ひますが、長い何十年の間我々は殆ど例を知りませぬが、営利会社の取締役をやつて居るとか云ふ場合がありますか

○**井手幹事** 只今御答したことを繰返すやうになりますが、具体的の名前は恐縮でございますが、本業を持つて居られる方が代議士になつてから政務官になられた、其の間自分の本業を、是は営利会社と云ふ程の会社ではありませぬが、営利事業に従事したと云ふことがございました、尚三等郵便局長のやうな特別な手当を貰つて居る官吏でありますが、矢張り是は官吏と云ふ範疇に入れて居りますので、之には相当例がございます

○**十三番（田所委員）** 敢て之を修正してどう斯うと云ふ考はございませぬが、よく一つ法制局で案を御立てになる時分には尚之に余地を存して御考へを願ひたいと思ひます、此の⑽の第一項の点は出来るだけ避ける方が宜いと思ひます

○**議長（金森副会長）** 外に何か御意見はございませぬか

○**十八番（原委員）** 八項の懲戒の所でありますが、⑴の官吏の懲戒に付ては懲戒として降叙を加へるの外概ね現行制度を踏襲し

て、重要な事項は法律を以て、然らざる事項は政令を以てとありますが、是は憲法第七十八条との関係はどう云ふ風に区別してあるのでありますか、官吏の要綱には官吏は全体の奉仕者としてと、概括して規定するやうになつて居りますが、之と憲法の関係はどう云ふことになりますか、憲法第七十八条には裁判官は裁判により心身故障のために職務を執ることができないと決定された場合を除いては公の弾劾によらなければ罷免されない、裁判官の懲戒処分は行政機関がこれを行ふことはできない、とあります、之との関係はどう云ふことになりますか

○井手委員　只今の御質問でございますが、官吏法全体が少し文章が足らないかと思ひまするが、特別の現在の行政裁判所の評定官とか或は今後決めます会計検査院の官吏とか、裁判官に付きましては、此の中の服務紀律のやうなものは適用になりますが、其の他に付ては特例が出来るやうになると思ひます、全然其の頭で居つたものでありますから文章に入れなかつたのであります、是は一般法でありまして、官吏の本分とか云ふものに付ては之に依つて決まりますが、さう云ふ特殊なもの、或は教育者に付ては官吏であらうと、それ以外の職員であらうとも全部一本で考へると云ふことになれば、此の懲戒は其の通りに行かないと思ひます、是は一般法と云ふ点で御了承を願ひたいと思ひます

○十八番（原委員）　一般法に除外例を設くる規定が要りますね

○井手幹事　それは裁判官でありますれば裁判所構成法、会計検査院の官吏であれば会計検査院法に於て規定を書きますれば、一方は一般法、一方は特別法と云ふ関係になりますので十分分ると思ひますが、御趣旨のやうな点がありますので、之を愈〻具体化する場合には、其の点がよく分るやうに致したいと考へます

○議長（金森副会長）　外に御議論もございませぬければ官吏法案要綱案に付て決を採りたいと思ひます、此の案に付きまして御異議ございませぬか

〔「異議なし」と呼ぶ者あり〕

○議長（金森副会長）　御異議ないと認めますから是は可決せられたものと致します

そこで第一部会の方から御出しになりました案は全部議了を致しました、今朝申上げました順序から申上げますと、第二部の御提出の案を此の際審議を致しまする順序になつて居りまするが、第二部長が御旅行からの御都合で御到着になりました時期が稍〻遅れました為に、其の間にこちらで段取りを変へまして、第四部会の方を先にすると云ふ順序を考へたのでありますが、第二部長がおゐでになりましたので、其の順序の変更を又戻して致すのが一応の筋ではございますけれども、一応変更の段取りがしてありましたのと、又多少御希望的一二の便宜もありますので、第四部会の方を一つに先に議して戴きたいと思ひます、財政法案と訴願法

案の要綱案であります、第四部会長の御報告を願ひます

○**第四部会長（平塚委員）** それでは第四部会の其の後の経過を御報告申上げます。前回の総会に於きまして御報告を致しました通り、第四部会の課題と致しまして採上げられました法案は、一応財政法案要綱の一つと云ふことに相成りまして、其の要綱案の試案を曩に中間報告として総会に提出致した次第であります、其の結果、大体の御了解を得て居るものと心得て居りまするので、之を原案通り部会の成案として本日の此の総会に提出する運びに致したのであります、処が前回の総会以後新たに訴願法の改正法案が第四部会の担当として取扱はれることになりましたので、本日御手許に配布致しましたやうな要綱案を決定致しまして、茲に提出を致すこととなつたのであります、此の訴願法の改正の問題は、第三部会で担当せられて居る所の行政裁判制度の改正と関連するものでありまして、御承知のやうに過日の中間報告の総会に於て報告せられました「行政訴訟に関する特則案要綱」に依つて窺はれますやうに、新たな行政裁判制度の下では、従来のやうに訴訟の対象となり得る事項を限定しないで、広く違法な行政処分に対しましては、訴訟を提起して之が救済を求めることが出来るやうに相成つて居るのであります、そこで従来行政裁判制度とは密接な関連を持つて居りました訴願制度に付きましても亦新たな見地から再検討を加へまして、何等かの改正を必要とするのではないかと云ふことが問題となつて参つた次第でありまして、第二回の総会後此の問題に付きましては、関係委員幹事の間に於て考究の結果、本問題は第四部会で之を採上げることに意見が一致いたしまして、爾来本部会に於て調査審議致しました結果、本日御手許に配布致しましたやうな要綱案の結論に達した次第であります

本問題の審議に当りましては、先づ第一に、訴願法を今後も存置するの必要があるかどうかと云ふことが問題となつたのでありまして、之に付きましては、改正憲法の下に於きましては、行政上の救済は、司法の一環として一般に広く訴訟の方法に依つて慎重に取扱はるゝやうになつたこと、又従来の訴願法運用の実績を見まするに、行政救済手段として必ずしも効果を挙げて居るとは申し難いこと等の理由に依りまして、最早訴願の制度は存続の必要はないではないかと云ふ論もございましたが、之に対する答と致しましては、成る程改正憲法の下に於きましては、行政救済を広く司法裁判所で行ふことになつて居るのでありますが、何分にも裁判所に於て取扱ふ場合に於きましては、厳格な手続を必要と致しまする為に、簡易迅速に救済の実を挙げ得ないと云ふことがあるだらうと考へると共に、又訴訟は処分の違法な場合でなければ提起出来ませぬ為に、不当な処分に対する救済手段と致しましては、訴願の方法がなければならないやうに考へまするので、訴

願には又訴願として自から訴訟とは別個の意義がありますと云ふことと、特定行政部門で出訴事件が少かつたとか、或は処分庁の処分が其の結果覆へされたと云ふやうな事例が少いと云ふやうな非難は一応御尤もでありまするが、本法の存在其のものが行政庁の処分を慎重ならしめ、民主的な行政監督の機能を営んで居ると解せられますこと等の理由に依りまして、訴願の制度は今後と雖も之を存続せしめる必要ありとの意見がありましたので、結局此の意見が最も有力であると考へますので、存続と云ふ結論に達した訳であります

そこで御手許に配布致しました要綱案に付て概略の説明を申上げまするが、本要綱案は現行の訴願法を基礎と致しまして、之に改正を加ふべき点だけを掲げて居るのでありまして、此処に掲げて居りませぬ点は、概ね現行法通りにする趣旨と御了承願ひたいのであります、本要綱案に掲げました改正の主要点は大体四つありまして、第一は訴願事項に関するものであります、即ち訴願事項に付きましては、従来の制限列挙主義を改めまして、概括主義の原則を立てまして、違法又は不当の行政処分に依つて権利を侵害せられたとする者は、原則として訴願を提起することが出来る建前と致したいと云ふのであります、是は行政訴訟に於きましても、先刻申述べました今迄決められました要綱等に於きましては、其の事項を限定しないで広く違法の処分に対して訴訟を提起し得るやうになりますのに、即応致しまして、之と同一の精神に基いて、制限列挙主義を廃止しようとするものであります、但し之を全然無制限とすることは適当でない場合も考へられまするので、別に行政救済の途が拓かれて居る事項及事案又は処分行政庁の特殊性に依りまして訴願を許すことが適当でない所の事項に付きましては、特に訴願の提起を認めないやうにすることに致して居るのであります、第二の点は、一度訴願の裁決があつたならば、処分の違法を理由としては、更に上級行政庁に対して訴願を提起することが出来ないことにしようとする点であります、是は行政訴訟の制度が、新制度の下では三審制度になつて居りまする関係から、訴願の方は一審限りに止めて宜くはないかと云ふ考に基くのであります、次に第三の点は、行政訴訟と訴願との関係に関する点でありまして、従来訴願が原則として訴訟の前提となつて居るのでありまするが、新制度の下に於きましては、訴願と訴訟とは相互に全く相関することがなく、当事者は其の両者を自由に提起し得ることとしようとするものであります、最後に第四点と致しましては、訴願に関する手続規定を整備せむとするものでありまして、訴願を提起しようとする者の権利保護と手続上の便宜を十分ならしめると共に、又訴願の審理を慎重ならしめる為に必要と考へます所の数箇の規定を新たに設けむとして居るものでありま す、何れ是等の点に付きましては、御審議の際に、御質問等に応

じまして関係委員幹事の方から御説明を申上げることと存じます

以上を以ちまして第四部会の経過報告と致します、何卒財政法案要綱及訴願法改正法案要綱の双方に付きまして、十分なる御審議を下さいますやう御願ひ致します

○議長（金森副会長）　財政法案要綱及訴願法改正法案要綱に付て、幹事の朗読を御願ひ致します

〔幹事朗読〕

財政法案要綱（案）

一、総計予算主義を原則とすること

特別会計の設置は、法律に依り一般会計と異る予算及び会計の制度と、定めることができるものとすること

二、会計年度は、毎年四月一日に始まり、翌年三月三十一日に終るものとすること

三、年度独立の原則を規定すること

四、特別資金の保有は、法律に依るものとすること

五、予算の編成及び実行並びに決算の調整に関する統括的事務は、大蔵大臣が行ふものとすること

六、追加予算は、必要で避けることのできない経費及び法律又は契約に基き経費に不足を生じた場合に限ること

七、総予算は、大蔵大臣の定める所に依り、部及び款項に区分すること

八、継続費の制度を規定すること

九、予算外国庫の負担となるべき行為をなすには、予め国会の議決を必要とすること

現行会計法第十一条の予算外契約権を規定すること

十、会計年度開始前に予算が成立せず又は成立しない虞のあるときは、内閣は暫定予算を編成して、国会（衆議院解散の場合は参議院の緊急参〔衍〕集会）の議決を経て国費の支出をし、その他国庫の負担となるべき行為をすることができること

此の場合暫定予算に基いて支出した金額、又は負担した行為は、総予算が成立したときは之に基いてなしたものとみなすこと

十一、大蔵大臣は、総予算に基いて各省の支出することができる経費の定額を決定して之を配布すること

十二、予備費は、大蔵大臣が管理すること

十三、大蔵大臣は、予算実行の適正を期するため、各省又は各庁に対して、収支の実績又は見込につき、報告を徴し又は適宜の指示を与へることができること

十四、毎年度の予算、決算、国民所得の概況、国債の状況、その他国の財政状況に関する事項につき、定期に又は必要の都度、官報、新聞、ラヂオ、映画、市町村長に対する通知、その他適当なる方法に依り国民に発表すること

備考

一、現在の会計法の爾余の条文は、必要な整理を行ひ会計法の改正を行ふこと

二、会計検査院法中機密費に関する規定及び出納官吏の賠償責任に関する規定等については、所要の改正を行ふこと

訴願法中改正法案要綱（案）

一、行政庁の違法又は不当の処分によつて権利又は利益を侵害されたとする者は、訴願を提起することができるものとすること

法律によつて審査の請求ができる事項その他事案又は処分行政庁の特殊性に鑑み法令で訴願事項から除外する旨を定めた事項については、訴願を提起することができないものとすること

二、訴願の裁決を経た事件については、違法を理由としては、更に上級行政庁に訴願を提起することができないものとすること

三、訴願と訴訟とは、当事者の自由な選択により、何れかの一又は両者を提起することができるものとし、両者が繋属したときは、訴訟の判決の確定するに至るまで、訴願の審理は、これを中止するものとすること

四、訴願の違法な裁決によつて、権利を侵害されたとするものは、裁判所に出訴することができるものとすること

五、未成年者又は禁治産者の訴願は、未成年者が独立して法律行為をすることを得る場合を除いては、その法定代理人によつてのみ、これをすることができるものとすること

六、処分を受けた者以外の者が訴願を提起する場合においては、六十日の訴願期間は、処分の公示を必要とするものについては公示の日から、公示を必要としないものについては処分のあつたことを知つた日からこれを起算するものとし、処分のあつた日から一年を経過した後は、訴願を提起することはできないものとすること

七、行政庁において宥恕すべき事由があると認めるときは、期間経過後の訴願でも、これを受理しなければならないものとすること

八、処分行政庁を経由せず直接に、上級行政庁へ提起された訴願でも、これを却下してはならないものとし、この場合には訴願書を処分行政庁へ送付して、弁明書を提出する機会を与へなければならないものとすること

九、訴願書の経由に当る行政庁が訴願書を受取つたときに、弁明書及び必要文書を上級行政庁に発送すべき期間を、二十日に伸長すること、八の規定により上級行政庁より訴願書の送付を受けた場合に弁明書を発送すべき期間もこれと同様とすること

十、裁決庁は、処分庁の弁明書の為〔衍〕を訴願人に送付し、且つ訴願人に弁駁書を提出する機会を与へなければならないものとすること

十一、訴願の裁決の結果について利害関係を有する第三者がある

場合においては、裁決庁に対して、意見書を提出することが出来るものとすること

十二、行政庁又は公共的な団体は、訴願の審理にあたつて、公益を支持するために意見を述べることができるものとすること

十三、訴願人は、訴願を提起した日から一定の期間を経過しても裁決を受けない場合においては、訴願の要求を斥ける趣旨の裁決はあつたものとみなして、更に上級行政庁に訴願を提起し又は裁判所に出訴することができるものとすること

以上

○**議長（金森副会長）** 只今の議案に付きまして、御質問なり御意見なりを伺ひたいと思ひます

○**二十九番（浅井委員）** 従来訴願の前身として用ひられて居りました異議の申立と云ふものはなくなるのでございますか、それともあるのか、其の辺がちよつと分り兼ねますから……

○**井手幹事** 此の訴願法の改正案で考へて居りますのは、是は訴願に関する一般法としての現在の訴願法を基礎としての改正でございまして、従つて一応の問題と致しましては、只今御尋の、今の制度と云ふものは当然排斥する趣旨には考へて居りませぬ、唯、更に今度の改正案の趣旨と睨み合わせまして検討した結果、或は整理するものが起るかも知れませぬけれども、一応の問題と致しましては、此の改正案に依つて排斥する趣旨には考へて居りませぬ

○**二十九番（浅井委員）** もう一つ御伺ひ致しますが、警察官庁の処分に対しては訴願を許される御趣旨であるか、さうでないか、其の点を伺ひたい

○**井手委員** 御答へ致します、是は此の案の第一の二項に挙げて居ります所の「処分行政庁の特殊性に鑑み法令で訴願事項から除外する旨を定めた事項」と云ふ所で或は考慮すべき問題ぢやないかと思つて居りますが、最終的にどちらに致しますかは、尚今後の考慮に俟ちたいと思ひます、一応は第二項の問題として考ふべきものだと云ふ風に考へて居ります

○**二十九番（浅井委員）** それだけであります

○**議長（金森副会長）** 両案に付きまして、何か外に御意見はございませぬか――別段御意見がないと致しますれば、先づ一つ宛採決したいと思ひますが、第一に、財政法案要綱に付て採否を決します、此の原案に対して御異議はございませぬか

〔「異議なし」と呼ぶ者あり〕

○**議長（金森副会長）** 御異議ないとして原案通り決定致します

次に訴願法中改正法案要綱に付て御意見を伺ひますが、原案の通りで御異議はございませぬか

〔「異議なし」と呼ぶ者あり〕

○**議長（金森副会長）** 御異議がなければ、原案通り決定致します、

第四部から御報告の両案は是で結了致しました

そこで元に戻りまして、第二部の案に付て御審議を願ひたいと思ひます、第二部会は国会法案と参議院議員選挙法案の二つであります、第二部会長から御報告を願ひたいと思ひます

○**第二部会長（北委員）**　第二部会の経過を御報告致します、第二部会関係で採上げられました法案は、国会法案と参議院議員選挙法案との二つでありますが、此の二法案の要綱に付きましては、前回の総会の際に、部会に於て研究致しました経過と、之が一応の結論としての要綱試案とを御報告致しました次第であります、併し其の当時の試案の中には、参議院の構成に関する問題の如き、立案者の側から考へましても、再考を要するものと思はれる節もあり、且又此の重要なる二大法案に付き十分慎重を期せねばならぬと考へまして、其の後も曩の試案を基礎として再検討を重ねて参つた次第であります

今日御手許に配布致しました要綱案は斯様に致しまして出来上つた部会としての成案でございます、以下総会としての御審議の参考と致しまして、部会に於ける審議の経過を概略申上げたいと存じます

一、先づ国会法案要綱に付て申上げます、曩に第二部会の国会法案要綱試案が出来上りますると併行しまして、衆議院の関係方面でも特に調査委員会を設けられ、此の問題を採上げて御研究になりました、其の結果が発表されて居りましたので、是は本部会案を再検討致しますに上に於て恰好の資料と存じまして、便宜之を対照して研究を進めました次第でありますが、結果に於て、曩に中間報告として総会に提出致しました要綱案を特に修正する必要はないと云ふ結論でありました、従つて曩の試案と同一内容のものを本日の総会に提出した次第であります

尚前回の御報告に詳しく申上げた事柄でありますが、国会の会期に付きまして、会期を法定することなく、国会の任務遂行中は即ち会期中であつて、任務終了と共に自ら閉会する、其の時に会期も終了すると考へるとの意見がありましたが、種々研究討議の結果、矢張り従来と同様に予め期間を限定する意味で、会期と云ふものを法定した方がけじめも付き、我が国の実状から言つても、国政の運営上適当であるとの結論になつて居るのであります、此のことは既に前回御報告した事柄ではありますが、法案立案の根本に関係することでありますから重ねて御報告する次第でありま す、国会法案に付ては、簡単でありますが、以上を以て御報告と致します、何卒要綱案に付て詳細御審議下さるやう御願ひ致しま す

二、次に参議院議員選挙法案要綱に付て申上げます、参議院の構成に関する立法上の難点は、前回申上げました通り、改正憲法が全国民を代表する選挙せられた議員を以て組織すと規定して、

衆議院の構成と全く同一の原則を立てて居りまするのに対しまして、現実の問題として、第二院としての参議院の任務を遂行するに最も適当した練達堪能の士を選出するには、如何なる仕組の選挙制度を採用するのが最も現状に適合するかの点でありまして、第二部会所属委員一同の最も苦心せられた所であります、前回中間報告として提出しました第二部会の試案は、此の点を相当考慮して出来上つたものでありましたが、定数の半数を全国一選挙区で選出する場合に、両院の議員を推薦母体とする推薦制度を採用することに致したのでありますが、此の点「フリーエレクション」の要件を欠くの嫌ひがありまして、再考の余地ある旨を御報告した次第でありました、其の後再検討を重ねまして、原案に相当の修正を加へたものを本日部会に於ける結論として御手許に配布した次第であります

曩の中間試案に比較致しまして今回の提出案を申上げますと、㈠　議員定数を略〻三百人とありましたものを衆議院議員定数の三分の二内外と云ふことに改めましたこと、㈡　選挙区は前と同様都道府県の区域と全国一選挙区との二本建とすること、㈢　全国一選挙区の場合の推薦制度を取止めに致しましたこと、㈣　選挙年齢に付き被選挙人三十五歳以上とありましたものを四十歳以上に改めたことであります、以下是等の諸点に付て審議の経過を申上げます

(1)　議員定数原案三百人と云ふのに対し之を更に減員する必要はないかとの観点から再検討致したのであります、第二院たる性格上、衆議院の定数よりも少くすることは当然と考へますが、同時に又余りに過少でありますと、議事の運行に支障を生ずる虞があるのでありますが、結局衆議院議員の定数を基本とし、之を関連せしめて考へることが必要と考へ、大体其の三分の二内外と云ふやうに致すことが妥当であると考へた訳であります

(2)　選挙区を二本建と致しまする趣旨は、参議院の任務に鑑みまして、地方代表と全国代表を併用致しまして普ねく各界の人材を網羅することの出来るやうとの狙ひからでありますが、之に対し危惧せられる点と致しましては、(イ)　二本建と云ふこと其のものが不徹底な考へ方であるばかりでなく、併用することに依り混乱を生じて実際の選挙が実行困難に陥る虞のあること、(ロ)　全国一選挙区と云ふ如き大選挙区制は少くとも我が国の実情として選挙技術上実行極めて困難なること、(ハ)　各界の人士を網羅せむとする狙ひと反対に、全国一選挙区からは全国的連絡網を持つた特殊の階層のみが選出せられる傾きがあること等でありました、何れも理由ある懸念ではありましたが、都道府県毎の選挙区の一本と致しますことは、結局衆議院と同一構成となり、二院制度の意義を喪失する虞もあり、全国一選挙区の大選挙区制度に伴ふ選挙技術上の困難は当然予想せられますが、併し到底克服困難

な「デッドロック」ありとも考へられませぬので。寧ろ之を二本建と致し、二本建の制度が狙ふ政治的意図を支持することに依り、改正憲法に基く新なる二院制度を意義あらしめたいと云ふ大体の意向でありました、或は制度の意図する所と全然異なる種類の人士が過渡期に於て選出せられる懸念もないではありませぬが、斯かる試練に耐え之を克服してこそ初めて堅実なる民主主義の政治が確立せらるるものと考へますれば、是も又建設過程に於ける已むを得ざる試練であると考へられたのであります、大体以上のやうな理由で、第二部会が当初から考へて参りました選挙区の二本建案は多少の難点もありますが、之を維持することに落ち着いた次第であります

(3)　全国一選挙区の場合に、立候補を国会又は職能団体其の他の法廷〔定〕機関の推薦を要件とする所謂推薦制度は、我が国の現在の実情には適合した考へ方と思はれるのでありますが、之を法定することは何分にも当初から申上げました通り、「フリーエレクシヨン」の要件に背馳するものである嫌ひが多分にあり、折角改正憲法の理想とする所を此の点で歪めることは遺憾であるとの意見が有力でありました、又別に自由立候補を認めることとし同時に推薦機関を法定してはどうかと云ふ論もあり、是は「フリーエレクシヨン」の建前から申せば差支ないかも知れませぬが、推薦団体の法定は立法技術的にも極めて困難であり、又之に伴ふ弊害も相当予想せられると云ふ意見が有力でありました、斯様な次第で、此の点は全部制度の運用に委せまして、推薦制度を法定することは取止めることと致した次第であります

(4)　最後に選挙年齢に付きまして、原案は選挙人二十歳以上、被選挙人三十五歳以上と致して居りましたが、参議院の任務に鑑み、練達完熟の士を選出する為の用意として、被選挙人を四十歳以上と云ふことに改めることに意見の一致を見た次第であります、以上が参議院の構成に関する修正要綱案の概要と其の成り行きであります、之を以て第二部会の経過報告と致します、何卒慎重御審議下さるやう御願ひ致します

○**議長（金森副会長）**　此の案を幹事に依つて朗読をして戴きたいと思ひます、一括して両案とも読んで戴きます

〔幹事（鮫島眞男君）朗読〕

国会法案要綱（案）

一、議院法を国会法として全文改正すること

二、会　期

（イ）　通常会の会期は、四箇月とすること

（ロ）　臨時会及び特別会の会期は、召集の際内閣がこれを定めるものとすること（第五十三条後段の場合も亦同じ）

（ハ）　会期延長は、（通常会、特別会、臨時会の各場合ともに）いづれかの一院が議決し、他の一院がこれに同意する

〔資料71〕　臨時法制調査会第三回総会議事速記録（昭和21年10月22・23・24日）
―国会法案要綱案

ものとすること

政府は、両議院の同意を経て、会期延長を定めることができるものとすること

（ニ）通常会の召集は、集会の期日を定めて、少くとも二十日前に公示せられること

（ホ）会期は、国会召集の日からこれを起算すること

三、開会式は、両議院成立の後にこれを行ふものとし、国会の主催する儀式として、これに陛下の親臨を仰ぐものとすること

四、第五十三条後段の場合には、各議院の議員は連署の書面を以てその議院の議長を通じ、要求の趣旨及び会期予定日数を具して、臨時会の召集の決定を政府に要求すること。

（この場合にも会期の決定権は内閣にあること、前述参照）

五、第五十四条の緊急集会に関しては、内閣から参議院議長に対し、集会を請求し、議長から参議院の各議員に対し、右の請求のあつた旨を通知すること（なほ集会中の参議院議員の身分保障は、国会開会中に準ずるものとすること）

六、第四十九項に関連しては、歳費の費額を国会中に決定すること

費額は三万円と定め、議長及び副議長には職務手当の如きものを別に支給するものと法定すること、族費、無賃乗車等の規定は現行通りに存置すること

七、第五十条に関連しては、両議院の議員が会期中逮捕されるのは（イ）現行犯罪、（ロ）内乱外患に関する罪、（ハ）その院の許諾のあつた場合に限り、又、会期前に逮捕された議員は右の（イ）、（ロ）の場合を除いては、その院の要求があれば、会期中これを釈放しなければならないものとすること

八、第五十七条第三項に規定する事項は、現在の記名投票の方法を利用するものとすること

九、第五十八条第一項に関しては、役員の範囲は議長、副議長、仮議長及び全院委員長とし、両議院において、おのおのこれを選挙するものとすること

（備　考）

同項の役員の内には入らないが、両議院事務局の職員は官吏とせず、公務員たるものとし、事務総長は、議院において議員以外の者から選挙するものとし、その他は事務総長の任命するものとすること

十、両院協議会の規定を設けること

十一、休会は、両院の決議の一致した場合に限るものであることを法定し必要があれば手続を定めること

十二、第六十二条に関しては、所要の手続を決定し、旅費、実費、弁償等の規定を整備すること

十三、第六十七条に関して、所要の規定を設けること
十四、継続委員会及び常置委員会に関する規定を設けること
十五、第五十五条に関しては、資格審査に関する手続を法定すること
十六、憲法に特別の規定のある場合（例へば第五十九条）を除き、両議院の一において否決した法律案は、同会期中において再び提出することができない旨の規定を設けること
十七、政府委員に関する規定を設けること
十八、国会に両院共同の国会図書館を附置し、国会議員（できれば議員外一般民衆をも加へて）の調査研究に資することとすること

参議院議員選挙法案要綱（案）

一、議員定数、衆議院議員の定数の三分の二内外とすること
二、選挙区、（イ）略々半数については各都道府県の区域により、定数の最小限の割当は各選挙区につき二人、爾余は各都道府県に於ける人口に按分し、偶数を附加する
（ロ）残余については全国一選挙区とする
三、年齢、選挙人は二十歳以上、被選挙人は四十歳以上
四、選挙方法、直接選挙、単記、無記名投票

○**議長（金森副会長）**　両案に付て御審議を御願ひしたいと思ひます、御意見、御質疑等はございませぬでせうか

○**十八番（原委員）**　ちよつと伺つて置きたいことは、憲法の六十四条に「国会は、罷免の訴追を受けた裁判官を裁判するため、両議院の議員で組織する弾劾裁判所を設ける、弾劾に関する事項は、法律でこれを定める。」斯う云ふ規定があるのですが、此の六十四条の規定に付ては議院法との関係もあるのですが、此の関係はどう云ふ風に考へられて居りますか

○**第二部会長（北委員）**　それは第三部に御委せすることにして居ります

○**十八番（原委員）**　是は国会の方でやらなければならぬ、ですから、第三部に御委託になつて居れば、更に第二部に於てそれを配布して貰つて、第二部で決すべきものと思ふのでありますが

……

○**第二部会長（北委員）**　事務当局は如何でせうか

○**幹事長（入江俊郎君）**　只今の点でございますが、是は前に部会を開きまして検討致しました時に、判事の弾劾に関しましては、国会関係を扱ふ第二部で扱ふが宜いか、或は裁判官の身分の問題でございますものですから、裁判所構成法を御扱ひになる第三部で研究して戴くが宜いかと云ふことを話合ひました結果、矢張り是は第三部の方で御研究願ふことにしようと云ふことになりまして、それで第三部会からの御報告の中に裁判官弾劾法案要綱と云ふのがございますが、其の方で御扱ひを願ふと云ふことにしたの

であります

○十八番（原委員）　さうであらうと思つて要綱案も拝見致したのですが、是は全く国会で定めてなければならぬ、それは言ふ迄もなく裁判官を罷免するのですから、是は終身官ですから定年以外の罷免事項などは、どうしても議会が全権を以て特別の裁判所を議員中から選出して決定する、特別な裁判所の組織を設ける、斯う云ふ建前であるから、第三部会で御骨折り願つたことは誠に結構なことで、此の点は司法省の方が御詳しい訳でありますから、出来上つて居れば之を第二部に移して、さうして第二部が之を更に検討をして本決まりにするのが当然な順序でないかと思ふのであります、今からでも遅くはないと思ふのでありますが、普通の裁判所とは全然違ふのですから、さう云ふことに願ひたいと思ふのでありますが如何でせうか

○第二部会長（北委員）　此の前色々御話があつたのですが、第三部で具体的に決つた後に、国会法でどの点を規定するかと云ふことを研究したらどうかと云ふ……

○十八番（原委員）　例へば人数とかさう云ふやうな点は、司法省で出来たのは、裁判官が七人とか、又訴追委員会と云ふものは二十人とか云ふやうに、大変よく出来て居るのでありますが……

○第二部会長（北委員）　大変それが決つてから国会法にどの点迄採入れるかと云ふことに、事務当局ではさう御願ひしてある訳であります

○十八番（原委員）　それは国会で決めた方が宜いと思ふのですがね、第二部会でやるのが本筋だと思ひます

○第二部会長（北委員）　内容は第三部で決めて、国会法でそれをどう取扱ふと云ふことを第二部で決めたら宜い、其の程度に致したいと思ひます

○十八番（原委員）　ですからそれは国会法で決めるか、特別法でやるか、さう云ふやうなことも矢張り二部でやつた方が宜いと思ひます

○第二部会長（北委員）　一応第三部に御委せしてあつて、其の構成の内容に付ては第三部で折角審議されて賛成案も今日は得られたのでありますから、第三部関係のものとして今日の総会の審議を経た後……

○十八番（原委員）　審議を経ることが出来るでせうか、司法省で二部から委託を受けたやうな形になつて居る、其の案がまだ二部会を経て居ない訳でありますから、それが直ぐ採決が出来ますか

○幹事長（入江俊郎君）　実は是は幹事長としてちょっと手続的に申しますが、先程も申上げましたやうに、前に部会を致します時に、部会の振り分けを相談致しまして、之に付ては三部会でやつて貰はうと云ふことになつたと思つて居るのであります、で必

要があれば随時、三部会の幹事が二部会の幹事に連絡してやらう、斯う云ふことになつたのであります、大体に於きまして我々事務的に進行状況は承知して居りましたが、三部会に於きまして、明日御審議を願ふ答申案として出来て居る訳で、之を今もう一遍二部会を開いて御審議を願ふと云ふことが宜いか、或は兎に角総会には二部会の方も出ていらつしやるのだから、若し御意見があれば総会で御伺ひすると云ふことが宜いか、寧ろ私は幹事長としては後の方をやりたいと思ひますけれども、是は皆様の御考へ次第でありますから、それ以上申上げませぬけれども、大体部会の振り分けは今のやうな話合ひで出来て居りますので、第三部会としては、其の時の話合ひで三部会でやると云ふことにして来たと云ふことだけ御承知を願ひたいと思ひます

○**十八番（原委員）**　結構です、実はあの法案中には弾劾方面のことも検事総長に委託することが出来ると云ふ規定もあるのですが、司法省の審議会と提携してやるべき仕事ですから、それは矢張り法制局の方でよく協調を保つて行けば、御説の如く総会でも出来ないことはないと思ひますが、まあそれならば、明日此の案の審議をせられた後に譲りませう

それから最高裁判所の裁判官の十年毎の国民審査、あの問題は矢張り衆議院議員選挙法と大なる関係を持つ訳ですが、其の問題も司法省で案が作つてあるのですけれども、それはどう云ふ風になるものですか

○**第二部会長（北委員）**　あれは直接二部とは関係ないでせうね、国民全体の審査ですから国会法には……

○**十八番（原委員）**　だけれども選挙法には関係がある

○**第二部会長（北委員）**　選挙法でなくて、関係あるのは、選挙の期日だけでせう

○**十八番（原委員）**　期日とそれから投票の方法ですね

○**第二部会長（北委員）**　二部とは関係がありませぬ

○**十八番（原委員）**　二部は選挙一般ぢやないのですね

○**第二部会長（北委員）**　国会法と参議院法だけです

○**十八番（原委員）**　それは又問題を後に致しませう、それから選挙法はどう云ふ風になつて居りますか

○**幹事長（入江俊郎君）**　衆議院議員選挙法に付きましては、此の前に部会の時に、一つの考へ方を書いたものを内務省方面の幹事が御出しになつたことが〔あ〕りましたけれども、それはそれとして特に採上げて研究をして居りませぬ、それで参議院議員選挙法等がどう云ふ風になりますか、斯様な次第で出来上るとしますと、それと関連して衆議院議員選挙法にも或程度の変更が必要になるのではないかと思ひますけれども、之に付きましては、まだ部会に於きましても検討に入つて居りませぬ、従つて若し是が憲法施行に伴ふものとして特に必要になるやうでありましたな

らば、後の機会に調査会で以て採上げる必要があるかも知れませぬ、或は又其の選挙法の改正の部分が、参議院議員選挙法等の制定に伴ふ極めて事務的と申しますか、さうえらい変更でなければ、特に調査会に附せずに政府部内で研究して議会に出すと云ふことになるかも知れませぬが、それ等はまだ決定になつて居りませぬ

○十八番（原委員） 参議院議員選挙に付て府県別に選挙すると云ふのは、矢張り区制の問題がぶつかる訳だと思ひますが、それ等は又何れ後で伺ふことに致しませう

○議長（金森副会長） 両案を通じて御議論はございませぬでせうか

○齋藤国務大臣 私は委員ではありませぬからして口を開くのはどうかと思ひまするが、御許しを得まして参議院の組織に関して大体卑見のある所を忌憚なく申述べまして、委員の方々の一つ御考慮を御願ひ致して置きたいと思ふのであります、部会で決定せられました御報告と依りまするると、参議院議員の選挙区をば二つに分けて、半分は府県単位の選挙区で選挙する、残りの半分は全国一選挙区に於て選挙する、斯う云ふことになつて居りまするが、私は、理論の上に於きましても、殊に実際の上に於きましても、及ばずながら長い間屢〻選挙をやつて参りました此の実験に徴しましても、日本全国の選挙区と云ふことは、是は事実に於て行ひ得ないのみならず、若し之を行ひましたならば、非常な不公平の結果を生ずるのである斯う確信して疑はないのであります、理論上から申しますると、憲決〔法〕にも明定せられて居りまするやうに、衆議院の議員も参議院の議員も等しく全国民を代表する選挙せられた議員、斯う云ふことになつて居りますからして、此の参議院議員を選ぶに当りましても、同じ全国民を代表する此の議員を選ぶに当りまして、選挙方法をば二つに分けて、各〻違つた選挙区からして選挙をすると云ふことは、選挙に関して候補者に向つて一つの差別待遇を与へるものでありまして、決して公平なる選挙とは言はれないやうに思ひます、のみならず全国一選挙区と云ふことが今日の選挙に依つて実際行へるものであるかと云ふと、私は、何かやれば行へぬと云ふことはないけれども、之を行ふに付きましては非常な支障を来すことになる、一方に於ては各府県単位の選挙区に依つて争ふ所の候補者と、全国一選挙区として争ふ所の候補者の間に於きましては、選挙の実際に於きまして非常な不公平が生ずるものと思ふのであります、それはどう云ふことであるかと申しますると、先づ第一に選挙運動の方法であります、申す迄もなく選挙運動は言論と文書で、文書と致しましては政見発表の文書に限りまするが、今日の衆議院議員選挙法に於きましては、候補者が出す文書は二種類に止められて居ります、一つは所謂無料郵便でございまして、候補者が自己の政見をば文書に認めて之を無料郵便に付して各有権者に配布すると云ふこと

になつて居ります、是が一つであります、もう一つは、候補者が政見の原稿を書いて府県庁に送つて、府県庁に於てそれを印刷をして、選挙区内の各有権者に配布する、之を選挙公報と申して居りますが、文書戦は此の二つの方法に依るより外に絶対に認められないのでありまして、其の外に候補者が他の方法に以て文書を発送すると云ふことは禁ぜられて居るのであります、処が此の第一の方法の無料郵便と云ふことは、是は今日の紙の関係、印刷能力、其の他、人等の関係に依りましてなか〳〵行ふことが面倒でありまするから、此の春の選挙に当りましては無料郵便と云ふことをすつかり止めまして、唯選挙公報のみに依頼したのであります、故に候補者として有権者に文書を以て政見をば知らせようと思へば、選挙公報より外には絶対にないのであります、それ故に参議院議員の選挙に当りまして、府県を単位として府県単位の選挙区からして立ちまする所の候補者は、随分広い選挙区でございますけれども、選挙公報位は出せるだろうと思ひます、此の春の選挙に当りまして、大体衆議院議員の選挙は府県単位でございましたけれども、選挙公報だけは辛うじて出すことが出来たのでありますから、参議院議員の場合に於きましても是は出せるだらうと思ひます、処が一方、全国をば一選挙区とする所の選挙区に於てどうして選挙公報が出せるか、之を仮に議員の定数を三百名として、其の半数を、即ち百五十名を全国に於て選ぶと申しますると云ふと、少くとも候補者はそれの三倍、四倍、此の春の衆議院議員の候補者は六七倍になつて居りましたが、それを半分に致しました処で、百五十名の三倍、四百五十人、五百名内外の候補者が出るに相違ないのであります、其の多数の候補者が政見の原稿をば何処に送りますか、府県単位の選挙区でありまするならば、府県庁に選挙委員長とか云ふものが出来まして、其処に原稿を送つて、さうして選挙公報をば拵へると云ふことが出来るのでありますけれども、全国一選挙区と云ふことになると、何処に原稿を送ることが出来るか、原稿を送りまして其の原稿を受取つた処で、役所で五百名の政見発表の文書を印刷して、之を全国の有権者に配布すると云ふことは出来るものぢやない、全国にどれだけ有権者があるかと申しますと、此の春の選挙に於きまして三千九百万、約四千万人あるのであります、四千万人の有権者に向つて五百名の選挙公報をば万辺なく配布する、是はなか〳〵実際出来ぬことであらうと思ひます、殊に実際はどう云ふことになりますかと云ふと、選挙期日は三十日以前に発表致します、運動期間は三十日でありまして、選挙期日発表と同時に候補者が直ぐに原稿を送ることが出来ませぬからして、前の衆議院議員の選挙に於きましても大体十日位過ぎて、選挙の二十日程前に原稿を送ることになつて居ります、選挙二十日前に五百名の者が原稿を送つて、それを或所に於て印刷をして、全国の約四千万人の有権者に之を配付すると云ふやうなことは実際出来るものぢやないのであります、然るに一方の府県単位の候補者は完全に選挙公報をば各有権者に配布することが出来るに拘らず、全国を背負つて立つて居る所の候補者はそれが出来ないと云ふことになると、此の点に於て非常な不公平が起るのであります、是が一つであります、それからもう一つは「ポスター」でありますが、府県単位の選挙に当りましては、其の選挙区をば先づ標準と致しまして「ポスター」でも相当な制限を決めることが出来るのでありますけれども、全国一選挙区と云ふことになると、どれだけ「ポスター」を許すことが出来るか、それもちよつと標準がないのであります、此の点も選挙の実際に当りまして甚だ不便を生ずるであらうと思ひます

次には選挙費用であります、どう云ふ工合に選挙費用を決めるか、今日の衆議院議員の選挙に付きましては、其の選挙区の有権者の総数に三十銭をば掛けて、それを定員で割つたもの、斯う云ふ工合に選挙費用が法定せられて居るのでありまするが、大体其の一選挙区に於て二万円か三万円、三万円内外である訳でありまｓす、是位でちやんと選挙区と選挙人と云ふものを標準として茲に選挙費用が割出されるのであります、それ故に参議院議員の選挙に当りましても、府県を選挙区として立候補せられる所の方の選挙費用は此の標準に依つて割出すことが出来るのでありますけれども、之に反して全国をば一選挙区として闘はれる所の候補者の選挙費用は、何を標準として割出されるのであるか、一方の候補者は三万円位で出来るのに、他の一方に於ては十万円、二十万円、甚だしきに至つては五十万円でも百万円でも、全く標準が立たないのであります、同じ参議院に送られる所の議員の選挙に当つて、甲種と乙種と分けまして、斯くの如き差等を設けると云ふことは、甚だ宜しくないことであると思ひます

それから選挙期日を別々にすると云ふことは宜しくない、地方的の候補者と全国的の候補者が選挙を争ふ場合に当りまして、同じ参議院議員の選挙に当つて選挙期日を別々にすると云ふことは宜しくない、若し選挙期日を別に致しましたならば、地方的で負けました所の候補者が今度は全国的の方に廻るに相違ない、全国的方面の方を先にしましたならば、それが地方的の方に廻るに相違ないのでありますので、一つの選挙に当りまして、二回立候補するやうな機会が出て来るのであります、それは不都合であるからと云うて同じ日に選挙を行ひますと、日本全国押しなべて、府県単位の候補者と全国を背景とする所の候補者が現れて参りまして、どんな方法を以て選挙をするのか、選挙界は非常な混乱状態になりまするのみならず、有権者側からして見ました処が、誰が地方的の候補者であつて、誰が全国的の候補者であると云ふことがなかなか分り兼ねることが多いのみならず、実際投票するに当りましても、地方的の候補者と全国的の候補者と二人投票しなけ

ればならぬのであつて、どんな方法を以て投票するか、投票する上に於ても非常な面倒が起ります

それからして補欠選挙でありますが、苟も国民代表として議員となつて議会に立ちまする以上は、一人欠員がありましても是は補欠選挙をやらなければならぬのであります、それをやらねば国民代表の実は挙がりませぬが、一人の補欠選挙をやるからと云ふて、全国に向つて選挙騒ぎをする、斯う云ふことは一体宜しいのでありませうか、さりとて全国の方に関係しては、一人や二人の欠員は補欠選挙をしない、十人か二十人纏つた場合に於て初めて補欠選挙をすると云ふやうなことは、私はどうも国民代表たる理由を以て組織する参議院の構成として甚だ面白くないことであらうと思ひます

尚、補欠選挙の点に付ても斯う云ふやうな欠陥がありまするが、内務省方面に於きまするると、此処に内務次官も居られるでありませうが、やるにやれぬことはないと云ふだけのことでありまして、実際斯う云ふことを御検討になつたか知りませぬが、内務省としては私は之を見事にやり切ると云ふやうな御自信はないだらうと思ひます、殊に選挙の結果が何時分るかと云ふと、最小限度に見積つて、選挙当日から約二十日は掛るのであります、選挙が済んでから選挙の結果が分る迄に二十日掛る、色々な実際の不便があります、私は概括して申しますると、行へない相談であらうと思ひます、行つたならば非常な不公平を生ずる、即ち甲種の議員と乙種の議員との間で是だけの差別待遇をすると云ふことは、同じ参議院に送る所の議員として極めて私は不公平であると思ひます

それからもう一つは、根本の理論と致しまして、全国一選挙区にすると云ふと、練達堪能の士が之に依つて選出せられると云ふことになりまするが、是は私共には実際問題として分らぬのであります、一体、全国一選挙区と云ふのを乙種と致しまして、府県単位のを甲種と致しまするが、乙種の候補者は実際選挙を争ふに当つてどう云ふ方法を以て選挙を争ふか、東京に居られる所の練達堪能の士がそれが乙種の候補者となつて現れて、どう云ふ方法を以て選挙運動をやられるのであるか、選挙運動は先程申しましたやうに、言論と文書より外にはありませぬが、文書戦は是は絶対に出来るものぢやありませぬ、言論を以て闘ふに当つて何処に行つて演説会をやるか、東京に居られる所の候補者でありまするならば、選挙期日が二十日か三十日でありますから、東京都内の隅々迄言論戦をばすると云ふことは、是は絶対に出来ぬことでありますからして、何れ自分の住んで居られる所の根拠地、それを拡張して相当の投票数を集めることが出来る可能性のある地域に向つて運動せられるだらう、東京に居られる人が長崎に向つて、長崎に行つて運動する、北海道に行つて運動すると云ふことは出来ませぬ、仮令有名な方であつても、東京に居られて運動もせず

して、選挙人と何の連絡もなくして、自分は偉いからして自分には日本全国から投票が集つて来るだらうと云ふ御考を持つて居りましたならば、非常な錯覚でありまして、今日の選挙と云ふものはそんなものぢやない、各〻自分の足もとから出る候補者がありますから、有権者は皆それ等の候補者に向つて投票致します、長崎の有権者が東京の候補者に投票する、そんなことは決してあるべからざることであります、長崎の有権者は長崎県を基礎として立たれる所の候補者に向つて投票する、それは東京から名乗りを挙げて居ります所の候補者が非常に偉い人でありますならば、五票や十票の散票は集つて来るでありませうけれども、之に依つて当落を決定するやうな投票は決して集まるものぢやありませぬ、衆議院議員の選挙でも候補者は沢山ありましたが、少くとも五万、六万の投票を取らぬと当選しないのであります、是が三百人になつて其の三百人の半数の百五十人でありますと、一人の候補者が何ぼ少くとも十万や二十万の投票を取らなければ、当選点に達せぬだらうと思ひます、さう云ふやうな得票を得るに当つて日本全国の同情者の僅かなる投票を当てにしてさうして当落を決すると云ふやうなことは、実際に於てあり得べからざることでありますから、東京から立候補せられる候補者は東京都に跨つて余程深い所の運動をやられてさうして選挙人と或連絡を取られると云ふだけの濃厚なる選挙運動をやられぬと云ふと、投票と云ふものは決して集まつて来るものぢやない、処が東京都を土台として選挙を争ふと云ふことになると、結局甲種の候補者、即ち東京都を一つの選挙区として選挙を争ふことと同じことになるのでありますから、此の点から考へましても、全国一選挙区と云ふことは全く私は有名無実であるのみならず、労多くして何にも役に立たぬ、さうして一方に於ては同じ参議院に送る所の議員の選挙に当りまして甚だ差別待遇をする、さうして練達堪能の士が得られるかと云ふと、得られるものぢやありませぬ、どんな練達堪能の人であつても、苟も議員とならむと志される人でありますならば、堂々と選挙界に立つて選挙競争をやられねばならぬのであります、選挙競争をやられるに当つては、最前申上げましたやうに、日本全国に向つて選挙運動は出来ませぬからして、自分等が根拠を持つて居りまする所の、自分等が住んで居りまする所の相当限られて居る所の地域に向つて選挙運動をやるより外ない、さうすると結局実際に於ては自然的に選挙区が決まりまして、府県単位の選挙区と同じことになりますから、此の点から考へましても、二つの選挙区を設ける所の必要は私は実際ないと思ひます、若し府県単位の選挙区を拵へまするならば、衆議院議員の選挙と殆ど同じやうになるからして、二院制度の特質は玆に消滅すると云ふやうな御意見が若しありまするならば、是は一つ私、御考を願ひたいと思ひます、全国一選挙区を止めまして府県単位の大選挙区に致しました処で、区域の上に於きましても衆議院議員の選挙と大分違ひます、衆議院議員の選挙は何れ選挙法を改めまして、中選挙区にするのであらうと思ひます、中選挙区と云へば先づ三名以上五名以下位でありまして、是は普通選挙以来数回行つて居りまして、此の春の選挙だけは稍〻それを拡張して先づ大選挙区と称するものにしたのでございますけれども、今度参議院議員の選挙を行ふに当りまして、府県単位と云ふことになりまするならば、自然衆議院議員の選挙区も狭くなりませうからして、選挙区の広い狭いと云ふことに付ても第一違ふのでありまするし、次には被選資格も最前御報告ありましたやうに、衆議院議員の方は二十五歳でありますけれども、参議院の方は三十五歳にするとか四十歳にするとか、選挙される所の人も違ひますし、それからして参議院の議員の年限も違ひます、衆議院議員は四箇年でありまして、解散があつても、解散がなくて満期になりましても、全部一時に交代するけれども、参議院は六箇年でありまして、三年毎に半数改選をやる、即ち或人が言ふやうに、参議院は池の水のやうなものであつて、一方からは流れるが一方から入つて来るので、進歩性を失はない、此処に参議院と云ふものの特質があるのでありますから、衆議院の選挙と参議院の選挙とは各種の方面に於て違ひまするのみならず、同じ選挙をやつたと致しました処で、二つの議員〔院〕があると云ふことそれ自身が、二院制の目的を達するに付て相当の効力があるであらうと思ひます、同じものが二つあつても、一つのものが行過ぎましたならば、他のものに於て之を牽制する、此処に二院制の長所があるのみならず、最前申しましたやうに、府県単位の選挙区に一纏めに致しました処で、衆議院とは大分異なる所がありまするからして、衆議院議員と同じやうな議員が出るからして、府県単位ではいかぬと云ふ議論は、相当に私は御考を願ひたいと思ひます

要するに、此の選挙区を二つにすると云ふことは、私は宜しくないと思ひます、故に若し練達堪能の士が全国一選挙区で出ると云ふならば、総て府県単位の選挙区は止めて全国一選挙区にすれば宜い、併し是は実行上に於きましては困難であります、無論文書戦はやれませぬが、言論戦は地域に於てはやれるのでありますからして、それは候補者は総て平等でありまするからして、日本全国一選挙区と云ふことも、此の点から考へましたならば、意味がないとも言へませぬ、それ故に若し衆議院が地方代表であるし、参議院は全国代表と云ふやうな議論も立ちまするならば、参議院議員を全部全国一選挙区としてやらせるのが宜しい、当り前から申しまするのと、衆議院が全国民を代表する、憲法の上に於きましては、両方とも全国民を代表することになつて居りますけれども、事実に於ては寧ろ衆議院が全国民を代表するもの、斯う見るのが至当でありまするからして、参議院議員の選挙を全国一選挙区に

すると云ふなら、是は理論上に於て意味がある、参議院は、地方的代表者と云ふもので参議院を組織するならば、是も一つの意味があるのでありますけれども、今日衆議院議員の選挙法を改正して、全国一選挙区にすると云ふこともなか〱行はれぬのでありますから、然る以上は参議院は全国一選挙区にするか、或は全国一選挙区を止めて府県単位の大選挙区にするか、どちらかにせぬと、選挙の実際に於て面倒が起るのみならず、大混乱が起ると思ふのであります、さう云ふことをよく御考の上で御決定を願ひたいのであります、部会には私も出席致して居りまして、皆さんの御議論も拝聴致したいのでありますが、確か社会党から出られました所の鈴木君の如きは、全国一選挙区に付ては反対の意見を表示せられて居つたのであります、社会党の委員が反対せられる以上は、是は社会党全体を代表せられたものと思ふ、私等が属して居ります進歩党は、まだ之に付きましては党議は求めて居りませぬけれども、苟も選挙をやつた経験があつて選挙界の事情を知つて居られる人ならば、全国一選挙区と云ふやうなことには賛成せられぬだらうと思ひます、斯う云ふやうな案が其の侭議会に提出されましたならば、私は議会を通過することは極めて困難であると思ひます、議会を通過しようがしまいが、そんなことは一向構はない、此の法制調査会独自の見地からして答申案を作るのであると言はれるならば、それも一つでございますけれども、よく是等の方面をば本当にじつくりと御考の上に於て、理論上、実質上からして此の問題を御決定下さることをば御願ひ致します、委員でなくして口を開いて誠に済いませぬが、是は一つ御容赦願ひます

○**第二部会長（北委員）** 只今齋藤さんから仰せられたことは、我我第二部会の会議に於ても十分拝聴しました、誠に御尤もの所がありまするので、私の報告の中にも四箇条に亙つて難点を挙げて置きました、唯此の点は審議の経過に依つたことでありますが、どうしても参議院と衆議院とは違つた種類のものを出したい、処が練達堪能の士を出すと云ふことと、国民一般の代表と云ふことと、どうしても両立出来ない、御承知の如く初めは衆議院議員と都道府県から選出せられた参議院議員とで集つて、百五十名の乙種議員を詮衡してしまふ、決定してしまふと云ふ考で居りました、処が関係筋の意見を徴して見ますと、それは到底いかぬ、「アンコンステイチユーシヨナル」だ、非立憲的だ、そこで多少歩み寄つて、倍位を選定して置いて、更に全国民の投票に依つて半分位を自由に選択させよう、どうもそれもいかぬ、それは出来れば、全国一選挙区と云ふのは余程長所があると思ふ、三百名なら三百名互選したものを、其の内百五十名が選ぶ、処がそれが出来ないやうになつて大選挙区だけ残つて居ると云ふことになると、只今齋藤国務大臣の言はれた色色な欠点が出来ます、そこでもう一つ

の案としては、先に報告致しましたが、色々の職業団体、其の他文化団体、学術団体が適当の候補者を推薦して、さうして国民の信を問ふ、帝国学士院からどれ位、或は東京帝国大学の卒業生に愬へて何名、候補者を慶應大学の校友会或は早稲田大学の校友会からでも選ぶと云ふことになるなれば、相当行けると思ふけれども、此の団体を法定すると云ふ相当困難である、まあ千名位中央に会員を持つて居る信用のあるものを決定して推薦母体とする、併し其の推薦された者以外の立候補を許さぬと云ふことになると非立憲的である、東條内閣の推薦制度のやうに思はれる、目的は違ひますけれども、自由立候補の余地を与へたらどうかと云ふ議論も出て来た、どうも各種団体を法定すると云ふことは出来ない、そこで私共の狙ひ所としては、法定は出来ないけれども、政治的訓練に依つて参議院は衆議院と違つた性格の者を出すべきものである、日本的の人材を出すべきであると云ふことを国民の頭に滲み込ませて、自由に各種団体が候補者を推薦する、推薦された候補者が衆議院議員の如く選挙運動を大童になつてやらなくとも、団体が文書か何かでやれば相当の人物も出来るのぢやないか、教〔政〕治的訓練、教治的習慣で或程度迄はやれる、理想案には行きませぬが、さう云ふ所を一つ狙つた、勿論懸念する所に依れば、全国的の組織網を持つて居る農業会あたりは、中央で指令を発して役員を多□選出せしめることも出来ます、或は労働組合は全国的組織がありますから、総同盟でも産別組合でもあることが出来ます、そうすると余程我我の予期したものと違つた者が出て来る処もあります、さう云ふ可能性もありますが、政治的習慣で行きたい、斯う云ふ所を色々狙つた訳であります、社会党の水谷君からも政務調査会長として申出がありましたが、都道府県の選挙区になると、衆議院議員と同じことになるから、多少職業代表的の意味がなければ私は反対せざるを得ないと言つて居られた、鈴木君からは、全国を一選挙区にしたのでは困ると云ふ意見がありましたが、社会党の幹部諸君の意見を聴くと、職能代表的意味を持つた人を出すと云ふのでなければ駄目だ、都道府県を単位とした候補者、それだけならば衆議院と異なる所はない、斯う云ふのです、殊に社会党は、今度の衆議院議員選挙法改正でも、大選挙区移譲式を取つて私は出て来ると思ひます、是は確信致します、此の前の選挙の時にも、大選挙区単記移譲式と云ふことを主張したのです、そこで此の前、鈴木君からさう云ふ話がありましたが、社会党の大体の方向としては、衆議院議員に於て大選挙区制度を取つて来るから、齋藤さんの只今仰しやつたやうに、都道府県だけで参議院議員を選出すると云ふことになると、社会党が衆議院議員に於て大選挙区制を取ると云ふことと全然一致して来るので、私は社会党内に於ては色々な議論が起ると思ふ、是等の点は非常に面倒なことでありまして、恐らくは衆議院議員の選挙法の改正は中選挙区単記、是は進歩党、自由党、大体賛成であります、社会党は大選挙区制、それで是は対立するのであります、そこで都道府県だけで参議院議員の選挙制度をやると云ふことになると、どうも二院制度の必要性を徹底的に納得させることは出来ないと私は思ふ、我々審議に与つた者は其の自信がどうもないのであります、齋藤さんの御話では、選挙区が大きいと云ふことを言はれましたが、鳥取県の如きは四人であるから、中選挙区になつても、都道府県を選挙区にして参議院議員を選ぶのと重つて来る、山梨県は五人でありますから、是も重つて来る、島根県は六人ですから是は二つに分れるけれども、可なり重なる県もあります、重ならぬと言つても一つと二つと云ふ程度のものも相当沢山出て来ます、果してさう云ふものが二院として必要であるかどうか、下手をすると、進歩党、自由党の若い諸君から、一院制でも宜いと云ふ議論が圧倒的に出て来るのぢやないかと懸念するのであります、何処の国でも上院と云ふものは可なり其の構成に困難を感じて居るやうであつて、是は日本だけでないと思ひます、そこで我我は有らゆる角度から検討して斯う云ふ案を作つたのでありますが、非常に重大な問題で、今後議会制度の中心問題が出て来るのでありますから、十分一つ御検討下さいまして、我々二部会の審議の足らざる所を補ふに吝かならぬと云ふ態度で十分御審議御願ひしたいと思ひます

〇**十八番（原委員）** 此の案の出来るに付ては、言ふ迄もなく私共も責任を持つ訳なんですが、齋藤国務相も御承知の通りに、是は実は憲法審議委員会でも当初から此の憲法の条文には困り果てたのであります、我々は参議院の選挙に付ては法律に定めると云ふ一項目があれば誠に結構だと思ふのでありますけれども、矢張り憲法の規定に依ると、唯衆議院と参議院の両院議員と云ふものは国民から代表せられたものと云ふ規定だけでありますから、それに依つて審議がなか〱むつかしくなつた訳なんであります、斯う云ふことは申す迄もないことであります、併しながら参議院の選挙法に於ては必ずしも衆議院の選挙法と之を同一視して論議しなければならぬこととは考へられないのであります、そこで議事の進行みたいなことになりますが、私は一つ齋藤国務相に御伺ひしたいのは、先程詳細を尽して説明せられた其の中で、実際行はれない事柄ぢやないかと云ふことと、もう一つは、衆議院議員の選挙法に立脚して選挙の方法に付ての色々な御意見があつたのでありますが、此の点に付て私どうかと思ふ点は、第一番に選挙は、文書と言論が選挙運動の主体になるものである、衆議院議員の選挙に於て無料郵便、選挙公報と云ふことに付て色々御話があつたのでありますけれども、参議院の選挙に付ては衆議院議員選挙法と同様に考へる必要はないぢやないかと思はれるのでありまず、此の春の選挙に於きましても、御承知の通り公報と云ふのは

形ばかりで、実は選挙の当日に間に合はないで、殆ど選挙人は之を見ないで、知らないで選挙したと云ふ関係の所が随分あつたのであります、あの場合に於ては選挙人各戸に公報を配つた訳でなく、隣組に一部宛県庁から配布して回覧に供すると云ふ建前であつたのですが、選挙が近くなつてはそんなことに頓着する者もなく、主としてあの場合に選挙運動の主体になつたのは言論戦だけであつたと思ふのであります、無料郵便は、先程御話のやうな紙の問題とか配達の問題とかで、あれは取止めになつた訳であります、でありますから参議院の選挙に於ては、それ等の選挙方法に付て何も衆議院を立会として之に則ると云ふ必要はない事柄ぢやないかと思ふのであります、参議院の選挙法に於て、特に今日の時勢に合はない、或は不当なものは、衆議院と之を異にしても差支ないと思ひます、そうなると大分本案審議に付ての議論が局限せられて来る、簡単になると思ふのでありますが、唯不公平ぢやないか、府県単位の甲種の候補者と乙種の候補者との間には不公平が起るのぢやないか、此の議論は誠に御尤もな点であります、是は当初二部会に於ても色々検討した点であつたのであります、と申しますのは、結局する処、国民全体から言へば二度選挙をしなければならぬ、各県から立候補した候補者には一度きりだ、国民は二度やるのだけれども、日本全国一選挙区としてやる場合に於ては、玆に大分範囲が違ふ点に於て不公平ぢやないか、さう云ふ点は誠に了承が出来ると思ふのでありますが、併しながらそれと尚全国を一選挙区とする乙種の立候補者とが、国務相の御話に依ると、どんな選挙運動をするか、なか〳〵運動はむづかしいのだ、さう坐つて居て選挙に当選することは出来るものぢやないのだ、是も誠に御尤もな御意見であるが、併しながら一方利益な点を考へると、一選挙区の場合に於ては、全国的に練達堪能の士が散票を取ることが出来る、例へば兵庫県の出身の練達堪能の士であつて東京に在住する、或は大阪に在住して居る人、是等の人に付ては、先づ郷里に於て得票が多い場合があると想像しなければならぬのですが、それと又、常住して居る其の籍に於て相当な票数が取れる、其の他、学校で教はつた人とか、会社等の関係で縁故のある者とか、工場の持主で労働者を使つて居ると云ふやうな者は、そこで又散票が十分取れる、斯う云ふやうに日本全国随所で散票が取れる点に於ては、是は区域が広いのですから、各府県に限られた候補者より非常に得な立場にある、斯う云ふことにならうと思ふのであります、そこで是は選挙運動の手段方法に属する事柄で、唯理論で推すと云ふだけの問題ではないと思ふのであります、衆議院議員の選挙に於きましても、例へば島根県は大選挙区で、是迄は中選挙区以外の土地区域等に於ては無論票が少い、併しながら未だ曽て選挙運動をしたことのない土地に侵入して選挙運動をやると云ふことが出来なくても、或は色々な方法に依つて矢張り散票と云ふものは得られて居る、どうせ選挙は縁故のある所或は顔知りの所とか、名前を何かの関係で知られて居る所から矢張り散票が集つて、合計の得票に影響をすると云ふ建前であるから、一概に大選挙区で有識堪能の士が取れるものぢやないと云ふ否定論も、是はどうかと思ふのであります、同じ県なら県の中でも全然手の付かない所もあるし、又とびく〳〵の点が取れる所もある、それが中選挙区、小選挙区になれば、やり易いと云ふ程度である、是は程度問題と、其の人の運動方法に依る問題であるから、先づ議論の外から除外しても宜いのぢやないかと思ふのであります、さう云ふ点を色々考へると云ふと、此の選挙を衆議院の選挙に準拠すると云ふ点から検討する必要はなく、結局斯う云ふ困つた場合に於て議論の焦点となるものは、衆議院と出来るだけ異つた有識者、比較的練達堪能の士を選び上げたいと云ふやうな困つた挙句、斯う云ふことに結論付けられるのでありますから、そこで参議院の選挙に限つて二段構へに甲種と乙種と云ふやうな区別にやると云ふことは不公平ぢやないか、斯う言はれても、憲法では結局国民全体の投票に依れと云ふことであつて、区域等に付ては何等の規定を持たないから、其処の欠陥と云ふか、さう云ふ区別を立ててはいかぬと云ふ建前ではないのである、其の点に一つ乗じて窮余の一策を考へて、各府県別並に大選挙区、日本全国で行く、斯う云ふやうに立てると云ふことも、是はもう選挙法の建前から少しも差支ない問題ぢやないかと云ふことに論決が付いた訳であります、前回にも内務当局並に法制局各当局の方、殊に憲法に従事せられた委員長からも意見を聴いて、結局斯う云ふやうな窮余の一策を設けた訳なんですから、此処で決して是がどうも出来ない仕事だと云ふことには、そこは各自の見様でありますが、衆議院議員の選挙と違つた観点で、違つた心付きの下に此の選挙をやらう、斯う云ふことの一点に帰着して、冀くば齋藤国務相の、其の見地から一つ何とか思ひ直されるやうな御意見をもう一遍御聴きしたいと思ふのであります

○第二部会長（北委員） 私からもう少し審議に現れた色々の御議論の中から、齋藤国務大臣の御説明に対する批判的なものを二三述べて見たいと思ひます、齋藤さんの御話では補欠選挙がうるさい、是は一人欠員が出来た時に直ぐ選挙すればうるさいが、是は選挙法の規定に依つて、百五十名の内一割以上も欠員が出来た時やると云ふことにすれば、極めて簡単に解決出来る、斯う思ひます

それから都道府県単位で以て参議院議員を全部選挙すると、私は人物は今の衆議院議員より品の悪い者ばかり出ると思ふ、衆議院議員に落選した者でもう働き盛りを過ぎて役に立たぬ者、老廃的人物が出る、現に我々も七十になつて衆議院を落ちたら、新潟県に帰れば出られる可能性がある、さう云ふ元老院のやうな性質

のものになる、それが欠点です、それから又参議院は無用だと云ふ根本論が出て来る、それから都道府県を中心にすると云ふことに付ては、東京に殆ど人材が集つて居る日本の特殊の事情を考へて見る必要がある、「ドイツ」にしても、「フランス」にしても、働き盛りは「パリー」や「ベルリン」に居つても、年を取れば農村に帰る、今度日本は、不在地主は一町も持てないから、今後故郷と云ふものはなくなり、益〻農地法の改正が徹底すれば、人材は年を取つても東京に居ることになる、地方には人物が払底する、其の時に都道府県からのみ議員を出すと云ふと、二流品ばかりしか出ない、現に知事の公選の問題に付ても、新潟県に帰つて同志と議論したが、人物はなか〱ありませぬ、私の知つて居る処では、自由党あたりでも若い代議士を辞めさして立てなければならぬと云ふのが相当であります、知事すら斯くの如し、況んや参議院議員などは、なか〱都道府県に永住して居る人は私はあり得ないと思ひます、衆議院議員に出れば落選する、金でも少し余計出すから出してやらうと云ふ者が出て来るかの〔も〕知れませぬが、今の多額納税議員でもなかなか出て来ないと思ひます、あれは極く限られた有権者で民衆と結付いて居ない、それが欠点です

それからもう一つは、甲種議員と乙種議員に分けたら、品が違ふやうに言はれましたが、それはどちらでも宜い、都道府県に縁故のある者、都道府県に特別の縁故がなくて全国的な組織を持つて居る其の組織から出る、或は学術団体から出ると云ふことになれば、是はちつとも差支ない、現在の貴族院に勅選議員あり、多額あり、華族あり、色々の種類があると云ふことは、必ずしも品に区別がある訳ではないと思ひます、是は私は折角の齋藤さんの御議論であるけれども、私の承服しにくい御説であります

それから齋藤さんは、人物を出しにくい、二院制度の根拠が薄弱になる、補欠が困難であると云ふことを言はれるけれども、それは困難でないやうに補欠は出来ます、選挙運動が困難だと言はれるが、候補者が大童になつてやらなくても――推薦母体は法定しなくても自由に出て来る、例へば商工経済会あたりで商工業の大人物を選んで全国的に二十名、三十名を出す、東京と大阪と連絡してやれば相当の数が出来る、農業会もさうです、教育者連盟からも出す、学術団体からも出す、職能代表と云ふものは、憲法の規定上ちよつと工合悪い、総ての公務員は全部の奉仕者で、一部の奉仕者ではない、それでさう云ふやうにして知識経験の持つて居る者を可なりのものを出す途はある、推薦母体は幾らでも出来る、それが運動すれば、全国的に結束して居るからやれると思ひます

そこで齋藤さんの一番良い所は、簡単明瞭で選挙苦労がないと云ふだけでないかと思ひます、併し選挙は、どう云ふ人を出すと云ふ目的を第一に考へなければならぬ、齋藤さんの御説は選挙の

「テクニック」に直截簡明な所があると云ふだけで、外はどうも参議院を特に設けなければならぬと云ふ根本思想に絡む所がなさうに思ふ、どうも我々審議の経過に現れた議論としては、さう言はざるを得ないのであります、勿論私共の結論は、齋藤さんの御批評の通りの欠点は沢山あります、が併し、我々の審議したことに付ての批判としては誠に傾聴に値ひしますが、齋藤さんの御説自身に付ては、我々の立場から相当批判の出来る問題でありまず、結局は相当面倒な問題であると云ふ結論になると思ひますが……

○**齋藤国務大臣**　二度も立つて甚だ申訳ありませぬが、ちよつと言ふことを落しましたから、もう少し言ふことを補つて置きたいと思ひます、参議院の選挙と衆議部〔院〕の選挙と、選挙区其の他に付て成るべく違つた方法を執りたいと云ふことに付ては、私も同感であります、それで私は、若し全国一選挙区が練達堪能の士を選出するに付て、諸般の点から考へて便利であると云ふ議論が成立つと致しますれば、此の府県単位の選挙を止めれば宜い、矢張り一方には府県単位にすると衆議院議員の選挙と同じやうになると言ひながら、半分だけは府県単位にして、半分だけは全国一選挙区にすると云ふのは、全く理窟も合はぬし、実際に合はぬ、私は全国一選挙区と云ふことはなか〳〵むづかしいと思ふが、併し此の運動がむづかしいのは、全部の候補者がむづかしいなら、全国の候補者が全部同じ立場に立つて運動するのだから仕方がない、それ故に若し府県単位の選挙区はいかぬ、衆議院議員の選挙と重複すると云ふやうな懸念がありまするならば、其の方法をすつかり止めて、参議院の選挙は全部全国一選挙区にする、是が私は宜いと思ひます、是なら私も賛成致します、併しさうでなく半分は府県単位にする、府県単位の選挙区は衆議院議員の選挙と重複する、衆議院で落選した者、老ぼれのやうな者が出て来るのでいかぬと云ふなら、それを止めるが宜い、それから一体、全国一選挙区と云ふことが現れた本は、衆議院か何処かで候補者を決める、三百名なら六百名位の候補者を決めて、それに向つて投票させる、是が全国一選挙区と云ふことが出た本である、処が其の大本である推薦と云ふことは、憲法の明文に於て出来ないと云ふことになりましたので、之に依つて全国一選挙区と云ふ議論が倒れて居るのであります、併し他に長所があると云ふならそれも宜しい、それであるから、どちらに御決めになつても宜しい、全国一選挙区と云ふことにした処で、必ずしも衆議院と出て来る者も同じものぢやありませぬ、之に依つて二院制度の性格が没却せられるものでないと云ふことは、先程申した通りでありますから、どちらでも宜しいが、併し出来るならば、理想としては全国一選挙区が宜からうと思ひます

○**十八番（原委員）**　そこでさう画一的にしなければならぬと云

ふ、斯う云ふ窮した場合に其処に重点を置かれる理由をもう一つ聴きたいのですが、さつきの文書なら文書、公報なら公報を参議院の選挙の場合に必ず出さなければならぬと云ふことはないのですから、そんな選挙方法は色々考へれば宜い、唯区制の問題ですが、それは地元から兎に角最高点で出た人から取つてもちよつとも差支はない、画一的でなければならぬと云ふ理由が何処にあるかちよつと分らないのですが、それを一つ説明して戴きたい

○齋藤国務大臣　私は、画一的に平等にする必要が何処にあるか、何もないぢやないかと思ふ

○十八番（原委員）　それは各地方々々で練達堪能の士が得られにくいのぢやないか、そこで練達堪能の士を出すのには、どうしても全国的に名前の知れた人、又は参議院に居つて相応しい人は、それ〴〵日本全国を股に掛けて演説会を開くと云ふことは出来ないけれども、自分の根拠地と云ふもの、目当てとする所へ行つて演説せられて、それで投票が得られる場合が沢山ある、例へば東京に住つて居る人は新潟は近いし、或は埼玉県、千葉県は近いし、東京も膝もとであるし、又隣の東海道筋なんかへ行つて演説すると云ふことは、それは丁度今の各府県の大選挙区に変つた時に色々さう云ふことをお互にやつた経験から照しても、是はなか〳〵容易ぢやないけれども、散票を得る為にはさう云ふこともやつた訳なんですから、其処は兼合ひですから、両方とも困つた場合に於て何とか主たる目的を達しようと云ふ為には、それは理論一点張りで押さないで、半々位に之を分けて、さう云ふやうな良い人が散票を得て当選せられると云ふことを歓迎する為に、斯う云ふことをやらう、是は窮余の一策ですから、理論で押されてはなか〳〵容易に闘争は出来ない訳であります、それは一つ何とか枉げて戴いちやどうですか

○第二部会長（北委員）　齋藤さんは、全国一選挙区で良い人を出せるなら、出来るなら全部それでやつて、半分だけ都道府県にすると云ふ根拠は何処にあるか、衆議院と重複するものを何の為に置くかと言はれるのです

○十八番（原委員）　それは職能代表と云ふやうなことを論ずる人もあるし、憲法改正の時にはそんな議論が起つた、それから今度は地域選出と云ふことが謳はれた訳であります、地域別にして其の地域から選び出すと云ふことも一つの方法だと云ふことから都道府県と云ふことになつて居る、それを又更に緩和して、地域ならば、一地域と全国の地域とにしようぢやないか、斯う云ふことになつた、さうすると総てを一元的に単純化しようと云ふ為に、其処に裕りを取つて両方緩和してはどうですか、斯う云ふことなんです

○三十五番（松尾委員）　齋藤国務相の熱心なる御話を伺へば御尤ものやうに存じます、又委員長の御報告を承れば、それも御尤

ものやうに思ひます、私は実は、憲法の中の一条で両院を決められて居ることに於て、斯う云ふ困難があると云ふことは承知して居るのであります、それでありますから、私、自己に於ては色々考へて見たけれども、今委員長の御報告にあつた通り、色々な関係に於てさう工合好く行かない、それでありますから、折角委員会で是だけ御研究になつたものでありますから、色々只今承つたやうに長所、短所と云ふものは伴ふものでありますから、私は此の委員会の案に賛成するものであります、採決して戴きたいと思ひます

〇**四十六番（山田（三）委員）**　色々選挙に付て齋藤さんから御話がありまして、誠に御尤もに思ひますが、私、選挙のことは知りませぬが、どちらか一つにしたら宜からうと云ふ御意見は、誠に御尤ものやうに思はれますけれども、又見様に依りましては、別々にすると云ふ必要があるのではなからうかと云ふ考で委員会の案が出来たと信じます、それは半数は都道府県で選び出すと云ふことは、成る程衆議院の落選者と云ふやうな人も出るかも分りませぬけれども、又衆議院のやうな激しい政争場裡に奔走することを避けれまして、さうして尚国家の為に尽したいと云ふ人もあり得るのであります、さう云ふ人は各府県に各〻二名や三名の方はあると思ひますが、それが選ばれると云ふことは、誠に参議院として望ましいことであると私は信じます、併し都道府県のみに依りますと、さう云ふたちの人ばかりになつて来ます、而も員数は二名や三名でなくして、六名も八名も十名もと云ふことになりますれば、益〻衆議院と同じになつて来ますから、そこで半数は全国一選挙区として全国的に選ぶ、斯うなると、選挙運動の色々な困難があることは、色々御話になりましたが、私は全国一選挙区にすると云ふやうな時には、人に重きを置きまして簡単な其の人の履歴だけに依つて推薦する、全国的に選挙すると云ふやうになりますれば、選挙の費用も莫大な費用が要るとか、或は迚も文書で宣伝が出来ない、斯う云ふ御心配もありましたが、それは段々と適当な人が選挙されるやうに自然にさう云ふ慣習が出て来るだらうと思ひます、最初はさう云ふ理想通りに行かないとしましても、段々さう云ふ訓練を経て来ますと、大体推薦する人も、又之に当る人も、自から参議院に適するやうな、而して全国を選挙区として当選するやうな人が出て来るだらうと思ひますから、是は別々にして、各府県の選挙区と全国一選挙区と半数宛二つに分けてやることに依つて、参議院構成の妙味があるだらうと信ずるのでありまして、此の意味に於きまして委員会の案は、現在の状態に於きましては已むを得ない最善の方法でないかと云ふ自信を持つて居ります、此の点だけを申上げまして、尚齋藤さんの一つにしなければならないと云ふ点に付ての御説には私は賛成し難いと云ふことだけをちよつと申上げて置きます

○三十三番（尾高委員）　第二部会長、此の案に付て御質問申上げます、憲法の規定には、参議院議員の任期は六年で、三年毎に議員の半数を改選すると云ふことになつて居りますから、参議院議員選挙は半数宛三年毎に行はれる訳でありますが、是と此の要綱の二にある選挙区の二つの種類、是は各〻の選挙と云ふものはどう云ふ関係になつて居るのか、其の点が私はよく分りませぬ
○第二部会長（北委員）　此の点も審議中大分苦心致しまして、都道府県から半分、全国から半分と云ふことになると、都道府県は、どんな小さな県でも二名、偶数にしなければならぬ、人口の率に依つて四名、六名、八名、其の半数を選んで貰ひたい、さう云ふ形に於て、是は奇数だとどうしても不公平になりますし、全体で中選挙区をやると、或県では全部なくなつてしまふ、四人の所は二人、六名の所は三名残したい、斯う云ふことになつて居ります
○三十三番（尾高委員）　さうすると、参議院議員の全数の半分に付て、両種の選挙区に依る選挙と云ふものが三年毎に行はれると云ふことになる、それで齋藤国務相の言はれる甲種議員、乙種議員と非常に条件が違つて不公平になる、斯う云ふ御議論が出て来る訳ですね
○第二部会長（北委員）　けれども三年毎に改選すると云ふことは同じことですから、其の点は問題はないと思ひます、全国的に選ばれた百五十名の内七十五名は、初めの任期は三年ですから、三年でやらなければならぬ、地方の方もさうでありまして、其処は別に不公平はないやうであります
○三十三番（尾高委員）　さうすると四の所に「単記、無記名」となつて居りますが、是は同じ選挙人が（イ）の選挙区に依る選挙と、（ロ）の選挙区に依る選挙と、どう云ふ風に行ふのでありますか、どつちか一つだけに投票すると云ふ意味ですか、それとも両方……
○第二部会長（北委員）　名〔各〕有権者は甲種も選挙出来るし、乙種も選挙出来る、一人が二票行使出来る、それは同時か、違つた時期にもやるかと云ふことは、是は別に規定する所であります
○三十三番（尾高委員）　さうすると別に両者の間に競争関係は起らず、従つて齋藤国務相の気遣はれたやうな不公平と云ふことも起らない、斯う考へて宜しうございますか
○第二部会長（北委員）　さう云ふ積りで居ります
○三十七番（有馬委員）　私はまるで選挙のことは分らないのでありまして、或は御笑ひを招くやうなことになるかも知れませぬが、参議院の議員は衆議院議員と較べて偉いとか偉くないとかと云ふことは別として、兎に角種類の違つた人を選ぶと云ふ趣旨はあるだらうと思ひます、そこで実際を見て居りますと、只今のやうな貴族院の勅選議員と云ふやうなものは参議院の方へ選びたい

と云ふやうなことが、多数の希望ぢやないかと思ひます、処が実際を見ると云ふと、斯う云ふ人達は選挙なんと云ふものは元来嫌ひな人が多い、唯勅選のやうに黙つて居つて人知れずならやつて見たい、併し立候補して他人と争つて迄したくないと云ふのが、現在の状態であります、もし少し民主主義が進んだらどうなるか知りませぬが、現在の状態ではさう云ふ風に見受けるのでありま す、斯う云ふ風に仮に参議院は、今言はれたやうに適する人が多いとするならば、成るべくさう云ふ人を選ぶ方法を考へるのが宜いのぢやないか、それには選挙方法は、成る程原君の言はれるやうに、衆議院と同一にする必要はないと思ふ、ないとは思ひますが、それぢやどう云ふ方法にするかと云ふと、別に名案はない、矢張り齋藤君の言はれたやうに、全国的にでもなれば、それはもう殆ど不可能だらうと思ひます、私は矢張り選挙人は都府県を単位にする、被選挙人は何も限らない、そこでどうしてもあゝ云ふ憲法になつて居る以上は、選挙と云ふことになれば、今後は政党の訓練と云ふより外には私は良い方法は出来ぬと思ふ、どうしても政党が訓練して、今も言はれたやうに、領袖が政党の面目にかけて良い者を選ぶと云ふことが、最も徹底されなければいかぬと思ふ、あの政党が参議院にあんな候補者を出したと云ふことでは、政党の信用が落ちると云ふ所へ持つて行かなければならぬ、之には職能代表も政党が責任を負ふ、候補者は或意味に於ては運動してはならぬと云ふ位にやつても宜いのぢやないかと私は思ふ、運動なんかしないでも宜い、東京に居る人は東京でじつとして居れば宜い、政党が責任を帯びて、あの人は学者だから、学者団体としてあの人を選ぶ、さうして是は東京都から選ぶ、一方の実業家は兵庫県から俺の政党から出すと云ふことで、政党が全責任を負うて、其処から職能代表を全国に按配して、俺の政党は全国的に見て、どうだ、各界から参議院に斯う云ふ人物を出したと云ふ所迄、此処迄訓練しなければ、良い者は出ないと思ひます、さうすると選挙人は一県であつて宜い、被選挙人は全国に求める、何も一県で一人の人を選ばなければならぬと云ふことはない、全国的に人物を政党が選んで、さうして衆議院と別々にする、選挙区を一県にすると、衆議院の落選者が出ると云ふ虞もありますけれども、それは制限すれば宜い、衆議院議員の候補者は出来ぬと云ふことは、結局はどうせむづかしいのでありますから、政党と云ふものは益〻発達しなければならぬことは当然でありますから、政党が自分の名誉に於て立派な者を選ぶと云ふ訓練をして行く、之に依るより外に良いものは出来ぬと思ふ、其の意気込を以て政党の方が政党自身の責任に於て立派な者を選ぶと云ふことにすれば、一県で其の半分を土地の人から取ると云ふ制限もどうかと思ひますが、そんなことをしなくても宜い、一県でやりますと、大抵其処に居る人はよく知つて居る、選挙人が全国を知つて居る筈はない、寧ろ人を知るのは、近所の人が知つて居る、一県の者がよく知つて居る、全国の者が選ぶからと言つて必ずしも良い者ぢやない、全国の人は寧ろ知らないから、全国の人が一人の候補者を選ぶと言つたつて、それは必ずしも良い者ぢやない、一番よく知つて居る者を選ぶのでありますから、それは一県の人が一番よく知つて居る、一県の人は偉いと知つて居つても、外の人が知らぬのは当り前でありますから、選挙権だけを一県にする、さうして候補者を全国的に求めると云ふことにする方が宜いと思ひますから、此の案の、全国的でやると云ふことには反対であります

○十三番（田所委員）　大抵もう議論する必要もないと思ひますが、此の問題は実は御承知の通り、小委員は初めから没頭して掛りましたけれども、小委員以外の方も、二箇月になりますか、三箇月になりますか、初めから御暇のある時分には御研究を願つたことだらうと思ひますが、大体国会法の如きは、二部の関係から申しますと、今日部長から報告のありました通りに、是は直きに出来た、二三回の会合で纏まりましたけれども、先程のことは実は初めからしまひ迄、何十回になりますか、二十回位になりますか回を重ね、研究も毎日の宿題にして考へて貰つて居りましたけれども、私も考へましたけれども、実は一番初めに出しました、即ち部長から報告のありました貴族院の一部で研究して居りました其の案を仮に私が試案として茲に提供して置いたのが本になつて居るのでありますが、それが即ち今日の結果に現れて居ります、此の理由は申上げなくても宜しうございませう、部長から申上げました通りでありますが、それに付ても批評して見れば際限もないのでありますけれども、まあ三百人位にして、百五十人は現状の、地方から多額納税あたりで出て居るやうな、さう云ふ地方の利益をよく知つて居る地方代表と云ふものが必要である、斯う云ふ意味で半分は一種の甲種議員とする、あとの残り半分、二百名から百名、三百名の内百五十名、それは長い間やつて来ました構成で、皇族を初め世襲議員も居るし、互選議員、勅選議員も居る、勅選が百何名も居る、斯う云ふ寄合ひのやつが、兎に角今日迄憲政を満点ではありませぬけれども、二院制度の運用として大非難なしに、世界各国の上院と較べて余り間違ひもなくやつて来た、斯う云ふ現状を見まして、地方選挙の者の外の百五十名は即ち全国選挙とする、是は先程部長と原君から詳しく御話になりました通り、あゝ云ふ意味でやりました処、どうも推薦制度で行詰つてしまふ、推薦制度でどうも面白くない、之を法的にして、三百名とか六百名とか云ふもの中から全国を選んで、其の〔中〕で選ばすと云ふことにすれば、齋藤国務相の非難もなからうと思ふのでありますが、それがいかぬ、斯うなつたが為に、今日はまだ其処には詳しくは入りませぬでしたけれども、法的の方の推挙は止めるけれども、其の推薦の制度と云ふものは、部長から報告があ

りました通り、教育家は教育家で選ぶ、又農工商は農工商で選ぶ、色々の団体や個人、色々なものが全国の練達堪能の士と云ふものを推挙し得る方法も考へられるだらうと思ひます、即ち運用で行く、斯う云ふ報告であつたのでありますが、あれが即ち今日の簡単な報告案の内容を成して居るものと、斯う御承知願ひたいのでございます、さうして又選挙の困難と云ふ点を最後の日にやつた内務当局の選挙の主任の方に聴きましたが、是もまあ非常な困難があるけれども、まあ衆議院議員選挙の選挙公報と云ふのは到底出来ないかも知れませぬ、現に此の間の衆議院議員選挙でも、今日の報告の一部にありましたが、間に合はなかつた、斯う云ふ事実もありました、それは間に合はなかつたのか、事実、行かなかつたのでありますが、それは到底出来ぬが、他の簡単なものでやる方法も出来るだらう、斯う云ふ話も突き止めました、最後の小委員会では、齋藤国務相から今日御話のあつた点を詳細に説明せられまして、それを議題にして各自の意見を述べたやうな次第であります、私も考を申上げましたが、齋藤さんの論は、多年の衆議院議員の選挙の御経験で、誠にさうあらうかと思はれるのです、私共は衆議院議員選挙をやつたことはありませぬが、又全国の選挙区と云ふのは誰もやつたことはありませぬが、是で動いて見れば、丁度齋藤氏の言はれたやうなことになるかも知れないと云ふやうな考もありますけれども、それでは若し齋藤氏のやうなことにすれば、部長も申されました通り、二院制度と云ふものの根本が必要なくなる、何も複雑な時に二院を作る必要はない、現に此の間部会の時に、鈴木委員からの御話では、もう地方では、衆議院の選挙で落選した人が参議院に出ようと云ふので競争を始めて居る、運動して居る、斯う云ふ訳であります、若しさう云ふ者が多数に上つて来れば、それは第二院としての参議院の性質と云ふものは根本的に崩れてしまふ、是はまあ原君の言はれた通り、理論は色々立ちませうけれども、半分は地方の事情に練達堪能の士、それは地方的の有力な人も居りませうし、知識の人も居りませうし、それは同時に全国の参議院議員に適当した人と云ふものを、推薦の運用の方法宜しきを得ましたならば、地方の選挙民もさう云ふ衆議院の人を選ぶと異つた少し老練なる者を選ぶと云ふことも出来るでございませう、地方の事情に詳しい人を半分位入れて置く、あとの半分は即ち今の理想的の全国選挙で行く、是は結果はどうなるか分りませぬけれども、政党の関係から行く方が一番確かだと云ふ論もありませうし、又今の推薦制度が法的に安定しなければうまく行かぬと云ふことも想像出来るのでありますけれども、やつて見てから又改正をする余地は幾らもあるのでありますから、昨今の現状で第一回の参議院議員としては、部長の報告されました通りの、簡単なものでありますけれども此の骨子に基きまして、さうした政府が此の趣意を十分に採入れて、齋藤氏の御心配になるやうな、詰らぬ参議院の百五十人が出来ないやうに、即ち推薦制度を法的にはしませぬけれども、其処に特に工夫の余地があり、法制局長官の御説明でも十分に考慮中であると云ふことも見取れまして、さうして斯う云ふ案が出来て居るのでありますから、今日是から議論をして行けば、なか〳〵纏まりも付かず、恐らく良い案も出来ますまい、憲法の規定で決つて居るのでありますし、列国の状態を見ても、齋藤氏の言はれるやうな、衆議院議員の選挙法と同じ方法で参議院の選挙をやつて居る所は何処もありませぬ、アメリカは選挙でやつて居りますけれども、是はまるで違ふ、独立州が寄つた二名宛の代表でありますから、全く我が国の上院とは違ふ、あとのヨーロッパ諸国の二院制度を見ますと、多くは二院制度でありますが、皆、衆議院議員の選挙とはまるで違つて居る、勅選議員もありますれば、種類を限定して職能代表と云ふ所もありますし、職業を限定してまつて居る所もあります、近来又それを変へつゝある所もありますし、色々ありますが、衆議院議員選挙の通りやつて居る所は何処にもない、若しそれをやるならば二院の必要がない、斯うなつて来るのでありませう、そんな訳でありますから、私は此の間の最終の会に於て、齋藤氏は言はれる全国一選挙区と云ふのでなく、二つにすることを仮にそれを認るならば、地方選挙の百五十人の甲種議員と云ふものを全国的にしたらどうか、斯う云ふ意味をちよつと考へまして、小委員会で発言しましたけれども、それは容れられませぬでして、全国の選挙区と同様に、地方の練達の士と云ふものが必要だ、斯う云ふ理屈も立つものでありますから、斯う云ふことで部会は其の方が矢張り残りまして、さうして地方選挙と同時に全国選挙区、斯う云ふことになつたのであります、職業代表の問題は、法的の規定は入れられませぬで、それは連合軍の方でなか〳〵むつかしいと云ふことでありますから、実際の運用に於て滑かに出来るだけ其の趣旨を達して行きましたならば、齋藤氏の御心配になるやうなことは、全くとは言へませぬけれども、大部分は免れやしないか、即ち其の目的を達するに近い所に行くことが出来はしないか、そんなことで出来上つて居る事情を申上げまして、皆さんの御考を煩したいのであります

○**議長（金森副会長）**　如何でございませうか、大分時間も進み、御議論も可なり詳細に御尽しになつたやうでありますから、此の辺の所で決を採ると云ふことに致したいと思ひますが、御異議がございませぬでしたら、一つ国会法の方から賛否を決したいと存じます、国会法の方は今迄別に格別な御議論も出ませぬでした、此の侭で御異議はございませぬでせうか

〔「異議なし」と呼ぶ者あり〕

○**十八番（原委員）**　憲法で規定して居る弾劾裁判所、議会に裁判所を設けると云ふこと、此の条文は国会法の中には書く必要は

ありませぬですか

○**議長**（**金森副会長**）　それはどうでせうか、今、項目として斯う云ふことを決めると云ふことが掲げてありますけれども、法律に起案します時は、技術的に色々な方面から考へて、国会法の中に或頭を出させなければ工合が悪いかどうかと云ふことは、どうせ精密に研究するだらうと思ひますから、それに委したらどうでせうか

○**十八番**（**原委員**）　どうしても其の裁判官は国会で決めなければならぬ

○**議長**（**金森副会長**）　だから技術家の方に委せる意味で答申して置いたら如何でせうか――さうすれば御異議ないものとして、国会法は可決されたものとして取扱つて参ります

そこで参議院法でありますが、是は大分御議論がありまして、どう云ふ風に決めて宜いのか、よく分りませぬが、反対の趣旨の御発議もあつたやうに了解致しまするから、是は一つ起立で可否を決定をしたいと存じて居ります、委員長報告に依りまする参議院議員選挙法案要綱に付て御賛成の方は御起立を願ひたいと思ひます

〔賛成者起立〕

○**議長**（**金森副会長**）　多数のやうに存じます、是は多数に依つて可決戴いたものと考へます

本日は大分時間も迫りましたから、此の程度で打切りまして、残る問題は明日又審議を続けたいと考へて居ります、今日はどうも有難うございました

午後四時三十分散会

昭和二十一年十月二十三日午前十時二十五分開会

○**幹事**（**鮫島眞男君**）　それではお待たせ致しました。只今より開会致します

○**議長**（**金森副会長**）　これより会議を開きます。本日は昨日の会議に続いて司法関係に関する御審議をお願ひしたいと存じます。部会長より御報告を願ひます

○**第三部会長**（**有馬委員**）　第三部会の審議の経過を御報告申上げます

第三部会は七月十二日第一回総会を開きました。審議の便宜の為に三つの小委員会を設けまして、第一小委員会においては主として裁判所法、検察庁法、最高裁判所裁判官国民審査法、裁判官弾劾法等を、第二委員会においては民法を、第三小委員会においては刑法、刑事訴訟法等をそれ〴〵担当することと致しまして、小委員会それ〴〵の起草委員、幹事等の手許におきまして各〻分担の諸問題につき熱心な討議研究を重ね、その一応の結果を報告する為め八月九日より八月十六日までの一週間に亙つて第二回の部会を開き、連日全委員幹事において各小委員会の審議の結果に

ついて真摯熱烈な検討を加へました。これらの事情は前回の総会において御報告申上げた通りであります。その後においても各小委員において問題の整理再検討を行ひ、九月十一日最後の部会を開きまして、こゝに第三部会の担当問題の要綱案を別紙のやうに議決した次第であります、以下その内容の要点について御説明を申上げたいと存ずる次第でございまするが、前回の中間報告において御説明申上げました所と自然重複を免れ得ない点もあらうかと思ひます。その点予め御了承願ひたいと思ひます。

まづ第一に裁判所法から申上げます、裁判所法改正要綱の要点は次の通りであります。

一、裁判所法は裁判所の関係だけを規定し、検察庁関係は検察庁法として分離したこと。

二、裁判所は最高裁判所、高等裁判所、地方裁判所及び簡易裁判所の四つとしたこと。

三、最高裁判所は違憲問題及び法令解釈の統一の為の終審裁判所とし、裁判官の定員は十五人、その中少くとも十人は司法官、弁護士又は法科大学教授等として一定年数の在職経歴を有する者の中から任命することとし、残りの五名の裁判官については資格の制限を設けず広く適任者を求め得ることとしたこと、又その裁判を行ふ方法と致しまして大法廷小法廷なる区別を設け、大法廷は裁判官全員を以て構成し、違憲問題、判例変更、その他重大な案件のみについて裁判を行ひ、その判決書には裁判官全員の意見を表明することを要し、小法廷は裁判官三名を以て構成し、最高裁判所の受理した総ての事件を審査し、右に述べた大法廷での審理を必要とする事件以外は総て自ら裁判するものとしたこと。

四、高等裁判所は地方裁判所の一審判決に対する控訴事件、行政庁の審査裁決を経た行政事件等を管轄する三人制の合議裁判所とし、現在の控訴院に準じて設置するものであります。その管轄区域内に支部を設けることができるものとしたこと。

五、地方裁判所は一般の一審事件及び簡易裁判所の判決に対する控訴事件を管轄する単独制、三人の合議制を併用する裁判所とし、現在の地方裁判所所在地に設置する外現在の区裁判所所在地にその支部を設け、現在の区裁判所はこれを廃止するものと致しました。

試補として実務を修習し且つ考試を経た者を判事補として任用し、地方裁判所の陪席裁判官として裁判を行はしむることとした。

六、簡易裁判所は民事、刑事の軽微な事件を簡易な手続により取扱ふ単独制裁判所として全国の警察署単位毎に設置し、その裁判官には一定の資格のある者の外学識経験者で銓衡委員会の銓衡を経た者を任用できることとしたこと、又民事につき司法委員の制を設け審理に立会はせて、その意見を徴する途を拓いたこと。
七、裁判官の任用資格については最高裁判所及び簡易裁判所について既に申述べました特別任用のものの外は各裁判所の裁判官は一定の法律経歴を要するものとしたこと。
八、裁判官の定年を最高裁判所にありては長官は七十五年、その他の裁判官は七十年、又高等裁判所の長官は七十年、その他一般の裁判官は総て六十五年としたこと。
九、裁判官の報酬はその金額を法定することとし、下級裁判所裁判官についてのみ級別の制度を設けること。
十、最高裁判所長官の地位は内閣総理大臣、その他の最高裁判所裁判官及び高等裁判所長官の地位は国務大臣と同様とすること。
十一、訴訟に関する規定の制定その他裁判以外の重要な事項を決定する為め、最高裁判所、各高等裁判所及び各地方裁判所にそれ〲その裁判官の全員を以て構成する裁判官会議を設けること。
十二、最高裁判所、高等裁判所及び地方裁判所に相応な員数の調査官を置き、必要な調査をさせること。
十三、人事、会計その他司法行政に関する事項を司らせる為め、最高裁判所、高等裁判所及び地方裁判所に事務局を置くこと。
十四、各裁判所の長官又は長はそれ〲その裁判所及び管内下級裁判所を監督するものとすること。
以上が裁判所法案要綱の要点であります。
第二に裁判官弾劾法案要綱の要点を申上げます。
裁判官が著しく職務を怠つた時、又は裁判官として甚だしく品位を辱しめる行為をした時にそれを罷免する為め衆議院、参議院両議院の議員各七人を以て構成する弾劾裁判所を常置し、衆議院議員二十名を以て組織する常設の訴追委員会の訴追に基いて裁判官の罷免の可否を審理判決せしめんとするものであります
第三には裁判官国民審査法案要綱の要点を申上げます
これは衆議院議員の選挙に際し、その有権者をして選挙の投票用紙に罷免を可とする裁判官の氏名を記載せしめ、投票総数の過半数により罷免を可とされた裁判官は審査長たる内閣総理大臣よりその通知を受けると同時に、当然罷免されるものとするのであります
第四に行政訴訟に関する特則案要綱を申上げます。
行政庁を被告としてその違法な命令又は処分の取消又は変更を求める訴訟及び当事者間の公法上の権利関係に関する訴訟につき地方裁判所に出訴することができるものとするものであります。尤も例外と致しまして行政庁の審査裁決を経たもの及び中央行政官庁に対するもの等は高等裁判所に出訴するものとするのであります。その訴訟手続は民事訴訟法によることを原則とするもので

ありますが、事件の特異性に鑑み各種の特則を設けんとするものであります。

次に以上各法案要綱の審議の際に於ける質疑及び討論の重要なものについて御紹介を致します。

まづ最高裁判所について申しますと、裁判官の任用資格につきまして任用資格を一定期間弁護士の実務に従事した者に限るべしと所謂司法官一元論として近来喧しく言はれてをります意見が出たのであります、又これとは別に原案を更に拡張し、例へば法制局官吏のやうに法務事務に従事した行政官からも任用できるやうにしたいとの意見も述べられたのでありますが、これに対しまして起草者側その他からは十五名の定員の中十人を法律家から、残り五人を広く一般の適任者から任用することが最高裁判所の機能を発揮させる上において最も適当と考へる旨の説が強調せられました結果、この説が多数を占めたのであります

第二に長官及びその他の裁判官の定年の七十五年、七十年は高きに失するから、これをこの年になると老衰の危険が濃厚になるものと見らるべきであるから、これを少し引下ぐべきであるとの意見がありましたが、これに対しましては、元来最高裁判所の長官及び裁判官はこれに適当な人材を得るといふことは甚だ容易ではない。成べく広い範囲にして置く方が宜からう、且つもし老衰の事実でもあれば、国民審査法といふ制度もあるのであるからといふやふなことから遂に僅少の差でこの原案通りに決つたわけであります

第三に最高裁判所においても事実審理を行ふべきであるとの意見が出たのでありますが、これは多年論争せられた論争の結果、現在認められてをります制度でありますが、再びこれを廃止することは重大な問題なので、これに対して起草者側その他から裁判官が僅かに十五名の構成では事実審理にまで立入ることは事実上不可能である。さればとて裁判官の数をこれ以上増加することは最高裁判所の本来の機能を十分に発揮させ、且つその権威を高く維持する上から不適当である。のみならず、全国を管轄する最高裁判所で事実審理すると云ふことは費用と時日を要する関係上必ずしも被告人に利益にはならないとの事由により、尚ほ本要綱によれば高等裁判所の裁判官の地位等も大いに向上するのであるから、仮令最高裁判所で事実審理をしなくとも、被告人は現在よりも事実上不利益を受けないといふ反対論が多数を占めまして、本要綱の通り決つたわけであります

又最高裁判所に民事部、刑事部、行政部等の部を設けよとの意見があつたのに対しまして、起草者側その他より最高裁判所は全裁判官が一体として活動するのが理想である。且つ部を設けることは判例の統一の為にも不便である。更に論者の趣旨は小法廷制度の運用によつて或る程度まで達成せられるであらうといふ反対

論が多数を占めたのであります
その他大審院の名称を存置すべしとの意見もありましたが、これに対しては最高裁判所は現在の大審院と性格を異にし、より高い地位に置かれるものであるから、名称を同一にするのは適当ではないとしこの点も要綱通り確定したわけであります
次に民法改正要綱について申上げます、民法改正要綱案につきましては、前回のこの総会後の部会におきまして、その後の憲法改正案の修正に伴ひ、新たに官公吏の不法行為による賠償責任に関する要綱第四十一が追加された外、家事審判制度の創設に関する要綱四十二も加へられましたのでありますが、その他主として家の問題を中心に引続き熱烈な論議が闘はせられたのであります。この問題は最初要綱案の冒頭に民法上の家を廃することといふ風に掲げましたことが余りにも率直な表現であつた為に委員会内外に一種の刺戟を与へた感があつたのであります。この表現を改めて本要綱の如くしたのでありますが、これなら宜いといふことで前回申上げた通りに全会一致でこれを確定致したのであります。しかし一度は確定致しましたが、委員の中には尚ほどうも諦めかねるといふやうな考へが再発致しまして、遂に或る委員の提案で政府から憲法改正案第二十四条との関係についての説明を求めたらどうかと云ふことになりまして、政府に説明を求めました。政府は憲法の右の規定は家、戸主、家督相続の制度を全面的に否定するものとは考へないが、現行法の通りの侭では憲法に抵触するものと思ふといふ説明がありました。これに対しまして小数の委員より家族制度それ自体が憲法に抵触するものでなければ、弊害のある部分を修正するに留めて、家、戸主、家督相続の制度は民法中に残すことが国民感情に副ふ所以ではないかといふ意見があつたのでありますが、これに対しまして起草者側から、国民感情に基礎を置く現実の家族制度と民法の家族制度に関する諸規定とは区別して観念せらるべきであり、本要綱案は民法中から家、戸主、家督相続等に関する規定を削除しようとするに止まり、国民感情に基く現実の家族制度を否定せんとするものではないといふ説明が繰返されました。かくしてこの問題は十分論議を尽した結果、多数の意見によりまして前回御報告申上げた通り従前通り本要綱案を維持することになつた次第であります
尚ほこの点に関連致しまして、特に前回の総会で我妻委員は他の委員の希望によりまして、別紙お手許に配付してありますやうな詳細な説明書を作成して下さつたのであります。この点私はこの機会に於て同委員に御礼を申上げたいと存じます
次に検察庁法要綱について申上げます。本要綱案は大体過日の総会で中間報告を致したものと同一でありますが、唯要綱第十一に関連致しまして、検事の待遇は概ね判事の待遇に準ずることとする旨の追加決議が加へられました。その後右の追加決議は従来

全く判事と同等の待遇を受けて来た検事が検察庁独立に対し判事に比し格段に劣つた待遇を受けるやうなことがあつては、この方面に勝れた人材を得難くなるといふことを慮つた結果でありまして、各委員共何等異議のない所でありました

そこでこの検察庁法案による検察庁を現在の裁判所構成法による検事局とを対比致しますと、改革さるべき諸点は次のやうに要約され得ると思ふのであります

第一　検察庁を裁判所より完全に独立せしめたこと

第二　検事の任用資格を有する者の範囲を拡張し、殊に所謂特進の検事を認めることとしたこと

第三　副検事の制度を設けたこと

第四　検事又は副検事が心身の故障の為め、又は義務を不当に行ひ、もしくは行はない為め、その職務をとるに適と〔さ〕なくなつたと認められる場合に法律の定める委員会の議決を経て、これを罷免することができることとし、従来の検事の身分保障を若干制限したこと

第五　裁判所書記に代へて検察補佐官を置くこととし、これに検事の補佐として犯罪を捜査する権限を与へ、併せて書記の事務を行はせることとしたこと

第六　鑑識官を置くことができることとし、検察事務に科学的方法を導入する方途を講じたこと。

第七　検察庁に対する監督事務遂行の為め、司法大臣は、相当員数の参与を置くことができるとしたこと等であります。

次は刑法の一部を改正する法律案要綱であります。刑法の一部を改正する法律要綱案はその後不敬罪の改正に関する項目が追加せられたこと及び形式を整備した外は過日の総会で中間報告をした案と変つてをりません

刑法改正につきましては、全般に亙つて改正を考慮したい点もあるのでありますが、今回は専ら憲法改正に直接関係のある部分のみの改正に止めまして、他は総て刑法の全面的改正の機会に譲ることにし、本要綱案もその趣旨でできてをるのであります

次に要綱案について簡単に御説明致します、要綱第一の二は、新たに設けられる簡易裁判所においては罰金以下の刑を科することができるのでありますが、この簡易裁判所に是非刑の執行猶予制度の有効な運用を図る機会を与へたいといふ所からできたのであります、即ち実質においては罰金以下の刑についても執行猶予を認めるといふやうなことでありますが、これをどの範囲に於て認めるか、例へばどの程度の罰金に対してこれを認めるか、或は拘留科料についても認めるかといふやうな点については、まだ研究を要する点がありますので、要綱案としてはこの程度に致して置いたのであります

尚ほ要綱第一の一は、これと関連致しまして、従来からの懸案

である自由刑に対する執行猶予の限度の拡張を実現せんとするものであります

要綱の第二は、改正憲法第三十九条に基づいて確定裁判を被告人の不利益に変更できないといふことになりました為に、刑事訴訟法中の被告人に不利益な再審を廃止することに致したことに関連するのであります。即ち刑法第五十四条、第五十五条の罪は、従来一罪として処断されます関係上、その一部について確定裁判があれば後に発覚した罪についても免訴の言渡をしなければならぬことになつてをるのであります。所が今日判例においてはこの処断上一罪の範囲が可なり広く認められてをります為に、例へば窃盗未遂の罪について軽い刑の言渡があつた後に、これと関連関係にある強盗殺人の罪が発覚致しましても、これを改めて処断することができず、万已むを得ずかやうな場合には刑事訴訟法第四百八十六条に規定する再審の手続によつて漸く救済してゐたのであります。然るに前に申述べました通りに、被告人に不利益な再審が廃止されます為に、今後はかやうな場合には如何ともすることができなかつたのであります、これは一般社会の常識にも反し、治安維持の上からも洵に面白くないのでかやうな不都合をなくする為に、刑法第五十四条及び第五十五条を一般の併合罪と同じく数罪とすることに致したのであります。尚ほ念の為に申上げて置きたいと思ひますが、かやうに致しました趣旨は、公益上どうしても後に発覚した罪を処罰せざるを得ない特別の場合を考へてのことなのでありまして、これによつて今後はどし〳〵どんな軽微な余罪でも処罰して行かうといふのではありません、又左様なことは憲法改正の趣旨にも副はないと考へるのであります、唯この要綱の前段のみを見ますと如何にも被告人に不利益な規定を新たに設けたやうな誤解を生ずる処もありますので、その運用立法の上におきまして公益上の必要と被告人の利益との調和に十分の考慮を払ふやうにと、かやうな意味でこの後段の「憲法の規定との関係を考慮すること」といふ文句が加へられてをるのであります

要綱の第三、これも確定裁判を被告人の不利益に変更しないといふ改正憲法の精神に基くものであります

次に要綱の第四、これは長年の懸案の一つであります、この問題は従来主として恩赦大権との関係において問題がありまして、その為め研究中であつたのでありますが、今回は恩赦の制度も変更せられることになりますのと、新憲法の精神に従つて何時までも前科の為に苦しむといふやうなことのないように致したいといふ所からこゝにいよ〳〵採り上げることに致したわけであります

次に只今までは原則でありますが、各則に移りまして第五であります。不敬罪の規定は、その後研究をしました結果、現下の情勢に照しこれに改正を加へることが適当であるといふことになつたのであります

第六の外患に関する罪の改正は、憲法草案第九条の戦争の抛棄の規定と関連するものでありまして、特に御説明の必要もなからうと思ひます

第七の国交の罪の刑の引上は、今後外国との国交に特に意を用ふべき日本と致しまして、従来の刑は稍〻軽き感がありますので、これを引上げんとするものであります

次に第八姦通罪の問題につき御説明申上げます。改正憲法第二十四条は夫婦同権を規定してをるのでありまして、これによれば現在の如く妻の姦通のみを処罰するといふ法制は必ずや修正を免れないのであります、唯然らば新たに夫の姦通を妻と同様に罰すべきものとするか、或はこの際双力〔方〕とも刑法の問題としては処罰せぬことに改めるかといふ点については活発に議論が交されました、この問題も寧ろ世界的に喧しい問題でありますが、結局本案のやうに部会においては決つたわけであります

次に要綱第九は、所謂人権蹂躪の処罰を目的とするものであります

又第十は従来過失致死罪の刑が稍〻軽きに失し、個人の生命、身体の保護に欠くる所があつたのをこの際改正しようとするものであります

第十一は改正憲法に規定されました少年、児童の保護に関するものであります

要綱第十二も従来刑法上稍〻保護に薄かつた嫌ひのある個人の自由の保護を厚くせんとするものに外なりません

最後の第十三は名誉に対する罪に関するものであります。従来個人の自由の〔と〕名誉の保護が刑法におきましても十分でなかつたことは御承知の通りであります。新憲法の下において人の名誉は従前にも増して尊重せらるべきことは多言を要しません、然るに言論が自由でありますと、動もすればこれを濫用して人の名誉の毀損せられることの多いことは、既に今日見られる通りであります。殊に出版物によるものの如き、その公然性の大なることにおいてその毀損力の大なるは恐るべきものがあります、ここに名誉の保護が刻下の緊急事と考へまして、この問題を採り上げた次第であります

最後に別に添へてあります刑法の全面的改正に関する参考資料送付の件につき一言申上げて置きます、これは牧野委員により憲法の改正を機と致しまして、刑法中に刑の適用に関する大原則を明かにしたいといふ趣旨の提案がありました、これに対しましては、各委員その趣旨を了としたのでありますが、何分にも刑法典にかくの如き規定を入れることは前例の余りないことであり、その取扱ひに慎重を期する必要がありますのみならず、その文言等につきましては、相当各委員の間に意見がありまして、到底直ちに一致を見ることが困難でありましたので、結局今回の刑法改正

は極めて短期間内に立案を終らなければならない関係上、本提案については決議を留保し、将来行はるべき刑法の全面的改正の参考としてこれを当局に送付するといふことになつた次第であります、一言附加して置きます

次に刑事訴訟法改正要綱案について申上げます

刑事訴訟法改正要綱案は、その後数点において字句の整理程度の修正が施された以外は、過日の総会で中間報告を致した案と同一であります

現行刑事訴訟法は、憲法の改正により、非常に大きなる影響を受け、殆ど全面的に改正を加へなければならなくなつたのであります、従ひまして、本要綱案も甚だ多岐に亙つてをるのでありますが、その大体の趣旨とする所は、改正憲法によつて保障された基本的人権を刑事手続上十分保障すると共に、真に公平な裁判所の迅速にして実体に即した公開裁判が行はれるやう現行刑事訴訟法を改正しようとするに在ると申すことができるのであります、その結果全体として従来に比し、刑事手続の当事者主義的色彩が強調せられることとなつたのであります、改正せられる主な点は次の数項目であります、即ち

一、弁護権を非常に拡充強化したこと

二、句〔勾〕留中の被疑者及び被告人の保護に十分考慮を払ふこととしたこと

三、新たに証拠保全手続を設けることとしたこと

四、捜査機関に一定限度の強制捜査権を附与し、捜査の権限と責任とを明確にすることとしたこと

五、所謂人権蹂躪事件につき、告訴人又は告発人の利益を保護する方法を考慮することとしたこと

六、予審を廃止することとしたこと

七、公判手続に所謂交互訊問の方式を採り入れると共に、公判中心主義の徹底を図ることとしたこと

八、最高裁判所の法律審としての性格を明かにすることとしたこと

九、憲法問題について最高裁判所の裁判を仰ぐ為の特別な手続を設けることとしたこと

これらの点の詳細な内容については特に申上げることもないと思ひます、配布書類を御覧願ふことに致しまして、ここでは特に活発に論議が交されました点のみを拾ひ上げて少しく御紹介申上げます

第一、被告人又は被疑者が選任することのできる弁護人の数を制限すべきかどうかといふ点について種々論議が交され、弁護士の自粛に任せてはどうかといふ意見もありましたが、特別な場合には制限することも必要ではないかとの意見が有力で、一応原則としては制限しないが、特に必要な場合には裁判所が被告

人一人につき三名にまで制限し得るといふ結論に到達したのでありますヽ

第二、改正憲法第三十四条末段に拘禁せられた者は公開の法廷でその理由を示すことを要求できるといふ規定があります、刑事訴訟法では、これを拘留に対する異議申立権といふ形で採用し、裁判所の審理の上、申立を理由があるものと認めた時には、拘禁を解いて釈放を命ずることとなるのであります

第三、捜査機関に強制捜査権を与へることについては、相当強い反対意見も主張せられたのであります、捜査機関に犯罪捜査について責任を負はせながら、それに必要な権限を与へないことは不合理であり、そこに従来行政執行法等が犯罪の捜査に利用若しくは濫用せられた原因があつたのであります、従つて予審を廃止し、公判中心主義を徹底するに当り捜査機関、特に検事に強制捜査権を与ふると共に、司法警察官にも最小限度に必要な強制権を与へ、他面その濫用を防止する為め各種の措置を執ることと致したのであります、尚ほかやうに捜査機関に強制捜査権を与へることについては、改正憲法第三十三条及び第三十五条に所謂「司法官憲」の中には、検事及び司法警察官を含むといふ解釈が成り立つことを条件としてをるのであります

第四、所謂人権蹂躙事件については、検事が不当に公訴を提起しないのではないかとの一般の疑惑が強く、兎角この種の犯罪に関しては、検事以外の者に公訴権を認めてはどうかといふ意見が提出せられ、相当活発なる論議が行はれた結果、本要綱案第二十六のやうに、公務員の職権濫用罪について、告訴又は告発した者が検事の不起訴処分を不当とする時は、裁判所に対し事件を公判に附する裁判を求めることができることとし、裁判所は事実を取調べた後請求が理由のあるものと認めた時には、事件を公判に附する決定をする、その後は裁判所の指定した弁護士が公訴の維持を担当するといふ案に落ち着いたのであります

第五、次に公判手続の改正について申上げます、従来の公判手続は裁判所が職権によつて被告人訊問及び証拠調を行ふのを原則としてゐたのでありますが、この方法では裁判官に冷静公平な判断を期待し得ないのではないかとの危惧もあり、寧ろ裁判官は公平な第三者として予断を抱かずに法廷に臨み、当事者の主張当事者が交互に行ふ証拠調の結果に基き最後の判断を下すのが正当であるとの意見が強く、その結果英米式の交互訊問の方式に範を採り、これに裁判所の職権による審理の方式を加味して、全体として実体的真実発見に遺憾なきを期することになつたのであります

斯様な公判の審理方式の変更に伴ひまして、現在の陪審法よりも尚ほ一歩進んだ直接証拠主義を採ることに致しました、これにより極めて徹底した公判中心の裁判が行はれることを期待

してをるのであります

第六、控訴及び上告については、特に活発な論議が行はれましたが、一応控訴審は現行通りとすると共に、上告審については、控訴審が従来通り完全な覆審となつた以上、第一審、第二審共に只今申上げました通り徹底した公判中心主義が採用せられる以上、純粋の法律審として憲法を初めとする法令の解釈統一に専心することが、新憲法によつて定められた最高裁判所としての性格から申しましても妥当であらうとの見解が承認せられまして、その結果上告理由を法令の違反のもに限り、尚ほ事実の審理はこれを行はないものとすることと相成つたのであります、この点は先刻も一寸申上げた所であります

最後に陪審法につきましては、施設の関係もあり、又昭和三年以来の実績に鑑みまして、その不振の原因を尚ほ深く検討する必要があると思ひます、暫く実施を延期し、更に研究を続行するといふ結論に到達致した次第であります

次に刑事補償法の一部を改正する法律要綱案について申上げます

本要綱案は過日の総会の際中間報告を致しました案に一部修正が加へられたものであります、それは中間報告後憲法改正案が衆議院において一部修正せられ、新たに第十七条として、公務員の不法行為に対して国又は公共団体の損害賠償責任を認めた規定、及び第四十条として抑留又は拘禁された後、無罪の裁判を受けた者に対して国の補償責任を認めた規定が加へられました結果、前の要綱案に入つてゐた暴行陵虐行為により死傷を致した場合等不法行為を理由とするものは、これを民法の改正案に譲り本要綱案からはこれを除くこととした為であります

本要綱案の骨子とする所は、

一、現行法では、国が補償するのは無罪の言渡しを受けた者が未決勾留、刑の執行、又は刑法第十一条の拘置を受けた場合に限られをるのでありますが、本案では更に現行犯として逮捕され、勾引状の執行を受け、又は刑事訴訟法第二百二十二条第三項の規定による留置を受けた場合にまでこれを拡張したこと

二、現行法では本人の故意、又は重大な過失に因る行為が勾留等の理由になつた場合等には補償しないことになつてゐるのでありますが、本案はか丶る場合にも原則としては補償することとし、冤罪者の保護を厚くしたこと

三、現行法では補償金額が一日金五円となつてをりますが、本案はこれを二十円としたこと

四、現行法では補償の決定があつた時は官報に掲載を請求することができるのですが、本案では選択的に新聞紙にも掲載し得ることにしたことであります

最後に基本的人権保護法律案要綱について申上げます

本要綱案は過日の総会で中間報告をしたものと全く同一であります

本要綱案は刑事訴訟法改正要綱案第十四の勾留に対する異議申立権の制度に関連致しまして、その必要性の有無等につきいろいろ論議が交されましたが、人権の保護を重要眼目とする改正憲法の精神を徹底させる為には右刑事訴訟法改正要綱の規定のみでは賄ひ切れない点もありますので、別に英米の法制に範を採りまして一般に身体の拘束を受けた者の保護に万全を期する措置を講ずる必要があるといふことになり、その趣旨の下に本案が立案せられたのであります、以上によりまして第三部会の只今までの経過の報告を終りたいと思ひます

○**議長（金森副会長）**　御報告有難うございました、そこでこの問題について順次御審議をお願ひしたいと考へてをります、検察庁法案要綱は審議の都合上民法中改正法案要綱の後に廻はしまして、大体刑罰関係のものを一括する方法を以て進みたいと考へてをります

まづ第一に裁判所法案要綱案について審議を進めて行きたいと考へてをります、幹事から引続き議案の朗読をして戴きたいと思ひます

〔裁判所法案要綱案朗読〕

○**議長（金森副会長）**　只今朗読しました裁判所法案要綱案は甚だ分量の多いものでありまして、一括して審議することは不適当な嫌ひがありますけれども、しかし大体内容については御熟知のことと思ひますから、一括して御質問、又は御意見を御伺ひ致したいと考へてをります

○**二十七番（牧野委員）**　任用の資格についてお伺ひを致したい、少年審判官の職に従事してをる者は通算をして戴くといふことはできないでせうか、これはどういふことになつてをりませうか。少年審判官は現に判事から行くわけですね

○**幹事（奥野民事局長）**　少年審判官は通算することに条文化する時にさういふことになる積りであります

○**二十七番（牧野委員）**　結局これに加へてお考へになるといふことですね

○**幹事（奥野民事局長）**　左様でございます

○**二十七番（牧野委員）**　成べくならばこゝではつきりして戴くと有難いのですが、如何でせう、これは二所あると思ひます、一頁の裏の所と、もう一つは八頁の裏の所でございます、司法事務官の下に少年審判官といふ者を入れて下さることはそんなに御面倒でないと思ふし、われ〳〵が少年審判官といふ者の地位を十分尊重するといふことの御示しが願へることになりますから、どうぞ一つこゝへお入れ下さることを修正案として提議致します

○**幹事（奥野民事局長）**　尚ほその他にも現在司法教官といふも

のがあつて、司法研習所で教官をしてをります、これらのものも入れる積りですが、若し修正下さることならばその他に司法教官もお入れ願はなければなりません

○二十七番（牧野委員）　司法教官といふものの性質も私今日まで存じてゐないのですが、あれは研習所の教官ですか、又これは判事、検事から行きますね

○幹事（奥野民事局長）　左様であります

○二十七番（牧野委員）　さうすると、さういふ者もやはりここへ明瞭にして戴くことがどうかと思ひます、実はここへ載つてをらぬが為に疑惑を生じてをるといふことがあります、如何にも少年審判を軽くみてをるのはどういふわけかといつて問合せを受けた向きもありますので、決してわれ〳〵はさういふことを忘れをつた積りもなかつたのであるがと言つて一時の言ひ逃れはして置きましたが、どうぞ一つ少年審判官及び司法教官をお入れ下さるやうにお願ひ致します

○十八番（原委員）　只今の牧野委員の修正には全幅の賛成をするものですが、この任用令は言ふまでもなく重大な問題で、要綱中にはこの資格を差別すべきものではないのであつて、是非共これは修正して戴かなければならないので、私は賛成する者であります

○議長（金森副会長）　これは司法省の方にお伺ひ致しますが、これは網羅的に考へられますか

○幹事（奥野民事局長）　大体その二つだけであります

○議長（金森副会長）　お入れになることはどうですか

○幹事（奥野民事局長）　結構です、少年審判官に司法研習所教官……

○十八番（原委員）　私一寸三、四点質問を致したいのですが……

○議長（金森副会長）　一寸待つて下さい、今の問題を解決してからに致しませう、何だか修正の御希望があり、あなたが御賛成になつたのですから、今の問題を一つ纏めてからに致しませう、

　小さい修正ですから、若しなんならば初めから一つ〳〵解決して行くやうな――或は只今牧野委員から修正になり、原委員から御賛成になりました点は第一頁の裏の（ホ）の後にあります資格の中に――看做して計算するといふことの中にいろ〳〵な官名を挙げてありますが、その中に少年審判官と司法研習所の教官といふものを列記せられたものと同等の値打を以てここに挿入するといふことと、もう一つ八頁の裏の（ロ）の「司法官試補又は弁護士試補として実務を修習し且つ考試を経た者で」云云とあります中に、やはり少年審判官と司法研習所の教官を挿入する、字句は後で整理することにして、一応実質においてさういふやうな修正意見であると存じます、当局の方も御異存ないやうでありますが、

皆さん如何でございませうか、これを修正して宜しうございますか

〔「異議なし」と呼ぶ者あり〕

○**議長**（**金森副会長**）　御異議ないやうですから、左様に修正することに致します

○**幹事**（**奥野民事局長**）　尚ほ十五頁の簡易裁判所のところにも、それをお入れを願ひたい

○**議長**（**金森副会長**）　十五頁の二の裁判官の（二）の中の（ロ）ですが、十五頁の継目の所、そこにも同様な修正をすることに御異存ないものと了解して宜しうございますか

〔「異議なし」と呼ぶ者あり〕

○**議長**（**金森副会長**）　それではさういふことに致しまして、この三箇所について修正をするといふことに致します、それでは原委員どうぞ

○**十八番**（**原委員**）　部長さんからでも、その他の司法省のこの案を立案せられた方でも宜しうございますが、御尋ねしたい

第一には試補の制度に関する問題ですが、ここで司法官試補と弁護士試補の別を廃する、その「試補の実務の修習及び考試は最高裁判所の定める所によるものとすること」かういふ案でありますが、私幸ひ総会にも列席を致してその当時の修正の事情を大体承知してをる積りであります、従来試補の修習は司法省で主に管轄してをつたのですが、それを最高裁判所の管轄にするといふことは、これは一体どういふ建前からかういふことになつてをるのでせうか、それを先づお尋ね致したいと思ひます

○**幹事**（**奥野民事局長**）　御承知のやうに現在においては司法大臣が裁判所の監督権を持つてをるのでありますが、今後は裁判所は司法大臣の監督を受けないで、最高裁判所の監督系統に属することになります、そこで司法官の試補の修習は裁判事務、或は検察事務、或は弁護士事務といふやうにいろ〳〵分れてをりますが、やはり裁判所系統の最高裁判所の所管の下で修習することが裁判の何といふか、実務の上にも、或は人格の陶冶をいふ風な観点からも、さういつたやうな最高裁判所のいろ〳〵の話をきいたり、或は教へを受けるといふやうなことが最もよいことであらうと思ひます

尚又実際司法省所管ではありますが、事実は裁判所の方に配属して直接裁判官の下で修習する現状ではありますので、将来司法省と裁判所といふものが分離することになります関係上、主に修習されてをるのはさういつた現場における修習でありますから、寧ろ最高裁判所、所謂裁判所系統の所に所管せしむるのが適当ではなからうか、尚ほ今後は最高裁判所、その他の裁判所においても事務局といふ風なものができる関係上、さういつたやうな事務を引受けるのにも適当ではなからうかといふことで、結局裁判所

系統で司法官試補の修習の職務を移すといふことになつたのであります

○十八番（原委員） この本職の判検事になる前の修習の問題ですが、この法案要綱によつても、裁判所の予算等は総て司法省が管轄してをつて、司法省から高等裁判所の方へ別な予算でも廻すといふやうな建前で、大体司法省が試補の養成等も管轄下の或は最初区裁判所の方へ委託して修習させるとか、或は地方裁判所へ委託するとか、次には高等裁判所に委託するとかいふやうな取扱が常識だと思ふのですが、特に最高の裁判所に弁護士並に司法官の試補を委託するといふことは、余りに大掛りなやり方だと思ふ、私は元から総会でも反対したのですが、その場合においては総会の模様は御承知の通り、一体司法省を廃するべきものだといふ風な建前から随分弁護士諸君が反対の位置に立つて、実際の会計予算も高等〔最高〕裁判所に任してしまひたいといふ実情であつたのを、丁度その勢ひに乗じて試補の問題もやはり本官になる卵の養成であるから、高等〔最高〕裁判所で模範の教育を受けた方が、宜しいといふ意見が大分弁護士側から主張せられたが、極く小数の二、三人、四、五人の差でこれが予算は司法省に任す、試補は高等〔最高〕裁判所に移すといふことになつた径路があるのですが、かういふ裁判の見習までも最高裁判所に任すといふやうなことは常識上考へられないのですが、司法省としてどうでせうか、私などこの点修正意見を持つてをりますが、せめて司法省で担当して、本官になる試験でも何でも何処へ委託するかは別問題だが、司法省がこの雛をお育てになるといふ本体として当つて、いよ〳〵本官になつた場合に、或は最高裁判所の補助等の問題もありますから、その場合にやりくりするという建前に出た方がよいのではないかと思ひますが、その点は如何なものですか

○幹事（奥野民事局長） 原委員も御承知のやうに、案としては司法大臣の定める所によるという案と両案ありまして、一時は司法大臣の定める所によつて試補の修習考試といふものを総て司法大臣の所管としてやるといふ案が一応纏つたのですが、御承知のやうに総会における決議によつて最高裁判所の長官の定める所といふ風に変更になつたわけでありまして、この際私から元の案が宜しいといふ風に申上げられるかどうか、まだその点の権限はございませんが、御承知のやうな結果でどちらにも理窟が立ち得るし、或は又かういふものは総て行政的な面を持つてをります、殊に裁判所に入る裁判官だけの試補だけではなく、或は弁護士にもなり、或は検事にもならんとするさういふ人々全体を修習することであるから、裁判所ではなく、司法省にその実務修習の所管を持たすといふことが適当であるといふ議論も十分立ち得るものでありますし、先程仰しやいましたやうに、最高裁判所は司法の中心であるといふことから、尚ほ最高裁判所の方ではいろ〳〵な規

則等の制定によつて、弁護士に関する事柄、或は検察官に関する事柄もタッチするわけであります、そこで裁判所でやつてをる実務を見学修習するわけだから、その系統につけるといふことも亦十分理由のあることと考へるのでありまして、初めの案とは逆に、決議の結果現在のやうなことになつてをるわけであります、どちらがよいかといふ司法省の意見は一寸申兼ねます

○十八番（原委員）　これは結局試補の籍を何処へつけるかといふ問題なんで、実際の修習はいろ〳〵な段階を経て見習をなしつ、修習する、指導員がつく場合には、或は簡易裁判所に委託することもあり、地方裁判所に委託することもあり、或は高等裁判所に委託する、或は最高まで行く場合がないとも限りませんが、大体まだこれは海のものか山のものか分らない、大体修習中の人でありますから、当然司法大臣の管轄に属さしめて置いて、そして人事を司つて行かれるやうに修正して戴きたいと思ひます、法制審議会で多数決といつても、今申した如く欠席者が多い委員会でありますから、その時の評決はほんの僅かな三、四名にも及ばない二、三人だつたと思つてをります、さういう事情ですから、これも一つ修正意見を御願ひ致します

○六番（谷村委員）　私は原委員の修正の御意見に賛成致したいと思ひます、要するにこれは最高裁判所の性格に関する根本の考へ方によりまして意見が分れて来るであらうと思ひます、私共の考へてをりますところでは、最高裁判所は所謂裁判の独立といふことを堅持して、その尊厳と権威を保つことに専心致すべきものであると左様に考へてをります、従ひまして、余り行政的な事務に煩はされないといふことが建前であらうと思ふのであります、これは先程来原委員からもいろ〳〵御意見がありましたので詳しくは申上げません、独り試補の修習の問題に留まらず、今度の裁判所法に関係のない事柄でも、いろ〳〵とまだ問題が残つてをります、例へば戸籍法の問題とか、登記の問題とか、或は調停の問題とか、弁護士会の問題とか、これらの事項を司法省が管掌すべきであるか、或は最高裁判所が所管すべきであるかといふことについても、いろ〳〵意見が分れてをるやうであります、裁判所側の大体の空気としては、これらのものも総て最高裁判所に持つて行つて統一すべきだといつたやうな御意見もあつたやうでありますが、これは詰り先刻私が申上げました最高裁判所の性格といふことをよく考へて行かなければならぬ問題であると思ふ、私共としては最高裁判所の管掌に属すべき事務は、裁判の公平を期さんとするに必要な限度に留むべきものであらうと、左様に考へてをります、従ひまして司法官試補の修習はやはり原委員が仰せられる通り、裁判官になるまでは一つの行政的の事務である、成程最高裁判所が立派な判事方に指導して戴くことは当然必要でありますが、しかしこれは司法省が所管してをつても、修習方法として

も、やはりそれらの人を指導員とし、或は裁判所に配属して実務の修習をする場合において、かういう先輩の人に親しく接してこの修習ができるのであつて、必ずしも最高裁判所に所管を持つて行かなければそれができないといふ筋合のものではないのであります、配置するとか、或は見学とか、或は修習の方法とかそれぞれ複雑な行政事務もあるのであります、さういう点から申しても、これはやはり司法省が所管すべきに属するのが適当であらう、左様に考へてをります、原委員の修正意見に賛成致します

○第三部会長（有馬委員）　私の意見を申上げるのではありませんが、職務上部会においての議論を御紹介申上げます、先刻原委員が言はれたやうに、裁判所の予算を司法省で扱ふか、最高裁判所で扱ふかといふ大きな問題もあつたのであります、今度の最高裁判所といふものは、従来の大審院と違つて、今司法大臣が言はれた如く、第一憲法の上で従来の大審院とは違ふのであります、裁判所の人事といふものを最高裁判所の方に移して行く、裁判所の人事といふものを最高裁判所に移して、随て司法行政のこともやらなければならぬことになつてをります、下級裁判所の人事をやる以上、判事、検事の養成も当然最高裁判所の方でやるといふことは勿論当然なことであるといふ議論の結果からなつたのであります、今原君が言はれたまだ海のものとも山のものとも分らぬといふが、試補の修習こそ大事なことであります、それであるから今でも司法省では駄目で裁判所の方へ委託してをつたのであります、又最高裁判所の定むる所によるといふのです、海のものとも山のものとも分らぬ試補を最高裁判所の判事が手づからやらうといふものではない、最高裁判所の方で決めて、初めの中はあなたが言つたやうに高等、地方の裁判所でやらす、それを憲法の上ではやはり最高裁判所でやらすとなつてゐるのです、又司法官或は弁護士に関することも最高裁判所の方に任されてをるのでありますす、それに似たものであるといふことからこの規定ができたわけであります、反対論はさういふ点にあつたのであります、この点を御承知願ひます

○十八番（原委員）　今部会長の言はれることは総会の席ではさういう議論は聴かなかつた、主に総会では前途ある司法の修習であるから、最高裁判所の裁判官等に直接親炙していろ〳〵指導を受けるといふことは、試補の為に非常に将来有益になることだから、そこにつけなければならぬ、これが単純な議論であつたのであります、それから一面憲法のお話が今ありましたが、憲法では最高裁判所は下級裁判所を監督し、訴訟手続その他について規則を定めるといふ建前であつて、まだ試補が本官にならない場合において憲法上それは当然最高裁判所の配下に属するものであるといふことは、それは本当の憲法の趣意には私はどうかと思ふのです、それは部会長の御意見の点ですが、当日の総会の模様はさう

いふ所までは行つてゐないと思ふのです、これは総会の模様に関することで、その他のことは意見に属することですから、これだけにして置きます

〇**議長（金森副会長）**　何か外にこの問題に関して御意見はありませんか

〇**四十三番（古島委員）**　私も原さんの御意見に賛成です、総会の席の模様はこゝで御報告する必要はありませんが、元来司法官試補なり、弁護士司法〔試補〕なるものは、将来判事にのみなるものではありません、検事になり、或は弁護士になる者もあるのであります、これを一括して司法修習生といふやうなことにして今後養成して行かうといふものであります、かやうな場合ですから、将来の行き道は判事になり、検事になり、弁護士になるといふ者が集つてをつたのであります、然らばこの最高裁判所がかういふ煩雑なことまでやるといふのは、全く最高裁判所としては余りの俗務に掛り過ぎると思ひます、もつと単純な憲法違反の問題を審議するといふやうな高等の事務があるのですから、かういふ雑務は成べく司法省に任せる方がよいと思ひます、殊にその議論は今第三部会長のお話もありましたが、成程さういふ風な見方もあるのであります、所が当日四十一名の出席の総会でありまして、この司法省の管轄にした方が宜からうといふ意見の人、これは二十名だけが賛成したのであります、その間に自分の党派に属する御婦人の代議士もをりましたから、後にきゝますと、何だかよく分らぬけれども、兎に角自分は挙手したのに過ぎないのだ、かういふ点であります、そういふわけで裁判所のことや、或は、試補のことは余り知らないのです、それであれは間違つてゐないかと言ふと、さあ分らぬけれども皆さんが手を挙げたから私も挙げたといふのであります、かういふことですから、たつた一人違ひでこれが最高裁判所の管轄になるといふ風になつたのであります、然らばその理屈はといふ何等の理屈もない、唯優秀な方に面接してその陶冶を受けるならば試補も大体都合がよからうといふだけの意見であつたのであります、一切の事務等についての関係はなかつたのでありますから、私は実情から見ましても、余り最高裁判所にかういふ風なものまで押しつけることは、却て行政部面が多分にあるのですから、これはどうしても司法省の方に所管せしむるのが適当だと思ひますので、原さんの意見に賛成致します

〇**七番（梶田委員）**　司法研修所の事務の中心は何と申しましても裁判官に関する限りは裁判の実務の修習といふことが一番肝腎なことでありまして、その実務の修習については、やはり将来裁判官となる者の教養を作る、かういふのですから、従つてその裁判事務の実際をやつてをる裁判所の方でその修習の方針等を定めることが絶対に必要だらうと思ひます、さういふことからこの修習の方針を決めることを最高裁判所の方でやる、かういふ考へ方

で総会ではこの修習及び考試のことは最高裁判所の方で定めるといふことになつたもののやうに考へてをります、只今古島委員から一人位の差異といふやうな御説明でしたが、私は考へ違ひをしてをるかも知れませんが、研修所の試補の実務修習に関することを最高裁判所の方で決めるといふこの問題については、私は絶対多数であつたやうに考へてをります、或は記憶違ひかも知れませんが、予算の方は非常に際どい所であつたやうに思ひますが、研修所の試補の修習に関する問題については殆ど絶対多数で総会で決つたやうに私は記憶してをります、或は私の記憶違ひかも知れませんが、いろ〳〵先程から御意見が出てをりましてもうどちらにも相当の理由のあるこ〔と〕は繰返し必要はありませんが、要するにこの問題は総会に於て相当論議を尽された問題でありまして、その当時の空気からいつて絶対的に裁判所の方に移す方がよい空気であつたやうに思ひますので、どうか総会の結果の趣旨を本会に於ても尊重して下さつてこの原案通りに致したいと私は考へてをります

○**議長（金森副会長）**　原さんにお伺ひしますが、修正をなさらうとするとこゝをどういふ風に直せばよいのですか、私自身の見る所では一寸見ただけでは司法省がこれを所管するとも、司法裁判所が所管するとも書いてないやうに思ふのですが、……

○**十八番（原委員）**　十九頁です

○**議長（金森副会長）**　これはそれをやる所の基準を定める所が最高裁判所であつて、現実にこれを運用するのは司法省の責任であるかどうかといふことは、こゝでは解決されてゐないやうな気がします、今までの御議論が私には実は分らないのですが、もし積極的に何かはつきりした意味をつけて、これは司法省で運営せられるものであるといふことの主張であるならば、そんな風に直して決を採るといふことになりますが……

○**十八番（原委員）**　かういふことです、結局総会の当時の決議には最高裁判所の定める所によりといふやうなことはなかつたのです、その当時の決議といふものは無条件に最高裁判所に委託する、委託といふのは恐れ入りますが、さういふ決議であつたのです、これが少し変つてをるのですけれども、結局する所司法省の管轄にする、かういふ意味です

○**議長（金森副会長）**　さう致しますと決を採るにしても一つ内容をはつきりして戴かなければ決を採れませんが、何か……

○**十八番（原委員）**　「試補の実務の修習及び考試は司法省の定めるところによる」でよいぢやないですか

○**議長（金森副会長）**　さうですか、それでは原委員から十九頁の四の（ロ）の所で「試補の実務の修習及び考試は司法省の定めるところによるものとすること」といふ風に修正したい、かういふ御動議がありましたが、これらに対して賛成者があつたわけで

あります
○六番（谷村委員）　私原さんに賛成ですが、試補の実務の修習及び考試に関する事務は司法省の所管とすること、か〔う〕いふ趣旨ならぱ結構です
○四十三番（古島委員）　只今の司法省のといふのは司法大臣といふのが適当ぢやないですか、「司法大臣の定める所」といふのが結構ぢやないですか
○議長（金森副会長）　それで結構です、いろ〳〵と錯綜してはつきり分りませんが、少し混線してをるやうでありますが、整理致しますと「試補の考試に関する事項は司法大臣の所管とすること」これで宜しうございますか
○十八番（原委員）　結構です
○議長（金森副会長）　それではその意味に於て御主張があり、御賛成があつたものとして……
○七番（梶田委員）　決をお採りになります前にもう一度私にいはして戴きます、裁判所といふものが現行通りに司法省の監督の下にあれば修正意見としては大変結構だと思ひますが、しかし裁判所といふのは全く司法省と分離して独立の国家の重要な機関となるので司法省の監督の外に出るわけですから、やはり本来裁判官となる者を養成する仕事ですので、やはりこれは裁判所の方針、指導の下にと修正されるべき性質のものではないかと思ひます

それから最高裁判所などは裁判事務に専念して国民の信頼を受けてやらなければならぬのであるから、さういふ雑務と申しますか、行政事務的なことは司法省の方の所管にして置いた方がよいといふ御意見でありますが、先程部会長からも仰しやつたやうに裁判所の方も相当裁判をするに必要な行政事務を担当してやつて行かなければならぬのであるし、それが為に相当大きな事務局といふものができて、その上で行政的な事務をやつて行くのですから、何も試補の修習を裁判所の方針でやつて行くことにしても裁判の方の仕事に煩ひを来すことは、私はないものと思ひます、さういふ趣旨で私は原案に賛成したいのであります、それだけ申上げます
○二十五番（我妻委員）　この修正案について一寸質問致したいのであります、考試の事項は司法大臣の所管に属するといふのは修習及び考試の規則をつくるといふのも司法大臣がやるといふそこまでの意味をお持ちになつてをりますか、承りたいと思ふ趣旨は、この原案だけを読みますと、部会総会の事情を存じないからだらうと思ひます、これは唯かういふ規則をつくるといふことが最高裁判所のやることだといふ風にしか読めないやうに思ひますので、それを修正なさるのは試補及び実務の修習に関する規則をつくるといふことまで皆司法大臣の方でやる御趣旨の修正案であるかどうか一寸お伺ひ致します

○十八番（原委員） 御意見の通り、規則をつくつてやるのもよし、又司法大臣の所存に一任しても宜しい問題だと思ひます、これは司法省で然るべく御研究の結果を待つことにして宜しいと思ひます

○二十五番（我妻委員） さうだとすると一寸私の意見をいはして戴きたいのです、先程からのお話のやうに今度の憲法では判事の身分に関することは最高裁判所の系統でやるといふことになつてをりますので、当然なこととして試補の試験をどうするか、それから修習の方針をどう定めるかといふやうなことは、その手続として最高裁判所がやつて行く方が系統がはつきりしてよいのではないか、従つて原案がよいのではないかといふ風に考へます

○十八番（原委員） 憲法の趣意からいつても、司法省と裁判所側とぴつたり独立して別なものだといふことまでに考へる必要があるかどうかといふことは、私なんかは疑問にしてをります、但し最高裁判所は下級裁判の手続に関することやいろ〳〵な規則を定めて下級裁判所の監督をする、かういふ範囲に出ないものです、そこで見習生、所謂試補の建前から申したならば、――便宜を離れて単純な建前から申したならば、従来の試補の修習は司法省が執つてをつた建前によつて少しも差支へない問題だと思ひます、従つて憲法上、上級の最高裁判所が試補の見習手続を止めるとか、何とかいふことはしないだらうと思ひます、そこでいろ〳〵反対の御意見を拝聴したが、先づそこにけじめをつけることが第一の要点である、第二にはやはり司法大臣の管轄にして置いた所が、これは実務のいろ〳〵な階段を経て便宜上どんなにでも試験を受ける準備をなし、人格の陶冶その他についていろ〳〵監督の方針が決まることと思ひます、必ず最高裁判所の方でやらなければならぬといふのは、先程申上げました如く、総会の決議では、結局最高裁判所は裁判所の最高であるから、その衝に当る裁判官諸公は、人格識見等の点から見ても試補修習の任に当つて貰へば非常に後の為になる、かういふ一点張りで論ぜられた問題のやうに思ふのです

それから当日その方の意見が絶対多数であつたといふことは、私し今日記憶が薄れてをるせいでもありますが、どうもさういふことはなかつたと思つてをります、極く少数の差でこれが通過致したことは、部会長がよく御承知だらうと思ひます、結局する所、かういふ元の成行は、大体今日調査会の総会に於ては、極く公平冷静にこの案の要綱をどうするか、その一点に帰着すべき問題だと思ひます、私なども決していつたことを固執しなければならぬといふ建前ではゐないのであります、将来の司法部の発展を思ふ故ですから、然るべくお解決を願ひたいと思ひます

○四十三番（古島委員） 試補の配属のことで、裁判所に配属する必要があるといふので、最高裁判所の監督にした方がよいとい

ふ御意見もございました、それは考へ違ひでありまして、成程裁判所に配属するといふ者もあれば、将来弁護士たらんとする者は弁護士の所に配属されて事務を修習する者もないとは限らない、現在では弁護士試補は皆弁護士に配属して便宜やつてをります、弁護士試補と司法官試補と区別せずにやるといふことになれば、自ら弁護士の所にも配属しなければならぬといふことも出て来るのであります、さうなると殊更弁護士を何処で監督するかといふと、最高裁判所が監督するのでありませぬ、さうすると監督しない所にも配属しなければならぬといふ不自由な点が出て参りますから、結局これは司法省に監督さして、裁判所の方面に、或は弁護士の方面に配属するといふことも、試補修習の上に非常に便利だと思ふ、先程規則を全部改正する、又司法大臣につくらせるとかいふお話もありましたが、高等試験は自ら法律で定つてをるのであります、この修習する為の規則といふものは司法大臣の所に於て拵へるといふこともあるでありませう、しかしながら高等試験は司法官試補になるまでの間に法規で定つた通りでやるのですから一向差支へはない、先程又総会の時の数の問題が一寸出ましたが、これは三部会長がよく承知してをる通り、当日は四十一人出席してをるわけです、そして二十一人がこの案に賛成であつて、司法省に監督させるといふのは二十人で一票違ひであつたのです、予算の如きに於ては三票違ひで予算は司法省の方でやるといふことになつたのです、これは間違ひありません、私は数字を覚えてをるのですから……

○**議長（金森副会長）**　段々御議論が複雑になつて来ましたが、どうでせう、両方の御議論の間に話合ができて、その話合の結果、何か一つのいゝ答へになれば非常に結構であるし、出なければ修正案の決を採るといふことになると思ひますが、段々伺つてをりますと、本来の性質は司法省と最高裁判所との間の両方に関係する問題のやうに見られるし、現実の実行は司法省の方が或る分量を担任すると同時に、裁判所の方も亦自分の所で修習させたりなどする場合には、自分が規則をつくるといふことも自然の道行だと思ひます、事によると御研究はできてをると思ひますが、何かそこに割切れない研究の部分が残つてをるのではないかといふ気がします、さういふことを御研究になつてをるものとすれば、どつちかへ決を採るといふことになりますが……

○**四十六番（山田（三）委員）**　私もこの問題は、今日初めて伺ひまして、今お話のやうに判断に迷つてをる所であります、この際休憩して懇談の結果決は食後に願ひたいと思ひます

○**議長（金森副会長）**　山田委員の御意見は頗る適切だと思ひますから、これを以て休憩に入りまして、食後に又続行したいと思ひます

午後零時二十八分休憩

午後一時二十五分開議

○議長（金森副会長） これより開会致します

○三十三番（尾高委員） 議事に入ります前に希望的に意見を申述べます。午前中の試補の修習制のことについては適当なお話合がついたかも存じませんが、今日は時間も非常に迫つてをるのですし、三部会の方の案は非常にございますので、これについては既に今まで部会の方で十分に検討されて、いろ〳〵御議論があつてかういふふうに纒まつて来たものと承知するのであります、今これについて一々議論の蒸返しを行はれることになることは、却つて議事進行上甚だどうかと思ひまして、議事の終了しない処が多分にあるのではないかといふふうに考へます、かういふ総会で最後の決定をするといふことの趣旨は、部会の御議論は勿論重要な点については部会外の者も承つて、それについて考慮するといふことは必要でありますけれども、しかしながらまたそれについてはむしろ部会外の人の意見がそれについてあつて再検討するといふことの方が重点を置かるべきことではないかと思ふのであります、部会そのものにおける専門的の方々がお集まりになつて慎重に討議されたことをこゝでまた蒸返して、さうしてそれについて部会外の全体の委員が事柄の性質についても十分知りもせず、また考へもしない者が、個々の唯単なる議論の片鱗を伺つただけでどつちかに決を採つて万事を決するといふことは、それだけの責任を持てないやうな気がするのであります、それによつて決めることはかなり無理ではないか、成べくならばどうぞかういふ附属法令の如き、これは非常に拙速と申しますか、急を要するものを急に纒めて行くので完全なものが出来ないことは初めから予想されてゐたことでありますし、大体として部会の決定といふものを尊重して行くのが本来の筋道ではないか、殊に最終の総会でありますし、左様に考へましてさういふふうな配慮の下に議事を進行されることを希望致します、なほ特に重要な点についての少数意見がこゝでまた開陳されるといふことは、これは或る点において必要だと思ひますが、しかしそれも出来るだけ簡単に要を約して御説明願ひたい、かういふふうに希望致します

○四十六番（山田三委員） 只今の尾高君の御意見は御尤もと思ひます、私も成たけ部会報告に信頼して修正のないことを希望してをるのであります、但し午前中問題になりましたかういふ点につきましては、その部会におきましても可否が殆んど同数のやうな状況で御議決になつてをる、これらの点につきましてはその部会に関係してゐないやうな者も参加致しまして、この総会において本当にさういふ問題については決定することが適当だらうと思はれます、またこの問題そのものにつきましては、理論上から言へばこの部会案のやうに高等〔最高〕裁判所においてこれを定めるといふことになつてをりまして理論的のやうに見えますけれど

も、しかし裁判官の養成のみならず、司法官の養成問題のみならず、弁護士並に検事らの養成も掛つてをる問題でありまして、従来それを司法省で所管してをりましたものを、今この際高等裁判所に移しませんでも、他日さういふ交際の必要があればその時に変へられてもこれは簡単に変へ得る問題であります、実際今日の実情におきましては、余り高等〔最高〕裁判所にいろ〳〵な仕事を持込むといふことよりも、むしろさういふ問題は司法省の任意に任せられることがよくはないか、私はさういふ修正案の方に賛成致したいと思ひます、議論はもう致しませんから、この辺で御採決を願ひたいと思ひます

○四十八番（佐藤（祥）委員）　もう採決になる御様子でありますから、一言その前に申上げたいのであります、今まで判事出身というか、判事の方の委員、或は弁護士の方の委員、その方面からの御議論は大体出尽したやうに考へます、やはり重大なる関係を持つてをりまする私検事の立場からの意見を一応申上げて御参考に供して置きたいと思ひます

私は実は本文に書いてある修習及び考試は最高裁判所の定めるところによるといふ意味で、つまり方法を定める、規則を定めるのがどこであるかといふことならば、実を言へばどこで定めても私はいゝと思ふ、必ずしも司法省でやらなければいかぬ、最高裁判所でやらならなければいかぬといふことはない私は思ひます、ただ私は最初にお断りして置きたいのは、試補の修習及び考試といふものは、裁判権の独立といふやうなものには一向関係のないことである、関係のないどころではない、これはいはゆる行政事務に属してをる事務だと思ふのであります、つまり最高裁判所でかやうな事務を取扱ふといふことになりますと、結局国会に対して責任のない行政事務がここにも一つ最高裁判所に殖えるといふことの結果になるだらう、試補の修習及び考試さういふことについて決して何時も問題なく過ぎるものぢやない、学校の教育でもさうでありますが、私は相当やはり将来問題が起ること思ふのであります、さういふ場合にその問題の解決等について誰が責任を負ふかといふことになりますと、私はこれはやはり国会に責任を負ふところの行政官庁の長の司法大臣が負ふのが一ばん適当だらうと思ふのであります、その司法大臣が責任を負はなければならんやうな事務について、最高裁判所の方でこれを取扱ふといふことは如何なものであるかといふことを私は第一に考へるのであります

それから今までの御議論を聴いてをりますと、何か試補といふのは殆んど全部が判事候補者であるかの如く聞えたのでありますが、この試補の中には御覧の通り検事になる候補者もをるのであります、また弁護士を希望する者もをるのであります、この検事の仕事と弁護士の仕事といふものは性格的に判事の仕事とは非常

な隔りがある、一口に司法官と申しますと全部同じやうにお考へになる傾向がなきにしもあらずと思ひまするが、事の性格から申しますと非常な相違、かういふ言葉では洵にをかしいかも知れませんが、裁判官の方はお品のよい、要するに批判をして、批判的な立場で冷静にものを考へてをるが、その以外に弁護士とか検事とかいふものの仕事は、非常に何と申しますか、煽動的なところがあるのでありまして、これらは実を申せば判事さんの御教導だけではさういつた仕事の性格を全部試補に呑込ませるといふことは出来ないと私は思ふ、結局は修習と申しましても判事、検事、弁護士三者相率ゐて、合して、協調してやはり指導をして行かなければならんものだと思ふ、従ひましてこの規則を定めるにもやはり判事、検事、弁護士それぞれの相当の権威者が集つて規則を定めなければ、本当にその試補の修習のための立派な規則は出来ないと私は思ひます、さうしますと最高裁判所が定めるにしても、司法省が定めるにしても、結局その三者が合体していろ〳〵協議をした上で定めることになるのであります、裁判官だけでその規則を定めてしまふといふことは無論私はないと思ひますが、さういふふうに三者合して協議の上規則を定めるといふやうなことになりますと、やはりこれは従前通り何時もお世話をしつけてをるところの司法省がさういふやうなお世話をするのが一ばん適切ではないかと私は思ふ。いよ〳〵その規則が定まつたことになりますれば、またその実行方法等につきましてはこれはやはり司法省が責任を負うてその規則の実施をするといふ方が私は一ばん合理的なんぢやないか、かやうに考へてをります、私も司法研修所の前身の司法研究所で指導官をやつてをりましたが、これは何時も判事側の指導官と検事側の指導官と根本的においては司法精神といふやうな問題になりますれば一致するのでありますが、その指導の末節、やり方については毎々議論がありまして中々決しない場合がありましたのですが、さういふふうにその仕事の性格が違ふといふことも余程考慮に入れて置いて、一人決めで裁判官なら裁判官だけで決める、検事なら検事だけで決める、弁護士なら弁護士だけが決めるといふやうなやり方でなく、やはり全体が協調して決めるといふ意味合ひにおきまして、やはり今まで通り司法省がさういふやうなお世話を焼くのが一ばん適切だらうと考へてをります、かやうな意味合ひから原委員の修正案に賛成致す次第であります

○議長（金森副会長） それでは大分時間も掛りましたので採決致したいと考へます、もう一辺修正のところを復習致しますが、この要綱の中の第十九頁の表側のところの四の試補の制度といふ項目の中の（ロ）のところを修正する御意見でありまするが、その（ロ）のところを全部読んで見ますと「試補の実務の修習及び考試に関する事項は司法大臣の所管とすること」かういふふうに

修正したいといふご意見であります、起立によつてこの修正案の賛否を決したいと思ひます

この修正案に御賛成の方は御起立をお願ひ致したいと思ひます

〔賛成者起立〕

○議長（金森副会長）　少数です、それではこの点は修正は成立しないものと致します、そこで他に御論議もございませんければ、午前中の任用資格のところにおいて同じやうな修正が三箇所ございました、この三箇所の修正を含めた意味におきましてこの要綱について決を採りたいと存じます、今の修正を含めました意味のこの要綱につきまして御異議はございませんでせうか

〔「異議なし」と呼ぶ者あり〕

○議長（金森副会長）　御異議ないと考へましてこれは可決致したものと致します

○十八番（原委員）　もう少し分らないところを質問を許して戴きたい、裁判所法案について……

○議長（金森副会長）　別に御質疑になることは差支えありませんけれども、成るべく時間を……

○十八番（原委員）　さつき特審法についていろ〳〵申出がありましたが、私共は各方面のことをやつてをる者で、総会に出ることが少かつたりした関係があるのですが、帰するところは出来るだけ委員の最善を尽して、後にどうせ法律案が出来て議会の方に掛けなければならん関係にありますので、この調査会の今度の総会に対するところの期待が多大であつたと思ふ、疑ひのところだけでは遺憾なく尽させて戴きたいと思ふのですが、如何でせうか

○議長（金森副会長）　もしたゞ御質疑だけでございましたら全体を終つた後にお願ひ出来れば一ばんよろしいのですが、何しろ実情を申しますと今日かなりの議決がありますし、その中には相当強い議論が起ることを予想してをるのでありますから、それだけ終つた後に御質疑をされゝば都合がいゝのですが

○十八番（原委員）　それによりまして修正の形もはつきりするかも知れませんから……

○議長（金森副会長）　裁判所法案要綱については先の任用の資格についての修正を含んだその全部について実は決を採つた積りで申上げたのですが……

○十八番（原委員）　私は牧野委員からの分について再び決を採られるのぢやないかとちよつと思つたのです、それではどうでもいゝです

○議長（金森副会長）　済んでしまつたことは仕様がないですが、御質疑はそれに関係して来るんです、全体の議案の採否に関係するやうな御質疑ですか

○十八番（原委員）　それはまだ未定ですが、分らぬところを質問してその上にしたいと思つてをります

○**議長（金森副会長）** 決を採つてしまつたものを後戻りするわけにもいかぬけれども、御質疑だけはやつて下さい

○**十八番（原委員）** 最高裁判所の附属機関とあるのは、十一頁の表側の調査官（仮称）のところでありますが、調査官の本質は一体どういふものでありますかこれは調査のほか更に調査官が裁判所の下調をやる関係上いろ〳〵な規定があるやうですが、この調査官といふのはやはり裁判官の仕事もするだらうし、また名前も調査官で裁判官でもないやうですが、その本質を一つお聴きしたいのです

○**幹事（奥野民事局長）** これは全然裁判には関与致しませんで、判事を輔佐する、いはゆる外国の判例を調査したり、今までの判例を調査したり、さういふ助けをするだけのものでありまして、裁判それ自体には全然関与しないものであります

○**十八番（原委員）** 高等裁判所にも調査官といふものは設けてあるわけですか

○**幹事（奥野民事局長）** 左様であります

○**十八番（原委員）** これもやはり裁判には別に関与しないのですか——この調査官の調査事項については具体的に言へばどんな調査を担当するのですか

○**幹事（奥野民事局長）** 今までの判例を調べたり、或は外国の立法例、或は外国の判例を調べたり、書類とか或はいろ〳〵な学説等を調べたりして判事の補助をする、場合によつては起訴等もすることがあるかと思ふのです

○**十八番（原委員）** それは高等裁判所でもさうですね

○**幹事（奥野民事局長）** さうです

○**十八番（原委員）** それから次に最高裁判所の定年制ですが、最高裁判所の長がやはり最高裁判所の裁判官といふことに変りはないと思ふのですが、長それから普通の長以外裁判官の定年の年齢が一方は七十五歳、一方は七十歳とかうなつてをりますが、先程の部会長の説明によりますと、最高裁判所の長官の任免について、特殊な待遇をしなければならん関係があるのぢやないかといふことを考慮して、この定年制を残したんだといふやうなお話のやうに取つたのでありますが、かういふ区別をする必要をもう少し掘下げて一つ御説明を願ひたい

○**幹事（奥野民事局長）** お尋ねになりました趣旨は、最高裁判所の裁判官、普通の裁判官と長官との定年を区別した理由はどうかといふわけでございますが、案の出来ます経過と致しましては、初めは定年について長官と区別はなく、或る一定の年限に達した時に退官といふふうに案の決まつた経過もありますが、憲法が修正されまして、最高裁判所の長は総理大臣と同様天皇の任命に改められました関係もありまして、やはり長官とさうでない裁判官との間に、或る区別があるのが相当ではないか、現在も定年につ

いては大審院長とさうでない者との間において年齢の区別があるといふことも考へ合せまして、その間に区別を設けたわけであります

○**十八番**（**原委員**）　高等裁判所長官と、それからその判事との区別もやはりそれと同様なことですか

○**幹事**（**奥野民事局長**）　さうです

○**十八番**（**原委員**）　最高裁判所の小法廷ですね――大法廷のことはよろしいですが、小法廷の関係はどういふ建前であるか、それを一つ御説明願ひたい

○**幹事**（**奥野民事局長**）　最高裁判所では先程部会長の御説明がありましたやうに原則としては全員一致といひますか、いはゆるフル・ベンチ、ワン・ベンチで、いはゆる一体となつてやるのが適当といふふうに考へてをるのでありますが、総ての事件を全会でやるといふことは事実上難かしいと思ひますので、謂はば本来は全員の大法廷でやるのをその代表の意味でそれを委託されて、小委員といひますか、さあ〔そう〕いつた意味で小法廷といふので行つたらどうか、尤もその場合は制限がありまして、総ての小法廷の裁判官が一致して、しかもこれは大法廷に掛ける必要がないものと思はれるものだけを小法廷において判決するといふことに致したわけであります、全部の三人が一致しない場合、或は一致した場合でも憲法違反の疑ひがある問題であるとか、いろ〳〵な重大な問題につきましては総て大法廷に専属するといふことになつてをるわけであります

○**十八番**（**原委員**）　なほ小法廷の判決書についても、やはり各裁判官がそれ〴〵意見を表示するといふことに相成るのですか。

○**幹事**（**奥野民事局長**）　小法廷におきましては判決する場合は総て全員が一致するわけでありまして、過半数といふことはありませんから、特に大法廷の場合のやうに委託されゝば裁判官が意見を明確に記載するといふことは当然必要がないといふことになるわけであります

○**議長**（**金森副会長**）　原さん少し御相談ですけれども、私の宣告が不徹底であつたかも知れませんが、一応議事は終つたものですからその辺で御質疑は後の方にお廻し願へないでせうか

○**十八番**（**原委員**）　結構です

○**議長**（**金森副会長**）　それでは次の方に入りまして、午前中検察庁法は後に廻すと申しましたが、刑事局長がおいでになりましたから順序に従つて検察庁法の要綱に入ります。幹事に朗読を願ひます

〔検察庁法要綱案朗読〕

○**議長**（**金森副会長**）　只今朗読致しました議案の全部につきまして御質疑なり御討議を願ひたいと存じます

○**十八番**（**原委員**）　十四ですが、検事総長の任期は四年とする

といふこの任期制はどういふところから来てをりますか、御説明願ひたい

○幹事（佐藤刑事局長） 私から簡単に部会において論議された経過について一応御報告申上げます〔、〕検事はその職掌が判事と大分違ひまして、余り老年であつてはその職を適切に遂行するのに適しないぢやないかといふ意見があるのであります〔、〕なほ定年を設けることの可否についてては、それは裁判官についても同様でありまするが、相当議論のあるところでありまして、一定の定年を設けて検事総長に最適任の方を迎へるといふことはなか〳〵難かしいことではないか、極く幼年の方でも非常に適任の方もあるといふことを聞きまするると、一定の年齢で最高裁判所の判事並に長官が七十或は七十五だから、それよりも低めて六十五とか七十とかいふやうに制限をしてはなか〳〵最適任の方を迎へるのに適当であるまい、かういふ議論もありましたので、結局定年制を採らないで最適任の方を広く詮衡される方が適当ではないかといふところから、検事総長については定年制を設けずに任期制を採られたのであります〔、〕その任期を何年にするかといふことはこれはいろ〳〵意見もありませうけれども、大体一ばん近い例として参考にされたのはアメリカの大統領の任期が四年だから、まあ四年くらゐがいゝのぢやないかといふやうな簡単な意見があつたのであります、大体申上げますと今のやうに検事と判事との職務の違ひから判事ほどさう高い定年を定めることは不適当であるし、それかといつて低い年齢で定年を定めたのでは、また最適任者を得るのに困難であらうといふところから、結局任期制で定年を置かないといふ結果になつたのであります

○十八番（原委員） 結局身分保障は堅持せられる気持がないといふことになるのですか

○幹事（佐藤刑事局長） それは任期制ではありませんから自然任期期間だけの身分保障でありまして、その代り非常に適任の方であれば任期が一度終へてもまた再任されることは妨げないといふふうなことに致したのであります

○議長（金森副会長） 他に御異議はございませんか、御議論がなければ検察庁法要綱案の全部について可否を決めたいと存じます原案の通りで御異議ございませんか

〔「異議なし」と呼ぶ者あり〕

○議長（金森副会長） 異議ないものとして可決致しました――次に行政訴訟に関する特則案要綱を幹事によつて朗読して戴きたいと思ひます

〔行政訴訟に関する特則案要綱案朗読〕

○議長（金森副会長） 只今朗読を終りました案について全部議題に供します、御質疑なり御討論なりをお願ひしたいと思ひます別段御意見がなければ採決に進みます原案の通りで御異議はご

ざいませんでせうか

〔「異議なし」と呼ぶ者あり〕

○**議長（金森副会長）**　異議なしとして可決致しました、――次に裁判官国民審査法案要綱と裁判官弾劾法案要綱とを一括して幹事から朗読して戴きます

〔裁判官国民審査法案要綱案、裁判官弾劾法案要綱案朗読〕

○**議長（金森副会長）**　両案共一括して議題に供します御質疑、御討議併せてお願ひ致します

○**二十三番（佐々木委員）**　弾劾裁判所は常置せられるやうですが、これは今の国民審査の案では選挙の訴訟が管轄になつてをるやうですが、他には別に何にも用はないやうですが、果して常置するに値するほど仕事があるのでせうか

○**幹事（奥野民事局長）**　それ以外には別に用はないのです

○**二十三番（佐々木委員）**　やはり常置して置く方がいゝのですか

○**幹事（奥野民事局長）**　常置といつても形式において常置して置くといふことになるだけです

○**十八番（原委員）**　裁判官の弾劾法案ですが、この前第二部の時にも意見を述べて置いたのですが、これはこゝで審議せられてその結末はどうなるのですか、それを委員長にお伺ひしたい

○**議長（金森副会長）**　結末がどうなるかといふことは、この委員会から内閣総理大臣に上申をするといふことになります、議会においてはこの決議された要綱を尊重して、自己の判断を以て適当なる法律案を設けることにならうと思ひますが、その以外に何か御希望ですか

○**十八番（原委員）**　それに牽連してるのですが、これは国会で定むべきものといふことなつてをりますね〔一〕少くとも裁判官を選出する、こゝには七名の裁判官を以て構成する、かうあるこの七名といふのは国会に属してをつて、内閣総理大臣の所管に属してをる事柄でせうか、どうでせうか今お話のやうに内閣の方に廻して法律を作られるといふことですが

○**議長（金森副会長）**　法律案は内閣で作るかどうかはそこまでは私は少し言ひ過ぎたかも知れませんが、これは兎に角内閣総理大臣に上奏せられ、さうすれば何等かの方法によつて法律案がどこかで作られるそれは政府において案を作るか、或は国会において案を作るゝか、どちらでも法の上では差支へないと思ひまするが、その審議が出来るかういふことになるのですから、結局は法律案がこれによつて出来るといふことだけで大体の趣旨は貫けるぢやないか、内閣自身がそのものを自らどう運用しようといふ考へは一つもないでせう

○**十八番（原委員）**　私の所見によると、この案が出来たならば

国会の方に廻される、その案が一つと、それから次にはこゝの第二部会に付して、さうしてその意見に従ふといふことが、結局これは司法部の第三部の行為によつてこの案が出来た、かういふ程度のものぢやないかと思ふのです

○**議長（金森副会長）** これは先程もお話がありましたやうに、第二部と第三部との間の話合ひによつて案を立てることは、要綱の範囲においては司法部でこれを行はるゝ、かういふことになり、第三部においてこの要綱が出来て、この調査会の総会に付議せられて、総会でこれを可決せらるれば先づこの調査会としては内閣総理大臣に上申する、かういふ段階になるのが自然の考へと思つてをりますが……

○**十八番（原委員）** 第二部の方で第三部で作つて貰ひたいといふことで決まつてをればそれはいゝと考へます。調査会内の協議でさういふことになつてをつたのならいゝ。出来上つた後のことは協議をしてはならないわけです、さうすると今日のところはどういふふうになるのですか

○**議長（金森副会長）** 私の今まで聞いてをりましただけの考へでは、たゞ分担を分けたといふのであるからして、第三部でこの案が出来れば総会に付せられるといふことになつて二つの順序が立つのではないか、総会で決まつたものは最早第二部で審議する必要はない、かういふことになるのぢやありませんか、ですからもしこの審議が不十分であるからといふならば、この総会で十分お練り下されればよいといふことに相成らうと思ひますがね、さういふ話だと聞いてをりましたが、さうぢやないのでしたか

○**十八番（原委員）** さういふことですか

○**幹事長（入江法制局長官）** 今の点につきましては先程申上げましたのですが、第一回総会の時にどなたからかその問題が出まして、われ〳〵は兎に角判事の身分のことですからして第三部会の方で扱つて戴きませう、しかしながら国会にも関連があると思ひますから、実際上は幹事等を通じて第二部の方にも連絡致しませうといふことであつた、第三部の方でずつと審議して戴いて案が出来まして、夏の中間の報告にもこの通り報告がございまして、総会においても第二部会の方が言ふことは入つてをる、それらの経過をみな心得へて、それで連絡は十分取れてをると思つてをりますので、私共幹事の側から申しますと、部会に分けたのは要するに総会の便宜上分けたのですから、最初に総会の時のお話合で第三部の方にお願ひするといふことは決して二部会が三部会にどうといふのではなくして、総会としてこの事項は三部会でやつて戴かうといふことになつたと思ひますが、今会長の申上げましたやうに中間報告もあり、更に相当時日を経てもう一辺今日こゝで最終報告があつたのでありますから、これを議題として総会で御覧を願つて、総会でさういふふうにお取扱ひ願ひたいと思ひます

○十八番（原委員）　結局これは国会の方に廻される、最後の結末としてはさういふふうになりはしないかと思ふのですが、如何なものでせうか、結局その点はよくそこでお考へ下さつて……

○議長（金森副会長）　この調査会としては内閣総理大臣に上申する、そこまでしか知らないわけですが、それからどういふふうに扱ふかといふことは今後の特段の相談とか研究とかによつて決まるだらうと思つてをります

○十八番（原委員）　さうすると結局は第二部の方でやつてをつた裁判官を選出するのは国会の権限でやるのだから、さうする場合選出方法等については昨日決議になつた国会法といふものの中にその箇条が入るべきものぢやないかと思ふ、さうして裁判官が結局国会の決議によつて出来るわけだと思ふのです、そこはどつちにしてもこれを活かす方法ですから、兎に角御当局として一つ御考慮を願つて置けばそれで十分だと思ひます、そのまゝ進めて戴いても結構です

○議長（金森副会長）　原さんの仰しやつてをることは或る段階においては立法に作り上げる時に必ず考へなければならぬ問題と思つてをります、御当局の方で十分考へて貰ふやうに勧める、かういふやうに致しませう、それではこの法案につきましては御異議はございませんでせうか

○五十二番（庄野委員）　弾劾の訴追を受けました裁判官は、判決がありますまでは自分で辞任は出来ないのですか、もし出来ないとすればそれはどういふふうに考へたらよろしいでせうか、

○幹事（奥野民事局長）　その他のところに書いてあります、弾劾の訴追を受けた裁判官は自分で辞任が出来ます

○議長（金森副会長）　それでは採決を採る時にちよつと経緯がありましたけれども、一応御異議ないものとして進行してよろしうございますか

〔「異議なし」と呼ぶものあり〕

○議長（金森副会長）　それでは御議決したものとして可決致しました——次に民法中改正法律案でありましたけれども、これにつきましては稍〻御議論がありげに想像出来まするが故に、これを最後に廻すことにして進行することに致します、——次に刑法の一部を改正する法律案の要綱案の朗読を願ひます

〔刑法の一部を改正する法律案の要綱案朗読〕

○議長（金森副会長）　この案について審議を進めます、御質疑または御討議がありましたならばお願ひ致します

○二十七番（牧野委員）　二つばかり伺つて置きたいと思ひます、第一のはこの要綱の第一の二でございますが、先程第三部長からの御報告の趣旨を或は聴き誤まつたかも知れないと思ひまするので、もう一度恐入りますけれども伺つて置きたい、それは簡易裁判所においても執行猶予が出来るやうに執行猶予の言渡しをなす

範囲を拡張すること、これは簡易裁判所においては何時でも執行猶予の言渡が出来るといふことになるものですか、或は或る場合には執行猶予の言渡が出来ないといふことも含めてをる御趣旨なのでございますか、そこがはつきりして戴くまでになつてをらぬ趣旨なのでございますか、どうですかもう一辺それを伺つて置きたい

○幹事（佐藤刑事局長） 執行猶予の言渡をなすことの出来る範囲を拡張するといふ趣旨は、第一の（一）、（二）の両方共通の問題でありますが、（一）の方は現在懲役または禁錮の刑で二年以下の言渡をする場合に限つて執行猶予をなし得るといふ程度であるのを、三年に拡張致したのであります、（二）の方はさう致しますると簡易裁判所は罰金、科料、拘留の言渡をなすのでありますから、懲役、禁錮だけに限つては簡易裁判所では絶対に執行猶予を言渡すことが出来ない結果になりますので、場合によつては簡易裁判所でも刑の執行猶予の言渡をなし得るやうな執行猶予の制度を現行法よりも拡張しようといふのが（二）の趣旨でありまます

さう致しまして只今牧野先生からお尋ねの簡易裁判所においては、常に執行猶予の言渡をなし得るといふことまで言ひ表はしてをるのかといふ御質問でございますが、この点は部会においても相当問題がありましたので、執行猶予を言渡し得る刑が現在懲役または禁錮に限つてをるのを罰金まで拡めよう、罰金刑の言渡をする場合でも、或る場合には情状によつて刑の執行猶予の言気〔渡〕をなし得るやうにしようといふ点が部会において皆一致致したのであります、ところが拘留、科料といふやうな極く軽い刑罰を言渡す場合に、その場合にもなほ執行猶予を言渡すことが出来るやうにすべきかどうかといふ点についてはかなり意見の対立があつたのでありまして、拘留、科料といふやうな刑罰はこれは謂はゞ秩序罰に当るやうなものであつて、例へば警察犯処罰令のやうな極く軽微な犯罪について言渡す刑罰であつて、かやうな刑罰に相当する犯罪についての審判は成べく迅速に事を運ばなければならぬ性質上、執行猶予をするのに一一前科の有無を照会するといふやうな手数もありますので、前科のある者に対して執行猶予をするといふことは出来ませんので、拘留、科料のやうな早く簡単に言渡すべき刑罰について、なほ執行猶予の制度を拡張するといふことは、実際の取扱ひに当つて非常に困難であるといふところから、そこまで拡張することは異論があつたのでありまして、その点については事務当局においても目下のところ刑法の改正に対してそれまで拡張しようといふやうなことは考へてをらないのであります、しかしながら一定の罰金刑については執行猶予の制度が認められるやうに拡張しよう、かやうな考へで立案致してをります

○二十七番（牧野委員）　さう致しますと、これは拘留、科料を含まぬといふ趣旨に解するやうにお出来になつたものでございませうか、如何でございませうか、拘留、科料は含まぬといふやうな積極的な意味を含んでをるのですか、或は率直に申しますれば、牧野は拘留、科料を含めて戴きたいといふことをあの席上申上げましたが、最後の会議の時は私は議会の方が多忙でありまして、その決議の席には罷り出ることが出来ませんのでしたので、最後のところのお決まりの様子を伺つて置きたいのでございます。これは拘留、科料については事務当局の今のお考へと牧野との考へが大分違ひますので、それは決しないまゝの御趣旨といふことになつてをりますか、或は事務当局の思召のやうに決した筈になつてをりますか、最後の決議の模様を一応伺つて置きたい、かういふ趣旨でございます

○幹事（佐藤刑事局長）　その点はお尋ねのやうに拘留、科料まで執行猶予の制度を拡張すべきかどうかといふ点につきましては意見の対立がございました、その点について可否の数を決するといふところまでは行きませんでした、たゞ意見を交換して対立のまゝに罰金刑まで拡張しようといふことは一致してをりましたので、この要綱案はこの点ははつきり致しませんけれども、その当時の決議の模様は罰金刑まで拡張することには意見は一致してをつたけれども、拘留、科料まで拡張することについては意見対立のまゝ終つたのであります、その文字だけではさういふ内容を持つてをつたといふことだけをお答へするよりほかないと思ひます

○二十七番（牧野委員）　それでは意見の対立のまゝこの程度の決議があつたと承知してよろしいわけですね

○幹事（佐藤刑事局長）　左様です

○二十七番（牧野委員）　先程の決議の中に簡易裁判所においては「犯人の更生を考慮すべきこと」といふ一項目がございまするので、それと対応して立案の時に御詮議を願ひたいと思ひますし、何れこれは更にその後において議会の問題としてお考へを願ふことになりませう、それは対立のまゝの決議である、かういふことは明かに御承知置きを願ひます、

第二に伺つて置きたいのは要綱の第二でございますが、私がこの刑法の小委員会に関係致しました程度では「余罪の処断については改正憲法の精神を十分考慮すること」といふのではなかつたのでございますが、これは最後にかういふことにお決まりになつたに違ひありません、先程第三部長のお話をよく伺つて置きましたが、少し私が聴き漏らしたのかと思ひますが、余罪の処断については改正憲法の精神を考慮するといふのは例へばどんなことになるものでございませう

○幹事（佐藤刑事局長）　この点は確か牧野先生の御注意によつてこの最後の後段の部分が変つたやうに記憶してをりますが、実

は現行形〔刑〕法において連続犯、想像的競合犯、牽連犯、かういふ犯罪が総て一罪として処断せられてをります関係上、この数箇の行為の中一個が発覚して処断を受けますと、他の部分について後で発覚してもこれを処断することが出来ない結果になつてをるのであります、ところが実際上の問題としてもしさういふ場合に非常に不当な結果になつた場合に、現在では被告人に不利益な再審の請求が出来ますけれども、新憲法の精神によつて被告人に不利益な再審の請求はこれを廃めようといふことになりましたので、非常に不当な結果が生じた場合、例へば窃盗罪によつて軽い処断を受けた者が後で強盗殺人罪が発覚したといふやうな場合でも、現在では再審の請求でもしない以上は処断出来ないのでありますが、改正憲法実施の暁には被告人の不利益な再審の請求が出来ないといふことになりますと、一たび窃盗の罪によつて処断を受けた者は、後で発覚した強盗殺人の罪についてはこれを如何ともすることが出来ないといふやうな不当な結果に陥りますので、左様な場合にはこれは後で訴追することが出来るやうな制度にしたいといふところから、只今お示しの第二の要綱が出来上つたのであります、ところがさういふやうな不当な結果の起きた場合に訴追することは無論結構であるけれども、数罪の取扱ひをするために重い部分に関して即に確定判決を受けた者が、後で小さな部分について余罪が発覚したからといつてそれを起訴するやうなことがあつては、これは憲法の趣旨に合はないのではないかといふやうな御注意もありましたので、左様な場合にはこれは起訴しない、処断しないといふやうな制限を設けようといふ趣旨で、余罪の処断については改正憲法の精神の〔を〕十分考慮して数罪の取扱ひはするけれども、余罪の処断については被告人の不利益にならないやうに十分考慮しよう、かういふ趣旨であります

○二十七番（牧野委員） 今のお話で牧野の名前を引合にお出しになりましたので、私がこの点について最後にこの前の会議で述べたことを申述べて置きます、それは改正憲法のこの点に関する規定では同一の犯罪について再び審判することがないといふことになつてをりまするので、この憲法の規定の動き方によつては相当に困難を感ずるのでございませう、従つて憲法の決まり方によつてこの要綱の第二を相当に按配する必要がございませう、兎に角憲法のことを除外して単純にこれだけをお決めを願ふ、かういふやうな趣旨で申上げた積りであつたので、余罪の数を私は申上げた積りではございませんでした、従つてもし余罪のことの出てをるといふことに疑ひを懐き、従つて余罪と憲法の精神といふことの関連がどういふものであるかといふことを疑ふ次第でございます、なほ先づ第一に余罪の前の処断について申しますと、或る一定の犯罪について窃盗として確定判決を受けた者が、後で強盗殺人であつたといふことが発覚したる場合においてこれによつて

とつちめることにしたいといふ御趣旨であつたやに今伺ひましたけれども、この極りではそれは難かしいのではないかと私は思ひます、それは強盗殺人といふものは強盗殺人といふ一罪なのでありまして、五十四条、五十五条の適用を受ける場合ではないのでございます、従つてその場合にはもう確定判決があつた以上如何ともすることが出来ません、不利益の再審の制度がない限りは已むを得ぬことになるであらうと思ひます、今後要綱の第二の適用を受けますのは刑法五十四条及び五十五条の適用を受けるべき場合に属するのであつて、実際頻繁に問題になつてをるのは統制違反の連続犯についてであるといふやうにその当時もお話を伺つて置いた次第でございます、それで今刑事局長のお話について私が疑ひを持ちまするのは、強盗殺人といふ今のお示しの例ではこの要綱が少し面倒なことになりはしないか、また第二は余罪の処断と憲法の精神の関係といふものがお話ではやはり明瞭を欠きまするので、しかも本文では重きに従ふことになつてをりますから、余罪が出ましてもそれが軽いものである限りはより重くなるわけがないのである、軽いものである時には重くなることはないのでございます、それでありますから刑事局長のお示しならばこの余罪以下の若干の文字は不必要なことになるのであらうと考へます次第であります、牧野は刑法につきましては貴族院に修正意見を出しましたのでございます、洵にこの憲法の規定は危い、この刑法の改正を企てるのは危いからしてといふので本会議においても既に質問を致し、さうして委員会においてもこの点について篤と申上げ、それで牧野の修正意見といふものを出して置きました、憲法には御案内の通り英訳といふものがありまして、英語の翻訳を見ますと洵に素直に出来てをるのであります、単に一事不再理といふだけのことになつてをりますので、同一の犯罪についてもう一辺審理をする、判決するといふことには書いてない、ダブル・ジエパデイーを禁ずるといふだけのことで極めて手軽に出来てをるのであります、か丶るが故に牧野の修正意見、これは修正案としては出しませんでしたけれども、修正案として委員会に出したのは一事について再理することなし、かういうふうにして戴きたい、さうして置けば刑法の改正の時に洵に都合がよろしうございますと申上げたにも拘らず、政府においてはお採上げにならなかつた、従つて牧野の修正意見は委員会で埋没してしまつたのであります、しかし今日となりますると最早憲法の立法論でなく、われ〳〵は解釈論を致さなければなりませんから、従つてあの規定については何とか一つ努力したいと思つて解釈論として立案してをります、要するに憲法は同一の犯罪について再び審判することなしといふ犯罪といふやうなことに拘泥する規定ではないので、たゞ一事不再理といふだけで以て刑法においては如何なるものを一罪を二罪にするかといふことは自由に規定することが出来る筈のものである、かういふふうに牧野は考へて立案してをりますが、それには相当骨が折れます、司法大臣はいやこれでよいのだといふ強い返事でありましたので、結局牧野は心配するけれども司法大臣があれまでに言ふのだから、かういふふうな委員の方の説明であつて結局私は修正案として出すまでには行かなかつたのでございますが、まあこれは一つ質問といふ形よりも私共も憲法が成立した以上は何とか円満に行くやうに今度は解釈論の方で最善の努力を致したいと思ひます、さう致しますと、先づ前段の方は将来最高裁判所でどういふ問題に突打るかといふことは別論として、要綱の前段が成立つことについては私は意見がない、賛成でございますが、余罪以下の文字だけはお削りを願つたらよい、かう思ひます、さうして素直に一つ御決定を仰げたら幸福だと思ひます

○**幹事（佐藤刑事局長）**　先程申上げましたやうに「余罪の処断については改正憲法の精神を十分考慮すること」、この追加を致しましたのは、牧野先生の御注意を事務当局が誤解して特に掲げたやうな結果になつたのでありますが、先生の御意思がそこにございませんければ、事務当局と致しましてはむしろこれを削つて戴けば非常に立案の上に容易なのでありまして、余罪の処断について軽い場合は起訴するなといふやうなことはこれは改正法の運用として内部的の訓練はぜひなさなければならないことではありますけれども、刑法の条文でその趣旨を表はすといふことは如何にしても困難でありまして、未だその点について政府案を得難い状態にありますので、もし私共が先生からの御意見を聴き取り違ひだつたとするならば、この末項を抹消して戴ければ大変仕合せに存ずるのであります

それからなほ先程窃盗罪と強盗殺人罪との連続犯の関係を例に申上げたのでありますが、先に窃盗の部分について一度有罪の確定判決を受けた者が後で連続関係にある強盗殺人罪の罪が発覚しても、それはいはゆる連続犯の一部として一罪の関係になるので、被告人の不利益の再審を認めないといふ新しい制度を立てる場合においては非常にこの取扱ひについて困難を生ずるのではないか、左様に考へてをるのであります

○**二十七番（牧野委員）**　私は刑事局長のお話を誤解をしてをりました、窃盗と強盗殺人との連続犯と仰しやつたのらしいのを、その連続犯といふ言葉を聴き漏したのでございますから、窃盗罪が後で強盗殺人罪であることの発覚したる場合と誤解を致しました、先程のその点に関する部分は取消します、さうすると余罪以下をお削り願へばよい

○**議長（金森副会長）**　仮に牧野さんの御主張を文句にすれば「定めた刑によるものとすること」、余罪以下を削るのですか

○**二十七番（牧野委員）**　さうではない、私の趣旨は憲法の定まるまでこれはうつかり手は着けられぬと思つたんです、言ひ換へ

て見ると憲法の文字を従来の通り解釈しますと、要綱の第二で全部が足りない虞がある、けれども単純に憲法の規定を一事不再理といふだけの意味に解釈致しますればこれは成立つ、かういふわけになります、憲法の文句が刑法のテクニカルな言ひ表はし方に差障りを生じてをりますので、これは私実体的には要綱第二には賛成致しますが、たゞ「余罪の処断については改正憲法の精神を十分考慮すること」、これだけお削り願へばよい

○**議長**（**金森副会長**）　従つて本文の終ひの行は「罪について定めた刑によるものとすること」といふところで打切りまして、後の余罪以下の字を取つてしまふ、これが牧野委員の御主張であり、司法当局がそれを望まれるといふことになります、皆様に御相談ですが、如何でございませう

〔「賛成」と呼ぶ者あり〕

○**議長**（**金森副会長**）　一つこれは皆さんの御賛成によつて今言つたやうにすることに致します、他に何か御主張になることはございませんでせうか

○**三十八番**（**久布白委員**）　この第八項と第十一項についてお伺ひ致したいと思ふのであります、「姦通罪に関する規定を削除し、これを道義及び民法上の問題に譲ること」といひますのは、これは離婚原因また賠償の権利といふふうなことを双方からするといふことに解釈してよろしうございませうか、第八項はさういふ意味になるのでありませうか

○**幹事**（**佐藤刑事局長**）　第八項は前の中間報告の際に御注意によりましてかういふやうに修正致されたのでありますが、民法上の問題に譲るといふのは、只今御示しのやうに両方から姦通の事実があればそれが離婚の原因となり、また刑事訴訟の請求等の原因となる、それは双方平等に取扱はるべきものとかやうに考へてをります

○**三十八番**（**久布白委員**）　第十一の少年少女の虐待酷使といふことでございますが、これは以前の時には、十六才以下の少女を保護監督してをる者が売淫行為のために利益を受けるやうな取扱ひをした場合には五年以下の懲役に処すといふやうな草案が出てをりましたが、あれはあのまゝ用ひられることになりますか、別の規定といふのはあれを含めますでございませうか

○**幹事**（**佐藤刑事局長**）　この要綱には簡単に書かれてありますが、この趣旨に基きまして事務当局で目下刑法の条文を立案致してをりますが、大体前に発表されました刑法改正の仮案の規定を尊重して立案致してをります

○**議長**（**金森副会長**）　他に御発言もございませんが、御発言がなければこれに可否の決を採りたいと存じます、先に修正されました第二の点を修正されたものと解しまして全体について御異議ございませんか

〔「異議なし」と呼ぶ者あり〕

○**議長（金森副会長）**　御異議ないと認めましてこれは可決されました。――刑事訴訟法改正要綱を幹事から朗読して戴きます

〔刑事訴訟法改正要綱案朗読〕

○**議長（金森副会長）**　只今朗読を終りました刑事訴訟法改正要綱案につきまして一括して審議に付します

○**三十五番（松尾委員）**　第二十の二について「検事のなした勾留の期間は一箇月とし」とかうあるのですが、これは私は他の条項との関係を今こゝに持つてをらぬですが、一箇月なさなければならぬといふふうに考へられますが、これはどういふ意味でございませうか、以内としたらいゝと思ひます、どうもこれだけだとこゝに人権蹂躙の事実が起りはしないかと思ひます、これはどうでせうか

○**幹事（佐藤刑事局長）**　これは御趣旨のやうに一箇月以内といふ趣旨であります

○**三十五番（松尾委員）**　これは以内とならなければならぬ、「一箇月とし」とあるから一箇月間任意に出来ることになる。それなら以内でなければならない、検事はかういふ場合において公正であるといふことは分るけれども、しかしながらその人の考へによつては一箇月まではなし得る、更に更新が出来るといふことはこの間において事実とは非常に違つたことが行はれると思ふ、だから今お答へのやうな以内といふ意味ならば以内の文字を法律の上においてはつきりした方が人権保護の意味において大切なことであると思ひます

○**幹事（佐藤刑事局長）**　こゝに書きました「一箇月とし」といふ趣旨は全く御意見の通りであります、たゞ法律用語と致しまして、現行刑事訴訟法の第百十三条に「勾留ノ期間ハ二箇月トス特ニ継続ノ必要アル場合ニ於テハ決定ヲ以テ一月毎ニ之ヲ更新スルコトヲ得」、かういふふうな命令がありますので、「一箇月とし」といふ言葉を使つたのでありまして、必要に応じて十日、二十日でそれを釈放しなければならぬといふことは当然のことを考へてをるのであります

○**二十七番（牧野委員）**　今の松尾委員からのお話に直接に関連することでありますが、検事の強制処分であります、憲法には司法官憲といふ文字が用ひてあります、先程五十四条、五十五条に関連して政府がこの前の第三部会で申上げたと同じ趣旨をこの点につきましては申上げて置きましたが、司法官憲といふ言葉は余程微妙な言葉であります、この解釈如何によつて刑事訴訟法の立案にも余程関係があることでありますから、成立致しました憲法のその解釈を一先づお決めを願ひたいといふことを申しました次第でございます、それを本会議及び委員会において司法大臣に再三お伺ひ致しましたが、憲法における司法官憲といふことは裁判

官といふ言葉とは違ふ、それは検事、司法警察官を含むことは明瞭である、かういふふうなお話でありまして、一応司法大臣の説明は伺ひましたけれども、私自身としては甚だ懸念に堪へませんので、もしさういふお心持であるならば実体的には私はお問ひ申上げ兼ねますからこれを一つ修正して戴くわけにはいけませんか、この点についても牧野は修正意見を提出したのであります、しかしながら修正の必要がないといふことであり、例によつて牧野の修正は如何にも細かいといふところから、これも遂に委員諸君の賛同を十分に得るまでに至らなかつたのでありますが、今日改めて当局の心持を伺ひたい、前の一事不再理の方はだん〳〵私若干の文献を比較して見、外国の立法例を考へ合せて或る程度の解釈論を構成してをります、この司法官憲といふのは私今以て疑ひを存じてをりますが、この要綱の立案の通りで当局は十分責任をお持ちになられる御覚悟でおいでになるか、洵に失礼ながらそれを伺つて置きたい

○**幹事**（**佐藤刑事局長**）　司法官憲といふ用語につきましては御意見のあることは十分了承致してをるのでありますが、立案に当られた方の気持では裁判官或は裁判所といふ用語が憲法で他のところに見えてをるのに、特にこの場合だけ司法官憲といふ用語を使はれたのはそれは裁判所または裁判官に限る趣旨ではない、捜査官憲を含む趣旨であるといふふうに聞いてをりますし、また私共一般に憲法の成立しましたこの用語の精神と致しましては、やはり司法官憲が裁判所または裁判官以外に検事または司法警察官を含む広い意味に解釈致してをるのであります、しかしながら左様な広い解釈を致しまして、そのまゝ刑事訴訟法の場合には捜査官憲の令状発布について相当考へなければならん問題がありますので、刑事訴訟法の立案に当りましては十分審議して、憲法の精神に合ふやうに出来るだけの制限を用ひまして、最小限度の強制捜査権を行使し得るやうに立案致したいと苦心致してをるのであります

○**二十七番**（**牧野委員**）　お心持の程はよく了解致しました、さう致しますと予審の廃止といふこととそこに問題が縺れ合つて参るやうに心得ますが、これは単純に予審を廃止するとありますが、それについては既に御成案がおありになることと思ひますが、それも序でに伺つて置くことが出来れば有難いと思ひます

○**幹事**（**佐藤刑事局長**）　捜査官憲が直接強制権を行使することが出来るやうにしようといふ要綱が生まれましたその理由は、御承知のやうに犯罪捜査について一々裁判官に許しを求めるのではその煩に堪へないであらうし、また実際上犯罪捜査に非常に困難を来して、延いては治安の維持に影響を来すだらうといふところから、或る程度の強制捜査権を捜査官憲に与へなければ治安維持上困るであらう殊に従来捜査官憲に強制権を法律上認めてをらな

かつたために、例へば行政執行法の濫用といふやうなこともあつたのでありますし、さういふやうな法律の濫用といふやうなことなくして、明朗に犯罪捜査をなすことが出来るやうにしたい、また他面において予審制度は現在捜査官憲に強制権がないため、その補ひの仕事をしてをるのがこの部分の予審の仕事になつてをるのでありますが、この予審制度を廃止すればどうしても捜査官憲に強制権の行使を認めなければならぬ、かういふ必要から要綱案が生れたのでありますが、この要綱の趣旨に則りまして今日まで事務当局においては予審制度廃止の要綱を立案してをるのであります

○二十七番（**牧野委員**）　前には司法官憲といふ言葉についての御解釈は当局としては広い意味に確定しておいでになるのであるが、しかしながら刑事訴訟法の改正案の立案に当つては尚ほ人権保障の点を考慮して置く、かういふことでおありになり、また後のお答へでは予審はやはりこのまゝ廃止するのである、かうお話になりますので、厳格に申しますとそこにこの要綱としては論理の甚だ明白でない或るものが残ると私には思はれるのであります、しかしながらこゝでもう一辺憲法の解釈のことを蒸返すといふことも穏やかでございません、尚ほこれは御承知の通り弁護士の団体の方面からは検事、司法警察官に強制権を持たせるといふことはよろしくないといふことを書いた書面が廻つてをります、しかしまた第三部会の席上では弁護士の方の一部から治安の維持上捜査官に強制を持たせるのは或る程度まで然るべきところであらうといふことがあつて、ちよつと実体的にもこの点が議論が分れてをるわけであります、私個人としては先づこの要綱の趣旨に賛成を致しますが、しかし違法の解釈といふことになりますとそれをやはり条件として申上げてをるといふことだけは一つ御承知置き願ひたいと思ひます

○三十五番（**松尾委員**）　この一箇月といふことについて今幹事よりの御説明によりますと、やはり私の考へるやうに一箇月としないで、或は十日でも十五日でも最小にする趣旨である、しかし他の訴訟法の用語に準じてこれを書いたのである、かういふお話でありますが、今日の新憲法の上で人権尊重といふことが特に認められてをり、また民主政治においては法律を尊重するといふことは私が改めて申すまでもないことである、その意味は同じことであるといふことのために、他の条文を引用して「以内」といふことを入れないといふことは、これは必ずこの問題において人権を蹂躙する事実が起るといふことを私は確信するものであります、またこれほど問題にして法律で決めるといふならば、「以内」といふ文字を入れることがむしろはつきりして、而して当局の意向もその方がはつきりするか、かういふやうに答へられて、当然になつてをるのであります、故に私はこの「一箇月」といふ下に「以

内」といふ文字を挿入致すことの修正案を提出致します、それで「一箇月以内とし」、特にかうなれば、この継続の方にもまた更に検事が考へる余地が出来る、それを「一箇月とし」とある以上は法律で一箇月とあるから一箇月といふのは自己の権限であるといふふうに考へるのが普通でありますから、それで「一箇月」といふ下に「以内」といふ二字を加へるといふ修正意見を提出致します

〔「賛成」と呼ぶ者あり〕

○**議長（金森副会長）**　松尾委員の修正意見に御賛成がありましたが、何かそれについて御意見でもありますか、松尾委員の御意見は今の第二十の二のところに「一箇月」といふ言葉の下に「以内」といふ二字を二箇所加へる、かういふ御修正であります、それで御議論がなければ決を採ります

○**五十二番（庄野委員）**　第三の二のところをちよつとお尋ねしたい、「官選弁護人の中より、これを選任する」、これはたゞその次に「前項の規定によることが困難な場合の限り司法官試補、弁護士試補及び裁判所書記の中からも弁護人を選任することができる」といふ規定がありますが、この規定は憲法三十七条の第三項に反する虞はないでせうか、三十七条の三項には「刑事被告人は、いかなる場合にも、資格を有する弁護人を依頼することができる、被告人が自らこれを依頼することができないときは、国でこれを附する。」その場合に資格ある弁護人といふことにならうと考へますが、この資格ある弁護人の中に刑事訴訟法のこの規定を入れゝば司法官試補も、弁護士試補も、裁判所書記も資格ある弁護人といふことになるのでせうか、それを伺ひたい

○**幹事（佐藤刑事局長）**　改正憲法第三十七条の第三項に「刑事被告人は、いかなる場合にも、資格を有する弁護人を依頼することができる」とい〔ふ〕規定がございますが、こゝの資格を有する弁護人といふのは、つまり資格ある弁護士に限られることと思ふのでありますが、憲法で特にかやうな規定を設けられましたのは、この規定が公判に関する規定でありまして、いはゆる刑事被告人の弁護のための弁護人を制限されてをるのでございます、この要綱の第三の二に掲げました弁護人は、場合によつては司法官試補、弁護士試補、裁判所書記からも選ぶことが出来るといふふうに致しましたのは、これは提訴される前の被疑者の便宜のために、極く辺鄙なところで資格ある弁護人を依頼することが出来ないやうな土地柄も考へられますので、さういふやうな事情の場合には資格のない、つまり弁護士としては資格のない司法官試補、弁護士試補、裁判所書記からも被疑者の便宜のためにこれを官選を許した方が被疑者の利益になるといふ憲法の人権擁護の精神に則つて、この要綱にはそこまで拡張しようといふ趣旨で考へ出されたことでありまして、被疑者の官選弁護人については、憲法に

被告人の弁護人の制限があつてもそれに抵触しないものと解釈致します

○**議長（金森副会長）** 先程の松尾委員からの第二十の二の「一箇月」といふ下に「以内」といふ字を二箇所加へるといふ意味の修正案に牧野委員からの賛成があつたと思ひますが、これについて決を採りたいと思ひます、修正案について御賛成の方は御起立を願ひます

〔賛成者起立〕

○**議長（金森副会長）** 二十四名御出席のところに十人でありますから少数であります、それでは少数で成立致しませんでしたが、趣旨としては立派に入つてをるものと心得て会議を進めます

○**十八番（原委員）** 失礼ですが、第八の「本人勾引及び勾留」といふところ、八の二のところですが、「再び罪を犯す虞があるとき。」かういふ規定がありますが、この場合に被告人を勾引し又は勾留することができるといふわけでありますが、この「虞がある」といふのはどういふことを意味するのでありますか

○**幹事（佐藤刑事局長）** 被告人を勾引又は勾留致しまして、その際に勾引又は勾留する場合に、それをしなければ又直ぐ犯罪を犯す虞がある場合を考へてをるのであります、例へば常習的にやつてをる窃盗のやうな犯人の場合に一番必要を感ずるのでありますが、引張らなければ、直ぐ又何処かで犯罪を繰返す虞のある場合が相当多数あるのであります、左様な場合には、仮令三年以上といふやうな重大な犯罪でなくても、例へば窃盗のやうなものならば、それを放せば又やる虞がある理由がある場合には、勾引勾留ができるやうに致したいといふ趣旨であります

○**十八番（原委員）** それでは刑期を務めて外へ出す場合ですか、一般に何処でも歩いてゐても、これはよく罪を犯したことがあるから又やりはしないかといふことの虞があるといふ意味で、直ぐ引張つてくることができるのですか

○**幹事（佐藤刑事局長）** 単に前に犯罪を犯した者であるといふ顔の見知り合ひだけでは、勿論勾引勾留の原因にはなりませんので、例へば万引を常習にしてをるやうな犯人を見付た、家宅を捜索すると贓品が沢山あるといふやうな場合、現行犯ではないが、それをその侭にしてをつては又やるであらうといふやうなことを窺ふに足る十分な理由がある場合に、その侭勾引の理由として令状を出さう、かういふ意味であります

○**十八番（原委員）** その場合と、この憲法の元の三十条、改正の三十三条ですか「何人も、現行犯として逮捕される場合を除いては、権限を有する司法官憲が発し、且つ理由となつてゐる犯罪を明示する令状によらなければ逮捕されない」かういふ憲法の規定の趣旨は、令状のこともあるのだが、理由となつてをる犯罪を明示しなければならぬ、かういふことに抵触しはしないでせうか、

犯罪があるだらうといふことでやるのは、その基本的自由などと牽連性を持つ問題だと思ふ、罰する方法として前以てかういふことをやつてをるといふことは、憲法の趣意はどうでせうか、これは起訴された後の関係ですか、どういふ場合ですか、「再び罪を犯す虞がある」といふのをもう少し明かにして戴きたい
○幹事（佐藤刑事局長）　勾引勾留の理由として、現行法では御承知のやうに住居不定、証拠煙〔湮〕滅等の事由を理由としてありまするが、先程申上げたやうな例で、一般に邸宅を構へてをるから住居不定とも言へない、又逃亡の虞もない、しかしながら常習的に異動して生活してをるといふやうな者は、これはその理由だけで勾引勾留ができるやうにしたい、かういふ意味であります
○十八番（原委員）　被告人になつてをる、なつてゐないにはかかはらないのですか
○幹事（佐藤刑事局長）　被告人の場合です
○十八番（原委員）　取調べを受けてをる……
○幹事（佐藤刑事局長）　勾留されてゐない被告人、新たに勾留しようとするものです
○十八番（原委員）　勾留せられない――罪は犯してをるが、勾留せられないといふのですか
○幹事（佐藤刑事局長）　さうです
○十八番（原委員）　ですけれども、あとの罪の方は一向まだ分らぬわけですね
○幹事（佐藤刑事局長）　その侭にして置けば又やるであらうといふときには、その後の犯罪を除く方にもなりますし……
○十八番（原委員）　その勾引又は勾留といふのは、つまり後に来るべき罪の為に勾留するわけですね
○幹事（佐藤刑事局長）　犯罪を犯さないやうにといふ予防の意味もありますし、その繋属してをる犯罪の裁判の進行の上にも役立つことであらうと思ひます
○十八番（原委員）　要綱に書いてあるので、あなたの仰しやつたやうなことが分りますか、刑訴第八十七条を参照してあつて、現在の程度においては、逃亡の虞ある者とか、いろんな場合において勾引もできれば勾留もできるといふ規定です、さうすると此処へ来ては、まだ勾留或は勾引せられた者でなしに被告人になつてをつて、さうしてこの勾引勾留を新たにしようといふその対象になるもの、未来において罪を犯さんとする虞があるときに新たに勾引勾留ができるか、かういふ意味の書き方に取れる、この憲法の条章によると勾引すべき若しくは勾留せらるべき者が犯罪を犯したこと、それを令状に明記しなければならぬ、かうあるわけです、さうすると、これはやはり憲法の趣意から言うてみると、ちよつと違ふやうに思ふ
○幹事（佐藤刑事局長）　その令状に明示する犯罪は問題になつ

てをる起訴されてをる窃盗罪といふことになるのであります、その被告人を勾留するについては、なぜ勾留しなければならぬかといふ理由が、現行法では逃亡の虞、証拠堙滅等といふことに限られてをりますけれども、この外に尚ほこの理由の場合にも勾留ができ或は勾引ができるといふその勾引勾留の理由に致したいのであります

○**十八番**（**原委員**）　憲法はさういふ趣意ぢやない

○**幹事**（**佐藤刑事局長**）　憲法の令状に掲げる理由といふのは、如何なる犯罪によつて令状を出すのであるかといふ理由であらうかと思つてをります

○**十八番**（**原委員**）　勾留の理由を明記しなければいかぬわけです、さうすると、その人間がまだ未来に罪を犯すであらうと予想して起訴せられた者を更に勾留するといふ勾留といふのは、又別な観点から見なければいかぬ問題であらうと思ふのです、重大な人権に関する問題ですから……

○**四十九番**（**村岡委員**）　質問ではございませんけれども、茲に「再び罪を犯す虞がある」といふところに括弧して（刑訴第八七条参照）と書いてありますけれども、私共それを知りませんから、その文章を読んで戴きたいと思ひます、さうしたらはつきり分ると思ひます

○**幹事**（**佐藤刑事局長**）　刑事訴訟法第八十七条には「左ノ場合ニ於テハ直テニ被告人ヲ勾引スルコトヲ得　一、被告人定リタル住居ヲ有セサルトキ　二、被告人罪証ヲ堙滅スル虞アルトキ　三、被告人逃亡シタルトキ又ハ逃亡スル虞アルトキ」かういうふ風になつてをりまして、この条文が勾留の場合にも引用されてをります、勾引勾留については現在は今申上げました住居不定、証拠堙滅、逃亡の虞、この三つに限られてをりますが、尚ほその外にこの要綱の如く附加へて戴きたい、かういふ趣旨であります

○**四十九番**（**村岡委員**）　分りました

○**五十五番**（**森委員**）　先程問題になりましたやうですが、三十三条の司法官憲といふ言葉でありますが、これは国民の常識としても、何だか少し暗いやうな感じがするのでありますが、弁護士会の当事者が、幾度もこの点を司令部の方へ行つて聴いたのでありますが、さうしますと、司法官憲といふ意味は判事のみを含むといふ答へがあつたといふ風に私は聴いてをるのでありますが、現に五十二番の質問を聴いてをりますと、弁護士会長がその衝に当つてをられるのでありますが、これは司法事務当局の方でもその辺は調査せられたのでありませうか、判事のみを含むといふことであれば至つて明るい明朗な気持にもなるのですが、兎角この司法官憲といふ文字は今まであまりいゝ感じを国民に与へてゐないのです

○**十八番**（**原委員**）　私はこの八の二を抹殺するといふ修正説を

提出致しますが、その理由は、只今質問を致してみると、結局人権尊重の上から、憲法でこれを見、又現行刑事訴訟法でも、どうも住所不定な者とか、被告人が罪証を湮滅する虞あるときとか、被告人が逃亡の虞あるとき、かういふときを勾引並びに勾留の原因にするといふことは、実を言ふと新憲法の趣意には反するものであると思ふくらゐなんです、私は玆にまだ罪を犯すか犯さないか分らないといふやうな場合に、これは常習犯で犯すであらうといふので、そこまでして重大な人権を勾引勾留によつて抑制制限するといふやうなことは……

○議長（金森副会長）　修正の御意見でございませうか、若し賛成の方がありましたら決を採ります、御賛成の方がありますか――御賛成の方がないやうですから……私伺つてをりますと、原さんは意味を別な意味にお取りになつておるのではないか、さつきからの司法省の方との間の話の受渡しを承つてをりますと、原さんは、この条項のみによつて被告人を勾引するといふ風にお取りになつてをるやうです、司法省の方の意見は、本来これは被告人であるが故に、一般の原則或は常識から言へば勾引してもよいものである、しかし今日さういふ者は必ずしも勾引しないが、放つて置けば、恐らく一般の犯罪の形から言つて今夜も又出掛けるであらうといふやうな懸念のある者は、簡便法で、過去の既に起訴されてをる犯罪について、而も将来繰返すであらうといふことを予見して勾引する、かういふ意味らしいですね、その所少し話が違つてをるではないかと思ひます

○十八番（原委員）　そこでさういう罪を犯す虞があるときに勾引勾留するといふことなど謳ふ必要はない、一方において、さういふお考へならば勾引勾留もできるのです、未来を考へてかういふことを規定すること自体がいかぬぢやないか、かういふことです

○議長（金森副会長）　できないではないですが、今の形では、これだけの条件が加はらなければ、仮令過去の犯罪があつても勾引ができない、それで勾引し得る状況にしようといふのがこの改正の目的なのですから、そこをお考へになつて、尚ほ修正案を御主張になるならば……

○十八番（原委員）　それは私も考へてをるのです

○議長（金森副会長）　御賛成の方がないやうですから、暫く我慢をしてお願ひすることに致します、そこでどうでせうか、もう大分御議論も進みまして、大体全体の可否を決してもよいやうに思ひますが――御発言がなければ、刑事訴訟法改正要綱案について可否を決します、御異議はございませんか

〔「異議なし」と呼ぶ者あり〕

○議長（金森副会長）　御異議ないと認めまして可決致します

○十八番（原委員）　ちよつと待つて下さい、進行方についてお

急ぎになる事情があるならおやりになつてもよろしいのですが……

○**議長（金森副会長）** 伺ひませう

○**十八番（原委員）** これは後の案の基本〔的〕人権に関する件と牽連してをる関係があるので、それと牽連した問題を……

○**議長（金森副会長）** それではそこへ行つて御議論を伺ひまして、尚ほ反省する必要があればそこで――私は決を採つた積りでをりますけれども、又後へ戻さなければならぬやうな事情が起れば、そのときに考へるとして……

○**十八番（原委員）** 一緒ではいかぬでせうか

○**議長（金森副会長）** 牽連した問題ですから――それでは先の方を議題に致しませう、今の所は一応議決したと思ひましたけれども、しかし将来の変化によりまして、又何か御相談することもあらうかと思ひます、刑事補償法の一部を改正する法律案の要綱と、基本的人権保護法案要綱案を幹事において御朗読を願ひます

〔刑事補償法の一部を改正する法律案要綱案、基本的人権保護法律案要綱朗読〕

○**議長（金森副会長）** それではちよつと一つ御相談を申上げますが、実は今日第三部長から御報告になりました案の全部をこの本会において御審議を願ひたいと考へてをりまして、成べくこの方法を以て進めましたけれども、今茲に議題に上つてをりまするものの外に民法中改正法案要綱がありまして、多少時間の関係から申しまして、いろ〳〵お帰りをお急ぎになる方もありまする為に、民法中改正法案要綱を、今日議案を進行させまするることは、皆様の中御都合が悪い方が相当あるではないかと想像致します、そこで若し皆様方の御同意を得まするならば、民法の改正の方は明日午前十時からこの場所において更に続けたいか、かやうにも考へまする、或は今日どうしてもこれを片付けてしまつた方がい丶といふ御希望が大多数でありまするならば、その方で行きたい、かう考へてをります、如何でございませうか

○**四十六番（山田（三）委員）** もう暫くですから、これを今日お片付けになる方がい丶と思ひます

○**議長（金森副会長）** 予見が付きませんけれども、民法の方は相当何か御意見がおありになるのではないかとも思ひますが……

○**十八番（原委員）** 民法は最も重大な問題でありますし、私共大分意見もありますから、一つ明日に延して戴きたい

○**三十五番（松尾委員）** 私共も延して貰ひたい

○**五十二番（庄野委員）** 御進行願ひたい

○**議長（金森副会長）** この内容について議論その他此処にどうしてもおいで下さらぬと工合が悪いといふ方の御都合は如何でせうか

○**二十七番（牧野委員）** 私は実は修正案を出して通告をしてを

りますのですが、皆さんの御都合で明日午前でも結構です、皆さんの御都合に委せます

○二十五番（我妻委員）　大分御議論があるやうですから、明日ゆつくりおやりになつたら如何ですか

○議長（金森副会長）　最後に延しましたが、どうも相済みませんけれども、明朝もう一辺続けて戴きますかね、さうでないと本当の審議ができませんし、これは相当議論を交さなければ結論に到達しないと思ひます、それでは洵に勝手ではありますけれども、明朝午前十時から総会を続けて戴きたいと思ひます

○五十一番（河崎委員）　明日に延しますことにつきましては、私は残念でありますけれども、しかし皆さんさうならば賛成致します、条件附きに致したいと思ひます、と申しますのは、何時でも会議に出て様子を伺つてをりますと、民法のことにつきまして議論のありますところは、それでは家族制度がどうなるではないか、その問題ばかりでございます、それならば丁度幸ひ此処へ今度は民法改正要綱と家族制度との関係のことをよく分るやうに書いてありますから、明日はこれをお読みになつたら議論の余地はないと思ひます、本当にあるわけはないと思ひます、どうして男の方はお分りにならないかと思つてをります、ですから明日若しもお延しになるならば、十時からゆつくりと又どつちでもい丶やうなことを愚図々々とやられることは残念でございます、これをお読みになると分ります、今日でもい丶と思ひますけれども、お延しになるならば、是非これをお読みになつて、明日はさつとして戴きたいと思ひます、それをお読み下さることを条件に賛成します

○議長（金森副会長）　兎に角明日午前十時から開くことに扛げて御承諾を願ひたいと思ひます、それでは左様にお決めを願ひましたから、今朗読を致しました案について御審議を願ひたいと思ひます

○十八番（原委員）　この基本的人権保護法律案要綱の内容を見ますと、これは刑事訴訟法の中に当然入る問題ではないかと思ひます、特別にかういふ法案を審議するに及ばぬと思ふ、私はこれは無用論を提出したいのであります、但し刑事訴訟法中に大分散見してをる箇条もあるであります、足らないところは刑事訴訟法中これを相当に考へて、この要綱中から撤回を願ひたいといふ修正になりませうか、さういふ提案を致します、よくヨーロッパ辺りで大革命のあつた時などには、始終民衆が虐げられたので、憲法改正前に基本的人権の擁護とか宣言とかいふやうなものを発せられた例はあると存じてをりまするが、我が国においてこの度びの憲法改正によつて、特別にこれだけの事柄を規定してこれを高等裁判所にまで持つて行つてお調べを受けるといふやうなことは、無用なことではあるまいかと思ひます、これを以て私の動議の理

由と致します

○二十七番（牧野委員） この基本的人権の案について原委員の提案に賛成するかどうかを決める為に、一つ当局に伺ひを立てたいと思いますするのは、参考に憲法の条文がこゝに書いてあります、憲法には「抑留又は拘禁」といふ文字が書いてありまして、それについてこれはどういふ意味でございまするか、かう司法大臣にはつきりと伺ひを立てて置きました、これは勾引及び勾留の刑事訴訟法の言葉である、かうはつきり司法大臣がお答へになつて、それならばなぜ勾引勾留とお書きにならぬのですが〔か〕、かう言つて私が修正意見を出しましたところが、事柄は分つてをる、かういふ返事でありました、これは当局のお積りでは、この憲法の条文は勾引勾留だけに限るといふお積りでおありになるのか、或は又この第三部会で屢〻御議論になつたやうなもつと広い意味であるといふ御解釈になつてをるのか、憲法がはつきりと成立した今日、一つこの点について当局の御心持を伺つて置きたい

○幹事（佐藤刑事局長） 改正憲法の第三十四条には「抑留又は拘禁」といふ文字を使つてをりますが、この条文と他の条文との牽連を考へまするど、これは刑事手続における抑留又は拘禁を指してをるやうに解釈されまするので、刑事手続においては、抑留又は拘禁に相当する観念として勾引勾留といふ用語を用ひてをるのでありまするが、この改正憲法第三十四条の趣旨に則りまして、只今お示し致しました要綱の第十四が刑事手続における勾留の被告人に対する人身保護の補償として規定を設けたいといふのでこの要綱ができ上つたのであります、たゞ憲法第三十四条の解釈と致しまして、刑事訴訟法の用語の勾引勾留といふ言葉と違ふ言葉を用ひられてあります為に、刑事訴訟手続において用ひられた勾引勾留の観念だけに限るといふ風に限定するのも、解釈としてはむづかしいことではないかといふ風にも一応考へられるのであります、憲法の解釈せられました今日におきまして、第三十四条の解釈と致しましては、私共は一応抑留拘禁といふのは刑事手続における勾引又は勾留を指すものである、かやうに解釈は致してをりまするけれども、この憲法の精神に副うて、刑事手続以外において、若し抑留拘禁をなすことができる場合を将来法律上認められるやうな場合があれば、その際にやはり補償規定を濫用しないやうに、それに対する補償規定をなさなければならないではないかといふ風に考へてをつたのでありまするが、この人身保護に関する法律案要綱案といふものが、こゝに示されてをりますやうに部会において御決議になつてをりますので、この部会を通過した要綱案の趣旨に副うて、刑事訴訟法以外に何等か別個の法律を以て広く抑留拘禁に対する補償制度を考へなければならぬのではないかといふ考への下に目下立案を致してをるのであります

○二十七番（牧野委員） この点も私は憲法の会議のときに特に

司法大臣にお断りをして置いたのであります、若しこの抑留及び拘禁といふ言葉が刑事訴訟法の勾引勾留と同じ意味であるならば、人身保護法といふやうなことは、差当り少くとも憲法に関連しては問題にする必要はない、しかしながら若しこの抑留拘禁といふ言葉が更に広い意味であるならば、この問題を考慮しなければならぬことになります、刑事訴訟法には年来既に久しく勾引勾留といふ言葉があるに拘らず憲法にはかういふ言葉がある、しかしながら一体この憲法の文言といふものは、民法刑法の一般の用例には従つてをらぬ独特の用例が沢山でありますので、例へば国会の議員を逮捕するといふやうな場合でも、これは現行憲法でも同じでありますが、普通の刑事訴訟法の逮捕といふ言葉では律し難い憲法特有の言葉であります、又一事不再議の原則における同一の犯罪といふ言葉でも、刑法、刑事訴訟法で使つてをる犯罪とは違つた意味に解釈しなければならぬので、どうもその点が甚だ曖昧である、どうか修正をして御決定を願へませんか、かういふことを修正意見として出しましたけれども、例によつて細かい意見は議会では困るといふわけであつたのであります、しかしながら今刑事局長の仰しやるやうに、新憲法三十四条の抑留及び拘禁といふ文字が、刑事訴訟の勾引勾留に当るといふことになりますれば、この人身保護法の問題は、このお急ぎの折柄、先程も戸籍法のことは議題から削ると仰しやいましたが、あれと同じやうなわけで、暫らくここから別になさつて、十分の一つ御考へになることが寧ろ望ましいと言つてもいゝのではございますまいか、何分にも英米特有の手続で、これは改革としては容易ならぬことであります、もつとこれは御調査を願はなければならぬことがありはしないかと思ひます、人身保護法の必要なることは言ふまでもないことでありますけれども、憲法の解釈についての当局の御意見次第では、私は或る意味において原君の提案に賛成したいと思ひます、これはこの会議では差当り決議を採る必要がない、かういふ意味において賛成したいと思ひますが、当局ではどんなお心持でおいでになりませう

○**幹事（佐藤刑事局長）**　只今申上げましたやうに、憲法の解釈と致しましては、仮令勾引勾留といふ用語と違ふ用語を用ひてをりまするけれども、この条文の規定の関係から、刑事手続における勾留を指してをるものではないかといふ風に解釈致してをるのであります、随てその解釈の下に刑事手続において必要な範囲においてこの要綱案の人身保護の補償規定を設けるといふ要綱ができ上つたのであります、憲法の改正に即して直ちに改正しなければならぬ法律としては、一応刑事訴訟法の改正で足りるのではないかといふ風に考へてをつたのでありまするが、部会の途中においてお示しの基本的人権保護法律案要綱案その侭の提案がございまして、さうして部会も多数決で通過致したのでありますから、

今日においてはこの部会の意思を尊重して何等かの立案をしなければならぬのではないかといふ風に考へてをるのであります、部会の決定と又更に本調査会の総会においても、皆様の御意思に従ひまして当局と致しましては如何様にも御趣旨に副ふやうな立案を致したい、かやうに考へてをります

○二十七番（牧野委員）　これはやはりこの憲法の解釈を条件として私共第三部会においては議論をしたのであります、憲法の解釈が到頭途中において纏まりませんでこの侭で来てをつて、しかし司法大臣の議会における答弁も今刑事局長のお話も一致してをるのであります、さうすれば私はこの案は我々の今憲法に直接関係をしてをる法律案を考へるといふ仕事の中からは暫らく遠慮して貰つていゝのではないかといふやうな気が致します、さういふ意味で案の実体を否決するといふ積りはございませんが、此処ではこれは議しないといふ形になりませうか、先ほど戸籍法の方はどういふ形で削除になりましたか、あれと同じやうなわけで、この議題からは一時削除して戴いて、さうして尚ほ実体的にも、もう少し研究をして見る必要があることではございますまいか、その意味において私は原委員の御提案に引込めるといふ意味において賛成したい

○十八番（原委員）　結構です

○二十七番（牧野委員）　手続はどういふことになりませう、この案の決議は見合せる……

○七番（梶田委員）　この基本的人権保護法律については、お話がありましたやうに、第三部会の総会において多数決を以て決まつたことでありまして、この法案が憲法を施行する上において、その手当として欠くべからざるものであるといふことは認められてをるのでありまして、牧野委員も先達の中間報告のあつた際には、この法案については賛成だ、かういふものが必要だといふ御意見であつたやうに記憶致してをりまするが、この憲法を通じて見まして、この三十四条の「抑留又は拘禁」といふ言葉は相当広い言葉であるといふことは、この人権の保護のことについて沢山規定をしてをるのでありますが、差当りそれに関係して規定してをるのは、この案のお終ひに列記してあるやうな条文のところに皆出てをるのでありまして、この人権保護の中で最も大事に考へられてをるのが身体の自由なんであります、基本的人権保護法と申しまして、憲法の十一条以下四十条まで約三十四条に亙つてこの基本的人権が掲げてありまするが、無論この全体ではないのであつて、名前はちよつとこれは実際に即しないかも知れませんが、この法案の基本的人権と申しますのは、この全体を言ふのではない、無論身体の自由のことを言ふのでありまして、この身体の自由といふことを非常に人権法では重んじて、此処に書いてありますやうな各条文に身体の自由の保護といふことを非常に強調して

をるのであります、そこでこの人権法といふものは、やはり英米と申しますか、主としてアメリカの方の憲法の趣旨などが多分に入つて来てをるのでありまして、アメリカの憲法におきましても、御存じのやうに、所謂「リツト・オブ・ヘビヤス・コーパス」として規定致されてをるのであります、この趣旨がやはりこの新憲法にも来てをるものと当然解釈してい丶のぢやないかといふことで、先程刑事局長からも御答弁になつたやうですが、必ずしも三十四条の拘留拘禁といふのを刑事訴訟法の勾引勾留に限らなければならぬことはない、憲法全体の趣旨から言へば、もつと広い身体の自由といふことを保護する上において、苟くも身体の自由を不法に拘束せられた場合は総て含まれるといふ意味において憲法は解釈しなければならないぢやないかといふ考へで、無論この提案者側の委員はさういふ意見で提案したのでありまして、この刑事訴訟法の勾引勾留以外において国民の身体の自由といふものが不法に侵されるといふことは、他にも沢山あるのであります、例へば行政執行法に依る所謂行政検束といふやうなもの、これらのものは何時も人権蹂躙の問題として種を蒔くのでありますが、かういふやうなものも当然含まなければ、これは身体の自由を保護するといふことはできませず、その外勾引勾留といふやうな官憲の力によらない個人が不法に人の身体を監禁する、不法侵害するといふこともあるのであります、又団体の力で不法の拘留拘禁するといふ場合も相当あるのであります、一つの例を申しますれば、精神病者でもないものを精神病者扱ひにして監禁して見たり、或はこの頃行はれてをりますやうに、金を取る手段の為に身代の担保として子供を拘禁するやうなことも行はれてをりますし、その他炭坑などにおいて所謂監獄部屋といふやうなことで、不当に身体の自由を束縛するといふこともありますし、それから又将来この議院内閣制度などになりまして、政党政治がだん〳〵発達して来ますと、随て政争も激甚になつて来る、さういふやうな場合に反対党の幹部とか或は首領などを、時の政府が何かの力で軟禁と申しますか、兎に角正当な方法でなくして直接間接に自由を奪ふといふこともありませうし、或は労働組合などが認められて労働運動が盛んになつて来ますると、労資の関係が難しくなつて、反対側の者を団体の力で不法に奪ふというやうなことも出て来はしないか、この新憲法施行に当つてさういふやうなことを考へて見ますと、いろ〳〵身体といふものが侵される場合が相当出て来るぢやないかといふことが想像せられるのであります、そこを見てこの民主主義の憲法の下においては、どうしてもこの身体の自由の保護といふことは、基本的人権保護の中で最も重要な中心を成してをるものである、どうしてもこれを保護するには、刑事訴訟手続による不法な拘禁拘留を保護する手当だけでは足らない、これ以上に保護しなければならぬ部面が相当出て来るといふことは、どうしてもこれは認めなければならぬことになりはしないか、無論刑事訴訟法の要綱の第十四による人身の保護といふものは、或る程度において無論保護せられてをりますが、それだけでは足らない部面があり範囲があるといふことから、一般的に広くこの人身の保護即ち身体の自由の保護を完全にしようといふことで、第三部会の総会で或る委員の方面から提案があつて、これが成立してをるわけでありますから、さういふやうな点を一つお考へ下さいまして、この案を憲法附属法としては切離して置くといふやうなことは、憲法の全体の趣旨精神の上から言つて如何なものでありませうか、どうしてもこれは憲法の附属法としてこの基本的人権保護法といふやうな言葉は少し悪いかも知れません、言葉は兎に角として、身体の自由を保護する趣旨においてかういふ法律を作ることが、憲法の趣旨に副ふ上において、私共は絶対に必要なことであると考へてをるのであります、提案者側の委員諸君の意見はさういふ所から出発してをるわけでありますから、これだけのことを申上げます

○四十八番（佐藤（祥）委員） この前の総会の時私はやはりこの案につきまして一応これは白紙に還して改めて立案して検討しようといふことを申上げた積りでございます、その後白紙に還つたか、或はその後新たに立案されたか一向分らないで、元の通りの法律要綱案といふものが出て来たのであります、私は若しこれが要綱案として、これを土台にして何等かの法律を作るといふことになりますれば、私は遺憾ながらこの要綱案そのものについては反対なのであります、一体この要綱案ができました経過は、これは三部会の委員の一人と致しまして、茲に責任上からも一応明かにして置きたいと思ふのは、この要綱案は他の要綱案と違ひまして、小委員会には一度も掛らなかつた、三部会の第二回目の総会かの時に、而も大分各種の法案について議論がありまして、それらが追々決議され、最後に皆いい加減くたびれてをる時分に、退席者も大分あつたやうな時に、突然小委員会も何も経ずに、この案の侭が上程されて、案の内容については慎重審議しないで、要するにかういつたやうな法律案を作る必要があるのではないか、又さういふ意味合ひのものならば一応考へて見ようといつたやうな、何と申しますか、法案として決議されたといふよりも、かういつたやうな法律を作る必要があるのだらうといふ一種の建議案のやうな恰好で以てこれは第三部会を通過されたものと私は考へてをります、随ひまして、かういつたやうな傾向の一つの法律案を作らうといふことにおいては、決して私共不賛成を申したわけでもなければ、会の決議を尊重する意味合ひにおきまして、今でも私は敢てその基本的な傾向に対して反対するのではありませんが、この案そのものは如何にも私は杜撰極まるものだと思ふ、第一にこれは私只今伺つてをりましたが、憲法の三十四条の所謂抑

留拘禁といふ言葉の解釈の問題もこの際はつきりして置かなければならぬ問題の一つでありまするし、更に私が申上げたいのは、かういふ総ての自由に対する不法侵害といふやうなことを最高裁判所の専属にするといふのは、一体如何なる考へから出て来たものか、これは私は若しもこれが総ての自由の拘束の問題、つまり司法官憲或はその他の警察官憲が拘留権を持つやうになるかどうか分りませんが、さういふ拘束権に対しても、やはりこの刑事訴訟法と別に、又かういふやうな何か一般私人の訴追でもできるやうなやり方で、刑事訴訟法の十四項等で、既にもう司法官憲の勾引勾留については十分保護の規定ができてをるのでありますから、その上に更にかういふ手数の掛る国家訴追主義の原則を全く破壊したやうな、かういふ私人の訴権を認めるといふことが果して必要であるかどうか、必要と言ふよりも寧ろ治安維持の職責を尽す上においては、私は障碍になるやうなことが発生しはしないかを惧れるのであります、司法官憲の勾引勾留につきましても、私は相当議論があると思ひますが、十分保護の規定ができてをります、精神病についてもちやんと保護の規定ができてをる、若し今のところ保護規定が真正面からないと申しますれば、行政拘束の場合だけであります、その他の場合につきましては、刑法なり精神病者監護法なりで立派に保護の規定ができてをつて、現在は検察当局なり警察なりが立派にやつてをるのであります、又検察当局警察がやつてこそ、かういふやうな保護が手つ取り早くできるのでありまして、東京に一つしかない最高裁判所にかういふやうな保護の手段が専属するといふことになりまして、果して実際上運用がうまく行くかどうか、北海道の山の中や九州の山の中で起つたやうな事件を一々最高裁判所へ取調べを請求する、最高裁判所から拘禁者に一定の日時に何処そこへ出ろといふやうな指定をして、其処へのこ〳〵連れて行くとか、或は其処で取調べをするとか、最高裁判所がさういふやうなことをするといふことは、私には殆ど無意義に近いことになるだらうと思ふ、然し又最高裁判所自身がそれをやるのでなくして、最高裁判所が各下級裁判所の方に権限を委ねることによつてその目的を達するといふことになりますれば、これは最高裁判所に決めた意義がなくなつてしまふので、それでは初めから裁判所に委せるなり或は寧ろ検察にでも委した方が、適切な処置が手つ取り早くできるのだといふ風に考へるのであります、殊に私はこの要綱案を見まして「不法者は不当に身体の自由を」云々といふことになつてをりますが、不法といふやうなことは形式的なことで、或は案外早く片付くかも知れぬ、遠くから見てゐても分るかも知れませんが、「不審に身体の自由を拘束された」といふ不当といふやうな場合になりますと、拘束した理由その他について果して当を得たかどうかといふやうな取調べにまで行きますと、例へば勾留勾引のやうな場合になりますと、本案の事実にまで入つて調べなければ、本当の不当などといふことは判断ができるものではないのであります、そんなやうなことで、実際かういつて人権の擁護といふやうなことが、完全に又迅速にできるか、果してこの要綱案のやうなことが実際に執行できるか、実施できるかといふことを、非常に私は疑ひを持つのであります、いろいろ長く喋りますのは恐縮でありますが、一体かういつたやうな、何か余程古い時代の英国のやうな私人訴追主義を認めてゐるやうな国柄で、さうして英国人のやうな極めて常識の発達した国民の場合ならば、或はかういつた一般的な極く大雑把な法律といふやうなものも適当に運用されて行くかも知れませんが、現在の我が国のやうな不法拘禁といふやうな虞のあるやうな各具体的な場合に、細かい規定ができてをり、警察或は検事局といふやうな組織がきちんとできてをるやうなところで、而も所謂国家訴追主義を採つてをるこの我が国の現在の制度の下において、果してかういふものが必要であらうか、必要でなく二重にも三重にも保護した方がいゝのであるといふやうな意味でやたらにかういつたやうな法律を拵へるいふことになりますと、私は現下の日本の国情、洵に犯罪頻発、殊に第三国人あたりの大掛りな犯罪が沢山頻発してをります際に、例へば警察官検事あたりの勾引勾留といふやうなことについて、刑事訴訟法以外のかういつた手段を更に認めて、異議の申立、或は取調べの請求といふやうなことを四方八方からやつて来られたのでは、実際私は国家の治安維持といふやうなことが、非常に困難に陥るのではないかと憂へるのであります、基本的人権擁護といふ点について、私共人後に落ちるものではありませんが、少くともこの要綱案といふものは一応白紙に還して、改めてその実際の運用の面なり、或は憲法解釈の面なり、凡ゆる方面から更に検討を加へた上に、立派な案として改めてかういつた法律を作つて戴きたいといふことを希望致す次第であります

○七番（梶田委員）　佐藤委員からいろ〳〵御意見が出ましたから、ちよつと私の方からも委員会の総意を蒸返すやうな形になるかも知れませんが、成程基本的人権保護法律案の要綱では、ほんのこれは要綱でして、決してこれで全部盛られてをるわけではありません、ほんの一つ書き見たやうなものでありまして、これによつてできる法律案といふものは相当詳しいものになるわけでありまして、一例を申上げますれば、只今の不法若しくは不当などといふことは、どういふことが不当であるかを認定することは非常に困難だといふやうな御意見もありましたが、今度の案では――案と申しましても司法当局の方で作られる案ではない、その責任上提案者の委員の方で法律案になるやうな準備をしてをるわけですが、さういふものには不法不当といふ言葉はないのでありまして、正当の理由なくして拘禁せられた者はといふ風になつて

をるのでありまして、この要綱案のこの文字を掴まへていろ〳〵御議論になつても、それは極く通俗的な言葉を使つてをるわけであつて、本式に法律の条文として書くときにはかういふ言葉は使はないわけであります、それから最高裁判所の権限にしたのはどうも分らぬぢやないかといふ御意見ですが、これもいろ〳〵意見はあつたのですが、やはり大きな強い力でこの不法な正当でない身体の自由の拘束があつたやうな場合に、やはり下級裁判所の権限にして置いては抑へ切れないところがあるぢやないか、やはり大きな力でやられたときには最高裁判所の権限にして置くべきではないかといふところから、かういふものができてをるのでありまず、この点については先般の中間報告の際にも、牧野委員も慥か最高裁判所の権限にして置くがよからう、賛成だといふお言葉があつたやうに私は記憶致してをるのでありまして、何も最高裁判所の権限になつたからといつて、最高裁判所がその権限を、北海道や九州に起つたものを自分で取扱ふといふ意味ではないのであつて、最高裁判所が総て下級裁判所の監督権を持つてをるのでありますから、さういふ田舎などで不法な拘禁などが起れば、直ぐ近いところの裁判所へ申出る、申出て来れば電報なり何なりで最高裁判所に言うて来るわけである、最高裁判所が時宜によつて指揮をして最寄の下級裁判所へ委任してやらせるといふやうなことも考へられてをるのでありまして、佐藤委員の言はれるやうに、この案が事実上動かぬではないかといふ御心配があるやうですが、さういふ心配はないやうに考へられます、それは今申しましたやうに、この要綱によつて法律案を作つて行きますので、これはほんの準備的なものでありますが、さういふ御心配はなくなるだらうと考へてをります、さうしてこの案が如何にも検察の方の行動を妨げるやうなお感じがあるやうですが、決してさういふものではないのでありまして、若しも検察当局なり司法警察官に拘留するやうな途が与へられても、さういふものは堂々と十分に行使せらるればい丶のであつて、さういふ正当な拘留拘禁などをこの法律で何も制限するとか妨げるとかいふやうな趣旨は毛頭ないのでありますから、その点は検察当局としてこの案から何か妨げられはせぬかといふやうなお考へがあつたとすれば、そのお考へは御心配ないといふやうに御了解願つてい丶だらうと私共は考へてをります、この案は突如として総会に終ひの頃に出たやうなお話でしたが、実はこれは第一小委員会においては、小委員会当時から意見があつたのです、委員会の議場には直接現はれて来ないとは言へない、やはりこれは幹事側の方に意見があつて、幹事が盛んに発言してをられたのですが、趣旨がはつきりしてをらなかつたから、急に取上げないで問題にしなかつたといふだけでありまして、その趣旨がだんだん分つて来まして、総会の時に熟したものですから、委員から総会に改めて提案したやうなことになつてをりますので、これは何にも建議とかいふやうな軽い意味ではないのでありまして、寧ろ法案として出したいといふので、これは実は第一委員長自ら非常に熱心に提案の理由を説明した筈でありまして、決してお座なり的な軽い意味ではなかつた、第一委員長が自ら案を説明するなどといふことは、あまりないことではないかと思ふのですが、他の委員からも非常に熱望がありまして、さういふ熱心な希望意見に動かされて、相当力を込めて説明を致したわけでありまして、その結果総会においては皆さんがそれに御賛成して下さいまして成立したわけであります、無論反対の御意見の方も相当あつたわけです、さういふことで兎に角総会で決まりましたから、それに基いて提案した委員側の責任として、これを条文化することに努力して、英米に実際行はれてをる方面については、その方面の経験者の御研究も願つて準備案ができてをるわけでありまして、さういふものを基礎にして今度司法当局の方で相当な案を作つて下さるといふことになつてをるのでありますから、これは今佐藤委員の言はれるやうな軽い意味でもなし、又御心配なさるやうな必要もないものと思ひまして、どうしても新憲法を実施する手当としてはなくてはならぬ法案だと私共考へてをるのであります

○三十五番（松尾委員） 議事進行について申上げたいのですが、承つてをりますと、大体私共は委員会の報告といふものを重く見まして、卑見のあるところも差控へて委員会の意見には賛成を表してをるものであります、勿論御研究の発表は結構でありますが、承つてをりますと、部会における基本が纏まつてをらぬといふやうな風にも聞えます、それならば部会でおやり直しを願ふとか何とかして戴かぬと我々は賛否に困るのであります、殊に委員長は熱心なる御報告がありまして、私共それを逐一承つてをつたのであります、ところが今承つてをりますと、申上げるまでもなくどちらに決まつたのか分らないといふやうな委員のお方もあるやうであります、そのことの可否を申すのではないのでありますが、我々はどうしてい丶か分らないのであります、であるから議長において適当に議事進行をお図り願ひたいと思ひます、決して御迷惑を希望するのでも何でもないが、どうしてい丶か分らない、かういふことでありますから、はつきり一つ御進行を願ひたい

○四十八番（佐藤（祥）委員） 只今梶田委員の方からお話になりました提案者の方でこの要綱に基いて作つた要綱といふのは如何なるものでございませうか、私共まだ拝見致しませんので実は批判が何もできないのであります、それを若し拝見することができますれば、又いろ〳〵議論の仕方があると思ふのでありまするが、何故さういふ要綱案ができたに拘らず、かういふ会に御提出にならないのでありますか

○七番（梶田委員） それは相当研究せられた結果、何条くらゐ

になりますか、二十三箇条くらゐのものができてをりまして、司法当局の方へ七、八部くらゐ差上げてあるわけです、これは提案者側の委員諸君が研究して作られたものでありますから、ほんの御参考の為に上げてあるわけで、一般の委員の方には御配付してゐないわけであります司法当局の方で御参考に願つて立案をして戴くことになつてをります

それから今松尾委員から今何か部会の方ではつきり決まつたやうな、決まらないやうな風に思はれると仰しやつたが、これは正式にはつきりと決まつたわけでありまして、これは挙手によつて決を採つてはつきり決まつたのです、さういふお疑ひは毛頭して戴く必要はないわけでありますから、どうぞこの点御了承を願ひたいのであります

○**五十一番**（**河崎委員**）　私もその時をりまして、大多数で決まりました

○**一番**（**關屋委員**）　申さないで控へてをりましたが、進行上困るので申上げます、私は松尾さんと同じ考へで実は迷ふのです、基本的人権保護法律案といつたらどんな案ができたかと思つたら、私内容は分りませんが、甚だ失礼ですけれども少しどうかと思ひます、今梶田委員のお話のやうに二十三箇条もの立派なものができてをれば満場一致だと思ふのです、ところが他の要綱案は可なり立派にできてをるが、これだけに限つて杜撰であると申しては語弊がありますが、これだけであるならば、これは一種の建議案、思ひ付きといふやうに誤解される虞があります、願はくばこゝまで行つたのだから、私もどうも去就に迷ひますけれども、若しこれに賛成するとすれば、只今梶田さんのお話のやうなゝものができてをるといふことを信じて、よくお練りになつたものと思つて賛成せざるを得ないのであつて、若しこれを世間に発表して、これが基本的人権保護法律案の要綱だと言つたら、ちよつと他のものと比べて驚くであらうと思ひます、その点だけちよつと申上げて、早く進行して戴きたい

○**議長**（**金森副会長**）　ちよつと皆さんに御相談を申上げたいと思ひますが、いろ〳〵な御意見がこの基本的人権保護法律案についてでてをりまして、実は議長として処置に困つてをるのでありまするが、大体のお考へを想像して見ますると、本質についてお疑ひがあるやうな御意見もありますけれども、しかし大体から見ますと、この行かんと欲する趣旨におきましては恐らくは異議ないことであらう、しかしながら文字に表はれてをる点は一つ〳〵正確に意味を補〔捕〕捉することが困難である、何しろ新しい制度であるから、この簡単なる条項で直ちに全貌を描くことができませんので、そこに多くの紛議もあらうと思ひますから、これはかやうな見解があつたといふことをこの委員会において事実を認めて参考案として内閣総理大臣に送り届けるといふやうな取扱で

は如何なものでございませうか

〔「賛成」と呼ぶ者あり〕

○議長（金森副会長） それでは尚ほ研究はしなければならぬかと思つてをりますが、この際何とも仕様がありませんから、参考案として取扱つて戴いたら……

○七番（梶田委員） 法案として議会の方へ出されるのですか

○議長（金森副会長） あと法律案として出すかどうかといふことは、今後の研究に任せるわけであります、自然司法省なら司法省で研究して起案されるかどうか、これが憲法に直接不可分的に関係があるものであればさういふ取扱はできぬかも知れませんが、私の了解致しまするところでは、憲法の認めてをりまするヘビヤス・コーパスの原理は、刑事手続の範囲内において認められてをる、これはその外の釣合を取つて現はれた規定と考へてをります、さうすれば稍〻間接になりますから、この委員会としては釣合上参考として送付するといふことにしたらどうか、かういふのであります、政府としては憲法の認めてをるヘビヤス・コーパスの原理の限度は直接には刑事手続の範囲内に属するものであると考へてをります、随てそれらのものは憲法直接のもの以外のものとして現はれて来る、さういふ積りでをります、しかしかういふ方向が必要であるといふことは恐らく多数の方がお認めになつてをると思ひます、もつと具体化されて、更に然るべき方法を以て審議することができるではないかと思つてをります

○三十四番（末延委員） この法案は一見すると非常に簡単なやうでありますけれども、その意味は極めて重大であります、只今もう時間も非常に過ぎまして定刻の四時から過ぎてをります、欠席された人もありますから、明日民法の討議をやられるその前にもう一度この部分を取上げて戴きたいと思ひます

〔「賛成」と呼ぶ者あり〕

○議長（金森副会長） それでは前のを取消して、明日もう一遍この案を審議に上せることに致します、それから刑事補償法の一部を改正する法律案といふのは如何致しませうか、これは今まで議論がなかつたですから……

〔「原案賛成」「異議なし」と呼ぶ者あり〕

○議長（金森副会長） それでは異議なきものとして可決致します、明日は基本的人権保護法律案要綱案をもう一遍議題に供しまして、それから民法の方をやりますから、甚だ御多忙中恐縮でありますが、どうぞおいでを願ひます

午後五時五分閉会

昭和二十一年十月二十四日午前十時三十分開会

○議長（金森副会長） 是より開会致します、昨日の進行の延長と致しまして今日は基本〔的〕人権の件と民法中改正の件の二つが残つて居りまするが、そこで一部の方から色々な都合から先づ

民法中改正の方を先に進行して貰ひたいと云ふ御希望があるのでありまして、此の点会長と致しましては何れからどう致しましても一向異存はないのでありまするが、各委員の方の色々な時間の組合せ等の御都合で成べくさう云ふ風にしたいと云ふ御希望があるやうに見受けますけれども、さう致しまして宜しうございますか

○十五番（**平塚委員**）　昨日の御話のやうに基本的人権の方を先に願ふ訳に行きませぬか

○議長（**金森副会長**）　何か御都合がございますか

○十五番（**平塚委員**）　何か特に変更の理由があればですが、異議があるといけないと思ひますから

○三十五番（**松尾委員**）　昨日の会長の宣言の通りに願ひたい……

○議長（**金森副会長**）　それでは御異議があるといけませぬから、昨日の方針に従ひまして基本的人権保護法案に付てもう少し御審議を願ひます、今日は何か御話に依るともう少し内容を具体化されて行く説明資料がおありのやうに思ひましたが、何かおありになりますか

○七番（**梶田委員**）　提案者側の委員の責任として、其の条文の案を研究して今作りつゝあると言つて宜いですが、確定のものではありませぬが、さう云ふものを作りつゝあります、尚此の法案ばかりではない、大体細かい手続は最高法院の「ルール」に依るルールの方も研究すると云ふ訳でございます

○議長（**金森副会長**）　それではまだ具体的に之を考へると云ふ段階に至つて居ないやうでありますから、大体御示しになつた要綱案のみに付て議を進めるより外致し方がないと思ひます

○十五番（**平塚委員**）　只今色々御希望がありまして御意見があつたのではありますが、此の要綱のみに付てございますが、どうも私は三部会には関係致して居りませぬので、殆ど出席致し兼ねて居つたのでありますが、併し此の案の成行き等に付ては昨日大体伺ひましたので考も付いて居るのでありますが、昨日鬮屋委員から御話がありました通り、どうも如何にも是では不十分で、此の総会に於て之を案其のものを決定すると云ふことは如何かと考へますので、殊に問題は極めて重大なことであり、殆ど此の精神に於ては何人も意見のない所であらうと思ひますけれども、又もう少しは是は練られた方が宜いではないかと云ふことも私も考へて居りまするので、鬮屋委員の御意見の通りに、又会長も最後に一応御決定になりました通りに、矢張り参考の案として会長に答申すると云ふのが最も妥当な行き途ではなからうか、斯う考へるのであります、此の点を私から意見として申上げて置きます

○九番（**澤田委員**）　実は私はちよつと歯を治療中で誠に言葉が不十分でありませぬ上に、普段も明瞭でありませぬ為に一層不明瞭でありまするから、実は出ますることは差控へたいと思つて居

りましたけれども、殊に又此の案に付きましては私は司法審議会の方の一部の方に属して居りまして、三部の所管の方かと思つて居りますので、実は余り親しく常に小委員会に出席を致して居る者ではないのでありますから或は差控へた方が至当かと思つて居りますけれども、実は私牧野先生其の他の殊に会長の御意見もございまするし、只今も御述べになりましたやうに、此の案に付ては先づ参考の程度と云ふ御意見のやうにも思ひますけれども、何だか一言御聴きを願つて置きたいと思ふやうな気が致しますので、少し御耳を拝借致したいと思ひます

昨日牧野先生は憲法の三十四条でございまするが、其の抑留とか拘禁とか云ふ言葉は刑事訴訟法に於ける拘〔勾〕引拘〔勾〕留とか云ふ意味であると云ふ司法大臣の言明があつた、又昨日会長からも御同様な御解釈であると云ふことを私承りまして、私も各条にありまする言葉を通読致しまして左様な御解釈をなさると云ふことも御無理のないことかと思つて居ります、従ひまして昨日の梶田委員の御説明の時に、人権保護法と云ふ法律案の内容の中に、司法官憲が人民の自由を不法に侵害すると云ふ場合の救済に止まらず、或は他の私人が他の私人の自由を不法に侵害すると云ふ場合に於ける一つの重要な人権保障の方法であると云ふ御説明がございました、其の点が余り響きましたせいか、此の憲法の言葉を刑事訴訟上の拘〔勾〕引拘〔勾〕留と云ふことに解釈することになれば、それに対して此の人権保護法と云ふものは、或は憲法附属の法律と云ふことの本質を失ふのではないかと云ふ疑問を起しました、併し其の点は退いて考へますと、是は二つの方面から考へなければならぬ、第一には憲法の人権、殊に身体の自由権と云ふものを尊重をして基本的人権の中に入れて居ることは明かであります、従つて此の人権の侵害と云ふものは勿論司法官憲が、或は被疑者であるとか或は被告人であるとか云ふやうな立場に立つ者の自由を違法に侵害すると云ふことに対して強く之を保護しなければならぬと云ふ憲法の精神であることは勿論でありまするが、それが故に他面に於て一私人が一私人の自由を不法に侵害すると云ふやうなものを憲法は抛棄して置くと云ふ趣旨でないことは明かであります、斯う私は信じます、此の意味に於きまして此の人権保護法が両者に亙つての人民の自由権を保障する所の唯一の方法であると云ふ御説明は正しく法の保障せむとする自由権の其の保障の一つの有力なる方法であると云ふことを私は断じて宜いのではないかと思ひます、此の意味に於て此の人権保護法と云ふものは憲法附属の法律であると云ふことの本質を完全に具有して居るものではないかと、斯う私は思ふ者であります、是は私の意見でありますが、さう私は信じます、曽てイギリスの外相ダイシ〔シ〕ーと云ふ人は、何と申しますか憲法の上に於て人の自由権と云ふものの存在を宣言すると云ふことは誠にやさしいことで

ある、誠に簡単なことである、併しながら此の宣言をしただけでは余り大なる価値はない、実行に移されて、真実に於て自由権と云ふものが確保されると云ふ手段を講じて置かなければ駄目だ、「イギリス」国民は一六七九年の「ヘビアス・コルプス・アクト」に依つて此の手段は達せられて居るのである、故に「フランス」の国民の如き自由権の侵害を受けることなくして済んで居ると云ふことを「ダイン〔シ〕ー」は論じて居りますが、是は私は非常に傾聴すべき達見だと思つて居ります、私は此の会に置きましても又司法部の方の委員会に於きましても司法当局から度々日本の制度は国家訴追主義である、従つて之と異なる「イギリス」の制度を持ち込むと云ふことは適当ではない、殊に又「イギリス」国民の如き自治的なさう云ふ性格が出来て居らぬ国に於て斯う云ふ制度を用いると云ふことは、甚だ結構でないと云ふ御説を私は度々承つて居ります、勿論現行法の下に於ては御尤もの御意見でありまするが、従つて新憲法は私はさう云ふ御意見に対して強き反省を促すものではないかと思ふ、それは此の新憲法の十一条に、国民はすべての基本的人権の享有を妨げられない、この憲法が国民に保障する基本的人権は、侵すことのできない永久の権利とあり、又十二条には、この憲法が国民に保障する自由及び権利は国民の不断の努力によつてこれを保持しなければならない、とあります、此の一句が私は千金の重きをなすものであると思ふ、是が我が国の従来の行政権優越の制度を司法権優越の制度に変へて来たと云ふ一つの現れではないかと私は考へて居る、詰り国民は手を拱いて居つても立派な官吏が居つて国民の自由を保護して呉れるから宜いのだと云ふことになる、所が英米の如き司法権の優越主義の国、民主主義の国に於きましては何処でも司法権の活動に依つて人民の自由を確保すると云ふことになる、それは司法権は御承知の如く受入れの権利であります、人民が活動をなさなければ何とも活動が出来ない、其処の所は行政権とは大いに違ふ、従つて司法権の活動を促すことに人民が協力し努力すると云ふことは、「イギリス」的な民主主義政治確立の根本要件であることを今我が国民に要求して居るのが新憲法十二条ではないかと思つて居ります、従つて従来の刑事事件に付きましても、国家が刑罰権を行使するに付きましても、当該官憲の活動に依つてのみ国家の刑罰権を完全に行使して行かうと云ふことは一擲して、勿論当該官憲の熱心なる刑罰権の行使の活動努力は必要でありますが、之に加へて人民も又之に協力をして国家の刑罰権を完全に行使し治安を維持すると云ふのが、民主主義国家建設の要諦だと思つて居ります、此のことを十二条が言つて居るのではないかと思ひます、さうしますと憲法の規定に付ても少くとも基本的人権の確保の規定はあります、併しながら此の以上に更に「イギリス」に良い手本があります、「ヘビイアス・コルプス・アクト」、此の制度を以てしたならば私は所謂龍を画いて睛を点ずるものと思ふ、「コルプス・アクト」を出さなければ今龍を画いても睛を点じてないものではないかと思ふ、其の意味に於て是非共是は御作りを願ひたい、尤も内容に付きましては、只今御意見もございましたが、是だけはちよつと足らぬ、是は大綱で、自由権確保の基本となる所の手段を、而もそれが人民の協力に依つて実現すると云ふ新しい手段制度を茲に規定を置いて貰ひたいと云ふことが、最も此の新憲法の実施に必要なことではないかと私は信ずるのであります、勿論「イギリス」に於きましても「コルプス・アクト」の一六七九年の法令の中には、単に刑事事件に付ての不法に監禁をされたものに付ての救済方法として本人は勿論、何人と雖も直に裁判所に申出て、裁判所からの命令に依つて、監禁した当該官憲を法定に呼出して、如何なる理由に依つて監禁したりや、理由がなければ即時裁判所が解放を命ずる、理由があるならば速に其の事件を審議して、さうして長らく拘留をして置くとか、自由を奪ふと云ふことをしないと云ふ、さう云ふ手続を決めたのでありますが、併しながら是だけでは十分ではないと云ふので、一八一二年の「ジョーヂ」三世時代に之が改正になりまして、之に加へて何人と雖も不法に監禁をした場合に付ては、其の監禁した者を裁判所に呼出して、さうして監禁の理由を質し、理由がなければ釈放を命ずると云ふやうな手続の規定を設けた訳であります、茲に於て初めて「イギリス」国民は完全に身体の自由権と云ふものの保障を得た、斯う云ふことを「ダイン〔シ〕ー」は第一に論じて居るのであります、それに拘らず昨日梶田委員から、是は大綱的のものだ、斯う云ふことを申されたことは意味深長であります、「イギリス」は百五十年も掛つてやつと完全なものにしたものを、日本は一日にして之を完成すると云ふことになる、勿論制度があつた所が之を善用する者がなければいかぬことは勿論でありますけれども、併し憲法の十二条に国民の努力を要求して居る以上は、制度として国民が協力し得る制度を立てて行くと云ふことが最も必要なことだ、其の意味に於て更に此の制度を活用する、善用すると云ふことも亦必要だ、国民が努力しなければならぬと云ふことになるぢやないか、単に国民に協力しろと言つても其の方法を教へないでは人民は努力するに余地がないと思ふのであります、勿論斯う云ふやうな制度を御設けになると云ふことは、一面に於ては前〔に〕申しまするやうな行政権に対する司法権の一つの干渉と云ふことになりませう、従つて国家の制度と云ふものは是は重大なことである、でありまするけれども、それは最早此の憲法で私は途が拓かれたんではないか、此の憲法を我々が忠誠に施行して、さうして民主主義国家を建設する上に於ては已むを得ない、余計なことでありまするが、行政裁判所と云ふものは行政機関であつて、行政事件に付て判決をする権限があつたものが、今度は此の憲法に依つて消滅されてしまつて、行政権優越の一面が削られた訳である、私は此の人権保護法と云ふものに依つて此の司法権優越の民主的国家を建設するに付ての第一歩が完了する途ではないかと信じて居りますので、是非共此の案を此の憲法附属の法令案として此の会に於て御決議を願つて、政府当局に左様に御考慮を煩はしたい、斯う私は信じまするので愚言を皆様の御清聴に供しました次第であります

○四十六番（山田三良委員）　私は三部の関係でなかつたのでありますが、英米法に精通せられて居る方が斯う云ふ法律の案の審議をして居ると云ふことを承つて大変に喜んで居つた次第でありまして、若しも私が其の部会に出て居るならば、大いにさう云ふ法律案の要綱化せらるゝことを主張したのであらうと言つて別れた次第でありましたが、茲に昨日以来現れた議論の中には、此の要綱だけでは尚物足らない、或は斯う云ふ要綱の通りのものが出来ましたならば、日本の司法権と云ふものの運用に於て実際上大いなる支障を来す虞がある、斯う云ふ議論も承りまして、果してそんなものであるか否やと云ふことを大いに疑を起した次第であります、私は斯う云ふ法律が新憲法の下に於きまして極めて大切であると云ふことは、只今御述べになつた通りであると信じます、新憲法が如何に基本的人格〔衍〕権を保護して居りましても、斯う云ふ規定がなければ本当の身体の自由と云ふものは私は保護されないこととなると思ふのであります、固より刑事訴訟法の改正、裁判所構成法の改正に依りまして、従来と異るやうに大いに改善せらるゝ規定がありますことは、昨日の刑事訴訟法の改正のことに付きましても克く了解出来たのでありますが、併し只今此の法律に依つて保護を受けると云ふやうなものは、さう泥棒や人殺しの嫌疑のあるものが最高裁判所に訴へて身体の自由を解いて貰ひたいと云ふことを申出る話ではないのであります、仮にそれが申出ても何等問題にならぬことは明かであります、従つて一応其の拘留が不当であり違法であると云ふ事情が疎明せられて、尤もだと思はれる時に初めてさう云ふことが実現せらるゝだらうと思ひます、而してさう云ふ場合は極めて重大な場合でありまして、さうして日常頻繁に起ることでないことは固より想像せられる所であります、而してさう云ふことが必要があるかないかと言へば、私は今後政党の関係が益〻発達し、従つて又党派間の闘争が激烈となるに従ひまして、斯う云ふ必要が屢〻起ると云ふことを憂へる者であります、さう云ふことに付きまして今までとは違つたと云ふことに今後はなると云ふ御考はありませうか、過去を顧みて見ますと云ふと我が国の最近二三十年間の歴史は人権蹂躪の歴史であつたことは諸君も御承知の通りであります、私は此のやうな法律があつたならばと本当に痛切に感じましたことは、今から二十数年前に私の友人京都府知事木内重四郎と云ふのが当時の京都

裁判所の色々な、私から申せば虚構の事実に依つて逃げも隠れもしない知事を不当に拘留しまして、さうして所謂豚箱事件を起して天下を震駭せしめた事件がございます、さう云ふ場合には裁判所に訴へました所が何にもなりませぬ、京都地方裁判所長は検事正とぐるになりまして一つの計画をして居る、大阪控訴院検事長、裁判所長も亦同様であります、京都は政友系の地盤でありますが、当時憲政会から任命せられた知事で、当り前なら内閣が変つた時には辞職する例でありましたが、剛直な知事で、自分は政府が免官すれば辞めるが、自分からは辞めないと言つて其の職に留つて居たのでありますが、それが原因となつて京都に参りました時に、剛腹な司法次官と剛直な知事とが歓迎宴会場に於きまして、斯う云ふ傲慢な知事は放逐しなければならぬと云ふことを司法次官が公言したと云ふことであります、其の後二三箇月にして豚箱事件が起つて来たのであります、斯う云ふことが今後絶無であるとは誰が保証出来ませうか、今後政争の激烈なるに当りまして、司法大臣は其の指揮下の検事又は司法警察官をして選挙投票の一週間か二週間か前に反対党の有力な候補者を落選しめむが為に僅かなことで拘留をしてしまへば其の人は落選すべきは当然であります、斯う云ふことが私は不幸にして起ることを憂へる者であります、さう云ふ際に唯一の保障権の鉄壁となるものは此の条項でありまず、今後最高裁判所は政府から分立しまして、固より司法省から独立しまして、又検事からも独立しまして裁判所に命令指揮をなす権利を持つて居りますから、正義の権化とし、憲法の擁護者として基本的人件〔権〕の保護者として最高裁判所は是から国民の権利自由保護者である、其の最高裁判所の保護、救ひを求める唯一の手続は此の法律であります、是は私はさう云ふ際には実に必要な法律でありまして、我々が言論の自由を十分に発揮し、又総ての自由を擁護せらるゝと云ふ根本は身体の自由であります、其の身体の自由を侵された場合に斯かる法律に依つて保護を求めると云ふことが出来ますれば、国民は初めて枕を高うして本当の自由意思、自由思想の発表が出来ると思ふのであります、従つて私は新憲法と相俟つて此の規定が整備制定せらるゝことを切望する者であります、而して承る所に依りますれば第三部会に於きましては、殆ど全会一致とも言ふべき絶対多数を以て慎重に審議された上に此の要綱を御作りになつたと云ふことを承つて居るのであります、此の要綱は極めて簡単でありまして、要綱の要綱とも謂ふべき大綱を挙げてあるだけでありますが、併し此の法律の目的、其の法律の為すべき所は是で十分分つて居ります、あとは立法上の技術的のことであります、之を此の要綱に基いて制定せられると云ふことは左程の困難と云ふことは感ぜられないのであります から、私は本調査会の答申と致しましては是だけの大綱を収めてある要綱で満足すべきであると信じて居るのであります、事柄は極めて簡単でありまして、基本的人権を保護すると云ふことが明白な目的でありますから、憲法の規定と相俟つて此の要綱に従つて法律を拵へると云ふことは技術的に左程の困難ではないと思ひますから、此の要綱を其の侭御採用せらるゝと云ふことが私が本会に望む所であります、尚色々なことを申述べたいと思ひますけれども時間の節約上私は是で御免を蒙ります

○七番（梶田委員）　先程会長から御尋ねがありまして、此の要綱に付て提案した委員の方の責任上簡単なものを作りまして、又是は決定案ではないやうに申上げたのでありますが、ほんの草稿草案のやうなものでありますが、併し是は英米法の研究者などの相当の御研究の結果出来たものでありまして、此の調査会の外の御審議の御参考にもならうかと思ひますので、余り長くもありませぬから此処で其の案を読まして戴きたいと思ひますが、如何でございますか

○議長（金森副会長）　どうぞ

○九番（澤田委員）　それでは読まして戴きます

基本的人権保護法（案）　二一、一〇、九

第一条　正当の理由なくして拘禁せらるる者は本法の定むる所に依り最高裁判所に其の救済を申請することを得

何人と雖被拘禁者の為前項の為すことを得

第二条　前条の申請は弁護士を代理人として之を為すことを要す但し特別の事情ある場合は申請者自ら為すを妨けす

第三条　第一条の申請は書面を以て最高裁判所に之を為すへし

但し地方裁判所又は高等裁判所を経由して之を為すことを得

此の場合に於ては当該裁判所は直に最高裁判所に通知すへし

第四条　申請者には申請の趣旨及理由を記載し且疎明資料其の他参考となるべき一切の書類を添付すへし

令状の認証ある謄本を添付すること能はさるときは特に其の事由を記載し之を疎明すへし

拘禁者は請求により令状の認証ある謄本を交付することを要す

第五条　最高裁判所は第一条の申請法律上の方式に違反し又は必要なる疎明を欠くときは決定を以て之を却下することを得

第六条　最高裁判所は前条の場合を除くの外審問期日に於ける取調準備の為拘禁者、申請代理人、並関係人の陳述を聴き拘禁理由其の他の事項に付必要なる調査を為すへし

前項の調査は最高裁判所の判事又は地方裁判所若は高等裁判所の判事をして之を為さしむることを得

第七条　最高裁判所必要ありと認むるときは決定を以て第十五条の裁判を為すに至るまで被拘禁者を保釈又は責付し其の他適当なる処分を為すことを得

第八条　緊急猶予すへからさる事情明白なるときは受命判事に

於ても前条の処分を為すことを得
受命判事前項の処分を為したるときは速に之を最高裁判所に報告すへし
最高裁判所は第一項の処分を取消し又は変更することを得
第九条　受命判事又は受託判事は遅滞なく調査を完了し意見を付して之に関する書類及証拠資料を最高裁判所に提出すへし
第十条　準備調査の結果申請の理由なきこと明白なるときは最高裁判所は審問手続を経ることなく決定を以て之を棄却すへし
第七条及第八条の処分を為したるときは前項の場合に於て被拘禁者を拘禁者に引渡すへし
第十一条　前条の場合を除くの外最高裁判所は一定の日時、場所を指定し審問の為申請者、其の代理人、被拘禁者及拘禁者を召喚すへし
拘禁者に対しては被拘禁者を前項指定の日時、場所に出頭せしむへきことを命し且前項の期日迄には逮捕監禁の日時、場所及其の理由に付答弁書並之か疏明資料を提出すへきことを命すへし
前項の命令書には拘禁者命令に服せさる場合に於て勾引、勾留を為すことあるへき旨及遅延一日に付金五百円以下の過料に処することあるへき旨を附記すへし
命令書の送達と審問期日との間には五日の期間を存することを要す但し特別の事情あるときは之を短縮又は伸長することを得
第十二条　前条の命令は令状を発したる官庁及検事に之を通告することを要す
第十三条　審問期日に於ける取調は被拘禁者及弁護人の出席する公開の法廷に於て之を為すへし
弁護人なきときは最高裁判所弁護士を選任することを要す
第一項の取調には裁判所書記を列席せしむへし
裁判所書記は調書を作成し審問期日に於ける取調の経過其の他一切の手続を記載すへし
第十四条　審問期日に於ては申請の趣旨、其の理由、拘禁者の答弁、を聴き証拠資料の取調を行ふ
第十五条　最高裁判所審問の結果申請を理由なしとするときは判事を以て之を棄却し被拘禁者に引渡すへし
申請を理由ありとするときは判決を以て被拘禁者を釈放し又は保釈、責付其の他適当なる処分を為すへし
第十六条　最高裁判所は第十一条第二項の命令に服せさる者を勾引し又は命令に服する迄之を勾留し及一日金五百円以下の割合を以て過料に処することを得
第十一条第二項の答弁書に故ら虚偽の記載を為し又は其の

提出を遅延したる場合亦同し

第十七条　被拘禁者より弁護人を依頼する旨の申出ありたるときは拘禁者は遅滞なく其の旨被拘禁者の指定する弁護士に通知することを要す

被拘禁者弁護士を指定せす又は指定したる弁護士に事故あるときは前項の通知は所在地の弁護士会に之を為すへし

第十八条　裁判の告知は公開法廷に於ては宣告に依り其の他の場合に於ては裁判書の謄本を送達して之を為す

第十九条　本法の裁判に対しては不服申立を許さす

第二十条　本法以外の法律に依り救済の目的を達したる者は本法に依る申請を取下たるものと看做す

本法以外の法律に依り為されたる裁判にして本法に基く裁判と抵触するものは其の範囲に於て効力を失ふ

第二十一条　本法に依り救済を受けたる者は裁判所の裁判を以てするに非されは同一事由に依り重ねて逮捕拘禁せらるることなし

第二十二条　最高裁判所は申請、審問、裁判其の他の手続に関し必要なる規則を定むることを得

第二十三条　本法に依る申請を妨け又は被拘禁者を移動、蔵匿、隠避したる者其の他救済を無効ならしむる行為を為したる者五万円以下の過料に処す

附　則

本法は改正憲法法施行の日より之を施行す

斯様な極く草稿とも申すべきものでございますが、斯様な程度のものを作つてあると云ふことを御報告申上げまして、是が本調査会審議の何かの御参考になれば結構と存じます

〔金森副会長退席關屋委員議長席に着く〕

○**議長（關屋委員）**　只今金森副会長差支がありまして私が此の席に着きましたが、此の問題は昨日からの懸案で、私の拝見して居る所では、皆さんも大体に於て此の基本的人権と云ふやうな問題が非常に今度の憲法の殆ど中核にもなつて居ると云ふことに付ては御異議はない、斯う云ふもので大変都合の好い案が出来て居れば御賛成になるだらうと思ひます、不幸にして基本的人権の案が稍〻簡単なものであるから、是ではどうであらうかと云ふのが昨日からの御意見のやうに私は伺つたのであります、私自身もさう云ふ意味で申したのでありまして、之に対して反対をして居る訳では勿論ございませぬ、非常に必要だ、寧ろ積極的に必要だと思ふのです、従つてもう少し外の方は、例へば刑事訴訟法の如きは五十何項も書いてあるのに、是だけでは何だか余り触れ出しは基本的人権云々と云ふやうなことを書いてあつても是だけでは発表した時に余り物足らない感じを持たれはせぬか、従つて此の法制調査会として責任を取るのに困りはせぬかと云ふのが皆さんの

気分ではないかと思ふのですが、之に反対の方はあるまいと思ひます、従ひまして成べく早く通過するやうにしたいと思ふのでございますが、皆さんが是で宜しければ是で宜し、又昨日からの御話のやうに反対の御意見もあつて、是が通らぬやうなことがあつては非常に遺憾である、之に反対でないにも拘らず唯此の案が不十分だと云ふ為に是が通らぬのでは困る、斯う云ふのですが、何か通るやうな名案はないものでせうか、一つ場合に依つては懇談会を開いてはどうかと思ひます

○**幹事長（入江俊郎君）** 幹事長として申上げたいと思ひますが、或は部会長の方から御話を願ひたいと思ひます

○**第三部会長（有馬委員）** 私は昨日来皆さんの御意見を承つて、私自身の意見は成べく控へて置きたい、今でも其の考へなんでありますが、昨日の言論の中に只今まで経過に付て言はれる方に異論がある、其の経過に付ては私の責任上もう少し詳しく申上げなくてはならぬと思ひます、そこで其の点を申上げたいと思ふ、此の問題は八月の中頃の司法省にあります司法制度審議会、其の総会の前の小委員会に或幹事から大体斯う云ふものをやりたいと云ふ意見の発表があつた、併し提案をする権利はないと云ふことに議事規則になつて居る、それで其の小委員会では其の侭になつて居る、併し空気は「ヘビイアス・コルプス・アクト」でやらうぢやないかと云ふ考であつた、是は大抵の人は知つて居る、それから八月の中頃から司法制度調査会があつたのでありますが、其の時に初めて委員から正式に之を提出して、さうして随分賛成もあり新しい法律でありますから皆さんが了解して採決したのであります、僅か数名の反対者で、大多数が是が通過致したのであります、其の後八月二十一日、二十二日の総会に中間報告を致したのであります、それが今日御覧になる其の案であつたか、之に大体似たやうな簡単なものであつた、其の時に矢張り委員からして、少し是は案が簡単過ぎて物足らぬ、何とかもう少し詳しく出来ないかと云ふやうな御意見があつて、根本の反対意見はなかつた、私もさう云ふ考へを持つて居つたものでありますから、其の後提案者側へもう少し皆さんに分るやうな親切な案を拵へたらどうかと云ふことを促したのでありますが、なか〳〵都合があつてさう云ふことに行かなかつたのであります、其の後に九月九日に第一小委員会の方に其の案を廻しまして、さうして整理して貰つた、其の整理が九月九日に終りまして、九月一日に司法制度審議会の方では最後の会でありました、本調査会の第三部会がそれに並行して開いたのでありますが、其の九月九日に整理した小委員会の案が是であります、是が九月十一日に満場一致で異議なく通つたのであります、経過は斯くの如きことであります、でありますから昨日来小委員会も経ずして総会に提出せられ、どさくさ紛れに議決されたと云ふやうな御意見もあつたのでありますが、さうぢ

やないのであります、是は私の責任に於て御報告するのであります、それから此の案がもう少し本会の第二回の御希望に依つてもう少し詳しい皆さんに了解の行くやうな案を作つたらどうかと云ふことを促しましたが、それが出来なかつた理由は、法律其のものは今山田委員が仰しやつた通り、要綱としては斯んな面倒なことを書く必要はない、要綱は大審院に人民が訴へたら救済するのだと云ふことであります、之に従つて司法省の刑事局長が昨日も言はれたやうに、既に起案をせられつゝあると云ふことでありまず、実は司法省の委員は反対であつたのでありますが、是は多数で民主主義で決つたことであるから是で起案すると云ふことで、此の態度は敬服して居ります、仮令反対であつても司法省は忠実に起案せられつゝある、此の点だけを報告を申上げます、私の意見ではありませぬ、経過の報告だけであります

○**議長**（**關屋委員**）　只今の部会長の御苦心も分りましたし、又経過も分つた訳でありますが、何時までも切りがないのでありますが、昨日金森副会長の御話では之を参考案として出すのではどうかと云ふ御意見でございましたが、それに付ては如何でございますか

○**第三部会長**（**有馬委員**）　それは御取消しになつたのではないですか、さうして末延さんの御意見で翌日に廻すと云ふことになつたやうに思ひますが……

○**議長**（**關屋委員**）　二十七番牧野君の御意見があつたやうでありますが、もう一遍御述べを願ひます、私議長の留守中に勝手にやるのは甚だやりにくいのでありますから……

○**二十七番**（**牧野委員**）　今部会長の御話になつた最後の総会には出席致して居りませぬ、其の前の会議の時に大変縺れまして、さうして前回に佐藤委員の仰しやつたやうなことになつたことだけは記憶をして居るだけでありました、今日此の部会長の御説明の、最後の様子を伺つて大分私の考が変更を来す訳であります、而して貴族院で司法大臣に念を押した時に大分答弁の様子が違つて居つたのであります、併し既に当局に於ても誠意を以て此の司法省の審議会の決議に対し立案の仕事も進めて居られると云ふことでありまするならば、誠に有難いことと思ひます、さうして結局今会長の仰しやつたやうに、此の案を此の侭で決議しないで何か妥協策がないかと云ふことを考へて居る次第でありまするが、妥協策を出しますと云ふと司法省が誠意を以て考へない、従つて強くやらねばならぬ、斯う云ふ意見があつて私の妥協策に付ても聊か躊躇をして居る訳であります、併しながら若し幸に妥協策を提案することが許され、又其の妥協策に対して司法当局に於ても十分誠意を以て御考へ下さると云ふことであるならば、斯う云ふ趣旨の妥協策を私申出でたいと思ひます、「不法又は不当に身体を拘束された者の保護に関し英米の人身保護法を参照して特別法

を設くること、参考の為に要綱案を添附して此の決議を政府に送付する」、此の程度で一先づ収まりを付けて戴くと云ふことが出来ますまいか、政府に於ても十分此の決議に対しては考慮をすると云ふことで穏やかに解決して戴けば甚だ幸福な次第であります、此の程度に考へて居ります

○**五十五番（森委員）**　先程澤田委員、又山田委員から詳細に本案の必要なることの理由を御説明下さいまして大変私共全く是は憲法附属の法案として必要だと云ふ考を強くしたのであります、又昨日来佐藤委員の之に対する反対のやうな御意見もあつたやうに聞いて居りますが、併し是は再審議すると云ふやうな内容の一部であつて、根本に於ては勿論御賛成である、既に第三部会に於ては通過して居るのでありますが、殊に内容が余り簡単であると云ふ御意見もありますが、それには先程梶田委員から朗読されたやうなものを参考案として、斯う云ふ風にも出来るんだと云ふものを附加されまして出されることが宜いと思ひますが、成べく原案の侭に通過されることが必要だと思ひます、国際的な関係、又政治的の見地から見ましても、根本的に於て斯う云ふ風にして人権が保護されるのだと云ふことを宣言する意味に於きましても、矢張り法律に立法化するには相当な色々な技術上のことも要りませうが、先づ根本的な趣旨を言ふと云ふことが必要だらうと思ひますから、私は原案通りで結構かと思ひます

○**二十七番（牧野委員）**　私の趣旨は昨日の此の会場で議論の対立がありましたやうに申しましたが、司法部内に於て打合が付いて居らぬと云ふことを懸念するのであります、どうかもつと司法部内部の方は十分実行出来ると云ふ所で打合つて戴くと有難いと云ふことを今までも随分考へて居りましたが、昨日其の感を深くした訳でありますが、従つて今日通過出来るならば、此の趣旨は何処までも尊重する、そこで決議をする、併し内容に付ては余り深いことは言はぬ、英米の保護法を参酌して人身保護法を作る、此の程度で内容のことは一つ司法部内でよく打合せをして下さいまして、さうして議会の方に提出される、此の程度で穏かに取り片付けられると有難いと思ふのであります、斯様な提案は生温いと云ふことで否決されるならば又私も態度を改めなければなりませぬが、一先づそれが議題にして戴ければ有難いと思ひます

○**議長（關屋委員）**　二十七番に伺ひますが、要綱案は出さないで、今御話のやうな決議案を出す、斯う云ふ風に考へて宜しうございますか

○**二十七番（牧野委員）**　要綱は参考案として必ず添附する

○**議長（關屋委員）**　決議案を出すのですね

○**二十七番（牧野委員）**　左様でございます

○**三十五番（松尾委員）**　私は五十五番の説に賛成する者であります、それで此の三部会で報告をされました案を基として、さう

してそれに本会の決議として尚斯う云ふ法案の作成方法もある、斯う云ふことで之を参考とする、斯う云ふことで本問題は報告の通り此の会で決する、さうして其の決した意味に於ては斯う云ふ作成方法もある、斯う云ふことの御説と、五十五番の御話を承りまして、五十五番の御説に賛成致します、政府当局がそれに依つて案を作るとか作らぬとか云ふことに付ては、是は案を作るのは当然である、さうしてそれが議会に提案されて、それを議会が審議するのでありますから、当局が案を拵へるのは当り前であります、殊に憲法上の基本法を尊重すると云ふ法律を当局が作るの作らぬのと云ふ、さう云ふ勝手なことは出来る筈がないのでありますから、此処の決議は報告通りを決議して、而して其の案が明確を欠くと云ふ意味に於ては、斯う云ふ案を参考にするのであると云ふことで、参考案を附ける、斯う云ふ意味に考へて五十五番の意見に賛成致します

○**四十八番（佐藤（祥）委員）**　只今承りますと云ふと司法省の方でも何か此の要綱案に従つて立案中だと云ふことでございますが、立案の大体の進行程度とそれから最高裁判所に専属すると云ふ線に副うて立案されて居りますが、或は其の点何か変更されて立案されて居るものか、其の点を司法省事務当局の方に御尋ねしたいのであります

○**野木幹事**　立案と言つても此の要綱が司法省の方の審議会で決まりましたので、其の準備の為に一案を持つて居られなければならぬぢやないかと云ふので、試案のやうなものを持つて居りますけれども、まだ研究も積んでは居りませぬし、最高裁判所の点はそれだけで宜いのか、多少とも疑問を存しながら研究して居ると云ふ程度であります

○**四十八番（佐藤（祥）委員）**　何時までも議論しても仕方がありませぬので、私は別に長々と申上げませぬが、私は無論澤田委員や山田委員の仰しやるやうに憲法を尊重し、人権を尊重すると云ふ点に於ては決して人後に落ちない、又尊重すると云ふことを政治的「ゼスチユア」として特別の立法をすると云ふことも決して反対する者ではございませぬ、寧ろ私はさう云ふことをなさつた方が宜いだらうと云ふことを申すと一緒に賛成するのでありますが、唯此の要綱案にあるものが所謂日本の法律体系或は法律制度と云ふものを謂へば無視したと言つては語弊があるかも知れませぬが、それを破壊すると云ふやうな体制の法律を作り、而も破壊して実効が求め得られると云ふならば、それも亦一つの方法かも知れませぬが、其の実行に付ては私は非常に疑ひがある、実行に疑ひがあるのみならず、寧ろ濫用されて治安の面に於て不都合が生じはせぬかと云ふことを惧れる、是は実情を申上げて詳しく御話申し上げますれば宜しいのでありますが、私は此の際時間がありませぬから此の程度に致して置きまするが、要するに澤田委

員や山田委員が仰しやるやうな特別の場合の救済に大体限られて立案され、斯うものが不逞の徒、例へば朝鮮人とかさう云ふものに対する何か特殊の権利を与へてしまふやうなことになりましては、斯う云ふ権利が濫用されて我々の治安維持の任務の遂行に障害を来すと云ふことを惧れるだけであります、従ひまして基本的人権――基本的人権と云ふのは既にをかしいのでありますが、人身保護でありますが、一番適切な言葉は人身保護、之に付て特別法を作ると云ふことに付ては、私は決して異存はないのでありますから、其の点どうか皆さん誤解のないやうに御考へ置きを願ひたいと思ひます、それで結局私は要綱案に示された此の線に副うて立案されると云ふことを抽象的で誠に申訳ございませぬが、非常に不都合が生ずる虞れがあると云ふことを考へますので、牧野委員が仰しやるやうに斯う云つたやうな保護の特別法律案を作ると云ふことを一種の決議として之を附帯の参考要綱案として政府に送ると云ふことが極めて妥当な御考だらうと思ひますので、私は之に賛成致す次第であります

○**十七番（林蓮委員）** 色々御説を拝聴致しましたが、私と致しましては澤田委員の賛成並に山田委員の賛成もあり、又其の他賛成の方も多いやうでありました、只今佐藤委員からの説も亦御尤もだと思ふのであります、憲法の精神から申しますれば矢張り何か之に実行の方法が整はなければ、憲法の精神が活かし得ない、さう云ふ関係から致しまして私共は矢張り委員会で決議されました其の決議の通り決議せられむことを希望致します、さうして只今佐藤委員から言はれました色々濫用される虞れがあると云ふことに付きましては、私共も同感でありますが、其の点は当局に於かれまして十分検討の上原案を作成されれば予防が出来ると思ふのであります、牧野委員の御説も御尤もと思ひますが、此の案が委員会を多数を以て決議されたことでもありますし、又憲法の精神から考へてもそれが妥当であると思はれるのでありますから、前申上げましたやうに私は此の侭決議せられむことを希望致します

○**議長（關屋委員）** 段々御意見も殆ど尽きたやうでありますが、私共もどうも議事には習れませぬで、どう云ふ風に決を採つて宜いか分かりませぬが、昨日金森副会長からは参考案にして出してはどうかと云ふ御話がございましたが、只今部会長の御話があつて、金森副会長も強いて主張して居らぬやうに思ひます、併し又取消したと云ふやうな御話もございましたが、金森君の意見と言はずに、特別に御発表になりますか

○**十五番（平塚委員）** 私は昨日は金森副会長は一応取消したやうにも考へましたので、自分の意見として矢張り其のやうな風に参考の案としてさう云ふ風にしたらどうか、斯う云ふことを改めて申上げた積りであります、併し先刻来梶田委員、又佐藤委員等

の色々御熱心な御意見もありまするので、只今林委員から申述べられました通り、政府に於きまして此の案に基きまして適当な案を御作りの際に慎重なる注意を払はれましたならば、其の間の於ける案の心配もなくなるのではないか、斯う考へる訳であります、今後斯う云ふ意味の案の必要のありますことは、是は固よりであります、唯政府と致しまして何処までもそれ等のことに付きましては梶田委員、佐藤委員其の他の御考へになつて居るやうな点、又色々御研究になつて居るやうな点を十分考慮せられまして、さうして政府の方に於て議会に提出するやうな案を作つて戴きたいと思ふのであります、それ故に之を全然参考案とすると云ふやうなことは如何かと考へますし、又副会長も昨日一応は取消したやうな意味も述べられたので、私共も只今林委員から申述べられたやうな意味に於きまして今申しましたやうな慎重なる御注意を願つて、さうして御決定して戴きたいと云ふ希望を持つて居ります、従つて此の案に付て御賛成を申上げたいと思ひます

○**議長**（**關屋委員**）　只今十五番は参考案と云ふ意見を撤回されたやうな訳でありますから、それはないものと思つて考へます、御趣旨の点は分りました、次に修正案と云ふ訳でもないが、二十七番ですか、決議案を出してやると云ふ意見がございました、理由の御説明になつたわけでありますが、それに付ての御意見なり御賛成の方はありますか

○**四十八番**（**佐藤委員**）　私賛成であります

○**十八番**（**原委員**）　私も賛成であります

○**三十四番**（**末延委員**）　議事の進行に付て申上げます、今此の案に付て早く決を取れと云ふ御話でございましたが、私は原案の要綱案に関する本会の可否の決を採つて戴きたいと思ひます

○**議長**（**關屋委員**）　二十七番の御意見がありまして、それに御賛成がありましたから、決議をすると云ふことで、其の内容に付ても御意見がございましたから、決を採るか、皆さんがよく御分り下されば決を採らぬでも宜いのでありますが、進行の為に決を採つた方が宜いと思ひます、牧野さんの御意見は、是は此の侭にして置いて要綱としては決めない、さうして決議をして、只今の御話のやうな意味の決議案を政府の方に出す、此の案は政府の方に参考として出す、斯う云ふ御意見のやうに承つて居りますが、それで宜しうございますか

○**二十七番**（**牧野委員**）　もう一遍読みます、「不法又は不当に身体を拘束された者の保護に関し英米の人身保護法を参照して（是はどうでも宜い訳であります）特別法を設くること、参考の為に要綱案を添附して此の決議を政府に送付する、」

○**議長**（**關屋委員**）　只今の牧野さんの提案に付て御賛成の方の御起立を願ひます

〔賛成者起立〕

○**議長（關屋委員）**　少数、さうしますと原案に戻る訳でございますが、本案に付て決を採りますが、それに先立ちまして是は三部会長に伺ひたいのでありますが、今の参考案と云ふものが牧野さんのも宜い御案だとも思いますし、それから梶田さんからも出て居りますが、之に付ては随分各条になつて居つて長いですが、牧野さんの案でありますれば簡単でありますから、是は御付けになつても構はぬでございますが、部長として如何でございますか

○**第三部会長（有馬委員）**　本案の方の決を御取りになれば、牧野さんの案は付ける必要はないと思ひます

○**議長（關屋委員）**　もう一つの長い案はさつき梶田さんが御読みになつたものは……

○**七番（梶田委員）**　是は御参考に申上げた草案程度のものでありますから、付ける程のものではないと思ひます

○**議長（關屋委員）**　それでは原案に付きまして決を取ります、原案賛成の方は御起立を願ひます

〔賛成者起立〕

○**議長（關屋委員）**　多数でございます、それで是は決を採つたから宜い訳でありますが、是だけ非常に此の問題に付て懇切に議論があつたことでありますから、是は速記録で御分りになつて居る訳でありまして、牧野さんの御意見も非常に大切な御意見でありまして、又今の梶田さんの御意見もおありになつたり、又司法省の方ではまだ決まらぬと云ふこともございますが、どうか政府に於きましてはさう云ふ点を十分に斟酌して此の案の実行さるゝやうに希望致します、是で此の案は済みました

次に民法改正要綱案に移ります、案の朗読を願ひます

〔幹事朗読〕

民法改正要綱案

第一　民法の戸主及家族に関する規定を削除し親族共同生活を現実に即して規律すること（第八、第十六、第十八、第二十五、第三十三等参照）

第二　系譜、祭具及墳墓の所有権は被相続人の指定人〔又〕は慣習に従ひ祖先の祭祀を主宰すべき者之を承継するものとすること

其の他の財産は遺産相続の原則に従ふものとすること

第三　継父母と継子、継母と庶子の間は舅姑と嫁の間の法律関係と同じくすること

第四　婚姻族関係は夫婦共に婚姻の解消に因りて止むものとすること

第五　養子縁組に基く親族関係は離縁に因つて止むものとすること

第六　婚姻は両性の合意のみに基きて成立し成年者に付ては父母等の同意を要せざるものとすること

未成年者が婚姻を為すには父母の同意を要するも父母の孰れか一方の同意を得ること能はざるときは他の一方の同意を以て足るものとすること

第七　婚姻年齢を男は十八年以上、女は十六年以上とすること

第八　夫婦は共に夫の氏を称するものとすること、但し入夫婚姻に該る場合に於て当事者の意思に依り妻の氏を称するを妨げざるものとすること

第九　夫婦は同居し互に協力扶助すべきものとすること

第十　未成年者が婚姻したるときは成年に達したるものと看做すこと

第十一　妻の無能力に関する規定を削除すること

第十二　夫婦決定財産制に関する規定を左の如く修正すること

一　婚姻より生ずる費用は夫婦の資産、収入其の他一切の事情を斟酌して適当に協力負担すること

二　夫婦の一方が日常の家事に関し第三者と法律行為を為したるときは他の一方は之に依りて生じたる債務につき連帯して其の責に任ずること

三　夫又は妻が婚姻前より有したる財産及婚姻中自己の名に於て得たる財産は其の特有財産とし夫婦の孰れに属するか分明ならざる財産は夫婦の共有と推定すること

第十三　協議による離婚を為すには父母等の同意を要せざるものとすること

第十四　詐欺又は強迫に依る協議離婚の取消に関する規定を設くること

第十五　裁判上の離婚原因を左の如く定むること

一　配偶者に不貞の行為ありたるとき

二　配偶者又は其の直系尊属より著しく不当の待遇を受けたるとき

三　自己の直系尊属が配偶者より著しく不当なる待遇を受けたるとき

四　配偶者の生死が三年以上分明ならざるとき

五　其の他婚姻を継続し難き重大なる事由あるとき

裁判所は前項の事由あるときと雖も一切の事情を斟酌して婚姻の継続を相当と認むるときは離婚の請求を却下することを得るものとすること

第十六　父母が離婚するときは子の氏及子の監護を為すべき者其の他監護に付必要なる事項は協議に依り之を定め、協議調はざるときは裁判所之を定むるものとすること

第十七　離婚したる者の一方は相手方に対し相当の生計を維持するに足るべき財産の分与を請求することを得るものとし、裁判所は当事者双方の資力其の他一切の事情を斟酌して分与を為さしむべきや否や並に分与の額及方法を定むるものとすること

〔資料71〕　臨時法制調査会第三回総会議事速記録（昭和21年10月22・23・24日）
―民法改正要綱案

第十八　子は父の氏を称し、父の知れざる子は母の氏を称するものとすること
第十九　「庶子」の名称を廃止すること
第二十　父が認知を為す場合は子の監護を為すべき者其の他監護に付必要なる事項は父母の協議に依り之を定め協議調はざるときは裁判所之を定むるものとすること
第二十一　婿養子を廃止すること
第二十二　遺言養子を廃止すること
第二十三　未成年者を養子とするには裁判所の許可を要するものとすること
第二十四　養子縁組に付父母等の同意を要せざるものとすること
第二十五　養子は養親の氏を称するものとすること
第二十六　協議に因る離縁に付第十三及第十四に準ずること
第二十七　裁判上の離縁原因を左の如く定むること
一　他の一方又は其の直系尊属より著しく不当なる待遇を受けたるとき
二　自己の直系尊属が他の一方より著しく不当なる待遇を受けたるとき
三　養子の生死が三年以上分明ならざるとき
四　其の他縁組を継続し難き重大なる事由あるとき
裁判所は前項の事由あるときと雖も一切の事情を斟酌して縁組の継続を相当と認むるときは離縁の請求を却下することを得るものとすること
第二十八　親権は未成年の子に対するものとすること
第二十九　父母共に在るときは親権は其の共同行使を原則とし第三者の保護に関しては別に適当なる規定を設くること
父母が離婚するときは子に対し親権を行ふ者は父母の協議に依り之を定め、協議調はざるときは裁判所之を定めるものとすること
父が認知を為す場合も前項に準ずること
第三十　母の親権に付ての制限は撤廃すること
第三十一　親族会を廃止し、後見の監督機関としての親族会の権限は一部を後見監督人に、一部を裁判所に移すこと
第三十二　後見監督人は指定後見監督人の外必要ある場合に裁判所之を選任するものとし、後見監督人なき場合に於ては其の権限は裁判所之を行ふものとすること
第三十三　氏を同じくする直系姻族の間に於ても扶養の権利義務を認むること
第三十四　相続人の範囲及相続順位は配偶者の外（一）直系卑属（二）直系尊属（三）兄弟姉妹とし配偶者は左記に依り相続人となるものとすること
一　直系卑属あるときは子と同順位

二　直系卑属なきときは直系尊属と同順位
三　直系卑属直系尊属共になきときは兄弟姉妹と同順位
四　直系卑属、直系尊属兄弟姉妹共になきときは単独
第三十五　代襲相続は直系卑属及兄弟姉妹のみに付之を認むること
第三十六　同順位の相続人数人あるときは各自の相続分は相均しきものとすること、但し嫡出に非ざる子の相続分は嫡出子の相続分の二分の一とし配偶者の相続分は左の通りとすること
一　直系卑属及配偶者が相続人なるときは三分の一
二　配偶者及直系尊属が相続人なるときは二分の一
三　配偶者及兄弟姉妹が相続人なるときは三分の二
第三十七　遺産の分割に付共同相続人間に協調調はざるときは其の分割を裁判所に請求し得るものとし、其の手続は非訟事件手続法に依るものとすること
前項の場合に於て裁判所は遺産の全部又は一部に付期間を定めて分割を禁ずることを得るものとすること
第三十八　遺留分は左の通りとすること
一　直系卑属のみが相続人なるとき並に直系卑属及配偶者が相続人なるときは二分の一
二　其の他の場合は三分の一
第三十九　遺言の方式に関する規定中従軍中の軍人軍属及海軍艦船中に在る者に付ての特別方式に関するものを削除すること
第四十　民事法に関する憲法改正案の大原則を民法中に明文を以て掲ぐること
第四十一　国又は公共団体の公権力の行使に当る公務員が其の職務を行ふに付故意又は過失に因り第三者に損害を加へたるときは国又は公共団体に於て之を賠償する責に任ずるものとし、当該公務員に故意又は重大なる過失あるときは之に対し求償権を有するものとすること
第四十二　親族相続に関する事件を適切に処理せしむる為速に家事審判制度を設くること
〔關屋委員議長席を退き金森副会長議長席に着く〕
○**議長（金森副会長）**　只今朗読を終りました民法中改正案の議を是から進めて行きたいと思ひますが、どう致しますか、休憩を致しますか、尚続けますか、御都合に依りまして……
〔「休憩を願ひます」と呼ぶ者あり〕
○**議長（金森副会長）**　それでは一時まで休憩を致します、一時から再開致します
午後零時五分休憩

午後一時十五分開会
○**議長（金森副会長）**　大変遅くなりましたが、午前の会議に引

続きまして民法改正要綱案の審議に入ります、御質疑なり御意見なりを拝聴したいと思ひます

○二十七番（牧野委員） 民法の改正要綱案を一読致しまして、私だけの考としての修正案を提出して置きましたけれども、併し私としては此の改正案要綱に付ての理解を欠いて居るのではないかと云ふことを甚だ心配致します、それで七箇条ばかり当局に御説明を伺ひたいと思ひます

先づ第一に要綱の第一として親族共同生活を現実に即して規律すること、是は結構な御趣旨と考へます、斯う云ふ風なことがありまして、其の中に参照として（第八、第十六、第十八、第二十五、第三十三等参照）とありますが、之を一つづゝ当つて見た訳でありますが、是は現実生活の主なるものを見られて居ると云ふことになるものでございませうか、それを一つ伺ひたいと思ひます、民事局長に御願ひ致します

○奥野幹事 此の参照の中にありますことは勿論でありますが、其の外にも今回の要綱の追加にありましたやうに、家事審判法を急速に制定すると云ふことになりましたので、家庭関係の事柄に付ては家事審判所と云ふものが非常に深く「タッチ」することになりましたので、其の家事審判法要綱等に於きまして扶養の関係とか色々の関係に付きまして懇切親切に家庭の関係に「タッチ」することになります、それで家事審判法要綱と云ふのは一応今立案しつゝあるのでありますが、第一の参照の外に家事審判法の要綱第一と致しまして、家庭の平和と健全なる親族共同生活の維持を図ることを目的として、家事審判の目的をそこに置いて、親族共同生活の現実に即した方向で総て処理したいと云ふことになつて居りますので、此の参照に掲げてある外に色々考へて居ります

○二十七番（牧野委員） 家事審判所の制度を御設けになることは成程此の趣旨でございませうが、家事審判所だけでは其の内容は分りませぬ、もう少し何かこちらのやうに第八とか第十六とか云ふものに準じ、若くはそれよりも私としては重いものを我我としては気付いて然るべきではないかと思ふのであります、例へば第八でございまするとと云ふと、夫婦は共に夫の氏を称すること、第十六には夫婦が離婚した時に子供をどうするか、第二十五でございますと養子は養親の氏を称する、二十三でございますと未成年者を養子とするには裁判所の許可を要すると云ふやうなことが現実に即した家庭生活の状況でございませうか、御趣旨は非常に立派で大いに賛成申上げたいのでございまするが、然らばどんなことが共同生活を現実に即して規律したのか、現実と云ふことになりますと云ふと、我々の風俗慣習伝統及条理とする所に従ふ所の日常生活でございませうが、此の日常生活で此の四つでは如何にも貧弱なエグザンブルのやうに思ひます、今家事審判所では家族共同生活の平和、成程さう云ふ風に抽象的に仰しやれば誠に結

構と思ひますが、どう云ふものでございませう、斯んなことで出来て居ると云ふ訳でございますか、家族生活の平和と云ふやうなことからまだ其の外にどう云ふやうなことがあるかと云ふことを御考へになつたことはございませぬか

○**奥野幹事**　只今考へて居りますことは家事審判所と云ふものが出来ますることになりまするると、例へば扶養関係の例を見ますと、現行法にありますやうに扶養の順位でありますとか範囲とか云つたやうなことに付て画一的に規定すると云ふよりも、現在の現実の家庭生活と云ふことを考慮に入れて、範囲とか程度とか順位とか云つたやうな事柄に付て家事審判所に於て深く立入つて適当に現実の生活に即したやうな扶養関係を規律することが出来る、義務付けることが出来ると云つたやうな方法に於て現実の共同生活を維持することが出来るやうに考へて居る訳であります

○**二十七番（牧野委員）**　私の伺つた次第も少し下手であつたかも知れませぬが、是は皆様も御承知の通り私は貴族院に於て憲法の修正案を出しまして、さうして本会議に於て其の説明を致した次第は、民事局長もよく御承知でおありであらうと思ひます、私が第一に心配して居りますのは、両親に対する関係、親子の関係をもう少し我々としては考へる必要はないかと云ふことでありまず、此の要綱には親子の関係に付ての現実に即して家族生活の平和を完うすると云ふ意味からは規定が少し足らないのではないかと云ふやうな気が致しますのです、それに付て当局はどう云ふ御考でございまするか、今現に行はれて居る憲法の説明を新聞等で見ますと云ふと、要するに夫婦と未成年の子供だけが要点になると云ふやうな趣旨のものもございますが、当局としてはさう云ふ御考でございますか、家族生活の根本は夫婦と未成年の子にあると云ふ御考でおありになるのか、それとも現実に即する家族生活と云ふことになると、もう少し広い家を御考へになつて家事審判等に付ての御考慮があるのか、其の辺の心持を伺ひたい、私の貴族院で致しました演説のことは民事局長よく御承知でございませうが、あれに関連して伺ひたい、斯う云ふ趣旨でございます

○**奥野幹事**　夫婦の其の上の親との関係と云ふことに付きましては或は現行法の下に於きましても何等規定がないと云ふことになららうかと思ふのでありまして、殊に夫婦の上の所謂尊属としての親の関係に付ては現在規定はございませぬ、それを更に進んで其の点を民法の中に規定すると云ふ所までは考へて居りませぬが、先程申しました家事審判法に依つて家庭の平和と健全な親族共同生活の維持と云ふことを目標として、それを維持して行きたいと云ふ中には、勿論さう云ふ関係も考慮して此処に網羅することが出来ると云ふ風に考へて居ります

○**二十七番（牧野委員）**　それでは尚もう少し此の点に付て伺ひたいことがございますけれども、第二以下の質問に進みまして、

或は又第一の質問に立返ることがあらうかと思ひまするけれども、さう云ふことに御承知を願ひたい

第二の質問と致しましては、夫婦に関することでありますが、第九、之には夫婦は同居し互に協力扶助すべきものとすること、とありますが、協力扶助と云ふことは内容はどう云ふ風に御考へになつて居るのか御伺ひ致したい、現行法と関連して御説明願へばどう云ふ風に違ふのか伺ひたい

○**奥野幹事**　協力扶助と言ひますのは、其の内容としては勿論扶養の関係も包含して居りますが、更に夫婦生活の費用等に付て、御互に其の費用に対して共同的に負担する、或は又夫婦の財産制等に付て十二以下で規定しようとする、さう云つたやうな趣旨全体を含めて考へて居るのでありまして、一般に夫婦間の扶養の義務の関係、或は同居の義務の関係、或は其の外に婚因〔姻〕の継続、必要な費用の負担、さう云ふ風なもの総てを含んで互に協力すると云ふ風な言葉で現して居る訳であります

○**二十七番（牧野委員）**　私の伺ふ趣旨は即ち現行法には扶養の義務のことが書いてございますが、扶養と云ふことと協力扶助と云ふこととの違ひが、心持は心持として、どう云ふ所にあるのかと云ふことを承知致したいのであります、現行法で夫婦間の扶養の義務と云ふものはどう云ふ風に御考へになつて居るのか、それとは大分違つて居るやうな御趣旨かと承りましたが、其の辺をもう一度御説明を承りたい

○**奥野幹事**　民法上の扶養上の義務と云ふことは、生活が出来ない場合に、其の生活を扶養すると云ふことでありますが、協力扶助と云ふ意味はそれより更に進んで積極的な意味を持つて居る、それを含めて更に積極的な協力をして夫婦生活を持続して行くと云ふ風に考へて居るのではないかと思つて居ります

○**二十七番（牧野委員）**　結局要点はそこにありまするので、民法の規定にある現行法の扶養の義務と云ふものは相当に無愛想なものになつて居ります、夫婦の間ではあの扶養の義務と云ふ考へ方だけでは尽すことの出来ないものである、憲法には個人の人権と両性の本質的平等と云ふ言葉はあるけれども、甚だ個人主義的な言葉しかありませぬが、是は更に積極的に解して、もつて夫婦間の協力協同の義務と云ふものが考へられて然るべきものであると思ひます、即ち要綱第九は憲法の規定を或意味から言ふと寧ろ更に拡充して、さうして協力扶助と云ふことを御決めになつたものと私察して居つたのでございます、さう云ふ風に単純な扶養の義務を超えてのものであると致しまするると、例へば親に対しては扶養の義務だけで宜いと云ふ御考でございまするか、それは家事審判所で宜しくやるから、それで特に要綱に載せる必要はないと云ふ御考のものでございませうか

○**奥野幹事**　親の関係に於きましては現行法を更に拡充して法律

上特に規定すると云ふ所までは実は考へて居らない訳でございまして、是は憲法に特に婚姻の関係に付て二十四条の規定を設けました、憲法に基いて民法上の規定を改廃或は改正すべき其の範囲に於て、憲法に基いて修正しなければならない範囲に於て、一応今回の民法の改正と云ふことが行はれまする関係上、取敢ず夫婦関係に付きまして只今御指摘のやうな第九のやうな要綱を設けたのであります、其の親との関係に付きましては現行法にも何等規定がない訳でありまして、更に憲法自体からそれをも特に現行法を修正しなければならないと云ふ要求があるやうには認められませぬのであります、唯併し日本古来の親族共同生活と云ふものは維持しなければならないと思ひますので、其の点に付きましては広く慣習一般の目的方針として家事審判法の第一にそれ等の意味を含める意味で、それ等の規定を設けようとするのであります

○二十七番（**牧野委員**）　憲法は夫婦の関係で、夫婦に関連して是だけ御決めになつた、家事審判のことはあとで御尋ねする積りでありますが、民法を此の侭で御置きになりますと親との関係は扶養の義務だけになります、食ふに困つた時に子供が扶ければ宜いので、さうでない時には子供は親を世話をしないで宜いと云ふ如くに解されます、是は果して民法として片手落と言ひ得ないかどうか、そこを心配する、成程当局としては憲法に関連する差当りの改正案を御出しになつた御趣旨は認めます、そこで夫婦は扶養の義務を離して協力扶助と云ふことであるならば、と仰しやれば、当然是は少くとも親子関係にそれが及んで然るべきものでないでございませうか、親の方は家事審判所の方に委して置いて云ふことでは何だか物足りないやうに思ひますが、当局としてはどうですか

○**奥野幹事**　先程申しましたやうに、一応憲法の改正に伴つて必要欠くべからざる民法の修正と云ふ意味で規定を致したのでありますが、勿論親との関係に付きましては法律上は扶養の義務の関係のことは御指摘の通りでありますが、実際の家庭共同生活と云ふことに付ては何等触れてないと申しますか、其の点に付ては現在の民法に於けると同様、勿論それを否定したり或は何とかすると云ふ意味ではないので、憲法の修正に依つて一応要求されて居る面だけに付て取敢ず民法を修正しようと云ふことでありまして、親との関係に付きましては現在通り、即ち現在に於ける家庭生活、それで律せられて障害がないと云ふのであれば、大体それで取敢ず宜からうかと考へた訳であります

○二十七番（**牧野委員**）　取敢ずと云ふのが私には分りませぬので、兎に角夫婦の根拠は個人の尊厳と両性の本質的平等、さう云ふことで、而も此の案はそれを拡充して其の消極的な規定を積極的なものに引伸ばして、是だけのことを御定めになるとすれば、私は当然親のことを考へるのが憲法の要求に副ふ所以ではないか

と思ひます、親子の間で消極的に言へば個人の尊厳と本質的平等と云ふものが支配して居つて、そこに親子と云ふものがあると致しますと、民法上親は扶養の義務で食ふに困つた時だけ扶けれぱ宜いが、夫婦はそこは宜しくやると云ふことは少し足りないと云ふ風に御考へになりませぬか、と云ふことは扶養の義務だけで、食ふに困つた時だけ子供は扶ければ宜いので、そこは家事審判所でやると云ふことは法律の体を成すことになりませうか、折角民法の御改正をやらうと云ふのでありますから、当然想はざるを得ざるものに付ては御考慮を仰ぎたいと思ふのであります、固より大体我が国の現行の民法が相当に扶養関係に付てだけでも無愛想のやうに思ひます、けれども夫婦間に関しては扶養の義務とあつたものを折角是だけに御改めになつたものでありますから、夫婦に付て気が付くならば当然気の付くべき所がありはしないか、即ち第一の問題に立返るのです、第一の問題に付て五つエクザンプルが出ましたので、其の外に親と子との関係に付て御考へになりませぬかと云ふことを申上げたのでありますが、協力と云ふ関係に付て親と子とに付て考へることは出来ませぬか

○**奥野幹事** 夫婦の関係は特に憲法で要求されて居りますので茲に取上げた次第でありますが、夫婦と親の関係も、子の関係に付ても同様であるのでありまして、夫婦と子との関係もさう云つたやうな積極的な規定がなければならないかと云ふことにならうかと思ふのでありまして、夫婦から見ての親の関係と、夫婦から見ての子の関係、さう云ふ風な色々の横の関係、縦の関係がある、憲法の取敢ず要求して居る所では夫婦の関係を特に要求して居るので、其の点を特に修正の要綱として掲げて居るのでありますが、其の上と下との関係をひつくるめて協力と云ふ風に見て居るのでありまして、其の関係は家事審判所の権限が相当親切に家庭生活にタツチするやうになつて参りますので、其の家事審判の何処に目標を置くかと云ふ其の第一の要綱として、家庭の平和と健全なる共同生活の維持と云ふことを図ると云ふことに依つて、夫婦以外の親との関係、子との関係、さう云つたやうなものを保護して行くと云ふ為に家事審判の目標を其処に置くと云ふ趣旨の項を置きまして、結局御趣旨のやうな目的を達し得るではないかと考へたのであります

○**二十七番（牧野委員）** 憲法は夫婦だけを見て居るから、親子のことは考へて居らぬからと云ふ御説明は一応理解出来ます、それで此の点に付ては憲法の限りに於ては金森国務相に屢々御伺ひを立てゝ居りますが、結局親子の関係を軽く見るとか除外すると云ふことは憲法では考へて居らない、兎に角夫婦の関係を明かにすると云ふことを憲法上の必要事項にしたのであると云ふやうな御答弁であつたかと思ひます、所で憲法の改正案に対して趣旨としては反対しないが、改正案に対する修正としては御同意出来な

いと云ふことでございました、私はそれに対して承服は致しませぬが、国務大臣の説明として一応承服して置きましたけれども、今我々は民法の改正案を問題にして居るのでありますが、憲法の改正案の下に民法をなだらかに改める時にはどう云ふ風にするかと云ふことの場合に、憲法では夫婦のことしか見て居らないから、親子のことは家事審判所と同じで宜いと云ふことになると、憲法は夫婦だけのことを大切にする、親子の関係はセコンダリーのものと見て居ると云ふ風に考へて居るが如くに考へられるのでありますから、憲法の下に於て夫婦の名目を変へなければならぬのならば、それと同じ重さを以て考へなければならぬ所には当然考へ及ばなければならぬので、夫婦の扶養の義務を協力扶助と云ふ所まで御拡めになつたならば、親子に付ても御拡めになるのが至当である、民法を改正すると云ふのでございますから、さう云ふことを一つ御考へ願ひたいと思ひますが、どうしても親子のことは扶養の義務を原則とする法律的には扶養の義務で宜いものだと御考へになりませうか、民法では食ふに困らなければ親を扶けなくても宜いことになつて居りますが……

○**奥野幹事**　此の夫婦の協力扶助と云ふことの内容は、先程申しましたやうに婚姻より生ずる費用の負担の関係或は扶養の関係と云ふ風に、内容は稍〻具体的に分り得ると思ふのであります、所が親との関係に付て協力扶助と云ふことに致しますと、扶養の外にどう云ふ法律的義務を負担するかと云ふことになると、ちよつとなか〳〵捕捉し難い、或は道徳的に愛し合ふとか或は睦じいと云ふことがあるかも知れませぬが、法律的に言ひますと稍〻そこが具体的に捕捉し難い、立法上の技術の方面に於ける難点もあるだらうと云ふ風にも思はれるのであります

○**二十七番（牧野委員）**　そこで夫婦の協力及扶助の義務と云ふものの内容に付て先程伺つた点が愈〻問題になるのでありますが、此のあなたの御説では、婚姻より生ずる費用の分担と扶養の義務との外には協力扶助の関係はないと云ふ御見込みでありますか、第十二の一の所の協力負担と云ふ言葉は結構であります、是は余程広い意味を持つたものであると思ふのであります、其の中の特殊のものに付ては特に民法上規定を設けて具体的に明かにすることが必要でもあるし、少くとも有益でございませう、併しながらそれを超えて夫婦の間にはまだ〳〵協力もし扶助もしなければならぬ関係が随分沢山ある、夫婦一体となつて生活をしなければならぬと云ふ所がそこに現れて来る、故に差当り直接に此の具体的なエクザンプルやアプリケーシヨンを認めることが出来なくても、其の二つの規定の外に、原則として夫婦は同居し、且つ協力する旨の規定が必要だと思ひます、あなたは此の二つだけだと思つて居りますか

○**奥野幹事**　法律的に其の内容に付て法律的効果を生ずる文面を

分析致して見ますと、同居並に婚姻より生ずる負担、更に又子に対する養育との関係も同じやうに思ひますが、其の言葉は矢張り包括的でありますが、之を癒〻問題にして具体的に其の法律効果を探つて見ると、法律的にはさう云ふやうな所に分解することになつて、あとは其の間に精神的なものも含むと云ふ風にも解釈し得るかと思ひますが、法律的の効果としての効果を見て見るとさう云つたやうな内容を持つもののやうに思ひます

○二十七番（牧野委員）　さうすると民事局長の御考では法律的の効果を明かにする限度に於ては此の二つだけを明かにして置けば宜いので、協力扶助なんと云ふ言葉は消しても宜い訳になりますか

○奥野幹事　それは綜合して、原則として協力扶助すべきものとすると云ふことを掲げることは適当かと思ひます

○二十七番（牧野委員）　二つを合せたものが協力扶助になれば二つだけ書けば宜いので、協力扶助を書くのは二重でございませう、不必要な規定でありませう

○二十六番（中川委員）　先程から民事局長の説明致して居ります所で十分であると思ふのでありますが、何だか牧野先生が言ひ直しなさいますと大変狭くなつて角が立つて、民事局長が大変極端なことを考へて居るかのやうに聞えるのであります、併し是は別に民事局長個人の作つたものでもありませず、起草委員が皆で考へて、第三部会の承認を得た要綱でありますので、私も一言補足的な意見を述べさして戴きたいと思ふのであります、協力扶助と云ふ言葉は大変宜いと牧野先生の御褒めに預つたのでありますが、協力扶助と云ふ言葉は其の字が持つて居りますやうに相当広いニユアンスを持つて居り、其の点が夫婦に付て大変大事であると思ふのであります、煎じ詰めて行くと法律上問題になる所は婚姻の費用とか扶養であるとか云ふ大変とげとげしたことになりますが、併し其の外に矢張り夫婦として、同じ扶養するのにも夫婦として扶養する、同居すると言つても夫婦として同居すると云つたやうなことが皆茲に含まれるのであると思ふのであります、今の民法が単に夫婦は互に扶養すべしとなつて居るのを協力扶助と云ふ風に言葉を拡めたことは賛成だと牧野先生も仰しやいますし、私共も大変私共の苦心した所を読み取つて戴いて有難く思ふのでありますが、それでは夫婦の場合に協力扶助と言つても、何故親子の場合を協力扶助と言へないのか、親子の協力扶助と云ふ規定を置いたら宜いぢやないかと云ふ御意見であるやうに思ひます、之に対して幹事側としては憲法の改正に伴つて止むを得ない所だけを今度民法の改正に取上げたんだと云ふ説明で、それは其の通りであります、民法の中にはまだ〳〵直さなければならない所が沢山あるのでありまして、それは新憲法が出ませぬでも直さなければならない所であります、況や新憲法の下になだらかに民法を

直すと云ふことになりますればもつと〳〵沢山あるのであります、所が今度の改正事業は非常に時日が少いものでありますから、出来るだけ範囲を小さく致しまして、此の規定を新憲法施行の後まで残して置いたのでは憲法の違反になる、さう云ふ方向と、極く其の虞があると云ふやうな所を先づ主眼として拾つて居るのであります、さう云ふ意味で夫婦の所を協力にして新憲法と調子を合せる、而も親子の関係の所は先づ現行法の侭にして置かうと云ふのが一つの理由であります、併し私考へまするのに、さうすれば親子を現行法通りにして置けば、親は食へない時にだけ養へば宜いのか、現行法はさうぢやないかと云ふ御説でありますが、併しそれは必ずしも現行法でも実際の運用に当つてはさうばかりは行つて居らないだらうと思ひます、元来申しますれば扶養と云ふものは非常に厄介なものでありまして、法律上の扶養義務をどの程度に認めるかと云ふことは道義の観念と対照致しますと、立法的になか〳〵難かしい所があるのであります、それで大正十四年に臨時法制審議会が発表致しました民法親族編中改正の要綱でも、扶養の所に関しましては現行法の扶養に関する規定を整理して、極く大綱だけを規定するに止めて、あとは家事審判所のやうな制度で具体的にやつて行くと云ふやうな決議をして居る次第であります、扶養の問題は実際の場合を見て見まするると、何時でも此の臨時法制調査会の改正要綱のやうでなくてはならぬと私共も思ひます、と云ふのはなかなか一律に行かないのでありまして、法律で書いてしまへば一親等は斯う、二親等は斯う、傍系親族は斯うと云ふことになつてしまふのであります、所が兄弟でも非常に仲の良いのもあり、悪いのもあり、又どうしても養はなければならないやうな関係もあり、面倒を見ろと言つて請求をするのがあつかましいと思はれるやうな場合もあり千差万別であります、さう云ふ扶養関係の中でどんなに法律が規定しても、強い義務を認めても差支ないと云ふ場合が二つあります、一つは夫婦の関係であります、是は夫婦の関係にはどんなに強い扶養義務を認めても差支がないと思ひます、最後の一つの菓子まで分けて食へと言ふことも差支ないのであります、もう一つは親が未成熟の子供を養う場合で、是も親たる者は成熟しない子とはどんな小さいパンでも平分に分けて食べろと云ふ規定を置いても宜いと思ふのでありまず、併し是以外の関係になると、具体的の場合場合に依つて、さう強い規定を一律に置くと云ふことは出来ないと思ふのであります、先程から問題になつて居ります親子の関係に致しましても、是は一番強いのでありまして、是は一番強い義務を認めても比較的宜い場合でありますが、其の親子の間に於きましても、之を夫婦の関係のやうに協力扶助と云ふことを法律で決めてしまふと云ふことは、必ずしも穏当でないと思ふのであります、と云ふのは親が未成年の子供を養つて居る関係と、夫婦の関係――是は協力扶助になるが、親が子を養ふ場合には協力扶助はをかしいと言ひますか、もつと非常に強い扶養の関係が、何と言ひますか身分関係の本質があるのでありまして親が未成年の子供を養ふ場合の親子の関係とか、夫婦の関係は、扶養しない親子とか扶養しない夫婦とか云ふことは、言葉自体の矛盾であると言つても宜いやうな関係であります、所が例へば兄弟と云ふものを例に取ると、是は扶養し合ふと云ふことは一つの偶然な場合でありまして、銘々が独立して生活して居ることの方が社会の実際上に於て常態である、併し事があつた時には何か扶け合ふ趣旨が取入れられることになるのであります、さう云ふ段階は従兄弟になればもう少し薄くなりませうし、又叔父と甥姪との関係になれば、是は矢張り兄弟よりか低い関係になると思ひます、是が親子の関係になると非常に強くなるのであります、其の場合は子供が成熟しない場合を指すのであります、現行民法もさう云ふ点を考慮に入れまして、夫婦の所には特に婚姻の効力の節の中に夫婦は互に扶養の義務を負ふと云ふことを入れて居るのであります、第八章の扶養の義務にも配偶者と云ふ字が入つて居りますが、特に夫婦関係だけは婚姻の効力の節の中に其のことを謳つて居るのであります、親子に付ては現行法は規定を持つて居らない、併しそれは特別に持つて居ないと云ふだけで、直系血族としては持つて居ると云ふことになります、けれども私の考では夫婦の場合のやうに強い協力扶助の関係が起るのは親が未成熟の子供を養育する場合だけであると思ふのであります、それ以上に法律が親子である以上は、子供が成長しても同じやうな協力義務を認めなければいかぬと言つて、それを法律で規定致しますと、却て色々な場合に親子の関係が不都合を生じないとも限らぬのであります、それでありますからそれ等に対しては家事審判所と云ふ建前が出来て居るのであります、家事審判所の要綱案には家庭の平和と健全なる親族共同生活の維持を図ることを目的とすると冒頭に謳つて居ります、此の趣旨に基いて家事審判所が、是は親子であるから、子供として苦しくても此の程度の扶養をしなければならぬと云ふ風に考へるでありませう、又現行民法にない叔父と甥とか姪とか従兄弟であるとかでも、場合に依つてはさう云ふ必要が起ることもあるかも知れませぬ、でありますから扶養義務に関する法律と云ふものは、私は結局各個の具体的の場合と〔に〕付て之を規定しなければ到底万全を期することは出来ないと思ひます、一律に規定して宜いのは未成熟の子を育てる親の義務と、それから夫婦の相互の関係だけであると思ひます、此の度の改正案は夫婦に付て一応協力扶助となつて居りますが、子に対しては未成年の子は其の夫婦の共同の親権に属することになつて居ります、親権は子供を監護教育することが根本の義務であり権利であるのでありますから、親が子を養ふと云ふことに付ては此の度の要綱は遺憾ながら書けないと思ふのであります、現行法でありますと扶養の義務は直系血族とあるのでありまして、親として子を養へと云ふ規定はないのであります、親権の所には親権者は其の未成年を監護教育するとありますが、其の親権者は父があれば父と云ふことになつて居ります、母は父があるときには子供を監護し教育する権利もないし義務もないと云ふやうな形になつて居ります、併しそれは形の上で実際に法律がさう云ふ風に動かされて居ることはないと言つても宜いのですが、兎に角形の上ではさうなつて居ります、其の形は今回の共同親権と云ふことで非常に旨く片が付いて居るので、どんな強い扶養義務を認めても宜い、此の二つの場合は立法の場合に立派な条件化されると思ふのであります、でありますから夫婦に協力扶助と云ふ強い関係を認めた以上何故親子に之を規定しないかと云ふ点に付ては、是は憲法が夫婦のことだけを言つて居るからと云ふことも一つの重要な理由かも知れませぬが、私はもつと扶養の義務と云ふものの本質的な面から親子の間の強い扶助関係と云ふものを研究したが宜い、それ等は矢張り家事審判所に任せて宜いと思ひます

○二十七番（**牧野委員**）　中川委員の今の御説明で得心の行き兼ねた点を少しばかり申上げて、最後に御釈明を願ひたいと思ひます、私は民事局長に対する伺ひの第一に、扶養の義務と云ふことと協力扶助と云ふことは違ふのでございませうと云ふことを念を押して置きましたが、是は全然違ふ筈で、段々御話がございましたが、そこで協力扶助の義務と云ふことはどう云ふことでございますかと云ふときに、民事局長は法律関係だけを二つ言はれて、是がそれであると云ふやうな御話でありましたが、今の中川委員の御説明でも矢張りそれを越えて、まあ輪廓は明瞭ではないが、一種の情愛の籠つた協力扶助の意味があるのだ、単に婚姻の費用を分担するとか或は扶養すると云ふ扶養を越えた扶助協力の意味であると云ふ風に御説明になつたやうに思ひます、兎に角私の心持は御察しの通り、協力扶助と云ふ言葉に何故私が賛成するかと云ふと扶養義務と云ふ言葉を避けて、もつと広い意味を盛つた所に意味がある、御示しになつた二つの場合を越えた広い意味があるものと思ふからでございます、中川君は夫婦には同居の義務から割出される所の協力扶助の義務があると云ふやうな意味の言葉を御使ひになりましたが、そこから御互に日常生活を扶けると云ふやうなことが段々出て来ると思ひます、そればかりでなく、それが民法を理解する道徳的な考へ方に影響を及ぼします、夫婦は一心同体だと云ふことが分れば、そこに本当の夫婦の道義的の生活と云ふものが現れて来ると思ひます、そこで一体さう云ふ関係は夫婦の関係のみに考へられることにしないで、もつと親子と云ふものも考へたらどうか、斯う云ふ風な質問を出して見たのであります、それに対して民事局長からも御話がございましたが、夫

婦の間だけでなく、親と子との協力関係、そこに私が考へて見たい点があるのであります、夫婦のことは考へるが親のことは知らぬと云ふことになつてはまづいぢやないか、夫婦のことだけ考へて、先づ女房に食はして親は知らぬと云ふことでは収まりますまい、是は法律の形の上では民法の規定でも刑法の規定でもさうでありますが、是は単なる法律関係を認めるだけではないのであります、そこにはもつと道徳的なものがあるのであります、そこで協力扶助と云ふ言葉には非常に面白い意味があると私は考へて居りますので、従つてさう云ふ輪郭の稍〻曖昧ではあるが、思想的な面をもう少し夫婦から拡げて置いて戴かぬと、夫婦だけが先だ、両親は後だと云ふやうなことになる惧がありますから、折角民法を御改めになる今日、又まだ〳〵直す所があるからと仰しやいますが、夫婦のことを協力と考へるならば、我々としては当然親のことを考へなければなりませぬ、当然子のことを考へなければなりませぬ、子のことは考へるが、親のことは第二次だと云ふのでは民法の道徳的意味、社会的通念が抹消されます、憲法のことは考へるが、民法のことは別問題であると云ふことを金森国務大臣が御述べになりましたが、此の問題は此の際民法で改正して戴きたいと思ひます、従来の形では誠にぶつきら棒であります、又現行民法は外国民法に倣つてぶつきら棒であります、此のことを一つ明かにするやうな規定が欲しい、親族法と云ふものはひからびたことを書いて居るのではございませぬ、家事審判所でやるんだと云ふことでありますが、其の基準となるべき原則は家事審判所でなく民法の中にはつきり設けて戴いて、夫婦だけと云ふやうな片手落にならぬやうに、夫婦にも子供にも両親にもと云ふ風に私は考へて居るのであります、親と云ふものは夫婦と兄弟の間位のもののやうに聞こえるやうな御話もございましたが、此の点はどうか委員の皆様方に於て御考慮を願ひまして、夫婦のことを規定するならば、親子と云ふことも考へて、腹が減つたら先づ女房だと云ふやうなことを言はないで、そこに一つ御考へを願はなければならぬことがありはしないかと思ひます、何か此の点当局として御工夫が願へぬものか、尚あとに私の修正案を御参考の為に申上げて見たいと思つて居る次第でありますが、是は大きな問題でありますから、親と云ふものは夫婦より下で兄弟より上に当る位のものだと云ふ御説明では、私は此の際得心が行き兼ねると云ふことを申上げたい、而もそれは扶養の義務に付てと仰しやいましたが、私は扶養のことを申して居るのではない、扶養の規定の困難なことは御説の如くでございますが、協力扶助の関係に於て親の方は先づ女房よりも先にしろと私は言ひたい位であります、日本の家庭としては先づそこまで言ひたいのでありますけれども、本質的平等の原則に依りますれば、女房も親も平等に足りない所の配給のお米を分けて食ふと云ふ考へ方が欲しいと思ひます、出来るならば女房にも食はせないで、自分も食はないで親に食はせると云ふことが本当でせう、併しそこまで法律で決めると云ふことは出来ませぬが、少くとも親が夫婦より半段下つて兄弟より半段上であると云ふやうな御説明のやうに考へたのは誤解であつたならば失礼を申上げるものでありますが、誤解でなかつたならば一つ御考へ直しを願ひたいと思ひます、併し是から先は見解の相違と云ふことになると思ひますけれども、是は何とか一つ御考慮を煩はしたいと思ひます

○二十六番（中川委員）　まだ先生は御話があり、又修正案があると云ふことでございますが、私の申したことに御触れになつた点だけ申上げます、私は親子の協力関係がないと云ふことは申しませぬ、親子の間にも協力の関係があると云ふことを申した筈であります、唯それが一律には行かぬと云ふことを申したのであります、そこで牧野先生は、それでは親子の関係は夫婦と兄弟の間位のもので半段下つた所かと云ふ御解釈でございましたが、さう云ふ取り方は私大変遺憾に存ずるのであります、私は法律を規定致しますのに、親子の関係を云ふもの一般を夫婦の関係のやう規律は出来ないと云ふ意味を暮々も申した積りであります、必ずしも何も親子の関係は夫婦よりも一段軽いものだと云ふやうなことは毛頭申した積りはありませぬ、私の言葉が行届かなかつたせいでありまして、此の点は御詫びをし且つ釈明致します、今更親子と云ふものは斯う云ふものだとか、子と云ふものと親の関係はどうだと云ふことを私から牧野先生に御話すると云ふことは、誠に筋違ひの話でありまして恐縮の至りでありますが、私も兎に角二十何年此の方専門にやつて居りますが、さう致しますると、是は牧野先生を素人だと云ふやうなことを申すのでもありませぬが、兎に角専門にやりますと全体的な色々な関係が目に入ります、さうでないと自分の周囲のことが強く目に入ります、非常に立派な御子さんを持たれ或は立派な親御さんを持たれる方、さう云ふ方々は親子関係と云ふものが非常に円満に行き、又非常に美しいものであると云ふ点が強く響くのだと思ひます、併しながら世の中を見ますと親子と云つても、是が親子なのかと思ふやうな親子も決して少くないのであります、時には他人よりももつとひどい親子があり、さうしてそれが親であるからと云つて子供を虐げて居ると云ふ場合も決して稀でないのであります、さう云ふやうな場合を一切含めて考へますと一律的に権利義務の関係を規律出来ない、それではすつぽかして置いて宜いかと云ふと、さうではないので、是は夫婦と同じやうな協力扶助の関係を認めなければならぬのであるから、さう云ふことは具体的に審理をする家事審判所の方に委した方が宜いと云ふ意味であります、詰り世の中には甥や姪を引取つて養つて居る叔父や叔母が沢山あります、従兄弟を養つて居る従兄弟もあります、それ等は決して民法に依つて養

つて居るのではないのでありまして、さう云ふ情義の深い叔父なり従兄弟なりと云ふものもあるのでありまして、唯私は法律の世界に取り込む際に、親子の関係は、是は子供を育てると云ふ場合ではない、もつと一般的な関係に付て申すのでありますが、親子の関係と云ふものは夫婦の関係のやうに一律には規定が出来ない、斯う云ふことを申上げたのでありまして、私の言葉が行届かなかつたせいで牧野先生も大変狭く、或はまるで違つたやうに了解戴きましたことを大変に残念に存ずるのであります

○二十七番（牧野委員）　私は中川委員の御話を誤解して居つたらしいので、其の点は訂正致します、扶養の義務に付て親は一律に論ずることは出を〔き〕ない、兄弟、従兄弟にまで御話がありましたので、聊さか邪推を致しましたが、兄弟、従兄弟を引合に出す必要はなかつた筈であります、そこで親は一律には行かぬが、夫婦は一律に行くと云ふ所に私は疑ひを持ちますので、あれでも夫婦かと云ふやうな夫婦も世には随分あります、それですから一律論を言ふのではなくて、原則論を言ふのであります、原則として夫婦は何処までも協力扶助をするのです、其の具体的の適用は争ひになれば家事審判所が定める、それと同じやうに親子の関係も原則としては一律に考へて然るべきではないか、此の辺の考へでございまするので、色々誤解もありましたでせうが、併し親子は一律に見ることが出来ない、今度は親は下とは申しませぬ、併しながら親子の関係は一律には見られぬ、夫婦は何処までも一律だと、斯う仰しやる所に矢張り私として疑ひを存すると云ふことだけは申上げて置きたいと思ひます

○二十六番（中川委員）　親子は一律に行かない、夫婦は一律に行くと云ふ所に尚遺憾に思ふ点があると云ふ御話であります、成る程御説のやうにあれでも夫婦かと云ふ夫婦があります、併しあれでも夫婦かと云ふ夫婦には我々は離婚の問題を考へて居ります、併しあれでも親かと云ふ親に対しては久離勘当の逆様のやうな関係は考へられない、そこに問題の違ひがあるのであります、一律に夫婦の関係と親子の関係を、善い関係も悪い関係もあることは同じでありますが、併しながらそれだからと言つて、之をひどいのがあるから一律に行けと云ふ御説には私承服し兼ねるのであります

○二十五番（我妻委員）　牧野、中川両先生の蘊蓄を傾けた御話を伺つて居りまして、大変啓発される所があります、各委員も其の通りであられると思ひますけれども、斯様にして議事を進行して行きました時には何日続くか分からぬやうに思ひます、牧野先生が修正案を御出しになるのに得心さして、色々教育なさる御積りだらうと思ひますが、どうぞ一つ修正案を御出し願つて、それに付て討論と云ふことにして戴きたいと思ひます

〔「賛成々々」と呼ぶ者あり〕

○二十六番（中川委員）　賛成致します

○二十七番（牧野委員）　どうも長話しになりまして相済みませぬでした、実は斯んなに長いことを申上げる積りではございませぬでしたけれども、親子と夫婦は一緒に見たら宜いぢやないか、其の点がこちらも民事局長の説明で得心が行き兼ねた為に色々なことを申上げましたが、併し心持は皆さんも御察し下さつた通り、そこを憂へて居る訳であります、今後は成るべく慎みまして申上げますが、もう三つ、四つ質問を御許しを願ひます、第三は入夫婚姻の場合であります、「入夫婚姻に該る場合に於て当事者の意思に依り妻の氏を称するを妨げざるものとすること」、此の入夫婚姻と云ふのは法律上どう云ふ形で御現はしになる御積りか、それを伺ひたい

○奥野幹事　現在兎に角女の方に男が入つて来ると言つたやうな場合を思へて居るのでありますが、是は具体的に条文の上にどう云ふ風に現はして行くかと云ふことに付ては尚現在研究中であります、頭は現在の女の方に男が入つて来ると云ふやうな場合を適当に現はし得れば、さう云ふ条文に依つてさう云ふ場合は女の氏を称するとし云ふやうに考へて居ります

○二十七番（牧野委員）　女の方に男が入ると仰しやるから、又理屈を申しますが、「方」と云ふのが私大変気に入らない、「方」と云ふのはどう云ふ観念でありますか、今此処で民事局長に伺つて居るのは、私は法律論であると云ふことを御承知下さい、今現在の民法では家と云ふ考へが本になつて此の問題は簡単に解決出来て居りまするが、併し家と云ふものの制度を止めて、入夫婚姻と云ふものを考へますと云ふと、其の女の方と云ふ「方」と云ふことを、差当り立法上の文字で伺はうとは申しませぬが、法律的概念としてはどう云ふことになりませうか

○奥野幹事　婚姻に現在のやうな入夫婚姻の場合が矢張り実際の生活面に於てあるのではなからうか、必ず男の方の氏を女が称さなければならないと云ふことに一律にする訳には行かない丁度現在に於ける入夫婚姻のやうな場合を認めて行つて差支へないと云ふので、立案の点に付ては更に研究中であります

○二十七番（牧野委員）　私の申上げますのは、入夫婚姻と云ふことは、現在の家と云ふ形式的な考へを元にして我々が法律上理解して居りますが、今度新しく家と云ふ形式的な制度を離れて入夫婚姻と云ふものを法律上御認めになると云ふと、其の女の方と云ふ其の「方」と云ふことは法律上どう云ふ概念になるか、方と言へば分るぢやないかと仰しやれば、常識的に是は分るやうな気が致しますが、そこに疑念があるのです、本来此の要綱も第一の要綱と同じことで、私の注文に依つて御書換へ下さつたので、私としては相当にあの時には御注文は申上げた訳です、そこで初めは夫婦だけの合意に依つて、いつでも妻の氏を名乗ることが出来

るとあつたのを、それではどうも言葉が余り広過ぎるぢやございませぬかと申上げて、入夫婚姻と云ふ言葉を御入れになつた実情は分りました、そこで法律的には今どう云ふ文字か分らぬけれども、入夫婚姻の場合にはと仰しやればそれだけですが、突き詰めて言へば家と云ふ一つの、若しくは家に代るべき或る一つのものを御認めにならなければ、入夫婚姻と云ふ法律的概念を構成することが困難になりはしますまいか、それとも何か御成案が既におありになることかと思つて伺つた訳であります、まだ決つて居らぬと仰しやれば致し方ございませぬが、どうでせうか、是は入夫婚姻と云ふ文字を御使ひになつて一時此の要綱だけは滑かに治まりましたけれども、更に之を民法の具体的の規定に移す時には、問題に触れて来る虞がありますから、そこを私は心配致して居ります

○二十五番（我妻委員）　私から御尋ね致します、結局最小限度には女の妻の方の氏を残したいと云ふ当事者の考へである場合に、普通の婚婚〔姻〕ですと妻が夫の氏を称するのを、夫の方で妻の氏を称する、実際上妻の名前を残したいと云ふ場合であつて最小限度のものである、是は牧野先生も御了解下さると思ひますが、其の上更に何等かの制限を付けるか、例へば既に親が死んで女の子しか居ない場合、或は其の妻になる女が先祖の祭祀を主宰する場合と云ふやうな何か制限を置かうかどうかと云ふことが、今民事局長の言はれた考へて置くと云ふ所に当るのでありまして、どう云ふ制限を置かうかと云ふことを色々考へて居りますが、現在の所正直に申しまして、どう云ふ制限を置かうと云ふ積極的な考へはありませぬ、従つて率直に申しますと、どうしてもうまい考へがない時には両当事者が相談して、妻の姓を残したい、氏を残したいと云ふ時には夫が妻の氏を称する、さう云ふ場合には戸籍の編製は妻を一番筆頭にして戸籍を編製すると云ふやうなことになるだらうと思ひます、其の辺まで考へて居ります

○二十七番（牧野委員）　さう致しますと第八の要綱に付て私が注文をして何とか適当な制限がなければ誤解を生ずる虞がありはしないかと申上げたのが其の通りで、結局は入夫婚姻に当る場合と云ふことがあるかも知れない、同じことになつたやうに思ひます、結局は夫婦合意で決める、斯う云ふ御考へになつてしまふやうに思はれますが、それで宜しいと仰しやれば、皆さんがそれで宜いぢやないかと仰しやれば、例へば私の長男が都合有之、私は親父は困るから金持の所に婿に行くから左様御承知下さいと言つて飛出してしまへば、それ切りのものと斯うなつてしまふ、是はどう云ふ風に定めたら宜いかと云ふことに付て、私も今差当り良い案がございませぬが、入夫婚姻に当る場合と云ふ言葉があつた為に一応落付きました、併しながら入夫婚姻の法律的概念、構成がどうなりますか、或は要件と申しますか、例へば妻が先祖の

祭りを受持つた場合と仰しやれば、こつちも先祖の祭りを受持つて居る時には其の婚姻関係はどう云ふことになるか、斯う云ふ風に疑ひを免れぬことになりますので、是は矢張り法律家としては余程考へて置くべき問題である、殊に何時でも自分の親の氏を捨て、妻の姓を名乗ることが出来ると云ふことになると、それだけで宜いかと云ふ疑ひが起ります、それでいつでも親のことは構わぬでも、夫婦の都合次第で是は決るべき筈のことであると斯う仰しやればそれだけでございますが、何かそこにもう少し、我々年を取つて居りますから考へが少し旧弊かも知れませぬが、そこに矢張り何かあつて欲しいと、斯う云ふことを私は思ひますので、即ち此の入夫婚姻に該当すると云ふお入れ下さつた文字に非常に私は重きを置いて此の案に賛成申上げる訳でありますが、甚だ我妻委員の御答弁ではちよつと有名無実の文字に是は帰着したやうな気が致しましたので、是も亦例に依つて誤解かも知れませぬけれども、甚だ懸念なき能はず、矢張り妻の氏を名乗る時には何かの手続をしなければならぬ位のことがあつた方が宜いのぢやないか、家事審判所が飛び出しても宜からうと思ひます、親の同意を要するとまで言つては差支へがありまするならば、矢張り家事審判所か何かをそこへ持つて来たらどう云ふものでございませうかと思ふ位に考へます、唯無条件に男女の合意だけで妻の氏を名乗つても差支へないと云ふことになるのは心許ないやうに思ひますので、今の我妻委員の御説明では不幸にして私は得心が行兼ねるやうな気が致します、まあ是以上は意見の相違と云ふことになるかも知らぬが、今の三君の御心持は一応私は理解することが出来ましたが、残念ながら私は十分得心を致し兼ねます、そこで質問の第四でありますが、第三十三の所に「氏を同じくする直系姻族の間に於ても扶養の権利義務を認むること」とあります、此の氏を同じくする直系姻族と云ふ場合に於ける「氏」と云ふのはどう云ふ観念のものでございませうか、と云ふのは其の他に氏と云ふことが若干見えて居りまするが、是は「氏を称すること」と云ふ言葉になつて居りますから、単純な形式的なものになりますが、此の場合の氏と云ふことになりますと、余程実際的の意味に当るらしく思はれます、此の「氏」と云ふ概念を一つ承はつて置きたい

○**奥野幹事**　実は此の要綱の制定当時に於きましては、嫡母庶子の関係であるとか、或は継親子関係と云ふやうなことに付きましては、現在のやうな親子の関係と云ふやうなことでなくと云ふことでありまして、併しそれは氏を同じくすると云ふことになりますので、其の関係に於て扶養の関係を権利義務の関係で認めて行くと云ふことであります、併し此の点は先程御話申上げましたやうに家事審判所と云ふものが出来まして、扶養の関係等に付ては法定的に範囲を決めたり、順位を決めたりするより、具体的な親

族共同生活に即して扶養の関係等を決めて行くと云ふことに致しますと、或は此の点に多少変つて来るかと云ふ風にも考へて居りますが、此の要綱の制定を〔の〕当時に於きましては、或は第三の関係等に相対して、所謂親子の関係がなくても、姻族一等親の関係があると云ふやうな場合には扶養の関係を認めて行かうと云ふことで此の要綱を作つたと思ひます

○二十七番（牧野委員） 私の御伺ひ致しましたのは、斯う云ふものの間に扶養の義務を決めた御趣旨がどうであるかと云ふ意味ではございませぬので、氏を同じくすると云ふ「氏」と云ふ概念でありまます、他の場合に見えて居るのは氏を称すると云ふことでございまするから、氏と云ふのは単純な名称でしかない、処が此処では同じ牧野と云ふ氏を称へて居つても、同じ氏と同じでない氏とがあらうと思ひます、其の時に氏の「アイデンア〔テ〕イテイー」を決めるのはどう云ふ標準であるかと、斯う云ふ問題であります、私が牧野を称しますが、同じ牧野である舎弟と私とは、一体氏を同じくする牧野なのか、違つた牧野なのか、斯う云ふやうに伺ひを立てて見たいと思ひます、私の父も牧野で、私も牧野で、私の伜も牧野でありますが、是は氏が同じなのか、違ふのか、そこの「アイデンテイテイ」を差別する要点はどう云ふ所に求めるべきでございませうか、斯う云ふことだけの要点です

○奥野幹事 其の点は戸籍法等に於て明かにすることにならうかと思ひます、例へば親と子の関係に於ては氏を同じくすることは明かであります、又兄弟と云ふ風な関係に付ても、此の点はどの程度に氏を同じくすることにするかと云ふことは、相当是は色々なむつかしい問題も含んで居ると考へるのでありまして、今度の立案に付きましてはどう云ふ範囲のものを氏を同じくすると云ふことになるか、例へば生れた子供は其の父母の氏と同一であるとか、或は女が婚姻すれば、此の間も問題になりましたやうに夫の氏を称する、さう言つたやうなことで、どう云ふ場合にどの氏に入るかと云ふことは自ら法律で決めることになる訳でありまして、之に依つて氏を同じくするかどうかと云ふことが法定的に決つて来るので、法律の規定に依つて大体今の頭で家に入ると言つたやうな、或る一定の場合に氏を称すると云ふことになりまして、其の結果其の氏を同じくすると云ふ観念が現はれて来ると云ふことになります

○二十七番（牧野委員） 戸籍法で氏を御決めになるのでなくて、氏の概念が民法で決つてそれを戸籍法で規定するのでございませう、此処で氏と云ふ概念が決つて氏をどう云ふ範囲で決めるかと云ふ民法の外の規定が出来る、それで之を外へ譲る積りであると云ふことでも問題の要点になつて居ないと思ひます、此処で氏と云ふことはどう云ふものか、例へば是が親の下で兄弟が居る時には、兄弟共同じ氏で、さうして茲には独立で別になる場合と云ふ

点も、今家と云ふ言葉を民事局長は仰しやいましたが、私の質問の要点を誤解下さらぬやうに、私は形式上の家を、現行民法のやうに維持しようと云ふことを主張する者ではありませぬ、併しながら入夫婚姻の場合と氏との場合とそこの引つ掛かりが明瞭でない為に質問申上げますので、根本に於てあなたが家を廃すると云ふことを考へてお出でになる、それに邪魔をしようと云ふ積りではございませぬ、寧ろ之を適当に御決めを願はぬと云ふと、総ての根本の方が徹底しないことになりはしないかと斯う考へて居りますので、どうぞ悪しからず其の点を御汲取り下さいまして御説明を願ひます

○二十五番（我妻委員）　此の氏と云ふことは仰しやる通りむつかしい問題なんでありますが、原案で考へて居ります所では、夫婦は共に夫の氏を称し、妻は夫の氏を称する、そこで氏を同じうする者は夫婦共氏を同じうすることになる、子は父の氏を称するから、子と父は氏を同じうすることになる、従つて又兄弟氏を同じくすることになりまして、今仰しやる通り牧野先生と、弟さんの良三さんとの間が氏を同じうすることになれば、広い観念に一応なつて行きます、氏に付て特別の法を此処で認めて居りますのは、此処で申します氏を同じくする直系姻族、父とか、母とか云ふ特別の関係を前提しまして、其の親子の間で氏が同じであれば、直系姻族の間で氏を同じうして居るものと言つて居りますから、結局書く場合に於ては困難は生じないと思ひます、一番問題になるのは、英一先生のお子さんと良三先生のお子さん、従兄弟同士の結婚をなさると云ふ場合に、結婚だから牧野のどつちの氏を称するのか、其の場合どちらの氏を書いても、どちらの方に行つたのかと云ふことは自ら分るだらう、同じ牧野であつても夫の方の牧野を称したのか、父の方の牧野を称したのか、実際的には分る筈です、其の実際的に分ることが戸籍の上にも反映して分るのだらうと云ふことを、戸籍で分ると云ふことを民事局長が言はれますので、矢張り仰せの通り実際的の氏と云ふものがありまして、其の中の変動が民法の各条項から出て来て居る、それが更に戸籍法の上で誤解のないやうにはつきりさすと云ふことが必要になつて来るだらうと思ひます

○二十七番（牧野委員）　一応了解致しました、要するに形式上同じ氏を称へて居るもので親族であれば、大概氏が同じであると云ふやうな形になりませうが、法律上の効果の方で制限をしてあるから大概分るだらう、斯う云ふ御考へのやうであります、私もさう行くだらうと思つて居るのですが、併し斯う云ふ風に書いてある為に、氏の概念と云ふことに疑ひを持ちますので、例へば今直系姻族に対する関係では、私も私の舎弟でも同じ氏だが、従兄弟同士で伜、伜となつた時には別の氏になると云ふやうな説明で、兄弟の中は同じ氏で、今度其の従兄弟になると違つた氏になると

云ふ所に、斯う何だか模糊たるものが私にありまして、氏の概念如何と、斯う云ふやうに伺ひを立てた訳であります、併し此処では直系姻族とありますから、実際上の適用は兎に角行くでせうが、氏の概念と云ふことに付て疑ひを存する、今の兄弟ならば同じ氏で宜いが、従兄弟になると氏が違ふと云ふ関係になる所に私としては疑ひを持つと云ふことは無理でございませうか、氏の概念と云ふことをさう云ふ風に色々考へて居ると云ふことだけを御承知願ひたい、そこで質問の第五に移ります、質問の第五は家事審判所でございますが、もう一度改めて家事審判所の第一条にはどう云ふことを御規定になる御趣旨か、民事局長仰しやつて見て下さいませぬか

○奥野幹事　只今出来上りつゝある家事審判所の要綱案の第一と致しましては、家事審判の制度は個人の尊厳と両性の本質的平等とを基本として家庭の平和と健全なる親族共同生活の維持を図るを目的とするものとすること、斯う云ふことであります

○二十七番（牧野委員）　有難うございました、伺ひまして前の方は要するに民法から婚姻関係の文字を特に御出しになつて、あとは広く家族生活一般に及ぶと云ふ御趣旨でございますが、そこに私は疑ひを抱きますので、家事審判所でおありになるならば、婚姻などに拘泥しないで、親子も婚姻も本質的平等のものだと思ひたいので、婚姻だけを主にしたことにならぬやうな家事審判所の第一項を設けて戴いたならば、もつと公平に、なだらかに理解が出来はしないかと云ふ風に思ひますが、是も起草者の御心持で、私の考への違ひと云ふことであればそれまでであります、そこで第二に伺ひますが、家事審判所と云ふものは実体法の御積りでありますか、手続法の御積りでありますか

○奥野幹事　此の家事審判所に於きましては、審判関係をやる部分と、所謂調停をやると云ふ両法〔方〕の機能を持たして居ります、而して其の対象となる事柄に付きましては、所謂訴訟事件的な、例へば禁治産者とか、準禁治産の宣告とか、其の取消とか言つたやうなものもありますし、又先程申しました扶養に関する事柄と云ふ風なものもありまして、其の事柄の性質の対象としては訴訟事件手続に入る事柄もありますれば、訴訟になるべき事柄をも対象とする、両方を対象として広く家庭事件に対する事件の処理をしようと云ふことになつて居ります

○二十七番（牧野委員）　固より家事審判所法が出来ました時に、二つの種類の規定が入り混じると云ふことは私承知致しまするが、例へば具体的な扶養関係、或は扶助協力の関係が問題になると致しまするると、それを家事審判所へ持込んだ場合には、実際的なことがそこで決ると云ふ御積りか、或は主としてそれは手続法を睨んだ規定と仰しやるか、例へば今日の他の調停法でありますと、強制調停と云ふやうなこともありまするので、そこには裁判所が

立派に形成権を構成すると云ふやうなことになりませうが、それでも調停法と云ふものは一般的に手続法の形を持つたものと私は理解致します、家事審判所法と云ふものも審判所がどう云ふ風に審判するか、主として民法の規定を運用しながらも、常識と道徳とを入れると云ふことになりますので、本来の建前は形式法たるものではなからうかと思ふのでありますが、それは私思ひ違ひでございませうか

○**奥野幹事**　御趣旨がちよつと了解致し兼ねるのでありますが、例へば扶養に関する事柄で、月々幾らの費用を甲は乙に対して支払はなければならないと云ふことの審判なり調停なりと云ふことになりますれば、それは実際的な強制執行等の力も持つことになり、或は形式的なことに付て審判を致しますれば、形成的な実体関係がそこに生ずる、さう言つたやうな効力を持つと思ひます

○**二十七番（牧野委員）**　私の御尋ね申上げた仕方が悪うございましたが、さうすれば民法では兎に角親子の関係には扶養の義務しかない、協力の関係はない、そこで家事審判所は民法を改正なさる御積りか、民法の原則はそれを尊重なさる御積りか、斯う伺ひませう

○**奥野幹事**　民法の枠内に於て、民法が相当扶養の程度であるとか、或は扶養の方法等に付て裁判所で決めると云ふ風な規定になつて居りますと、それを受けまして其の裁判所である審判所がまあ共同生活の実情に応じて、其の方法なり、扶養の義務なり、さう言つたやうなものを決める、其の効力は実際的な効力を持つと云ふことになると思ひます

○**二十七番（牧野委員）**　私の申上げやうが悪かつたのでせう、思ひ切つて民法の親子の扶養関係の所をお削りになつて、審判所で是は決めると云ふ風になさつては都合が悪いのですか

○**奥野幹事**　結局は民法に於きましては直系血族なら直系血族の関係に付て扶養義務があると云ふことを規定し、尚是が扶養の方法等に付て協議が整つて居れば、其の協議に基いて協約に依つて行きますが、さうでない場合に於ては結局家事審判所が其の方法等に付て決定すると云ふことになつて、其の内容は結局家事審判所の審判と云ふことになります

○**二十七番（牧野委員）**　さうしますと、本体は原則は夫婦と親子は民法に依つて違ふのですから、何処までも違ふと云ふ建前の下に家事審判所が行動しなければならぬことになる、或は親子のことは一律に論ぜられぬけれども、固より夫婦と違はぬ場合もあると云ふ御話になりますと云ふと、民法の規定如何に拘らず其の基準の上から家事審判所が自由にやるやうにも受取れますが、民法の規定が厳として残つて居る以上は、親子と夫婦との取扱ひの原則、基準の違ひは何処までも残るので、此の法律の精神は矢張り此の家事審判所と云ふものは遵奉して行かなければならぬ性質

のものではないかと思ひますが、それともさうではない、矢張り家事審判所は民法より強いものだ、民法の規定に拘らず審判が出来る、民法の規定とか、精神とか云ふものに拘らずやれる、斯う云ふやうな御趣旨、そこにちよつと私疑ひがあります

○二十五番（我妻委員） 御質問如何にも御尤もでございます、実は其の要綱を作つて居ります時に、扶養義務と云ふものに付ては直接要綱に書き現はれませぬでした、最初幹事の考へでは憲法の要求する最小限度の修正と云ふ考へから、扶養には手を着けまいと云ふ考へであつたのであります、処が先程から問題になりました夫婦の間の関係は、現行法にも勿論婚姻の効力の所にありは致しますけれども、尚現行法の扶養の所にも配偶者と云ふ文字が出て居りまして、それを全部削りまして、それを削ると云ふことになると、扶養全体に手を着けることが妥当だらうと云ふことになりまして、御承知の臨時法制審議会で考へて居る一応の案、即ち扶養の順序とか、方法とか云ふことは法律にぎこちなく規定しないで、全部家事審判所に然るべくやらせようと云ふ臨時法制審議会からの関係がありますので、大体あれに帰つて手を入れようと云ふ所まで参つて居ります、さうしてそこに扶養の程度又は方法に付き当事者間に協議整はざる時は扶養権利者の資力、其の他一切の事情を斟酌して家事審判所之を定むと云ふことにしよう、斯う云ふ風になると扶養義務の発生する要件に付て、牧野先生が先程から再三御引合になりました自己の資産、老後に生活が出来ないと云ふ要件ばかりやかましくして置くと云ふことは如何にもぎこちない、そこで方法及程度も家事審判所が決めるとすれば、其の要件も現在の民法のやうに生活が出来ない時と言つて居る時が必要でもないし、又妥当を欠く、此処を一つ然るべく此の要件は「モデファイ」しやう、発生の義務を緩かにして置いて、但し余り広くなり過ぎると云ふやうな時には家事審判所が然るべく制限して行かうと云ふやうに考へて居りますが、幹事が其の問題に取付きましたので、まだはつきりしたことを申上げ兼ねますけれども、大体さう云ふ風に行かうと云ふ考へで居るのであります

○二十七番（牧野委員） 家事審判所で以て民法の規定を改正なさらうと、斯う云ふ御趣旨でございますか

○二十五番（我妻委員） 今私が申しましたのは、民法の扶養の規定をさう云ふ風に改めようと云ふ訳です

○二十七番（牧野委員） 尚遺憾ながら扶養の義務に論点が集中致しますが、前に中川委員の御話に付て申上げました通り、私は扶助協力の方から話を進めて居るので、必ずしも扶養の義務と云ふことに拘泥して居るのではない、扶養の義務と云ふことは其の一つの適用でございますが、もう少し広く扶助協力の関係を考へて居るのであると云ふことを御承知仰ぎたい、さう云ふ意味で民法の扶養の義務の所を御訂正なさつただけでは私としては物足り

ない、矢張りもう少し協力扶助の関係と云ふものが何処まで広げらるべきものかと云ふことに付て御考慮を煩はしたいと思ひます、そこで質問の第六に移りまするが、斯様に今日は色々御釈明願つて夫婦と親子とを区別のあるが如く、なきが如く、一律に論ずべきが如く、論ずべからざるが如くでありましたが、其の為に憲法の規定が既に世の中に意外な誤解を生じて居ると云ふ、斯う云ふ事実は当局として御認めになつて居るかどうか、私は貴族院の修正案の理由の中に、此の頃は粗暴なる言語を以て意外なる思想を公然放言して居るものがあると聴いて居りまするがと、さう云ふことを申上げで置きました、是が一部の貴族院の同僚から君の言ふことは何を言つて居るか分らぬぞと、斯う云ふ風なお叱りを受けましたが、此処の席上の皆さんにはそれだけで足るでございませうが、兎に角日比谷の公会堂で是からは夫婦だけで宜いので、親はもう養老院へ送れば宜いやうになつたさうだ、斯う云ふ憲法論が行はれて居ると云ふことであります、私は直接に聴いたことではございませぬ、併しながら此の間、内輪話をしては相済みませぬが、実は我妻、中川両君と私とが同席した其の席上、而も其席上のもう一人のお客様は文学博士で社会学の専門家であつて、我々とは余程近い関係の学問をしてござる方でありますが、其の人が憲法を読んでどう思ふかと言つたら、夫婦だけの世の中になつて我々はどうなつても宜いのだと理解して居られる、それは大変な誤解なんだぞと私申しましたけれども、兎に角文学博士、社会学の専門家が矢張りさう云ふ風に堅く信じてござると云ふ事実があるのであります、そこで斯う云ふ事実はそれは誤解する者の罪なのであつて、抛つて、置いても宜いと云ふ御考へでおありになるのか、多少の考へることに依つて誤解を防ぐと云ふやうな手段を取るならばどう云ふものでございませうか、私自身としては出来るならば憲法のあの二十四条の規定の第一項に、矢張り家族生活は之を尊重すると云ふ言葉を入れて置いて戴けば、世の中のさう云ふ妙な粗暴な議論を兎に角「チェック」することが出来ると思つたのでございますが、是は幸にも過半数でありましたが、不幸にも三分の二に満ちませぬでしたけれども、さう云ふ誤解に付ては此の際考へる必要はないと云ふ御意見か、若しさう云ふ誤解があるならば何とか少しは考へて置いた方が用心深いことだと云ふ考へにおなりなのか、そこをちよつと伺つて置きたい

○奥野幹事　勿論さう云ふ誤解のないことを衷心より望んで居る訳であります、唯牧野先生の此の前の御提案でありましたが、家族生活は尊重せらるべきものであると云ふやうな其の一点でありますが、民法の中に之を入れますことに付きましては、今さう言つたやうな道徳的なものも入れて別に害はないのではないかと云ふ御議論もあらうかと思ひますが、唯民法と云ふものは稍〻法律的に出来て居ります関係上、それが仮にどう云ふ風な具体的な法

律効果を持つものであるかと云ふ点になりますと、何と言ひますか、非常に「アンビギアス」になりますので、それよりもさう言つたやうな事柄を意味する意味で、家事審判法の第一条の冒頭に、さう云ふ風に家庭の平和と健全なる親族共同生活を維持すると云ふことを現はして置けば、此の家事審判法と云ふのは民法の実行の裏付でありますから、之に依つて自ら其の家庭生活を尊重すると云ふ趣旨が現はれて居ると考へます、直接民法の中に規定することに付ては、矢張り法律的に考へまして法律効果に付て色々疑ひがありますので、寧ろ其の裏付たる審判法に其の標準を示した方が妥当ではないかと云ふ風に考へて居る訳であります

○二十七番（牧野委員） さう致しますと、審判所法の方に書けば世の中の誤解を防ぐのに十分であると、斯う云ふ御考へでありますか、さう云ふ風に伺つて宜しいのですか

○奥野幹事 まあ民法の中にそれを規定して置くと云ふことは、如何にも法律的な民法……

○二十七番（牧野委員） 誤解の点です

○奥野幹事 誤解の点は之に依つて大体防げると云ふ考へで居ります

○二十七番（牧野委員） 民法では婚姻を大事に規定してあるが、其の裏付の方の家事審判の方で親子を大事にして居ると仰しやる位ならば、民法の方に相並べて置いた方が手つ取り早く、誤解を防ぐに容易いことではないかと考へるのですが、それは意見の相違と致しませう、民法の規定すると云ふと、法律的効果が「アンビギアス」であるが、家事審判所の方に規定すれば「アンビギアス」でなくなるのですか

○奥野幹事 是はさう云ふ方針の下に相当広い範囲に於ける裁量と言ひますか、其の権限を審判所に与へられて居りますから、其の指針をそこに置いて、其の指針に基いて権能を十分発揮し得ると云ふやうに考へて居ります

○二十七番（牧野委員） 要するに民法の方に原則を御掲げになつて、其の適用は裁判所なり、審判所が宜しくやるやうに規定すれば、それで「アンビギアス」ながらに、法律の効果を発揮するので、民法に入れると邪魔になるが、審判所の方に入れると治りが付くと云ふ御説明は、誠に不幸にして私は得心が参り兼ねます、併し是以上は意見の相違と云ふことになりませう、そこで今度はもう少し優しい問題で相続の方に移ります、均分相続と云ふことは、誠にさう云ふ御方針は結構でございますが、併しながら均分相続に依つて農地調整法の関係が議会で大いに議論されたと云ふことは、民事局長御案内の如し、又企業の整備の法律に関連して企業其のものが無用に分轄される虞がある、斯う云ふことが論ぜられて居ると云ふことは御案内の通りであります、固より分轄〔割〕相続と云ふことは、物の価値と申しますか、価格をば分配

するので、物それ自体を分配するのではないからと、斯う云ふことで一応の御説明は承はりますけれども、併し均分相続と農地関係及企業関係、農地が非常に細かくなることを防ぐにはどう云ふ御成案がおありになるか、又先祖伝来の家業と云ふものが滅びざるを得ないやうになるのを防ぐにはどう云ふ御成案があるのか、民法では均分相続で宜しうございますが、外でどう云ふやうな御考へがございますか、其の辺のことに付ての御考へを伺つて置きたい

○**奥野幹事**　農地等に付きましては農林省当局と相談致しまして、是は農業政策の方面より農地の細分を防ぐと云ふことを別に立案致すべきが至当であると云ふ考へは農林省も司法省も持つて居る訳であります、まあ民法の範囲内だけに付きましては、今牧野先生の仰しやいましたやうに、其の範囲内に於きましてもさう言つたやうな弊害を避け得る途は相当あると考へて居りますが、併し是は根本的に農業政策とか、其の他の政策の面から特別法を作ると云ふことが望ましいのではないかと云ふ風に考へて居ります

○**二十七番（牧野委員）**　資産の零細化と云ふことが、新しい思想の一つの弱点、弊害として現はれはしないかと云ふことを私は貴族院で二、三回議論をして置きました、是は相続法に関連しては家事審判所あたりでも或る程度まで御取上を願つて相当に考慮を願はなければならぬ問題と思ひますが、是は是以上質問は致しませぬが、無論農地調整法でも、企業整備に関する法律でも考慮しなければなりませぬが、家事審判所に於てさう云ふ財産の零細化を防ぐにはどう云ふ風な処置を取るべきものであるかと云ふことの原則的な、思想的なものを明かにして置いて戴くことが私は望ましいと思ひますが、何れ是は家事審判所と云ふことの問題になるでございませう、そこで質問の最後の第八でありますが、均分相続と云ふことになつて所謂平等主義が行はれるのでございますが、此の生前配偶者、此処では妻の分配と子供の分配との間に差違があると云ふことは、平等の原則の上からは差支へないことでございませうか、或は嫡出の子と嫡出にあらざる子との間に区別がありましたが、さう云ふやうなことも平等の原則には差支へないことでございますか、平等の原則と云ふことが均分相続との関係上、大変問題になつて居りまするから、それに付ての御考へを伺つて置きたい

○**奥野幹事**　嫡出であるものと嫡出の子でないものとに於て区別を設けて居るのでありますが、此の点は民法それ自体が適法なる婚姻を尊重すると云ふことに非常に重きを置きます関係上、勿論子供には罪がないと云ふことになりますが、婚姻の正当性と云ふことが憲法に重きを置かれて居る関係から致しまして、正式な婚姻とさうでないものに依る場合とに依つて差別を付けることも必ずしも本質的平等に反すると云ふことにはならないのではないか

と云ふ風に考へましたことと、それから配偶者と子との関係でありますが、同じく子の間に於ての不平等と云ふことは、均分の原則から行きまして正当ではないと思ひますが、配偶者と云ふ関係は、子と云ふ関係とは又別な観点から見て行つて宜いのではないかと云ふ意味で、均分相続と云ふか、総て相続すべきものに平等と云ふのではなく、配偶者と云ふものは直系卑属と見るのとは別個な地位に考へて見た差支へないのではないかと云ふ所から只今の原案が出来て居る訳であります

○二十七番（牧野委員） 此の案に定めてある事柄は実際的な要点には賛成なのであります、併しながら憲法との関係に付ては安心して居つて宜いかどうかと云ふ疑ひを此処にも述べます、昨日刑法に関する事柄に付ても申上げて置きましたが、それは貴族院では私は問題にして当局の注意を促して置いたことでありますが、皆御取上になつて居りませぬ、是は牧野としては懸念を持つて居つた、将来まさか軽々しく最高裁判所の問題になることはなからうと思ひますが、さう云ふ疑いを持つて居ると云ふことだけは御承知置き戴きたいと思ひます、そこでそれに関連して伺ひたいのは祖先の祭りを担任する所の相続人も、外の者も平等の相続になりまするが、若し今仰しやつたやうな均分原則の中にも自ら一種の制限を認めるべきものとすれば、祖先の祭りを担当する者に付ては少し分前を多くすると云ふ途は付かぬものでございませうか、是は先達て中川氏も御話がありまして、日本の固有の思想に付てはさう云ふことになつて居ると云ふ細かい説明がありましたが、さう云ふやうなことは御考慮を願ふ訳に行かぬものでございませうか、矢張り先祖のお祭を継ぐ者はそれだけ特別な重い負担になるので、それを覚悟して置くと云ふことになりまするが、お祭りに附随する所の義務と同時に何かで異つて然るべきものではないでございませうか、其の点の御考へを伺つて置きたい

○奥野幹事 一応御尤もと考へますが、若しさう云ふ費用が特に祭祀を主宰する者に必要であると云ふ場合に於ては遺贈等の方法に依つてそれを考へます、併しさうではなしに、当然に其のものに特に財産の多くを相続せしむると云ふことになりますと、矢張り均分相続の平等性を害すると云ふやうな感じも致しますので、実は斯う云ふことは余計な話でありますが、此の案の発表された後に関係方面から我々が呼ばれまして、此のディスカツションをしようと云ふことで色々議論がありました時に、折角戸主、家長と云ふものを廃止すると云ふことになつて居るに拘らず、之に依つて家長と云ふことを暗に認めることになりはしないか、又之に余分に、其の他の子供にも余計な財産を与へると云ふやうなことになるのぢやないかと言つたやうな質問がありまして、私はさう云ふことはないのだと云ふことを釈明して置いた、是はこちらには関係のないことでありますが、さう言つた意味で第二と云ふも

のが動ともすれば誤解を招くことになる、当然に財産を他の子供より多くの部分を与へると云ふことになると、稍〻其の誤解を招く点もありますので、若し実際にさう云ふことの必要の場合に於ては遺贈の規定の適用もありますし、其の他其の相続人の境遇に依つて適当なる処理も出来ようかと思ひますので、其の点は其の侭にして置くのが至当ではなからうかと云ふやうに自分は考へて居ります

○**二十七番（牧野委員）**　意外な誤解を生ずるらしいと云ふ御懸念の次第は十分御推察申上げます、併しながら事柄の実体として お祭りを担任する所の者は少し余計貰ふと云ふことが平等の原則に背くと仰しやることは、私はそれでは嫡出の子と然らざる子との間は如何かと斯う言ひたくなるのであります、併し是以上は議論になりますから申上げませぬ、長々と質問致しまして相済みませぬでした、此の要綱の審議には不幸にして牧野は参加することが出来ませぬでしたので、或は是等の質問は諸君から委員会で御済しになつたことであるかと存じましたけれども、つい疑ひとして居る所を今日申述べて皆様に大変御迷惑を掛けましたが、長々と申し述べましたことに付きましては平に御詫びを申上げます、尚今林君から何か質問がおありになるさうでありますから……

○**十七番（林（連）委員）**　質問ではありませぬが、議事進行に付て……牧野委員から詳細なる質問がありまして、私共牧野委員の御気持のある所は十分想像することが出来るのであります、若し牧野委員に於て修正意見等がありましたら此の際御伺ひを致しまして去就を決したいと思ひます

○**四十九番（村岡委員）**　私ちよつと質問したいと思ひますので、先に発言さして戴きます、今牧野先生が嫡出にあらざる子の相続分と、嫡出子の相続分との違ひのことに付て、平等の気持と違つて居るのではないかと云ふやうなことを仰せになりましたが、私はそれと違つた意味で御伺ひするのでございますが、庶子の名称を認めないと云ふことが、今度さう云ふことが現はれると致しまして、其の次に併し父が認知する子供の保護とか、さう云ふことに要する色々の事柄に付て決らない時には家事審判所に依つて之を決める、それで多分其の中には父が認知した子供でございますから、庶子と云ふ名称で呼びませぬけれども、婚婚〔姻〕関係以外で生れた子供の教育とか、扶養とか云ふことに関する費用は、十分に其の子の父であるから取ると云ふ意味だと、さう云ふ風に私は思つて居ります、さうしてそれは寧ろ嫡出にあらざる子の相続の時に、其の嫡出にあらざる子にまでも相続が行くと云ふことは何だか違つて居るやうな気持が致しますけれども、先程から牧野先生の御話を伺つて居りましても、道徳と法律と云ふものの限界が実にむつかしいと云ふことを染み〴〵感じますので、殊に成長した子供と親の関係などに行くと、もう法律で決めることでは

なくして、道徳とか、或は教育で行くべきことだと云ふやうに素人の私なんかは感ずるのでございますけれども、此の場合婚姻以外の関係に於て生れた子供の場合と云ふことを考へますと、単に是は道徳だけの問題では決めて行かれない、或は道徳なり、教育が盛んになりましても、如何に教育を盛んに致しましても婚姻の関係以外で男が子供を外に生ませると云ふことが出来る限りは、生れる子供の問題がございますから、此の子供の問題は飽までも考へなければなりませぬけれども、それは扶養と云ふことに於て十分考へて行く訳で、普通の婚姻の関係に於いて生れた子供、其の家族の生活の中で出て来る相続と云ふ中にさう云ふ子供を入れて来ると云ふことはどう云ふことであるのか、私には分りませぬので、もう一度此のことを説明して戴きたいと思ひます、牧野先生とは又反対の考へ方でございます

○**奥野幹事**　大体直系卑属が親の財産を相続すると云ふ建前で、而もそれは原則として均分に相続せしめると云ふのが案の原則であります、唯嫡出の子と、さうでない子との間に於ても平等にするかどうかと云ふ問題が、先程牧野先生の仰しやつた問題になるのでありまして、子供の方からみれば真実の子供であるのであるから皆平等と云ふ風に考へるのも一応の案であります、子供に罪がある訳でないのであるからと云ふ訳で、不平等な取扱ひを受けると云ふことは如何にも法の前に平等でなければならぬと云ふ原則に違反するかのやうな感も一応するのでありますが、民法並に憲法と致しましては正当な婚姻と云ふことは何処までも尊重して行かなければならないと云ふことを考へます場合に於きまして、正当な婚姻に依つて生じた子供と、さうでない子供との間に於て差等を付けると云ふことは、其の正当な婚姻を尊重する、それが軈て延て社会問題として、正当な婚姻は奨励するが、さうでない関係は極力之を禁止して行かなければならないと云ふ、さう言つたやうな方針で行かなければならないことは、道徳的並に社会的に於て、或は性的に見て当然なことであらうと思ふのでありまして、此の点は矢張りどうしてもさう云ふ意味に於て多少の差別の待遇があつても是は已むを得ざるものであらうと云ふ風に考へまして、嫡出の子と較べて嫡出でない子供に、矢張りそれかと言つて全然相続の出来ないと云ふことは気の毒である、そこの折衷の意味に於て或る差等を設けて相続人の順位に加へると云ふことに考へて居ります

○**四十九番（村岡委員）**　只今の御答へは能く分りますけれども、私が伺ひました意味はそれではなくて、私は相続だけには庶子と云ふ何は使ひませぬけれども、婚姻外で生れた子供に相続の権利は与へなくて、其の代り扶養の為の費用と、教育費用と云ふものを十分に取つて、さうして其の子の為に、将来其の子が立派に立つて行けるだけの責任は父親が取るべき筈だと斯う云ふやうに思

ひますけれども、相続の場合に何故其の子供を相続の中に入れるべきかと云ふ牧野先生の御考へとは反対でございます、先生がそちらを主張なさるのに、私はそちらを主張しないのです

○二十五番（我妻委員）　簡単に私の考へを申上げて置きます、第一に妻の取り分と子供の取り分との差がある、或は子供の中にも嫡出の子と然らざる子の差があると云ふことは、憲法の本質的平等に反するものではないかと云ふ御話ですが、是は私は反しないのであります、何故ならば妻或は子供と云ふものを相続の中に入れるかどうかと云ふことが第一問題なんでありまして、妻を入れるか、入れないか、或は婚姻外の子供を入れるか、入れないか、又妻と子供を同一順位にするか、直系尊属は第一、二の順位にするか、兄弟姉妹は第三順位にするか、詰り相続の範囲を何処まで決めるかと云ふことは、或る程度までは自由に決めて宜いことなんですから、それを自由に決めて宜いと云ふ以上は第一順位にしたものに比して差等があると云ふことは、必ずしも平等の原則に反するとは言ひ得ない、例へば立法例に依りまして婚姻外の子供は一切相続権がないと言つて居るのだと思ふのですから、それを取込んで来て二分の一を与へると云ふことは平等の原則に反するとは言へないと考へます、それから第二に村岡さんの御話に依りますと、扶養の請求権は認めて然るべきなんだが、相続権は仮令半分でも認めない方が宜いぢやないかと云ふ御趣旨と思ひます、如何にも御尤もでさう云ふ立法例もあることを承知して居ります、唯原案の考へでは、子供の成長するまで父親が生存中に其の世話をしなくちやならぬことは当然で、併し其の父親が死んでしまつて其の後の扶養と云ふことに望みがなくなると云ふ時に、そこで其の子供に二分の一だけの相続をさせてやることが、父親が生存中に扶養して居たと云ふことと、最後の締括りにもならうかと云ふ意味が加はりまして二分の一の相続権を認めて置いた訳でありますが、併し又全然変へて相続と云ふことに構はないで、初めから一生の扶養料を取つてしまふと云ふやうなことも十分考へられることでありまして、私個人としては或は村岡委員の仰しやる御意見の方が宜いかとも考へる位でありますけれども、委員会と致しましては先程申しましたやうな考へで其の方の案を取つた次第であります

○四十九番（村岡委員）　私は寧ろそれならば、父親が生きて居る間に、自分が自由に財産を処置することが出来る時に、其の隠れた所に生れた子供の為に十分な考慮を払つて、後ゝ困らないだけのことをする、是は自由でございますから、して置いたら宜いと思ひます、さうして相続の場合にはさう云ふ子供の立場を認めないと云ふことは大変気の毒ですけれども、寧ろ其の子は相続の場合には入れて行かない方が宜いだらう、斯う云ふ風に考へますけれども、是は私の個人の考へでございますから、唯それだけを

言ひませぬと、どうしても気が済みませぬから申上げて置くだけであります

○**議長（金森副会長）**　さうすると林委員からの御意見もありましたし、私の総会としては十分な御研究があつたのでございますから、御急がせ申して済みませぬが、一つ結論に入つて戴きたいと思ひます

○**二十七番（牧野委員）**　そこで結局今日伺つた所で、私の提出して見たいと思ふ修正案は次のやうな次第でございます、要綱の第一の次に、第一の二と云ふのを置いて戴きたい、それは

「家族生活は之を尊重する旨の原則を規定すること」

第一の三として

「直系血族及同居の親族は互に協力扶助すべきものとすること」

是は親子は当然でありまするが、兄弟とか、其の他の家を同じうして同居をして居る者は、単純な扶養を超へて協力扶助する義務があると云ふことであります、第一の四として

「親族は互に敬愛の精神に基き協和を旨とすべく特に共同の祖先に対する崇敬の念を以て和合すべき旨の原則を規定すること」

是が第一の現実に即して規律すると云ふことの適用の積りでありますが、此の三つは或る意味に於ては道徳上の原則でありますが、家事審判所に於て仕事をする時の基準を与へるもので、是は余程法律的の意味もあるかと考へます、斯う云ふのを家事審判所に御設け下さる前に、兎も角も民法の婚姻の規定と相並んで御設け下さつて、民法が明瞭に総てを睨んで居ると云ふ趣旨を明かにして戴きたいと思ひます、それから第三十六に一項御願ひ致したい、第三十六の相続の所でありますが、第三十六の「但し」を受けまして、其の次へ

「祖先の祭祀を主宰すべき者の相続分は嫡出子の相続分の二倍とす」

是だけを入れて戴く、それから此の要綱にございます「嫡出に非ざる子の相続分は云々」と、斯う云ふ趣旨であります、重ねて説明を申上げる必要はございますまい、私は此の四つのものを悉く此の侭御取り下さいとせがむ積りはございませぬが、私の意と存する所は御考慮下さいましたらうと思ひます、殊に第一の三が家事審判所の第一条の前提になりまするので、是は是非民法へ御取入れを願ひたいと思ひます、民法のの何処をどう云ふ風に書直したら宜いかと云ふことは、私個人としては一つの成案を持つて居りますけれども、それは要綱論の席上のそれまでを述べる必要はございますまい

○**議長（金森副会長）**　牧野委員の御修正案に付て御賛成がありますか

○第三部会長（有馬委員）　牧野さんに御伺ひ致しますが、修正案ですか

○二十七番（牧野委員）　要綱にそれだけ入れる訳ですから修正でせう

○第三部会長（有馬委員）　御諮りするのですが、さう云ふ修正案とか云ふのでなくて、之を成文にする前に、司法当局に希望する訳に行きませぬか

○二十七番（牧野委員）　それは私は色々御面倒なことがありますれば、無論適当に妥協致します

○二十番（北委員）　私共自分等の友人が相談致して居りますが、今度の憲法は余り文字通りに解釈すれば、何処の国の憲法だか分らぬ、何処の時代の憲法だか分らぬ、矢張り日本の醇風美俗、東洋の立派な風習であるならば擁護して行つたら宜い、個人の尊厳とか、両性の本質的平等と云ふやうなことがあつても、別に家の制度と云ふものを否定したものでない、家の制度を若し否定したものであると云ふならば、我々は御宗家の戸主として天皇を尊重する其の根底が破壊される、家の制度を離れては博愛の中心としての天皇を根底づけることが出来ない、今度の憲法に於て一番教へられるのは改正規定に於て天皇に発案権がない、議会に発案権があつて、所定の賛成者を得て国民投票を得れば国体も破壊出来る、天皇制の廃止も出来る、もう一つは家の制度を破壊したものと解釈すれば天皇制の根底もなくなる、そこで貴族院の家庭生活を尊重すると云ふ規定は、我々も衆議院の大部分としては入れて貰ひたかつた、色々の関係で衆議院では入らなかつたのですが、そこで憲法に直接矛盾するものでなかつたら、成るべく醇風美俗は残して行きたい、我々は外国へ行つて話して見ても、東洋の家族主義、制度と云ふものに強さがある、社会政策をやるにしても西洋流にやらなくて親戚縁者が助け合ふ根底と云ふと〔衍〕ものは悪いものではない、非常な美風であると認めて居る人が相当沢山あります、あの憲法の適用を皆所謂個人主義的な方面にのみ解釈すると云ふことは、我々の解釈としては誤りである、矢張り公共の福祉と云ふことを見ないものではない、唯個人の尊厳、両性の本質的平等と云ふことに付ても「フアミリーライフ」の「コンモングツド」と云ふことを無視して宜いと云ふ考へはない、殊に我々は両親に対しては、所謂禽獣もよく養ふことあり、敬なくんば何を以てか別たんで、唯扶養するだけでは禽獣と同じものである、是は恐らく東洋道徳の根底ではなからうかと思ひます、さう云ふことを表面の憲法の上に出すことも出来ず、又民法の表面に出すことは出来ないけれども、牧野委員が今御述べになつた程度の考へは必要である、此の憲法を誤解して悪い意味に、十八世紀的の個人主義に解釈する虞がある、家などがなくなつて夫婦だけであると云ふやうな誤解を防ぐ意味に於ても、我々は何等かの規

定を法制当局で立案する際に入れて欲しいと云ふ希望が圧倒的であると私は考へて居ります、それで取扱ひは参考として牧野先生の御意見を入れようと、或は修正案として此処へ鹿爪らしく入れると云ふことに付ては、折角の起草委員の御苦心もあることでございますから、考慮を要すると思ひますから、此の精神を立法の際に取入れて貰ひたい、さうしなければ恐らくは衆議院は通らぬと思ひます、大体さう云ふ感じがされるのであります、東洋の特色を残し、日本の家の特色と云ふものは残して置きたい、家に付ては制度は封建制度だと言ひますけれども、封建制度はずつと後のことで、士時代以前の王朝以来でも日本の家の制度と云ふものは確立して居る、殊に姓と云ふものがあり、氏と云ふものがある以上は、家の制度は或る程度まで認めて行かなければならぬと云ふことは国民の健全な常識であると思ふ、如何に新しい時代であると言つても、人為的に日本の美風を破壊すると云ふことは余程注意しなければならぬことではなからうか、斯う思ひます、同僚の諸君の御意見を承はりたい

○**十八番（原委員）**　私も一つ修正案を出したいと思ひます、実は牧野委員に続いて私も当局者に質問を致した上でと考へましたけれども、時間が迫つて居りますから質問等を致しませぬが、実は此の第三部会の小委員会にも出席して色々委員諸君の意見も聴きたいと思つて居りましたが、御承知の通り衆議院で憲法の小委員会を作りましたので、いつも日が折合はないで大変に残念に思つて居つたのであります、一体我が国の家族制度なるものは、是は言ふまでもなく歴史的に発達し、先般中田教授の法制史の点から色々歴史を伺ひましても、もう我が国の家族制度なるものは抜くべからざる、我が国の国体観念は固より、民族的意識からどうしても拭ひ去ることが出来ない今日の立場になつて居る、か〔か〕るが故に家族制度は醇風美俗の最たるものになつて居るのであります、所で憲法の改正案が世に公になりましてから以来、私は自進両党の協議会を続けて居る間に、貴族院の委員諸君とも更に色々研究を進めた場合に於きまして、家族制度に関する問題に付ては全員一致して之を支持しようと云ふ建前に至つて居つたのであります、そこで衆議院でも御承知の如く本会議に於て自由党の北浦君から金森国務相に対しての質問を致した際の速記録も残つて居り、又衆議院の総会に於ても、度〻此の問題で色々質問応答があつた、殊に小委員会に於きましては、小委員会を代表して私が此の点に向つて速記録に残るやうに質問をして呉れろと云ふことで質問を申上げたこともあるのであります、結局する所私は此の家族制度の問題に付きましては終始一貫思ひを茲に致して居つたのでありますが、一体憲法の二十四条の規定に反せざる限りは我が国の家族制度は何処までも尊重しなければならない、国民一般の意識があるのであります、然る所司法省の審議会の、只今議

題になつて居る原案が図らずも世に公になりまして、其の新聞を見た人達は、殊に其の当時に於ては我が国の家を廃すると云ふことが大体表題になつて居りまして、私共の考へも各方面から色々な質問書が参つて、其の質問書と云ふのは反対の質問書なんであります、さう云ふ問題でありまするが故に、此の三部会の家族制度の問題に関しましては是はなかく〳〵容易ならざる問題と私共は心得て居つたのであります、此の憲法の方の関係から見まして、又原案の只今議題となつて居る民法改正案なんかの要綱を見て、一番私共頭に浮ぶのは一体何が故に我が国の此の家族に関する規定と、戸主に関する規定と、親族に関する其の規定を削除すると云ふことになつて居るかと云ふことに気付くのでありまして、それは無論戸主権などの規定に付きましては十分な改正を行はなければならない、平等に反した規定があるのであります、又家族の問題に致しましても之を直ちに削除すると云ふことに相成つて居るのでありますが、併し此の案から見まするとと云ふと、親族共同の生活を現実に即して規律することと云ふことが付加へてありまして、是はどうも此の案全体を見まして、果して今日の此の培はれた多年の家族制度と云ふものに準拠して、それ等のことが取入れられて居る規定があるかと云ふと、さう云ふものは余りに見受けることが出来ないのであります、何が故に斯う云ふものが附加へられて居るかと云ふことに付て非常な疑問を持つて今日に至つて居るのでありまするが、結局する所此の案其のものに付ては、殊に第一案に於ては家督相続権を廃止する、斯う云ふ規定もあつたのが、それが矢張り消へ、更に同等の家族制度、相続関係は廃止してある、唯財産の均分と云ふ遺産相続の問題のやうな点だけは残してあるのであります、私共の我が国家族制度と言へば、まあ戸主権と言ひませうか、家長権と言ひませうか、権と云ふことは暫らく措いて、戸主とか、家長、家は無論のことでありますが、それと家督相続と云ふ三つ足で、此の家族制度が大体に発達して来て居る、殊に中田教授の御話に依ると法制史方面から見れば、古来の我が国の家族制度なるものは、結局同胞相愛する、家族を援護する、斯う云ふ立場から成立つたものであるが、偶〻明治時代になりまして現在の相続法なるものが出て、之に依つて戸主権なり、或は其の他の規定が従来の慣習と異つたり、戸主権にしても権力関係にまで発展したる規定を設けるに至つて居る、斯う云ふやうな歴史の関係を見ましても、我が国の家族制度に於きましては先づ共同生活、互に扶助援護すると云ふ道徳的な部面が発達し来つて居ることと、又家督相続に依つて何処までも、同時に祖先以来之を維持し、而して永遠に之を保つて行く、茲に大きな力があつたのでありまして、今日まで殆んど我が国の国民礼式の元をなして居る大きな制度であると云ふことを考へましたならば、此の度の改正要綱なるものは、第一にどうして家を廃しなければならぬか、どうして我が国の親族と家族との繋がり、此の点の規定を無視せられたのであるか、又家督相続の関係を唯祭祀、墳墓を守ると云ふやうなことだけに致して居られるのかと云ふ三点に向つて、誠に意外千万な規定が致してあると云ふことに立脚を致しまして、先程の牧野君の修正案に付ては全然賛意を表するのでありまするが、同時に私は只今申上げました三点を土台と致しまして、次の修正案を提出致します

第一、家を存置すること

イ、家には現行民法の親族規定に従ふこと

ロ、家には家族中の成年家族に依る家族共同会を組織し、戸長一人を選定し、家の内外を代表せしめ、家内にありては随時共同会を開催して家族保護に任ぜしむること

ハ、親権を認むること、子の婚姻に付ては親の理解を得ること、但し理解を得ること能はざる時は家事審判所の議を経ること

第二、家督相続制存置のこと

遺産は民法第二章、家族の遺産に準じて均分相続を認むること、但し家族共同会の議に依り、家督相続人以外の遺産相続者より家督相続に家督相続の為の遺産中に遺産分を拠出することを得る

〔　〕是だけのことを一つ修正案として提出を致します、尚牧野君の方の修正案にも賛成致すと同時に、それ〴〵一つ修正案として御採用を願ひたいと思ふのでありまするが、少くとも私共は修正案として提出致して置きます

○三十五番（**松尾委員**）　採決に付て意見を申述べますが、今日の皆さんの御意見を承はりまして、私は今日の総ての案に付ては国民に大多数が聴かむとする所を御述べ下さつたと云ふことに付て私は厚い敬意を表する者であります、そこで先程憲法に付ての世間はと云ふ一つの例がありましたが、私共最近農村に於て青年がどうしたら宜いか、斯う云ふことを聴きに来ます、或る人に言はせると、幾ら間男してもどうと云ふことはない、憲法で許された、斯う云ふことを言ふ、又先程御話があつたが、家がなくなつてしまつたので、勝手放題のことが出来るのだと云ふやうなことを各角度から申します、それでありますから先程来の修正、其の他に付ては私は全面的に賛成を致す者でありますが、併しながら此の御取入れに付ては会長としても更に御整理を願はなければならぬと斯う存じますから、私は先づ本案に付ては委員長の報告に賛成する者であります、但しそれには条件が付きます、只今までの修正の御意見が出ましたのを修正と同じことに考へる、唯字句の整理をしない意味に於て委員長の報告を認める、今までそれ〴〵の御意見のありましたのは修正と同じやうに考へる、斯う云ふことで以て案に賛成する、普通の方法の賛成でなくて、それを修正と同じ意味に於て御取扱ひを願ふ、斯う云ふことで以て賛成致します、殊に私は最後に希望を申して置きたいことは立法技術

者に於て、今までの皆様の御意向は私は国民大多数の考へ方であらうと存じます、どうぞ虚心謙虚に此の皆さんの御意見を立法技術に於て取入れられて、決して役人的の考へを持たずに、今日の平和日本の再建に付て、民族の発展に付て、若しくは共同に付て、若しくは民族の人的の美風に付てさう云ふものを有らゆる謙虚に、坦懐に今日の皆さんの御意見を御取入れになつて、さうして成案せられむことを希望致しまして、それで私は原案に賛成するのでありますが、其の賛成の意味は今まで御述べになつた皆さんの御意見を十分に、修正と同じやうな意味に於て取扱ふ、斯う云ふ意味に於て原案に賛成致します

○四十九番（村岡委員）　私は先程から憲法に付て悲観的なことばかりを伺つて居りますので感ずるのでございますが、私個人と致しましては一つの大きな日本の国の変革期に際会致しましたのは、実際の所今初めてでございますけれども、もつと年を御取りになつて居らつしやる方々は、矢張り今までの間に日本が非常な変化の中を通る時にきつと遭つてゐらつしやつた方々も沢山おありになると思ふのでございます、憲法に付きまして随分色々な誤解が生じて居ることは私共も聴きますけれども、矢張り一つの大きな変化の中を通る時には、此の位の誤解と云ふことで私達が何も彼も悪い〳〵と云ふ態度は大変に違つて居るやうに私に思はれるのでございます、此の大きな変化の中を、もつと極端に言へば国の考へ方が変つて来たと云ふことの中を血を見ずに通つて行く時には、少し位の誤解の生ずることは当然のことだと思ひますし、それを一つの理由に致しましても何も彼も否定しようと云ふやうな態度は、私どうしても婦人としては認められないと思ひます、どうしてもさう云ふものと戦つて、誤解があれば私達自らが其の誤解を解いて行かなければなりませぬ、法律だけで、私共は法律家ではございませぬから、伺つて居りますと、何でも法律と云ふものを総ての生活から切離して、さうして是からは法律がある為に道徳もなくなり、常識もなくなり、何にもなくなつてしまつて、唯法律だけで、有らゆる場合を法律にばかり依つて私達が生活をしなければならないのかと云ふ気持が私には起るのでございますが、矢張り法律が改正されましても常識があり、教育も盛んに行はれますし、有らゆることがそれと一緒に行く場合に、私達が出来るだけ努力して、さうして誤解も解くことも出来ると思ふのでございますから、余り悲観的なことを言ひませぬで、私共自らが其の誤解に当つて行くと云ふ気持でやつて行かなければならないやうに思ひます、家族制度に付きましても随分色々なことを聴いて居りますけれども、又一方には非常に明るい、常識的な本当に分つて理解をして居られる人も多いし、若い人の中にも沢山聴いて居りますが、私殆ど全国に参りますから若い人達と話を致しますし、家庭婦人とも、農村の人とも、都会の人とも話をしますけ

れども、婦人の全体の声を聴きますと、戸主権と云ふものを中心にして、戸主が総ての権利を持つて婦人を圧迫して居る、斯う云ふ法律上の家族制度がなくなると云ふことは、何と云ふ嬉しいことだらうかと言つて居ります事実、それから又併し私達は両親は何処までも尊重して行くのだ、世話をして行くのだ、今までの宜い所は残し、家族と云ふものの実体は懐れないのだと言つて居る人と、之を先程から伺つて居る悲観的なことを言つて居る人と同数、少くとも最小限度に致しましても同数だけあると思ふのでございます、それですから余り悲観的に考へずに物を進めて行きたいと云ふことを、別に質問でも何でもございませぬけれども、何だか伺つて居りますと情なくなりますから、一言だけ申上げて置きます

○五十一番（河崎委員） 私も村岡さんの仰しやいましたやうなことを先程来感じて居りましたが、別の立場から先程から民法が変ると言へば、婦人の生活も自由だとか、勝手なことが出来るのだと云ふやうな御話でございますが、だから斯う云ふ民法に付ては考慮すべきだと云ふやうな結論を出してゐらつしやるやうでございますが、扨て斯う云ふ経験を致しました者と致しまして、何故参政権が今度戴けるやうになりましたか、斯う云ふことに付きましては私共前から随分苦労致して居りましたが、なか〳〵婦人参政権を認められなかつたのでありますが、急に認められるやうになりましたものですから、女の人は今度は婦人参政権と云ふものを下さるさうですね、何だか知らないけれども、斯んなものを下さるのは宜うございますねと云ふことを平気で話をして居るのも聴き、相談も受け、それから言はれた人はさうでございますわねと言ふやうに言つて居つて、婦人参政権と云ふものを非常に間違つて考へて居る、さう云ふ声があるからやらない方が宜いと云ふことは国はなさらないので、矢張りそれは大事なこととして、又実行して行けば段々分つて来ると云ふ訳で、此の民法のことも色々とそれは仰しやる人もありませう、分らないこともあるでせうが、それは矢張り法律で実行すると共に教育の方で行かなければならぬことで、私共は今まで沢山の身上相談を受け、私は七万通も手紙を受取つたものでございますが、其の中で九割は女で、一割が男でございます、其の女の人が打つかつて来ます問題は、家族制度から来る女の生活のやりやうのない悲惨な暮ばかりで、経済生活ばかりでなくして、家族生活に於ても本当に生き甲斐のないやうな生活に付きまして、色々下らないことも言つて来ますが、皆家族制度から由来することであります、殊に戦争中、遺族の女の人、子供を抱へた若い未亡人が、戸主権の為に、或は親族会議の為に、相続人の問題に付きまして誠に生き甲斐のない身上相談が沢山ございましたが、私は此の民法が斯うなりましたに付きまして、色々女の分らぬ人から聴かれますので、今丁度村岡さ

んが仰しやつたやうに、私も全国に参りまして女の人に今度は斯うだ、是は間違ひで、さう勝手になつて行くんぢやない、離婚のことは斯う云ふ風だ、又子供のことに付ては責任があるのだ、女もしつかりしなくちやならぬ、斯う云ふことに付て女の人は今までのやうでなくなるのだ、そこは安心して居れと申しますと、はつきり申しますと、分つて参りますれば非常に喜んで、正しい判断を致すのでありますから、男の方が御聴きになりまして誠に国を懐すやうな色々な御話に付きましても、皆さん方の御言葉はとつくり分らして行かなければならぬと云ふ問題が此の次に残つて来ると思ふのでありまして、丁度村岡さんの仰しやつたと同じやうに分らない点を分らせて、おつ被さつて居りました家族制度から来る、殊に女の人は男の方が決して御経験なさらなかつたやうな長年の苦労がございますから、女の人に致しますと本当に喜びなんですが、此の喜びを男の方も御聴きになつて宜いのぢやないかと思ふのでございますが、矢張り村岡さんの仰しやつた意味かしら、一応是はいかぬと云ふよりも、理解させて行つて積極的に全国民がもつと協力して、男子も女子も、各人がもつと協力した生活への手掛りの一つとしての法律として、色々修正もございませうけれども、さう引戻さないで、是位の民法の改正であつてもそんなに心配ないのぢやないかと思つて居ることを申上げて置きます

○十七番（林（連）委員）　各委員諸君の御説をも拝聴致しまして、大体議論すれば限りのない問題でありまするが、一応の意見は尽きたと思ひます、私は委員長報告を原則として認めまして、牧野委員並に原委員等の修正案を希望意見で御承諾を願ふことに致しまして原案を承認致したいと云ふことの動議を提出致します

〔「賛成」と呼ぶ者あり〕

○議長（金森副会長）　希望意見と云ふのは、委員の方がさう云ふ希望を此の委員会に於て御述べになつたと、斯う云ふことですか

○十七番（林（連）委員）　さうであります

○一番（關屋委員）　ちよつと私可否を決するのに困るのですが、希望意見と言へば希望意見ですが、さつきの牧野委員は之を修正にしても宜し、若し万一修正が出来なければ、之を有力な参考にして呉れ、謂はば附帯決議のやうな意味ぢやないかと思ふのですが、現に北委員も此の取扱ひはどうでも宜い、それで之を見ますと、裁判所構成法法案のは附帯決議として付いて居る、附帯決議と云ふと唯簡単な希望意見と云ふことと少し違ふと私は思ひますが、牧野委員はどう云ふ御考へですか、もう一遍はつきり言つて戴きたいと思ひます

○二十〔七〕番（牧野委員）　只今部会長の御心配の点があるやうでございますが、さう云ふことに対して私は固持する積りはご

ざいませぬ、私だけの希望を申しますれば、貴族院の本会議でも斯う云ふ家族生活と云ふやうなことに付ては考慮をしなければならぬ特別の方面があると云ふことは承知して居ります、併しながらそれに付ては心配して見ようと云ふ信ずべき十分の了解を持つて居りますと、斯う云ふ風に話をして置いた次第でございます、少くとも私の提出致しました第一の三として申上げた事柄の如きは、相当に然るべき筋の了解を得て居る訳であります、故に成るべくならば私は此の第一の三として申出た所を、決議の第一の二として御採用を願ひたいと思ひます、既に御案内の通り、貴族院では此の件は過般〔半〕数になつて居るのでありますから、さう云ふ所を御推察願ひたいと思ひます、併しながら先程相続分のことに付ても民事局長の御話がありまして、御懸念の点は十分推察致しまするから、其の点は速記を止めて懇談で一つ折合を付けて戴くと云ふ訳に行きますまいか

○一番（關屋委員） 私は無論此の案を通したいのです、牧野委員の御話は非常に御尤もと思ふ、それで当局者と押問答をして或る程度まで距離が近いのです、当局者も容れられる筋ぢやないかと思ふ、併しながら之を修正とすると云ふことになると、或は之を決を採つた時に、若し修正が破れた場合に附帯決議になるのぢやないか、さうなると非常に目的に反しやしないか、ですから会長に於て、此の決を採る場合に、決の採り方を申上げては失礼ですが、決を採つて修正が幸ひに多ければ宜うございますが、万一修正が破れた時には原案だけで行くのか、もう一つのやり方は修正が破れた場合には附帯決議として取るか、さう云ふ三段の方法があると思ふのですが、如何なものでせうか、円満と云ふことばかりではないのですが、成るたけ目的を達するやうにしたいと思ふのです、原さんの方の意見に付ては当局者との問答がないものですから、当局者が果して之を容れるか、容れぬか、ちよつと分りませぬが、家を重んずると云ふやうな気分は皆ある、併し牧野委員は家族生活と云ふ風になつて居るから余程楽だと思ふのです、さう云ふ点で是は懇談でも何でも宜うございますが、早く進行するやうにしたいと思ひます

○十七番（林（連）委員） 実は私も希望する条項もあるのでありますが、附帯決議として両氏の提案を全部決議するのは相当私は今難色があります、故に希望条項として決議をして戴いて、さうして其の取捨は本委員会に於ける委員の空気を十分に当局が御汲取り下さいまして、適当に処理せられることが宜しいのではないか、斯う云ふ意味に於て希望条項と致した次第であります

○三十一番（菊池委員） 私は一般論としましては憲法の規定して居りますやうな事柄に付きまして、之に足らないと思はれまするやうな点を法律を以て補つて行くと云ふことに付ては別に論はないのでございます、例へば勤労関係の条項に付きまして憲法に

規定して欲しかつたと云ふやうな事柄が抜けて居りますものを、今度草案が出来て居りますやうな勤労基準法の総則の部分には多分に盛られて居ると思ふのでありまして、さう云ふ意味では憲法で規定して欲しいと思はれるもので、精神としては含まれて居ると、斯う云ふやうな事柄を法律を以て明確にする斯う云ふことに付ては一般論として何等異議はないのでございます、さう云ふ意味で家族制度の問題に付きましては憲法の中で足らないと思はれるもの、更にそれを敷衍すべきと思はれることに付て法律を以て規定すると云ふことに付ては、一般論としては別に異議がないのでございます、唯家族制度と云ふことに付きましては、之には私共は二つのものが含まれて述べられて居ることを能く知つて居るのであります、一つは現実の家族制度と云ふことを捉へて居るのでありますが、もう一つはそは〔れ〕以上に観念的なものを含めました家族制度と云ふものがあるのでありまして、此の方面は国体に結び付けて考へると云ふやうな考へ方が従来から多くあるのでございます、此の二つの考へ方の中の後の方のものに付きましては、必ずしも是が憲法の不備を補ふことになるのであるかどうかと云ふことに私は多大の疑問を持つ者なのであります、或は新憲法の精神との間に寧ろ疑問を生ぜしめるものが起つて来はしないかとさへも懸念する次第なのであります、只今此の民法の改正案の要綱に関連しまして修正の意見が出て居るのでありますが、其の中で少くとも牧野先生の御出しになつて居ります修正意見と云ふものには現実の家族生活を対象として居らる、ことは疑ひないものであると、私は先程からの御説を伺つて信じて居る次第でありまするが、併しながら此のやうなことが基礎になりまして、他の一面の家族制度温存と申しますか、さう云ふやうなことの基礎となり、或は基因となると云ふやうなことがありまするのでは決して喜ばしい結果ではないやうに私には考へられるのであります、其のやうなことを考へまする際に、此の度の民法改正案と致しましては、原案に現はれて居ります程度の所で極めて適当なものであらうと考へるのであります、尚親子の協力扶助と云ふやうな点に付きましては、此の度の改正案要綱に現はれました其の精神を汲むことに依つて十分に其の意義が解釈適用せられ得るものであらうと考へまするので、家事審判所に関する法案でも出まするならば、それ等と併せて其の運用宜しきを得れば十分であると考へますので、私は何よりも原案を支持しまして、其の侭此処で採決、可決することを希望する次第であります

○五十五番（森委員）　只今菊池委員の御意見が出ましたのですが、牧野委員の御意見の程度で、私は其の程度のものを今の要綱に希望意見として附加へる、勿論原案を可決しまして、それに希望意見として牧野委員の言はれた程度のものを入れる、希望意見として出すと云ふことに私は賛成なんであります、原委員の御意

見の如くに家族制度の存置、一は家の存置、二は家督相続の存置、斯う云ふものを露はに設けると云ふことは、私は折角民主主義に、明朗な新日本の建設途上に邁進して居るのに、何だか綱を以て引戻すと云ふやうな、先程御話がありましたが、さう云ふ感じもありますし、ちよつと是は却つて逆な効果を強くして、私共は現実な家族制度の中に、現実の家の生活の中に、伝統の中に醇風美俗と云ふものは置きたい、斯う云ふ念願を持つて居ります、唯それが菊池委員の仰しやつたやうな封建的なものを存置する温床になつてはいかぬと思ひます、私も亦之を強く懸念する者であります、家の良き点、又東洋道徳、東洋の倫理の良さと云ふものは矢張り持つて行きたいと思ひますけれども、原委員の提案されたやうなことまで附加すると確かに反動的に見られ易い虞がある、だから私は原案を可決しまして希望意見として、牧野委員のものを希望意見として出したいと云ふことに賛成したいと思ひます

○**議長**（**金森副会長**） ちよつと懇談に入りたいと思ひます、ちよつと速記を止めて下さい

〔午後四時二十五分懇談会に移る〕

〔午後四時三十分懇談会終る〕

○**議長**（**金森副会長**） それでは速記を始めて下さい、懇談を止めて委員会の本会に移ります

○**第三部会長**（**有馬委員**） それでは此の報告の原案の外に、本総会の希望条件としまして、「直系血属及同居の親族は互に協力扶助すべきものとすること」と云ふことを希望条件として御決議を願ひたいと思ひます

○**議長**（**金森副会長**） 只今第三部会長から御発言になりました趣旨に依つて此の案を処理することと致したいと思ひますが、御異議ございませぬか

〔「異議なし」と呼ぶ者あり〕

○**議長**（**金森副会長**） それぢや其の趣旨に於て採決を終ります

〔拍手起る〕

○**議長**（**金森副会長**） ちよつと御挨拶を申しまするが、非常に御骨折を願ひまして、要綱案は全部議了致しました、そこで此の要綱は一纏めに致しまして、此の希望条件等も附しまして、之に大臣宛の答申書を附して政府に提出する次第でありまするが、其の答申書の案文等は一般の例に依りまして幹事等に御一任を御願ひ致したいと存じます

〔「異議なし」と呼ぶ者あり〕

○**議長**（**金森副会長**） それでは是で議事を終りまするが、本来ならば総理大臣が出まして、会長としての御挨拶を申上げる次第でありまするけれども、今日閣議がありましたりなど致しまして、総理大臣が出られませぬで、私から今度は政府と云ふ立場に於き

まして代弁を致しまするが、大体此の御審議を戴きました項目の中に於きまして、急を要するものは、速やかに法律案として来るべき臨時議会に提出したい気持を持つて居ります、其の他の案は又急いで案を作りまして、其の次に来るべき通常議会に対して提案を致したいと思つて居ります、今回の答申は其の提案の基本となりまする役に立つものでありまするが、御承知の如く之を法文化等を致しまする場合に於きましては、目下の事情色々連絡等の必要のある部面もありまするので、政府としては出来るだけ御審議の結果を活用して充実したいと存じて居りますが、左様な次第の事情のあると云ふことを御承知を願ひたいと存じます、どうも長い間有難うございました

〔拍手起る〕

午後四時四十分散会

〔資料72〕臨時法制調査会運営経過概況

臨時法制調査会運営経過概況

一、臨時法制調査会官制

昭和二十一年七月三日勅令第三百四十八号公布

二、構成

会長　内閣総理大臣　吉田　茂

副会長　国務大臣　金森徳次郎

委員　五十九人（現在）

右内訳

(1)官庁関係　二十四人
(2)学界　十四人
(3)新聞界　一人（他二人手続間にあはず）
(4)婦人界　三人（久布白落實、村岡花子、河崎なつ）
(5)法曹界　三人
(6)自治体関係　一人
(7)貴族院議員　七人
(8)衆議院議員　六人

幹事　三十五人（現在）

右内訳

(1)官庁関係　三十人
(2)学界　五人

三、任務

内閣総理大臣の諮問に応じて憲法改正に伴ふ諸般の法制の整備に関する重要事項を調査審議する。

四、経過

(1)七月十一日第一回総会

(イ)諮問第一号

憲法の改正に伴ひ、制定又は改正を必要とする主要な法律について、その法案の要綱を示され度い。

(ロ)部会設置

第一部会　皇室及び内閣関係　部会長　金森徳次郎
同代理　關屋貞三郎委員
第二部会　議会関係　部会長　北昤吉委員
第三部会　司法関係　部会長　有馬忠三郎委員
第四部会　財政関係及び其の他　部会長　平塚廣義委員

(2)七月十二日より八月二十日迄

各部は更に小委員会を設けて毎週二、三回の会議を開き右小委員会案を基礎として要綱案を立案審議す。

(3)八月二十一日二十二日　第二回総会

各部会立案にかゝる要綱案の試案を総会に対して中間報告す。

(4)八月二十三日より九月二十日迄

各部会及び其の小委員会は前記中間試案の再検討及び皇室典範案等の如き第二回総会に中間報告を為すに至らざりし要綱案の立案審議を続行す。

(5)九月二十二日、二十三日、二十四日　第三回総会

別記十九法案要綱を政府に対する答申として審議決定す。

(6)第一回総会以来会議回数は総会、部会、小委員会を通じ七十六回に達する。

〔資料73〕臨時法制調査会における諮問第一号に対する答申書（昭和二一年一〇月二六日）

昭和二十一年九月〔二十六日付〕

臨時法制調査会における諮問第一号

「憲法の改正に伴ひ、制定又は改正を必要とする主要な法律について、その法案の要綱を示されたい。」に対する答申書

臨時法制調査会

臨時法制調査会における諮問第一号に対する答申書

目次

六、内閣法案要綱
七、行政官庁法案要綱
八、官吏法案要綱

第二部会関係（国会関係）

九、国会法案要綱
一〇、参議院議員選挙法案要綱

第三部会関係（司法関係）

一一、裁判所法案要綱
一二、検察庁法案要綱
一三、行政訴訟に関する特則案要綱
一四、裁判官国民審査法案要綱
一五、裁判官弾劾法案要綱
一六、民法中改正法案要綱
一七、刑法中改正法案要綱
一八、刑事訴訟法改正法案要綱
一九、刑事補償法中改正法案要綱
二〇、基本的人権保護法案要綱

第四部会関係（財政関係その他）

二一、財政法案要綱
二二、訴願法中改正法案要綱

昭和二十一年十月二十六日

臨時法制調査会会長
内閣総理大臣　吉　田　　茂

内閣総理大臣　吉　田　　茂殿

本会は諮問第一号について、慎重審議の結果、左記のものについて、別冊の通り議決致しましたので、こゝに答申致します。

記

一、皇室典範改正法案要綱
二、皇室経済法案要綱
三、内閣法案要綱
四、行政官庁法案要綱
五、官吏法案要綱
六、国会法案要綱
七、参議院議員選挙法案要綱
八、裁判所法案要綱
九、検察庁法案要綱
十、行政訴訟に関する特則案要綱
十一、裁判官国民審査法案要綱
十二、裁判官弾劾法案要綱
十三、民法中改正法案要綱
十四、刑法中改正法案要綱
十五、刑事訴訟法改正法案要綱

〔資料73〕　臨時法制調査会における諮問第一号に対する答申書（昭和21年10月26日）—皇室典範改正法案要綱

十六、刑事補償法中改正法案要綱
十七、基本的人権保護法案要綱
十八、財政法案要綱
十九、訴願法中改正法案要綱

昭和二十一年十月二十六日
臨時法制調査会会長
内閣総理大臣　吉　田　茂

内閣総理大臣　吉田　茂殿

民法中改正法案要綱に対する附帯決議送致の件

本調査会は、別途答申の民法中改正法案要綱について、希望意見として左記の通り、附帯決議を致しましたので、こゝに送致致します。

記

一、直系血族及び同居の親族は、互に協力扶助すべきものとすること。

昭和二十一年十月二十六日
臨時法制調査会会長
内閣総理大臣　吉　田　茂

内閣総理大臣　吉田　茂殿

刑法の全面的改正に対する参考資料送致の件

次の一項は、大体においてこれを承認するも、今回の刑法改正についてはその決議を留保し、刑法の全面的改正に対する参考として、これを送致する。

刑は共同生活の規律を正し、社会秩序を保全するを目的とするものにして、その性質上報復的害悪を加ふるを精神とするものに非ず、而して刑は、犯罪事実に対し影響を及ぼし得るものに非ずして犯罪人に対し機能を営むべきものなるが故に刑の適用においては、特に犯罪人の道徳的再生を趣旨とし、希望が恐怖よりも効果的なるものなることを十分に考慮すべき旨を明かにするのを規定を設くること。

皇室典範改正法案要綱

一、皇位継承

（一）皇位は、皇統に属する男系の嫡出男子が、これを継承すること。
（二）皇位継承の順序及び順序の変更は、現制通りとすること。
（三）皇位継承の原因は、崩御に限ること。
（四）胎中皇子の出生は、既成の皇位継承の効果に変更を及ぼさないこと。
（五）改元の規定は、典範より除くこと。

二、皇統譜

天皇及び皇族の身分上の事項は、皇統譜に登録する旨規定を設けること。

三、成年及び立后

（一）天皇、皇太子及び皇太孫の成年を十八年とすること。

（二）立后は、皇室会議を経ること。

四、敬称

陛下、殿下の敬称は現制通りとすること。

五、摂政

（一）未成年天皇のために置かれるものを除き、摂政は、天皇に重大な事故がある場合、皇室会議の議を経て、これを置かれるものとすること。

（二）摂政就任の順序及び順序の変更は、現制通りとすること。

（三）摂政は、その在任中刑事の訴追を受けないこと。

六、太傅

太傅の制は設けないこと。

七、皇族

（一）皇族は、皇后、太皇太后、皇太后、皇太子、皇太子妃、皇太孫、皇太孫妃、親王、親王妃、内親王、王、王妃及び女王とすること。

（二）嫡出の皇子及び皇孫は男を親王、女を内親王とし、その他の嫡出の皇族は、男を王、女を女王とすること。

（三）皇族の婚姻は、皇室会議の議を経て勅許せられること。

（四）内親王、王及び女王は、勅旨又は情願があつた場合に於ては、皇室会議の議を経て、皇族の身分を離れること。

（五）皇族の身分を離れる王の妻、直系卑属及びその妻は、他の皇族に嫁した女子及びその直系卑属の外、同時に皇族の身分を離れること。他の皇族に嫁した女子も離婚した場合は、皇族の身分を離れること。

（六）皇族以外の女子で親王妃又は王妃となつた者が、その夫を失つたときは、情願により、皇族の身分を離れることができること。その者が離婚したときも皇族の身分を離れること。

（七）皇族の身分を離れた者は、皇族男子との婚姻によるほか、皇族に復することができないこと。

（八）皇族は、養子をすることができないこと。

（九）皇族の訴訟及び懲戒の規定は典範より除くこと。

（十）皇族に対しては、一〔皇〕位継承、摂政就任等に関するもののほか、一般法令の適用があるものと考へ、一般法令によるものは、典範より規定を除くこと。

八、皇室会議

摂政設置並びに皇位継承及び摂政就任の順序の変更等典範によりその権限に属せしめられた事項を審議するため、皇室会議を置くこと。

（一）皇室会議の構成員は、皇族二人、内閣総理大臣、宮内府

〔資料73〕 臨時法制調査会における諮問第一号に対する答申書（昭和21年10月26日）—皇室経済法案要綱

（仮称）の長、衆議院及び参議院の議長並びに最高裁判所の裁判官二人とする。

（二） 皇族及び裁判官の会議員の任期は六年とし、半数づつを三年ごとに、各々成年男女皇族と裁判官のうちから互選する。

（三） 召集者と議長は、内閣総理大臣を以てあてること。

九、その他

（一） 即位の礼及び大喪儀に関し、規定を設けること。

（二） 陵墓に関し、規定を設けること。

皇室経済法案要綱

一、憲法により国有となる皇室財産中、皇室が引続いて直接使用せられる財産、例へば宮城離宮、京都皇宮、御用邸、陵墓等は、国有財産の一種皇室用財産として、これを認めること。

二、皇室用財産については

（一） その財産には収益を目的とするものを含まないこと。

（二） その編入並びに用途の廃止及び、変更は、皇室経済会議の議を経ること。

（三） その他の事項については国有財産法中の公用財産に関する規定を適用すること。

三、皇室の財産の授受のうち、通常の経済取引による財産の授受、別に定める一定価格以下の授受並びに調度（御身廻り品を含む、以下同じ）及び食饌に関する進献は、その都度国会の議を経るを要しないこと。

四、前項以外の財産の授受のうち、内帑金による賜与及び別に定める一定価格以下の授受で皇室経済会議の議を経たものについても、亦前項と同じであること。

五、天皇、皇后、太皇太后、皇太后、皇太子、皇太子妃、皇太孫、皇太孫妃及び婚嫁しない未成年の皇子の財産に関しては、租税に関する法令を適用しないこと。

六、皇室経費は、これを内帑金、宮廷費及び皇族費（以上何れも仮称、以下同じ）に分けること。

七、内帑金は、天皇及び第五項に掲げる皇族に関する調度、食饌その他の内廷諸費をその内容とし、別に定める定額を以て国庫から支出すること。

八、宮廷費は、内帑金を除く宮廷諸費をその内容とし、年々の所要に応じ、予算に計上して、国庫から支出すること。

九、皇族費は、皇后、太皇太后、皇太后、皇太子、皇太子妃、皇太孫、皇太孫妃及び婚嫁しない未成年の皇子を除く皇族に対する年々一定額の支給をその内容とし、国庫から支出すること。

十、皇族費は、皇族各一人に対し、別に定める定額を基礎とし、親王、親王妃、内親王、王、王妃、女王、成年、未成年、既婚、未婚、摂政就任等の区別により年々一定額を定めること。

十一、皇族が、皇族の身分を離れるときには、離れる皇族御一方の一定額の十倍以上十五倍以下に当る金額を国庫から支出すること。但し未婚又は未成年の王については、その成年既婚者となつたときの一定額を、未婚の内親王又は女王については、王妃の一定額を基準とすること。

十二、皇室経済会議の構成員は、内閣総理大臣、宮内府（仮称）の長、大蔵大臣、衆議院及び参議院の議長並びに会計検査院長とすること。

十三、皇室経済会議の召集者と議長は、内閣総理大臣を以てあてること。

内閣法案要綱

一、内閣は、首長たる内閣総理大臣及び　人以内の国務大臣を以て、これを組織すること。

二、内閣総理大臣は、国務大臣の中から、各省大臣を命ずること。

三、内閣総理大臣に故障あるとき（欠けたときの暫定的の場合をも含めて）は、内閣総理大臣の予め指名した国務大臣が、その職務を代理すること。

四、主任の国務大臣に故障あるとき（欠けたときの暫定的の場合も含めて）は、内閣総理大臣又はその指名する国務大臣が、その職務を管理すること。

五、内閣の職権に属する事項は、すべて閣議を経ること。但し、閣議を以て、これを内閣総理大臣又は主任の国務大臣に委任するを妨げないこと。

六、主任大臣間の権限について明瞭でない場合のその決定及び意見不一致のある場合のその裁定は、閣議を経ること。

七、各大臣は、その所見により何等の件を問はず、内閣総理大臣に提出して閣議を求めることを得ること。

八、内閣に内閣官房、法制局その他政令を以て定める必要な機□を設けること。

行政官庁法案要綱

一、行政官庁法は、行政官庁に関する一般法とすること。

二、本法では、現行の各省官制通則中中央行政官庁の組織及び権限の基本に関する事項を中心とし、これに各省の外局、地方官衙、各省の管理又は監督する官庁、委員会等の設置その他必要な事項を規定するものとすること。

本法中必要な規定は、内閣総理大臣を主任とする行政事務に関してこれを適用すること。

三、以上の方針により、本法は凡そ次の如き事項を規定するものとすること。

(1)　本法の適用せられる各省の名称及びその所管事項の大綱

〔資料73〕 臨時法制調査会における諮問第一号に対する答申書（昭和21年10月26日）
―行政官庁法案要綱、官吏法案要綱

(2) 各省大臣の主任事務についての責任
(3) 各省大臣の主任事務についての法律及び政令の制定改廃の発動
(4) 各省大臣の命令制定権
(5) 各省大臣の地方庁に対する指揮監督権
(6) 各省大臣の所部の官吏の身分に関する権限
(7) 大臣官房、局部等各省の省務分掌の基本機構
大臣官房、局部等について、その分掌事務の政令への委任
(8) 各省に置かれる職員の官名及び職掌
各省に置かれる首脳職員以外の職員の定員及び特別な職員の設置の政令への委任
(9) 各省の外局、地方官衙、各省大臣の管理又は監督する官庁、委員会等の設置、権限等の政令への委任
(10) (2)乃至(5)及び(9)は、法律又は政令により、内閣総理大臣を主任とする行政事務に関してこれを適用すること。なほ内閣総理大臣に普通行政事務を担任せしめることは、なるべくこれを避けること。
前項の事務分掌の機構及び職員等の政令への委任

官吏法案要綱

本会は官吏制度に関し、改正憲法の施行に伴つて必要な事項を中心として検討の結果、左記のやうな官吏法案要綱を答申する。しかしながら、官吏制度は新日本建設の途上において、又改正憲法の十全な運営を期する上からも、各般の事項に亙つて慎重且周到に検討されねばならぬものと思はれる。よつて政府は、官吏制度の根本的改革につき、今後更に調査研究を遂げ、なるべく早い機会に之が実現を期すべきものと考へる。

一、官の区分
官を分つて、一級官、二級官及び三級官とすること。
一級、二級及び三級を通じて同一官名とする現行制度の原則に再検討を加へること。

二、任用及び叙級の資格
特別の官の任用資格に関するものを除く外、一級、二級及び三級の別並びに事務系統の官及び技術教育系統の官の別に応じて、大体において現行制度を踏襲して、法律を以て規定すること。

三、高等試験及び普通試験
高等試験及び普通試験に関する根拠規定を法律を以て定めることとし、これに基づいて概ね現行制度に準ずる内容の政令を発すること。この場合、外交科試験を行政科試験から分離する制度を考慮すること。

四、任用及び叙級手続
(1) 一級官吏の任用及び叙級は、天皇の任命するもの、任命に

ついて天皇の認証するものその他特別のものの外、主任大臣の申出により、内閣において、これを行ふものとすること。

(2)　二級官吏の任用及び叙級は、特別のものの外、主任大臣の申出により、内閣総理大臣が、これを行ふものとすること。

(3)　三級官吏の任用及び叙級は、特別のものの外、主任大臣又は政令の定める各庁の長等が、これを行ふものとすること。

五、分　限

(1)　官吏は、その意に反して降叙又は、減俸せられることのないものとすること。但し懲戒による場合は、この限りでないこと。

(2)　官吏の休職については、概ね現行制度を踏襲して、これを法律を以て規定すること。但し、官庁事務の都合による必要により休職を命ずる場合には、政令の定めるところにより官吏分限委員会の議に付することとすること。

(3)　免官及び退官については、概ね現行制度を踏襲して、これを法律を以て規定すること。

免官の手続は、任用及び叙級の手続を準用するものとすること。

六、服　務

現行官吏服務規律は、これを全面的に改め、大要次の事項を規定すること。

(1)　官吏は、全体の奉仕者たることを本分とすること。

(2)　官吏は、清廉に身を持すべきこと。

(3)　官吏は、親切丁寧であるべきものとすること。

(4)　官吏は、常に研究につとめ、工夫と努力をつくすべきこと。

(5)　官吏は、相互に親和協力すべきこと。

(6)　官吏は、上司に対する服従義務を有すること。但し、上司の命令について、意見を述べることを得るものとすること。

(7)　官吏は、秘密を守る義務があること。

(8)　官吏は、みだりに職務を離るべからざること。

(9)　官吏の勤務時間、服制、居住地その他服務上必要な事項は、これを政令で定めることができるものとすること。

(10)　官吏は本属長官の許可を受けなければ、営利事業に従事することを得ないこと。営利事業団体の役員、職員等となり又は営利事業に従事することを得ないこと。

本属長官は、その所属官吏が前号以外の団体の役員、職員等となり又は同号以外の事業に従事することが、官吏の職務執行上支障があると認める場合においてはこれを禁ずることを得ること。

七、給　与

(1)　官吏の俸給については、政令を以て、これを定めること。この場合、一級、二級及び三級を通じて同一号表の俸給額による現行制度に再検討を加へると共に、勤務年限長く且つ成績優秀な者に対しては、特別俸を設ける等優遇の途を講ずることを得るものとすること。

(2) 俸給の外、手当その他の官吏に関する給与について必要な事項は、これを政令を以て定めることができるものとすること。

八、懲　戒

(1) 官吏の懲戒については、懲戒として降叙を加へるの外、概ね現行制度を踏襲して、重要な事項はこれを法律を以つて然らざる事項は、これを政令を以て規定すること。

(2) 降叙は、一級官は二級官に、二級官は三級官にこれを叙級するものとすること。この場合、同一官名に、当該級がないときは、臨時その官に当該級がおかれたものとすること。降叙せられたるものは、一年間原級以上に叙級せられることを得ないものとすること。

九、考課表制度及び研修制度

(1) 本属長官は、政令の定めるところにより、その所属官吏について、考課表を作成し、これに必要な記載をなすものとすること。

(2) 二級及び三級の官吏は、政令の定めるところにより、研修を受けるものとすること。

(3) 考課表及び研修の成績は、これを官吏の人事管理の資料となすこと。

〔資料73〕 臨時法制調査会における諮問第一号に対する答申書（昭和21年10月26日）—国会法案要綱

国会法案要綱

一、議院法を国会法として全文改正すること。

二、会　期

(イ) 通常会の会期は、四箇月とすること。

(ロ) 臨時会及び特別会の会期は、召集の際内閣がこれを定めるものとすること。(第五十三条後段の場合も亦同じ)

(ハ) 会期延長は、(通常会、特別会、臨時会の各場合ともに) いづれかの一院が議決し、他の一院がこれに同意するものとすること。政府は、両議院の同意を経て、会期延長を定めることができるものとすること。

(ニ) 通常会の召集は、集会の期日を定めて、少くとも二十日前に公示せられること。

(ホ) 会期は、国会召集の日からこれを起算すること。

三、開会式は、両議院成立の後にこれを行ふものとし、国会の主催する儀式として、これに陛下の親臨を仰ぐものとすること。

四、第五十三条後段の場合には、各議院の議員は連署の書面を以てその議院の議長を通じ、要求の趣旨及び会期予定日数を具して、臨時会の召集の決定を政府に要求すること。(この場合に

も会期の決定権は内閣にあること。前述参照）

五、第五十四条の緊急集会に関しては、内閣から参議院議長に対し、集会を請求し、議長から参議院の各議員に対し、右の請求のあつた旨を通知すること。（なほ集会中の参議院議員の身分保障は、国会開会中に準ずるものとすること。）

六、第四十九条に関連しては、歳費の費額を国会法中に法定すること。

費額は三万円と定め、議長及び副議長には職務手当の如きものを別に支給するものと法定すること。旅費、無賃乗車等の規定は現行通りに存置すること。

七、第五十条に関連しては、両議院の議員が会期中逮捕されるのは（イ）現行犯罪（ロ）内乱外患に関する罪（ハ）その院の許諾のあつた場合に限り、又、会期前に逮捕された議員は右の（イ）（ロ）の場合を除いては、その院の要求があれば、会期中これを釈放しなければならないものとすること。

八、第五十七条第三項に規定する事項は、現在の記名投票の方法を利用するものとすること。

九、第五十八条第一項に関しては、役員の範囲は議長、副議長、仮議長及び全院委員長とし、両議院において、おのおのこれを選挙するものとすること。

〔備考〕同項の役員の内には入らないが、両議院事務局の職員は官吏とせず、公務員たるものとし、事務総長は、議院において議員以外の者から選挙するものとし、その他は事務総長の任命するものとすること。

十、両院協議会の規定を設けること。

十一、休会は、両院の決議の一致した場合に限るものであることを法定し必要があれば手続を定めること。

十二、第六十二条に関しては、所要の手続を法定し、旅費、実費弁償等の規定を整備すること。

十三、第六十七条に関して、所要の規定を設けること。

十四、継続委員会及び常置委員会に関する規定を設けること。

十五、第五十五条に関しては、資格審査に関する手続を法定すること。

十六、憲法に特別の規定のある場合（例へば第五十九条）を除き、両議院の一において否決した法律案は、同会期中において再び提出することができない旨の規定を設けること。

十七、政府委員に関する規定を設けること。

十八、国会に両院共同の国会図書館を附置し、国会議員（できれば議員外一般民衆をも加へて）の調査研究に資することとすること。

参議院議員選挙法案要綱

〔資料73〕 臨時法制調査会における諮問第一号に対する答申書（昭和21年10月26日）
―参議院議員選挙法案要綱、裁判所法案要綱

一、議院定数。衆議院議員の定数の三分の二内外とすること。
二、選挙区
（イ）略ゝ半数については各都道府県の区域により、定数の最小限の割当は各選挙区につき二人、爾余は各都道府県に於ける人口に按分し、偶数を附加する。
（ロ）残余については全国一選挙区とする。
三、年齢。選挙人は二十歳以上。被選挙人は四十歳以上。
四、選挙方法。直接選挙。単記、無記名投票。

裁判所法案要綱

第一、最高裁判所
一、裁判官
（一）定　員
裁判官の定員は十五人とし、内一人を長官とすること。
（二）任用資格
裁判官の内少くとも十人は左の資格を有する者の中から任命することを要するものとすること。
（イ）十年以上高等裁判所又は地方裁判所の裁判官（判事補を除く）の職にあつた者
（ロ）二十年以上検事の職にあつた者
（ハ）二十年以上弁護士の責務に従事した者
（ニ）二十年以上帝国大学令又は大学令による大学に於て法律学の教授、助教授又は専任教員の職にあつた者
（ホ）右に列記した職の二以上に在職し、その年数を通算して二十年以上の者
司法官試補又は弁護士試補として実務を修習し且つ考試を経た者で前記の（イ）乃至（ニ）に掲げる職にあつた者については、簡易裁判所の裁判官、判事補、最高裁判所調査官、下級裁判所調査官少年審判官、司法研修所の教官又は司法事務官の在職を以て弁護士の実務に従事したものとみなしてその年数を計算すること。
（三）定　年
長官年齢七十五年、その他の裁判官年齢七十年に達したときは退官するものとすること。
（四）報　酬
金額は別に法律を以てこれを定めるものとすること。

（備考）長官の俸給及び待遇は内閣総理大臣、その他の裁判官の俸給及び待遇は国務大臣の俸給及び待遇より下ることを得ない。
（五）地　位
長官は総理大臣、その他の裁判官は国務大臣と同様とすること。

二、裁判管轄

最高裁判所は法律命令規則又は処分が憲法に適合するかしないかを決定し、又は法令の解釈適用を確定し特にその統一を保持する為めに次の事件について裁判権を有するものとすること。

(一)　上告事件

(二)　法律により特に最高裁判所の権限に属する抗告事件

(三)　訴訟法の規定によつて下級裁判所から裁判を求められた事件

(四)　その他法律により最高裁判所の権限に属する事件

〔備考〕民事訴訟法中に左の趣旨の規定を設ける。

(一)　上告は左の場合に限り之を為すことを得

(イ)　原判決若は原審の手続が憲法に違反すること又は法律命令規則若は処分が憲法に適合するや否に付原審が為したる判断の不当なることを理由とするとき

(ロ)　判決理由に於ける法令の解釈適用の不当なることを理由とするとき

(二)　裁判所は事件に付適用すべき法律命令若は規則又は判断すべき処分が憲法に適合せざる疑あるときは其の点に付最高裁判所に裁判を求むることを得

(三)　抗告裁判所の決定に対しては更に抗告を為すことを得ず

(四)　高等裁判所が為したる決定及命令に対しては抗告を為すことを得ず

前項の裁判を受けたる者は其の告知ありたる日より一週間内に異議の申立を為すことを得但し決定に付ては裁判前審訊を受けざりしときに限る

前項の期間は之を不変期間とす

異議の申立は執行停止の効力を有す

異議の申立ありたるときは裁判所は申立人の陳述を聴きたる上決定を為すことを要す

(五)　本法に依り不服を申立つることを得ざる決定及命令に対しては法律、命令、規則又は処分が憲法に適合するや否に付原裁判所が為したる判断の不当なることを理由とすることに限り其の裁判の告知ありたる日より三十日内に最高裁判所に特に抗告を為すことを得

前項の期間は之を不変期間とす

刑事訴訟法中に左の趣旨の規定を設ける。

(一)　左の場合には、第二審の判決に対して上告することができるものとすること。

(イ)　原判決若しくは原審の手続が憲法に違反すること又は原審において法律、命令、規則若しくは処分が憲

法に適合するかしないかについて不当な判断をしたことを理由とするとき。
（ロ） 前号の場合を除く外、判決に影響を及ぼすべき法令の違反を理由とするとき。
(二) 下級裁判所は、適用すべき法律、命令若しくは規則又は判断すべき処分が憲法に違反する疑ひがあるときは、その点について最高裁判所の裁判を求めることができるものとすること。

三、審理及び裁判
(一) 小法廷（仮称）
（イ） 裁判官三人を以て構成し、長官又は先任の者、任命の日の同じ者が二人以上あるときは年齢の多い者を以て裁判長とすること。
（ロ） 最高裁判所が受理した事件は、すべて小法廷に於て審査するものとすること。
（ハ） 小法廷に於て、裁判官の全員が事件に対する判断に於て一致し且大法廷を開く必要がないと認めたときは、自ら裁判を為すことができるものとすること。
但し、左の場合にはこの限りでないものとすること。
1 法律の同一の点について、曽て大審院、行政裁判所又は最高裁判所に於て為した判決を相当でないと認めたとき。
2 法律、命令、規則又は処分が憲法に適合しないと認めたとき。
(二) 大法廷（仮称）
（イ） 裁判官全員を以て構成し、長官を裁判長とし、長官に差支がある場合は、先任の者、任命の日の同じ者が二人以上あるときは年齢の多い者を以て裁判長とすること。
（ロ） 定足数
九人を以て定足数とすること。
（ハ） 裁判は過半数の意見によるものとすること。
(三) 判決書には裁判官各自の意見を明確に表示することを要するものとすること。

四、裁判官会議（仮称）
(一) 設 置
最高裁判所に裁判官会議を設けるものとすること。
(二) 構 成
裁判官の全員を以て構成し、長官がこれを主宰するものとすること。
(三) 権 限
裁判官会議は左の事項について権限を有するものとすること。

（イ）下級裁判所の裁判官の指名
（ロ）訴訟に関する手続、その他の事項についての規則の制定
（ハ）下級裁判所に関する規則の制定の委任
（ニ）調査官その他主要な職員の人事に関する事項
（ホ）最高裁判所に設置する委員会に関する事項
（ヘ）その他重要な事項
〔備考〕最高裁判所には次のやうな委員会を設ける。
（イ）人事に関する委員会
（ロ）規則の制定に関する委員会
（ハ）裁判例の整理、公刊に関する委員会
（ニ）その他必要な委員会
五、附属機関
（一）調査官（仮称）
（イ）最高裁判所に三十五人の調査官をおき、必要を〔な〕調査をさせるものとすること。
（ロ）調査官は一級官吏又は二級官吏とすること。
（ハ）調査官の任免については、第五、その他の事項の三、の（二）の項参照。
（二）事務局
（イ）最高裁判所に事務局をおき、事務局に於ては左の事務を掌るものとすること。
1　下級裁判所の裁判官に指名した者の名簿の調製その他人事に関する事項
2　訴訟に関する手続その他の事項の規則の制定に関する事項
3　裁判例の整理、公刊に関する事項
4　裁判官、調査官及び裁判所書記の研究、修養に関する事項
5　調査、統計に関する事項
6　会計に関する事項
7　その他司法行政に関する事項
（ロ）事務局に事務局長一人をおくこと。
事務局長は長官の監督を受け事務局の事務を掌理するものとすること。
事務局長は一級官吏とすること。
（ハ）事務局に相応な員数の事務官をおき、事務官は一級官吏、二級官吏及び三級官吏とすること。
（ニ）事務局長及び事務官の任免については、第五、その他の事項の三、の（二）の項参照。
六、名　称
「最高裁判所」と称すること。

〔資料73〕 臨時法制調査会における諮問第一号に対する答申書（昭和21年10月26日）
―裁判所法案要綱

長官たる裁判官の官名は「最高裁判所長官」、その他の裁判官の官名は「最高裁判所判事」とすること。

第二 高等裁判所――下級裁判所の一

一、設 置

現在の控訴院の設置に準ずる外、その管轄区域内の地方裁判所に支部を設置することができるものとし、高等裁判所及びその支部の設立、廃止及び管轄区域並びにその変更は法律を以てこれを定めるものとすること。

二、裁判官

(一) 各高等裁判所に相応な員数の裁判官をおき、内一人を長官とすること。

裁判官の員数は法律を以てこれを定めるものとすること。

(二) 任用資格

(甲) 裁判官に任ぜられるには、(乙)に定めた者を除く外、左の資格を有することを要するものとすること。

(イ) 十年以上判事補の職にあつた者

(ロ) 司法官試補又は弁護士試補として実務を修習し且つ考試を経た者で、五年以上簡易裁判所の裁判官の職にあつたもの又は十年以上最高裁判所調査官、下級裁判所調査官少年審判官、司法研修所の教官若は司法事務官の職にあつたもの

(ハ) 十年以上検事の職にあつた者

(ニ) 十年以上弁護士の実務に従事した者

(ホ) 十年以上帝国大学令又は大学令による大学に於て法律学の教授、助教授又は専任教員の職にあつた者

(ヘ) 右に列記した職の二以上に在職し、その年数を通算して十年以上の者

(乙) 十年以上一級又は二級の行政官の職にあつた者は、裁判官に任ぜられることができるものとすること。

〔備考〕 行政訴訟についてこの必要が認められる。その員数は法律で定める。

(三) 定 年

長官年齢七十年、その他の裁判官年齢六十五年に達したときは退官するものとすること。

(四) 報 酬

別に法律を以てこれを定めるものとすること。

〔備考〕 下級裁判所の裁判官の報酬額には級別を設け、その各金額は法律を以て定める。

(五) 地 位

長官は最高裁判所の裁判官と同様とすること。

三、構 成

合議裁判所とし、三人の裁判官を以て合議体を組立てるこ

と。但し次項「裁判管轄」の(二)の事件は特に五人の裁判官を以て組立てた合議体で審問裁判するものとすること。

四、裁判管轄

高等裁判所は次の事件について裁判権を有するものとすること。

(一)　第二審として

(イ)　地方裁判所の第一審判決に対する控訴事件

(ロ)　地方裁判所が為した決定及び命令に対する法律に定めた抗告事件

(二)　第一審として

(イ)　法律によつて特に審査裁決を経ることを要するものと定められた行政事件

(ロ)　東京高等裁判所の特別管轄

(1)　中央行政官庁がなした命令又は処分の取消又は変更を求める行政事件

(2)　刑法、第七十三条第七十五条第七十七条乃至第七十九条の罪の刑事事件

(三)　その他法律により高等裁判所の権限に属する事件

〔備考〕

(一)　高等裁判所が第一審として為した判決に対しては控訴を認めず上告のみを許すものとする。

(二)　特許法を改正して抗告審判の審決に対し不服あるときは東京高等裁判所に出訴することができるものとする。

五、裁判官会議

(一)　設　置

各高等裁判所に裁判官会議を設けるものとすること。

(二)　構　成

裁判官の全員を以て構成し長官がこれを主宰するものとすること。

(三)　権　限

裁判官会議は左の事項について権限を有するものとすること。

(イ)　裁判官の配置及び事務の分配

(ロ)　最高裁判所から委任された規則の制定

(ハ)　調査官その他主要な職員の人事に関する事項

(ニ)　高等裁判所に設置する委員会に関する事項

(ホ)　その他重要な事項

〔備考〕

高等裁判所には次のやうな委員会を設ける。

(イ)　人事に関する委員会

(ロ)　規則制定に関する委員会

(ハ)　裁判例の整理、公刊に関する委員会

(ニ)　その他必要な委員会

〔資料73〕　臨時法制調査会における諮問第一号に対する答申書（昭和21年10月26日）
—裁判所法案要綱

六、附属機関
（一）　調査官（仮称）
（イ）　各高等裁判所に相応な員数の調査官をおき、必要な調査をさせるものとすること。
（ロ）　調査官は二級官吏とすること。
（ハ）　調査官の任免については、第五その他の事項の三の（二）の項参照。
（二）　事務局
（イ）　各高等裁判所に事務局をおき、事務局に於ては左の事務を掌るものとすること。
1　人事に関する事項
2　訴訟に関する手続その他の事項の規則の制定に関する事項
3　裁判例の整理、公刊に関する事項
4　裁判官、調査官及び裁判所書記の研究、修養に関する事項
5　調査、統計に関する事項
6　会計に関する事項
7　その他司法行政に関する事項
（ロ）　事務局に事務局長一人をおき、事務局長は長官の監督を受け事務局の事務を掌理するものとすること。
事務局長は一級官吏又は二級官吏とすること。
（ハ）　事務局に相応な員数の事務官をおき、事務官は二級官吏及び三級官吏とすること。
（三）　事務局長及び事務官の任免については、第五その他の事項の三の（二）の項参照。
七、名　称
「高等裁判所」と称すること。

長官たる裁判官の官名は「高等裁判所長官」、その他の裁判官の官名は「高等裁判所判事」とすること。

第三、地方裁判所——下級裁判所の二
一、設　置
現在の地方裁判所の設置に準ずる外区裁判所が設置されてゐる場所にはすべて支部を設置するものとし、地方裁判所及びその支部の設立、廃止及び管轄区域並びにその変更は法律を以てこれを定めるものとすること。

〔備考〕　区裁判所は廃止する。

民事地方裁判所及び刑事地方裁判所の刑を廃止する。
二、裁判官
（一）　長官の定年を六十五年とする外高等裁判所の裁判官の項（一）乃至（四）に定めたところと同様とすること。
（二）　判事補（仮称）

（イ）　司法官試補又は弁護士試補として実務を修習し且つ考試を経た者は、前掲の任用資格に拘らず判事補として裁判官に任ぜられることができるものとすること。

（ロ）　判事補は単独で裁判をなし又は合議体の裁判長となることができないものとすること。

三、構　成

（一）　単独制及び合議制を併用し、合議体は三人の裁判官を以て組立てることとし、裁判官はすべて何れかの合議体に属するものとすること。

（二）

（イ）　民事につき——

審問裁判は原則として単独の裁判官が行ふこと。但し第二審事件のとき、事案が重大で当該裁判官が合議体で審問裁判することを相当と認めたとき又は当事者双方の申立があつたときは、その所属する合議体の評議により、合議体で審問裁判するか否かを決定するものとすること。

（ロ）　刑事につき——

一定の刑に該る罪の事件は合議体で審問裁判し、他は単独の裁判官が審問裁判することを原則とすること。

四、裁判管轄

地方裁判所は次の事件について裁判権を有するものとすること。

（一）　第一審として

簡易裁判所の権限又は高等裁判所の「裁判管轄」の（二）に定めた高等裁判所の権限に属するものを除き、その他の訴訟事件

（二）　第二審として

（イ）　簡易裁判所の判決に対する控訴事件

（ロ）　簡易裁判所の決定及び命令に対する法律に定める抗告事件

（三）　破産事件、和議事件及び非訟事件中簡易裁判所の権限に属しない事件

五、裁判官会議

高等裁判所について定めたところに準ずるものとすること。

六、附属機関

高等裁判所について定めたところに準ずるものとすること。

七、名　称

「地方裁判所」と称すること。

長官たる裁判官、その他の裁判官の官名は、高等裁判所の裁判官について定めたところに準ずるものとすること。

第四、簡易裁判所——下級裁判所の三

一、設　置

〔資料73〕 臨時法制調査会における諮問第一号に対する答申書（昭和21年10月26日）
―裁判所法案要綱

全国の警察署単位毎に設置し、必要に応じて多少の増減をなすものとし、その設立、廃止及び管轄区域並びにその変更は法律を以てこれを定めるものとすること。

二、裁判官

（一） 各裁判所に一人又は二人以上の裁判官をおき、一人を長とすること。

裁判官の員数は法律で以て定めるものとすること。

（二） 任用資格

（甲） 裁判官に任ぜられるには、（乙）に定めた者を除く外左の資格を有することを要するものとすること。

（イ） 五年以上判事補の職にあつた者

（ロ） 司法官試補又は弁護士試補として実務を修習し且つ考試を経た者で五年以上最高裁判所調査官、下級裁判所調査官少年審判官、司法研修所の教官又は司法事務官の職にあつたもの

（ハ） 五年以上検事の職にあつた者

（ニ） 五年以上弁護士の実務に従事した者

（ホ） 右に列記した職の二以上に在職し、その年数を通算して五年以上の者

（乙） 学識経験者で銓衡委員会の銓衡を経た者は、裁判官に任ぜられることができるものとすること。

〔備考〕 銓衡委員会は各地方裁判所単位に設け、地方裁判所の長官、地方検察庁の長官、府県知事、府県会議長、弁護士会長、その他を以て組織するものとすること。

（三） 定　年

年齢が六十五年に達したときは退官するものとすること。

（四） 報　酬

高等裁判所の裁判官について定めたところと同様とすること。

三、構　成

単独制とすること。

四、裁判管轄

簡易裁判所は次の事件について裁判権を有するものとすること。

（一） 民事につき

（イ） 和解事件

（ロ） 督促事件

（ハ） 調停事件（現在区裁判所の管轄に属するもの）

（ニ） 非訟事件（現在区裁判所の管轄に属するもの）

（ホ） 訴訟事件

訴訟物価額が一定額以下の事件及び当事者双方の合意により簡易裁判所の管轄に属せしめた事件但し裁判所が簡

易手続によることを相当としないと認めたときは事件を地方裁判所に移送することができるものとすること。

（二）　刑事につき

（イ）　拘留又は科料に該る罪に係る事件

（ロ）　罰金以下の刑に処することを相当と認める罪に係る事件但し地方裁判所に公訴を提起されたもの及び地方裁判所に移送されたものを除くものとすること。（移送は判事による職権移送のみに限ること）

〔備考〕　違警罪即決例及び略式手続はこれを廃止すること。

五、司法委員

民事に関し裁判官は必要があると認めたときは司法委員を審理に立会はせ裁判についてその意見を徴することができるものとすること。

六、裁判所法人〔又〕は適当の法律中に次の趣旨の規定を設けること。簡易裁判所は、訴訟法の精神に則り、健全な常識によつて、簡易且つ迅速に手続を行ひ、民事においては、法律に従ひ、実情に即して紛議を衡平に解決し、又、刑事においては、刑の適用につき、公共の福祉を保持すると共に犯人の更生を考慮するものとする。

〔備考〕

（一）　民事訴訟法中に左の趣旨の規定を設ける。

（イ）　訴の提起は口頭によることを得るものとすること。

（ロ）　当事者に審訊を受ける機会を与へることを要する外は一切の手続を裁判官の自由裁量とすること。

（ハ）　調書には手続の要領を記載するを以て足るものとすること。

（ニ）　裁判官には主文、請求の趣旨及び原因を記載し、必要と認めるときは理由の要旨を掲げるものとすること。

（ホ）　判決に対する控訴は地方裁判所の管轄とし、控訴審の訴訟手続は第一審の訴訟手続を基礎とせず、改めて第一審の訴訟手続によるものとすること。（所謂続審主義によらず覆審主義による）

（二）　刑事訴訟法中に左の趣旨の規定を設ける。

（イ）　公訴の提起は口頭によることを得るものとすること。

（ロ）　調書には手続の要領を記載するを以て足るものとすること。

（ハ）　調書判決を認めるのは勿論有罪判決には主文、罪となるべき事実、適用した罰条の記載を以て足るものとすること。

（三）　公判開廷場所につき考慮すること。

七、名　称

「簡易裁判所」と称すること。

裁判官の官名は「簡易裁判所判事」と称すること。

第五、その他の事項

一、心身の故障による裁判官の罷免

（イ）　裁判官が身体若は精神の衰弱に因り職務を執ることができなくなつたときは、内閣は最高裁判所の裁判により、その裁判官を罷免することができるものとすること。

（ロ）　右の裁判については最高裁判所大法廷の項の中（イ）乃至（ハ）を準用すること。但し当該の裁判官は、その裁判に関与することができないものとすること。

二、裁判官の懲戒

判事懲戒法を改正して、減俸、転所及び免職の懲戒処分はこれを廃止すること。

三、司法行政の職務及び監督権

（一）　監督権

（イ）　最高裁判所の長官は最高裁判所及び各下級裁判所を監督するものとすること。

（ロ）　高等裁判所の長官はその高等裁判所、その支部及びその管轄区域内の各下級裁判所を監督するものとすること。

（ハ）　地方裁判所の長官はその地方裁判所、その支部及びその管轄区域内の簡易裁判所を監督するものとすること。

（ニ）　簡易裁判所の長はその裁判所所属の書記を監督するものとすること。

（二）　職員の任免

最高裁判所調査官、下級裁判所調査官、事務局長、事務局事務官、裁判所書記及び執達吏は最高裁判所の長官又はその委任を受けた各下級裁判所の長官がこれを任免するものとすること。

〔備考〕　裁判所に属する官吏の任免も内閣に於て掌理するものとの見解にたてば、右の任免は、最高裁判所の長官の具状によつてこれをなすものとする。

四、試補の制度

（イ）　司法官試補及び弁護士試補の別を廃して、司法修習生（仮称）とすること。

（ロ）　試補の実務の修習及び考試は最高裁判所の定めるところによるものとすること。

五、予　算

裁判所の予算は司法省の所管とすること。

〔備考〕　裁判所構成法はこれを廃止する。

裁判所法案要綱附帯決議

判検事は一定の年限弁護士の業務に従事した者より、これを任用することを将来実現することを希望する。

検察庁法案要綱

第一　検察庁は、最高検察庁、高等検察庁、地方検察庁及び区検察庁（簡易裁判所に対応するもの）とすること。

司法大臣は、高等検察庁又は地方検察庁の事務の一部を取扱はしめるため支部を設けることができるとすること。

第二　検察庁に検事を置くとすること。

地方検察庁及び区検察庁には、副検事を置くことができるとすること。

第三　検事及び副検事は、捜査及び公訴を実行し、刑事裁判の執行を指揮し、その他公益上必要な事項について法令の定める職務を行ふとすること。

第四　最高検察庁の検事は最高裁判所の管轄に属する事項、高等検察庁の検事は高等裁判所の管轄に属する事項、地方検察庁の検事及び副検事は地方裁判所の管轄に属する事項、区検察庁の検事及び副検事は簡易裁判所の管轄に属する事項について、その職務を行ふとすること。

司法大臣は、簡易裁判所の管轄に属する事項についての検事の職務をその庁の検察補佐官又は司法官試補をして取扱はしめることができるとすること。

司法大臣は、簡易裁判所の管轄に属する事項については、当分の間、その庁の所在地の警察官をして検事の職務を取扱はしめることができるとすること。

第五　最高検察庁に検事総長、高等検察庁に検事長、地方検察庁に検事正を置くこと。

検事二人以上をおいた支部又は区検察庁においては、その一人を上席検事とすること。

第六　検事総長は最高検察庁の長、検事長は高等検察庁の長、検事正は地方検察庁の長となり、その庁の行政事務を掌るとすること。

高等検察庁支部の一人の検事又は上席検事は検事長の、地方検察庁支部若しくは区検察庁の一人の検事又は上席検事は検事正の命をうけてその庁の行政事務を掌るとすること。

第七　検察庁の設置及び管轄区域は、別に法律でこれを定めるとすること。

第八　検事は、左の者よりこれを任用するとすること。

一　司法官試補として二年以上裁判所、検察庁及び弁護士会において実務を修習し且つ考試を経た者

二　弁護士の資格を有する者

三　三年以上帝国大学令又は大学令による大学において法律学

〔資料73〕　臨時法制調査会における諮問第一号に対する答申書（昭和21年10月26日）
—検察庁法案要綱

の教授若しくは助教授たりし者又は専任教員として法律学の教授を担任した者

四　高等試験に合格した者で、三年以上二級の内閣事務官、各省事務官又は地方事務官であつた者

五　三年以上副検事であつた者

前項第二号乃至第五号に規定した各職の在職年数は、これを通算するとすること。

第九　副検事は、左の者より命令の定める委員会の銓衡を経てこれを任用するとすること。

一　三年以上三級の検察補佐官であつた者

二　三年以上三級地方事務官として庁府県の警察官であつた者

三　三年以上三級の内閣事務官、各省事務官又は地方事務官であつた者

四　高等試験に合格した者

前項に規定した各職の在職年数は、これを通算するとすること。三級の検察補佐官であつた者、三級地方事務官として庁府県の警察官であつた者又は三級の内閣事務官、各省事務官若しくは地方事務官であつた者については、その在職年数の半数を第一項各職の在職年数に通算することができるとすること。

第十　左の各号の一に該当する者は、検事又は副検事に任ぜられることができないとすること。

一　禁錮以上の刑に処せられた者

二　懲戒の処分若しくは第十七の規定による委員会の決議によつて免官若しくは退官となつた者又は弁護士法によつて除名された者であつて免官若しくは退官又は除名後五年を経過しない者

三　禁治産者及び準禁治産者

四　破産者にして復権を得ない者

第十一　検事は、親任、一級又は二級とすること。

検事総長は、親任検事をもつて内閣これを補するとすること。

検事長及び検事正は、一級検事をもつて、その他の検事の職は、一級又は二級検事をもつて司法大臣これを補するとすること。

副検事は、二級とし、その職は司法大臣これを補するとすること。

検事の待遇は概ね判事の待遇に準ずるものとし、特に検事総長は最高裁判所の判事、最高検察庁の検事中若干名及び検事長は高等裁判所の長官、検事正は地方裁判所の長官の待遇に準じてこれを定めること。

第十二　司法大臣は、新任の検事を一時予備検事として地方検察庁又は区検察庁に勤務させることができるとすること。

第十三　検事及び副検事は、在職中左の諸件をなすことができないとすること。

一　公然政事に関係すること。
二　政党の党員又は政社の社員となること。
三　国会又は都府県市町村の議会の議員となること。
四　商業を営み又は営利を目的とする法人の役員となること。
第十四　検事総長の任期は四年とし、再任を妨げないとすること。
第十五　一級検事が年齢六十五年に達したとき、二級検事又は副検事が年齢六十年に達したときは、各退官とすること。
第十六　検事又は副検事が禁錮以上の刑に処せられたときは、その官を失ふとすること。
第十七　検事又は副検事が心神の故障により又は職務を不当に行ひ若しくは行はざることにより、その職務をとるに適しなくなつた場合には、委員会の決議を経て罷免せらるるものとすること。
前項の委員会に関する事項は、別に法律で定めるとすること。
第十八　前三項の場合を除いては、検事又は副検事は、懲戒の処分によらなければ、その意に反して免官又は転官されることがないとすること。
第十九　検察庁に検察補佐官を置くとすること。
検察補佐官は、二級又は三級とすること。
検察補佐官は、検事及び副検事の補佐として、その指揮をうけ捜査に従事するとすること。
前項の外、検察補佐官は、審問に立会ひ、書類記録を調製保管し、上官の指揮をうけて検察庁の庶務を掌り、その他法令の定める事務を取扱ふとすること。
第二十　二級検察補佐官は、命令の定めるところにより、考試又は銓衡を経て、司法大臣これを任じ及びこれを補するとすること。
三級検察補佐官は、司法大臣の定めるところにより、考試又は銓衡を経て、最高検察庁においては検事総長、高等検察庁においては検事長、地方検察庁及びその管轄区域内の検察庁においては検事正これを任じ及びこれを補するとすること。
第二十一　検察庁に通訳官を置くことができるとすること。
通訳官は、二級又は三級とすること。
通訳官の職は、司法大臣これを補するとすること。
第二十二　検察庁に鑑識官を置くことができるとすること。
鑑識官は、二級又は三級とすること。
鑑識官の職は、司法大臣これを補するとすること。
第二十三　司法大臣は、捜査及び公訴の実行について検事及び副検事を指揮するとすること。
検事総長以外の検事及び副検事に対する前項の指揮は、検事総長を経由してこれを行ふとすること。
第二十四　検事総長、検事長及び検事正は、各その庁及び管轄区域内の検事及び副検事を指揮する。但し、最高検察庁、高等検察庁及び地方検察庁のその他の検事は、事務取扱につき何等の事件に拘らず特別の許可を受けずしてその庁の長を代理する権を有するとすること。

第二十五　検事総長、検事長及び検事正は、その庁及び管轄区域内の検察庁において、ある検事又は副検事の取扱ふべき事務を自ら取扱ひ又はこれを他の検事又は副検事に移すことができるとすること。

第二十六　区検察庁の上席検事又は一人の検事は、その庁の副検事を指揮するとすること。

第二十七　検事又は副検事は、司法警察官又はその職務を行ふ者を指揮するとすること。

司法省又は地方検察庁は、内務省又は庁府県と協議して、庁府県の警察官中各地方検察庁の管轄区域内において司法警察官として勤務し、常時前項の指揮をうけ及びこれを執行するものを定めるとすること。

第二十八　司法大臣は、検察庁を監督するとすること。

第二十九　検事総長、検事長及び検事正は、各その庁及び管轄区域内の検察庁を監督するとすること。

支部又は区検察庁の上席検事又は一人の検事は、各その庁を監督するとすること。

第三十　検事総長、検事長及び検事正は、各その庁及び管轄区域内の検察庁の検事をして、監督事務の一部を取扱はしめることができるとすること。

第三十一　検事総長、検事長、検事正又は支部若しくは区検察庁の上席検事に差支があるときは、各その庁の検事は、司法大臣の定めた席次の順序によりこれを代理するとすること。検事一人の高等検察庁支部の検事に差支があるときはその庁を監督する検事長、検事一人の地方検察庁支部若しくは区検察庁の検事に差支があるときはその庁を監督する検事正は、その職務を代理する者を命ずるとすること。

第三十二　司法警察官及びその職務を行ふ者に対する監督は、前四条の例によるものとすること。

第三十三　検察庁の事務取扱の延滞又は不適当な執務若しくは処分に対しては、利害関係人は一定期間内に直近上級の監督官庁に抗告することができる。但し、裁判所において取消又は変更を命ずることができる検事又は副検事の処分は、この限りでないとすること。

抗告は、原検察庁を経由して、書面を以てこれをするとすること。

第三十四　抗告に対する処分は、抗告申立人に通知するとすること。

第三十五　検察庁の事務章程は、司法大臣がこれを定めるとすること。
第三十六　司法大臣は、第二十八の監督事務を行ふため、相当員数の参与を置くことを得るものとすること。

行政訴訟に関する特則案要綱

左の訴訟は本要綱によるものとし、本要綱に特別の定がない場合に於ては民事訴訟法によるものとすること。
（イ）行政庁を被告として、その違法は〔な〕命令又は処分の取消又は変更を求める訴訟
（ロ）当事者間の公法上の権利関係に関する訴訟
一、行政庁を被告とする訴訟はその行政庁の所在地の裁判所の管轄に専属するものとすること。
二、命令又は処分の取消又は変更を求める訴訟については、出訴期間を定めること。
三、法律の規定によつて審査裁決を経た後でなければ行政訴訟を提起することができない場合には、審査の請求後三箇月内に裁決がないときは却下の裁決をしたものとみなし、出訴期間はその時から起算するものとすること。
四、訴状に於て被告の指定を誤つた場合に於ても、正当な被告に対する訴訟として取扱ふことができるものとすること。
五、共同訴訟人が多数である場合に裁判所は総代の選定を命じ得るものとすること。
六、裁判所は関係官庁その他第三者を訴訟に参加させることができるものとすること。
七、行政庁はその庁の職員を訴訟代理人とすることができるものとすること。
八、裁判所は当事者の申立又は職権を以て行政処分の執行の停止を命ずることができるものとすること。
九、当事者全部の申立があつたときは、書面審理に基いて裁判をなすことができるものとすること。
十、関係ある官庁又は団体は、裁判所の許可を得てその代理人をして口頭弁論に立会はせ意見を述べさせることができるものとすること。
十一、請求の認諾及び裁判上の自白に関する規定は適用しないものとすること。
十二、裁判所は職権を以て証拠調をなし且つ当事者が提出しない事実を斟酌することができるものとすること。
十三、原告の請求が理由ある場合に於ても、裁判所は事情により命令又は処分の取消又は変更に代へて除害施設又は損失補償その他の救済を与へることができるものとすること。
十四、確定判決は関係行政庁を羈束するものとすること。

〔備考〕

（一）　書類には民事訴訟用印紙法の規定に準じて印紙を貼用させるものとする。

（二）　行政訴訟の提起は訴願裁決を経ることを要しないものとする。

（三）　裁判所法中に左の趣旨の規定を設ける。

行政訴訟は地方裁判所を第一審とする。

但し、中央行政官庁の処分の取消又は変更を求める訴訟又は法律の規定により特に審査裁決を経ることを要するものと定められた訴訟は高等裁判所を第一審とする。

〔資料73〕　臨時法制調査会における諮問第一号に対する答申書（昭和21年10月26日）—裁判官国民審査法案要綱

裁判官国民審査法案要綱

一、審査権

衆議院議員選挙法により選挙権を有する者は、すべて審査権を有するものとすること。

二、投　票

（一）　衆議院議員選挙法により選挙投票をすることができない者は、審査の投票をすることもできないものとすること。（衆議院議員選挙法第二十九条、第三十条参照）

（二）　審査の投票は、選挙の投票と同時に、同一の用紙を以てなさしめるものとすること。

（三）　投票の方式

投票者は、投票用紙に罷免を可とする各裁判官について、その氏名を記載して投函するものとすること。

（四）　審査の投票の効力は、選挙の投票の無効により影響を受けないものとすること。

（五）　審査の投票及び開票は、選挙の投票及び開票と共に処理するものとすること。

（六）　内閣総理大臣を審査長とすること。

選挙の各選挙長は、審査の投票について、開票の結果を審査長に報告すべきものとすること。

（七）　審査長は右の報告を調査して、審査の結果を告示し、且つ審査に付された裁判官に通知するものとすること。

（八）　投票の総数の過半数が罷免を可とした裁判官は、右の通知を受けたときに、当然罷免されたものとすること。

三、審査前の措置

投票の期日前に審査に付される裁判官の氏名を周知せしめる方法を講ずること。

四、審査の効力に関する訴訟

審査の効力に関して異議のある者は、審査長を相手方として、審査の結果の告示の日から三十日以内に弾劾裁判所に出訴することができるものとすること。

右の訴訟手続については、弾劾裁判所の定めるところにより民事訴訟に関する規程を適用するものとすること。

以上

裁判官弾劾法案要綱

一、弾劾裁判所

（一）弾劾裁判所は両議院の議員各〻七人の裁判官を以て構成し、内一人を裁判長とすること。

（二）定足数は九人とすること。

（三）裁判官罷免の判決は過半数の意見によることを要するものとすること。

（四）裁判長は弾劾裁判所を代表するものとすること。

（五）弾劾裁判所に相応な員数の書記を置くものとすること。

（六）弾劾裁判所は、これを常置するものとすること。

二、訴追機関

（一）衆議院はその議員二十人を以て組織する訴追委員会を設けるものとすること。

（二）弾劾の訴追は、訴追委員会がこれを行ふものとすること。

（三）訴追委員会は検事総長に捜査すべきことを求めることができるものとすること。

（四）訴追は委員の過半数の意見によることを要するものとすること。

（五）訴追委員会は、これを常置するものとすること。

（六）訴追委員会が訴追すべきことを決定したときは、最高裁判所の長官にその旨を通知するものとすること。

三、弾劾の事由

裁判官は左の場合には弾劾によつて罷免されるものとすること。

（一）著しく職務を怠つたとき

（二）裁判官として甚しく品位を辱しめる行為があつたとき

四、審理及び裁判

（一）弾劾裁判所は国会から独立してその職権を行ふものとすること。

（二）裁判の対審及び判決は、これを公開するものとすること。

（三）審判の手続については弾劾裁判所の定めるところにより刑事訴訟に関する規程を適用するものとすること。

（四）判決に於ては、訴追された裁判官を罷免するか否かのみを決するものとすること。

（五）罷免の判決を受けた者は再び裁判官に任命される資格を失ふものとすること。但し、判決の宣告から五年を経過した後、最高裁判所の長官の請求により弾劾裁判所が資格回復の決定を為した場合はこの限りでないものとすること。

五、その他

〔資料73〕　臨時法制調査会における諮問第一号に対する答申書（昭和21年10月26日）
—民法中改正案要綱

弾劾の訴追を受けた裁判官は、訴追を却下し又は棄却する裁判があるまでその職務を行ふことができないものとすること。

民法中改正案要綱

第一　民法の戸主及家族に関する規定を削除し親族共同生活を現実に即して規律すること。（第八、第十六、第十八、第二十五、第三十三等参照）

第二　系譜、祭具及墳墓の所有権は被相続人の指定人は慣習に従ひ祖先の祭祀を主宰すべき者之を承継するものとすること。其の他の財産は遺産相続の原則に従ふものとすること。

第三　継父母と継子、嫡母と庶子の間は舅姑と嫁の間の法律関係と同じくすること。

第四　姻族関係は夫婦共に婚姻の解消に因りて止むものとすること。

第五　養子縁組に基く親族関係は離縁に因つて止むものとすること。

第六　婚姻は両性の合意にのみ基きて成立し成年者に付ては父母等の同意を要せざるものとすること。

未成年者が婚姻を為すには父母の同意を要するも父母の孰れか一方の同意を得ること能はざるときは他の一方の同意を以て足るものとすること。

第七　婚姻年齢を男は十八年以上、女は十六年以上とすること。

第八　夫婦は共に夫の氏を称するものとすること、但し入夫婚姻に該る場合に於て当事者の意思に依り妻の氏を称するを妨げざるものとすること。

第九　夫婦は同居し互に協力扶助すべきものとすること。

第十　未成年者が婚姻したるときは成年に達したるものと看做すこと。

第十一　妻の無能力に関する規定を削除すること。

第十二　夫婦法定財産制に関する規定を左の如く修正すること。

一　婚姻より生ずる費用は夫婦の資産、収入其の他一切の事情を斟酌して適当に協力負担すること。

二　夫婦の一方が日常の家事に関し第三者と法律行為を為したるときは他の一方は之に依りて生じたる債務につき連帯して其の責に任ずること。

三　夫又は妻が婚姻前より有したる財産及婚姻中自己の名に於て得たる財産は其の特有財産として夫婦の孰れに属するか分明ならざる財産は夫婦の共有と推定すること。

第十三　協議による離婚を為すには父母等の同意を要せざるものとすること。

第十四　詐欺又は強迫に依る協議離婚の取消に関する規定を設くること。

第十五　裁判上の離婚原因を左の如く定むること。

一　配偶者に不貞の行為ありたるとき。

二　配偶者又は其の直系尊属より著しく不当の待遇を受けたるとき。

三　自己の直系尊属が配偶者より著しく不当なる待遇を受けたるとき。

四　配偶者の生死が三年以上分明ならざるとき。

五　其の他婚姻を継続し難き重大なる事由あるとき。

裁判所は前項の事由あるときと雖も一切の事情を斟酌して婚姻の継続を相当と認むるときは離婚の請求を却下することを得るものとすること。

第十六　父母が離婚するときは子の氏及子の監護を為すべき者其の他監護に付必要なる事項は協議に依り之を定め、協議調はざるときは裁判所之を定むるものとすること。

第十七　離婚したる者の一方は相手方に対し相当の生計を維持するに足るべき財産の分与を請求することを得るものとし、裁判所は当事者双方の資力其の他一切の事情を斟酌して分与を為さしむべきや否や並に分与の額及方法を定むるものとすること。

第十八　子は父の氏を称し、父の知れざる子は母の氏を称するものとすること。

第十九　「庶子」の名称を廃止すること。

第二十　父が認知を為す場合は子の監護を為すべき者其の他監護に付必要なる事項は父母の協議に依り之を定め協議調はざるときは裁判所之を定むるものとすること。

第二十一　婿養子を廃止すること。

第二十二　遺言養子を廃止すること。

第二十三　未成年者を養子とするには裁判所の許可を要するものとすること。

第二十四　養子縁組に付父母等の同意を要せざるものとすること。

第二十五　養子は養親の氏を称するものとすること。

第二十六　協議に因る離縁に付第十三及第十四に準ずること。

第二十七　裁判上の離縁原因を左の如く定むること。

一　他の一方又は其の直系尊属より著しく不当なる待遇を受けたるとき。

二　自己の直系尊属が他の一方より著しく不当なる待遇を受けたるとき。

三　養子の生死が三年以上分明ならざるとき。

四　其の他縁組を継続し難き重大なる事由あるとき。

裁判所は前項の事由あるときと雖も一切の事情を斟酌して縁組の継続を相当と認むるときは離縁の請求を却下することを得るものとすること。

第二十八　親権は未成年の子に対するものとすること。

〔資料73〕 臨時法制調査会における諮問第一号に対する答申書（昭和21年10月26日）—民法中改正案要綱

第二十九　父母共に在るときは親権は其の共同行使を原則とし、第三者の保護に関しては別に適当なる規定を設くること。

父母が離縁するときは子に対し親権を行ふ者は父母の協議に依り之を定め、協議調はざるときは裁判所之を定めるものとすること。

父が認知を為す場合も前項に準ずること。

第三十　母の親権に付ての制限は撤廃すること。

第三十一　親族会を廃止し、後見の監督機関としての親族会の権限は一部を後見監督人に、一部を裁判所に移すこと。

第三十二　後見監督人は指定後見監督人の外必要ある場合に裁判所之を選任するものとし、後見監督人なき場合に於ては其の権限は裁判所之を行ふものとすること。

第三十三　氏を同じくする直系姻族の間に於ても扶養の権利義務を認むること。

第三十四　相続人の範囲及相続順位は配偶者の外（一）直系卑属（二）直系尊属（三）兄弟姉妹とし配偶者は左記に依り相続人となるものとすること。

一　直系卑属あるときは子と同順位

二　直系卑属なきときは直系尊属と同順位

三　直系卑属直系尊属共になきときは兄弟姉妹と同順位

四　直系卑属、直系尊属兄弟姉妹共になきときは単独

第三十五　代襲相続は直系卑属及兄弟姉妹のみに付之を認むること。

第三十六　同順位の相続人数人あるときは各自の相続分は相均しきものとすること、但し嫡出に非ざる子の相続分は嫡出子の相続分の二分の一とし配偶者の相続分は左の通りとすること。

一　直系卑属及配偶者が相続人なるときは三分の一

二　配偶者及直系卑属が相続人なるときは二分の一

三　配偶者及兄弟姉妹が相続人なるときは三分の二

第三十七　遺産の分割に付共同相続人間に協議調はざるときは其の分割を裁判所に請求し得るものとし、其の手続は非訟事件手続法に依るものとすること。

前項の場合に於て裁判所は遺産の全部又は一部に付期間を定めて分割を禁ずることを得るものとすること。

第三十八　遺留分は左の通りとすること。

一　直系卑属のみが相続人なるとき並に直系卑属及配偶者が相続人なるときは二分の一

二　其の他の場合は三分の一

第三十九　遺言の方式に関する規定中従軍中の軍人軍属及海軍艦船中に在る者に付ての特別方式に関するものを削除すること。

第四十　民事法に関する憲法改正案の大原則を民法中に明文を以て掲ぐること。

第四十一　国又は公共団体の公権力の行使に当る公務員が其の職務を行ふに付故意又は過失に因り第三者に損害を加へたるときは国又は公共団体に於て之を賠償する責に任ずるものとし、当該公務員に故意又は重大なる過失あるときは之に対し求償権を有するものとすること。

第四十二　親族相続に関する事件を適切に処理せしむる為速に家事審判制度を設くること。

附帯決議

直系血族及び同居の親族は互に協力扶助すべきものとすること。

刑法の一部を改正する法律案の要綱

（総　則）

第一　（一）　三年以下の懲役又は禁錮の言渡を受けた者に対し、刑の執行を猶予することができるものとすること。

（二）　簡易裁判所においても刑の執行猶予を言渡すことのできるやうに、執行猶予を言渡すことのできる範囲を拡張すること。

第二　一個の行為が数個の罪名に触れ、若しくは犯罪の手段、結果たる行為が他の罪名に触れ、又は連続した数個の行為が同一の罪名に触れるときも、これを数罪とすること。但し、その処断はその最も重い罪について定めた刑によるものとすること。

第三　裁判確定後に再犯者であることを発見したときにも、改めて加重すべき刑を定めることができないものとすること。

第四　刑の執行を終り、又は刑の執行の免除を得た者が、罰金以上の刑に処せられることなく十年を経過したときは、刑の言渡はその効力を失ふものとすること。

（罪）

第五　皇室に対する罪の規定に於て、天皇及び皇族に対する不敬罪の意義を明確ならしめること。

第六　外患に関する罪の規定を、外国よりの武力行使に関する罪の規定に改めること。

第七　国交に関する罪の刑を引上げること。

第八　姦通罪に関する規定を削除し、これを道義及び民法上の問題に譲ること。

第九　公務員職権濫用罪（刑法第一九三条）、特別公務員職権濫用罪（同第一九四条）及び特別公務員暴行陵虐罪（同第一九五条）の刑を引上げること。

第十　重大な過失により人を死傷に致した行為を業務上過失傷害及び致死と同一に取扱ふやうに刑法第二百十一条を改めること。

第十一　少年、少女、虐待、酷使に関する罪の規定を設けること。

第十二　（一）　脅迫罪（刑法第二二二条）及び強要罪（同第二二三条）の範囲を拡張し、その刑を引上げること。

〔資料73〕 臨時法制調査会における諮問第一号に対する答申書（昭和21年10月26日）
—刑事訴訟法改正案要綱

（二） これに伴ひ、公務執行妨害罪、職務強要罪（刑法第九五条）の刑を引上げること。

第十三 （一） 名誉毀損罪（刑法第二三〇条）及び侮辱罪（同第二三一条）の刑を相当程度引上げること。

（二） 出版物により名誉毀損罪を犯した場合の刑を加重する規定を設けること。なほ、印刷物、貼札又はラヂオによる場合も考慮すること。

刑事訴訟法改正案要綱

（裁判所の管轄）

第一 被告人の現在地による土地管轄は、国内に犯罪地又は被告人の住所若しくは居所のないときに限り、これを認めること。

（刑訴第一条第一項参照）

（弁 護）

第二 被疑者の弁護権を次の要領により認めること。

一 弁護人の選任

イ 被疑者は弁護人を選任することができるものとすること。

ロ 被疑者の法定代理人、保佐人、直系尊属、直系卑属及び配偶者並びに被疑者の属する家の戸主は被疑者のため、独立して弁護人を選任することができるものとすること。

ハ 勾引又は拘留せられた被疑者には、弁護人を選任する機会を失はせないやう、特に考慮を払ふこと。（後記第二十により準用される第九参照）。

ニ 拘留中の被疑者であつて、貧困その他の理由により弁護人を選任することのできないもののためには、官選弁護人を附するものとすること。（後記第三参照）

二 弁護権の範囲

イ 拘留に対する異議申立権（後記第二十により準用される第十四参照）

ロ 拘留の取消、保釈、責付、拘留の執行停止を請求する権利（後記第二十により準用される第十二参照）。

ハ 証拠保全請求権（後記第十八参照）。

ニ 検事の押収、捜索、検証、鑑定に立会ふ権利（後記第二十により準用される刑訴第一五八条、第一七八条、第二二七条参照）。

ホ 弁護人は故意に捜査を妨げるやうな行動を採つてはならないものとすること。

（なほ証拠書類及び証拠物の閲覧、謄写権については後記第三十四参照）。

第三 官選弁護の制度を次の要領により、整備拡充すること。

一 被告人が貧困その他の理由によつて、弁護人を依頼することができないときには、裁判所は申請により被告人のため弁護人を選任することができるものとすること。（刑訴第三三四条、第三三五条は現行法通りとすること）。

拘留中の被疑者についてもまた同様とすること。

二　官選弁護人は弁護士の中より、これを選任することができるものとすること。

被疑者のためには、前項の規定によることが困難な場合に限り、司法官試補、弁護士試補及び裁判所書記の中からも弁護人を選任することができるものとすること。

三　官選弁護人には、旅費、日常、止宿料及び裁判所の相当と認めた報酬を支給するものとすること。

前項の旅費、日当、止宿料及び報酬は訴訟費用の一部とすること。

なほ貧困者のため訴訟費用の負担を全部又は一部免ずることができるものとすること。（後記第五十三参照）。

第四　特別な事情があるときは、裁判所は、弁護人の数を三人までに制限することができるものとすること。

第五　被告人又は被疑者一人について数人の弁護人あるときは主任弁護人を定めて裁判所、検事又は司法警察官に届出でなければならないものとすること。

前項の場合において弁護人に対する通知又は書類の送達は主任弁護人になせば足りるものとすること。

（書　類）

第六　公判廷における被告人、証人等の尋問及び供述については、公判調書にはその供述の要領を記載すれば足りるものとすること。（刑訴第六〇条参照）。

第七　尋問調書及び公判調書の作成については随時速記者を用ひることができるものとし、その速記録を調書に代へ又は調書の一部とすることができるものとすること。

なほ録音器等の使用についても考慮すること。（刑訴第六五条参照）。

（被告人の勾引及び拘留）

第八　次の場合にも被告人を勾引又は拘留することができるものとすること。

一　死刑又は無期若しくは短期三年以上の懲役若しくは禁錮にあたる罪を犯したこと疑ふに足るとき。

二　再び罪を犯す虞があるとき。（刑訴第八七条参照）。

第九　被告人を勾引又は拘留したときは被告人に対し、直ちにその理由及び弁護人を選任することができることを告げなければならないものとすること。

前項の場合に被告人が弁護人を指定して選任の申出をしたときは直ちにその申出を被告人の指定した弁護人に通知しなければならないものとすること。この場合において被告人が数名の弁

〔資料73〕　臨時法制調査会における諮問第一号に対する答申書（昭和21年10月26日）
—刑事訴訟法改正案要綱

護人を指定したときはその中の一名に通知すれば足りるものとすること。
被告人が特に弁護人を選任しないで、前項の申出をしたときはその旨を弁護士会に通知すれば足りるものとすること。
第十　被告人を拘留したときは、直ちに被告人の法定代理人、保佐人、直系尊属、直系卑属及び配偶者並びに被告人の属する家の戸主の中被告人の指定する者にその旨を通知しなければならないものとすること。
被告人が既に弁護人を選任してゐるときは、前項の通知はその弁護人にこれをなすものとすること。
第十一　拘留状には拘留を必要とする理由をも記載しなければならないものとすること。
拘留更新の決定にも拘留の継続を必要とする理由を示さなければならないものとすること。
第十二　拘留及び拘留の更新は検事の請求により拘留の取消、保釈、責付及び拘留の執行停止は検事、被告人、弁護人、被告人の法定代理人等の請求により原則として相手方の意見を聞き、これを行ふものとすること。
第十三　保釈、責付、拘留の執行停止の取消並びに接見及び文書の授受の禁止は検事の請求により、原則として相手方の意見をきいてこれを行ふものとすること。

第十四　次の要領により拘留に対する異議の申立を認めること。
一　拘留せられた被告人又は弁護人等は拘留に対し拘留状を発した裁判所に異議を申立てることができるとすること。
二　異議の申立があつたときは公判廷において訴訟関係人陳述をきき、決定しなければならないものとすること。この場合には被告人が出頭しなければ開廷することができないものとすること。
検事は審理に先だち拘留の理由を告げなければならないとすること。検事、被告人、弁護人及び被告人以外の申立人に対しては第一項の期日を通知しなければならないものとすること。
監獄の長その他被告人を拘禁する者に対し、被告を出頭させることを命ずることができるものとすること。
三　異議の申立に理由があることを認めたときは、拘留を取消さなければならないものとすること。
四　異議の申立を却下する決定に対しては不服申立を認めること。

（被告人尋問）

第十五　被告人は自己に不利益な供述を拒むことができる旨を明かにすること。

（押収及び捜索）

第十六　公判廷以外において押収又は捜索をする場合には押収すべき物又は捜索すべき場所、身体若しくは物を指定した令状を発しなければならないものとすること。
令状には被告事件及び押収又は捜索すべき理由を記載裁判長がこれに記名捺印しなければならないものとすること。
令状はこれを司法警察官に交付して、押収又は捜索をさせることができるものとすること。
勾引状又は拘留状を執行する場合には令状なくして被告人の捜索を行ひ及びその場所で犯罪に関係ある物の押収、捜索を行ふことができるものとすること。

（検　証）

第十七　公判廷以外において検証をする場合には、検証すべき身体、物又は場所を指定した令状を発しなければならないものとすること。
令状には、被告事件及び検証をなすべき理由を記載し裁判長がこれに記名捺印しなければならないものとすること。

（証拠保全請求権）

第十八　検事、被告人、被疑者及び弁護人に次の要領による証拠保全請求権を認めること。
一　被告人、被疑者又は弁護人は裁判所に対し証拠保全の申立をすることができるものとすること。
二　公訴提起後は検事も前項の申立をすることができるものとすること。
三　証拠保全の手続は、ほゞ民事訴訟法の規定に準じてこれを定めること。

（捜　査）

第十九　捜査は検事及びその補助機関がこれを行ふものとすること。
捜査補助機関は検察庁の検察補佐官を司法警察官とする外ほぼ現行法通りとすること。

第二十　検事の強制捜査権は次の要領によりこれを認めること。
一　検事は捜査を行ふにあたつて、強制の処分を必要とするときは公訴の提起前に限り押収、捜索、検証、被疑者の召喚、勾引及び拘留、被疑者及び証人の尋問をなし鑑定、通訳及び翻訳を命ずることができるものとすること。
前項の処分については別段の規定がある場合を除く外裁判所の行ふ前項の処分に関する規定を準用するものとすること。
二　検事のなした拘留の期間は一箇月とし特に継続の必要があるときは区検察庁検事は検事正の許可、地方検察庁検事は検事長の許可を受けて一箇月毎に拘留の期間を更新することができるものとすること。但し、通じて三箇月を超えることができないものとすること。

〔資料73〕 臨時法制調査会における諮問第一号に対する答申書（昭和21年10月26日）
—刑事訴訟法改正案要綱

三　検事が証人、鑑定人、通事及び翻訳人を尋問する場合には宣誓をさせることができないものとすること。

第二十一　司法警察官にも或る程度の強制捜査権を認めること。但し、拘留の期間は十日を限度とすること。この場合においては速かに検事の指揮を受くることを要するものとし且つその拘留日数は検事が為す拘留日数に通算するものとなすこと。

附帯決議

司法警察官は之を検察庁の所属に移すべきものなるもその適当なる時期に至るまで検察庁は司法警察官に対する指揮監督及びその教養訓練を厳にし捜査の適正と迅速とを期すべきものとす。

第二十二　現行犯に関する強制処分についての規定は整理して捜査の章に移すこと。

現行犯の場合には、令状なくして犯人の逮捕、身体の捜索及び現場における押収、捜索、検証を行ふことができるものとすること。

（公　訴）

第二十三　公訴権は検事がこれを行ふものとする原則は現行法通りとすること。

第二十四　告発がかゝる事件についても、検事はその処分の結果を告発人に通知するものとすること。（刑訴第二九四条参照）。

第二十五　公訴を提起しない処分をした場合において、告訴人又は告発人の請求があつたときは、検事はその理由を告げなければならないものとすること。

第二十六　いはゆる人権蹂躙事件について、検事の不起訴処分に対し、事件を公判に付する裁判を求める手続を次の要領により認めること。

一　刑法第一九三条乃至第一九六条の罪について告訴又は告発をなした者が、検事の不起訴処分に不服があるときは、一定の期間内に、検事の職務執行地を管轄する地方裁判所に対し、事件を公判に付する裁判を請求することができるものとすること。

二　裁判所は、事実を取調べた後、請求を理由あるものと認めたときはその罪について、公判に付する決定をするものとすること。

前項の場合において、公訴の維持は、裁判所の指定した弁護士がこれを行ふものとすること。この場合にはその弁護士を公務員とみなすものとすること。

三　請求をするについては、原検察庁の検事に請求書を提出するものとし、前の不起訴処分を取消して公訴を提起する機会を検事に与へるものとすること。

（予　審）

第二十七　予審はこれを廃止すること。

（公判準備）

第二十八　第一回の公判期日と被告人に対する召喚状の送達との間に置くべき猶予期間を延長して七日とすること。（刑訴第三二一条参照）。

第二十九　第一回公判期日の取調準備のため裁判所は当事者の請求により証人、鑑定人、通事又は翻訳人に対して召喚状を発するものとすること。

前項の請求を却下する決定をするには、公判期日において当事者の意見を聞かなければならないものとすること。

第三十　第二回以後の公判期日の取調準備のためには裁判所は当事者の請求により、又は補充的に職権によつて次の手続をなすことができるものとすること。

一　証人、鑑定人、通事又は翻訳人に対して召喚状を発すること。

二　証拠物又は証拠書類の提出を命ずること。

三　鑑定若しくは翻訳をなさしめ、又は押収、捜索若しくは検証をなすこと。

四　公務所等に照会して必要な事項の報告を求めること。

前項の請求を却下する決定をするためには公判期日において当事者の意見を聞かなければならないものとすること。

（公判手続）

第三十一　証拠裁判主義（刑訴第三三六条参照）及び自由心証主義（同第三三七条参照）の規定は現行法通りとすること。但し「何人も自己に不利益な唯一の証拠が本人の自白である場合には有罪とされ、又は刑罰を科せられない」ものとすること。

第三十二　証拠能力に関する規定をほゞ次のやうな趣旨に改めること。

一　証拠は左に掲げる場合を除く外、原則として、公判期日において直接に取調べたものに限るものとすること。

（一）　公判期日において証拠を直接に取調べることができない場合又は著しく困難な場合において、これに代る検証調書、尋問調書、鑑定調書、鑑定書その他の証拠書類。

（二）　公務員が職権で証明することができる事実について公務員が作つた書類。

（三）　前項の事実について外国の公務員が作つた書類であつて、その真正なことの証明があるもの。

二　証人その他の者の供述又はその供述を録取した書類はその供述に際して被告人にその尋問の機会が与へられた場合でなければ、原則としてこれを証拠とすることができないものとすること。（憲法草案第三四条第二項参照）。

三　証拠とすることについて、訴訟関係人に異議がないときは一及び二の制限によることを要しないものとすること。

〔資料73〕　臨時法制調査会における諮問第一号に対する答申書（昭和21年10月26日）—刑事訴訟法改正案要綱

四　「強制、拷問若しくは脅迫の下での自白又は不当に長く抑留若しくは拘禁された後の自白は、これを証拠とすることはできない」ものとすること。

第三十三　証拠能力のない証拠の提出又はその証拠調については当事者は異議を申立てることができるものとすること。

第三十四　証拠を提出するには提出すべき証拠の標目をあらかじめ相手方（被告人に弁護人があるときは弁護人）に通知しなければならないものとすること。

前項の通知があつたときは相手方はその証拠を閲覧又は謄写することができるものとすること。

前項の規定による閲覧の機会が与へられなかつた証拠については相手方は著しく不利益を受けることを理由としてその提出につき異議を申立てることができるものとすること。

第三十五　証拠調に関する規定を次のやうな趣旨に改めること。

一　当事者は証拠調の請求をすることができるものとし、この請求があつたときは裁判所は当事者の意見を聞いてこれを許すかどうかを決定すべきものとすること。

裁判所は必要と認めるときは、職権により証拠調をすることができるものとすること。

二　当事者の申出た証人、鑑定人、通事又は翻訳人は当事者の双方がこれを訊問すべきものとし、その順序はこれを申出た当事者を最初とするものとすること。

裁判長又は陪席判事は必要と認めるときは何時でも補充的に自ら尋問することができるものとすること。

裁判所が補充的に職権によつて喚問の決定をした証人、鑑定人、通事又は翻訳人は裁判長又は陪席判事が先づこれを尋問すべきものとし、当事者にもその訊問の機会を与へなければならないものとすること。

三　証拠書類はこれを申出た当事者が朗読するものとし、裁判長は自ら朗読し又は裁判所書記をして朗読させることができるものとすること。

四　証拠物はこれを申出た当事者が相手方に示すものとし、裁判長は自らこれを示し又は裁判所書記をして、これを示させることができるものとすること。

第三十六　被告人尋問は、先づ検事がこれを行ふものとし、弁護人もこれを行ふことができるものとすること。

裁判長又は陪席判事は必要と認めるときは、何時でも補充的に自ら尋問することができるものとすること。

第三十七　公判期日における手続の順序はほゞ次のやうにすること。

一　裁判長による被告人の人違の有無を確めるための訊問。

二　検事による被告事件の要旨の陳述。

三　公訴事実に対する被告人の意見の陳述。
四　被告人尋問及び証拠調。
(一)　被告人尋問及び検事の申出た証拠調。
(二)　被告人又は弁護人の申出た証拠調。
(三)　裁判所が職権によつて決定した証拠調。
五　当事者の弁論

（公判の裁判）

第三十八　公判の裁判の種類は現行法通りとすること。

第三十九　有罪判決の判決書には罪となるべき事実、これを認めた理由及び法令の適用を示さなければならないものとすること。

（控　訴）

第四十　控訴については全部現行法通りとすること。

（上　告）

第四十一　左の場合には第二審の判決に対して上告することができるものとすること。

一　原判決が憲法に違反すること又は原判決において法律、命令、規則若しくは処分が憲法に適合するかしないかについて不当な判断をしたことを理由とするとき。

二　前号の場合を除く外法令の違反を理由とするとき、但し、その違反が判決に影響を及ぼさないことが明白な場合を除く。

第四十二　第四十一の一の場合には第一審の判決に対して控訴をしないで、上告することができるものとすること。

第四十三　上告裁判所は上告趣意書、答弁書その他の書類によつて上告の理由がないことが明白な場合には弁論を経ないで判決で上告を棄却することができるものとすること。

第四十四　上告審では事実の審理を行はないものとすること。

第四十五　原判決が憲法に違反したことを理由とする上告を理由があるものと認めた場合においてその違反が判決に及ぼさないときは、その違反した部分を破毀するものとすること。

（抗　告）

第四十六　再抗告はこれを認めないものとすること。

第四十七　高等裁判所の決定に対しては、抗告することができないものとし、高等裁判所に異議の申立を許すものとすること。

第四十八　他に不服申立の方法のない決定については原決定若しくはその手続が憲法に違反したことを理由とするとき又は原決定において法律、命令、規則若しくは処分が憲法に適合するかしないかについて不当な判断をしたことを理由とするときに限り最高裁判所へ不服の申立をする途を開くこと。

（憲法問題について最高裁判所の裁判を求める手続）

第四十九　下級裁判所は、適用すべき法律、命令若しくは規則又は判断すべき処分が憲法に違反する疑ひがあるときは、その点について最高裁判所の裁判を求めることができるものとすること。

（大審院の特別権限に属する訴訟手続）

第五十　大審院の特別権限に属する訴訟手続はこれを廃止すること。

（再　審）

第五十一　被告人に不利益な再審（第四八六条等）はこれを廃止すること。

（略式手続）

第五十二　略式手続はこれを廃止すること。なほ簡易裁判所の新設と関連し簡易手続を考へること。

（裁判の執行）

第五十三　貧困者のため訴訟費用の支払を免除することができるものとすること。

この場合には判決の言渡をなした裁判所に対して申立をするものとすること。

（私　訴）

第五十四　私訴はこれを廃止すること。

刑事補償法の一部を改正する法律案の要綱

第一　刑事補償法第一条第一項及び第二項の場合の外、刑事訴訟法による通常手続又は再審若しくは非常上告の手続において、無罪の言渡を受けた者が、現行犯人として逮捕され、勾引状の執行を受け又は刑事訴訟法第二百二十二条第三項の規定による留置を受けた場合には、国は、その者に対して、抑留又は拘禁による補償をするものとすること。

第二　刑事補償法第一条第一項及び第一の規定により補償を受くべき場合において、補償の原由である抑留又は拘禁を理由として、被害者より国に対し、民事上の損害賠償を請求できる場合には、これを請求することを妨げないものとすること。但し、民事上の損害賠償請求訴訟において、請求を認める確定判決があつたときは、刑事補償法第一条第一項及び第一の規定による補償は、これをしないものとすること。

第三　刑事補償法第四条第一項乃至第三項の場合においては、補償をしないことができるものとすること。

第四　刑事補償法第五条第一項、第二項及び第一の補償金は、一日二十円以内とすること。

第五　裁判所が補償の決定をしたときは、その決定を受けた者の申立によつて、速かに、無罪の裁判の主文及び要旨並に補償をしたことを官報又は新聞紙に掲載しなければならないものとすること。

第六　裁判所は、事実の取調をするに当つて、証人尋問、押収、捜索、検証、鑑定等をすることができるものとし、この場合においては、刑事訴訟法中の証人尋問、押収、捜索、検証、鑑定等に関する規定を準用するものとすること。

基本的人権保護法律案要綱

一　不法若は不当に身体の自由を拘束された者があるときは、本人又は関係者に於て最高裁判所に拘禁の理由に付取調を要求することができるものとすること。

二　右の要求があつたときは、最高裁判所は速かに拘禁者に対し、一定の日時、場所を指定して、本人を出頭せしめることを命じ、又同時に拘禁の理由につき答弁することを命ずるものとすること。

三　本人及びその弁護人の出席する公開の法廷で取調べた上、法律上適法の又は正当の理由がないと認めたときは直ちに本人を釈放し又は保釈を許すものとすること。

四　拘禁者が本人を出頭させないか又は拘禁の理由につき答弁をしないか若は是等を遅滞したときは制裁として自由刑及び罰金刑を科するものとすること。

財政法案要綱

一、総計予算主義を原則とすること。
特別会計の設置は、法律に依り一般会計と異る予算及び会計の制度を、定めることができるものとすること。

二、会計年度は、毎年四月一日に始まり、翌年三月三十一日に終るものとすること。

三、年度独立の原則を規定すること。

四、特別資金の保有は、法律に依るものとすること。

五、予算の編成及び実行並びに決算の調整に関する統括的事務は、大蔵大臣が行ふものとすること。

六、追加予算は、必要で避けることのできない経費及び法律又は契約に基き経費に不足を生じた場合に限ること。

七、総予算は、大蔵大臣の定める所に依り、部及び款項に区分すること。

八、継続費の制度を規定すること。

九、予算外国庫の負担となるべき行為をなすには、予め国会の議決を必要とすること。
現行会計法第十一条の予算外契約権を規定すること。

十、会計年度開始前に予算が成立せず又は成立しない虞のあるときは、内閣は暫定予算を編成して、国会（衆議院解散の場合は参議院の緊急集会）の議決を経て国費の支出をし、その他国庫の負担となるべき行為をすることができること。
此の場合暫定予算に基いて支出した金額又は負担した行為は、総予算が成立したときは之に基いてなしたものとみなすこと。

〔資料73〕 臨時法制調査会における諮問第一号に対する答申書（昭和21年10月26日）—訴願法中改正法案要綱

十一、大蔵大臣は、総予算に基いて各省の支出することができる経費の定額を決定して之を配布すること。

十二、予備費は、大蔵大臣が管理すること。

十三、大蔵大臣は、予算実行の適正を期するため、各省又は各庁に対して、収支の実績又は見込につき、報告を徴し又は適宜の指示を与へることができること。

十四、毎年度の予算決算、国民所得の概況、国債の状況、その他国の財政状況に関する事項につき、定期に又は必要の都度、官報、新聞、ラヂオ、映画、市町村長に対する通知、その他適当なる方法に依り、国民に発表すること。

〔備考〕

(一) 現在の会計法の爾余の条文は、必要な整理を行ひ会計法の改正を行ふこと。

(二) 会計検査院法中機密費に関する規定及び出納官吏の賠償責任に関する規定等については、所要の改正を行ふこと。

訴願法中改正法案要綱

一、行政庁の違法又は不当の処分によつて権利又は利益を侵害されたとする者は、訴願を提起することができるものとすること。法律によつて審査の請求ができる事項その他事案又は処分行政庁の特殊性に鑑み法令で訴願事項から除外する旨を定めた事項については、訴願を提起することができないものとすること。

二、訴願の裁決を経た事件については、違法を理由としては、更に上級行政庁に訴願を提起することができないものとすること。

三、訴願と訴訟とは、当事者の自由な選択により、何れかの一又は両者を提起することができるものとし、両者が繋属したときは、訴訟の判決の確定するに至るまで訴願の審理は、これを中止するものとすること。

四、訴願の違法な裁決によつて、権利を侵害されたとするものは、裁判所に出訴することができるものとすること。

五、未成年者又は禁治産者の訴願は、未成年者が独立して法律行為をすることを得る場合を除いては、その法定代理人によつてのみ、これをすることができるものとすること。

六、処分を受けた者以外の者が訴願を提起する場合においては、六十日の訴願期間は、処分の公示を必要とするものについては公示の日から、公示を必要としないものについては処分のあつたことを知つた日からこれを起算するものとし、処分のあつた日から一年を経過した後は、訴願を提起することはできないものとすること。

七、行政庁において宥恕すべき事由があると認めるときは、期間経過後の訴願でも、これを受理しなければならないものとすること。

八、処分行政庁を経由せず直接に、上級行政庁へ提起された訴願でも、これを却下してはならないものとし、この場合には訴願書を処分行政庁へ送付して、弁明書を提出する機会を与へなければならないものとすること。

九、訴願書の経由に当る行政庁が訴願書を受取つたときに、弁明書及び必要文書を上級行政庁に発送すべき期間を、二十日に伸長すること。八の規定により上級行政庁より訴願書の送付を受けた場合に弁明書を発送すべき期間も、これと同様とすること。

十、裁決庁は、処分庁の弁明書の写を訴願人に送付し、且つ訴願人に弁駁書を提出する機会を与へなければならないものとすること。

十一、訴願の裁決の結果について利害関係を有する第三者がある場合において、裁決庁に対して、意見書を提出することが出来るものとすること。

十二、行政庁又は公共的な団体は、訴願の審理にあたつて、公益を支持するために意見を述べることができるものとすること。

十三、訴願人は、訴願を提起した日から一定の期間を経過しても裁決を受けない場合においては、訴願の要求を斥ける趣旨の裁決があつたものとみなして、更に上級行政庁に訴願を提起し、又は裁判所に出訴することができるものとすること。

編集代表

芦　部　信　喜（あしべ・のぶよし）

元東京大学名誉教授・日本学士院会員

編集委員

高　橋　和　之（たかはし・かずゆき）

東京大学名誉教授

高　見　勝　利（たかみ・かつとし）

北海道大学名誉教授

日 比 野　　勤（ひびの・つとむ）

東京大学名誉教授

日本国憲法制定資料全集⑽　臨時法制調査会Ⅰ　日本立法資料全集 80

2018（平成30）年10月25日　初版第１刷発行

編著者	芦　部　信　喜 高　橋　和　之 高　見　勝　利 日　比　野　　勤
発行者	今　井　　貴 渡　辺　左　近
発行所	信　山　社　出　版

〒113-0033　東京都文京区本郷 6-2-9-102 東大正門前
TEL　03（3818）1019
FAX　03（3818）0344

印刷所	図書印刷株式会社
製本所	渋　谷　文　泉　閣
用　紙	七洋紙業株式会社
校　閲	津　田　憲　司
題　字	武　田　長　一

ISBN978-4-7972-2031-5　C3332

☆日本立法資料全集☆　刊行にあたって

本年は、一八九〇年一一月二九日に帝国議会が開設されてから一〇〇年、一九四六年一一月三日に日本国憲法が公布されてから四四年目を迎えます。この間におけるわが国の法制度の整備と法律学研究の蓄積には著しいものがありますが、その軌跡は決して平坦なものではありませんでした。

議会開設に至るまでの国内の政治態勢の整序および諸外国との交渉と並行して進められた近代的法制度の導入と立法作業は、たんに横のものを縦にするという「外国法の継受」の作業ではなく、わが国の法体制の将来像に対する理念的な格闘を伴う、まさに血の滲むような「摂取」のための努力の連続であり、これがあったればこそ、ともかくも明治立憲体制を整備でき、また、現在の法制度の基礎を築くことができたのだと思われます。

わが国の「大立法期」はおおまかには明治期、大正期、昭和戦後期の三期であると思われますが、この時期に立法作業を担当した法律家はその思想・哲学や学問の全てを賭けて立案・推敲の作業をドラマティックに展開しており、現在の法律家の目から見た場合に計り知れない教訓と知恵を見出しうると言えます。明治・大正期の井上毅、穂積陳重、梅謙次郎、富井政章、戦後期の我妻栄、宮沢俊義、兼子一、田中二郎、佐藤達夫や官庁実務家などの事蹟には感銘深いものがあります。

法律立案作業はその時点での法律学のトータルな水準を示すものですから、立法担当者の作業の詳細を明らかにする研究は、研究者ばかりでなく裁判実務・行政実務における解釈作業・改正案立案作業等にとっても極めて有益なものです。わが国の一〇〇年以上にわたる立法事業の経験とそのノウハウは、これからの法律学の研究と実務の進展にとってまさに基点となるものとしての重要性を持っています。しかし、これらの一次資料にアクセスすることは容易なことではありません。

そこで、小社は、議会開設一〇〇年を期して、立法作業に造詣の深い監修者・編集代表の先生がたのご助力をいただき、わが国の重要立法の制定過程の関係資料をできる限り網羅的・体系的に整理し、それに考証を加え、研究者・実務家の用に供すべく本立法資料全集の刊行事業を企図しました。

わが国の立法作業の事蹟を明らかにすることにより、先学の立法思想、立法政策、立法技術の内容を深い次元で捉え直し、法解釈論の一層の充実を図り、更には、解釈論の枠を超えた法律学の展開と「立法学」の誕生を念じて本全集を刊行してまいります。ご期待下さい。

一九九〇年八月

信　山　社　敬白